"十二五"普通高等教育本科国家级规划教材
普通高等教育"十一五"国家级规划教材
"十三五"江苏省高等学校重点教材

高等院校市场营销系列教材

第5版

市场营销管理
需求的创造与传递

钱旭潮　王龙◎编著

Marketing Management
Creating & Conveying of Demand

机械工业出版社
China Machine Press

图书在版编目（CIP）数据

市场营销管理：需求的创造与传递 / 钱旭潮，王龙编著 . —5版 . —北京：机械工业出版社，2020.12（2021.10重印）

（高等院校市场营销系列教材）

ISBN 978-7-111-67018-6

Ⅰ. 市… Ⅱ. ①钱… ②王… Ⅲ. 市场营销学 – 高等学校 – 教材 Ⅳ. F713.50

中国版本图书馆CIP数据核字（2020）第243436号

经济主脉的革故鼎新、商业环境的快速变化、生产生活方式的多元裂变，让营销从未像现在这样充满创新与变数，但营销的本质（需求的创造与传递）从未改变。

本书包括理解营销（把握本质）、市场分析（洞悉需求）、战略确立（阐释需求）、策略推进（传递需求）、保障和控制（满足需求）五个部分共15章的内容，全面清晰地阐述了市场营销的本质、理念、过程与方法。本书的主要特点是：明确提出营销的本质是需求的创造与传递，并以此为主线构建教材的章节内容，着重强化并论述了互联网对营销策略尤其是传播策略的影响；以本土事例为主，时效性强，具体包括将知识点具象化的"案例"、描述行业现象的"材料"与引发思辨的"讨论"；提供多元化教学服务平台，既可通过华章网站免费下载PPT等教辅资源，亦可借助中国大学MOOC的在线开放课程"营销解码"开展混合式教学与线下学习。

本书适合市场营销、工商管理、人力资源管理、会计学等专业本科生使用，也可供企业管理、市场营销等从业人士参考。

出版发行：机械工业出版社（北京市西城区百万庄大街22号　邮政编码：100037）

责任编辑：程天祥　　　　　　　　　　　　责任校对：殷　虹

印　　刷：北京文昌阁彩色印刷有限责任公司　版　　次：2021年10月第5版第4次印刷

开　　本：185mm×260mm　1/16　　　　　印　　张：27.25

书　　号：ISBN 978-7-111-67018-6　　　　定　　价：49.00元

客服电话：（010）88361066　88379833　68326294　　投稿热线：（010）88379007

华章网站：www.hzbook.com　　　　　　　　　　　　读者信箱：hzjg@hzbook.com

版权所有·侵权必究
封底无防伪标均为盗版
本书法律顾问：北京大成律师事务所　韩光/邹晓东

前 言

2011～2020年是中国"重要战略机遇期"的第二个十年,也是中国经济新旧增长动力转换的关键十年。

在此期间,中国成为全球第二大经济体,过亿的中产阶级消费群体在慢慢崛起,第一批"00后"已经成年,高铁网络、电子商务、移动支付、共享经济引领世界潮流,大数据、人工智能、区块链等先后纳入国家战略布局……与此同时,一二线城市以外的人口占比高达77.55%,基于不同的生活方式、地区文化和消费习惯的市场圈层分散且碎片化,中国制造所具有的成本优势和规模能力逐渐减弱,高房价、老龄化、贸易摩擦等对消费空间的挤占不断攀升……

经济主脉的革故鼎新、商业环境的快速变化、生产生活方式的多元裂变不断让营销者感慨:"这是最好的时代,也是最坏的时代。"营销从未像现在这样充满创新与变数,理论与实践的碰撞、颠覆与新生让人目不暇接。但无论营销环境、思维、体系、要素如何变化,营销本质从来没有改变过。

如何创造并传递需求是营销需要解决的根本问题。

自2002年我和我的同事编写第1版《市场营销管理:需求的创造与传递》教材以来,我们就致力于以"需求的创造与传递"为主线进行教材体系与内容的梳理、设计与深化,先后修订、出版四版,相继入选普通高等教育"十一五"国家级规划教材(2008年)、"十二五"普通高等教育本科国家级规划教材(2012年)、江苏省高等学校重点教材(2018年)。

为了更好地贯彻落实《教育部关于深化本科教育教学改革 全面提高人才培养质量的意见》精神,适应营销理论与实践的最新发展,第5版教材在前几版基础上进行了如下修订。

(1)章节内容上,在其他各章中全面强化互联网、移动互联网对营销各方面影响的基础上,鉴于互联网对传播的重大影响和一系列新变化,特别增加了新的一章"互联网传播"(第13章),对互联网传播模式、网站及社会化媒体、互联网广告、互联网促销等内容专门进行深刻的剖析与描述。

(2)事例支撑上,反映行业、理论发展或有借鉴意义的材料,寻求观点碰撞的讨论,以个案深化知识点的案例,是支撑本教材内容的三种事例形式。第5版在注重事例时效性、本土性的基础上,凸显全面性与思辨性,兼顾不同行业类型与营销主体,增加组织市场与农村市场的案例内容，大幅度提高材料、讨论的事例占比。

（3）课后模块上，为更好地检验并提升学习效果，课后模块在关注知识点归纳与表述的基础上，致力于提高学生对理论联系实践的检验与应用能力、探索研究与实验精神，增设了实验、动手模块，使本章小结、基本概念、简答、思考、实验、动手、互联网七大课后模块更加体系化与科学化。

（4）教辅建设上，加强了立体化的教学资源建设，在中国大学MOOC（慕课）、超星学银在线同步上线开放"营销解码"课程，并通过教学资源难度及创新性的分级设定，满足不同层次学生的学习要求。教学大纲、授课教案、教学案例、课后模块说明等教辅资源可通过华章课堂网站（www.hzcourse.com）与授课用书教师分享交流，共同推进市场营销课程建设。

转眼间，《市场营销管理：需求的创造与传递》自第1版出版发行已近20年，我的同事黄永春、肖煜、赵冰、贺丽莳、袁猛，同人韩翔、袁海波、刘翠平、刘彗星、管叶峰、李隽、沈艳、陈清爽、范苗苗，学生张昌国、胡春龙、王雪薇、赵雅楠、陆雨杨、李文强、龚桂英等先后参与了教材与课程建设，在此对他们的辛勤付出表示感谢。

由于水平和时间所限，本版教材还有许多不足之处，期待各位专家、同人、读者提出宝贵意见。我们会更加努力，让下次修订更趋完善。

钱旭潮
2020年9月20日
于南京江宁翠屏山畔

目录

前言

第一部分 理解营销：把握本质

第1章 营销的含义 ... 2
1.1 内涵 ... 2
  1.1.1 营销的定义 ... 3
  材料 争夺5G标准 ... 6
  1.1.2 营销的本质 ... 6
  讨论1-1 推销对市场营销的意义 ... 8
  讨论1-2 共享汽车能不能挺住 ... 9
  1.1.3 营销的职能 ... 9
  1.1.4 营销的职业发展 ... 11
1.2 营销观 ... 11
  1.2.1 生产观 ... 12
  案例1-1 福特T型车的成与败 ... 12
  1.2.2 产品观 ... 13
  案例1-2 是机制"德芙"还是手工"MICHELI" ... 13
  1.2.3 推销观 ... 14
  1.2.4 顾客观 ... 14
  案例1-3 从用户需求看背单词App的发展 ... 15

  1.2.5 社会观 ... 16
  讨论1-3 共享单车如何让生活更美好 ... 17
1.3 营销系统及其核心概念 ... 18
  1.3.1 系统、流程与计划 ... 18
  1.3.2 顾客及需求 ... 20
  讨论1-4 构建生活片段 ... 21
  案例1-4 喝牛奶了吗 ... 22
  1.3.3 营销者及营销行为 ... 22
  1.3.4 产品及效用、费用和满意 ... 23
  案例1-5 任天堂的一枝独秀 ... 24
  1.3.5 市场、交换与关系 ... 25

第2章 营销的发展 ... 29
2.1 产生与演变 ... 30
  2.1.1 产生背景 ... 30
  案例2-1 拼多多助力贫困山区小农走向全国 ... 30
  案例2-2 西尔斯公司的创立与发展 ... 31
  2.1.2 发展历程 ... 32
  2.1.3 核心知识的进化 ... 33
  讨论2-1 海外市场禁令如何破解 ... 34
  讨论2-2 自传播的互联网营销 ... 36

2.1.4 组织演变 ……………………37
2.2 领域拓展 ………………………39
　2.2.1 个人营销 …………………39
　材料 2-1 诸葛亮的个人营销 ……40
　2.2.2 组织内营销 ………………40
　讨论 2-3 奋斗与生活真的只能
　　　　　二选一吗 ………………40
　2.2.3 观念营销 …………………41
　2.2.4 非营利性组织营销 ………42
　材料 2-2 非营利性组织在美国的
　　　　　发展 ……………………42
　案例 2-3 《国家宝藏》：凝望一眼
　　　　　传承千年 ………………43
2.3 方法创新 ………………………44
　2.3.1 沟通工具 …………………44
　案例 2-4 阿里巴巴员工的神奇
　　　　　礼物 ……………………46
　2.3.2 新型关系 …………………46
　案例 2-5 Visa 的奥运会生意经 …47
　2.3.3 分析技术 …………………48
　讨论 2-4 平衡理论和形象代言人 …48
　材料 2-3 哪种产品页面布局更有效 …49

第二部分　市场分析：洞悉需求

第 3 章　需求的认知 ………………54
3.1 需求及传递 ……………………54
　3.1.1 需求产生 …………………54
　讨论 3-1 当奢侈品消费成为时尚 …56
　3.1.2 需求类型 …………………57
　案例 3-1 哈根达斯的爱情神话营造 …58
　讨论 3-2 常态化的国庆铁路出行 …60
　案例 3-2 给顾客惊喜 …………61
　材料 3-1 你的眼睛变色了 ……61
　案例 3-3 房子是租来的，但生活
　　　　　不是 ……………………63
　3.1.3 需求传播 …………………63
　案例 3-4 口红一哥李佳琦 ……64
　材料 3-2 登上大舞台的广场舞 …65
3.2 需求识别及方法 ………………66
　3.2.1 需求状态识别 ……………67
　材料 3-3 出租车的退租潮 ……67
　3.2.2 需求表述识别 ……………68
　材料 3-4 "帅"的背后 …………68
　3.2.3 需求识别方法 ……………68
　材料 3-5 体验中心法的应用 …69
　材料 3-6 宾馆的价值曲线 ……70
　讨论 3-3 大数据为什么这么热 …71
3.3 消费者互联网新需求 …………72
　3.3.1 即时通信和社交 …………72
　3.3.2 文化和娱乐（游戏）……72
　3.3.3 理财和教育（知识付费）…73
　材料 3-7 蓬勃发展的智慧教育 …74
　3.3.4 商务交易 …………………74
　讨论 3-4 外卖凭什么坐稳就餐的
　　　　　第三种常态 ……………74
3.4 需求量及测算 …………………75
　3.4.1 需求量及顾客界定 ………76
　3.4.2 当前市场潜量测算 ………78
　3.4.3 未来需求预测 ……………81

第 4 章　环境分析 …………………85
4.1 技术环境 ………………………86
　4.1.1 信息技术与竞争规则 ……86
　讨论 4-1 "赢者通吃"与"低门槛"…87
　4.1.2 产品技术 …………………87
　材料 4-1 工业 4.0 下的产品发展
　　　　　趋势 ……………………88
　案例 4-1 苹果从 1 到 11 ………89
　4.1.3 物流与支付技术 …………90
　材料 4-2 一次淘宝购物的物流
　　　　　过程 ……………………90
　4.1.4 沟通技术 …………………91

材料 4-3　物联网产品溯源平台的发展 …… 92
4.2　宏观环境 …… 93
　4.2.1　政治-法律环境 …… 93
　　材料 4-4　欧盟：不支持违反WTO规则的贸易措施 …… 94
　　讨论 4-2　跟着"一带一路"走向世界 …… 94
　　案例 4-2　没有100亿元，比亚迪如何发展 …… 95
　4.2.2　经济环境 …… 96
　　讨论 4-3　人均GDP10 000美元意味着什么 …… 96
　　材料 4-5　美丽乡村　环保先行 …… 98
　4.2.3　社会-文化环境 …… 99
　　讨论 4-4　粽子和月饼：习俗可以改变 …… 99
　4.2.4　自然-人口环境 …… 100
　　案例 4-3　"积趣坊"——小趣也有大市场 …… 101
4.3　微观环境 …… 102
　4.3.1　行业环境 …… 102
　　讨论 4-5　互联网中的平台垄断 …… 104
　4.3.2　竞争力量 …… 105
　4.3.3　相关主体 …… 107
　　案例 4-4　Which？硬怼亚马逊的虚假评论 …… 109

第5章　消费者市场分析 …… 112

5.1　消费者特征 …… 112
　5.1.1　消费者需求特征 …… 113
　　案例 5-1　大众甲壳虫又一次停产 …… 114
　5.1.2　购买行为特征 …… 114
　　材料 5-1　冲动：学习如何与复杂世界相处 …… 115
　5.1.3　营销特征 …… 116
　　材料 5-2　电磁炉的市场教育 …… 116
　　讨论 5-1　保健品行业乱象的背后——急功近利权健事件 …… 117
5.2　消费者购买行为分析 …… 117
　5.2.1　决策过程及决策机制 …… 118
　　案例 5-2　大众点评的UGC价值 …… 119
　5.2.2　卷入机制 …… 120
　　材料 5-3　家装市场：大行业小公司 …… 121
　5.2.3　信息处理机制 …… 121
　　讨论 5-2　海量信息还是简单信息 …… 123
　5.2.4　心理选择机制 …… 124
　　材料 5-4　国货崛起：用实力让情怀落地 …… 126
5.3　消费者购买行为类型 …… 126
　5.3.1　按消费者准备状态分类 …… 127
　5.3.2　按消费者性格特征分类 …… 127
　　讨论 5-3　理性介绍还是感性介绍更佳 …… 128
　5.3.3　按卷入程度/品牌差异分类 …… 129
　　讨论 5-4　奶茶店饮品种类是否越多越好 …… 130
　5.3.4　互联网消费者类型 …… 131
　　讨论 5-5　如何留住"尝鲜者" …… 132
5.4　消费行为演变 …… 133
　5.4.1　影响消费行为的个性特征 …… 134
　5.4.2　消费行为演变阶段 …… 135
　　案例 5-3　王菊现象 …… 136
　5.4.3　消费行为演变趋势 …… 137
　　案例 5-4　Vans这么玩定制 …… 137

第6章　组织市场分析 …… 141

6.1　企业市场特征 …… 141
　6.1.1　需求特征 …… 142
　　案例 6-1　房市"去杠杆"抑制钢材需求 …… 143
　6.1.2　采购行为特征 …… 143
　6.1.3　营销特征 …… 145

6.2 企业采购行为模式·················146
  6.2.1 企业采购决策过程·············147
  案例 6-2 迪瑞医疗的供应商选择···148
  6.2.2 企业采购决策机制·············148
  案例 6-3 最严格采购质量成就
          上汽通用·················150
  讨论 6-1 公交优先·····················152
  6.2.3 调节因素·······················152
  案例 6-4 一汽解放：从传统卡车
          制造商向智慧交通解决
          方案提供者转变·······154
6.3 企业间关系···························155
  6.3.1 企业间关系类型···············155
  材料 工业互联网平台"疯长"
       新模式新业态···············157
  6.3.2 企业间关系的形成与演变·····157
  案例 6-5 小爱同学与水滴计划·····158
  6.3.3 企业采购行为类型·············160
  讨论 6-2 自制还是采购··············161
6.4 政府、社会团体市场···············162
  6.4.1 政府、社会团体市场的特征···163
  案例 6-6 南京市政府的采购专家
          库建设·····················163
  6.4.2 政府网上采购··················164

第三部分 战略确立：阐释需求

第 7 章 目标市场选择··················168
7.1 市场细分······························169
  7.1.1 相关概念和作用···············169
  讨论 7-1 采暖：从同质到异质，
          再回到同质？············170
  7.1.2 常用细分变量及组合·········171
  材料 7-1 网络行为变量···············173
  案例 7-1 佳能打印机精准发力·····174
  7.1.3 细分变量创新··················175

案例 7-2 用消费场景细分市场·····176
7.2 细分市场评估和描述···············176
  7.2.1 盈利性评估······················176
  讨论 7-2 阻碍中国男士化妆品市场
          发展的真正原因·········177
  7.2.2 竞争性评估······················178
  讨论 7-3 携号转网 想说爱你
          不容易·····················179
  材料 7-2 煤电去产能成全球趋势···179
  7.2.3 营销差异性评估···············180
  讨论 7-4 酒企、演唱会与细分
          市场·······················181
  7.2.4 细分市场描述··················181
  材料 7-3 短途货运市场细分和
        特征·······················182
7.3 确定目标市场·······················182
  7.3.1 目标市场模式··················182
  讨论 7-5 从一点开始·················183
  案例 7-3 海尔的目标市场扩张
          方向·······················185
  7.3.2 目标市场选择原则············185
  讨论 7-6 韩系车在中国遇冷·······186
  7.3.3 目标市场选择方法············187

第 8 章 品牌定位·······················192
8.1 品牌···································193
  8.1.1 品牌的含义·····················193
  8.1.2 品牌的价值和作用···········195
  8.1.3 品牌的决策·····················197
  讨论 8-1 茶叶品牌化程度低制约
          行业发展·················197
  材料 8-1 内涵和特色的演绎·······199
  讨论 8-2 "云南白药"品牌的延
          伸性·······················201
8.2 品牌定位·····························202
  8.2.1 定位的含义·····················202
  案例 8-1 "红旗"的象征············203

8.2.2　特色的选择……203
讨论 8-3　互联网时代：低成本还是
　　　　　差异化……204
材料 8-2　网站定位……206
8.2.3　形象的构建和塑造……207
案例 8-2　农夫山泉有点甜……208
案例 8-3　好客山东……208
案例 8-4　独特、易记和美好的
　　　　　"三只松鼠"……210
8.3　市场角色……211
8.3.1　领导者……211
材料 8-3　电脑是如何不断扩大目标
　　　　　市场的……212
案例 8-5　5G超级上行技术或成
　　　　　国际标准……212
8.3.2　挑战者……214
讨论 8-4　艺龙：错位竞争错了吗……215
8.3.3　追随者……215
案例 8-6　安踏："追随者"的
　　　　　完美蜕变……216
8.3.4　补缺者……216
讨论 8-5　民宿：补的什么缺……217

第四部分　策略推进：传递需求

第9章　产品策略……222

9.1　产品类型……222
9.1.1　物质产品……223
案例 9-1　迷路与冲动购物……223
9.1.2　服务产品……224
材料 9-1　如何使服务需求与供给
　　　　　同步……225
讨论 9-1　网红奶茶打动你的
　　　　　是什么……226
9.1.3　体验产品……226
案例 9-2　太空体验馆让梦想成真……227

讨论 9-2　体验元素在营销中的
　　　　　运用……229
9.2　产品整体……229
9.2.1　产品层次……229
材料 9-2　产品整体视野下的台灯……230
9.2.2　产品进化……231
材料 9-3　口香糖大市场……232
9.3　产品组合分析与优化……233
9.3.1　产品组合及分析工具……233
讨论 9-3　"拍拍"的起起落落……235
9.3.2　产品宽度决策……236
案例 9-3　以网易考拉再造网易的
　　　　　"佛系哲学"……237
9.3.3　产品线决策……237
案例 9-4　领克成都建厂支撑产品线
　　　　　延伸……238
9.3.4　产品项目决策……239
案例 9-5　李宁跑鞋的弧系列与
　　　　　轻家族……239
9.4　产品生命周期……240
9.4.1　产品生命周期的形态与演变……240
材料 9-4　产品生命周期的变形……241
9.4.2　各阶段营销策略……242
案例 9-6　"抢鲜到"破局中高端
　　　　　外卖市场……244
案例 9-7　星巴克是如何进入成熟
　　　　　咖啡市场的……245
9.4.3　新产品开发……246
案例 9-8　文创：让产品充满文化……246
材料 9-5　微单的崛起……248

第10章　价格策略……252

10.1　价格及定价模式……252
10.1.1　营销价格观……253
讨论 10-1　价格的意义……254
10.1.2　定价模型……254
材料　价值形成实验……256

10.1.3 调节因素……258
案例 10-1 戴森卷发棒的双面争议……259
10.2 价格确定……262
  10.2.1 定价组织与流程……262
  10.2.2 定价的基本方法……263
  10.2.3 差别定价……265
  案例 10-2 联想再陷"中美价格歧视"风波……266
  案例 10-3 华为 P30 系列定价策略……268
  10.2.4 免费……269
  案例 10-4 免费的 WPS……271
10.3 价格调整……272
  10.3.1 价格效应与反应……273
  10.3.2 价格维持……274
  讨论 10-2 可口可乐价格为何 60 年不变……275
  10.3.3 提高价格……275
  案例 10-5 紫光集团宣布组建 DRAM 事业群……275
  10.3.4 降低价格……276

第 11 章 渠道策略……280

11.1 渠道概述……281
  11.1.1 渠道的本质……281
  11.1.2 渠道的必要性……282
  案例 11-1 58 同城：渠道下沉服务进阶……282
  11.1.3 渠道的功能……283
  讨论 11-1 淘宝的成功：免费以及支付宝……284
  11.1.4 渠道的类型……284
  讨论 11-2 快递：直营还是加盟……286
  讨论 11-3 拥抱移动网络 零售业的必然……287
11.2 渠道设计……288
  11.2.1 分析服务需求……288
  案例 11-2 AiFi：给顾客快速购物体验……289
  11.2.2 明确制约因素……289
  11.2.3 选择渠道类型和结构……290
  材料 11-1 两票制对流通企业的影响……292
  案例 11-3 家用光伏年 天合抢下先手棋……293
  11.2.4 决定成员及其责权利……293
  案例 11-4 拉菲"分家"……294
  材料 11-2 销售政策……295
  11.2.5 评估渠道方案……296
  讨论 11-4 品牌服装直营是不是趋势……296
11.3 中间商……297
  11.3.1 零售商……297
  材料 11-3 零售业的发展趋势……298
  讨论 11-5 购物中心：生活方式载体……300
  11.3.2 批发商……300
  11.3.3 互联网分销商……301
  案例 11-5 当当沉浮……302
  案例 11-6 电商巨头"闪婚"，谋求超越价格战……304
  讨论 11-6 实体店为啥回暖了……305
  案例 11-7 阿里巴巴全球化：1.5 亿名海外活跃买家……307
11.4 渠道管理……307
  11.4.1 激励与协调……307
  11.4.2 冲突及解决……309
  案例 11-8 宝沃：新旧渠道冲突……310
  11.4.3 渠道调整……311
  案例 11-9 从"苏宁电器"到"苏宁云商"的华丽转身……312
  材料 11-4 酒业巨头渠道巨变来袭……313

第 12 章　传播策略 ·············· 317

12.1　传播原理 ·················· 317
12.1.1　行为形成 ············· 317
案例 12-1　脑白金：从知识的改变到态度的改变，再到群体行为的改变 ······ 318
案例 12-2　宜家：情境的力量 ······· 320
12.1.2　传播模式与要素 ······ 321
材料 12-1　加多宝春节广告传播要素分析 ············ 322
12.1.3　传播媒介 ············· 322
讨论 12-1　如何让浏览者点击广告 ··· 323
讨论 12-2　广播媒介是否前途暗淡 ··· 324

12.2　传播工具 ·················· 325
12.2.1　广告 ··················· 325
案例 12-3　玉兰油姐姐驻颜 10 年：说服性广告中验证信息的提供 ············ 326
材料 12-2　原生广告的研究数据 ····· 327
12.2.2　公共关系和宣传 ······ 328
案例 12-4　马拉松：你的城市名片 ··· 329
案例 12-5　"东方之门"的危机公关 ··············· 330
12.2.3　人员沟通 ············· 330
案例 12-6　创新赢得机遇　2020 年迪拜世博会中国参展路演 ············· 331
12.2.4　促销 ··················· 332

12.3　传播开发 ·················· 334
12.3.1　确定目标受众 ········· 334
12.3.2　设定传播目标 ········· 335
12.3.3　设计传播信息 ········· 336
材料 12-3　抖音：抖出你的风采 ····· 337
讨论 12-3　形象代言人，是明星还是普通人 ··········· 339
12.3.4　整合传播 ············· 339

案例 12-7　与世界为邻：深航深圳直飞伦敦航线开航整合传播案 ············ 340
讨论 12-4　"整合营销传播"还是"整合营销" ············ 343
12.3.5　衡量传播效果 ········· 343
案例 12-8　Five Plus 乐探之旅 ··· 343

第 13 章　互联网传播 ············ 347

13.1　互联网传播模式及优势 ··· 347
13.1.1　互联网沟通模式及要素 ······ 348
13.1.2　互联网传播的特点 ··· 348
13.1.3　互联网传播的优势 ··· 349

13.2　网站（客户端）及社会化媒体 ··· 350
13.2.1　网站（App）类型 ···· 351
材料 13-1　我国网站及应用数量 ····· 351
讨论 13-1　怎么看待这个不正经的网站 ··············· 353
13.2.2　沟通类社会化媒体 ···· 354
案例 13-1　真约 App 成就美好姻缘 ··············· 354
案例 13-2　领英中国 2.0 ············ 355
材料 13-2　海外 E-mail 营销报告的建议 ··············· 357
13.2.3　讨论类社会化媒体 ···· 357
案例 13-3　坐拥 4 000 万名粉丝的小米高管们 ········ 358
讨论 13-2　如何看待百科产品的盈利 ··············· 360
13.2.4　分享类社会化媒体 ···· 361

13.3　互联网广告 ················ 363
材料 13-3　中国互联网广告发展 ····· 363
13.3.1　互联网广告测评与特点 ··· 364
讨论 13-3　移动视频广告的可视化 ··· 366
13.3.2　网页广告 ············· 366
13.3.3　植入广告 ············· 367
材料 13-4　如何选择植入方式 ······· 368

13.3.4 推荐（精准）广告 369
案例 13-4 朋友圈广告再出新花样 370
13.4 互联网促销 370
13.4.1 限时特价 370
讨论 13-4 如何让"拖延症"消费者尽快下单 371
案例 13-5 "捡漏"：网络拍卖"飞入寻常百姓家" 372
13.4.2 团体特价 372
案例 13-6 2.5万名网民众筹毕加索名画 374
13.4.3 其他特价 374
讨论 13-5 电商"大数据杀熟" 375

第五部分 保障和控制：满足需求

第14章 销售与客户管理 380

14.1 销售组织 380
14.1.1 区域式销售组织 381
14.1.2 产品式销售组织 381
案例 14-1 宝洁公司的品牌经理制 382
14.1.3 客户式销售组织 383
材料 14-1 解密银行客户经理 383
14.2 销售流程 384
14.2.1 计划与准备 385
材料 14-2 如何利用社交工具寻找潜在客户 386
14.2.2 接近与约见 386
讨论 14-1 这次电话接近为什么是失败的 387
14.2.3 展示与推荐 388
讨论 14-2 案例挖掘与撰写 389
14.2.4 洽谈与成交 389
案例 14-2 从来不勉强准客户投保的推销之神原一平 390
14.2.5 跟进与维护 391

14.3 客户管理 392
14.3.1 顾客资产 392
材料 14-3 顾客的直接价值 394
14.3.2 客户维系 394
讨论 14-3 向你抱怨的才是好客户 396
14.3.3 客户关系管理系统 397

第15章 执行、评价与控制 403

15.1 营销执行 403
15.1.1 行动方案 403
15.1.2 预算编制 405
讨论 15-1 预算是什么 405
材料 15-1 市场份额与声响份额 406
15.1.3 影响因素 407
案例 15-1 麦肯锡：让员工参与企业决策 408
讨论 15-2 粉丝的力量 409
材料 15-2 如何诊断网站营销力 410
15.2 营销评价 410
15.2.1 市场状态评价 411
材料 15-3 品牌认知度的测度 411
材料 15-4 计算口碑价值的新方法 412
15.2.2 营销效率评价 413
材料 15-5 电子商务网站中的广告盲现象 414
15.2.3 财务评价 416
案例 15-2 惠泽保险的高渠道费用 416
15.3 营销控制 417
15.3.1 控制类型 417
15.3.2 控制标准 418
15.3.3 营销监测 419
15.3.4 评估分析 419
15.3.5 纠偏调整 420
案例 15-3 阿迪达斯反思数字渠道过度营销 420

参考文献 423

PART 1 第一部分

理解营销：把握本质

所有的企业都知道，市场很重要，营销[①]很重要。

越来越多的非营利性组织也认识到，获得支持和达到目标离不开营销。

绝大多数人都有一种强烈的感觉，那就是营销随处可见，它越来越广泛地渗入生活的各个角落，对生活方式产生了潜移默化甚至是颠覆性的影响。

一直以来，营销这件事从来没有像今天这样被各方所关注，也从来没有像今天这样充满创新与变数，营销理论与实践的发展、碰撞与新生让人目不暇接。当下互联网、知识和文化已成为经济发展的动力，营销对于经济发展的作用也越来越明显。

在这种营销总动员的社会环境下，我们需要深刻理解营销的本质——需求的创造与传递，明确营销的基本架构，厘清营销的发展面貌。

[①] 营销和市场营销两词都对应 Marketing，指示的意义也是相同的，本书未对两词的使用加以区分。

第1章
营销的含义

> 经营者必须提前了解人们的需求,而不是坐等需求显示出来以后再去满足它,这才是我所说的企业领导。
>
> ——亨利·福特,福特汽车公司创始人

营销理论是在西方企业经营实践和管理思想演变的过程中逐步发展起来的,随着买方市场的逐步形成和占据主流,如今它已成为对企业经营及其他组织发展都具有普遍指导意义的重要理论。互联网及其引发的信息革命则不仅增加了这种指导力度,还不断给营销注入新的思想和方法。

但到底什么是市场营销,很多人并不真正了解,且对营销还存在一些认知上的偏差。许多企业的销售人员认为营销就是推销;许多消费者把营销看作是广告,是商家让其乖乖掏钱的圈套;社会批评家们则指责营销是一些唯利是图的家伙在幕后操纵、欺骗、诱惑消费者吃亏上当的"艺术"。

营销的理论发展和实践始终充满了争议:顶礼膜拜者认为营销是企业发展和生存的最主要因素,嗤之以鼻者则认为那只不过是一场把人们不断推向物欲的灾难。这一切都源于人们对营销的不同认识和应用,而对市场营销的正确认知与深入理解有助于营销理论与实践的良性发展。

如今,市场营销已经深入人们生活的各个方面、各个角落,不管是企业、非营利性机构、政府机构,还是社会中的每一个人,都处在营销的包围中,既在营销的影响下进行着观念与行为的改变,也推动着营销的发展。

营销告诉你应该向消费者提供什么、如何让消费者接受,营销告诉你如何选择你的生活方式(需求和产品)。营销是"卖"的科学和技巧,也是"买"的科学和技巧。本章我们将从营销的内涵、观念和核心概念三个方面来理解和阐释营销的含义。

1.1 内涵

根据迈克尔·波特(Michael Porter)的价值链理论,**营销**(marketing)是企业中和研发、生产并列的一项基本增值活动,和其他辅助活动共同为企业和顾客创造价值。创造价值是企业所有职能的共同目标,是共性。那么在共同创造价值的过程中,营销的独特贡献(个性)是什么?正是这种独特贡献构成了一项职能独立存在的基础,若某种职能不能明确说明并实际提供独特贡献,其组织角色必定是模糊的,地位是不稳固的。营销的独特贡献是需求的创造与传递。

1.1.1 营销的定义

定义是对某一事物的基本属性的概括。随着社会实践的发展和人们认知的不断深化,定义会随之发生变化,学科研究范畴也会随之演化。对于市场营销的定义,不同学者、机构有着各自不同的理解与界定。

1. AMA 对营销的定义

美国市场营销协会(American Marketing Association,AMA)是一个由致力于营销实践、教学与研究的人士所组成的非营利性专业组织,以"捕捉最新市场营销动态,发布最新市场营销研究成果"为宗旨,其所发布的市场营销定义一般代表了同一时代多数学者认同的观点,因此往往作为标准定义出现在教科书中。

AMA 先后发布了 5 次市场营销定义,时间跨度近百年。AMA 对于市场营销定义的演变轨迹见表 1-1。

表 1-1 市场营销定义的演变

时间	定义	关键词
1935 年	将产品和服务从生产者传送至消费者的商业活动	传送
1960 年	引导产品和服务从供应商向消费者流动的商业活动	引导
1985 年	对创意、产品和服务进行构思、定价、促销和分销,并通过交换来满足个人和组织需要的规划与执行过程	交换
2004 年	通过满足组织与利益相关者的利益,为顾客创造、沟通和传递价值,并管理顾客关系的一项组织职能和一系列过程	顾客、价值
2013 年	在创造、沟通、传播和交换提供物中,为顾客、客户、合作伙伴以及整个社会带来价值的一系列活动、过程和体系	整个社会

1935 年的定义 该定义反映了 20 世纪初,由于工业革命使生产方式由家庭手工作坊生产转变为工厂批量生产,形成了生产者与消费者在供求地点上的显著分离以及分销应运而生的社会背景,营销的主要内容还只是体现在分销上,"传送"是当时营销的主要职能体现。

1960 年的定义 随着第二次世界大战的结束,战时聚集起来的强大生产能力由供应整个盟军转向只供应美国本土市场,再加上战后婴儿潮新增 8 000 万人以上,美国压抑已久的市场需求终于爆发。与此同时,电视这种新媒体的出现,促使营销成为企业经营中极其重要的角色,广告的影响力与吸引力越来越大。在此背景下,AMA 认为"市场营销是引导产品和服务从供应商向消费者流动的商业活动"。尽管当时顾客导向的营销理念已显现雏形,但该定义仍然以推销为主导理念,认为企业的重要功能是吸引或说服顾客购买产品,"引导"潜在顾客变成现实顾客,"引导"现实顾客增加购买量,使用"推"和"拉"两种力量引导产品和服务的流动。

1985年的定义 1968年,哈佛大学西奥多·莱维特(Theodore Levitt)教授提出企业需要警惕"营销近视症",给传统营销理论带来巨大冲击;1969年菲利普·科特勒(Philip Kotler)将营销概念扩大化,认为营销可在很多领域使用;以及顾客导向的营销理念、营销的交换本质的最终确定,都成为营销概念变迁的推动力量。AMA也终于在1985年对市场营销进行重新定义,认为"市场营销是对创意、产品和服务进行构思、定价、促销和分销,并通过交换来满足个人和组织需要的规划与执行过程"。从这个定义可以看到营销对象扩大化、营销执行的4P架构、交换的概念、需要的满足等几个方面的变化。在距离上一次营销定义的25年时间里,传统生产技术经调整发展,生产率得到充分提高,买方市场全面、实质性地形成,以顾客为导向的营销学科最终成型。

2004年的定义 进入21世纪,各个学科都在反思过去、展望未来。此时,营销实践面临的主要问题是营销价值的衡量,营销者急需一种像财务报表一样的工具来精准衡量营销的产出。与此同时,顾客满意、顾客忠诚以及关系营销成为市场饱和下的新竞争策略,互联网及便捷的企业—顾客互动手段使得顾客可以参与到企业的生产经营过程之中,其双重身份推动营销的交换概念必须与时俱进。在菲利普·科特勒的影响和倡导下,"价值"成为营销的主题,AMA将市场营销定义修订为:"通过满足组织与利益相关者的利益,为顾客创造、沟通和传递价值,并管理顾客关系的一项组织职能和一系列过程。"该定义围绕顾客展开,承认顾客价值驱动市场,不仅顾客的需求决定了市场,顾客也日益参与到营销活动中。从这个意义上,营销过程也是企业同顾客互相合作、共同创造价值的活动过程。

2013年的定义 距上一次定义仅仅三年,2007年时AMA又将其修改为"在创造、沟通、传播和交换提供物中,为顾客、客户、合作伙伴以及整个社会带来价值的一系列活动、过程和体系",并于2013年7月通过AMA董事会审核。该定义综合了1985年与2004年的两个定义,以提供物涵盖创意、产品、服务等内容,明晰了利益相关者的内容,强调了营销对"整个社会"的责任与作用,营销目标由确认、建立、维护、巩固顾客价值及关系转为为顾客、客户、合作伙伴以及整个社会提供价值。

2. 营销的其他定义

菲利普·科特勒与凯文·莱恩·凯勒(Kevin Lane Keller)合著的《营销管理》(第14版·全球版)将市场营销定义为"个人和集体伙同他人通过创造、提供、自由交换有价值产品和服务的方式以获得自己的所需或所求"。

杰罗姆·麦卡锡(Jerome McCarthy)[⊖]于1960年在其《基础市场营销学》中将微观市场营销定义为"企业经营活动的职责,它将产品及劳务从生产者直接引向消费者或使用者以便满足顾客需求及实现公司利润"。

⊖ 杰罗姆·麦卡锡是20世纪营销学的代表人物,4P理论的创立者。4P理论的相关知识可参见本书2.1.3节。

"服务营销理论之父"、世界客户关系管理（CRM）⊖大师克里斯廷·格罗鲁斯（Christian Grönroos）1990年给出的定义是："市场营销是在一种利益之下，通过相互交换和承诺，建立、维持、巩固与消费者及其他参与者的关系，实现各方的目的。"

中国营销学界代表人物中国人民大学郭国庆教授在《市场营销学通论》（第6版）中将市场营销定义为，以满足人类各种需要和欲望为目的，通过市场变潜在交换为现实交换的活动。

哈佛商学院教授迈克尔·波特认为："你（企业）为得到或者保持一个客户所做的一切都是营销。"这一定义非常简单，但含义完整。

拉塞尔·威纳（Russel Winer）在《营销管理》中给出的定义是："营销是试图影响选择的一系列活动。"

彼得·德鲁克（Peter Drucker）认为："……营销的目的却是使推销成为不必要。"

3. 我们对营销的定义

上述定义虽然表达、强调的重点各有不同，但都包含以下各点。首先，都强调营销必须创造、提供有价值的产品（能提供某种利益或满足某种欲望）；其次，要影响顾客的选择并维系顾客；再次，必须通过交换使这种产品为特定的顾客所接触并获取；最后，营销必然是一种活动。

但是，创造、提供有价值的产品是企业整体活动的结果，也就是研发、采购、生产和营销等基本增值活动与财务、人力资源等辅助增值活动的共同结果，营销只是在其中发挥了部分作用。交换也只是一系列价值达成，或供需双方最终各取所得的活动过程的最后一环或最终表现，而为什么会发生这种交换、如何促使这种交换的发生才是问题的根本。

基于此，本书将市场营销定义为：在考量全体利益相关者的利益并在其支持下，通过对顾客需求的创造与传递，服务于企业创造顾客价值，不断为推动人类美好生活而努力的一种社会活动和管理过程。该定义包含以下几个要点。

一是从形式看，营销是一种社会活动和管理过程。营销是一种社会活动说明营销涉及社会的方方面面，不仅包括企业的内部活动，更包括企业的外部活动；不仅是买卖双方或利益相关者之间的事，还涉及政府、社会团体以及公众；不仅涉及机构或人，还涉及社会价值观、社会制度和组织。因而，营销也必然是一种管理过程，需要对上述方方面面加以协调。

二是从目标上看，营销在于推进拥有美好生活的和谐社会的发展。这种美好生活不仅是指物质丰富或奢华，更是生活方式（对消费者而言）或经营方式（对组织而言）的和谐与美好。而生活方式或经营方式又都是由一系列相互关联、相互作用的需求构成的，所以美好的生活方式便意味着一系列美好需求的满足。从这个意义上说，营销是一种创造社会生活标准的活动。人类在获得基本生存条件的满足后，推动社会继续发展的不再是产量的扩张，而是质的提升，即生活方式的创新。营销的社会意义由此可见一斑。

⊖ 客户关系管理的相关知识可参见本书1.1.3节和14.3.3节。

> ⊙ **材料**   **争夺 5G 标准**
>
> 2019年6月6日，中国工信部正式向中国电信、中国移动、中国联通、中国广电发放 5G 商用牌照，我国成为继美国、韩国、瑞士、英国之后，全球第五个正式开通 5G 服务的国家，这也意味着在 5G 技术与标准化进程中，5G 控制权之争日趋激烈。
>
> 国际通信行业标准化组织 3GPP 是目前正在开发 5G 通信标准技术的组织。该组织定义了 5G 三大场景：eMBB 对应的是 3D/超高清视频等大流量移动宽带业务，URLLC 对应无人驾驶、工业自动化等需要低时延、高可靠连接的业务，而 mMTC 则对应海量物联网业务。
>
> 按照 3GPP 公布的 5G 网络标准制定过程，最终完整的 5G 技术标准在 2020 年 3 月形成，其中，完成 5G 独立组网（SA）标准的第一阶段国际标准（R15）已于 2018 年 6 月完成。参与第一阶段标准提案的有来自美国、欧盟、日本、韩国、中国的共计 50 多家企业，最终，美国通信企业（主要是高通）主推的 LDPC 码成为 5G eMBB 场景的数据信道编码方案，而中国通信企业（主要是华为）主推的 Polar 码成为该场景的控制信道编码方案，法国主推的 Turbo 2.0 编码方案则铩羽而归。可以预见，接下来将有更多的国家、更多的企业角逐剩下的 URLLC 的网络标准。
>
> 5G 标准的真正意义在于，它不只是技术的升级换代、国家间在 5G 标准话语权上的较量与博弈，它还决定我们未来 20 年的学习、工作与生活。唯有拥有 5G 标准的主导权，政府与企业才能在 5G 全产业链布局与发展上扮演关键角色，未来对芯片、组件、设备的投入才更有优势，社会的数字化变革才会更加迅猛，万物互联时代才能更快到来。

三是从观念上看，营销者应回归社会公民的本质，强调营销是营销者与顾客、合作伙伴等利益相关者的合作，这就必然要求营销者不仅要考虑自身及顾客的利益，也要考虑利益相关者也即社会整体的利益。

四是从本质上看，营销是对需求的创造与传递。它在强调营销是企业顾客价值创造活动一部分的同时，又指出其有别于研发、生产、采购、财务、物流、人力资源管理等其他职能活动对企业顾客价值创造的独特贡献。正是这种独特贡献规定了营销的本质。

1.1.2 营销的本质

如上所述，营销的本质是需求的创造与传递，下面从价值链、个体需求与行为、需求创造与传递三个方面做进一步阐释。

1. 价值链

根据迈克尔·波特的价值链理论，企业为顾客创造价值这一过程可分解为一系列互不相同但又密切关联的经济活动，共同构成企业的**价值链**（value chain），如图 1-1 所示。

价值链将企业价值创造活动分为基本增值活动与辅助增值活动两类。基本增值活动与产品实体的形成和使用价值的实现直接相关，通常是一般意义上的产品生产经营环节。市场部门明确目标顾客及其需求，销售部门获得顾客订单，研发部门根据订单设计产品，物流管理部门根据产品设计采购原料，生产部门加工形成产品实体，销售部门协同物流管理部门和技术部门完成销售、进行必要的售后服务并向市场部门反馈顾客的产品使用信息。辅助增值活动则不直接作用于产品实体的形成，而是服务于基本增值活动部门，为其提供支持。

可见，顾客价值的创造来自企业各价值环节的共同努力，而非任意一个环节单一努力所能完成，所以有必要进一步明确每一环节自身对价值创造的独特贡献。如果说研发、采购与生产加工的本质是提供满足需求的基本手段（产品），那么营销的本质则是需求的创造与传递。图1-2表明了企业价值链基本增值环节的相互关系及营销的本质。

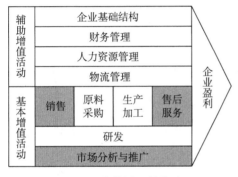

图1-1 价值链及其构成

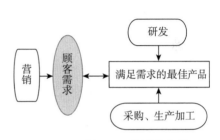

图1-2 营销的本质

2. 个体需求与行为

根据心理学理论，需求是个体采取一切行动的根源。图1-3表明了个体需求与行为之间的关系以及所涉及的其他概念。

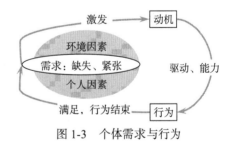

图1-3 个体需求与行为

个体需求是在环境刺激作用下产生的，即个体意识到某种缺失，这种缺失导致其内心产生一种紧张状态。因个体差异，相同的环境刺激所导致的缺失或紧张状态会有所差异。

这种紧张状态将驱使个体寻求缓解方案，即形成动机；在动机驱动下，个体采取其能力能够支撑的某种行为以获得缓解方案，满足自己的需求；需求得到满足，内心的缺失和紧张状态消除，本次需求产生、满足的行为过程也就结束了。

由此可见，人们乐于购买源于内心需求的产品。为使顾客产生购买、消费行为，营销人员必先诱使其产生需求。

随着买方市场的形成，大多数产品处于供过于求的状态，企业很少受到来自设备、材料等采购供应的压力；作为买方，企业占据着主动地位。但当行业慢慢成熟，产品逐渐走向高品质基础上的同质化时，生产过程创造竞争优势的可能性越来越小，企业不得不将经营的重心更多地转向销售系统，希望销售系统除了能将产品销售出去以外，还能对企业的经营决策提出建议，由此销售系统也就逐渐演变为营销系统。营销（市场分析、推广及销售）成为贯穿价值链所有环节的活动。

从销售系统到营销系统的转变，关键的变化是企业市场活动的重心从"生产后"前移到"生产前"。市场营销不仅要把已经生产出来的产品销售出去，更要关注并决定企业应当生产什么、生产多少、什么时候生产；即营销的本质是把握顾客的需求是什么，能满足这种需求的产品是什么、需要多少、什么时候需要。

> ⊙ 讨论 1-1　　　　　　　　推销对市场营销的意义
>
> 　　从某种意义上看，销售只是市场营销的逻辑结果，推销或促销只是市场营销的后期活动，既不是核心活动也不是主要活动，更非全部活动。从理想的角度看，市场营销不是推销或促销，而是要使推销成为多余，使顾客自愿地购买本企业的产品。
>
> 　　管理学大师彼得·德鲁克有一段话很好地道出了推销对市场营销的意义。他说："可以设想，某些推销还是必要的，但营销的目的却是使推销成为不必要。营销的目的在于更好地了解顾客，使产品或服务适合顾客需要而能自行销售。理想的情况是，市场营销应能促使顾客乐于购买，然后要做的就是使产品或服务就近可以买到。"

3. 需求创造与传递

需求创造所传递的一个基本信息是："营销应该告诉顾客该要什么，而不是仅仅给顾客想要的。"一方面，并非顾客所有的需求都是合理的、可持续的，一味满足顾客的需求并不符合社会观⊖的理念；另一方面，社会与技术在快速发展，顾客对需求的表述反而日趋模糊，越来越不清楚自己需要什么，或是什么需求是合理的，于是需要营销者的引导甚至培育。因此，需求创造其实就是让顾客明确自己的需求以及如何才能获得满足，当然所创造的需求实现起来必须是合理的、可持续的。

需求被创造出来之后，一方面要通过传递来扩大顾客基数，使需求扩散，因为只有达到一定规模的需求在经济上才是有效的。另一方面还要深化需求内容，这包括将需求转变为顾客对能够满足这一需求的特定产品的追求，以及提升顾客需求满足的迫切性，此时的需求才是现实的。

顾客需求的产生是一个复杂的过程，受多种因素影响，因而需求创造与传递是一个系统工程，受制于顾客认知空间、企业能力空间以及合作者资源空间的影响，具体如图1-4所示。

顾客认知空间反映了顾客本身存在的与潜在的需求，

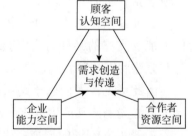

图1-4　需求创造与传递系统

⊖　社会观详见1.2.5节。

包括这种需求的稳定性、发展性以及顾客为满足这种需求的参与度等。

企业能力空间是指企业在资源、能力以及商业模式等方面的宽泛性，它规定了企业能创造什么需求以及需求的扩散程度。

合作者资源空间涉及合作者的资源、意图、执行能力等。合作者既可以是行业内的竞争者，也可以是产业链的上下游合作伙伴。合作者资源空间构成了对需求创造的重大制约，即与企业在需求创造上是形成合力从而提高了创造力，还是力量互相抵消从而降低了创造力。

> ⊙ 讨论 1-2　　　　　　　共享汽车能不能挺住
>
> 　　共享汽车是共享经济在出行领域的延伸与应用，属于汽车租赁市场的垂直细分，其准确名称应为分时租赁。在政策与资本的双重推动下，共享汽车行业引得众品牌"你方唱罢我登场"，既有佰壹出行、途歌、巴歌出行、EZZY、友友用车的业务暂停或退出，也有GoFun、凹凸租车、烽鸟出行、盼达用车、EVCARD、e享天开的高调进入与持续深耕。
>
> 　　共享汽车能否顺利进入平稳发展期，除了要看消费者是否做好了准备，能够认同并形成规范的租用车行为，企业能否在出行体验、智能调度、盈利模式、资源整合、品牌交互等方面进行创新提升，更要看各参与方（包括政府、行业协会）能否通力合作，破解车、桩、停车位等稀缺资源限制的难题，在信用、安全、隐私等方面营造良好的共享生态系统，布局未来，以跨界创新催生核变效应。

1.1.3　营销的职能

不管是创造需求还是推进美好生活，营销这一社会活动和管理过程在企业内部的具体职能活动一般都表现为三大类：一是市场分析与规划，二是销售与客户管理，三是流程建立与部门协调，如图 1-5 所示。

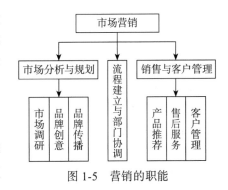

图 1-5　营销的职能

1. 市场分析与规划

市场分析与规划包括市场调研、品牌创意和品牌传播三个方面。市场分析与规划是企业营销活动乃至整个企业活动的首要环节。

市场调研包括对宏观环境、行业环境、竞争对手、顾客行为的调查和分析。市场调研的目标在于准确把握来自政治法律、经济发展、社会文化、科学技术、行业及竞争等对需求和供应的约束，为企业确定目标市场、品牌创意、产品组合、定价、分销、沟通等提供依据。

品牌创意本质上是对目标顾客需求（生活方式或生产方式）或企业解决方案的抽象

的、高度概括的概念性描述，是以一种简洁的、具有强烈视觉和听觉冲击力的表现形式向目标顾客展示品牌所代表的生活方式或生产方式。品牌创意是营销的灵魂。

一个好的创意只有被大众知晓、接受才会产生价值。品牌传播就是通过有效整合广告、新闻、事件等传播手段将品牌创意与产品信息送达目标顾客并使之理解和接受，激发其消费欲望（产生需求），付诸行动（搜寻、比较产品）。这是需求的传递和扩散过程。

2. 销售与客户管理

销售与客户管理是向目标顾客面对面地推荐产品，帮助顾客实现需求的活动，具体包括产品推荐、售后服务和客户管理三个方面。

产品推荐是指企业销售人员通过各种有效手段面对面地向目标顾客介绍、展示产品的功能、特点和使用方法，尤其是产品的顾客利益，将顾客的需求欲望转变为对本企业产品的实际购买行为。售后服务是指及时了解并帮助顾客解决在产品使用过程中遇到的各种实际问题，如安装、使用、维修等。客户管理又称**客户关系管理**（customer relationship management, CRM），是指了解和把握潜在的和现实的客户需求、行为等动向，建立客户数据库、与客户间的沟通渠道和沟通机制，以前瞻性地发现并满足客户的新需求。

如果说在互联网时代之前，对消费者的管理实际上是不可行的，那么在互联网时代，消费者管理正逐渐成为可能，并成为消费品生产、销售企业最为重要的核心竞争力。这种可能性源于大数据及大数据挖掘，正是大数据技术使企业可以对消费者的需求和行为了如指掌。

3. 流程建立与部门协调

流程建立与部门协调是指建立企业营销运作的业务流程、标准、制度和激励政策并监督执行，为企业营销活动的有效开展提供规则保障和激励。

流程建立是指建立高效规范的营销业务流程，确定企业内部各部门、企业外部各类经销商、辅助商（品牌机构、广告商、物流商、律师事务所、会计师事务所）等在营销过程（包括产品销售过程）中的分工和责任。部门协调是指依据业务流程规范，有效地预防和协调日常运作过程中部门间的各种可能的冲突，保证企业的各项活动围绕实现顾客需求、创造优异顾客价值这一核心。

相对而言，市场分析与规划是面向潜在的和现实的顾客整体的活动，如解析目标顾客的整体特征，通过大众媒介向目标顾客整体传递企业的品牌和产品信息；市场分析与规划重在唤醒顾客的潜在需求，甚至是以新的生活（生产）方式激发顾客的新需求，目的在于由需求引发顾客对产品的欲望，由需求拉动对产品的搜寻和购买。

销售与客户管理则更多的是面向顾客个体的活动，销售人员必须准确把握每一位顾客的社会背景、偏好甚至生日等信息，沟通也大多是以一对一的方式进行；销售与客户管理重在向顾客介绍、推荐用于满足需求的解决方案（产品或服务），帮助顾客实现其需求而不是激发需求，所以更多地表现为一种推动，促成顾客购买本企业产品。营销职能间的相互关系及其与顾客需求的相互关系如图1-6所示。

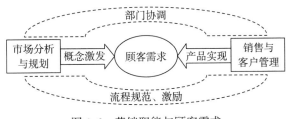

图1-6 营销职能与顾客需求

从组织结构看，营销的三项基本职能通常由市场部、销售部和管理部分别承担，大型的、复杂的产品制造企业的营销部门设置会更细一些，如客户服务、媒体和广告、大客户管理等都有可能成为独立的部门，销售部也可能按产品线分别设置。

从我国企业的营销组织结构看，大多数企业的营销中心下设了销售与客户服务部门；市场分析与规划部门却非常罕见，或者仅仅承担参展、广告等传播职能，最基础和最重要的调研、创意反而缺失；鲜见负责流程规范与部门协调的机构。这说明以销售代替营销仍然是我国企业中的普遍现象，也反映了对营销的认识偏差。

1.1.4 营销的职业发展

从职业发展看，营销职业可细分为市场分析师、品牌规划师、品牌（产品）经理、媒体经理、客户经理、销售工程师和行政经理等，不同职业要求不同的知识和技能结构。

市场分析师要求具备扎实的经济理论基础、灵活运用各种数量分析工具的能力以及良好的理性思维和综合判断力；对顾客情感的感悟力，发散性思维，从艺术、文学到科学的广博知识和精湛的语言应用技巧是对品牌规划师的基本要求；品牌（产品）经理、行政经理则应当有良好的组织协调和领导能力；媒体经理必须熟悉各类媒体的基本特征、受众，在信息技术极速发展变化的时代，还要能及时跟踪和运用各种新媒体，并且具备对各类媒体的整合能力；换位思考能力、人际沟通能力（感染力、说服力、控制力）和不屈不挠的耐心是成为一名优秀的客户经理的必要条件；销售工程师既要有良好的商务知识，也要有一定的产品知识。

1.2 营销观

市场营销学脱胎于经济学，又吸收了管理学、行为科学、心理学和社会学等学科的相关理论，逐步趋向完善。推动市场营销发展的主因是由生产力发展而带来的供需关系变化，为了适应这种供需关系的变化，市场营销也在不断地改变着自己的基本观念——营销观。从市场营销的历史进程看，共产生过生产观、产品观、推销观、顾客观和社会观五种营销观，在不同时期或不同环境条件下指导着营销活动的开展。营销观的基本情况见表 1-2。

表 1-2 五种营销观的比较

观念	时间	环境	基本观点
生产观	20 世纪 20 年代以前	供小于求	定价合理的产品无须努力推销
产品观	20 世纪 20 年代	供求平衡	顾客欢迎质量、功能最多的产品，并愿支付高价
推销观	20 世纪 20 年代末至 50 年代前期	供求平衡	只要努力推销，产品都可以售出
顾客观	20 世纪 50 年代之后	供大于求	以顾客为中心，比竞争者更好地满足顾客需求
社会观	20 世纪 80 年代之后	环境恶化	并非所有的需求都要去满足

1.2.1 生产观

生产观（production orientation）的基本观点是定价合理的产品无须努力推销即可售出，在企业经营管理中的具体体现是"能生产什么，就卖什么"，其形成的经济基础是供小于求。

在 20 世纪 20 年代以前，现代工业已基本形成，但生产技术相对落后，生产效率不高，人们的需求无论是在产品的品种种类，还是在产品的数量方面都远远没有得到充分满足。如果出现产品滞销的情况，也只是由于购买力不足造成的相对过剩，而不是需求饱和下的绝对过剩。在这种情况下，产品不能售出的唯一理由就是其价格超出了人们的购买力。提高人们购买力的途径有二，一是增加收入，二是降低价格。显而易见，企业只能通过降低价格来提高人们的购买力。在这一时期，企业经营成本主要是生产成本，降低成本就是降低生产成本，企业的工作重心自然落在了生产管理上，生产观得以流行，如图 1-7 所示。在这一时期，市场推广和销售相对于生产、采购、财务等职能处于次要地位，市场营销尚在孕育之中。

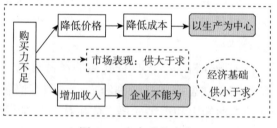

图 1-7 生产观的由来

■ 案例 1-1　　　　　　福特 T 型车的成与败

20 世纪初，美国汽车工厂都处于作坊式的手工生产状态。这种生产方式使汽车的产量很低，成本居高不下，一辆汽车在美国的售价大约是 4 700 美元，相当于一个普通工人好几年的收入。

1908 年 10 月 1 日，福特汽车公司推出了 T 型车。最初用于生产 T 型车的流水线使福特汽车公司装配一辆汽车仅仅需要 12.5 小时，而其他公司需要 700 多小时。这使得福特汽车公司最初推向市场的 T 型车定价只有 850 美元，远远低于市场价格水平。福特汽车公司把单一型号大批量生产的潜力发挥到了极致，先进的生产方式为它带来了极大的市场优势，成为当时美国最大的汽车公司。

但到了 20 世纪 20 年代中期，由于产量激增，美国汽车市场基本形成了买方市场。当其竞争对手通用汽车公司在汽车的舒适化、个性化和多样化等方面大做文章时，亨利·福特仍然顽固地坚持以生产为中心的观念，他甚至不愿意生产除黑色以外其他颜色的汽车，只是以不断降价来应对竞争对手。但当降价也不再有效，库存大量积压时，福特不得不在 1927 年停止 T 型车的生产。

资料来源：汽车有文化. 福特 T 型车为什么既成功又失败 [EB/OL]. (2016-06-30). http://www.sohu.com/a/100237276_115822.

1.2.2 产品观

"酒香不怕巷子深"是对**产品观**（product orientation）的一种经典描述。产品观的基本观点是顾客会欢迎质量最优、功能最多的产品，并愿支付高价。这种观念产生的经济基础是市场上产品总体处于供求平衡状态，但顾客有了一定的挑选余地，并且开始对产品质量、功能提出了超出基本配置的更高要求。

20 世纪 20 年代，西方社会已经基本脱离贫困、衣食无忧，提高生活质量逐渐成为人们追求的主要目标。改进产品质量、增加产品功能、致力于产品的精益求精成为这一时期企业经营管理的主要思想。

但这种绝对高质量、多功能的产品观很快就被证明存在重大问题，容易引发"营销近视症"。企业总是相信自己的研发人员、工程师知道该怎么设计和改进产品，很少或根本不注意顾客的需求，认为产品就是需求。因此，一方面，产品功能过剩、性能过剩的现象日趋严重，一件从十楼扔下去都摔不坏的家具未必受欢迎；另一方面，因对替代产品视而不见，企业常常错失发展良机，深陷被市场淘汰的困境。也正是由于这些"营销近视症"及后果的出现，企业逐步将视野从产品转向顾客的需求。

产品观在一般意义上的失败，并不意味着产品观一无是处。今天，在体现身份或情感性很强的场合，产品观依然独领风骚。

■ **案例 1-2**　　　　　　**是机制"德芙"还是手工"MICHELI"**

当前市场上成功的巧克力品牌非常多：德芙、费列罗、明治……但这类巧克力被越来越多的人定义为"工业巧克力"。这些巧克力的原料、馅料的调配、搅拌、制作、包装都由全自动机械操作，这就决定了它不可能有太多的种类细分和细腻的造型与味道；另外，为了扩大销路、降低价格，其在原料上也缩减很多，所

以你会觉得工业巧克力就像一杯速溶咖啡——虽尝得出来是咖啡，但味道平淡无奇。即便是市场表现最好的德芙也掩盖不了其工业巧克力的本质。

巧克力独有的上百种香味和精细的调温工艺，让机器生产和手工制作的风味差异极大，尤其是纯手工制作更能充分释放巧克力的香气和口感。特别是当越来越多的人认识到巧克力已经不是一种简单的食品，而是相爱的人们相互表情达意的象征，是节日馈赠亲朋好友的得体礼品时，手工巧克力再次走进消费者的视野。

瑞士唯一一家致力于黑巧克力制作的老店MICHELI，一直坚持巧克力的每个环节都用手工操作，可以将可可含量85%～100%的黑巧克力做得柔滑适口、美味无比。虽然MICHELI不被大众熟知，却有着皇室贵族的保驾护航和好莱坞明星的忠实拥戴。

资料来源：手工巧克力的百万生意 [EB/OL]. (2011-01-18). https://m.hexun.com/news/2011-01-18/126861673.html.

1.2.3　推销观

推销观又称销售观（selling orientation），它认为顾客通常表现出一种购买惰性或抗衡心理，如果听其自然的话，顾客一般不会足量购买某一产品或品牌。因此，企业必须通过主动推销和积极促销来刺激他们的大量购买。企业的工作重心转向销售，重视广告及推销技巧。

推销观形成的经济基础是，生产力的进一步发展使许多产品开始由相对过剩向绝对过剩过渡，在此情况下，企业面临的首要问题是产品的销路。为了把产品销售出去，企业开始重视与产品推销有关的销售机构与推销策略。也就是说，从生产观、产品观到推销观，销售在企业经营管理中的地位逐步上升。与此同时，关于分销、广告、价格等营销问题开始被单独加以研究，研究者认为生产创造了产品的使用价值，而营销创造了时间和空间价值，市场营销的雏形得以形成。

推销观的绝对表现是"我卖什么，顾客就买什么"。这种绝对的推销观建立在以下两个假设上：一是顾客会在推销人员的大力劝诱下购买产品，并且会喜欢它，即便不喜欢也不会向朋友说它的坏话，或者向消费者组织投诉；二是他们也许会忘记自己上次购买的不满意而再次购买。但显然，这些假设在现实中并不完全成立，建立在这种强化推销基础上的营销具有较高的风险性。

尽管推销观产生并流行于20世纪20年代末至50年代前期，但在现代市场经济条件下仍被广泛用于保险、墓地等非渴求品的销售上，一些政治党派的竞选、民间团体的慈善募捐也会奉行该种观念。需要强调的是，产品能否长期销售最终取决于产品满足需求的程度，创造需求并通过推销（沟通）让顾客认识、了解产品，让顾客在比较中确定产品与其需求的高匹配性才是推销的本质。

1.2.4　顾客观

顾客观又称营销观（marketing orientation），其基本观点是企业必须以顾客为中心，一切工作服务于满足顾客需求，从而达到顾客满意，即"顾客需要什么，企业就生产经营什么"。顾客观产生的经济基础是供大于求——买方市场，此时企业不得不首先了解市场需要什么，据此制订有效的营销计划，提供比竞争对手更能满足顾客需求的产品与服务。

在20世纪50年代中后期，战时积聚起来的生产力得到释放，人们终于不再为物资短缺所困扰，价格也不再是影响顾客选购产品的唯一要素。尤其是战后出生的一代渐渐成为消费主力军，开始显示出更多的个性化和差异化，买方市场形成，竞争日趋激烈。在这种情况下，企业开始加强市场调研和预测，开始就如何进行资源配置、如何影响人们的需求和行为进行实践探讨，市场细分、4P组合、定位等重要的营销理论被提出，市场营销理论开始逐步走向完善与成熟。

顾客观要求企业：①持续地研究顾客需求及行为，充分了解竞争对手和其他市场信息；②明确企业拥有的竞争优势；③根据基本信息细分市场并结合企业竞争优势选择目标市场，即决定满足哪些顾客的何种需求，界定相对目标顾客的优异顾客价值的内涵；④高效地协调整合企业内各部门的行动，引导整个企业为向顾客提供优异价值而共同努力，如图1-8所示。

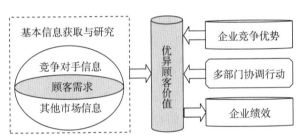

图1-8 顾客观的构成要素

顾客观是市场营销发展史上的一次巨大突破，它把企业经营的出发点从生产转移到需求上来，从以产品为中心转变为以目标顾客及其需求为中心，从"以产定销"的经营思路转变为"以销定产"，从通过销售获得利润转变为通过顾客满意获取利润。

■ **案例1-3** **从用户需求看背单词App的发展**

在知乎、豆瓣等平台，时常能看到知米、扇贝、百词斩、拓词、沪江开心词场、墨墨等背单词App的使用分享与推荐。纵观背单词App的发展，就是一部顾客需求的演变史。

发音与记忆需求 词汇是用户背单词的核心需求。与单词书相比，背单词App除了拥有海量词库以外，还引入词汇的自动发音功能，并利用"艾宾浩斯记忆曲线"进行算法设计，从而智能安排生词、熟词的出现时间和出现频率，既迎合了用户对词汇形音义齐头并进的基本需求，又解决了用户背了忘的痛点。

自我定制需求 为了让用户用得顺手、高效，各类App开始在自我定制上做文章，最大限度地发挥用户的主动性。如中学单词宝、沪江开心词场可以让用户自己选择需要学习的词汇；知米、扇贝则让用户选择学习的周期，软件自动根据周期的时长安排每天学习内容和任务量……

尊重及社交需求 背单词 App 普遍采取了"平台集聚"的模式，一方面"小班""小组""QQ 群"的形式有助于形成忠实用户效应，另一方面也有助于用户以"说"的形式获得某种程度的自我价值肯定。因此，在背单词的小班、小组中，就可以经常看到用户每天竞相打卡、PK 单词量，在社交需求满足中完成组团学习的目的。

当用户背单词的功能被满足以后，App 开始从趣味性的角度添加了各种背单词游戏，如百词斩 PK 单词量、知米的拯救知米姥姥……以"寓教于乐，拒绝苦行僧"的教育理念来帮助用户抗压减负。

资料来源：花满楼. 从用户需求看背单词 App 的发展 [EB/OL]. [2016-06-01].https://www.sohu.com/a/79284836_195364.

1.2.5 社会观

社会观（societal marketing orientation）的产生源于顾客观表面上看似以顾客为中心，但在现实中企业并未考虑顾客需求的合理性，使顾客的需求、利益与长期的社会福利之间存在冲突。如企业倡导奢侈消费，一方面产生了过多的包装废弃物，既浪费资源又污染环境；另一方面也助长攀比、奢侈等不良社会风气，有碍正确价值观、社会道德的建设。

特别是自 20 世纪 80 年代以来，人类活动对自然环境及人类社会本身的破坏开始日益显现，世界范围内的贫富分化更趋严重，人类在健康、生物多样性、农业生产、水和能源等许多领域面临非常严峻的挑战。1987 年世界环境与发展委员会在《我们共同的未来》报告中第一次阐述了可持续发展的概念，获得国际社会的广泛认可。在这种形势下，企业开始反思其传统的营销活动，意识到企业营销应承担一定的社会责任。社会观就是在这种背景下提出的，市场营销也由此进入转型期，学术界与企业界都试图在可持续发展观的指导下建构新的市场营销体系。

社会观要求企业在营销活动中考虑社会伦理与自然环境问题，将企业利润、顾客需求与公共利益统一起来。企业对顾客需求的满足，不仅要体现顾客个人的当前愿望，更要顾及顾客整体的利益，追求人与人、人与自然的和谐，维持社会整体的长远发展。

讨论 1-3　　共享单车如何让生活更美好

共享单车曾被网民誉为"新四大发明"之一,以席卷之势出现在城市大街小巷,但随之而来的是乱停乱放、堆积成灾、退押金难等问题,给城市管理、金融监管、交通安全、维权保障等方面带来极大困扰。

若从社会观的角度重新审视共享单车的发展,那么共享单车企业作为盈利主体应担负主要责任。首先,为了抢占市场,跑马圈地、烧钱铺车的粗放式投放模式,造成单车资源的巨大损耗与严重浪费,背离了"共享经济"的题中之义;其次,单车的过量投放以及停放管理滞后,造成对公共空间无所顾忌的侵占,在某种程度上是以解决公共服务难题的名义制造了新的公共服务难题,这是企业发展与社会责任的背离;最后,对用户押金缺乏合理、可续的管理机制,甚至设置壁垒形成退出的不自由,更是违背了基本的商业伦理,挫伤了品牌公信力,造成用户对整个行业的恐慌。

所以,尽管共享单车的逻辑起点符合市场期待,补足了公共服务的细分领域,在这些颇为基础的规则上却予以漠视甚至走错方向,所以,尽管其初期表现具备令人目眩的互联网诠释,但也难以避免如今的整体性后撤。未来的共享单车如何发展?不忘"初心",方能行稳致远,才能真正地"骑行让生活更美好"!

上述五种营销观念又可归并为传统营销观与现代营销观两大类。生产观、产品观和推销观属于传统营销观,企业经营的出发点是产品,生产什么就推销什么、销售什么。顾客观、社会观则属于现代营销观,企业经营的出发点是需求,顾客和社会需要什么,就生产什么、销售什么。

表 1-3 给出了**产品导向**和**需求导向**对企业提供物的不同理解。显然,由于需求比产品具有更好的稳定性和不可替代性,需求导向为企业提供了更为持久和广阔的市场发展空间。例如,万科地产从"让建筑赞美生命"来理解人们对住宅的需求,小区环境设计、物业管理水平才成为万科创建品牌的切入点。需要强调的是,营销观并没有优劣之分,不同的营销观反映了不同时期的主要矛盾,企业应根据自己当前所面临的主要矛盾来选择适合的营销观。

表 1-3　产品导向和需求导向的差别

企业	产品导向的理解	需求导向的理解
淘宝	消费品销售	万能的淘宝
星巴克	来这里喝咖啡	这里是第三生活空间
微信	即时沟通	朋友圈
迪士尼	主题公园	创造魔幻之旅
万科	住宅	让建筑赞美生命

从上述营销观发展的历程,可以总结归纳出推动市场营销发展的主要原因,见表 1-4。

表 1-4 推动市场营销发展的主要原因

原因	说明
供求关系	当供求关系由相对过剩演变为绝对过剩时,产品即使价格合理也不可自行销售,于是,与顾客沟通变得越来越重要
需求性质	当生理需求得到基本满足后,精神需求成为需求的主体。相对于生理需求以同质、客观、稳定为主,精神需求以异质、主观、变化为主。于是,需求变得可以创造
消费行为	随着社会经济的发展,人们从希望拥有物质到希望摆脱繁重的劳务、享受生活再到参与过程、体验生活。这时,营销已经成为企业经营的核心
信息对称性	在产品相对简单、变化缓慢的时代,交易双方信息基本对称,如今却全然不是这样,通过营销沟通建立与顾客间的信任是企业生存的必要条件
社会关系	当社会和谐成为影响人们幸福感的重要因素后,个体顾客观演变为整体顾客观,即社会观
人与自然的关系	在生产力低下的年代,大自然似乎是取之不尽的宝库,在生产力高度发达的年代,一味索取意味着自然被破坏、生态恶化,社会观成为必然

1.3 营销系统及其核心概念

营销既是企业活动系统的一个重要组成部分,也是社会活动系统的一个子系统,有它自身的系统结构、流程和要素,这些要素构成了营销的核心概念。

1.3.1 系统、流程与计划

营销在需求把握和创新的基础上构思有效产品并激发顾客需求,通过市场交换送达顾客以满足顾客的需求,所以营销始于需求且终于需求。把握需求、产品和市场营销者这些核心概念是理解市场营销的重要基础,图 1-9 给出了营销系统及其流程、要素。

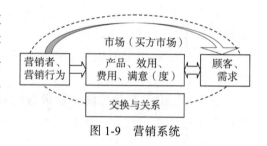

图 1-9 营销系统

1. 营销系统

由图 1-9 可知,营销系统由营销主体(营销者)、营销对象(产品)、营销客体(顾客)和营销载体(市场)四个要素构成。这四个要素同时也是市场营销学的核心概念,是营销学理论与实践的基石。

2. 营销流程

需求创造、传递和扩散、实现贯穿于营销过程的始终。图 1-9 也部分地反映了营销的基本流程:营销者洞悉顾客需求,提供满足其需求的产品或解决方案,然后两者在市场上通过交换各取所需。这一基本流程在实践上可分为洞悉需求、阐释需求、传递需求和满足需求四个阶段。

洞悉需求 市场机会就是未被满足或未被完全满足的需求,洞悉需求即发现市场机会。因此,营销者必须首先熟知需求产生、发展与传递的基本规律,掌握需求识别与测量的基本方法和技巧。由于需求的产生与变化是内外因素综合作用的结果，所以营销者需要通过对外部环境要素、顾客需求与行为、组织市场需求与行为的变化监测和分析，预测出未来需求的变化，从而把握市场机会。

阐释需求　市场机会既存在于顾客明确提出的需求（显性需求）中，也存在于顾客内心深处不为人所知的需求（隐性需求）中。如社会观所表明的，并非所有的需求都是合理的、有效的，需要进行分析、评估与选择。面对顾客需求的日趋个性化、情感化，营销者出于自身资源有限性与竞争规避的考虑，只能针对部分顾客的部分需求进行满足，确定目标顾客也因此成为市场营销的一项基础战略。为了更好地联结目标顾客，使之忠诚于企业，营销者需要利用品牌来对需求进行阐释，明确需求对顾客的社会心理学意义。

传递需求　面对目标顾客及其背后的市场机会，营销者需要通过具体策略——营销行为来向顾客传递需求、扩散需求，让更多的目标顾客认识到这种需求，知道需求满足的手段及条件。一般来说，营销策略包括产品策略、价格策略、渠道策略和传播策略。

满足需求　最终，需求的满足是通过产品使用实现的。这就需要构建销售组织和销售流程来帮助目标顾客购买与使用产品，通过顾客管理来加强目标顾客与营销者之间的密切关系以促进其重复消费。由于市场环境的多变、计划执行的偏差，在营销执行过程中还必须建立一套有效的评估、控制机制来确保需求的有效满足。

3. 营销计划

营销计划是指营销者针对具体业务制定营销目标，以及实现这一目标所应采取的策略、措施和步骤的明确规定与详细说明，也是对营销流程的具体化，俗称营销方案。表1-5概述了一个典型营销计划（方案）的基本结构与主要内容。

表1-5　营销计划（方案）的基本结构和主要内容

序号	部分	主要内容
1	概要	对计划目标及内容的扼要综述，以便上级部门快速抓住计划要点
2	当前营销状况	市场状况：描述整体市场与主要细分市场的情况，评价顾客需求和行为，以及环境中可能影响顾客购买需求和行为的因素 产品状况：列出产品线中主要产品的销售额、价格和毛利润 竞争状况：评价主要竞争产品的品牌定位及其在产品、价格、渠道与传播中的策略 渠道状况：评价主要分销渠道最近的销售趋势和其他进展 传播状况：描述并评价当前传播策略
3	机会识别	通过环境、竞争对手、需求和行为等方面的调研与分析，确认需求和行为的发展趋势，评估可能面临的主要威胁和机会，识别出其中所有可能的市场机会——有效细分市场
4	选择目标市场	在所有有效的细分市场中，综合竞争对手、企业优势、市场成长性等因素，选择最有利的细分市场作为目标市场
5	品牌定位与概念测试	根据目标顾客的需求和行为，结合自身文化，提炼并阐释品牌定位，设计品牌概念测试方案以评估是否符合目标顾客心智
6	确定目标	根据环境、竞争、市场成长性等因素和自身资源，确定期望的知名度、市场份额、利润率等营销目标、市场目标和财务目标

(续)

序号	部分	主要内容
7	产品、价格及测试方案	为满足顾客需求，就整体产品及价格组合进行设想，设计测试方案以确认顾客对产品及其价格的认知，并确定最佳的产品和价格组合
8	渠道及销售组织	设计产品分销渠道，选择经销商及经销方式，设计企业销售组织、销售政策和产品投放方式，确保顾客能够有效接触并得到产品
9	传播方案及测试方案	设计需求及产品信息结构，整合各种传播手段形成可能的传播方案，设计传播测试方案以确定最佳的信息传播方案
10	行动方案	将营销计划转化为具体的行动方案，包括方案分阶段的实施过程，各阶段做什么、谁负责去做、所需费用等
11	预算	列出预期收益（预期的销售数量、平均的净价格等）与营销成本
12	评价、控制和调整机制	构建方案执行的评价指标及目标标准，形成指标监测方案，设计控制和调整机制，从而及时发现并解决执行过程中的问题

1.3.2 顾客及需求

顾客及需求是营销活动的中心，顾客的需求在营销者发起的营销行为刺激下被唤起，进而积极寻求能够满足需求的产品和提供者。所以，营销活动就是围绕目标顾客不断创造需求、传递需求、满足需求、提升需求、再满足需求的一个持续上升的循环过程，如图1-10所示。

图1-10 需求创造、满足循环

1. 顾客

顾客是相对营销者而言的，是指在营销过程中处于被动、消极地位的一方。在买方市场条件下，产品供过于求，卖方主动、积极地创造需求，寻求买方，买方则拥有足够的挑选余地，处于主导地位，不采取主动寻购行为。顾客就是购买者是我们今天面临的一般情况，但这绝不意味着顾客在具体交易过程中完全被动，顾客一般会采取一些策略（如讨价还价）来获取更为有利的交易条件。某些情况下，买方也可能是营销者，卖方才是顾客。

在自媒体不断发展的基础下，消费者已经越来越主动、积极地表达自己的需求意愿，但这种表达往往缺乏明确的目的性，更不会轻易转变为主动、积极地寻求满足的行为。

2. 需求

需求是市场营销最基本、最重要的概念，顾客之所以是顾客，只是因为其有需求。与需求紧密相关的一组概念是行为、生活方式（片段）和经营方式。

需求是人们希望改善目前状态的一种心理愿望，如对目前工作不满而希望更换工作，对生产效率不满而希望改造生产线。就消费者而言，**行为**是为满足需求而进行的活动或采取的措施，如寻求产品信息、去某个商场或网店购买、在聚会时使用等；就企业经营而言，行为是拓展生产线自行生产某个部件，或直接向这一备件的某个生产商定制等。

生活方式是人们根据某一中心目标而安排其生活的模式,并可通过其活动、兴趣和意见体现出来。这个中心目标就是思想中固有的某种价值观,而活动则表现为对衣、食、住、行、劳动、工作、休闲娱乐、社会交往等物质生活与精神生活内容的向往,也包括为追求这些内容所产生的具体行为。我们也可以将其中的各种活动称为"生活片段"。

> ⊙ 讨论 1-4　　　　　　　　　　构建生活片段
>
> 　　显然,生活方式与经营方式是涵盖需求和行为的一个更为宽泛的概念,可理解为"元"与"域"的关系,即生活方式是个体众多需求与行为相对稳定的有序集合,经营方式是组织机构需求与行为的有序集合。
>
> 　　生活方式与经营方式的改变必然引发需求和行为的改变。反之,一个产品的变化也可能引发相关产品的变化,进而引起生活方式(片段)的变化,如高铁带来的便捷交通,改变了许多人的通勤方式,轿车的普及改变了许多家庭的周末生活。当然也很容易看到,这些并不是一个产品就可以改变的,它们需要相关产品的配套。所以,理解一个产品,应将这一产品置于一定的生活方式(片段)之中,创造需求要从创造生活方式(片段)入手。
>
> 　　那么,一个愉快的周末,除了一辆轿车,还需要哪些产品的配套支持?

在这里,我们将组织开展经营活动过程中与各利益相关者形成的关系以及生产方式统称为**经营方式**。无论是组织与利益相关者直接的关系发生了演变,还是生产方式产生了变革,都会对社会经济发展产生巨大影响,在微观层面上引发新的需求与行为。

其实,"需求能否被创造"一直是营销研究过程中被讨论的话题,对需求内涵的认识差异是引发争论的根源。如果把需求理解为人们为了生存、发展而需要食品、衣服、住所、安全、归属、受人尊重等,那么这些需求显然是人们与生俱来的并且是稳定的,营销不需要也不可能创造。但这种理解并没有给出需求的定义,更没有揭示出需求的本质,只是给出了需求的具体类型。若将需求界定为"人们希望改善目前状态的一种心理愿望",由于人们对目前状态的满足标准是变化的(如人们对食物的追求从饱腹耐饿到营养均衡,对服装的关注从遮羞保暖到彰显个性,对住房的要求从遮风挡雨到舒适安逸,而营销就是促成这种标准变化的一个强烈外因),那么从这个角度来看,需求显然能够被创造。

基于"需求是人们改善目前状态的一种心理愿望",从营销角度来看,创造需求就是要打破目前顾客的满足状态,使其从满足变为不满足,传递需求就是传递顾客的不满足,变个别顾客的不满足为群体的不满足。而对顾客满足状态的改变是可以通过提供一种新的满足标准(或参照系)来进行的。具体而言,就是针对顾客可以提供一种新的生活方式,针对组织机构可以倡导一种新的经营方式。美国西部航空公司的广告语"先定义你的生活方式,再选择适合你的产品与服务",就是对这一思路的最佳注脚。

■ 案例 1-4　　　　　　　　　　喝牛奶了吗

20世纪90年代中期，年轻消费群对牛奶逐渐失去兴趣，认为牛奶是老年人或婴儿的营养饮品，再加上饮料业的大发展，他们更倾向于选择口感诱人、包装亮丽的果汁、碳酸饮料等新饮品。牛奶被视为一种过时的饮品，销售量持续下跌。迫于日益严峻的生存环境，从1999年开始，由加州的牛奶企业与乳品企业联合成立的加州牛奶生产商管理委员会（以下简称"加州委员会"）和全美液态奶生产商推广管理委员会联合推出"Got Milk？"（喝牛奶了吗）的营销计划，以扭转加州牛奶消费量下滑的趋势。

加州委员会从重新培养消费者的消费习惯与重塑他们的生活方式入手，选用在受众中到达率与影响度最高的电视媒体作为传播平台，在短时间内进行密集广告投放。广告的诉求主题围绕"牛奶缺乏"或"牛奶没有了"展开，描写了一个又一个人们突然发现牛奶喝完时的沮丧情景，尽情地挪揄没有牛奶可喝的人们的痛苦。随着观众一阵阵开心的大笑，"喝牛奶了吗"逐渐被各层面的消费者所接受。同时，加州委员会更是不惜血本邀请美国各界明星为牛奶代言，这些明星的嘴唇上都有一抹牛奶小胡子（milk mustache），并通过十余年的这种"牛奶胡子"的广告宣传，令"怎么能缺了牛奶"这句警示语深刻地印在消费者的心中。

资料来源：周环宇. 美式营销战：美国行业营销经典案例[M]. 北京：北京大学出版社，2007.

1.3.3　营销者及营销行为

1. 营销者

营销者是营销活动中主动、积极的一方，通常是卖方，他们创造需求，提供满足需求的产品，在市场上通过一系列营销行为激发顾客产生需求，进而寻求满足需求的产品。当买卖双方都积极时，双方都是营销者，这种情况也称为相互市场营销。

营销者既可以是组织，也可以是个体，甚至是一种松散或紧密的营销者群。

企业是最主要的营销者。企业要获取盈利，就必须有顾客购买其产品，而顾客购买产品的前提是有需求，所以企业必然要制定、实施一系列的营销行为进行需求创造、传递，培育顾客需求和行为，引导顾客进行购买和消费。这里的企业并不仅仅是指生产者，也包括经销商和各类辅助商，如广告商、媒体、物流商等，而且企业之间既有合作也有竞争。

个体为了职业发展或融入朋友圈等，也会采取一些行为来表明自己的价值观、行为规范，或接受这些价值观、行为规范。而一些具有共同或相近生活价值观、生活方式的人也会以各种方式形成正式或非正式、松散或紧密的群体，并以特定的方式宣扬他们的价值观和生活方式。当然，这种宣扬不一定有明确目的。

2. 营销行为

营销行为是指营销者为获取对方或利益相关者、公众的信任与认可，进而得到有利交易条件而采取的各种策略或措施。就卖方而言，主要是寻求顾客并获取高价。就买方而言，则是寻求卖家并获取低价。可见，就相互寻求来看双方是一致的，就价格诉求来看双方是冲突的。图 1-11 是一个简单的营销行为含义示意。

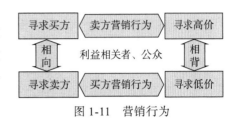

图 1-11　营销行为

狭义地看，营销行为的功能是获得有利于自己的交易条件。

广义地看，由于行为既是一个社会组织的基本构件，也是这个组织形态的显性表现，因而，它有着更为广泛的意义或功能，即组织的稳定、秩序、效率基本取决于组织成员的行为，同时行为也是组织（或个体）间相互理解和互动的基本手段。

根据行为的整体性，营销行为可分为战略营销行为和战术营销行为。

战略营销行为是指对营销主体具有全局性和长期性意义的营销行为。从实际表现看，战略营销行为包括行业协调行为、渠道协调行为和用户协调行为。从目标看，主要是实现行业、产业链整体利益最大化。

战术营销行为是指对营销主体具有局部性和短期性意义的营销行为。从实际表现看，战术营销行为包括产品差异化和促销。

所有营销行为建立的基础都是对方的行为偏好，包括使用偏好、心理偏好、风险偏好、利益偏好等，也包括营销行为偏好。所以，知晓对方的行为偏好是建立并实施自己的营销行为的根本。相对于对方行为这一因素，其他诸如环境等都只是约束因素。

1.3.4　产品及效用、费用和满意

在营销活动中，如果说需求是本质，产品则是关键，因为需求是通过产品的使用得到满足的。营销者创造的是需求，提供的是产品。所以，对产品的理解是从产品和需求的关系出发的，包括效用、费用和满意。

1. 产品

产品是用于满足需求的一切事物，包括有形实物、无形服务，可延伸到信息、体验、观念等内容，也可以是上述内容的组合。需求通过对产品的使用得以满足，它是产品存在的本质所在。但需求和产品之间并不是一一对应的关系，一种需求可以通过多种产品的使用得到实现，一种产品也可以满足多种需求。如自行车、出租车、家庭轿车都用以满足人们的代步需求，但豪华轿车既是一种交通工具，又是身份、地位的象征。

在现实生活中，"需求"一词最常见的表现就是对某种具体产品的需求，企业也往往将注意力投向它们所提供的具体产品上，而非产品所满足的需求上，它们认为自己是在销售一个产品，而非提供一个需求解决方案，从而容易患上产品观中所提及的"营销近

视症"。特别是当科技的高速发展导致产品更新速度明显加快时，企业一定要改变以产品为导向的经营发展思路，转而以需求为导向，致力于为顾客提供更优的需求解决方案。相对而言，需求变化的速度要慢于产品更新的速度，需求尽管也在不断变化发展，但并不是不断地淘汰与更新，而是不断地提升、丰富和多元。

■ 案例 1-5　　　　　　　　　　任天堂的一枝独秀

2019年9月23日，任天堂迎来130岁生日，其市场表现仍旧亮眼，即将超越索尼成为最大赢家。

1969年，原为生产纸牌的手工作坊的任天堂建立了游戏部门。1983年7月，任天堂推出卡带式FC游戏机（中国内地及港台地区通常称为红白机，欧美地区称NES），"超级玛丽"跟随FC席卷全球。此后，带有"俄罗斯方块"的掌上型GB电脑游戏机更让任天堂称霸全球电视游戏行业长达十余年。尽管此后，也有Virtual Boy、N64等难言成功的产品，以及受欧洲委员会禁止其独霸卡带式游戏市场的生产权等事件的影响，任天堂的市场不断被索尼蚕食，但2006年家用游戏主机Will的推出宣布了霸主归来，全球累计销量突破1亿台。2013年1月24日，任天堂推出Wii U版本的"超级玛丽"和"马里奥赛车"以答谢伴随任天堂一路成长的玩家。2016年，"精灵宝可梦GO"发布，一个月下载量超1亿次。2019年，任天堂发布的Switch Lite成为全年累计销量最高的主机。

随着社会经济的发展，人们娱乐的需求越来越旺盛，也越来越多样化。"游戏机"和"网络游戏"的火爆在于成功地用一种效用更好、费用更低的新产品去满足一种古老的需求——娱乐。但在游戏机逐渐被淘汰的大潮下，任天堂不仅保持着自己的市场地位，而且所推出的产品仍保持着原有的特色，始终跟随游戏玩家的需求变化快速发展。任天堂的成功说明，没有什么比明确"满足的是什么需求，（当前与将来）都有哪些产品可以满足"更为重要的了。

资料来源：任天堂[DB/OL]. http://baike.baidu.com/view/2719.html.

2. 效用、费用和满意（度）

效用、费用和满意（度）是描述产品最重要的几项属性。

效用是指产品功能、作用满足顾客需求的程度。产品效用一般是多方面的，既有使用价值方面的效用，也存在象征价值、体验价值方面的效用，因而也称为整体效用或整体价值。产品效用通常是因人而异的，如对一些人来说，网络游戏可以带来更多的乐趣，而对另一些人来说，喝茶、打牌、聊天才是最好的娱乐方式。

费用是指顾客为得到和使用产品的所有付出，包括精力、时间和金钱等，也称为顾客整体成本。

满意（度） 是顾客基于效用和费用而做出的满足程度评价，反映了产品与理想产品的接近程度。所谓理想产品是指完全满足需求、绝对安全和费用为零的产品。满意（度）也可指顾客使用产品后的感知效果与购前期望相比较后，所形成的愉悦或失望的感觉状态。

1.3.5 市场、交换与关系

一切营销活动都是在市场中进行的，市场是营销活动的载体。营销者在市场中传播生活方式和需求，推广产品，顾客在市场中寻求能满足自己需求的产品及供应商。营销者与顾客在市场上的这些行为导致双方互相接近，形成交换，并建立某种关系。

1. 市场

市场最一般的含义是进行商品交换的场所，也指寻求一个特定产品或某类产品的买方的集合。根据买卖双方在交换过程中的地位，市场分为买方市场与卖方市场。**买方市场**是指一种产品的供应量超出了所有顾客对它的需求量，使顾客（买方）在交换过程中处于主动地位；而**卖方市场**则指一种产品的供应量小于所有顾客对它的需求量，从而使卖方在交换过程中居于主动地位。

买方市场的形成是市场营销理论与实践产生和发展的基本前提。技术进步、社会经济的发展必然导致买方市场的出现，所以卖方无可避免地在交换过程中处于被动的、不利的地位。从这个意义上说，市场营销的任务就是创造局部的卖方市场。

在市场营销理论中，市场也指共同拥有一个具体需求，并且愿意和能够以交换来满足此需求的所有潜在和实际购买者的集合。根据购买者的不同特性，市场又可分为消费者市场、产业市场、非营利组织市场等。

2. 交换与关系

交换是指以提供某物作为回报而从他人处换回所需之物的行为；**关系**是交换双方由此而产生的供求联系及互信互利等。通常，交换是短期的、间断的、可变的，而关系则具有长期性、稳固性、连续性，交换是营销者识别、维系顾客并发展与其之间关系的前提。

调查数据显示，吸引一个新顾客的成本要比维系一个老顾客满意的成本高 4 倍。并且，越来越多的企业意识到，失去一个老顾客并不只是失去一次销售，而是失去了该顾客后续的全部购买。也就是说，企业可能在一次交换中蒙受损失，却能从长期的顾客关系中获得巨大收益。关于顾客维系的相关内容可参见 14.3 节。

市场营销是以市场交换为获得产品的基本方式，探讨如何更有效地实现市场交换，并竭力保持、发展这种交换关系。根据由交换而建立的买卖双方关系的内涵，市场营销可分为交易营销和关系营销。交易营销是一种仅与交换有关的市场营销，买卖双方的关系由一次交换而产生，随本次交换结束而终止。关系营销是指企业、顾客、分销商、供应商等相关利益各方（组织或个人）建立、保持并加强相互间的联系，通过互利交换及共同履行诺言，使有关各方更方便地实现自己的利益，达到双赢、持续交换的一种市场营销。关系营销既是一种营销方法，也是一种新的营销观念。交易营销和关系营销的区别见表1-6。

表1-6 交易营销与关系营销的比较

交易营销	关系营销
关注一次性交换	关注保持顾客
较少强调顾客服务	高度重视顾客服务
有限的顾客承诺	高度的顾客承诺
适度的顾客联系	高度的顾客联系
质量是生产部门所关心的	质量是所有部门所关心的

本章小结

1. 市场营销是指在考量并获得全体利益相关者的支持下，通过对顾客需求的创造与传递服务于企业创造顾客价值，不断为推动人类美好生活而努力的一种社会活动和管理过程。
2. 营销的本质是需求的创造与传递。
3. 营销的职能在企业内部活动中表现为三大类，一是市场分析与规划，二是销售与客户管理，三是流程建立与部门协调。
4. 从市场营销的历史进程看，共产生过生产观、产品观、推销观、顾客观和社会观五种营销观，在不同时期或不同环境条件下指导着营销活动的开展。
5. 五种营销观念又可归并为传统营销观与现代营销观两大类。生产观、产品观和推销观属于传统营销观，企业经营的出发点是产品，生产什么，就推销什么、销售什么。顾客观、社会观则属于现代营销观，企业经营的出发点是需求，顾客和社会需要什么，就生产什么、销售什么。
6. 营销系统由营销主体（营销者）、营销对象（产品）、营销客体（顾客）和营销载体（市场）四个要素构成。
7. 营销的基本流程在实践上可分为洞悉需求、阐释需求、传递需求和满足需求。
8. 顾客是营销过程中被动、消极的一方。在买方市场条件下，顾客是购买者。
9. 需求是人们希望改善目前状态的一种心理愿望。
10. 生活方式是人们根据某一中心目标而安排其生活的模式，并可通过其活动、兴趣和意见体现出来。生活方式是涵盖需求和行为的一个更为宽泛的概念，可理解为"元"与"域"的关系，即生活方式是个体众多需求与行为相对稳定的有序集合。
11. 营销者是在营销活动中主动、积极的一方，他们创造需求，提供满足需求的产品，在市场上通过一系列营销行为激发顾客产生需求，进而寻求满足需求的产品。
12. 营销行为是指营销者为获取对方或利益相关者、公众的信任与认可，进而得到有利交易条件而采取的策略或措施。

13. 产品是用于满足需求的一切事物。效用、费用和满意（度）是产品的主要属性。效用是产品功能、作用满足顾客需求的程度；费用是顾客为得到和使用产品的所有付出；满意（度）是顾客基于效用和费用而做出的满足程度评价，也可指顾客使用产品后的感知效果与购前期望相比较后，所形成的愉悦或失望的感觉状态。
14. 市场最一般的含义是进行商品交换的场所，也指寻求一个特定产品或某类产品的买方的集合。交换是指以提供某物作为回报而从他人处换回所需之物的行为；关系是交换双方由此而产生的供求联系及互信互利等。

基本概念

营销　价值链　客户关系管理　生产观　产品观　推销观　顾客观　社会观　产品导向
需求导向　顾客　需求　生活方式　营销者　营销行为　产品　费用　效用　满意（度）
市场　买方市场　卖方市场　交换　关系

简答

1. 本章所论述的市场营销和你以前所了解的有何不同？
2. 营销和生产、研发、物流的区别和联系是什么？
3. 需求创造与传递是一个系统工程，受制于哪些因素的影响？
4. 简述营销的基本职能。
5. 各种营销观产生和存在的条件是什么？
6. 简述营销和推销的区别。
7. 简要说明营销活动的基本流程。
8. 简述营销计划（方案）的基本结构和主要内容。
9. 如何衡量产品对需求的满足程度？
10. 交易营销与关系营销有何区别？

思考

1. 营销提供了哪些职业发展途径？你适合哪一种？
2. 展望你大学毕业后的生活方式，探讨其中蕴含的市场机会。
3. 为你的就业起草一份营销方案大纲，并随着课程的进展逐步完善。

实验

满意可以理解为效用和费用的综合函数，反映产品与顾客理想产品的接近程度。选取一个产品、一个群体，设计一个实验，针对该群体建立该产品主要性能参数（使用价值方面的效用）和需求满足程度之间的函数关系，加入费用（价格），建立效用、费用和满意（度）之间的函数关系。

动手

根据 1.1.3 节的内容，制作一段 8 分钟左右的短视频，解析营销的某种职能及其对应的相关营销职业发展。

互联网——万能的"淘宝"

转眼间，"淘宝"成立已有 16 年。淘宝不仅是万能的淘宝，在某种程度上，还改变我们的购物文化、创业观和择业观。当我们面对一种低频需求无法解决时，上淘宝成为我们下意识的选择。淘宝完美演绎了长尾理论——无穷个低频微需求可以构筑起一座大厦。

你在淘宝上购买过（或听说过）最奇特的产品是什么？淘宝对你产生过哪些影响？

第 2 章
营销的发展

营销的发展是一部从供应不断适应需求、再到创造需求的历史。今天，营销已经渗透到从物质生活、情感生活到精神生活的全部经济生活、社会生活领域。社会责任、新技术运用、创意和人文关怀是现代营销的精髓。

正如过去一个世纪世界因为技术革新而改变，人类从贫困走向富裕，从追求物质走向追求精神，营销实践与理论在观念、方法和应用领域等许多方面也都发生了质的变化。

营销上百年的历史，是其理论和实践从孕育、成长到大发展的百年，是营销管理思想不断创新与丰富的百年。发展至今，现代营销呈现以下几个特征。

强调社会责任　自然环境恶化、贫富差距扩大已经成为全球经济进一步发展的重大阻碍，营销活动再也不能只是以短期的、个体的盈利为标准，而必须以社会的、整体的利益为出发点。

营销过程的科学化、艺术化　现代营销首先是一门科学，它有严格的、独有的概念和方法，其理论体系和操作体系都已经相当完善，现代技术尤其是大数据技术的应用，使营销活动更加程序化、公式化、定量化。同时，营销仍然保持着相当多的艺术成分，创意是营销成功的灵魂。营销不仅是逻辑思维的结果，也是抽象思维的结果。任何营销问题都具有一定的特殊性，程式化是基础，艺术化是关键。

营销工作的职业化、专业化　随着营销在企业生产经营活动中重要性的日渐上升，企业市场活动从只是单纯的事务性销售逐步演变为专业性的营销活动。营销职能和营销人员逐渐从生产和销售中分离出来，成为一项独立的专业职能，一个独立的行业。

营销重点由物转向人　传统营销将重点放在营销道具、手段、过程和方式上，主要是产品展示的技巧和策略，而现代营销则转向对顾客心理、需求和行为规律，营销者应有的观念、态度、素质和能力的研究。营销活动的核心由说服转向满足，变高压、硬推为对需求的发掘、引导、认识和迎合，不是展示产品多么精致，而是引导顾客认识自身的潜在需求，主动搜寻、选择相应的产品。依赖互联网对顾客行为的记录，企业不再需要通过量表、问卷去询问、猜测、预测顾客的需求和行为，而是通过大数据分析去计算、规划顾客的需求和行为。

2.1 产生与演变

市场营销 20 世纪初产生于美国,伴随着生产力的发展而不断完善。20 世纪 50 年代,市场营销有了比较成形的理论体系;70 年代初,"定位"理论的提出,标志着传统市场营销理论体系的完善;80 年代开始关注环境与社会;迈进 21 世纪,营销者开始思考如何运用互联网来应对新经济的挑战;2010 年后,价值观驱动的营销 3.0 也许正掀起新一轮的营销变革。

2.1.1 产生背景

20 世纪初,工业生产的标准化、专业化和通用化使工业生产效率有了极大的提高,市场交易范围不断扩大,个人可自由支配收入持续增加,人们对市场的态度和自身行为发生了根本性变化,以及中间商的产生等导致了市场营销实践和思想的产生。

1. 市场规模扩大

20 世纪初,由于铁路网的形成,美国国内形成了从西海岸到东海岸、由北到南的统一大市场,这是一个承载着 1 亿人口、40% 的居民生活在城市的大市场。这样,生产商不再局限于在当地销售产品,而是为充满各种不确定因素的外地甚至是国外市场服务,顾客也不再仅仅购买当地生产商生产的产品。买卖双方不再能像过去那样相互了解、信任和具有安全感。统一的、规模宏大的市场给大规模生产销售带来了机会,也带来了新的挑战,竞争在全国范围内开展,竞争对手更加强大。如何与陌生的顾客打交道?如何将产品送达远方?分销、信息、沟通等变得越来越重要。

■ **案例 2-1**　　　　　　　**拼多多助力贫困山区小农走向全国**

2018 年 11 月 8 日,拼多多创始人及 CEO 黄峥在乌镇举办的第五届世界互联网大会上表示:"过去三年,拼多多平台积极参与扶贫工作,利用互联网优势解决农产品流通问题,帮扶 139 600 户建档立卡扶贫家庭,累计产生 21 亿多笔的助农订单,共销售 109 亿斤农产品,助农交易总额达 510 亿元。"

与发达国家的标准化农业不同,中国的农业生产是分散的小规模耕作,信息的不平衡、不对称严重束缚农产品的生产与销售。贫困地区又大多地理条件复杂,交通不便,农产品积压滞销更易发生。而拼多多的"拼"模式,能在短时间内聚集海量需求,迅速消化掉大批量的当季农产品,为中国农业突破分散化制约给出了新的答案。

经过三年时间,拼多多为分散的农产品整合出了一条直达 3.4 亿消费者的快速通道,这个通道将全国 679 个贫困县的农田和城市的写字楼、小区连在一起,确保了农产品的产销对接。经由这条通道,新疆吐鲁番的哈密瓜 48 小时就能从田间直达消费者手中;河南中牟的大蒜卖到北京,价格只有超市的 1/4;湖北秭归的脐橙两个月就可销售 2 300 多吨……

资料来源:拼多多三年卖出 109 亿斤农货 [N/OL]. (2018-12-28). http://mini.eastday.com/a/181218071552307.html.

2. 买方市场初步形成

科学技术进步，标准化、专业化和通用化的应用，自动化和机械化的发展，食品储存手段的更新，分工的日益深化，农业社会转向工业社会，家庭作坊式生产转向工厂生产，公司制的建立和完善，导致了大规模生产，从而既提高了产量，还促使大量新产品诞生，市场供给超过了市场需求，人们有了更多的选择，消费行为呈现多样化，卖方市场开始向买方市场转化。卖方面对充满机会又充满挑战的市场不知所措，买方面对前所未闻的产品和卖者而迷惘，双方都需要一种新的理论对此做出解释并指导现实活动。

3. 分销系统独立

随着生产规模和市场的扩大，不管是工业品还是农产品的生产者，都越来越难以完全依靠自己的力量在全国市场上销售自己的全部产品，所以通过专业中间商销售产品的现象日益增多。到1909年，美国有90%的产品是通过专业中间商出售的。中间商增加了，并且相互之间有了分工，有了不同的业态，承担了更多的职能，进而产生了能与第一流的生产商具有同等市场影响力的百货商、邮购商和连锁组织。专业中间商通过其专业技术、销售规模和市场控制能力，有效地帮助生产者降低了销售成本，提高了社会再生产的效率和效益。这时，生产者不仅要和最终顾客打交道，还要和中间商打交道，如何有效利用中间商成为一项新课题。

所以，独立分销系统的产生既是营销产生的标志，也是营销的课题。

■ 案例2-2　　　　　　　　西尔斯公司的创立与发展

1884年，理查德·西尔斯（Richard Sears）开始尝试向农民邮寄商品，以补贴家用，这一年后来被定为西尔斯公司的创始年。

1886年，西尔斯邮购公司创建，开始专门从事邮购业务，出售手表、表链、表针、珠宝等小件商品。

1896年，西尔斯公司第一家大型综合目录商店开张。

1911年，西尔斯公司建立测试实验室，开始重视自有品牌产品的制造，自有品牌占西尔斯公司销售产品的24%。

1925年，西尔斯公司开始进入百货商店的经营，陆续开设了300多家百货商店。

1945年，西尔斯公司的销售额超过10亿美元。

1974年，西尔斯大厦（Sears Tower，现已更名为"威利斯大厦"）落成，楼高442.3米，地上108层，地下3层，总建筑面积达418 000平方米，是当时世界上最高的大楼，并保持这一纪录25年。这是传统百货业的顶点。

1981年，西尔斯公司开始尝试新零售方式，除商业中心外，还试水社区小店、未来之店等。

> 1992年，西尔斯公司亏损39亿美元。为卸掉财务压力，西尔斯公司关掉了100多家经营不善的百货公司，终止了批发业务，并通过对百货公司的重新定位逐渐走出困境。
>
> 1997年，西尔斯公司开始了真正意义上的转型，在家用电器、汽车配件、家用五金领域全年共开设358家专卖店，业绩优异。

2.1.2 发展历程

市场营销的发展大体上可分为二战前的萌芽，20世纪中后期的成长、成熟与转型，21世纪以来的互联网时代等几个主要阶段。

1. 萌芽期：二战前

从20世纪初到第二次世界大战结束的1945年是市场营销的萌芽时期。在这一时期，市场营销赖以产生和发展的环境逐步形成，促使企业日益重视市场调查、广告、分销活动，专业广告商日渐活跃，百货店、连锁店和邮购店的产生与发展，专业市场调查公司的出现，无不意味着市场营销实践的展开。

与此同时，理论上的研究也得到了发展，分销活动从生产活动中分离出来，被单独加以考察，"营销"（marketing）的名称被确立，其研究范围也从单纯的中间商组织和管理，扩展到广告、行为、价格及其他相关问题，市场营销的雏形形成，营销已不再被认为是一种单纯的销售（交易）活动，营销职能成为该阶段的研究重点。

2. 成长期：二战后到20世纪60年代中期

二战后，战时膨胀起来的战争生产力向生活领域急速释放，资本主义世界的经济获得了高速发展，产品供应急剧扩大，使大多数传统产品的需求得到有效满足，市场竞争日趋激烈，买方市场逐渐形成。在这种情况下，市场营销逐步走向成熟，开始了对营销如何进行资源配置、如何影响个人收入和支出、如何影响人们需求和购买行为等各个方面的研究，市场细分、市场营销观（顾客观）、4P等许多重要的营销原理在这一阶段提出。

3. 成熟期：20世纪60年代中期至70年代

20世纪60年代中期，市场营销逐渐从经济学中独立出来，并对管理学、行为科学、心理学和社会学等学科理论进行了有效吸收，市场营销体系趋向于完善，并逐渐向其他领域拓展。菲利普·科特勒作为当代最有影响的市场营销学者，全面发展了市场营销管理理论，将市场营销看作是为了实现组织目标而进行的分析、设计、执行和控制过程，并指出营销理论不仅适用于营利性组织，也适用于非营利性组织。

4. 转型期：20世纪末

到了20世纪80年代，生态环境日益恶化，南北差距继续扩大，生态问题和社会问题对传统营销提出了新的挑战。企业开始反思其传统营销活动，意识到企业营销应负有一定的社会责任。社会观或道德观于是出现,有人也称之为生态观。这些观念要求企业在营销时,不但要考虑顾客需求和公司目标,还要考虑顾客和社会的整体利益和长期利益。

5. 互联网时代:21世纪以来

互联网在20世纪90年代后期逐渐全面地进入公众生活,它以颠覆传统的信息传播方式为切入点,创造了新的社会、经济活动空间。顾客、公众不再仅仅是被动地接收信息,而是越来越多地主动发声。自媒体、自传播以它自己的方式消除信息不对称,企业越来越无法靠花言巧语来获取信任了。互联网调研、互联网渠道、互联网传播、电子商务正在改造传统的市场营销理论和实践,营销进入了全新的互联网时代。

2.1.3 核心知识的进化

AMA定义基本一定的时间间隔来对市场营销定义进行修订,以此反映营销学科的发展与核心知识的进化。表2-1以十年为跨度表明了营销核心知识的进化。受篇幅所限,本节选取部分影响或突破性较大的内容进行简单描述。

表2-1 营销核心知识的进化

战后的20世纪50年代	腾飞的20世纪60年代	动荡的20世纪70年代
产品生命周期(product life cycle) 品牌形象(brand image) 市场细分(market segmentation) 营销观念(marketing concept) 营销审核(marketing audit)	4P理念(four Ps) 营销近视症(marketing myopia) 生活方式(life styles) 营销概念拓宽(broadened concept of marketing)	社会营销(social marketing) 定位(positioning) 战略营销(strategic marketing) 社会性营销(societal marketing) 服务营销(service marketing)
迷茫的20世纪80年代	一对一的20世纪90年代	价值驱动与大数据的21世纪
全球营销(global marketing) 本土化营销(local marketing) 关系营销(relationship marketing) 大市场营销(mega marketing) 直效营销(direct marketing) 内部营销(internal marketing)	4C理念(four Cs) 体验营销(experiential marketing) 网络营销(e-marketing) 赞助营销(sponsorship marketing) 营销伦理(marketing ethics)	4R理念(four Rs) 顾客资产营销(customer equity marketing) 价值驱动营销(value-driving marketing) 大数据营销(big data marketing)

资料来源:以菲利普·利特勒(2006)的《营销角色观的演变》(*Evolving Views of Marketing's Role*)为基础整理。

1. 4P、4C与4R

1960年,杰罗姆·麦卡锡首次将营销要素归结为四个基本策略的组合:产品(product)、价格(price)、渠道(place)和促销(promotion),简称为4P,从此确立了以4P为核心的营销组合方法。1986年,菲利普·科特勒针对世界经济的区域化与全球化所形成的无国界竞争趋势,提出"大市场营销"观念,在4P基础上又加上权力(power)与公共关系(publication relation)这2P,强调企业为了进入特定的市场,需要在营销策略上协调运用经济的、心理的、政治的、公共关系等手段,以博得当地的合作与支持,从而达到预期的营销目的。尽管此后4P理念被多次扩展,甚至形成11P,但其理念主要是从企业的角度认识满足顾客需求的可行性,强调企业在能力约束下有选择地满足顾客需求。

> **讨论 2-1　　　　　　　　　海外市场禁令如何破解**
>
> 　　2019年5月15日,美国总统特朗普签署行政令,禁止美国公司使用由那些对国家安全构成风险的公司制造的通信设备。与此同时,美国商务部工业与安全局(BIS)宣布将华为列入所谓"实体清单",要求任何向华为出售产品的美国公司都必须获得许可特批。20日,"谷歌暂停支持华为部分业务"等消息传出,路透社称,谷歌发言人表示暂停部分业务是在"遵从指令"。
>
> 　　进入2018年,随着中美贸易摩擦的逐步升级,美国采取了许多非贸易壁垒阻止中国企业的发展。事实上,从来没有纯粹的政治,也从来没有纯粹的经济,政治活动与经济活动总是交织在一起互相作用。面对这种局面,中国企业应如何应对?

　　与4P不同,4C更多的是站在顾客的角度来考虑问题。1990年,罗伯特·F. 劳特朋(Robert F. Lauterborn)提出营销需要的理念是"请注意顾客"而不是传统的"顾客请注意"。强调产品是为了满足顾客需求,因此要加紧研究顾客的需要与欲望(consumer wants and needs),不是卖所能制造的产品,而是制造和销售顾客想购买的产品;价格策略不是企业获利的工具,而是降低顾客为满足其需求所必须付出的成本(cost)的工具;渠道不是为了控制市场,而是使顾客购买和使用更为便利(convenience);沟通(communication)是为了让顾客更好地了解产品、正确选择产品,而不是压迫顾客接受他不需要的产品,由此简称为4C。

　　2001年,艾略特·艾登伯格(Elliott Ettenberg)提出4R理论,认为为了实现与顾客的共赢,企业需要从更高层面、以更有效的方式在企业与顾客之间建立起有别于传统的新型的互动性关系。首先,企业必须通过某些有效的方式和途径与顾客形成一种互需、互助、互动的关联(relevance);其次,及时地倾听顾客的希望、渴望和需求,并及时做出反应(reaction);再次,与顾客建立长期而稳固的关系,把交易转变成一种责任,建立起和顾客的互动关系(relationship);最后,既要满足顾客的需求,为顾客创造价值,也要为企业股东、员工创造价值,产生企业和顾客在营销活动中的回报(reward)。

　　从4P到4C、4R的演进,一定程度上反映了企业对营销、顾客的基本观念的变化。4P更多的是把营销作为企业谋利的手段,策略体系是围绕企业盈利展开的,满足顾客的需求只是企业盈利的过程和手段。4C更多地强调从顾客的角度来看问题,其策略是围绕如何有效满足顾客需求展开的,企业盈利是满足顾客需求的衍生结果。4R则是强调企业与顾客的互动和共赢,互动是手段,共赢是目标。

　　需要强调的是,即使在4C、4R理念已经获得营销者广泛认同的今天,4P仍是每个营销者工具箱中的必有装备。只不过,营销者需要在4C、4R与4P之间寻求契合点:以4C、4R思考,以4P行动,即强调先审视顾客需求,与顾客建立关系,再从自身的能力出发，采取有效策略，比竞争者更好地满足顾客需求，实现共赢。

2. 战略营销

不同学者对**战略营销**（strategic marketing）有不同的理解。有学者认为营销不仅是达到企业经营目标的战术性策略的组合，其本身也是一种战略，是企业战略的重要组成部分。该观念的核心是认为企业要把营销放到战略高度，而不仅仅是实现企业战略的手段。也有学者认为营销本身既包含战术性内容，也包含战略性内容，战略营销就是指营销的战略性内容，即通过市场细分确定目标市场和品牌定位，而传统的4P只是实现营销战略的战术性策略。战略营销强调在传统的4P基础上再加上4P（市场调查、市场细分、目标市场、产品定位），形成一个全方位的营销体系。这是一种有益的观点，是对营销的准确把握，有助于避免把营销和4P，甚至促销、推销混为一谈。事实上，无论是产品、价格、分销还是传播策略，其中都既包含战术成分，也包括战略成分。产品线的增减、定价原则、渠道结构、传播整合都更多的是战略性的。

不管如何理解战略营销，本质上都是提倡从战略的视角认识营销，也就是从整体上认识营销，营销行为必须符合战略。一是营销战略要服从企业战略，目标市场的选择和品牌定位的确立除了考虑顾客、竞争的因素，还要考虑企业自身资源优势，目标市场和品牌定位既是营销战略的核心，也是企业战略的核心。二是营销首先是确立营销战略，然后才是确立为达到营销战略而必须采取的营销策略。

3. 互联网营销

现实生活中，互联网并不局限于电脑网络，还包括移动网络、宽带有线电视网等。互联网不仅仅是一种工具、一个平台，更是一种环境。近20年来，没有什么比互联网对我们生活的影响更大的了。互联网对企业营销活动的改变主要体现在以下几个方面。

竞争环境的改变　互联网打破了时空限制，使得企业面临一个真正意义上的全天候的全球市场，竞争对手来自全球范围内，竞争环境更加复杂多变。有着同样兴趣的人会从世界各地聚集在同一个社区，成为同一个明星、博主的粉丝，会对同一个互联网广告产生兴趣，会由一个共同兴趣衍生出更多的共同点，衍生出一种区别于其他社群的生活方式。

顾客主权的改变　随着互联网的普及以及自媒体的发展，顾客开始摆脱传统营销体系下几乎被扼杀的话语权。一方面，以团购、互相交换为代表的协同消费（collaborative consumption）开始盛行；另一方面，顾客开始参与到企业研发、生产、运营、物流、营销等各个环节。互联网不仅信息丰富，而且搜索方便，也就很容易进行比较。这使得企业很难再进行有效的市场区隔，通过价格歧视剥夺消费者剩余变得更为困难。所有来访者都可以看到你的流量、成交量和顾客对你的评价，顾客评价从来没有像现在这样重要。

⊙ 讨论 2-2　　　　　　　　　自传播的互联网营销

"自传播"顾名思义就是用户自发、主动地进行信息传播,具体表现之一就是通常所说的口碑传播。虽然互联网传播本身就有一定的自传播特性,且传播效果还具有裂变性,但并不是所有的自传播都有口碑效应。

从几年前的"我为自己代言"的"聚美体"流行,到如今江小白文案的刷屏,看似娱乐无意义的网民狂欢中,聚美优品、江小白的品牌推广也获得极大成功,充分演绎着互联网自传播的强大效应。

而为了实现这种互动,企业在互联网营销过程中必须充分挖掘并利用好网民的表现欲,从而为营销提供丰富的传播内容,让传播具有新的价值。当然,其前提必须满足两方面内容:要有娱乐元素、传播内容可以模仿再生。只有具备娱乐性,网民才会喜欢、分享;只有具备可模仿再生性,网民才能模仿创作,才会产生滚雪球效应。

对企业交易方式的改变　互联网的交互性使得网络分销成为一对一营销,基于大数据对顾客行为的分析,营销者可以将市场细分推向极致,演变成针对每一个顾客的一对一营销,向不同的顾客推送不同的内容。图 2-1 展示了同一时刻两位顾客打开京东秒杀页面看到的并不完全一致的产品推荐。同时,传统中间商的地位受到严重挑战,生产商和最终用户可以在更大范围内通过互联网直接进行沟通和交易。可以预见,大量的中小型中间商将逐步退出分销过程。与此同时,互联网营销将更加重视对分销过程中的辅助商(提供物流、广告创意、会计、法律、公证等服务的机构)作用的发挥和整合。

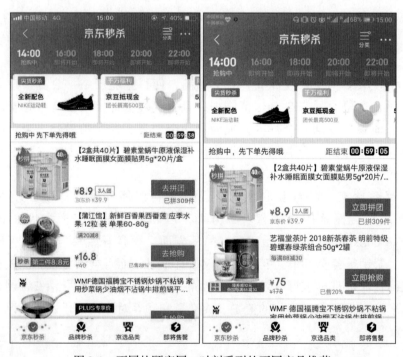

图 2-1　不同的顾客同一时刻看到的不同产品推荐

4. 价值驱动营销

价值驱动营销（value-driving marketing）包含合作营销、文化营销和人文精神营销三个组成部分，分别对应参与化、全球化和创造型社会三大时代背景。合作营销强调企业与顾客的互动沟通，吸引顾客主动参与产品的共建，如企业创意广告的网络征集等。文化营销是在经济全球化与民族主义激烈碰撞的背景下，企业通过营销活动为顾客提供生活上的持续感、沟通感与方向感，进而缓解其因价值观矛盾等产生的巨大精神压力和各种焦虑。人文精神营销则是站在人类社会发展的更高层面上，通过营销以"人生的意义、快乐和精神"为核心的人文精神，为顾客提供意义感。

价值驱动营销是菲利普·科特勒在 2010 年与印度尼西亚学者何麻温·卡塔加雅（Hermawan Kartajaya）、伊万·塞蒂亚万（Iwan Setiawan）合著的《营销革命3.0》中提出的，其核心观点是在丰饶社会的情况下，营销应迎合顾客心智。表 2-2 呈现了科特勒提出的不同时代的营销进阶过程及发展。

表 2-2 营销 1.0 到营销 4.0 的进阶发展

比较项目	1.0 时代 产品中心营销	2.0 时代 消费者定位营销	3.0 时代 价值驱动营销	4.0 时代 共创导向营销
目标	销售产品	满足并维系消费者	让世界变得更好	自我价值的实现
推动力	工业革命	信息技术	新浪潮科技	社群、大数据、连接、分析技术、价值观
企业看待买方的方式	具有生理需要的大众买方	有思想和选择能力的聪明消费者	具有独立思想、心灵和精神的完整个体	消费者和客户是企业参与的主体
营销方针	产品细化	定位	企业使命、远景和价值观	全面的数字技术+社群构建能力
价值主张	功能性	功能性和情感化	功能性、情感化和精神化	共创、自我价值实现
与消费者互动情况	一对多交易	一对一关系	多对多合作	网络型参与和整合

资料来源：根据科特勒咨询集团（KMG）研究，菲利普·科特勒在凯洛格商学院的讲义整理。

2.1.4 组织演变

随着市场营销理论和实践的发展，营销组织也在不断演变和丰富。**营销组织**是指企业内部涉及营销活动的部门（职能）及其结构。

营销部门的组织形式主要受宏观环境、企业经营理念及企业自身所处的发展阶段、经营范围、业务特点等因素的影响，大致经历了单纯销售部门、兼有营销职能的销售部门、独立营销部门和涵盖销售职能的营销部门四个阶段，如图 2-2 所示。

1. 单纯销售部门

在以生产观念为指导思想的时期，企业只有财务、生产、人事和销售等几个简单的职能部门。销售部门由主管销售的副总经理领导，该副总经理既负责管理销售队伍，也直接从事某些销售活动。如果企业需要进行市场营销调研或做广告宣传，这些工作也由该副总经理负责处理。其组织结构图如图 2-2a 所示。在这个阶段，销售部门的职能仅仅是销售生产部门生产出来的产品：生产什么，销售什么；生产多少，销售多少。产品生产、库存管理等完全由生产部门决定，销售部门对产品的种类、规格、数量等问题，几乎没有任何发言权。其实销售部门也不需要这种发言权，因为只要产品合格、价格适当，产品销售是没有问题的。

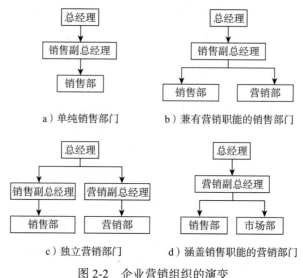

图 2-2 企业营销组织的演变

2. 兼有营销职能的销售部门

随着生产率的逐步提高，供需关系总体上趋于平衡，企业由生产观念向推销观念转变，这就要求进行经常性的市场研究、广告宣传以及其他促销活动。当这些工作的任务量达到一定程度时，逐渐演变成专门的职能，企业便会在销售部门外设立一名营销经理（管理营销部），专门负责这方面的工作，如图 2-2b 所示。

3. 独立营销部门

随着买方市场的形成和企业规模、业务范围的进一步扩大，原来作为附属性工作的市场研究、新产品开发、广告、促销和客户服务等营销职能的重要性日益显现，甚至超过了销售，这让企业认识到必须设立一个独立于销售部门的、专门从事市场研究和市场推广的营销部门，如图 2-2c 所示。作为营销部门负责人的营销副总经理与销售副总经理一样直接受总经理的领导，销售部和营销部成为两个平行的、互相配合的职能部门，各自向总经理报告。

4. 涵盖销售职能的营销部门

显而易见，首先，销售副总经理与营销副总经理的工作只有保持一致、配合默契和互相协调，才能使企业的经营状况保持良好。其次，既然顾客是企业工作的中心，那么市场调研、新产品开发等营销活动就成为企业所有其他活动的前提，更是销售活动的前提。于是，企业的营销组织演变为如图 2-2d 所示的形态。

以上只是企业营销组织的一般演变情况。到目前为止，这种演变并没有停止，仍然在不断发展之中。而且，大规模、多业务、跨国经营的企业的实际营销组织要复杂得多。

2.2 领域拓展

营销随市场区域的扩展和产品种类的丰富而产生、发展。当个人的活动范围不再局限于从小生长的村落，当组织不再局限于家族及其（小）规模，人们的社会生活、在组织内的合作和发展也面临着如市场区域扩大所产生的不确定性。当人们不再满足于物质产品的拥有时，更为多样化的精神产品及其生产者（包括营利性和非营利性组织）更需要借助营销的思想和方法来寻求支持者与追寻者。营销在应用领域方面的拓展可以概括为从组织拓展到个人，从组织间拓展到组织内，由物质产品拓展至非物质产品，由营利性产品拓展至非营利性产品，由营利性组织拓展至非营利性组织。

2.2.1 个人营销

如今，每一个人的活动范围都在大规模地扩展，一生可能要经历多个组织（工作）。在多个不同的社区甚至是不同的国家生活，拥有多个社交群体，迅速而适当地融入组织和社区、形成能够愉快相处的社交群体，是一个人事业发展、生活幸福的前提。所以个人必须向组织、社区和群体适当地展示自己，以求获得相互认可。

从创造需求的角度看，人力资源对任何一个现代社会组织都可谓是最重要的甚至是唯一的资产，但不同的行业有不同的人力资产结构。发现组织中的人力资源结构失衡阶梯，即目前各个层级的人力资源瓶颈，是个人在组织中获得良好发展的必要条件。

从提供产品的角度看，人力资源结构失衡阶梯是个人职业发展的通道，但一个人能够顺着这个通道逐步发展，就应当具备弥补这种失衡或消除这种瓶颈所必需的各方面的基本素质和才能。一般而言，基本素质是品质、文化素养和团队意识，个人才能是岗位所要求的知识和技能，基本素质与岗位性质、任务关联度较弱，岗位知识和技能则与岗位性质、任务强相关。通过学习和实践，培养基本素质，掌握相关知识和技能是一个人力资源生产过程，如图 2-3 所示。

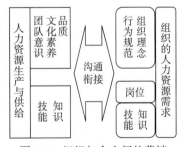

图 2-3　组织与个人间的营销

在一个组织中，大多数岗位所要求的基本素质和才能具有一定的隐蔽性和不确定性，需要长时间的实践观察和磨合才能最终确认。由于人具有自适应性，通过不断学习、磨合和经验积累，一个人对岗位可以从不胜任到胜任。因此，做好**个人营销**，有意识地运用营销理论和方法向组织展示个人的素质和才能，是加快个人职业发展的有效途径。

> **材料 2-1　　　　　　　诸葛亮的个人营销**
>
> 诸葛亮在成为刘备的军师前可以说只是一个毫无工作经验的社会新人。那么，他是靠什么使刘备放下皇叔身份，三顾茅庐去请自己担任军师的？
>
> **准确的目标和定位**　曹魏、孙吴谋士成群，荆州刘表、西凉马腾、蜀中刘璋不足道，唯有刘备尚具成长性，而且将有关、张，独缺一个杰出的谋士，可以辅助。
>
> **广泛的人脉**　先有司马徽对刘备说，"儒生俗士，岂识时务？识时务者在乎俊杰。此间自有伏龙、凤雏"，再有徐庶被逼投靠曹操时的"回马荐诸葛"。
>
> **个人美誉度的塑造**　以"卧龙先生"为品牌，表达了待机而出、成就功名的雄心；以"管仲、乐毅"为内涵，传达了择明君而事、安邦立国的杰出才能。
>
> **有效的人际沟通**　与刘备坐论天下大势，展示了其精辟的分析能力和远见。

2.2.2　组织内营销

营销思想和方法在组织内的拓展应用包括两个方面：一是组织内各部门之间的相互认同和协作；二是员工对组织的认同。

组织内各部门都有自己特定的工作目标和业务流程，只有当这些目标都符合组织的总体目标，围绕为顾客创造价值而展开时，各部门的目标才是有意义的；只有当各部门的业务流程协调一致时，组织整体和各部门的工作才可能是高效率的。这就要求组织各部门间要加强沟通、相互理解，一方面主动去理解其他部门的目标和流程，另一方面主动向其他部门阐释自己的目标和流程。

正如个人要积极主动地融入组织，组织也应当创造条件使员工更易更好地融入。为此，组织必须采取各种措施、运用多种手段向员工传递组织的基本理念、行为规范，使之成为员工的基本信念和自觉行为，如图2-3所示。

不管是部门间的相互认同和协作，还是向员工传递组织的基本理念和行为规范，都是以组织文化为基础的。组织文化的建设是一个文化理念的提炼和传播的过程，这一过程和组织品牌建设过程异曲同工，又由于组织品牌也是组织文化的集中反映，所以这两个过程又是互相交融的。其实，不论是组织文化还是组织品牌，组织内的认同和组织外的认同具有同等重要性。

> **讨论 2-3　　　　　　　奋斗与生活真的只能二选一吗**
>
> 最近，一场关于"996"（早9点到晚9点，每周工作6天的工作制）的讨论席卷舆论场，引发人们关于"奋斗"和"生活"以及"工作"与"健康"的思考。一方面是程序员们发起了"今天996，明天ICU"的反击战，另一方面则是996被一些老板捧成花儿。
>
> 2019年4月11日，马云表示，能996是一种巨大的福气，很多人想996都没机会。不付出超越别人的努力和时间，怎么获得想要的成功？第二天夜间，他又在新浪微博表

示,任何公司不应该也不能强制员工996。不为996辩护,但向奋斗者致敬!与此同时,刘强东也在朋友圈发文,分享了自己"8116+8"的工作模式,即工作从早8点到晚11点,一周工作6天,周日工作8小时。事实上,员工的高强度工作已是家常便饭,"711"(早11点到晚11点,每周工作7天)也不少见。在最早进行"996·ICU"讨论的代码托管网站GitHub,就爆出40余家企业实行996工作制,996早已成为互联网行业的"潜规则"。那么,辛勤工作与快乐生活真的只能二选一吗?

资料来源:"996"大讨论:奋斗与生活真的只能二选一吗 [EB/OL]. (2019-04-16). http://news.youth.cn/sh/201904/t20190416_11927421.htm.

2.2.3 观念营销

长期以来,人们主要追求物质的满足和生理的享受,营销由有形产品和服务产品的市场推广需要而产生,也主要运用于这些领域。随着社会经济的发展、生活水平的提高,人们的精神需求日趋旺盛,精神产品日益丰富,营销的运用随之向人们的精神生活领域延伸。

精神产品主要有两类:一是(思想)观念产品,如人与自然和谐相处、共同富裕、小康社会等;二是心态产品,如竞争和对抗、紧张或放松等。观念产品一般不需要或很少需要物质产品或服务产品为载体,而心态产品一般需要附着于某种物质产品或服务产品,如体育赛事所体现与传达的是竞争和对抗,演唱会、酒吧所呈现与表达的是心境,人们一般是通过融入其中来感受和改变自己的精神状态(心态)。

精神产品最典型的特征是完全差异化,几乎没有两个完全一样的精神产品,即使同一词语表达的精神产品,其具体阐述也会千差万别。例如,没有人会反对人与自然和谐共处,但在具体操作上,先发展经济后治理环境,还是在不破坏环境的前提下发展经济,却一直意见不一。而体育赛事、演唱会等,更是不会有完全相同的情况,即使同一支队伍,每一场比赛都是不一样的。

精神产品的另一特征是低物质消耗,且不说观念产品本身由于不需要附着物质产品,或仅仅需要少量的物质为载体,一个好的观念还有助于人们建立正确的资源观,从而起到节约资源的作用。心态产品直接带给人们身心愉悦的感受,帮助人们提高幸福感,虽然需要借助一些场地、设施,但资源消耗相对来说很少。

需要强调的是,观念营销有两个特征:一是非营利性,因而营销者一般是政府或各类非营利性组织;二是面临两个顾客群体——赞助者群体和观念受众。

观念营销的本质是观念倡导者希望观念反对者或观望者接受自己的观念。通常,观念反对者不会为观念倡导者买单,观念产品因此不会为观念倡导者带来直接的经济利益。尽管观念的营销者一般是政府或非营利性组织,但基于对社会责任的认识和品牌、形象建设本身的需要,越来越多的营利性组织也以赞助、捐献、公益广告等方式参与到与己相关甚至无关的观念营销中。

既然观念产品不能为营销者（非营利性组织）带来直接的经济利益，那么营销者就必须经由其他方式获得观念营销所必需的资金或资源。这是一个获取资源的营销过程，所以观念营销面临两个顾客群体，既要运用营销方法使观望者或反对者接受倡导的观念，成为所倡导观念的支持者，还要运用营销的方法从支持者那里获得开展活动所需要的资源，如图 2-4 所示。

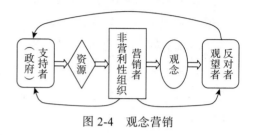

图 2-4　观念营销

2.2.4　非营利性组织营销

非营利性组织是不以营利为目的，开展各种志愿性、公益性活动的非政府组织，如各种民间协会，公益性基金会，民办非营利性教育、医疗、养老机构等，具有组织性、志愿性、民间性、非营利性等特征。

非营利性组织的发展主要源于政府和市场失灵。从履行使命的方法看，政府的特点是强制性，即可以运用国家机器强制推行其政策；市场的特点则是非强制性，交易双方以自愿交易为基本准则实现各自的（营利）意图；而非营利性组织是基于志愿的原则，其成员不以获取某种经济利益为前提，一般是服务于某项公益性活动。

我国目前存在大量的、多种类型的非营利性组织，在发展中存在诸多问题，特别是慈善组织近年来不断爆出丑闻，除了先天不足，还在于非营利性组织不能有效运用营销理论和技术。

> **材料 2-2　　　　　非营利性组织在美国的发展**
>
> 美国的非营利性组织目前有 140 多万个，是与政府、企业等量齐观的社会组织类型，就业人口占总人口数、产值占 GDP 等均达到 11% 左右。按美国税法规定，26 种组织属于免税的非营利性组织，它们主要是各类学术研究机构、教育培训机构、医疗保健机构、专业协会、教会、工会、体育组织、文化娱乐组织、青年组织、老年公民组织、民间基金会、公益性团体、慈善机构等。哈佛大学、普林斯顿大学、美国红十字会、洛克菲勒基金会、大都会艺术博物馆等都是比较典型的非营利性组织。美国非营利性组织不仅可以免税，还可以接受抵税捐款，这些组织收入的 50% 以上来自付费，18% 来自捐赠，30% 来自政府。
>
> 非营利性组织从美国建国前就已经萌芽，在独立战争以后大致经历了三个阶段。
>
> **民众互助模式**　这是一种邻里互助性质的非营利性组织，是对政府职能不能到达而又需要办理的一些公共事务的一种补充。这种非营利性组织还不是很正式，制度也不完善。
>
> **慈善赞助模式**　经历资本主义原始积累，大量财富聚集至少数富人手中，社会两极分化，社会冲突时有发生，威胁到社会的稳定发展。迫于这种形势，一些富豪开始从事赞助教育、基础研究、改善贫民窟的卫生条件等慈善事业，以改善形象，避免冲突。

竞争模式 今天，非营利性组织存在和发展的主要原因已经不再是邻里互助和缓解冲突，而在于宣传某种观念、倡导某种行为或者是志愿从事某种公共事业，因而仅靠民众互助、慈善赞助已远远不能满足各种非营利性事业发展的需要。各种营利性组织要想获得良好的发展必须通过市场获取资源，也正因如此，非营利性组织开始引入营销理论和方法。

非营利性组织营销有以下几个特点。

公众多样化 非营利性组织及其目标不仅要获得顾客、捐助者的认可，还要获得志愿者及其他社会公众的认可。

监督公众化 对于非营利性组织的活动来说，资金支出必须接受公众监督。

利益多元化 利益相关者从中获取各自的利益，如顾客的社会责任和义务，捐助者的形象和声誉提升，志愿者的成就体验。

良好的公共关系和组织形象 良好的公众关系和组织形象是非营利性组织生存和发展的基本条件，因而非营利性组织必须善于通过事件、演讲、主题活动、公益活动、出版物、公益广告等宣传组织目标和形象，提升组织的知名度和美誉度。

■ **案例 2-3**　　　　　**《国家宝藏》：凝望一眼　传承千年**

2017 年 12 月 3 日，中央电视台综艺频道推出大型文博探索类节目《国家宝藏》，以千年的历史文物为载体，用综艺的表达方式，向观众娓娓讲述一件件国之瑰宝的前世今生，徐徐揭开典藏文物背后的文化宝藏。

《国家宝藏》采用故事化的表达形式，通过演员小剧场戏剧化的舞台表演，大大增加了节目张力，在追溯宝藏前世因缘的同时，让一件件冰冷的文物更具故事性。以"故宫看门人"单霁翔为首的九大馆长坐镇与点评，明星国宝守护人的倾情讲述，充满仪式感的环节设置，使得节目既不失庄重与权威，又表达出了对国家宝藏的崇敬和尊重。充满时代感的数字化舞美灯效，在拓展舞台表现力的同时，也让观众得以借助科技，对文物进行多层次多角度的赏析和理解。这样一款老少通吃的节目样态，既吸引了年轻观众，又满足了文物爱好者的专业赏析需求，可谓良心之作。由观众通过微博、微信进行互动投票选出心中的国宝的环节设置，将电视与新媒体充分融合，增强了观众的参与感和对节目的黏合度。

每一种文明都延续着一个国家和民族的精神血脉，既需要薪火相传、代代守护，更需要与时俱进、勇于创新。《国家宝藏》在继承和创新方面的有益探索，不仅展示了国家媒体的品位格调，更彰显出中华民族的文化底蕴和创新精神。

资料来源：陈琳. 国家宝藏：凝望一眼　传承千年 [J]. 广电时评，2018(1).

2.3 方法创新

一方面,伴随着科学技术的发展,许多新的营销工具、手段与关系被催生出来;另一方面,为适应现代社会的要求,越来越多的科学分析方法、工具与手段正逐步引入营销的各个环节,营销在保持其艺术性的同时,科学性也得到了长足发展。

2.3.1 沟通工具

沟通工具的创新集中体现在互联网和动漫技术,而互联网沟通区别于传统沟通的特点又集中体现在社会化媒体。社会化媒体的崛起使营销沟通发生了颠覆性改变,这不仅体现在由全媒体带来的表现力,更体现为单向传递转变为双向互动,由延时反馈转变为即时对话。现代动漫技术则使营销获得了前所未有的展现能力。

1. 社会化媒体

从 Facebook 与 Twitter 诞生的那一刻起,社会化媒体便注定要改变信息传播的方式。所谓**社会化媒体**(social media),是指人们彼此之间可以自由、随时分享意见、见解、经验和观点的工具和平台。从基本形式看,社会化媒体主要有博客(和微博客)、百科、论坛、社交网络、内容社区等。社会化媒体使得沟通速度更快、黏性更强、规模更大,沟通的双向性、互动性得到完美演绎。表 2-3 是目前我国社会化媒体格局的基本概况。

表 2-3 我国社会化媒体概况

类型	首创者	国内效仿者
微博	Twitter	新浪微博、腾讯微博、网易微博、搜狐微博
即时通信	MSN	QQ、微信、百度 Hi、FastMsg、UC
RSS 订阅	Google Reader	鲜果、抓虾、Feedsky
消费点评	Yelp	饭统网、大众点评、口碑网
百科	Wikipedia	百度百科、SOSO 百科、MBAlib
问答	Answers	百度知道、新浪爱问、知乎
社会化书签	Delicious	QQ 书签、抽屉、新浪 ViVi 收藏夹
音乐/图片分享	Flickr	酷狗、QQ 音乐、虾米、一听音乐
社交网络	Facebook	开心网、豆瓣、白社会、QQ 空间
商务社交网络	LinkedIn	天际网、经纬、三沃、若邻网
社会化电子商务	Groupon	拉手、美团、聚划算、糯米
社交游戏	Zynga	腾讯游戏、淘米网、五分钟
签到/位置服务	Foursquare	街旁、微领地、开开、切客
博客	Blogger	和讯、新浪博客、Blogbus
视频分享	YouTube	抖音、爱奇艺、土豆
论坛	BigBoards	天涯社区、猫扑、搜狐社区、帖易

作为一种给用户带来极大参与空间的在线媒体,社会化媒体具有以下几个特点。

参与 社会化媒体可以激发感兴趣的用户主动创造、贡献和反馈信息,模糊了媒体和受众之间的界限,"用户创造内容"与"用户本身就是媒体"成为社会化媒体的两个基本关键词。任何一个用户都有可能成为社会化媒体上的内容发布者与信息传递者，只要他愿意。

公开　社会化媒体大都可以免费参与其中，用户评论、反馈和分享信息受到鼓励，用户参与和利用社会化媒体中的内容几乎没有任何障碍。

交流　传统的媒体采取的是"播出"的形式，内容由媒体向用户传播，单向流动。而社会化媒体的内容在媒体和用户之间多向传播，形成交流。

社区　在社会化媒体中，用户可以很快地形成社区，只要是感兴趣的内容都可以成为一个共同话题而被充分交流。

连通　社会化媒体大都可以通过链接将多种媒体融合到一起。

社会化媒体的汹涌而来对企业营销的影响主要体现在四个方面。

一是有助于企业建立品牌口碑与品牌价值。借助社会化媒体，企业可以通过积极的内容策略与社区管理，鼓励品牌支持者进行主动、正面的口碑传播。

二是通过为顾客创造更多的价值形成顾客忠诚。企业可以通过社会化媒体，主动聆听顾客的需求、体验反馈、投诉，第一时间针对不足进行补救，为顾客创造更多的价值，从而培养忠诚的顾客群体，提高销量。

三是提高运营效率。社会化媒体为新产品的研发、生产、上市提供了尽早试错的机会，缩短了从研发到销售的时间。

四是营造企业文化与提升员工士气。社会化媒体也是企业内部营销的有力工具，可以充分获悉内部员工的需求、情绪，通过有效反馈与改进，能够提升员工的忠诚度与归属感，营造良好的企业文化与氛围；通过对内部员工的社会化媒体培训，可以使员工成为企业在社会化网络上的倡导者。

基于社会化媒体的特性以及社会化媒体给企业带来的商业影响，通过社会化媒体影响顾客、进行营销已经成为一种趋势，社会化媒体营销也呈现出有别于传统营销的特点。

连续性　传统营销活动总是具有一定的间歇性，社会化媒体营销则是连续的，企业可以全年无休地关注社会化媒体的信息，保持与顾客互动，实时监测、分析、总结与管理。

自传播　一个信息一旦被大众高度认可，它就有可能"刷屏"——自动急剧扩张性传播。

全媒体　社会化媒体是基于互联网的全媒体沟通平台，企业可以通过文字、图片、视频、游戏等多种媒体形式展示信息内容，以使信息更具吸引力。

管理细化　企业在进行社会化媒体营销过程中，需要根据市场与顾客的实时反馈进行营销目标的调整，这就要求营销管理更加细化。

2. 动漫技术

动漫技术可以说是现代技术最令人激动的应用之一。它集声光电技术于一身，从 2D 走向 3D，以其前所未有的视觉、听觉冲击力全景展示对象，其丰富的表现力可以极致展现人类所有的幻想。动漫也不再只是儿童的专利，而是受到全年龄段的追捧；其应用领域也不再只是娱乐，而是科学普及、产品展示、教学演绎、情景营造等众多场合。在被称为视觉盛宴的 2008 年北京奥运会开幕式上，动漫技术功不可没。

> ■ **案例 2-4** 　　　　　　　　**阿里巴巴员工的神奇礼物**
>
> 　　2019 年 9 月 10 日，教师出身的马云正式卸任阿里巴巴董事局主席。随后，马云为每位员工送上了一份阿里巴巴 20 周年的纪念礼物：一瓶"会说话的起泡酒"。
> 　　这瓶来自马云自家酒庄 Chateau de Sours 的酒兼具满满诚意和酷炫黑科技。用支付宝 VR 扫描盒外的二维码，并将手机放入盒子另一侧，手机中的视频反射到酒瓶上，马云投影随之出现。全息投影技术的生动运用让马云的临别寄语更加充满深情厚谊："阿里巴巴 20 周年，我送每人一瓶酒。我在学习酿酒的过程中，悟出了一个道理：工作是水，生活是酒。水会决定酒的品质，但生活，要过得像酒一样，不能像水一样，没有味道。祝愿大家，认真生活，快乐工作，把幸福握在手中。"
> 　　资料来源：马云退休，送给阿里员工的酒刷爆社交网络 [EB/OL]. (2019-09-17). https://www.putaojiu.com/news/201909277323.html.

2.3.2 新型关系

不管是制造商与最终用户的关系，还是与供应商、中间商的关系都一直在不断发展和创新，从过去单纯的、偶然的交易关系朝着由不同纽带联结起来的、相对稳定的合作共赢关系转变，众多新型关系形式不断出现，传统关系也不断得到深化发展。

嵌入合作　　**嵌入合作**是指企业通过营销合作，使顾客在消费某一企业产品的同时，获得另一企业的相关信息，也称嵌入营销。嵌入可以是单向的，也可以是相互的，嵌入的内容可以是信息、产品、技术、工艺等。**嵌入式广告**（product placement，也称植入式广告）是顾客最常接触的一种嵌入合作，常依托于影视作品、网络游戏等载体。而互相赠送合作商家的优惠券是更常见的嵌入合作。

直效营销　　**直效营销**（direct marketing）有多种解释，其中最关键的有两点：一是直接销售，即产品生产者将产品不经过任何中间商销售给使用者；二是指那些直接指向并送达目标顾客的营销行动或策略，因而营销效果是可直接衡量和直接可见的。从"营销本身并不是直接的销售行为"来理解，直效营销主要是指后者，如优惠券、人员推销、积分、会员制等。相对于非直效营销行为，直效营销更有针对性，是一种精准营销。

会员制、回报计划　　针对顾客数量大、分散、购买渠道转换成本低的特点，零售商纷纷推出各类会员制、回报计划等措施以提高顾客的重复购买，进而达到顾客忠诚。不管是会员制还是回报计划，其核心都是积分，在积分的基础上给予顾客某种回报。回报可以是经济的，如优惠购买、积分折现等，也可以是非经济的，如会员活动、培训等。

定制营销　　**定制营销**是指企业按特定顾客的具体要求设计、生产和销售个性化的产品。现实生活中，企业的定制只发生在装配环节，即企业大批量生产出可任意组合的、标准化的零部件，按顾客要求组合成千姿百态的最终产品。这种定制方式是多样化、单品种需求和大批量生产的有机结合，既实现了单位产品的低成本，又能很好地满足顾客多样化的要求，在计算机、汽车、电子等领域已获得一定程度的实现。

借势营销　**借势营销**是指借用已有的悠久传统文化、知名事件或新的市场时尚，构造自己的优势，达到超越竞争对手的目的。通常，培育市场时尚成本高、困难大，而借助已有的知名度或时尚则可跨越市场培育这一环节。变形金刚玩具、恐龙玩具无不是借卡通片的热播而大行其道。

■ **案例 2-5**　　　　　　　　　　**Visa 的奥运会生意经**

1986 年，Visa 首次与国际奥委会（IOC）达成赞助协议，成为"TOP 计划"的首批成员之一。当时，Visa 的市场份额仅为 20% 左右，远落后于在高端商务和国际旅游市场更具影响力的信用卡品牌美国运通（American Express）和万事达（MasterCard）。

尽管背负高达 1 450 万美元的赞助金额，但 Visa 享有包括在 IOC 206 个成员所在国家和地区使用奥林匹克标志的知识产权和市场营销权利，是奥运会期间场内和场馆周边唯一可受理的支付品牌，并且可以将部分权益传递给会员银行。借奥运会之势，Visa 的国际影响力显著提升，"everywhere you want to be"（心驰所向）口号也广为人知。仅与 IOC 合作的头三年，其信用卡全球销量便增加了 18%，超出预期 6 个百分点，信用卡交易量增加了 21%，一跃成为全球第一信用卡品牌。Visa 由此展开了 30 多年的奥运会赞助合作。官方数据显示，Visa 成为奥运会合作伙伴以来，信用卡总销量从 1986 年的 1.48 亿张增加至 2017 年的 32.8 亿张，增长 21 倍；总交易额从 1986 年的 1 298 亿美元上涨至 2017 年的 10.2 万亿美元，长期居于世界第一。

Visa 的奥运会营销最终为其带来了巨额回报和国际影响力，而美国运通董事长罗宾逊在退休之后也不得不承认，失去与奥运会合作的机会，是他担任美国运通董事长期间所犯的最大错误之一。不过，由于奥运会赞助成本高昂，门槛极高，未必都能"赞而有助"。有统计数据表明，以往奥运会赞助企业达到赞助目的和没有达到预期目标的比例是 1∶9。

资料来源：李文丽. Visa 的奥运生意经：从市场份额 20% 到头号信用卡品牌 [EB/OL]. (2018-02-22). https://www.sohu.com/a/223428810_116132.

连锁经营　**连锁经营**是指众多小规模的、分散的、经营同类商品和服务的零售店，使用统一的品牌，在总部的组织领导下，采取共同的经营方针、一致的营销行动，实行集中采购和分散销售的有机结合，以求规模经济的联合体。连锁经营有直营连锁、特许连锁和自由连锁三种形式。直营连锁是指公司总部直接投资开设零售店，特许连锁是指在特许方的辅导下创设零售店，自由连锁是指已有的零售店申请加入连锁体系。事实上，一个连锁体系往往是这三种连锁形式的混合体。

　　特许经营　**特许经营**是指特许人授予受许人权利，并附加义务，以便根据特许人的概念、方法或模式进行经营。对受许人来说，这是一种合法利用他人品牌优势的经营方式；而从特许人的角度来讲，允许潜在受许人（竞争者）借助自己的优势，在一定程度上可以削弱其他受许人揩油搭车的倾向，也有利于特许人自身获得更快、更大的发展。

2.3.3　分析技术

　　自市场营销脱离经济学成为一门独立学科后，营销研究不断从心理学、统计学、社会学、计量经济学、决策科学等外部领域，吸收并发展定量分析与行为分析的方法、技术，有力推动了市场营销的理论研究与实践发展。

　　心理学方法　顾客动机、认知、情感等人类心理活动规律是营销最重要的理论和实践基础，不管是需求的创造还是传递都必须基于对顾客心理的深刻理解，需要运用大量心理学方法并借助相关心理学研究成果。

> ⊙ **讨论2-4**　　　　　　　　　　**平衡理论和形象代言人**
>
> 　　1958年，心理学家海德（Heider）提出改变态度的"平衡理论"。平衡理论认为，一个观察者偏好于让他自己（O）、代言人（P）和非人对象（X）三个认知元素保持相互和谐状态，即不存在任何使之改变的压力。这里的和谐是指元素之间的相互连接的符号的积为正。如观察者和代言人之间的情感联结代表观察者对代言人持有肯定（+）、否定（-）或者中性的态度，观察者和非人对象之间、代言人和非人对象之间也类似，如图2-5所示。
>
>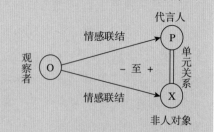
>
> 图2-5　平衡理论在代言人中的应用
>
> 　　在营销传播中，使用代言人来推荐产品是常用策略。通常，企业总是希望代言人能最大限度地对消费者（观察者）产生正面影响，即使消费者和代言人之间的情感联结最强化。根据平衡理论，这时还应建立代言人和品牌（对象）间正（+）的单元关系，为保持平衡，消费者和品牌之间的情感联结将得到强化。反之，若代言人和品牌间是一种负（-）的单元关系，为保持平衡，消费者和品牌之间的情感联结将被弱化。

　　实验（测试）方法　现代自然科学的发展史可以说是一部实验发展史，一个理论从假设到定律必须得到实验的证实，实验是现代自然科学发展的基石。借鉴自然科学的经验，实验方法在营销中也得到了越来越广泛的应用。概念测试意在试探顾客对一种新生活方式的反应；产品测试则用于检验顾客对产品满足需求程度的认知；传播方案测试的目的在于发现需求以及产品从小规模推广到大规模推广时可能产生的问题，并以此为依据对营销方案做出相应的调整;投放测试是观察顾客在实际使用产品后的态度。事实上,每种测试都有许多具体的方法,企业可根据具体情景选择使用。重要的是实验测试,而不仅仅是问卷。

> **材料 2-3**   **哪种产品页面布局更有效**
>
>   电子商务网站的产品页面布局通常有两种:一种是梯形,每一行只有一个产品;另一种是田字形,每一行有三到四个产品。哪种页面布局更有利于购买者选择并做出购买决策?河海大学商学院营销行为实验室通过调查问卷和眼动实验对此进行了研究和分析(见图 2-6),得出如下结论。
>
>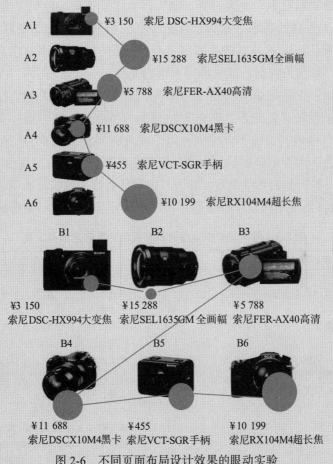
>
> 图 2-6   不同页面布局设计效果的眼动实验
>
> 注:图中灰色圆形区域为被试者在产品图片、文字描述与价格三个兴趣区域的注视点个数,注视点个数越多,说明被试者付出的认知努力越多,搜索效率越低。
>
> (1)总体上,田字形布局要优于梯形布局。在布局流程、内容功能、操作体验和总体满意度这四个维度的平均计分上,田字形布局和梯形布局分别为 5.5/4.67 分、5.39/4.74 分、5.5/4.91 分和 5.66/4.67 分,均以田字形布局为高。
>
> (2)产品图片、文字描述和价格这三者是两种布局中被试关注最多的产品元素,共

占总和的 75% 以上。在田字形布局中对产品图片的注视次数（25.50）和凝视时间（4 363.35 毫秒）显著多于梯形布局中对产品图片的注视次数（13.20）和凝视时间（2 712.28 毫秒）。

（3）在梯形布局下，搜索绩效最好的为位置 A1（5.11 秒）和位置 A4（7.12 秒），搜索绩效最差的为位置 A6（9.47 秒）；在田字形布局下，搜索绩效最好的为位置 B2（3.38 秒）和位置 B1（4.70 秒），搜索绩效最差的为位置 B6（7.03 秒）。

资料来源：窦可波. B2C 电子商务网站商品列表页的可用性实验研究 [D]. 南京：河海大学.

数据挖掘 数据挖掘一般是指从大量的数据中通过算法搜索隐藏于其中的信息。互联网的行为记录、跟踪和追踪技术形成了巨大的公众行为数据库，这些数据记录了公众在互联网上的各种浏览行为、决策过程、购买行为以及评价。显然，这些看似互不关联、零散的数据隐藏了公众的需求、偏好、生活方式、群体等对企业决策至关重要的信息。生产商、销售商现在可以通过对这些数据的分析预测用户的未来需求和行为。今后，谁更好地掌握了用户的行为数据，谁就赢得了市场先机。

定量分析方法 定量分析方法是指运用现代数学方法对有关的数据资料进行加工处理，据以建立能够反映有关变量之间规律性联系的各类模型的方法。在营销中得到广泛应用的定量方法有很多，如用于市场细分以发现具有某种新的行为特征的顾客群的聚类分析、交互检测法，用于了解和预测市场环境变化的趋势推断法和成长曲线、回归法、类比法，用于确定一种产品的各个属性（利益）相对重要性的联合分析法、认知图法、利益结构图法等。表 2-4 扼要地归纳了部分营销研究中的定量分析与行为分析的方法和工具。

表 2-4　营销研究中定量分析与行为分析的方法和工具

定量分析方法	行为分析方法
因果模型	问卷调查
加权信赖模型和因素属性	焦点小组访谈、深度访谈
贝叶斯分析	试验和面板设计、投射技术
信度和效度检验	心理统计特征以及活动、兴趣、选择学习
响应函数	生理学技术（如眼动仪）
假设形成、推论和显著性检验	概率抽样
边际分析和线性规划	互联网调查
多维标度和态度测量	**工具：营销模型**
经济计量	广告（如 Mediac 模型、Brandaid 模型）
时间序列分析	销售管理（如 Dealer 模型、Calplan 模型）
权衡分析和联合分析	新产品（如 Demon 模型、Sprinte 模型）
方差分析	产品计划（感知器、存取器）
多元因变量法	拍卖定价模型、随机品牌选择、市场份额模型
多元自变量法	品牌评估模型

本章小结

1. 营销的产生源于市场规模的扩大、买方市场的形成和分销系统的独立。

2. 从 4P 到 4C、4R 的演进，一定程度上反映了营销对企业、顾客的基本观念的变化。4P 更多的是把营销作为企业谋利的手段，策略体系是围绕企业盈利展开的，满足顾客的需求只是企业求利的过程和手段。4C 更多地强调从顾客的角度来看问题，其策略是围绕如何有效满足顾客需求展开的，企业盈利被放到了次要的位置。4R 则是强调企业与顾客的互动和共赢，互动是手段，共赢是目标。

3. 营销已经不再是营利性组织向顾客推广产品的专利，它已被广泛应用到各个领域。个人通过营销来更好更快地融入组织和群体；组织内部也需要营销协助以使员工接受组织文化和使命；观念也需要通过营销来提高传播的效率和广度，以获得更多公众的支持；非营利性组织也借助营销方法以更有效地实现组织目标。

4. 社会化媒体是指人们彼此之间可以自由、随时分享意见、见解、经验和观点的工具与平台。社会化媒体使得沟通速度更快、黏性更强、规模更大，沟通的双向性、互动性得到完美演绎。

5. 互联网及社会化媒体正以其互动性、即时性、自传播性颠覆传统传播理论和方式。

6. 现代动漫技术使营销获得了前所未有的展示能力。

7. 更多的持续合作而不是一次性交易正在改变买卖双方的关系。

8. 数据挖掘一般是指从大量的数据中通过算法搜索隐藏于其中的信息。今后，谁更好地掌握用户的行为数据，谁就赢得了市场先机。

9. 各种科学的定量分析技术正越来越多地被运用于消费者需求形成和行为的研究。

基本概念

4P　4C　4R　战略营销　互联网营销　营销组织　个人营销　观念营销　社会化媒体　嵌入合作　嵌入式广告　直效营销　借势营销　连锁经营　特许经营

简答

1. 市场规模扩大和买方市场是如何催生市场营销的？
2. 简述营销的发展历程。
3. 举出几个营销发展的标志性事件。
4. 你如何看待营销理论和方法的广泛适用性？
5. 你如何看待 4C、4R 理论对 4P 理论和实践的挑战？
6. 你接触过哪些社会化媒体？具体的特性是什么？对你产生了哪些影响？
7. 请举出身边发生的嵌入合作的例子，抑或是针对令你印象深刻的嵌入式广告加以评论。
8. 简述个人营销的必要性。
9. 简述观念营销的基本特征。
10. 你的身边有哪些非营利性组织？它们是如何进行营销的？

思考

1. 你觉得营销对于你个人或你所在的组织而言,会有哪些帮助?这种营销帮助会产生什么影响?
2. 你所在的学校是否有官方微信?基于微信及社会化媒体的特点,分析学校官方微信(或者选取某个非营利性组织的官方微信)的运作现状,给出相关建议。

实验

使用代言人是一种非常普遍的现象。选择一个产品,为其设计两个包含代言人、产品基本信息、品牌标识的平面广告,其中一张的代言人为明星(非专业人士),另一张的代言人为产品技术专家(专业人士),其他部分保持一致,然后选择两个同质性较强的班级分别进行测试,看看哪种代言人的代言更为有效,并分析之。

动手

确定一个相同的主题和分类内容,通过抖音发布相关信息。一个月后,看看谁能获得更多的粉丝,什么信息获得了更多的推荐、赞、评论、关注和转发。

互联网——从成为青年志愿者开始

志愿者已经悄然走进我们的生活,在北京奥运会、在贫困地区、在环保活动现场,随处可见志愿者的身影,越来越多的青年正加入志愿者行列。

志愿参与公益事业,既是公益事业的需要,也是志愿者修身的需要。随着社会经济的发展,社会志愿活动正成为社会活动的一个重要组成部分,而不再只是某种补充。

登录中国青年志愿者网站,看看都有哪些志愿活动,志愿者都是谁。对照一下,问问周围的同学:你做过青年志愿者吗?你希望成为一名青年志愿者吗?你想成为一名怎样的青年志愿者?

从成为一名青年志愿者开始,让我们的社会更加阳光灿烂。

PART 2 第二部分

市场分析：洞悉需求

堵车很无奈，却成就了日薄西山的广播电台；等电梯很无聊，却使江南春的分众传媒迅速崛起；全球生产体系对"国产"概念的改写，让更多中小企业投入了国际市场的竞争大潮……

有些市场机会苦苦寻求仍不得见，有些市场机会主动敲门却未被听见；有些市场机会一直存在，有些市场机会转眼即逝、悄然无息。那么，市场机会究竟是什么？在哪里？怎么才能找寻得到？

市场机会是未被满足或未被完全满足的需求，而需求既基于自然环境、技术发展、社会组织和生活形态等外部因素，也基于性格、年龄、教育、职业和经历等个人因素。因此，营销者必须也只能通过对外部环境变化的监测、消费者生活方式与组织机构经营方式变化的分析，去洞悉其中的需求，进而把握市场机会。

第 3 章
需求的认知

> 愉悦是一个人从相对不完美的状态转换至较完美的状态的过程；伤痛则是一个人从比较完美的状态转换至不那么完美的状态。如果一个人生来就拥有完美，那么他将无法体会……愉悦的感觉。
>
> ——巴鲁赫·斯宾诺莎
> 荷兰哲学家

现代营销以顾客为导向，以顾客需求为中心，营销自了解顾客需求始，至满足顾客需求终。尽管所有营销活动都建立在洞悉顾客群体需求的基础上，但显然，个体需求的产生以及在此驱动下的行为研究是洞悉群体需求的基础。

需求在其简单的表象下有着极其丰富的内涵、类型、表现形式和多种产生原因，个体需求演变为群体需求也有一定的规律可循。只有了解引发需求的一般性原因、内涵和类型，才能从各种因素的变化中洞见需求的萌芽，从顾客表述中准确判断其真实含义。理解需求传递的一般性规律，才能有效地将个体需求扩散为群体需求。最后，我们还需要尽可能准确地测定这些群体在一定时期、一定营销刺激下的需求量大小。

3.1 需求及传递

虽然"需求是人们改善目前状态的一种心理愿望"陈述了需求的本质，但我们还需要知道这种愿望源于何处、强度如何、表现方式是什么，个体需求通过什么路径转移、传递从而演变为群体需求等一系列问题。

3.1.1 需求产生

需求是个体在受到内部刺激或外部刺激，或内外部刺激共同作用下，当发现当前实际状态与原来的期望或理想状态不一致时在心理上产生的紧张、不安等感觉，并在本能上要求消除这种不适。显然，需求是在实际状态与期望状态不一致时产生的，即需求的本质是对现实状态的不满意，如图3-1所示。

可见，顾客需求既可以由内部刺激——人体内生理机能而自动引发，如饥饿、口渴等一般都是由人体自身生理机能自动触发的一种紧张、不适感受；又可以由外部刺激——广告、实物情景等所诱导，如看见电视中的服装广告而引发对原有服装的不满；还可能是内外部共同作用的结果，如路过水果店看到鲜嫩水灵的水果而口渴。

当然，能否感知到实际状态与期望状态的不一致还取决于个体的**阈限水准**（threshold level）。若超过阈限水准，个体就会确认需求，进而驱动行为；若未超过，则意味着个体未认识到这种特定需求，但这并不等于说个体没有这种特定需求。阈限是指引起个体感觉到某个刺激物存在或发生变化的最小刺激量。不同个体在不同情境下的阈限水准是不一样的，这也就意味着有些需求的认识是瞬间的，而有些则需要长时间才能形成。

概括起来，导致顾客需求产生的内外部刺激包括自然驱动、功能驱动、自身经验总结、人际交往和营销刺激五个方面，如图3-2所示。自然驱动和功能驱动是最基本的需求产生力量，其他驱动因素都要通过它们才能发挥作用。

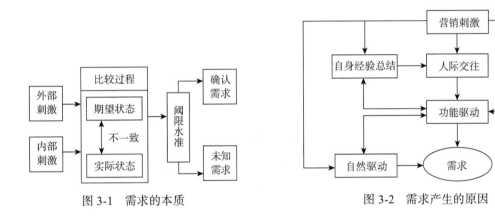

图 3-1　需求的本质　　　　图 3-2　需求产生的原因

1. 自然驱动

自然驱动是未经意识控制，由人的器官功能自然作用而引发的，如肠胃器官的蠕动使人产生饥肠辘辘的饥饿感，进而导致对食物的寻求。自然驱动产生的需求是基于个体生理的，是人类与生俱来的一种本能，因而最为可靠和持久。这种驱动下的需求基本上不受外界干扰，对不同的人来说，也是基本一致的，营销刺激只能发挥短暂的、有限的作用。

2. 功能驱动

功能驱动是经由大脑反应，因产品的功能性而引发的，如看到色香味俱佳的食物产生对美味的需求，或看到清澈的溪水产生畅游的欲望。

功能驱动可以是基于生理的，是一种生理机能的需要，但这时它更多地只是一种假象，其诱发的产品需求是非常有限的，因而营销的作用也是有限的。也许它能使需求提前释放，或者使需求从一处转移至他处，但既不能改变需求总量，也不会改变需求的长期趋势，如看到色香味俱佳的食物而产生的美味需求。

功能驱动的需求也可以是基于心理的，是一种精神活动。这时，这种驱动具有很强的真实性，其诱发的需求具有多样性、无限性和持久性，甚至改变人们的生活方式。如看到清澈的溪水既可能产生畅饮、畅游的欲望，也可能产生依水而居的欲望，还可能产生抒情的欲望、作画的欲望等，并且这些欲望都可能是持久的。

3. 自身经验总结

自身经验总结是指人们对曾经购买或消费过的某种产品，在消费过程中所感受到的经验（包括美好体验或缺陷）进行总结，并且把这种经验储存在大脑中，一旦下次遇到提示物的提醒或类似的情景诱导，美好体验会让人再次产生对这种产品的需求，而缺陷则会触发抵触或纠正行为。

自身经验总结驱动的需求强度依赖记忆中体验的美好印象程度与记忆强度，美好印象程度越高、记忆强度越高，面临相同情景时，需求被再次唤醒的可能性就越大。

4. 人际交往

人们在交往过程中，总是难免要谈到购买、消费及其他生活问题，在此过程中，人们会从多个角度自觉或不自觉地向他人学习购买、消费和生活经验，并且把这种学来的经验应用于指导自己未来的购买、消费与生活，效仿与攀比是这种需求最为直接的行为体现。和自身经验来自自身经历不同，人际交往是一种来自外部的经验。

人际交往的营销作用包括两个方面：一是改进自身的购买、消费活动和生活方式；二是模仿，并由此产生新的需求，追求新的产品和生活方式。

5. 营销刺激

受企业组织（或推销人员）市场营销活动的刺激，人们也会产生需求。换句话说，营销活动就是一种由企业有意识地向顾客施加影响，促使顾客产生需求，进而产生购买和消费行为的过程。这种刺激作用于人的感官系统，既对人的感觉、知觉、情绪等心理因素产生影响，也对人际交往、生活消费等行为发挥作用，促使某种美好体验的形成、唤醒。

由人际交往与营销刺激激发的需求是一种社会的或者说是心理的需求，这种需求受到较多因素的影响。经济形势不好、收入水平下降或通货膨胀都有可能促使人们放弃一部分此类消费；而在经济形势较好、收入水平较高时，人们又会增加这一方面的支出。这类需求对不同收入水平、社会文化背景的人来说会有所差异，奢侈品的需求是这方面的典型。

> ⊙ 讨论 3-1　　　　　　　　　　**当奢侈品消费成为时尚**
>
> 　　麦肯锡 2019 年 4 月发布的《中国奢侈品报告 2019》显示，中国人在境内外的奢侈品消费额达到 7 700 亿元（约合 1 150 亿美元），约占全球奢侈品消费总额的 1/3。与此同时，年青一代已经撑起了中国奢侈品市场的半壁江山。以 "80 后" 和 "90 后" 为代表的年青

一代，分别占到奢侈品买家总量的43%和28%，分别贡献了中国奢侈品消费总额的56%和23%。人们惊呼中国已经进入奢侈品消费时代。

然而，什么是奢侈品？在我们这样一个发展中国家为什么会产生奢侈品消费？对奢侈品消费的社会道德效应众说纷纭，莫衷一是。有人认为，奢侈品消费是社会发展、生活水平提高的必然；也有人认为，这只不过是营销者为人们描绘的又一个梦想，以一种所谓有品位的、贵族式的生活方式激发人们无限制的购买欲望，是对以勤俭为荣的传统美德的挑战。无论怎么评价，评价各方都承认营销活动对需求的强力激发作用，但这种刺激还是建立在人们追求感官愉悦的基础上吗？我们应该如何评价奢侈品营销的社会伦理效应？

以上所述对需求的驱动都是从整体出发的。如果从某一具体企业的角度看，指向该企业相关产品的需求才是有意义的。这时，自身经验总结、人际交往和营销刺激具有决定性意义。正是源于自身经验和人际交往而留下的对该企业及其品牌和产品的美好印象、该企业的营销刺激，将需求指向该企业的相关产品，形成实际购买。

由此也可以看到，人们在使用"需求"一词时，往往是针对特定产品的，是指对获取、拥有特定产品的渴望。营销者要清楚地区别这两种需求的含义，尤其不能忘了隐藏在产品需求背后的需求的本质含义是什么。

总的来说，由上述五种因素所产生的需求，其需求强度是依次减弱的，同时也说明需求是一个变动的、社会的概念，而不仅仅是生理的概念。另外，需求可以由学习而产生，这一观点是创造并传递、扩散需求的理论基础。

因此，营销者应注意识别引起顾客某种需求的环境，并充分认识到两方面的问题：一是那些与本企业产品有实际或潜在关联的需求驱动力；二是顾客需求强度会随着时间的推移而变动，并且被一些诱因触发或屏蔽。在此基础上，营销者要善于安排诱因，既要触发顾客需求，又要将顾客需求转变为对本企业相关产品的消费需求，并立即采取购买行动。

就企业或其他组织来说，需求的产生则无关自然或功能驱动，它们通常只是从效益或效率出发来确定是否需要更新设备、原材料或零部件，也可以说，企业的需求就是对效益的不断追求，一切以效益为目标。

3.1.2 需求类型

在现实生活中，需求存在多种多样的表现形式——类型。了解需求类型，既有利于掌握需求的内涵，也有助于需求的创造与传递。主要的需求类型划分如表3-1所示。

表 3-1 需求类型

按起源	自然需求	按变化	饱和需求	按表述	显性需求
	社会需求		过度需求		隐性需求
			衰退需求		
按利益	功能需求		波动需求	按发展	生理需求
	表意需求				安全需求
			基本型需求		社交需求
按现实性	现实需求	按结构	期望型需求		自尊需求
	潜在需求		兴奋型需求		自我实现需求

营销者应努力分清需求的类型，对不同的需求以符合其特点的方式去满足，或者让它们在营销过程中发挥不同的作用，如以期望型需求提高顾客认知，以兴奋型需求建立顾客忠诚并促使购买行为再次发生等。

1. 按照需求的起源

按照需求起源的不同，顾客需求可以分为自然需求与社会需求。

自然需求　自然需求是消费者为维持和延续生命，对于衣食住行、健康、安全等基本生存条件的需求。这种需求是消费者作为生物有机体与生俱来的，是由其生理特征决定的，也常被称为生理需求。

社会需求　社会需求是消费者在社会环境影响下所形成的带有人类社会特点的某些需求，如社会交往、荣誉感、自我表现等。这种需求是消费者作为社会成员在后天的社会生活中习得的，是由其心理特征决定的，因此又被称为心理需求。

2. 按照需求的利益

按照需求所指向的利益，顾客需求可以分为功能需求和表意需求。

功能需求　功能需求是指能为顾客带来某种客观利益的需求，如保暖、速度、营养、制冷、单位耗能、精度、载重量等。这种利益通常是生理的，解决的是生活、经营中的物理障碍，衡量产品满足需求程度的主要指标是效率和效益，衡量标准是客观的、一致的。

表意需求　表意需求是指能为顾客带来某种主观利益的需求，如品位、修养、社会地位、身份、面子等。这种利益通常是心理的，解决的是生活、经营中的精神障碍，衡量产品满足需求程度的主要指标是心理愉悦，衡量标准是主观的、情感的、因人而异的。

■ 案例 3-1　　　　　　　　哈根达斯的爱情神话营造

在营造爱情神话的品牌中，来自美国的哈根达斯已发展为不可复制的标杆。哈根达斯如手持弓箭的爱神丘比特，成为"情人之爱"最广为人知的代言之一。也因为贴上甜蜜热恋的情感标签，哈根达斯从没为销量伤过脑筋。

哈根达斯为冰激凌甜蜜香滑的口感赋予各种带有浓情意味的象征——情人的亲吻、指尖的缠绕、绵长温柔的拥抱，进而将品牌的目标顾客紧紧锁定为对爱情怀有旖旎幻想的女性族群。这种定位使产品与目标顾客间产生了深层的情感维系，并持续不断地进行情感内涵延伸——从最初的"爱她，就带她去哈根达斯"中强调爱情的"归属感"，到2004年"慢慢融化"中对于"沉醉"时刻的彰显，到2009年"一起融化"中传达"分享"，再到"等待只为更甜蜜"。哈根达斯所传递的"情人之爱"品牌内涵在不断深化，使其更贴近目标顾客在情感上"与人不同""体验弥足珍贵"的诉求。

资料来源：哈根达斯：传递圣物的营销策略[EB/OL]. (2010-12-21). http://www.tech-food.com/kndata/1034/0068973.html.

3. 按照需求的现实性

按需求的现实性，顾客需求可以分为现实需求和潜在需求。

现实需求　现实需求是指顾客已经清晰显现并准备寻求满足的需求，同时还具备相应的货币支付能力和其他相关条件，只要市场上有相应的产品供应，顾客需求随时可以转化为对具体产品的购买和消费行为。

潜在需求　**潜在需求**是指目前尚未清晰显现或明确提出，但在未来可能形成的需求。潜在需求通常由于某种消费条件不具备所致，如市场上缺乏能满足需求的产品，产品使用条件不具备，顾客缺乏充分的产品信息，消费意识不明确，顾客紧张感弱等。

4. 按照需求的变化

按照需求的变化，需求可以分为饱和需求、过度需求、衰退需求和波动需求。

饱和需求　**饱和需求**又称充分需求，从需求本质理解，是指有该需求的顾客总量在当前条件下已经趋于上限，即可能会有这种需求的顾客都已经产生了这种需求。在现实经济生活中，饱和需求更多的是指对某一具体产品在一定时期的需求总量已经达到了上限，如某年某地有线电视普及率为100%，一般可认为有线电视需求已经饱和，不会再有新的装机。由于消费需求受多种因素的影响，任一因素变化，如新产品问世、消费时尚改变等，都会引起需求的相应变动，因此饱和需求量也会发生变化，如随着住房条件的改善，一个家庭需要两台及以上电视机会逐渐成为常态，100%的普及率并非上限。

过度需求　过度需求又称超饱和需求，是指顾客对某一产品的需求量超过了当时该产品的市场供应量，更多的是指需求量超过了资源承载量。前者会呈现短暂的供不应求，后者则可能产生长期的环境恶化。前者只需提高产能，加大供应量，避免恐慌引起抢购等即可解决。而后者则要传播正确的消费观，将需求量限制在资源可持续的条件下，这既需要该类产品各制造企业的克制，也要全社会的共同努力。

衰退需求　衰退需求是指顾客对某种产品的需求逐步减少。导致需求衰退，通常是由时尚变化、消费者兴趣转移，或新产品上市对老产品形成替代，或顾客对经济形势、价格变动、投资收益的心理预期等引起的。引起需求衰退的另一个重要原因是人们的保健观念、环境观念、伦理观念发生变化，原有的合理产品消费在新的观念驱使下被认为是不合理的，如吸烟、酗酒、使用一次性塑料袋和一次性筷子等。衰退需求视引起的原因和结果有时也被称为无益需求或否定需求。

波动需求　波动需求又称不均衡需求,是指顾客对某产品的需求在数量和时间上呈不均衡的波动状态,如许多季节性产品、节日礼品,以及旅游、交通运输的消费需求,就具有明显的波动性。需求的波动性通常会导致产品生产、供应成本的上升,产品质量的下降,需求下降时的资源闲置。营销者要尽量降低甚至消除波动性,而不是相反。制造一些来也匆匆、去也匆匆的需求,无论对于企业还是对于社会的发展来说,都没有太大的价值。

⊙ 讨论 3-2　　　　　　　　　常态化的国庆铁路出行

铁路相关数据显示:2019 年国庆小长假运输期间(9 月 28 日至 10 月 7 日),全国铁路累计发送旅客 1.38 亿人次,同比增加 708.7 万人次,增长 5.4%。其中 10 月 1 日发送旅客 1 713.3 万人次,创国庆小长假单日旅客发送量历史新高。2017 年、2018 年国庆长假期间,全国铁路累计发送旅客 1.32 亿人次、1.31 亿人次。

根据文化与旅游部相关数据,2019 年国庆假期期间全国口岸日均出入境旅客达到 198 万人次,7 天合计出境游突破 700 万人次,与 2018 年相比并无太多增长,出境游趋于理性。

上述数据相互比较印证后,结论显而易见:黄金周假期的出行人数已经达到一个相对稳定且饱和的区间,出境游对国内铁路发送旅客的分流效果也基本稳定。也就是说,习惯在黄金周出行的人群和不习惯在黄金周出行的人群基本已经固定,未来增长空间基本可以预料,交通压力与糟糕的出行体验不会发生明显变化。

5. 按照需求的结构

日本学者狩野纪昭(Noriaki Kano)根据企业所提供的产品对顾客需求的满足程度,提出 KANO 模型,将顾客需求从结构上分为基本型需求、期望型需求和兴奋型需求,如图 3-3 所示。

基本型需求　**基本型需求**是顾客认为产品"必须有"的属性或功能,是对产品最基本、最低限度的要求。顾客一般认为这种需求是一种当然的需求,不需要表述出来。当产品特性不能满足这种当然需求时,顾客将很不满意。然而当产品满足了这些需求时,顾客又会无所谓满意不满意。

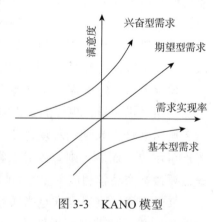

图 3-3　KANO 模型

期望型需求　**期望型需求**是要求企业提供的产品比较优秀,是对产品性能的一种较高要求,而非"必须有"的产品属性。在需求调查中,顾客谈论的通常是期望型需求,期望型需求一般是顾客希望表述的重点。但是,对于有些期望型需求来说,尽管顾客能够意识到，并且希望得到，但出于知识结构、表达能力等个体因素或者外部环境的制约，顾客可能很难直接明确地将它表述出来。期望型需求被实现得越多，顾客就越满意。

兴奋型需求　**兴奋型需求**是很少被顾客表述出来，甚至经常连他们自己也没有意识到的产品属性或服务行为。这些产品属性或服务行为超越了顾客期望的价值，一经满足，顾客就会产生强烈的惊喜。当其特性不充足且无关紧要时，则顾客无所谓；当产品提供了这类需求中的服务时，顾客就会对产品非常满意，从而提高顾客的忠诚度。

■ 案例 3-2　　　　　　　　　　　　　给顾客惊喜

对我们大多数忠诚的常客，即使他们在选择运送方式时点击了免费的标准运送，我们还是会给他们升级，将货品连夜送达。

一天 24 小时，一周 7 天的仓库运作，意外的运输升级，再加上我们的仓库离 UPS 世界港枢纽只有 5 分钟的车程，这意味着即使许多在美国东部午夜时订货的顾客，也会惊奇地发现 8 小时后鞋子就出现在他们家门口了。这让顾客有了一个"WOW"的体验，他们在很长一段时间内都会记住，并且会告诉他们的亲朋好友。

资料来源：谢家华. 三双鞋：美捷步总裁谢家华自述 [M]. 谢传刚，译. 北京：中华工商联合出版社，2010.

6. 按照需求的表述

按照顾客对需求的表述情况，需求可以分为显性需求与隐性需求。

显性需求　**显性需求**是指顾客已经意识到的，并且能够准确、清楚表达出来的，有明确的具体（或抽象）需求满足物（产品）可以达到其基本期望的需求。

隐性需求　**隐性需求**则是指顾客尚未意识到的、朦胧的、没有明确的具体（或抽象）需求满足物（产品）的、尚没能明确表述的需求。

顾客显性需求的满足与工业生产力相适应，因为顾客的显性需求有其共性化的特征，所以企业多采用规模生产满足这种具有共性特征的需求。隐性需求是显性需求的一种拓宽，总是和某些显性需求有这样或那样的关联。因此，尽管顾客也不清楚自身的隐性需求是什么，但当企业借助于显性需求对顾客进行启发时，这种模糊不清的需求将会逐渐变得清晰。例如，在知识创新产业中，企业往往是先确定一种与顾客隐性需求有关的、想象中会有用的东西，然后研发生产，把这种新产品提供给顾客试用，经过多次反复不断的修改，使新产品一步步趋于完善。对顾客隐性需求的满足实际上是一种需求创造的过程。

⊙ 材料 3-1　　　　　　　　　　　　你的眼睛变色了

运动不便、影响美观是所有眼镜族的苦恼，不要镜架，直接嵌在眼睛里恐怕是很多眼镜族都曾拥有的大胆想法。正是这种直接明确的想法推动了隐形眼镜的出现。

尽管对美的追求是人的天性，但对于戴上隐形眼镜之后的消费者而言，恐怕没有几

> 个会把美瞳工具与改善视力联系在一起。精明的商家挖掘了这一隐形消费，美瞳隐形眼镜应"求"而生。在改善视力的基础上，黑色凸显精神，蓝色使人深情，棕色个性十足……美瞳隐形眼镜引爆了隐形眼镜行业的蓬勃发展。
>
> 如今，增强双眼美容效果成为越来越多年轻人选择美瞳的原因，水润、有神、变大的美容功能被强调，美瞳与隐形眼镜某种意义上已经是两个概念。猜想一下，眼镜行业的下一次革命又会因何而起？

7. 按照需求的发展

美国人本主义心理学家马斯洛在1943年提出需求层次理论，他认为人的消费需求从低到高分为五个层次，即生理、安全、社交、自尊和自我实现，如图3-4所示。

马斯洛认为上述需求是按从低到高的顺序发展的，生理需求位于最低层次，其他需求依次上升，最后是自我实现需求。通常，低层次的需求得到满足后，较高层次的需求才会出现。

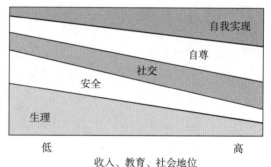

图3-4 消费需求五层次

但今天大多数学者认为，任何人都同时存在以上五个方面的需求，只是由于受教育程度、收入水平、宗教信仰和成长历程等因素的影响，对各个层次需求的强度不同、重要性不同。简单地说，一个乞丐未必没有自尊的需求，更不会没有安全的需求。

对顾客需求类型的多种划分与分析，有助于营销者从不同的方面审视需求的内涵。

首先，对顾客需求类型的把握有助于顾客和企业各自对需求的准确认知和相互认知。顾客对自身需求（起源、利益、结构等）有无认知、是清晰还是模糊的认知，决定了顾客能否准确描述其需求。因为需求类型也是需求属性的一种表现，企业只有在全面了解顾客需求类型（也就是属性）的基础上才能把握顾客需求是否显性、现实，是否为企业目前的产品或服务所覆盖。而对那些顾客认识模糊或难以表述的需求，就需要企业通过营销努力将这种潜在需求显性化出来。可见，只有在完成对需求的各自认知和相互认知的基础上，供需双方才能逐渐靠拢，达到相互认知，明确双方的需求和产品能否达成一致。

其次，顾客需求类型的划分也体现了需求创造的本质是创新生活方式。顾客的满意可以体现在功能需求或者表意需求的满足上，也可以体现在获得基本型、期望型或兴奋型需求上，这就表明顾客对自身的需求（反映一个产品对多种需求功能的影响）存在层次性认识。因此，需求的创造可以单纯通过对新需求（需求元）的识别、挖掘来实现。同时，顾客需求又必然会由低向高、由单一向多元发展，即既要求生理的、单一功能的满足，也要求心理的（情感的）、多功能的满足。这就表明顾客存在一种需求域——一系列相关需求。因此，需求的创造可以通过提供一种新的生活方式（片段或需求域）来推动实现。

■ **案例 3-3**　　　　　　　　**房子是租来的，但生活不是**

2018年6月6日，华润置地宣布推出长租公寓业务品牌"有巢"，筹划在全国23个一、二线城市提供4万间公寓，依托集团的多元化业务优势，通过与商业、办公、酒店、医疗、教育、养老、文化、体育、创业孵化等业务交叉结合，解决白领及职场新人、奋斗夫妻的租住需求，提升其租住品质。

相较于短租民宿解决的是旅居需求，长租则通过各种配套及服务实现租客理想的生活场景与社交体验，精致房型+多功能社群空间+管家服务是各长租公寓立足市场的根本。书吧、酒吧、餐吧、健身房、咖啡馆，甚至厨房、影院等你能想象的社交场所，有巢均将提供、共享，你可以在自家楼下就享受整条街的服务；烘焙、舞会、桌游、BBQ等年轻人感兴趣的活动会经常不定期组织举办；生活场景、消费社区、创业孵化三者可以相互导流与转化；此外，定期的清洁、维修服务，智能化家居系统，简单、自由的入住流程，也都让生活的质感与意义有了真正的提升。

资料来源：这14家顶尖开发商如何"搞活"长租公寓？它们赚钱的秘密是……[EB/OL]. (2018-02-28). http://dy.163.com/v2/article/detail/DBO6K2T205159TI8.html.

3.1.3　需求传播

一种需求不可能在所有人群中同时产生，它总是由于某些特定的原因在某些群体中的某些人中首先产生，然后在群体内、群体间以及时空范围内传递、传播。从过程看，这是需求传递，从结果看，这是**需求传播**。营销者追求的是需求传播。这里涉及群体、群体内传播、群体间传播、空间传播和时间传播五个方面。

1. 群体

需求是顾客改善当前状态的一种愿望，带有足够的个人色彩，所以每个顾客都有不同的需求结构。伴随着社会经济的不断发展，顾客追求丰富多变、与众不同的天性越来越得到有效释放，这使得顾客需求不仅始终处在不断变化与发展之中，而且日益表现出个性化。

但现实生活中，顾客在年龄、性别、职业、收入水平、社会地位、宗教信仰等方面的相同或接近，以及对社会认同的追求，又总会迫使人们在消费观念、习惯、需求以及消费能力等方面表现出某种一致性或相似性，从而形成一定的消费**群体**。这也意味着同一消费群体内部的个体在消费心理、需求和行为等方面拥有许多共同之处，不同消费群体之间则存在诸多差异。

另外，规模经济迫使任何机构都不可能把它的社会经济活动建立在个别人的需求基础之上，必须把个体需求转变为群体需求，将个体不满足转变为群体不满足，这也是需求传递的实质——传播需求以扩大需求规模——创造市场，因为只有一定规模的需求才能构成有经济意义的市场。

但竞争又迫使企业必须向顾客提供差异化的产品，鼓励顾客的与众不同，强调自己的个性化，因为只有差异化才能使自己的产品区别于竞争者的产品，获得顾客的青睐。

企业必须在个性化和共性化之间寻求平衡，也就是既要鼓励顾客的一致性以形成群体，建立最小市场规模，又要防止群体规模过大，需求个性化缺失，走向恶性同质竞争。

2. 群体内传播

群体内传播是需求在一个消费群体内部逐步传播与传递。尽管同一消费群体中的个体大都具有相同或类似的消费需求（内容和方式），但对满足这一需求的具体产品的接受速度是不尽一致的。群体内传播的一般规律是：首先，群体消费领袖形成一种新的需求，追逐一种新的产品。**消费领袖**⊖一般由该群体的偶像担当，也可能由某些具有更强个性、更乐于追逐新事物、在群体内有较强影响力和号召力的个体担当。其次，在消费领袖的示范下，群体内其他个体开始仿效，于是需求在这一群体内传播开来。

从操作上看，在群体内寻求或培养消费领袖的难度很高、操作性不强。所以，在消费者市场，企业一般会选择明星人物担当其粉丝群体的消费领袖，但近年网红力量的崛起也引起了企业的关注；在产业市场，企业会选择行业内领导者或典型企业充当消费领袖。

■ **案例 3-4** 　　　　　　　　　　**口红一哥李佳琦**

2019年10月21日，天猫"双十一"预售首日，多款品牌单品通过直播引导，预售成交破亿元。在这场直播大战中，"口红一哥"李佳琦是当之无愧的王者：39款商品、5分钟"封神"破亿元、3 000多万围观、巅峰主播榜第一，他再次刷新直播纪录。

作为"全域网红"，李佳琦的淘宝直播关注人数逾900万，抖音圈粉超3 382万，小红书上也有近690万粉丝，每个平台后面的粉丝数量都是极具想象的消费空间。

有人将李佳琦的直播形容为一场"美妆军训"，"所有女生"都聚精会神，等着指挥一声令下就迅速出手，颇有一种"指哪儿打哪儿"的架势。甚至一些原本没有购物欲望的人，也会在其煽动性的话语下忍不住下单，所以有了"天不怕，地不怕，就怕李佳琦OMG"的说法。

资料来源：李佳琦直播"新战事"：今年双十一单挑10亿销售额[EB/OL]. (2019-10-23). http://www.cyzone.cn/article/561877.html.

⊖ 严格意义上，消费领袖（KOC）有别于意见领袖（KOL）：消费领袖本身也是用户；意见领袖可以是非用户，拥有专业知识和权威性即可。

3. 群体间传播

群体间传播是需求由一个消费群体向另一个消费群体的传递，也是需求在时间、空间上的转移。消费流行是需求在群体间传播的最典型现象。按照需求传递的方向，需求的群体间传播可以分为滴流、横流和逆流三种。

滴流是指需求自上而下依次引发的需求转移和传播，即一种需求由社会上层首先产生，然后由上层至中层，最后至下层逐步传播。通常，这是奢侈性需求及产品的典型传播方式。这是由奢侈品上市时的昂贵性和稀缺性决定的，随后，价格下降，供应量上升，需求也就自然而然地向下转移和传播。

横流是指需求在社会同一阶层中的不同群体之间转移并传播。具体表现为某种需求及产品或消费时尚由社会的某一群体率先使用，而后在其引领下向属于同一阶层的其他群体蔓延、渗透，进而传播。如近年来，我国欧美企业中白领阶层（群体）的消费需求及行为经常向其他各类机构中的白领阶层（群体）转移与传播。通常，这是大众性和时尚性兼有的需求及产品的转移与传播的典型方式，也就是大多数需求和产品的转移和传播。

逆流是自下而上的需求转移方式。它从社会下层的消费行为开始，逐渐向社会上层推广，从而形成消费流行。例如，牛仔服原是美国西部牛仔的工装，现已成为下至平民百姓，上至国家总统的风行服装；领带源于北欧渔民系在脖子上的防寒布巾，现已成为与西装配套的高雅服饰。互联网虽然由科技精英发明并商业化，但其走出实验室后，从群体上讲，却是社会中下层率先接受，先于中上层成为早期最主要的消费群体。直至今天，互联网上由下层引发而向上转移和传播的现象依然比比皆是。通常，这是大众性需求及产品的转移与传播的典型方式。之所以会向上转移和传播，是因为其庞大的规模所造就的力量。

> **材料 3-2** 　　　　　　　　　　**登上大舞台的广场舞**
>
> 广场舞最初是国内中老年人尤其是大妈们热衷的一种集运动、社交与休闲功能于一体的民间活动，因动作简单易学、无须专业设备和场地而广受青睐。但随着《最炫民族风》（江苏卫视）、《幸福跳起来》（河南卫视）、《一起来跳舞》（安徽卫视）等主打广场舞栏目  的热播，以及爱广场、秀舞吧、跳吧等广场舞 App 的上线，广场舞开始融入艺术性与观赏性。2015 年广场舞登上春晚舞台，2019 年国庆阅兵，广场舞更是成为群众方队的重要一员，骄傲地走过天安门。广场舞人群不再只有单调的中老年人，青年逐渐加入，呈年轻化趋势。
>
> 《2017 年中国广场舞白皮书》数据显示，"65 后"到 "90 后"是广场舞的主力，占比高达 71%，"65 前"只占 27%，其中华东地区拥有最多的"80 后""90 后"舞友，比例高达 43%。

4. 空间传播

空间传播也称区域传播，是需求由一个区域向另一个区域的传递。从市场的立场看，某一空间其实就是某一区域市场——该区域的顾客集合。所以，需求的空间传播本质上就是从一个区域的顾客群体向另一个区域的顾客群体转移，空间传播依然是群体间传播。但这种群体划分主要是依据区域环境、人文特征，是一种特殊的群体划分。

因此，需求的空间传播一般只有滴流和横流，即由发达地区向发展中地区、欠发达地区传递和传播，或在发展程度相同或相近的区域间传递和传播。逆流的现象即使有，也往往是发达地区消费领袖发现、追逐和推动的结果。这就是为什么不管企业总部在何处，其新产品发布总是选择在大都市进行，而且渐渐总部也都和生产基地分离而选择大都市。

5. 时间传播

任何传播都要耗费一定的时间，所以时间传播只是传播的一个维度，衡量时间传播的指标包括速度和周期性。

在信息时代，由于需求本质上只是一种愿望，所以其转移和传播的速度非常快，甚至已经可以瞬间完成。除去观念产品、可数字化产品，任何其他实体产品的供应都不可能瞬间达到满足需求的规模。所以，在需求传播速度和产品供应保障速度之间寻求平衡，是信息时代的营销艺术之一。因为，长期的供不应求很容易使竞争者乘虚而入，甚至假冒伪劣泛滥，而即使瞬间满足是可能的，也会使生产者陷入来也匆匆、去也匆匆的窘境。

周期性是时尚性需求和产品的典型特征，当然，这种周期性很少是完全的重复，一般都是有变化的重复，周期的长度至今没有呈现出某种规律性。事实上，周期性大多是营销者人为的结果。时尚的周期性只是说明了时尚和复古并没有本质的区别，时尚只是流行而已，和技术无关，和创新无关。

需求的转移和传播并不是单一的线性发展，而是各种传播交叉重叠在一起，这几种转移传播方式互相影响、互相渗透。需求在一个消费群体内部转移的同时，也可能转移到另一个消费群体，也正进行着空间传播，而这一切都在时间轴上有不同表现。

无论是需求在群体内的转移，还是在群体间的转移，其过程一般是由消费领袖带头，而后引发效仿，形成潮流。也就是说，在需求转移的过程中，存在一个引导或影响个体行为的群体，常被称为参照群体或榜样群体。群体内的个人通常会以参照群体的目标、标准和规范作为需求与行动的指南，形成自身的需求、观念、态度和行为。参照群体的威望、魅力、活跃程度同时还影响着需求转移的速度与范围。

3.2 需求识别及方法

需求无所不在，但要认识顾客的需求并非易事。有些顾客对自己的需求并不一定有清晰的意识，或者他们自己虽然有所不满，却也说不清楚如何才能让自己满意，即不知自己到底需要什么。并且随着社会发展，顾客需求也在飞跃式地改变，营销者一方面需要对顾客表述的需求进行深入解读，探求"帅""酷""萌""佛系""冷"等表述背后的真实诉求；另一方面更要通过对环境变化、消费者生活方式变化的分析，对组织机构经营方式变化的分析，去洞悉顾客当前的状态，从中发现需求。

3.2.1 需求状态识别

营销者要对顾客的需求状态进行识别，即识别顾客当前对自身各个方面的认知，哪些方面是令人满意的，哪些方面是令人不满意的，不满意即为需求。

如需求五种驱动力所述，需要营销者进行识别的驱动力主要是外部的，即影响顾客需求的外部因素及作用是否发生了变化。所以需求状态识别也就是环境分析，是通过对环境变化的分析，预测顾客状态可能发生的变化。这一分析包括以下三个层次。

一是确认过去影响顾客需求的外部因素是什么。通过对过去顾客需求受到哪些影响因素的研究，可以更深入地了解当前的需求，进而判断这种需求是怎样变化的以及为什么会这样变化。现实中企业所面临的一系列需求的产生很多时候是以往经历的再现或重复。例如，自驾出行与道路、停车、过路费、油价和距离等密切相关，其中任一因素的变化都可能导致自驾出行发生变化。如春节期间高速公路免费通行政策一实施，春节自驾车流立刻上升。

二是对当前影响顾客需求的外部因素进行评估，明确这些因素是否继续影响需求，或者这些因素是否被新的因素替代或修正。例如，随着收入水平的提高，油价、过路费、停车费等经济性因素也许不再对自驾出行产生重要影响，人们更多考虑舒适、便捷等因素。

三是预测正在形成中的需求影响因素。这是真正的挑战，是一种前瞻性的工作，预测一种未出现过的因素是非常困难的，既需要有大胆的猜想，又需要严密的科学思维。例如，对出租车行业现状的不满几乎尽人皆知，但出租车公司真的不能预测基于互联网的众享模式对其造成的巨大冲击吗？

> ⊙ 材料 3-3　　　　　　　　　　　出租车的退租潮
>
> 　　截至 2019 年 4 月，南京出租车退租超过 3 000 辆，冲击了不少市民的神经。根据客管部门数据，目前，南京市共有出租车 12 000 辆，退租车辆占总运营车辆的 1/4。网约车的冲击是的哥主动"离场"退租的主要原因。
>
> 　　为了留住司机，避免大量出租车闲置，南京出租车的"份子钱"从一度高达七八千元降低到五六千元，但这并不能阻挡出租车司机用脚投票，并且这种外流趋势仍将继续下去。

通常情况下，营销人员先提出假设中的需求（即将出现的需求），进而对影响这个需求的因素展开分析。过去和当前的需求影响因素是需求改变的基础，而持续的需求变动根植于那些可以觉察（尽管不一定很明显）的已经存在的或新的因素。企业如果能够识别出形成中的需求影响因素，甚至创造出这种因素，将会在竞争中赢得先机。

3.2.2 需求表述识别

营销者要对顾客的需求表述进行识别，以准确、全面地把握顾客本意。因为大多数情况下，顾客都不可能清晰、准确和全面地表达出其需求，顾客需求表述通常是模糊的。

顾客没有向企业表达出清晰明确的要求，一方面可能是受到诸如搜寻成本、知识经验、自我能力的约束，或对企业的需求满足能力存在不信任；另一方面则可能是顾客自身也并未意识到具体的需求，需求仍处于隐性、模糊状态。即使顾客表达出看上去较为清楚明确的需求，这种需求也可能是不确定的或不良结构的，营销者仍要进行深入分析。

> ⊙ 材料 3-4　　　　　　　　　　"帅"的背后
>
> 顾　　客：我需要一件穿上后看上去"帅"气的外套。（表述的需求）
> 　　　　　我想让自己显得高一些，充满男子气概一些。（真正的需求）
> 　　　　　我想吸引别人的注意。（未表明的需求）
> 　　　　　同学们都羡慕我。（令人愉悦的需求）
> 　　　　　我想找到一个喜欢我的女孩。（秘密的需求）
> 营业员：哎，您到底要哪件？

同样，顾客在表述其应用背景与自身状态时，营销者也需要谨慎剖析。面对顾客所表述出的以及未表述出的需求内容，营销者需要借助多个学科、多种方法予以识别。

3.2.3 需求识别方法

有许多**需求识别**的方法，概括起来包括两类：一是对现有产品消费过程的各个方面进行深入分析，分析顾客对市场上现有产品的评价、在购买及使用过程中遇到的问题、对产品的满意程度，进而发现新需求；二是对环境变迁进行扫描和评估，预测消费习惯或经营方式的潜在变化，进而识别出可能的新需求。环境分析将在第 4 章进行。

1. 深度访问法

作为一种传统的市场研究技术，深度访问法是基于询问和顾客记忆的方式进行的，通过顾客的叙述洞悉其需求。

对顾客的深度访问通常包括两部分。第一部分是要求被访问者在不同的消费环境下，识别出有别于其他产品的产品属性或解释他对某一个产品的偏好。第二部分是访问人就被访问者所指出的产品属性进行提问："为什么这个属性对你来说很重要？"被访问者通常将这一属性跟一个利益点或者另一个属性相联系。那么访问人需要接着追问："为什么这个利益点（或属性）对你来说很重要？"

深度访问就是在这种一问一答中进行的。当被访问者再也不能想起任何其他相关事物时（也就是被访问者说"就是因为……"或"我不知道"时），访问结束。

以深度访问法来识别顾客需求，主要强调的是企业研发人员或营销人员根据自身逻辑推理出来的产品联想和顾客心中的产品联想之间可能存在着较大的差异，营销人员决不应该去假设某些因素一定存在或其他因素一定不存在，相反，应该通过与顾客交谈来识别他们对属性的看法、对利益和价值的追求。

2. 体验中心法

体验中心法是通过设立专门的实验室或体验中心，借由软件系统或体验场所，创造出与现实情况相同或相近的条件与环境，借以判别顾客的一些特殊需求的识别方法。

体验中心法是通过与顾客产生共鸣的方式而不是通过顾客的叙述来了解需求的。研究人员通过现实情境的模拟，在顾客熟悉的真实环境中，观察顾客，但不影响顾客，仔细观察顾客在体验过程中每一情境下的反应，从中获得顾客真正的需求。

对一些高科技产品、时尚产品而言，体验中心法是一种较为有效的识别顾客潜在需求的方式，并且耗费的成本通常低于真实的顾客研究成本。

⊙ **材料 3-5**   **体验中心法的应用**

比较常见的体验中心法有三种。第一种方法是研究人员亲临顾客的生活或工作环境进行观察。惠普医疗设备部门的产品研发人员常常花很多时间在医院观察医生、护士及操作人员的实际工作情况。正是在这一过程中，产品研发人员发现，护士在工作中经常无意识地挡住外科医生观看监视器屏
幕，而很多外科医生也已经把这种暂时的不便视为手术过程中不可避免的现象。一种戴在外科医生帽子上的微型显示器由此被成功开发出来。

第二种方法是通过摄影或摄像来捕捉顾客的生活细节。通过这种方法观察顾客的行为有两个优点：一是记录的行为可以被保存；二是这些资料可以返回到顾客手中，让他们证实或解释当时的行为。强生公司从我国香港民众和欧洲人换洗婴儿尿布频率的细节中捕捉到新的机遇，开发出了针对不同地域的婴儿尿布。

第三种方法可以称为模拟未来的角色扮演。这是一种用于推测人们未来生活方式的准人类学方法。宝洁公司和微软、IBM、通用电气、惠普等企业合作，建立了未来家庭实验室。这个实验室使用了一些未来的家居用品，例如全电脑控制的电冰箱、会自动把衣物分类洗涤的洗衣机、提醒父母按时哺育孩子的摇篮等，真实地预演在未来的家庭生活中，人们如何使用洗涤、烹饪、育儿、娱乐等产品。所有在未来实验室中"生活"的顾客，其大多数行为会被宝洁公司录下来进行研究，以明确宝洁在未来的环境中应当生产什么样的产品。

资料来源：人文调查破解客户体验 [EB/OL]. (2009-12-02). http://www.datasea.com.cn/article/detail.jsp?aid=87.

3. 价值曲线法

价值曲线法是通过了解顾客对产品各种价值要素的感知水平来掌握顾客需求的满足情况，挖掘顾客期望型需求与兴奋型需求，从而调整并组合顾客价值诉求点的一种需求识别方法。以如家为代表的经济型酒店的兴起就是利用价值曲线法洞悉顾客需求的经典案例。

利用价值曲线识别顾客潜在需求的实质是重新调整了顾客的价值需求曲线，强调对顾客期望型需求与兴奋型需求的满足。价值曲线法的利用也在不断提醒营销人员：①组织机构所提供的价值要素不一定有助于提高顾客的感知质量，所谓的行业惯例、规则、传统或标准必须随着顾客需求的变化而变化，不能墨守成规；②组织机构通常开发设计出多种价值要素（产品功能）来与竞争对手对抗，但这些要素设计可能存在严重的过剩，对于功能过剩的价值要素要么取消或是降低到传统标准以下，要么提高顾客对它的认知；③企业应努力识别出竞争对手未重视而顾客却看重的需求，并予以有效满足。

> ⊙ 材料 3-6　　　　　　　　　**宾馆的价值曲线**
>
> 传统宾馆业主要分为两个市场层次：第一层次是无星级宾馆，便宜是顾客入住的主要原因；第二层次是三星级以上宾馆，房间宽敞舒适、家具精良、服务设施齐全、环境优美。
>
> 但调查发现，对于大部分顾客而言，面对这两种层次的产品提供，往往处于两难境地，要么多花钱得到一晚上舒适的睡眠，要么少付钱忍受劣质的床被、日用品、卫生条件与居住环境。调查还发现，尽管不同层次顾客对住宿的各种价值要素的感知曲线相类似，如图 3-5 所示，但星级宾馆的顾客服务存在诸多"过剩"，如装修气派豪华的大厅、高消费的餐饮等，很多顾客对此并不重视。
>
>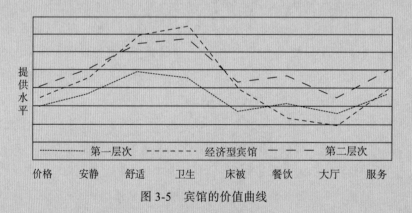
>
> 图 3-5　宾馆的价值曲线
>
> 以如家为代表的企业将顾客不很重视的就餐环境、大厅装修、房间大小等价值要素降到平均水平以下，将所节约的大量成本用于顾客特别强调的客房舒适、卫生条件、床被质量的价值要素的提供上，使这些要素的提供水准远超顾客期望和许多星级宾馆，价格却比星级宾馆低了很多，使顾客感到物超所值。

4. 数据挖掘法

无论是深度访问法、体验中心法还是价值曲线法，其运用过程都受制于需求识别人员的主观洞察力，并且以定性分析为主。**数据挖掘法**则通过对大量数据背后隐藏的规则和模式的挖掘，以定量分析来预测未来的趋势。

数据挖掘法是一种决策支持过程，主要基于人工智能、机器学习、统计学等技术，高度自动化地分析顾客数据，做出归纳性的推理，从中挖掘出潜在模式，预测顾客的行为，帮助营销决策者调整市场策略，减少风险，做出正确的决策。

数据挖掘法有如下功能：关联分析、序列模式分析、分类分析、聚类分析等。例如，关联分析是为了挖掘出隐藏在数据间的相互关系，即从一组给定的数据项以及交易集合中，分析出数据项在交易集合中出现的频度关系。使用关联分析方法挖掘的模式称为关联规则。

今天，人们的工作、生活越来越依赖互联网，而且人们的所有需求及行为都会在互联网上留下印记，形成大数据。大数据挖掘无疑将是今后最重要的需求识别方法。

> ⊙ 讨论 3-3　　　　　　　　　**大数据为什么这么热**
>
> 随着信息技术的深入应用，大数据时代即将来临。谁会管理数据、分析数据，谁就会成为竞争中的赢家！但遗憾的是，我们很多企业甚至连基础的运营数据都没有，企业运营与管理的基本建设（尤其是数据系统）任重而道远。
>
> 按照哈佛商学院教授托马斯·达文波特（Thomas Davenport）的观点，大数据技术就是利用广泛信息源来推动实时决策的一种数据分析技术，常和云计算联系到一起。大数据的特征是数量多（volume）、变化速度快（velocity）、来源多样（variety）、数据真实（veracity），是一种需要新的数据处理模式才能转化为具有更强决策力、洞察力和流程优化能力的信息资产。
>
> 在传统数据分析时代，企业更多分析的是内部数据；而在大数据时代，企业需要将数据延伸到企业之外，尽可能将所有相关数据不计来源地结合起来。大数据不只是分析，更重要的是对数据的管理。企业必须知道从哪里找到所需的数据，如何组织这些数据以便管理和分析它们，如何将这部分数据与其他所有信息流整合在一起。例如，一家农产品公司可以参考农场主的实时订单、存货水平、竞争情报、当地天气预报、农作物价格、消费趋势等数据，为不同市场制订具体的、有针对性的促销方案，并微调自己的供应链。显然，如果能用好大数据，企业就可以大幅提升收入和利润。

基于需求在营销中的核心地位，需求识别方法的研究一直是营销理论发展的重点之一。除了上述介绍的需求识别方法，还有诸如焦点小组座谈法、知觉图法、利益结构分析图法、伴装顾客调查法等，并且都在不断发展之中。

3.3 消费者互联网新需求

如果说早期的互联网是指消费对象（上网），那么今天的互联网就不仅仅是消费对象，还是消费平台（在网上直接进行某些消费活动，如付费看视频、听音乐），更是购买工具（通过网络购买产品和服务）。可见，基于互联网，消费者的需求、行为和生活方式都发生了不同以往的巨大变化，并且这种变化仍然在演进之中。

概括地看，互联网消费包括即时通信和社交、游戏、文化和娱乐、理财、教育、商务交易六类，前四者在互联网上就可以直接、全部完成，教育则既可单纯线上进行，也可以线上线下配合，商务交易则通常需要物流或相应其他线下活动的配合才能完成。

如果逛街可被认为是一种消费活动，那么消费者的网上行为均可被视为消费活动。在互联网上，人们很容易从一种状态（如浏览）切换到另一种状态（如购物），状态之间的转换几乎是无障碍的，有时甚至没有非常明确的界限。模糊这些消费活动之间的界限在互联网上是可能的，也是必要的网络营销策略。另外，虽然搜索引擎和互联网支付的用户数和使用频率都在增加，但它们只是免费工具，不是消费行为。你会说逛街去，却不会说搜索去、支付去，而且它们和消费之间的关系也相对薄弱、间接，只是服务于交易环节而已。

3.3.1 即时通信和社交

即时通信（instant messaging，IM）是一种终端服务，允许两人或多人通过互联网即时传递文字信息、文件、语音与视频，进行即时相互交流。社交是人与人的交际往来，是人们运用一定的方式（工具）传递信息、交流思想和意识，以达到某种目的的社会活动。社交古已有之，但从来没有像今天这样频繁、如此花样繁多，并且新的形式还在不断涌现。你很难明确即时通信和社交之间的界线，这二者几乎总是相随相伴。在这个飞速发展的时代，无论从哪个角度看，保持频繁的社交既是不断地丰富自己、发展自己、扩充自己的手段，也是人们的一种心理需求。

现代社会的高度交流决定了即时通信和社交活动的频繁进行，又由于社交总是以相对稳定的朋友圈（网络）为基础，形成对服务提供商的高度转换障碍，导致即时通信和社交往往形成数亿甚至数十亿的庞大用户群；而且用户使用频率高，一天多次，用户黏性非常高。即时通信和社交服务提供的单位边际成本趋于零，形成了用户免费使用互联网即时通信和社交服务的基础，而这又加强了服务提供的集中度。

3.3.2 文化和娱乐（游戏）

今天，互联网是人们进行文化和娱乐（游戏）活动的最重要平台。基于互联网的多媒体性质，几乎所有的文化和娱乐活动都可以通过互联网完成，而且产生了许多新的形式，或以新的形式来完成这些活动。优质内容、原创内容、即时性、直播、VR等改变着音乐、阅读、视频等的内容形态，使人们的文化和娱乐生活越来越丰富和便利。

在线阅读正成为互联网的一种高速发展的新应用，手机、Pad等设备正成为新的阅读终端，各种网络阅读内容层出不穷，知识性的、探讨性的、文学性的等无所不包。在阅读便利性上，一方面保持对传统纸质媒介阅读习惯的继承（翻页、书签、画线等），另一方面加入互联网、人工智能元素所能提供的便利 [如复制、笔记（摘录）、分享、（词典）解释、翻译和朗读等]。

对音乐爱好者来说，网络音乐提供了无与伦比的便利性，只要一部手机、一副耳机就可以随时随地闭上眼睛欣赏自己喜爱的音乐，旅行、等待过程再也没有寂寞。

如果说早期的互联网视频只是各种传统电影、电视剧、纪录片、综艺或其他节目的数字化和互联网化，那么今天的互联网视频则已经有了自己的形态——网剧、直播和短视频，尤其是短视频。以抖音为代表的短视频，受众不仅仅是受众，他们更是内容的创作者和传播者，每个人都可以充分地展示自己的风采，获取别人的点赞。

游戏自古有之，但互联网为游戏带来了根本性的变化，这种变化主要表现为六点。一是道具是虚拟的。相对于真实道具，虚拟道具要便宜得多，许多现实中不允许私人拥有和使用的道具（如武器等也可以在游戏中使用，这就极大地拓展了游戏的范围和深度。二是方便。这既是道具虚拟化的结果，也是人工智能的结果。虚拟道具使游戏不再要求场地，人工智能使电脑或互联网本身也可以作为游戏的一方，这就不会再发生"三缺一"的情况。三是游戏的深度极大地加强了。一个游戏可以持续地进阶，不再是单纯的重复，人们可以一个月甚至几个月连续通关，游戏的黏性于是加强了。四是游戏的社交性增加了。游戏不再是几个人之间的对抗，而是成千上万人之间的竞赛，一个游戏会给你带来一个社交圈，游戏的同时大家还一起交流通关的心得。五是游戏的不断推陈出新。每月甚至每天都有新的游戏上线。六是游戏的种类极大地丰富了。游戏从来没有像今天这样种类繁多，并且许多游戏只能是基于电脑或互联网的，以致我们很难计算出现在到底有多少种游戏。

3.3.3 理财和教育（知识付费）

互联网理财是指通过互联网对个人或机构的资产（财产和债务）进行管理和运作，以实现资产的保值、增值。得益于勤俭持家的习惯，我国居民一直保持着较高的储蓄率，在当前的经济形势下，对金融资产的保值、增值愿望非常强烈，而我国银行对相关需求服务的提供远远不能满足广大民众的要求，这就给互联网理财留下了广阔的市场机会，但也给了一些不良分子以可乘之机。

教育是计算机最早的应用之一，早在 20 世纪 70 年代就有了电算化教学。现在，从小学到大学都在开发各种线上课程，既有相对单一的视频课程，学习者打开观看即可进行学习，也有相对复杂的慕课，有知识点、有 PPT、有视频、有辅助资料，有进程、有关卡、有作业、有讨论、有老师答疑；既有开放的、所有学习者都可以自由访问学习的课程，也有封闭的、只面向本校学生的课程；还有在线直播课程，同时在线观众可达数万人，理论上并没有上限。

相较于传统教育方式，在线教育除了非人际——面对面外，在其他方面都具有相当明显的优势，尤其是满足了现代人的碎片化学习需求。现在人们可以随时随地接受教育，再也不受班级、教室、年限等的限制了,教育真正可以面向大众,使他们终身学习了。因此,基础教育、通识教育可以像社交一样成为现代社会的必需品,可以形成庞大的用户群。

> ⊙ 材料 3-7　　　　　　　　蓬勃发展的智慧教育
>
> "智慧教育"是以物联网、云计算、大数据处理、无线宽带网络为代表的,以新兴信息技术为基础,以智能设备和互联网等为依托,以教育资源建设为中心,以各项配套保障措施为基础,以深入实施教育体制改革为主导而全面构建的网络化、数字化、个性化、智能化的现代教育体系。因此,智慧教育的市场规模主要包括在线教育(学校以外提供的在线教育)和教育信息化(学校实施的智慧课堂、智慧校园等工程)两部分。
>
> 前瞻产业研究院发布的《中国智慧教育行业发展前景预测与投资战略规划分析报告》显示:中国智慧教育市场规模在 2012 年已达 2 233 亿元,2017 年已增长至 4 542 亿元,2018 年则约为 5 320 亿元,同比增长 17.13%。
>
> 资料来源: 2018 年中国智慧教育行业市场现状及发展趋势分析　在线教育+信息化双推动蓬勃发展 [EB/OL]. (2019-07-02). https://bg.qianzhan.com/trends/detail/506/190702-85f388e0.html.

3.3.4　商务交易

商务交易本质上不是消费,但肯定是消费的开始。另外,没事去购物网站看看也已经成为许多网友的习惯,就如逛街。所以这里把它们列入消费,并且包括两个方面:一是如浏览新闻、逛街,经常来看看有什么新产品、新技术,或者看看早就看中的产品,帮助自己下决心,按下"确认"按钮;二是下单开始一段消费旅程,然后期待快递小哥按响门铃,店主也许会给自己一个惊喜。目前,互联网商务交易类应用主要集中在网络购物、网络外卖、旅行预订、共享单车和网约车五个方面。

网络购物　网络购物即消费者通过互联网购买所需要的产品。据中国国家统计局《2018 年国民经济和社会发展统计公报》显示,2018 年全年,全国社会消费品零售总额为 380 987 亿元,比上年增长 9.0%;全年实物商品网上零售额为 70 198 亿元,比上年增长 25.4%;占社会消费品零售总额的比重为 18.4%,比上年提高 3.4 个百分点。可见,网络购物的增长速度远远高于总体水平,更高于非网络购物。

网络外卖　外卖的历史很悠久,以前饭店甚至可以将整个席面送达客户指定的地点,但这都是偶然的,是饭店的附加服务。外卖从来没有像今天这样自身成为一个产业,成为许多小餐馆营业收入的重要来源,甚至唯一来源——专做外卖。坐在办公室里动动手指,热腾腾的外卖便能送上门,省心省时省力。

> ⊙ 讨论 3-4　　　　　　外卖凭什么坐稳就餐的第三种常态
>
> 2017 年 3 月 7 日晚,中央电视台财经频道特别节目《中国经济生活大调查》中,美团点评的数据显示,"叫个外卖"成为继"在家做饭"和"到店堂食"后,国人就餐的"第

三种常态",成为最受关注的互联网话题,增长高达300%。每10个中国人中有3个是外卖用户,在这些外卖"吃货"中,有近一半的人每周叫外卖超过3次。一周后的央视"3·15"晚会曝光了某外卖平台的消费乱象:黑作坊大量存在,商家无证无照,平台市场经理引导商家虚构地址、上传虚假照片等,食品卫生与安全再度引发关注。

前一段数据明白无误地告诉我们,外卖已经坐稳了国人就餐的第三把交椅,后一个新闻则告诉我们外卖行业存在严重的食品安全问题。再回想当年三聚氰胺事件对中国奶粉业的影响,那么问题来了:对于学校食堂,你是不喜欢还是不放心?还是两者兼而有之?外卖为什么成了你就餐的第三种常态?

旅行预订 出门在外,最令人担忧的就是走不了、没的住、吃不好,虽然现在大多数时候这些已不成问题,但你总不能不买票就跑到火车站、飞机场,你更不会下了车再盲目地到处找酒店,"凡事预则立"几近国人本能,所以20世纪末携程、艺龙旅行网一经上线就大受欢迎,成为最早也是最成功的互联网商业应用,而这可以说完全源于当时我国的客运和酒店供应短缺。今天,客运、酒店、餐饮供应除了季节性短缺,总体上已经相对宽松,尤其是餐饮,在线旅行预订服务也呈现多元发展,人们使用在线预订的主要诉求不再是短缺而是安全、便利和优惠。

共享单车 共享单车是一种基于互联网办理借还的公共自行车,由于理论上它可以被存放在城乡的任意角落,需要者可以随时随地租用,因而非常方便,有效地满足了人们对出行末端一公里交通工具的需求,这是其他公共交通工具所不能达到的。

网约车 和传统出租车路边招手叫车或电话预约不同,网约车是一种基于互联网呼叫预订的出租车。网约车之所以获得蓬勃发展,原因在于方便和便宜。方便在于它基于互联网,可以进行预约,乘客再也不需要迎着寒风或顶着烈日在马路边望眼欲穿地等待出租车的到来。便宜基于对闲置的、碎片化的社会车辆资源的整合。

从本质上看,网约车和共享单车都属于出行服务,也是一种旅行预订,而且两者之间分工明显,自然也需要相互协调。两者之间的进一步整合有某种必然性和必要性,实际上也已经在整合之中。如网约车平台接入铁路订票系统,打造"一站式"出行服务模式;网约车也可以与共享单车横向互补,延伸共享理念,进入彼此领域。

3.4 需求量及测算

在明确了需求如何产生、转移等基本问题之后,营销者需要进一步考虑如何对当前市场需求量进行实际测算以及对未来需求量的预测估算。需求量从来不是一个固定的数字,而是一组条件下的函数,脱离特定区域、特定时间、特定经营环境、特定顾客群等要素,讨论需求量的大小是没有实际意义的。

3.4.1 需求量及顾客界定

"市场需求"一词具有广泛的含义,"需求""欲望""需求量"都可能是它的代名词,在不同的场合必须加以区分、明确。"顾客"也只是一种泛称,实际情况千差万别,有些顾客已经购买了你的产品,有些还在观望、犹豫。在进行实际需求量测算前,必须对相关因素加以明确界定。

1. 需求量及界定

从"测算"需求量的角度看,市场需求即市场需求量,是指在特定的地理区域、特定的时间、特定的环境条件和营销刺激下,某一消费者群体购买的产品总数量。因此,市场需求量不是一个固定的数字,而是一个包含一组条件的函数——市场需求函数。

$$市场需求量 = f(环境、营销刺激、时期、区域、顾客……)$$

环境泛指自然环境、人文环境、技术发展、经济状况等;营销刺激是指企业、行业及相关行业对顾客施加的影响及效果;时期通常是指某年,有时也指一个季度、半年、五年;区域一般以洲、国家、行政区域为单位;顾客指某一消费群体。时期和区域一般明确就可以了。环境及其影响则有很强的波动性,是导致需求量测算误差的主要因素(环境分析详见第4章)。营销刺激对市场需求总量有一定的短期和局部作用,但主要是影响企业需求量,即市场需求总量在各竞争企业间的分配——市场占有率。

2. 顾客及界定

需求是顾客的需求,顾客的状态决定了需求的状态。根据顾客群体的需求状态,市场可以划分为潜在市场、有效市场、合格有效市场、目标市场、渗透市场五个层次。营销者在进行需求量测算时,需要明确所测算的顾客群体属于哪一层次。处于不同层次的顾客群体的需求含义既有质的区别也有量的区别。所以,区别市场层次,不仅是测算需求量的需要,也是确定营销目标和方案的需要。表3-2说明了五个市场层次的含义和区别。

表3-2 五个市场层次的含义和区别

	兴趣	购买力	购买途径、使用能力、资格	追求否	购买否
潜在市场	■				
有效市场	■	■			
合格有效市场	■	■	■		
目标市场	■	■	■	■	
渗透市场	■	■	■	■	■

潜在市场 **潜在市场**是那些对某一产品有某种程度兴趣的顾客集合。

有效市场 只凭顾客的兴趣还不足以形成一个**有效市场**,潜在顾客必须有能力支付这个感兴趣的产品,并且有一定的途径可以获得该产品。有效市场是那些对某一产品有兴趣、买得起、有购买渠道的顾客的集合。

合格有效市场 企业或政府、社会可能会限制某些产品对某些特定群体的销售，如舞厅不得向中小学生开放、未满18岁不得购买烟酒。因此，对某一产品有兴趣、有购买能力和购买途径，并且有资格和使用能力的顾客的集合是**合格有效市场**。

目标市场 **目标市场**是指企业决定要在合格有效市场上聚焦或吸引其购买本企业产品的那部分顾客。通常，企业主要针对目标市场（目标顾客）进行品牌、产品的传播与销售。

渗透市场 同一目标市场往往存在多个竞争品牌，**渗透市场**是指已经实际购买了本企业产品的顾客（通常称客户）集合。

图 3-6 以假设的数据说明了五个市场层次间量的关系和企业着力点的转移方向。如潜在市场是人口（公众）总量的 10%，有效市场占潜在市场的 50%，合格有效市场占潜在市场的 30%。企业瞄准合格有效市场的 2/3 为目标市场，最终企业渗透（占领）了潜在市场的 10%，即目标市场的 50%。

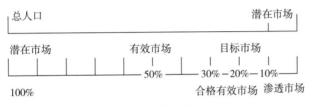

图 3-6 人口与市场层次

从企业市场着力点转移方向上看，图 3-6 也在一定程度上反映了企业当前的市场状况、营销中存在的主要问题与努力方向。对大件耐用消费品来说，如果渗透市场只是目标市场的 10% 或更小，则企业应当在目标市场上继续努力；若渗透市场已经达到 30% 甚至更多，企业应设法扩大目标市场。但需要强调的是，竞争性行业的企业都不应把占领目标市场的 50% 以上作为努力的目标，因为这通常只有在具有垄断性或其他特殊、偶然的情况下才可能发生。同样，当企业的目标市场已经扩大到合格有效市场的 50% 以上时，企业的注意力就要放到扩大合格有效市场上，让更多的有效市场成为合格有效市场，也就是让更多的顾客买得到、用得来。当合格有效市场占据到有效市场的绝大部分时，企业应努力扩大有效市场，让顾客将潜在需求转变为现实需求。

3. 市场潜量及相关概念

在环境变量相对稳定的条件下，由于行业营销努力的作用，顾客状态在公众、潜在顾客、有效顾客、合格有效顾客、目标顾客和客户之间转换，市场需求量由此发生变化。市场需求量与行业营销努力的关系如图 3-7 所示，横轴代表一定时期内行业营销努力水平，纵轴表示由此产生的市场需求水平。值得注意的是，行业营销努力并不是行业内各企业营销努力的简

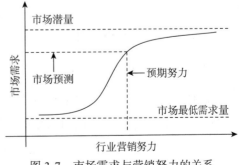

图 3-7 市场需求与营销努力的关系

单相加，各企业的营销努力既可能叠加而放大，也可能因相互攻击而抵消。

在没有任何营销活动（即没有营销努力）的前提下，一般也会存在一个顾客需求量，这一需求就是市场最低需求量。随着行业营销努力的增加，市场需求水平也呈增长态势，不过需求水平的增长率在开始阶段是递增的，在上升到某一拐点之后增速开始递减。当营销努力达到一定水平后，无法继续促进需求增长时，则意味着市场需求到达上限，该上限被称为**市场潜量**。所以，对需求量的测算都应是指在一定行业营销努力水平下所对应的市场需求量。

市场潜量和市场最低需求量之间的差距表示市场灵敏度，即需求量受营销活动影响的程度。根据不同的灵敏度，市场可以划分为扩张型与非扩张型两类。

扩张型市场的需求规模受行业营销努力的影响较大，如奢侈品市场；**非扩张型市场**的需求规模几乎不受行业营销努力的影响，可以被认为是固定的，如食盐市场。需要强调的是，市场的扩张性是针对整个市场而言的，并非针对特定行业、特定企业。

3.4.2 当前市场潜量测算

市场潜量是指在一定时期内、一定行业营销努力水平和一定环境条件下，一个行业的全部企业所能获得的最大销量或销售额。总市场潜量的一般测算方法是：

$$S = Qp$$

式中　S——总市场潜量；

　　　Q——特定产品（市场）的购买者数量；

　　　p——一个购买者的平均购买数量。

式中比较难估计的因子是 Q，即对特定产品的购买者数量，这实际上是对市场层次或各状态下顾客数量的测算。但对大多数成熟产品，其顾客及需求量是相对稳定的、可测算的。

1. 低值耐用品市场潜量测算

低值耐用品是指那些单位价值较低、技术相对成熟，但使用年限较长的日常用品，如保温瓶、锅、灯具等。低值耐用品一年的市场潜量可由下式计算：

$$S = Q(G/n)$$

式中　Q——地区总户（人）数；

　　　G——户（人）均需求量；

　　　n——平均使用年限。

2. 高值耐用品市场潜量测算

高值耐用品是指那些单位价值较高、存在技术更新、使用年限较长的生活用品，一般如家用电器、轿车等。高值耐用品一年的市场潜量可由下式计算：

$$S = G(a_1 - a_2)i_1 + Pi_2$$

式中　a_1——饱和普及率；
　　　a_2——现普及率；
　　　G——户数；
　　　P——目前拥有总量；
　　　i_1——预测的购买系数；
　　　i_2——更新系数。

3. 日常消耗品市场潜量测算

日常消耗品是指那些一次性消耗品，如食用油、盐、饮料等。对日常消耗品，一般做法是从以往的统计数据中获取由远及近的相似产品的消费比例，逐步获得待测算产品的总市场潜量——这称为连比法。如一家啤酒厂想测算一种新型淡啤酒的总市场潜量，可由下式计算获得：

对新型淡啤酒的需求潜量＝测量范围的总人口数 × 人均可自由支配收入
　　　　　　　　　　　× 可自由支配收入中用于购买食品的平均百分比
　　　　　　　　　　　× 食品支出中用于购买饮料的平均百分比
　　　　　　　　　　　× 饮料支出中用于购买含酒精饮料的平均百分比
　　　　　　　　　　　× 含酒精饮料支出中用于购买啤酒的平均百分比
　　　　　　　　　　　× 啤酒支出中用于购买新型淡啤酒的平均百分比

上式中除了最后一项"啤酒支出中用于购买新型淡啤酒的平均百分比"需要预测外，其他参数都可以从该范围内的统计数据中获取。

4. 新市场区域市场潜量测算

针对新的市场区域，由于缺少相关消费习俗资料，上述方法所需各项参数难以精确获取，这时可以用购买力指数法进行初步测算。购买力指数法是借助于统计局的家庭调查等资料以求得不同区域消费者的相对购买力，具体计算方式为：

$$Q_i = Q(aY_i + bR_i + cP_i)$$

式中　Q_i——区域 i 的市场潜量；
　　　Q——某种产品的总市场潜量；
　　　Y_i——区域 i 个人可支配收入占全国的百分比；
　　　R_i——区域 i 零售额占全国零售总额的百分比；
　　　P_i——区域 i 人口数占全国人口数的百分比；
　　　a、b、c——Y_i、R_i、P_i 分别对应的权重。

需要强调的是，每个因子所对应的权重若由营销者根据经验来确定，会带有某些片面性。另外，各地区居民的消费偏好、结构一般也不尽相同，如有些地区居民偏好旅游、有些地区偏好着装等。因此在实际操作中，营销者还需要经常计算一些附加的修正指数，以指导营销资源的分配。

5. 企业用品市场潜量测算

和消费者不同，企业需求具有良好的确定性，应用市场组合法即可基本确认企业在某一时期对某一产品的市场潜量。市场组合法要求辨别待测量区域市场上的全部具有潜在需求的企业，并对它们潜在的需求量进行估算。主要步骤为：首先确定待测量地区的潜在买主数量，然后测量每一买主的购买数量，最后相加得出地区市场潜量。如果厂商能列出潜在买主，并能估计每个买主将要购买的数量，那么这种方法就比较简单，但在实践中对于用途广泛的产品往往很难做到。因此，往往需要借助行业统计年鉴中对各行业的分类体系和编码，或行业协会发布的有关行业企业信息，由此确认待测量地区、行业的企业总数，每家企业的规模、设备、原材料构成和使用及产出情况，进而推断每家企业的产品需求量，所有企业需求量之和就是待测量地区该产品的总市场潜量。

6. 企业需求潜量测算

企业需求是指市场对某一企业提供的产品的需求，而不是该类产品的需求。与市场需求类似，企业需求也是一个函数，由影响市场需求和企业市场份额的全部因素所决定。一般认为，相互竞争企业的市场份额与其各自的营销努力份额成正比。如果将每一家企业的营销努力分解为若干主要因素，并分别考察每一个营销要素的有效性和弹性，则市场份额的计算方式为：

$$S_{it} = \frac{R_{it}^{e_{Ri}} P_{it}^{-e_{Pi}} (a_{it} A_{it})^{e_{Ai}} (d_{it} D_{it})^{e_{Di}}}{\Sigma R_{it}^{e_{Ri}} P_{it}^{-e_{Pi}} (a_{it} A_{it})^{e_{Ai}} (d_{it} D_{it})^{e_{Di}}}$$

式中　S_{it}——i 企业在 t 年的预计市场份额；

R_{it}——i 企业在 t 年的产品质量等级；

P_{it}——i 企业在 t 年的产品价格；

A_{it}——i 企业在 t 年的广告和促销费用；

D_{it}——i 企业在 t 年的渠道与推销人员费用；

a_{it}——i 企业在 t 年的广告效果指数；

d_{it}——i 企业在 t 年的分销效果指数；

e_{Ri}、e_{Pi}、e_{Ai}、e_{Di}——i 企业在 t 年的质量、价格、广告和分销弹性。

该式反映了影响企业市场份额的四个主要因素：营销费用、营销组合、营销效果与营销弹性。企业需求量可按下式计算：

$$Q_i = S_i Q$$

式中　Q_i——i 企业的需求；

S_i——i 企业的市场份额；

Q——市场总需求。

企业需求潜量是企业的营销努力相对于竞争者的营销努力而使企业需求所能达到的极限，或者是在既定的营销环境中以其选定的营销计划所能达到的预期销售水平。市场潜量是企业需求的绝对极限，即企业获得全部的市场份额。

3.4.3 未来需求预测

对未来需求量的预测建立在过去和现在的需求基础上，可通过科学的预测方法来推测、估算未来需求的发展。未来需求预测的可靠性主要取决于预测的方法，主要包括判断预测与数理统计预测两类方法。

1. 判断预测

判断预测又称为直观预测，是由预测者依靠个人经验与综合分析能力对需求的变化发展做出预测判断的一种方法，主要包括购买者意图调查法、销售人员意见综合法、经理人员评判法、专家意见综合法等。判断预测法简便易行，耗时少、费用低，常用在统计数据和原始资料不足的情况下。

购买者意图调查法 该方法主要用于企业用品、耐用消费品，即那些要求有先行计划的产品。特别是在组织购买市场上，运用购买者意图调查法所获得的估计与实际结果相比，误差一般都在 10% 以内。购买者意图调查法一般采用抽样调查，通过口头或书面询问的方式，直接了解购买者目前和未来的个人财务状况、购买意图等内容。表 3-3 是预测未来需求时常采用的购买概率询问表（以汽车为例）。

表 3-3 购买概率询问量表

你准备在 6 个月内买一辆汽车吗					
0	0.2	0.4	0.6	0.8	1.0
不可能	有些可能	可能	很可能	非常可能	肯定

销售人员意见综合法 该方法是由销售人员分别预测未来一定时期内各自负责的区域或项目的需求量，然后由主管人员加以综合汇总、检查修订后得出最终预测的方法。由于销售人员直接深入市场，比较熟悉顾客需求与市场动向，所以这种预测有一定的准确性，但这并不意味着预测结果就十分准确可靠。例如，某销售人员可能是天生的乐观者（或悲观者），可能由于最近的销售成功（或受挫）而瞒报需求以降低自己的销售压力，更可能因不了解地区经济发展趋势和影响销售的因素而影响估计的准确性。因此，该方法在使用过程中，企业需要向销售人员提供一些必要帮助与信息资料，如该销售人员过去预测与实际需求的对照记录、企业未来的商业前景信息、竞争对手的行为与营销计划报告等。

经理人员评判法 该方法是由企业富有权威的高级主管人员根据自身经验与知识进行主观判断，通过交流与讨论，最终获得一个比较一致的意见的预测方法。但由于预测者来自不同的部门，拥有不同的预测角度，往往较难获得一个意见比较一致的预测值。即使该方法主要用于评价和调整下级或专业人员的需求预测结果，也因为预测者的角色、所背负的销售任务与政策目标的差异，而不易被下级或专业人员所接受。

专家意见综合法 该方法是有关专家对需求集体做出预测的方法。专家意见综合法存在集体讨论、个人预测综合等多种形式，专家的专业背景与人选是决定预测结果的关键，专家通常包括经销商、供应商、营销顾问和行业协会等。

2. 数理统计预测

数理统计预测是借助经济理论和数理统计分析模型来进行需求预测，常用于数据资料比较充分的条件下，具体包括时间序列预测法、相关分析预测法等，可参阅有关数理统计的专业书籍。

时间序列预测法　该方法的特点是把需求量作为时间的函数，在假定未来一定时期内影响需求的各种因素不变的情况下，将时间序列按照分析得来的数量关系加以延伸，即可获得需求预测值。具体方法有简单平均法、移动平均法、指数平滑法和季节指数法等。

相关分析预测法　显然，未来需求是由一系列客观因素决定的，如价格、收入、人口、促销活动等，并不仅仅是时间的函数。相关分析预测法是在掌握历史资料的基础上，通过一系列统计分析，发现影响未来需求的客观因素及其影响的数量关系，进而对未来一定时期内的需求做出预测，具体有一元线性回归预测、多元线性回归预测、非线性回归预测等方法。相关分析预测法的可靠性与可行性主要受到五个方面的限制：观察值数量、变量之间关系的复杂度、预测时对数据处理是否违背正态分布假设、预测变量对自变量的反作用、未估计到的新变量。

本章小结

1. 导致顾客需求产生的内外部刺激包括自然驱动、功能驱动、自身经验总结、人际交往和营销刺激五个方面。自然驱动和功能驱动是最基本的需求产生力量，其他驱动因素都要通过它们才能发挥作用。
2. 基本型需求是顾客对产品最基本、最低限度的要求，当产品满足了基本型需求时，顾客无所谓满意不满意。期望型需求是对产品性能的一种较高要求，它一般是顾客需求表述的重点。期望型需求被实现得越多，顾客就越满意。兴奋型需求是很少被顾客表述出来甚至没有意识到的产品属性或服务。兴奋型需求一经满足，顾客就会产生强烈的惊喜，就会对产品非常满意，进而形成顾客忠诚。
3. 需求传播是指一种需求由于某些特定的原因在某些群体中的某些人中首先产生，然后再在群体内、群体间以及时空范围内传递、扩散。需求的转移和传播并不是单一的线性发展，而是各种传播交叉重叠在一起，几种转移传播方式互相影响、互相渗透。
4. 群体内传播的一般规律是：首先，群体消费领袖形成一种新的需求、追逐一种新的产品。消费领袖一般由该群体的偶像担当，也可能由某些个性较强、更乐于追逐新事物或时尚的、在群体内有较强影响力和号召力的个体担当。其次，在消费领袖的示范下，群体内其他个体开始仿效，需求于是在这一群体内传播开来。
5. 群体间传播是需求由一个消费群体向另一个消费群体的传递，也是需求在时间、空间上的转移。按照需求传递的方向，需求的群体间传播可以分为滴流、横流和逆流三种。
6. 需求的空间传播一般只有滴流和横流，即由发达地区向发展中地区、欠发达地区转移和传播，或在发展程度相同或相近的区域间转移和传播。

7. 需求的时间传播只是其他各种传播的另一维度，衡量时间传播的指标包括速度和周期性。在信息时代，需求的转移和传播可以瞬间完成，因此，产品供应的跟进是对营销者的新挑战。周期性是时尚性需求和产品的典型特征，但缺乏明确的规律性。
8. 消费者互联网新需求主要包括即时通信和社交、文化和娱乐（游戏）、理财和教育、商务交易四类。其中，商务交易主要集中在网络购物、网络外卖、旅行预订、共享单车和网约车五个方面。
9. 需求识别就是明确顾客存在什么需求，这种需求的本质诉求是什么，指向的产品是什么，其所能够或愿意承担的费用是多少等一系列相关问题，具体包括需求状态与表述识别。
10. 根据顾客群体的需求状态，市场可以划分为潜在市场、有效市场、合格有效市场、目标市场、渗透市场五个层次。
11. 市场潜量是指在一定时期内、一定行业营销努力水平和一定环境条件下，一个行业的全部企业所能获得的最大销量或销售额。市场潜量和市场最低需求量之间的差距表示市场灵敏度，根据灵敏度的不同，市场可以划分为扩张型与非扩张型两类。

基本概念

自然驱动　功能驱动　功能需求　表意需求　潜在需求　饱和需求
基本型需求　期望型需求　兴奋型需求　显性需求　隐性需求
群体　消费领袖　需求传播　需求识别　数据挖掘
市场潜量　扩张型市场　非扩张型市场
潜在市场　有效市场　合格有效市场　目标市场　渗透市场

简答

1. 简述需求产生的主要原因。
2. 为什么营销刺激可以产生需求？
3. 尝试提出一种新的需求分类并说明其应用价值。
4. 总结归纳需求传播的一般路径和规律。
5. 需求传播有哪几种基本形式？不同形式下的传播规律是什么？
6. 价值曲线法是如何进行需求识别的？
7. 如何进行需求表述识别？
8. 消费者互联网新需求有哪些？
9. 按照顾客群体的需求状态，市场可以划分为哪五个层次，存在怎样的相互关系？
10. 选取一个产品，测算其当年当地的需求量。

思考

1. 选取一个产品，说明公众需求状态是如何演变的，并和需求传播规律进行比较。
2. 以一次自身经历说明需求产生、表述的变化与确认。
3. 如何确定消费领袖？
4. 需求的逆流传播是如何产生的？

实验

根据 KANO 模型，需求可分为基本型需求、期望型需求与兴奋型需求。针对某一具体产品，选择一个班级，建立该班级同学对该产品需求结构和满意度之间的关系，并进行解释。

动手

正如材料 3-4 所呈现的，顾客对需求的表述一开始往往是简单的，有时甚至是不明确的。选择一个简单的需求表述，设计一段台词，以充分挖掘顾客需求的真实含义和结构。

互联网——猜到你喜欢的了吗

"猜你喜欢"已经是各大购物网站的标配。根据你的浏览记录，网站会对你的偏好做出估计，然后给出它对你喜欢的商品的猜测，甚至在你浏览其他非购物网站的时候向你传递这种猜测。那么，它猜到了吗？是不是降低了你的选择难度？从自身的互联网购物经历，谈谈你对"猜你喜欢"的联想。

第4章
环境分析

我们业务规模的增长应该主要归因于国家整体经济状况的改善和对汽车需求的增长,而不应归功于我们自己的智慧。从公司内部来看,我们的工作取得了很大的进步,然而从公司外部来看,我们却停滞不前。但是,时代的潮流开始发挥作用了。

——阿尔弗雷德·P. 斯隆(Alfred P.Sloan)

通用汽车公司前总裁

环境分为宏观环境和微观环境。宏观环境是指影响企业营销活动的各种社会性力量与因素,主要包括技术、政治和法律、经济、社会和文化、自然和人口五类。微观环境是指与企业关系紧密,直接作用于企业为其目标顾客提供服务能力的相关主体及竞争力量。企业目标市场、营销组合和环境的关系如图 4-1 所示。

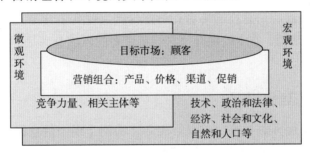

图 4-1 企业目标市场、营销组合和环境的关系

环境分析的目的在于准确把握各环境要素的变化趋势及其对顾客需求和行为的影响,从而洞悉哪些需求有可能产生,哪些需求和行为会发生变化。一般来说,环境变化具有以下三个特点。

一是环境是变化的。从来没有一成不变的环境,尤其是工业革命以来:工业革命淘汰了手工业,汽车取代了马车,信息革命将世界连为一体,现代通信取代了飞鸽传书。在互联网和电子商务发展的条件下,为什么人们还一定要去实体店购物呢?

二是变化中渐进性和突发性并存。环境变化的总体趋势是渐进的,甚至可以做出较清晰的预测,如随着互联网的普及和电子商务的迅猛发展,传统实体店必然会遭受巨大冲击。环境变化又是突发的，我们虽然能够对电子商务的发展趋势进行相当准确的预测，却并不能预测其准确进程。谁也给不出实体店和网络购物之间在广度、深度上此消彼长的时间表，就像淘宝似乎是忽然闯入我们生活的，我们也不知道实体店萎缩的程度到底是多少，时间终点在哪里，更不知道它是不是会在某一天轰然倒塌。

三是变化中机会和威胁从社会整体上看是并存的，但从具体某个行业（企业或个人）看则是机会或是威胁。环境的变化在给一些企业造成威胁的同时也给另外一些企业带来机会，并且这种威胁和机会是其他事件所无法比拟的。如手机的普及，对固定电话制造商及服务提供商是威胁，对手机制造商及服务提供商则是机会。其实，历史上任何一次技术革命都是如此。

环境变化的这些特征要求企业必须长期、有效地监测环境，并对环境变化做出积极响应，而不能以旧环境下所形成的思维模式和经营方式去参与环境变化后的市场竞争。宏观环境的变化，企业不能控制只能适应；对于微观环境，企业可以在一定程度上施加影响，并且影响能力越强，营销成功的机会就越大。

考虑到技术环境是影响企业经营管理的最活跃因素，且新技术的出现往往会改变产业结构和战略均势，因此本章将技术环境单列成节，以凸显其对顾客需求及行为的影响。

4.1 技术环境

技术环境是指企业所处的宏观环境中各技术要素的力量、水平、发展动向及对社会影响的能力等。联合国工业发展组织把技术定义为，制造一种或多种产品以及以此为目的建立一个企业、工厂时所需的知识、经验和技能的总和。技术是一切社会变革的源泉。从营销的角度看，当前的信息技术革命在一定程度上改变了竞争规则，带来了产品技术和流通（包括物流和沟通）技术的提升，它们对顾客的需求及满足、营销活动的范围和方式都产生了重大影响。

4.1.1 信息技术与竞争规则

技术的进步与发展影响并改变着竞争规则，特别是现今信息技术革命正在不断地改写市场竞争规则，主要表现在以下几个方面。

快速反应 信息技术与管理相结合的本质是实现高效率、自动化的流程管理，以信息流动代替物质和能量的流动，也就是通过信息技术实现业务流程的优化，从而降低内耗，提高效率。信息技术快速发展使市场活动以"光速"运行，企业的品牌、产品、交易等信息可以即时同步传递至全球各个角落，这就要求营销者必须对这种市场变化做出即时反应，速度成为信息时代企业的一项重要竞争战略。

赢者通吃 随着信息技术的迅猛发展，地域的局限性逐渐被淡化，互联网能够即时捕捉世界任一角落的信息，并以光速传至世界各地。于是，人们的眼界迅速扩大，开始关注全球，追捧世界之最。"赢者通吃"的英文表达为"winner take-all"，充分向我们诠释了"胜者豪揽一切，败者一蹶不振"的规律。在这一规律下，任何企业想要生存下去，就必须使自己成为某一方面的第一。传统市场营销的定位理论在这里得到最深刻的反映，没有特色将注定走向失败。与"赢者通吃"相伴的另一现象是，赢者与非赢者之间的收入差距越来越大。

低门槛　在互联网环境下，"平台""众筹""分享"等新模式使中小型企业无须建立庞大的商业体系，无须投入巨额的广告费用，更无须雇用众多的销售人员，就可以参与国际大市场的竞争，从以往被大企业所垄断的市场中"分一杯羹"。

> ⊙ **讨论 4-1**　　　　　　　　"赢者通吃"与"低门槛"
>
> 　　互联网信息技术的快速发展与应用，令赢者通吃的局面得到了进一步强化，互联网行业成为赢者通吃的主要战场。究其原因，是因为当"连接"无处不在，信息的不对称被极大改善以后，社会的资源和财富就开始打破空间的阻隔，开始往少数拥有技术积累、良好运转管理的企业集中，地域性小企业的发展空间受限。
>
> 　　按照熊彼特的观点，商业社会中，企业家是"灵魂"，是经济发展的核心力量。平台经济下各种商业模式的出现就是企业家价值的闪光体现，他们在不断思考并实践采取什么样的变革可以活下去并发展得更好，由此形成了所谓的低门槛规则。
>
> 　　但是，按赢者通吃的规律，这种"低门槛"下的"分一杯羹"又能持续多久呢？在这方面，德国企业的结构或许值得我们学习。德国有影响全球的大企业，更有生命力强大的中小企业。这些中小企业的核心发展策略，就是不和大企业争辉，通过攻克小众领域的难题形成技术壁垒，成为"打不死的小强"。管理大师赫尔曼·西蒙将这些中小企业称为"隐形冠军"。

眼球经济　在现代强大媒体的推波助澜之下，注意力比以往任何时候都显得更重要。人们每天接触到海量信息，并且这些信息的传递又可以超越时空的限制，这就造成了注意力这种有限的主观资源与相对无限的信息资源之间的矛盾。随着这种矛盾日趋激化，注意力也就作为稀缺资源，促成了"眼球经济"的产生。在现代社会中，谁能吸引大众眼球，谁就能赢得竞争优势。

4.1.2　产品技术

产品技术是指作用于产品及其制造过程的各种技术，如产品工作原理、材料、结构、工艺、测试手段、加工设备等。产品技术的发展可以概括为新产品不断涌现、更新换代周期越来越短和个性化程度越来越高。

1. 新产品

产品技术决定了企业能向顾客提供什么产品。以蒸汽机的使用为标志的第一次工业革命主要提供能够降低人类体力消耗的动力，延伸了人类的四肢，开创了以机器代替手工劳动的时代；以电的使用为代表的第二次工业革命为人类带来了各种闻所未闻、眼花缭乱的产品，电话、电灯、电影使人类生活变得丰富多彩，内燃机驱动的汽车、远洋轮船、飞机进一步提高了生产力，也使世界开始了融合的历程；以信息技术的发展为代表的第三次工业革命为产品插上了智能的翅膀，部分代替了人类的脑力劳动，产品已经超越人们的想象，走到了需求前面。那么，工业4.0是什么，它又将向人类提供什么？我们的生活将发生何种变化？这是营销者必须面对和回答的问题。

> **⊙ 材料 4-1   工业 4.0 下的产品发展趋势**
>
> 中国政府网 2015 年 5 月 19 日发布《中国制造 2025》，明确指出制造业是国民经济的主体，是立国之本、兴国之器、强国之基。为此，规划提出了九大任务、十大重点领域，以及国家制造业创新中心建设、智能制造、工业强基、绿色制造、高端装备创新五项重大工程。该规划被称为中国版的"工业 4.0"。
>
> 纵观《中国制造 2025》，参考最早提出工业 4.0 时代的德国制造业发展，可以看到未来产品将沿着绿色、智能、创新、标准、整合趋势发展。
>
> **绿色**　坚持把可持续发展作为建设制造强国的着力点，加强节能环保技术、工艺、装备的推广应用，全面推行清洁生产，发展循环经济。
>
> **智能**　研发具有深度感知、智慧决策、自动执行功能的高档数控机床、工业机器人、增材制造装备等智能制造装备以及智能化生产线，提高精准制造、敏捷制造能力。统筹布局和推动智能交通工具、智能工程机械、服务机器人、智能家电、智能照明电器、可穿戴设备等产品研发和产业化。
>
> **创新**　加强产品核心技术研发，促进科技成果转化，提高产品设计创新能力，在传统制造业、战略性新兴产业、现代服务业等重点领域开展创新设计示范。
>
> **标准**　改革标准体系和标准化管理体制，组织实施制造业标准化提升计划，在智能制造等重点领域开展综合标准化工作。
>
> **整合**　工业 4.0 时代更是整合时代，终端设备组件能够自行决定需要上位系统提供什么样的功能，来完成正确的加工与生产，在生产制造过程中生产系统的所有组件都联网在一起，通过连续实时高效的数据交换，把各种信号、设备、本地决策和系统控制组合在一起，促进产品创新，优化产品设计，推动产品发展。
>
> 资料来源：国务院. 中国制造 2025[EB/OL]. (2015-05-19). http://news.china.com/domestic/945/20150519/19710486.html.

2. 产品生命周期与产品更新

产品生命周期就是一种产品从投入市场到退出市场的过程，也就是产品更新换代的频率和速度。传统农业社会的产品更新周期长达几百上千年，似乎是不变的，几代人生活在同一生产方式、生活方式下。工业革命以来，在产品日益丰富的同时，更新频率也越来越快，产品生命周期完美展现了工业产品更新换代的规律。今天，技术创新层出不穷，产品的生命周期日趋缩短，发展阶段不再完整。谁能把准技术发展脉搏，领先一步，把握产品生命周期的新形态，谁就能取得竞争优势，超越原来的市场领导者。

■ 案例 4-1　　　　　苹果从 1 到 11

2019 年 9 月 10 日，iPhone 11 系列手机再次成为苹果秋季发布会的压轴产品。作为 iPhone XR 的第二代产品，尽管采用了后置双摄像头，搭载了一块 6.1 英寸⊖ Liquid 视网膜显示屏，但并未出现革命性创新。众多网友在调侃其为浴霸设计同时，总不禁回顾 iPhone 那些年的领先创新。

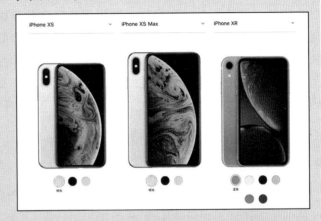

2007 年，初代 iPhone 发布，以 Home 键 + 全触屏设计颠覆了键盘 + 屏幕的传统手机样式，开启了整个智能手机时代。

2008 年，iPhone 3G 引入了提升苹果收益的关键路径 App Store，也是首款支持 3G 网络的 iPhone。

2009 年，iPhone 3Gs 作为首款正式引入中国的 iPhone 产品，性能上并无大幅提升。

2010 年，拥有全新工业设计的 iPhone 4 问世，首次搭配自主设计的 A 系列芯片，被视为自第一代 iPhone 以来最大的飞跃，但也让苹果陷入了其有史以来最大的公关危机，即"天线门"事件。

2011 年，iPhone 4s 延续了前款设计，采用矩形机身和不锈钢边框，解决了"天线门"，加入了 Siri 智能语音助手。

2012 年，支持 4G 网络的 iPhone 5 向大屏方向发展，苹果的后乔布斯时代到来。

2013 年，iPhone 5s/5c 引入 Touch ID 指纹识别并开启 iPhone 多彩时代，"土豪金"兴起。

2014 年，iPhone 6/6 Plus 的双旗舰产品策略被采用，以更大屏幕吸引了亚洲用户。

2015 年，iPhone 6/6 Plus 加入了 3D Touch，配色上有了粉色的"玫瑰金"。

2016 年，iPhone 7/7 Plus 打破了苹果两年一个周期的大幅升级管理，配备了更好的摄像头以及全新线性马达驱动的具有 Touch ID 的固态 Home 键。

2017 年，iPhone X、iPhone 8/8 Plus 推出，双层主板、全面屏、Face ID 被热议。

2018 年，iPhone XS/XS Max/ iPhone XR 全面支持面部识别和无线充电。

资料来源：历代 iPhone 拆解集合：看智能手机十年演进 [EB/OL]. (2018-09-23). http://www.sohu.com/a/255590949_468626.

⊖　1 英寸 =2.54 厘米。

3. 生产批量与个性化

生产批量是指一次投入或产出同一产品或零件的数目。生产批量的大小决定了生产对顾客个性化满足的程度，即顾客取得与众不同的产品的可能性。生产批量越小，需求的个性化满足程度越高，反之越低。手工业是一种单件生产，以生产效率低下和价格昂贵为代价。现代工业在标准化、通用化和系列化原则下实现了大批量生产，生产效率大规模提高、生产成本大幅度下降，大量昔日的奢侈品由此走入寻常百姓家，但以个性化的丧失为代价。现代柔性制造技术综合单件生产和批量生产的优势，在低成本的前提下实现小批量生产，既相对满足顾客的个性化需求，又将费用控制在顾客能够承受的范围内。结合现代流通技术，小批量产品在全球市场的销售，则可以更有效地实现在各区域市场上满足顾客的个性化。

4.1.3　物流与支付技术

物流与支付是产品流通的支撑。没有物流，产品不能实现其空间转移；没有支付，产品的价值不能得到最终实现。

1. 物流技术

物流技术是指作用于产品实物流通的各种技术，即产品从制造商至最终用户过程中所涉及的仓储、装卸、运输和配送等技术。现代物流技术的发展主要体现在大规模、快速和小型化三个方面，最终实现了企业产品销售和原材料采购半径的逐步扩大乃至全球化。

船舶大型化、铁路货运重载化、卡车重型化和装载集装化、管道运输及相关的大型装卸技术构成了大规模物流的基础。在此基础上，矿石、木材、粮食、石油等大宗货物和机电产品的运输成本大幅度下降，产品的销售和原材料采购得以全球化。

高速公路、高速铁路、航空货运和冷鲜（冻）储存、冷鲜（冻）运输、直达班车（船）构筑了现代快速物流体系。借助这一快速体系，时尚产品、日用消耗品、蔬菜、水果和冷鲜产品等更新快、易腐烂产品的销售半径得以有效扩展。

条码、射频、自动分拣技术、大型配送中心和轻运输系统实现了物流小型化。正是物流小型化化解了零星物品物流最前一公里和最后一公里的低效率瓶颈，才支撑起了消费品的网络购物，使传统实体零售店面临巨大的生存危机。

> ⊙ 材料4-2　　　　　　　　　一次淘宝购物的物流过程
>
> 网购因为其价格便宜，已逐渐成为大众购物的首选。其可视化的物流配送过程既为购物者增添了网购信心，也多了几分乐趣。
>
> 淘宝卖家在收到顾客订单后，会及时配货并选择物流公司进行运输，在第一时间将物流公司、运单号码等信息上传至淘宝订单的物流信息中。购物者只需关注淘宝订单中随时更新的物流信息，便可以知晓自己购买的产品目前处于什么状态——在什么地方，在谁手中，什么时候能够送达指定地点等。全程透明化的物流信息，能够方便购物者合理安排

时间完成网购产品的收货。

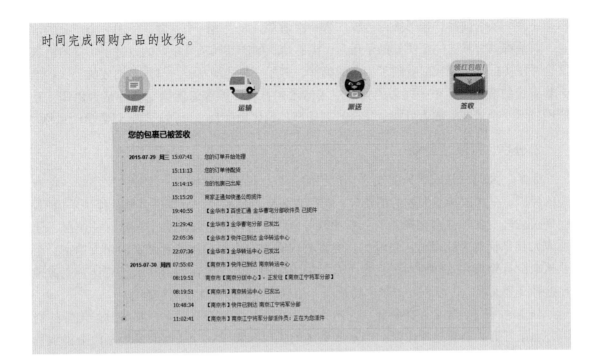

2. 支付技术

支付技术是指作用于产品流通过程中货款支付的各种技术，其最主要的表现是电子支付技术。现代支付技术已经超越买家付款、卖家收款的原始含义，扩展至担保、理财等更多功能，既为交易的完成带来便利，也为顾客带来更多的利益。便利性除了表现在携带、支付、找零、核对、管理和安全等多个方面，还表现为实现了物流和资金流的分离，进而提高了物流效率。利益则表现为由理财功能带来的收益。

4.1.4 沟通技术

沟通技术是指作用于公众、顾客和营销者之间的各种交流、谈判、传播和展示的技术，即促进各方相互了解的媒体及制作技术。现代沟通技术的发展以互联网、数字化和传感技术为基础，以即时、互动和全景为特征，最终实现相互分享、跟踪和认知。

1. 即时、互动、全景

即时 从事件发生到信息播出，传统的信息媒介系统需要经过记者采编、编辑审稿、总编签发、印刷和发行（或剪辑和播放）等一系列环节，信息的发布是延时的。只有那些有计划的重大事件、活动，公众才能看到媒体直播。今天，当每个人都既是当事者、信息接收者，又是信息发布者时，信息的发布、接收和反馈都可以是即时的，所有突发事件或企业活动都可能在第一时间呈现给公众、顾客，企业也可以在第一时间了解到公众、顾客的反馈。

互动 有别于传统的广播、电视、报纸等媒介的单向发布，互联网是双向的，信息发布者和接收者可以实现即时互动，双方在互动过程中加深相互了解，减少信息不对称，甚至可以立刻转变为行动。

全景　不管何种广告形式，传统广告一次通常只能表达一个主题，传递一个产品的信息，其他都是背景。一个明显的矛盾是，没有情景的产品展示是单薄的，过于丰富的情景又会冲淡主题。于是我们看到了太多的局部，客厅一角的沙发、一只戴着钻戒的手、一堆五彩缤纷的洗涤用品……失去了整个应用情景的衬托，顾客怎能确定整体是否协调？互联网技术使全景展示成为可能，从全景到局部、到详细信息、再到下单，只需滑动鼠标。

2. 分享、跟踪、认知

分享　人们总是乐意和朋友分享自己的经历、快乐和经验，一段好的文字、一件有趣的经历、一次成功或失败的消费等，都可以是分享的对象，分享的奥秘是使快乐加倍，使痛苦减轻。各种社会化媒体的分享功能可以将信息瞬间传播到各个角落——刷屏，使顾客尤其是消费者获得了从来没有过的发言权和影响力，构成了对卖家的强大约束。企业从来没有像现在这样面对过拥有公众影响力的消费者，顾客评价从来没有让企业像现在这样又爱又恨。市场正变得越来越透明，信息走向对称，竞争更加有序。

分享的另一个含义是资源分享，不管是企业还是个人都有许多在某些时候闲置的资源，也正好有人需要这些资源。当这些资源的供应和需求在互联网的适当平台上得到整合，闲置资源就可以发挥其效益。

跟踪　全球定位让我们知道顾客当前身在何处，运动手环让我们知道顾客的运动状态。今后，相信更多的可穿戴设备、大数据会报告更多的顾客状态数据。届时，当顾客疲惫的时候推荐附近的咖啡店，当顾客准备停车的时候报告附近有空位的停车场，当顾客在餐厅坐下时推荐他偏爱的菜肴……至于本来就带有周期性的事件及消费，则更可以非常精确地进行推荐，精确营销不再是神话。

物联网让我们可以跟踪购买的产品离自己还有多远，什么时候收货不再是难题；还可以追溯产品的产地甚至生产过程，从而使产品生产得到有效监督，品质得到有效保障。

> ● **材料 4-3**　　　　　　　　**物联网产品溯源平台的发展**
>
> 物联网产品溯源系统及平台建设发展到今天，经历了一些波折。
>
> 万物互联的基础是给每一个物品赋予特定的标识码。起初，这个"身份证号码"是由政府部门统一管理和发放的，但由于这种集中式的追溯数据管理方式很难保障数据安全和企业隐私安全，因此产品标识码的发放就由统一集中走向市场自主。
>
> 从集中到分立的管理方式，让溯源实现方式变得多样，溯源平台也存在企业自建、地方开发与政府组建等类型，随之而来的问题就是"身份证号码"的编码标识乱了。
>
> 为解决这一难题，当前产品溯源发展的最新动态就是由政府统一产品追溯监管数据查询入口，实现对不同行业、区域追溯系统的统一管理。这种集中统一的查询渠道，就好比快递信息由不同快递公司管理，但消费者可以通过查询平台获得这些快递信息。
>
> 资料来源：倪思洁，高雅丽．物联网产品追溯平台：一波三折往前走 [EB/OL]．(2018-12-12)．http://news.sciencenet.cn/htmlnews/2018/12/421025.shtm．

认知 在互动、分享和跟踪的基础上，企业和顾客可以实现全面的相互认知。如果说跟踪是后觉，认知则是先知，是企业先于顾客自己了解他的需求，进而开发他的需求，在第一时间满足他的需求。毫无疑问，在供给越来越充分、闲置资源越来越多的情况下，今后的竞争是领先需求的竞争，谁能领先需求，谁就能取得竞争优势。

跟踪、认知的背后是日益严重的隐私泄密，这一问题如果不能得到有效解决，技术的发展就只是提供了可能性，人们的防范将足以扼杀一切。

4.2 宏观环境

除了技术环境以外，政治和法律、经济、社会和文化、自然和人口环境对企业产品生产和营销活动、顾客需求和行为也产生了重大影响。这些环境要素不仅通过影响微观环境间接作用于企业和顾客，而且直接作用于企业和顾客。

4.2.1 政治–法律环境

在市场经济条件下，市场是配置资源和调节经济的主要手段，企业是市场经济活动的主体。但市场存在失灵现象，要求政府运用法律、政策和行政等手段加以调节，这就构成了市场的政治–法律环境。政治和法律主要用于指引组织和利益集团规范竞争，体现了政府及社会对各种组织机构和公众行为的意志，它既规定了社会经济活动的基本运行规则，也指导着需求的价值取向，约束着资源的开发利用和产品的供给。党的十九大报告明确指出，"中国特色社会主义进入新时代，我国社会主要矛盾已经转化为人民日益增长的美好生活需要和不平衡不充分的发展之间的矛盾。"这一论断必然引发对美好生活的构思，实际上就是对人民未来生活方式的描绘，进而引发企业如何开发新产品。实践中，政治和法律主要通过明确规范准则、政策引导以及一些具体参与行为发挥作用。

1. 规范准则

规范准则是旨在规范组织和个人的公共行为、市场行为，主要表现为禁止某些行为或规范某些行为的方式。政治和法律所呈现出的规范准则具有普遍性、长期性与强制性，是管辖范围内所有组织和个人都必须遵守的，并由国家权力保障其执行，违反会导致法律后果。

随着经济全球化程度的提高，中国企业不仅要遵守国内的相关法律，如《中华人民共和国合同法》《中华人民共和国反不正当竞争法》，以及一些以立法形式出台的规定、条例，如《广告管理条例施行细则》《禁止传销条例》《零售商品称量计量监督管理办法》《驰名商标认定和保护规定》，还要了解和遵守国外相关政策法律。

> **材料 4-4　　　　　欧盟：不支持违反 WTO 规则的贸易措施**
>
> 2018 年 4 月，特朗普政府依据"301 调查"单方认定结果，宣布将对原产于中国的进口商品加征 25% 的关税，涉及约 500 亿美元中国对美出口。对此，欧盟方面表示，反对任何有违世界贸易组织（WTO）规则的贸易措施。
>
> 欧盟委员会发言人罗萨里奥于当地时间 4 月 4 日做出上述声明。他表示，欧盟注意到美国公布了依据"301 调查"拟加征关税的中国商品建议清单，且欧盟自美国 2017 年 8 月启动"301 调查"以来一直紧密跟踪调查进展。
>
> 罗萨里奥表示，在美国公布所有细节后，欧盟将会展开进一步分析调查。
>
> 清华大学中美关系研究中心高级研究员周世俭对《第一财经》记者表示，欧盟方面在此轮中表现不错，且中方对一些美国农产品做出关税回应后，欧盟方面将因此受益；与此同时，美欧之间也在钢铁方面存在贸易冲突，美国四面树敌，前途未卜。
>
> 中国商务部表示，中方已经于 4 月 4 日就美国对华 301 调查项下征税建议在 WTO 争端解决机制下提起磋商请求，正式启动 WTO 争端解决程序。
>
> 资料来源：中美贸易战升级，欧盟：不支持违反 WTO 规则的贸易措施 [EB/OL]. (2018-04-05). http://baijiahao.baidu.com/s?id=15968710836119 61617&wfr=spider&for=pc.

2. 政策引导

政策引导是指国家通过各种利益引导组织和个人活动，使之转向或放弃政府所倡导或反对的产业方向或行为方式、需求或消费行为方式。和法律不同，政策一般不具有强制性和长期性，组织和个人可以自由选择是否接受。如政府对电动汽车的补贴、购置税的减免，甚至过路过桥费、停车费的减免等，既鼓励企业研发电动汽车，也鼓励个人购买电动汽车，以此促进电动汽车的发展，减少环境污染和对石油的依赖。峰谷电价的实施，试图实现用电的削峰填谷，既有利于电力安全平稳运行，也有利于节约资源。

企业应积极主动把握政策走向，为充分利用政策优势提前创造条件，如借势国家的"一带一路"倡议，适时进行战略转型、产业升级，开拓海外市场。

> **讨论 4-2　　　　　跟着"一带一路"走向世界**
>
> 古代海陆丝绸之路曾是中国联系东西方的"国道"，是中国、印度、希腊三种主要文化交汇的桥梁。当前全球经济复苏前景不明朗，投资格局酝酿深刻调整，亚欧国家在基础设施领域有着巨大的投资需求，亟待激发域内发展活力和合作潜力。
>
> 恰逢其时，"一带一路"倡议应运而生，成为构建对外开放新格局、引领我国经济进一步融入世界的强力引擎。从 2013 年提出构想，到 2014 年设立丝路基金和亚洲基础设施投资银行签约，"一带一路"建设稳扎稳打，开始进入务实合作阶段。据不完全统计，"一带一路"沿线大多是新兴经济体和发展中国家，总人口约 44 亿，经济总量约 21 万亿

美元，分别占全球的63%和9%，是世界上最具发展潜力的经济带。

国内外专家普遍认为，"一带一路"蕴含着以经济合作为基础和主轴的发展内涵，深挖中国与沿线国家的合作潜力，将促进中国中西部地区和沿边地区对外开放，推动东部沿海地区开放型经济率先转型升级，进而形成海陆统筹、东西互济、面向全球的开放新格局。可见，跟着"一带一路"，商机无限。

资料来源："一带一路"倡议构建我国对外开放新格局 [EB/OL]. (2015-01-04). http://news.xinhuanet.com/fortune/2015-01-04/c_1113870302.html.

3. 政府参与

政府参与是指政府直接参与某些经济活动，这通常发生在公共领域或某些天然垄断领域，另一常见的政府参与领域是重大科技创新活动。政府参与公共领域是为了避免"公共地悲剧"，即只有人使用公共产品，而没有人提供和维护公共产品。参与天然垄断领域是为了避免垄断扭曲社会经济活动、价格信号失灵和阻碍技术创新。参与重大科技创新活动是为了降低企业的创新风险，或指引产业发展方向。

政府参与有多种形式。天然垄断行业一般是采取国有企业的形式，如电网、自来水、城市公共交通等领域。公共基础设施领域则由政府直接规划并组织实施，企业只是参与建设和维护。在这些领域，企业经营风险小、业务量稳定，应将重心放在提高产品品质和安全上，营销则要注意传播良好的企业形象，而不应过多地以攫取利润为目标。

在重大科技创新方面，政府通常采取资助、孵化器等参与形式。企业在借助政府支持的基础上，要着力把准市场脉搏，提高创新能力和商业化能力，向市场提供安全可靠、适销对路的创新型产品，而不能将政府资助当成利润。

■ 案例4-2　　　　　　　没有100亿元，比亚迪如何发展

2019年5月，比亚迪公司发布公告，宣称旗下子公司比亚迪汽车工业有限公司已经收到了国家对新能源汽车推广的补贴，金额为34.58亿元，其中2016年新能源补助的金额较高，达到了31.26亿元，剩下的3.32亿元则是2017年的补充清算资金。

作为环保汽车的龙头企业，比亚迪其实自2009年政府实施新能源汽车购置补贴政策以来，就不断获得政府补助，且每年补助的额度都在不断增加。根据相关资料显示，这9年以来比亚迪共收到政府补助超过100亿元。

比亚迪官方表示，这笔资金的到账可以有效地缓解公司的现金流紧张状况。不过，在比亚迪公布数据的同时，很多人开始担心，一直以来，新能源汽车的销售大部分是依靠政府的补贴，以低价吸引顾客，一旦失去了政府的补贴，这些车企还能全速发展吗？

资料来源：比亚迪9年共收到政府补贴100亿，如果没有扶持，比亚迪将如何发展 [EB/OL]. (2019-05-25) https://baijiahao.baidu.com/s?id=1634514744785204647&wfr=spider&for=pc.

4.2.2 经济环境

宏观经济环境是指企业经营所在区域的经济发展状态、特征和方向。如国内生产总值、通货膨胀、利率、贸易赤字或盈余、预算赤字或盈余、个人和企业储蓄率以及个人收入水平等,这些经济特征对营销的影响集中体现为社会购买力、消费结构和城乡差别。

1. 社会购买力

社会购买力是指一定时期全社会购买产品(劳务)的货币支付能力,包括居民、企业与社会团体的购买力,它是收入、储蓄、通货膨胀和汇率的函数。社会购买力对潜在需求的强弱影响不大,但直接规定了有效需求的强弱。

消费者人均收入是决定消费品社会购买力的主要因素。消费者人均收入越高,消费品社会购买力越强,企业的市场营销机会越多。

在相同的人均收入下,**收入分布**对消费品购买力具有重要影响。当收入分布悬殊时,市场畸形,总购买力下降,企业营销机会少。因为这时大多数人的购买力不强,而少数富有者虽然有很强的购买力,但其收入用于最终个人消费的比例并不高。尤其对发展中国家来说,在收入分布悬殊的情况下,富裕者还倾向于购买口碑更好的进口产品,导致民族企业的营销机会更小。所以,在相同人均收入的条件下,在大多数消费者为中等收入时,消费品社会购买力最大,而且需求转移、传播的路径较好,企业营销机会最多,发展路径最好。

可任意支配收入是指个人可支配收入减去维持生活所必需的支出(如食品、衣服、住房)和其他固定支出(如分期付款、学费)等后所剩余的那部分个人收入。这部分收入是消费者可以任意使用的收入,既可以用于娱乐,也可以用于储蓄,没有明确的指向,其使用方式和方向对每一个消费者来说都可能是不同的,因而是影响消费者需求构成最活跃的因素,也是企业营销者要开发和争夺的主要对象。

> ◉ **讨论4-3**   **人均GDP10 000美元意味着什么**
>
> 2018年,我国国内生产总值突破90万亿元人民币,人均国民总收入为9 732美元,高于中等收入国家平均水平,即将迈入人均GDP 10 000美元俱乐部。
>
> 在经济学领域,人均GDP达到10 000美元是一个重要的分水岭,标志着经济社会的整体发展达到中等发达国家水平。目前,世界上共有65个国家和地区人均GDP超过10 000美元,大多属于发达国家和地区。在消费对中国经济基础性作用日益增强的时期,虽然人均GDP快速增长对中国经济意义重大,但这并不意味着中国已进入发达国家行列,反而正处于能否跨过"中等收入陷阱"的关键阶段。
>
> 一方面,衡量一个国家是否属于发达国家,需要从文化、教育、环保、医疗、福利等方面全面衡量。目前,我国在产业结构(高新技术产业占比)、消费结构(基尼系数)、城市国际化进程、城市增长动力、社会福利与公共服务、社会阶层分化、城市生态建设与

> 环境治理等方面还面临较大问题与挑战,与发达国家存在不小差距。另一方面,发达国家居民收入占 GDP 比重约为 55%,而我国居民收入占比较低,这与目前我国以投资驱动经济增长的发展模式有关,导致财政收入、企业利润的增长快于居民收入增长。而收入增长乏力,恰恰是"中等收入陷阱"的一个显著标志。

储蓄直接延迟了购买力的释放,储蓄率越高,当前购买力越低,而且容易造成过多的投机行为。我国储蓄率过高和我国传统文化相关,需要营销者长期努力以求改变。

通货膨胀兼有压抑和刺激消费的双重效应。人们潜意识中对付通货膨胀的原则是保持预期财富的恒定,而预期财富由金融资产和实物资产构成,因此消费者的应对策略是,对于可作为资产看待的产品,价格上涨导致储蓄减少,增加购买,如房地产;对于不构成资产的产品,价格上涨导致储蓄增加,减少购进,如日常消耗品。所以,并不是释放价格上涨信号都会带来销量的上升。

汇率变动是影响国际购买力的重要因素。我国居民近些年出国留学、出国旅游、进口产品购买大幅度上升,和人民币兑美元汇率的不断上升是分不开的。

社会购买力的另一方面是企业购买力。一般来说,由于企业较多使用各种金融杠杆,其购买力最终取决于消费者的购买力,来自对市场的信心,所以更多的是一种投资愿望的强弱:消费者购买旺盛,则企业投资旺盛,企业购买力强。我国经济发展长期以出口拉动,企业购买力主要取决于出口能力,这种情况目前正在发生改变,无疑是营销者的机会。

2. 消费结构

消费结构是指消费过程中人们所消耗的各种消费资料(包括劳务)的构成,即各种消费支出占总支出的比例关系,通常用恩格尔系数来表示。恩格尔系数越低,生活水平就越高。恩格尔系数表明,随着消费者收入的增加,食品支出的比重会下降,房产和家务经营的支出比重大体不变,储蓄、卫生保健、娱乐、旅游、教育等其他方面的支出比重会上升。

消费结构的另一方面是随着经济发展和收入水平的提高,消费者对产品品质的要求也提高,如改善型住房比刚需型住房在面积、结构、设施设备、环境等方面都明显提高。

消费结构的优化是产业结构和产品结构优化的客观依据,也是企业开展市场营销的基本立足点。随着住房、医疗改革的逐步推行,中国的消费结构将向更加合理的方向发展,企业应掌握拟进入目标市场的消费结构及变化趋势,输送适销对路的产品和服务,才能满足消费者不断变化的需求。

3. 城乡差别

我国当前城市与农村的经济发展很不平衡,尤其是中西部地区的农村,很多农民还生活在贫困线以下,电力、自来水等生活基础设施也非常落后。城乡差别对营销的影响表现在以下五个方面。

一是农村居民的生活观念和生活习俗不同于城市居民。这主要体现在生活的规律性和对服务的态度上。传统农业社会以自给自足为特征，生活服务价值很低，观念上重视有形物的价值而轻视无形服务的价值。在生活习俗上，农业生产活动受季节性影响较大，故农村生活以年为周期，而城市生活以日和星期为周期。

二是农村基础条件的不完善，导致一些产品的使用受到限制。如有线电视信号、移动通信信号覆盖不到或信号弱，影响电视、广播和移动通信产品的普及与使用。随着国家扶贫力度的逐年加大，这些问题正得到有效改善，农村因此呈现出其应有的消费能力。

三是居民居住集中度低、规模小，导致一些服务于公共性、集体性和休闲性消费的供给成本高，如学校、医院、影院、茶社、健身场所等，限制了这些消费的增长。

四是受制于收入水平，农村居民对消费品的追求还主要着重于拥有，而对品质的要求相对较低，如对电动汽车的需求表现出比城市居民更高的兴趣。

五是乡村生活本身的吸引力。随着生活水平的提高，闲暇时间的增多，城市居民对与大自然接触的需求越来越大，他们也想看看万物生长，向往田间漫步、亲手采摘果实等，既是对身心的放松，也是对历史的回顾。乡村生活正演变成一种产品。

差别就是机会，按需求转移、传播的一般规律，农村需求会随着经济发展逐步向城市靠拢。营销者应把握机遇，适时开拓农村市场，不断将潜在市场转变为有效市场。

> **⊙ 材料 4-5**   **美丽乡村　环保先行**
>
> 　　美丽乡村是中国新农村建设的代名词，其中，宜居、绿色环保的生活环境是美丽乡村建设的重要内容。但目前，我国乡村环保和污染治理仍处于落后水平。以污水治理为例，我国建制镇、乡和村的污水处理率依次为 53%、11% 和 13%，与城市污水接近 90% 的处理率形成强烈反差。此外，在环卫设备配置、节水灌溉、耕地修复、清洁能源普及等多个方面，乡村均处于发展不足的状态。
>
> 　　2018 年中央一号文件及随后出台的《农村人居环境整治三年行动方案》，提到要持续改善农村人居环境，以农村垃圾、污水治理和村容村貌提升为主攻方向，推广适用不同地区的农村污水治理模式，实施乡村绿化行动，持续推进宜居宜业的美丽乡村建设。据中国住建部前瞻产业研究所测算，仅污水处理一项就有 3 000 亿元以上的市场空间待挖掘。
>
> 　　资料来源：朱琳慧. 2018 年美丽乡村建设现状与发展前景分析　环保需求推动市场规模迅速扩张 [EB/OL]. (2019-02-19). https://www.qianzhan.com/analyst/detail/220/190219-63122470.html.

从成本角度看，农村市场由于其分散性而导致产品销售和使用成本高于城市，农村的产品价格高于城市有其成本合理性。但这显然会导致城乡差别的进一步扩大，这在社会伦理上是不道德的，在经济发展上是有害的。企业在开拓农村市场时应力求减少城乡差别。

4.2.3 社会-文化环境

社会-文化环境是指企业所处的社会及其文化形态,如信仰和价值观、社会风俗(行为规范、生活方式)、社会结构(亚文化群体)等,是一个民族(社会)区别于另一个民族(社会)的主要特征。社会文化既是社会中每一个人的、每一个企业的,是一种个体现象,又是社会整体的,是一种群体现象。每个人、每个企业都处在一定的社会和文化环境中,其思想和行为必然要受到这种社会文化显性的或潜移默化的影响和制约,人们的社会文化一经形成便会经久不衰,而不像其他因素那样容易改变。

1. 信仰和价值观

信仰和价值观影响着人们认识事物的方式和行为规范。同样款式的产品,在不同的信仰和价值观下会得到不同的审美评价。随着经济全球化的发展,国际产品和服务的交换愈来愈频繁,企业在国际市场上开展营销活动,必须准确把握当地消费者的信仰和价值观,以当地的信仰和价值观来判断产品的可推广性,以符合当地信仰和价值观的方式进行市场推广,而不是在不经意间触碰当地禁忌。当然,不同社会(民族和宗教)之间文化交往的主流是相互渗透、相互影响,企业应准确把握国际化和本土化之间的平衡。

2. 传统与风俗

不同的地区和民族大都保留着一些独特的民风传统与习俗。研究民风习俗,不但有利于组织好消费用品的生产和销售,而且有利于正确、主动地引导健康消费。企业的营销活动应在尊重传统与习俗的基础上,有效利用其积极的一面,避免消极的一面,同时还要不断提升产品品质。

⊙ 讨论 4-4　　　　　粽子和月饼:习俗可以改变

过年下饺子、正月十五吃元宵、端午包粽子、中秋吃月饼是我国的重要民俗。然而,四种节日食品的现代遭遇却大相径庭。

饺子、元宵早已是再普通不过的日常食品,散装、袋装的包装风格也表明它们只是普通的食品。

每到中秋临近,月饼的香气就开始四处飘散,价格也年年看涨,精美包装的价值甚至远远超过月饼本身。至于金月饼、银月饼,则已全然不是食品。然而,中秋一过,高贵转眼成了明日黄花,再也无人问津。

粽子则介于饺子、元宵和月饼之间,常年供应,既有可储存的、买了回家吃的,也有热乎乎现吃的,形式多样,端午节又有明显的需求上升,但全年价格基本保持稳定。

是什么导致它们之间如此巨大的差异?习俗、保鲜技术、口味,还是其他因素?对生产企业的影响又是什么?对行业的影响是什么?是强调产品的节日性及其文化含义还是淡化它?

3. 亚文化群

亚文化群状况是社会结构的主要表现。亚文化群是指社会各阶层、各子团体。亚文化群既遵循所属上一层亚文化群体的文化传统，同时也有自己的文化、消费特征。亚文化群是相对而言的，如相对于中国人的概念，北方人可看作一个亚文化群，而对北方人来说，东北、华北、西北等概念又可视作一个亚文化群。企业要重视亚文化群由于各自的价值观、行为规范所形成的对商品和服务的特殊要求和需要，亚文化群是市场细分理论的事实基础。

4. 教育状况

教育状况既是社会文化的一个方面，也是影响社会文化传承和演变的主要因素，同时还是划分亚文化群，影响社会生产力、生产关系和经济发展的重要变量。教育状况通常利用受教育程度、文盲率、在校大中小学生人数和比率等指标来衡量。

教育不仅影响着劳动者的收入水平，而且影响着消费者对产品的鉴赏力、消费心理、购买的理性程度以及消费结构等，从而影响着企业营销策略的制定和实施。

4.2.4 自然–人口环境

自然–人口环境的恶化是全球共同面临的一个主要问题，并且人口与自然常常发生冲突，表现在人口持续增长与自然承受压力间的冲突、人口对自然的不合理索取与自然供给调节能力间的冲突等方面。自然和人口环境从物质资源、地理气候、人口规模和构成、人口密度和集中度以及家庭单位等方面对营销产生影响。

1. 物质资源

物质资源由无限资源（如空气）、可再生资源的有限资源（如森林）和不可再生的有限资源（如石油、煤炭）构成。物质资源类型复杂多样，是产品生产和消费的基础，与人类社会的经济活动息息相关。正是物质资源地域分布不均造成了各地传统产业结构的区别，同时也在一定程度上影响了一个地区的消费结构。

今天，物质资源对企业生产和居民消费的影响主要来自资源短缺，空气污染、森林植被减少、矿物资源枯竭是影响当前社会经济发展的主要瓶颈。因此企业的研发、生产、营销都要讲究效率和环保，节省能源及原材料资源，提倡绿色生产、绿色消费。随着物质资源短缺问题日趋严重，一些高效节能、降耗、环保的技术和产品的市场机会将会非常广阔。

2. 地理气候

从消费的角度看，地理气候决定了农作物的种类，自然也就决定了一个地区的基本饮食结构，并对一个地区风俗习惯的形成产生重大影响。比如，在温暖湿润的地区，人们的饮食偏好麻辣；北方冬季寒冷，人们喜好火锅、饮酒。

空调、采暖系统的广泛使用，使得地区交往日益活跃，气候对人们消费的影响正在逐步弱化，除了与空气调节直接相关的一些功能性产品，其他产品的地区需求差异日趋减少。

3. 人口规模和构成

人口规模是表明市场潜力的基本指标。一般来说，人口规模越大，市场潜力越大，但并不等于现实市场越大，这还需要看人口的购买力。当大多数人尚处于温饱状态，采取自给自足的生产方式时，市场是非常小的。人口规模的营销意义表现在三个方面：一是人口越多，基本生活资料需求越大；二是可以容纳更多的小众产品；三是一些大型、集体性的消费活动成为可能，如体育竞赛、演唱会等。

人口构成比人口规模对企业市场营销更具直接意义，正是由于人口的不同构成，才形成各具特色的消费群体，而消费群体正是市场细分、产品定位的最主要依据。人口构成包括自然构成（如性别、年龄结构）和社会构成（如民族、职业结构等）。

■ **案例4-3** "积趣坊"——小趣也有大市场

2017年2月，南京新街口首个颇具格调的文创社交主题街区——新百B座·积趣坊开业。积趣坊云集手作、定制、市集、书局、健身、创意空间等于一体，拥有耘艺、尺渡、大众书局等行业翘楚最新概念店，"匠作""文艺""小资"的标签特色鲜明。

新百中心店总经理吴晓梅受访时表示："自2016年实行会员电子化后，新百的客群已经发生了翻天覆地的变化，35岁以下的会员占到了近70%。我们必须改变经营思路，要从经营商品和价格到经营消费者和消费习惯。以往被视为购物中心引流利器的影院、电玩等，早已不具新鲜感。所以，我们要顺应这种年龄结构变化所带来的消费态度与趋势，在B座的定位、风格、业态组成、空间布局上迎合他们的需求。"

资料来源：体验为王时代 业态创新成为实体商业转型升级新亮点[EB/OL]. (2017-02-27). http://fj.winshang.com/news-607956.html.

4. 人口密度和集中度

人口密度对市场营销的影响主要体现为对渠道、沟通与公共性、集体性和休闲性消费的影响。通常，人口密度低则交通、电力、通信、媒体等生产生活基础设施差，销售规模与物流规模较小，产品运输成本、渠道成本与售后服务成本偏高，信息沟通成本也会加大。由于缺乏销售规模，产品售后服务成本高且质量差。由于受众规模小，信息沟通成本也会加大，公共性、集体性和休闲性消费项目由于达不到盈利规模下限而受到阻碍。

当然，不能仅看平均密度，更要看集中度，若人口在一定地区形成一定规模的集中，上述问题就能在一定程度上得到缓解。

5. 家庭单位

家庭是社会的基本单元，也是住房和许多大件耐用消费品的消费单元，所以家庭规模越小，对消费品，尤其是住房、大件耐用消费品的需求量就越大，同时产品趋于小型化。

目前，我国城市大多是两代三口的核心家庭，住房、耐用消费品也大都按这一家庭结构和规模设计。随着"开放二孩"政策的实施和计划生育政策的逐步调整，第一代城市移民进入老龄阶段，我国家庭的主体结构也行将发生变化。这不但会形成对住房、大件耐用消费品的新要求，还会对一些儿童用品产生新要求。营销者应密切关注可能的变化。

4.3 微观环境

宏观环境分析的主要目的是识别外部因素中可能发生的重要变化和趋势，注意力集中在未来，使企业能够及时识别机会和威胁。然而，要成功地参与竞争，企业首先必须在近期能有效地运转，这时的关键是要了解企业所处市场的微观环境。

微观环境是直接作用于企业的各种因素，这些因素可分为三大类：一是企业所在行业的市场结构，也就是行业的市场集中度、产品差异、进入壁垒等，通常也称行业环境，行业的市场结构从某种程度上规定了行业中企业的一般市场行为（营销行为）；二是企业面临的各种竞争力量——业内竞争者、新进入者、替代产品、顾客、供应商；三是各种相关主体——企业内部力量、营销中介和社会公众。

4.3.1 行业环境

不同行业之间的基本区别就是竞争类型的不同，竞争类型反映了一个行业竞争或垄断的程度，可以分为完全竞争、垄断竞争、寡头垄断、完全垄断四种。竞争类型是对一个行业竞争形态的本质描述，市场集中度、进入退出障碍、顾客交易成本、供应商议价能力等指标可以更为具体地描述一个行业的竞争形态。

一般而言，竞争类型和营销行为之间有一般性对应关系，它们构成了基本行业环境。例如，当地的自来水公司没有竞争，企业营销行为单一甚至没有，但当地餐饮店之间的竞争却十分激烈，竞争手段层出不穷。图4-2表明了这种一般对应关系。

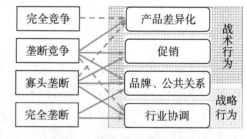

图4-2 竞争类型与营销行为

注：图中的实线和虚线对应营销行为的强弱。

1. 完全竞争与营销行为

完全竞争是指非常多的独立生产者各自用相同的方式向市场提供几乎完全相同的产品，购买者不管购买谁的产品都无所谓。任何买家或卖家都可以无障碍地进出市场，而不会对市场总供求关系产生实质性影响。今天，我们几乎找不出严格意义上的完全竞争市场。

完全竞争市场是一种竞争不受任何阻碍和干扰的市场结构，市场是无组织的，甚至是支离破碎的。在完全竞争市场上，没有同行间的行业协调行为；产品差异化非常有限；买卖双方都只是价格的接受者，缺乏市场权力，只能随行就市，至多有个别化的讨价还价；卖方也没有促销活动、公关活动和品牌活动；企业唯一的可决策变量就是产品的产出水平。良好的地理位置和营业时间的长短成为企业吸引顾客的最重要因素。

2. 垄断竞争与营销行为

垄断竞争是指在一个行业中有许多企业生产和销售有差别的同类产品，每一个企业都只生产需求总量的一小部分，任何一家企业的进入或退出都不会对市场供需状况产生重大影响。这种情况存在于产品的生产不需要大规模资本，而且各家企业的产品有可能在一定程度上加以区分，需求个性化表现强烈而且人们愿意为之付出代价的行业，如餐馆、服装、礼品、家电和茶社、咖啡店等情感休闲服务。垄断竞争下的行业是竞争最为激烈、营销行为最多彩的行业。营销是企业在这类行业中获得成功的关键因素，构成企业的核心竞争力。

在垄断竞争市场上，企业具有一定限度的市场权力，该权力的基础是产品的差异化和情感性。由于产品的差异化和情感性，同种产品之间失去了明确的可比较性，使不同顾客形成不同的品牌偏好。企业能否有行业协调行为取决于领导企业的规模、影响力和自身行为的合理性。品牌和公共关系活动是此类行业最主要的营销行为和成功的关键，因为山寨、追随必然将产品的物理差异化消于无形，只有品牌才能保持持久的差异并赢得顾客的情感。促销是必不可缺的日常战术行为。持久、高强度的价格战、广告战是垄断竞争市场上的常见现象，并且是市场挑战者和新进入者常用的竞争方式。

3. 寡头垄断与营销行为

寡头垄断是指在有大量买主的情况下，市场供给全部或绝大部分被少数几家彼此势均力敌的大企业控制，这几家企业的市场占有率一般能达到70%～80%，剩下的一小部分则由其他小企业瓜分，市场一般处于动态均衡。这种情况多见于比较重要、技术复杂的大件产品和基础产品行业，如卡车、飞机、成套设备、化工原料、钢材、石油产品等。这些产品生产的规模效应、技术复杂性和缺乏差异化的实际意义是它们形成寡头垄断的基础。

行业中的每个企业都知道自己的任何竞争性行为都可能触发其他企业的相同行为，进而影响其行动的有效性，因而寡头们一般采取理性竞争，倾向于维持现有均衡，着重于培养和维护品牌偏好，进攻性竞争行为较少。行业协调是此类行业必需的战略行为，但这种协调很容易演变为垄断合谋，为各国反垄断法所不允许，所以企业通常只能以非正式的合谋、默契来寻求行动的协调一致。为此，寡头企业对产品多采用水平差异化，即追求形式、附加产品层面上的差异，注重品牌和公共关系，而非对产品进行本质上的革新。即使产品的研发出现重大突破，也会视竞争态势和利益决定是否将其立即投放市场。

4. 完全垄断与营销行为

完全垄断是指某一市场上只有一个供应者，没有别的替代者，从而形成了一家公司对一个市场的完全垄断。这种垄断通常产生于以下四种情况：①一些公用事业的天然垄断，如电力、自来水等；②一家企业拥有制造某种特定产品的全部原材料；③通过取得专利形成垄断；④由于确立了精湛的声誉而占据垄断地位。完全垄断一般情况下仅指第一种情况。

从理论上说，在完全的自由竞争市场，完全垄断企业拥有无限的市场权力，但事实上不存在完全的自由竞争市场，或多或少总是存在政府干预。以天然垄断为基础的完全垄断往往处于政府和公众的严格监督控制下，企业产品供应、价格调整等重大市场行为必须通过政府部门的批准，甚至公众听证。即使其他情况下的完全垄断企业，价格的调整可以由企业意志独立决定，但考虑到企业的公众形象、政府干预的可能性和企业的长远利益，企业也不会随意调整价格，任由市场价格频繁地波动。因此，完全垄断状态下，品牌和公共关系活动是企业最重要的营销行为，这些活动同时也是企业和政府、企业和公众间的行业协调行为。

> ⊙ 讨论 4-5　　　　　　　　　　**互联网中的平台垄断**
>
> 　　随着数字经济的蓬勃发展，一大批新兴互联网平台也发展起来，它们的功能已从单纯地提供匹配或连接（即去中介化）升级到了对资源的直接调度和配置，甚至重构价值链。但平台垄断与传统经济中的市场垄断、自然垄断存在较大差别，垄断效应也不同。
>
> 　　一方面，互联网平台大多是双边或多边平台，具有连接和匹配供需的市场性质。其规模扩大或范围扩展能大幅降低交易成本、改善供需双方的匹配效率、提高经济运行质量。"赢者通吃"让平台的垄断性具有一定的客观性。
>
> 　　另一方面，互联网平台始终面临激烈的竞争压力，其市场优势地位往往是短暂、脆弱的。互联网创新迭代迅速，优胜劣汰高度动态化，颠覆性创新时有发生；数字技术扩散以及用户在平台间转换的成本较低，再成功的平台也难以避免竞争，被替代的压力始终存在。
>
> 　　可见，互联网平台的垄断效应大多是分工细化、技术创新、错位竞争、消费者选择的结果，并不意味着市场失灵，很大程度上还有助于资源配置效率特别是动态效率的提升。2019 年 6 月，由国家市场监督管理总局制定的《中华人民共和国反垄断法》配套行政规章《禁止滥用市场支配地位行为暂行规定》，也充分考虑了互联网的竞争特点、经营模式、用户数量、网络效应、锁定效应、技术特性、市场创新、掌握和处理相关数据的能力以及经营者在关联市场的市场力量等因素，明确其市场份额的认定标准，除了销售金额、销售数量外，还包括其他指标。

4.3.2 竞争力量

明确企业所处行业的基本竞争类型及基本营销行为后,需要进一步明确企业面临的竞争来自何处、竞争的方式和强度。新进入者、替代产品、供应商、顾客与业内竞争者是五种基本的竞争力量。

1. 新进入者

新进入者是指行业的新来者。对一个规模经济要求较高的成熟行业来说,新进入者一般都比较强大,有备而来,其市场进入行为会给行业带来新的生产和经营能力,从而改变行业原有的供求平衡,对行业内原有的生产或经营者造成威胁,迫使它们增加生产或经营成本,降低售价,从而降低盈利水平,严重的话甚至会危及其生存以达到新的平衡。

对规模经济要求不高的行业来说,新来旧往则不过是一种常态。比如每天都会有新餐馆开业,同时每天也会有旧餐馆歇业,每天都会有新 App 上线,也有 App 再也无人问津。

对一个成长性行业来说,新进入者是成长阶段的常态,是不断地在更高水平上达到供求平衡所必需的,短期内未必会对早期进入者产生威胁。新进入者的威胁程度主要取决于行业进入和退出吸引力,具体如图 4-3 所示。

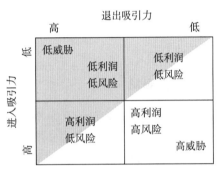

图 4-3 进入和退出吸引力——威胁矩阵

2. 替代产品

从广义角度看,**替代产品**是所有对参照产品的需求、价格等会产生一定影响的其他产品。从竞争力度和方式看,一个产品一般面临着分属四个层次的替代品竞争,如图 4-4 所示。

愿望竞争 愿望竞争是指满足不同需求的不同产品之间的替代竞争,所以它是吸引顾客需求的竞争,本质上是争夺顾客"钱袋子"和精力、时间的竞争。如消费者在一定时期选择分期付款购房,就可能需要暂时放弃出国旅游,晚上选择

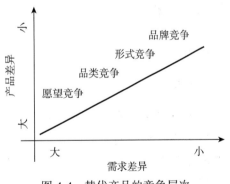

图 4-4 替代产品的竞争层次

看电影就只能放弃健身。可见,愿望竞争是行业之间的竞争,有赖于全行业的共同努力,在产品没有成为消费者的消费时尚或必需品前,不能搞窝里斗,这将导致顾客将有限的资金或资源投向另一种愿望产品。

品类竞争 **品类竞争**是指能满足同一需求的不同种类产品之间的替代竞争,通常取决于消费者的购买力或个人兴趣偏好。如轿车、助力车和自行车是代步工具间的竞争,

读书、看电影、听音乐、运动、泡吧是休闲产品间的竞争，空调和地暖系统是温度调节方式间的竞争。这是一般意义或狭义上的替代品。

形式竞争 **形式竞争**是指同一产品不同形式或规格之间的替代竞争，通常取决于顾客的购买能力、使用条件及环境等。如高、中、低档轿车之间的竞争，中央空调和单体空调之间的竞争等。形式竞争取胜的关键是价格可接受范围内产品的适用性，尤其是情感偏好。

品牌竞争 **品牌竞争**是指同一产品同一形式的不同品牌之间的替代竞争。这是产品在走向成熟、实质性差异消失后的品牌间的全面对抗，赢家是质量上乘、价格合理、服务优良、定位准确者。通常，大多数同行竞争终将面对这一考验。这也是通常意义上的竞争。

显而易见，竞争的对抗程度由上而下趋于激烈，愿望竞争层次是不同行业的竞争，是争取顾客需求的竞争，其余三者是同行竞争，是争取顾客对产品、品牌兴趣的竞争。替代产品的竞争优势主要来源于其产品不同的功效和感受，满足了顾客求新求奇的本性。

3. 供应商

供应商的竞争力一方面来自其能否及时提供低成本、符合质量要求的原材料和零部件，进而影响企业产品的品质和对顾客需求的响应速度。价格、质量、服务是供应商向行业内相互竞争的企业施加影响力的主要方式。供应商与企业的力量对比、企业间竞争的对抗性和协调性决定其在讨价还价中的地位，如果供应商的力量大，那么在讨价还价中处于有利地位，它从交易中得到的利益较大。

供应商的竞争力另一方面体现在供应商的业务向下延伸的动机和可能性。供应商一旦决定向下游延伸业务，则立即成为行业的新进入者，从供应商转变为业内竞争者。供应商向下游延伸业务的优势在于其拥有更为可靠的原材料或关键部件的供应，劣势在于生产和销售。

4. 顾客

企业追求资本利润最大化，顾客也希望以尽可能低的价格购买产品。为降低成本，买方希望获得高质量的产品、高水平的服务和低廉的价格。在这个意义上，顾客也是企业的竞争者。顾客的议价能力是指其处在买方市场的有利地位时，可以压低价格或向企业提出更为苛刻的产品或服务要求的能力。在顾客拥有较强议价能力的情况下，该业务领域企业的利润会降低，但所在行业或市场的吸引力会下降，即竞争强度减弱。

在组织市场上，顾客也可能向上延伸业务，进而成为行业的新进入者，从顾客转变为业内竞争者。顾客向上游延伸业务的优势在于自己即用户，有一定的销售保障，劣势在于原材料、关键部件的供应和生产。

无论是供应商向下延伸业务还是顾客向上延伸业务，都天然携有某种优势，比其他新进入者更具威胁，应在经营过程中力求化解。

5. 业内竞争者

业内竞争者是指同处一个行业，产品或服务属同一大类且有很强替代性的企业。由于来自业内竞争者的竞争最直接，所以历来最受关注。对于竞争各方来说，业内竞争的目的是为企业占据有利的市场地位。即使在一个盈利性很高的行业，如果不能占据有利的市场地位，企业也很难分享行业提供的机会；反之，在一个较小的行业，如果企业占据有利的市场地位，便可以获得高于同行业其他企业的较为稳定的利润。

如果业内竞争者采取过度的、不可持续的竞争行为，它们将共同遭受损失，并使其业务失去吸引力。在下列几种情况下，过度竞争比较容易发生：①行业进入壁垒较低，势均力敌的竞争对手较多；②市场趋于成熟，产品需求增长放缓，市场成长率显著下降；③竞争者大都采用降价等手段促销；④产品或服务较类似，顾客转换成本较低；⑤退出壁垒较高，即退出竞争要比继续参与竞争代价更高。

图 4-5 表明了五种竞争力量的关系及各自的主要竞争优势。

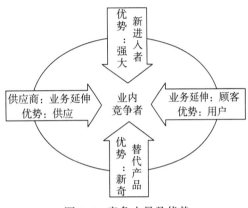

图 4-5 竞争力量及优势

4.3.3 相关主体

在企业营销过程中，其他相关主体的影响也是不可忽视的，如企业内部力量（股东、经理人员和一般员工）是营销活动的执行者，营销中介以其专业技能和区域的经验积累提高了企业营销的有效性，而社会公众从来没有像今天这样能够对企业产生直接影响。

1. 企业内部力量

从企业内部看，能否为顾客提供优质产品和服务需要企业各级、各部门和所有员工的共同努力，取决于企业内部各种力量及相互作用——研发和生产部门能否提供优于竞争对手的产品品质，采购部门能否保质、及时和足量地保证原材料及零部件的供应，财务部门能否保障资金需要，维护部门能否及时解决顾客在产品使用过程中遇到的问题，市场部门能否建立起良好的品牌形象和知名度，销售部门能否适时为顾客释疑解惑。

一般而言，股东、经理人员和一般员工在企业中的利益诉求既有一致性又有矛盾性，利益诉求的不同导致了他们对营销活动不同的基本态度和行为导向。企业内部的组织及协调、各种力量能否形成合力是影响企业营销成效的决定性因素。

2. 营销中介

营销中介是指各类专业营销服务机构，如管理咨询公司、市场调查公司、广告公司等。营销中介由于专攻营销中的某一方面或对区域市场进行长期跟踪而优势突出。营销是一项复杂的市场活动,需要多方面的人才和技巧,以及对市场的全面而深刻的把握。单凭企业的一己之力不仅成效欠佳,而且耗费大量的人力物力财力。借助营销中介提供的专业营销服务,有利于企业营销活动更有效地开展。

当一个企业开拓一个新的区域市场时,是否有当地营销中介提供专业的和有区域针对性的营销建议至关重要。从这个角度看,一个地区的营销中介是否完善,能否提供有效的市场咨询是一个地区经济生态或营销生态是否良性的重要体现。

3. 社会公众

企业在追求满足目标时不仅要与竞争对手竞争,还要顾及间接的利益相关者——广大公众是否欢迎它们的营销活动。社会公众一般不直接作用于企业营销,但由于员工、供应商、顾客、中介人都处于社会公众的包围之中,受公众观念和行为的影响,企业甚至要主动迎合公众,因而社会公众对企业营销活动产生间接影响。因此,明智的企业都会采取有力措施来保持与公众之间的良好关系,如积极参与公益性活动,在遭遇不利报道时,及时发布信息以消除负面影响。

大企业可以设立公共关系部来负责与公众的关系,但公共关系无处不在,公共关系部只是组织者、主导者,良好的公共关系需要企业全员的共同努力。企业要建立"全员公关"的思想意识,要认识到每一个成员的行动都是企业经营理念的反映,都会影响到公众对企业的看法。因为企业的所有员工都与公共关系密切相关,从制造头条新闻的最高主管到面对融资公众的财务副总经理,拜访顾客的地区销售代表,甚至电话接线员都在从事这项工作。企业面对的重要公众有以下几种。

媒体公众 媒体公众是指报纸、杂志、电台、电视台和互联网企业等。媒体对企业的影响是不言而喻的。作为一种新的和最有力的媒体,互联网的开放性使企业直接面对来自公众的压力,任何顾客都有可能在互联网上发泄对企业的不满,而且这种不满将以光速传向全球的各个角落。同样,"一夜暴红"也不再是神话。

融资公众 融资公众是指影响企业获取资金能力的财务机构,如商业银行、投资公司、证券经纪商、保险公司等。虽然融资公众会对企业信誉进行各种评级,甚至在一定程度上介入企业经营,然而对企业经营状况的了解毕竟是有限的,由营销活动产生的企业知名度、美誉度、品牌资产等依然是融资公众评价企业的要素。

政府公众 政府公众是指政府行政部门、立法机构、司法机构等。企业在制订营销计划时必须考虑法律、政策的变化,其营销人员要搞清有关产品安全、广告真实性等问题。如有可能,还应当和其他同行企业合作,游说有利于自己的立法,抵制限制自己的立法。当然,这种游说应当是建立在科学和可持续发展的基础上。

公民团体公众 公民团体公众包括消费者组织、环境保护组织、慈善组织等非营利性社会团体,这些社会团体在我国的社会经济生活中正日益显示其地位和号召力,逐渐成为影响社会公众价值观和生活方式、监督企业市场行为的一支重要力量。

■ 案例 4-4　　　　　Which？硬怼亚马逊的虚假评论

2019 年 4 月，英国消费者权益组织"Which？"的最新调查报告显示，亚马逊网站充斥着大量五星虚假评论，在耳机、智能手表等热门产品中，评论最高的都是一些不知名品牌，这些品牌的大多数好评都是非 VIP 评论，即买家的购买未经过验证。在"Which？"调查的 12 000 条评论里，87% 的评论属于非 VIP 评论。

对于平台的虚假评论问题，亚马逊回复称，90% 的虚假评论是自动生成的，平台正通过人工和 AI 技术检测清除虚假评论，同时还与社交媒体平台合作打击虚假评论群组。亚马逊表示平台投入了大量的资源保护评论系统，毕竟消费者非常重视其他购物者的经验分享。

资料来源：重磅：亚马逊英国站又爆虚假评论问题 [EB/OL]. (2019-04-18). http://dy.163.com/v2/article/detail/ED23E5S8053678EF.html.

社区公众　社区公众是指邻近企业所在社区的居民和社团组织。显然，一个与周边居民关系紧张的组织是无法正常运作的。大企业应当任命一位社区关系主管来处理、协调与当地社区的关系，如参加会议、回答问题及履行社会责任等。

一般公众　一般公众是指无正式组织状态的外部公众。虽然一般公众很难以有组织的、集体的形式对企业采取行动，但企业在公众中的形象却会影响其消费行为。但如前所述，今天的社会公众完全可以通过自媒体形成某种有组织的、集体的行动。

本章小结

1. 环境是决定企业营销成功与否的重要因素，具体包括宏观环境与微观环境。环境的基本特点是变化性、渐变性和突发性共存，机会和威胁并存。
2. 技术发展是一切社会变革、环境变化的源动力。
3. 信息技术带来了新的竞争规则，它们是快速反应、赢者通吃、低门槛和眼球经济。
4. 现代产品技术发展使新产品不断涌现、更新换代周期越来越短，同时个性化程度越来越高。
5. 现代流通技术改变了销售的方式，扩大了销售的范围。
6. 互联网时代的沟通技术让企业可以精准地跟踪顾客需求、行为、分享经验和实现更好的相互认知。
7. 除技术以外，宏观环境包括政治和法律、经济、社会和文化、自然和人口四个方面，它们不仅通过影响微观环境间接作用于企业和顾客，也直接作用于企业和顾客。
8. 政治和法律主要从规范行为的角度制约企业和顾客的活动，其次通过政策引导企业投资方向。
9. 经济发展对营销的影响集中体现为社会购买力、消费结构和城乡差别。
10. 社会文化会对一个地区的某些消费习惯产生影响，并且一经形成便不易改变。

11. 物质资源和地理气候对生产和消费都有一定的制约作用。
12. 人口规模、人口构成、集中度和家庭单位对市场潜力、分销和产品规格有显著影响。
13. 完全垄断和垄断竞争下的企业应着重于降低成本和价格，建立良好的企业形象。垄断竞争下的企业应着重于产品差异化，构建品牌及情感依赖。
14. 竞争并非仅仅来自同行，还有替代产品、供应商和顾客，行业高利润和低风险会吸引强大的竞争者进入，引发行业竞争再平衡。
15. 企业内部力量、营销中介和社会公众也会以自己的方式影响企业的营销活动及成效。

基本概念

技术环境　宏观环境　社会购买力　收入分布　可任意支配收入
完全竞争　完全垄断　寡头垄断　垄断竞争
替代产品　愿望竞争　品类竞争　形式竞争　品牌竞争

简答

1. 企业为什么要了解和研究营销环境？
2. 信息技术革命对市场竞争规则产生了哪些影响？
3. 目前产品技术发展的典型特征是什么？
4. 现代物流技术的发展对营销活动产生了哪些影响？
5. 现代沟通技术有哪些典型特征？
6. 可任意支配收入的增加会对营销产生什么影响？
7. 人口密度和集中度对营销活动的影响是什么？
8. 城乡差别主要是从哪几个方面对营销活动产生影响的？
9. 垄断竞争行业的营销行为特征是什么？
10. 为什么说供应商和顾客也是竞争者，两者是如何施加竞争力的？

思考

1. 选取一种互联网技术，描述其已经对营销产生的影响，并预测它未来可能的影响。
2. 选择最近修订的一部商业法律，找出其对企业的营销行为都进行了哪些调整，讨论为什么要做这种调整。
3. 选取身边的例子，看看四种竞争类型下企业行为都有什么差别，讨论其原因。

实验

通常，竞争类型和营销行为之间存在着一般性的对应关系，根据图 4-2 表达的两者关系，分别选取属于完全竞争、垄断竞争和寡头垄断的某个产品，为这些产品分别设计产品差异化、促销、品牌和公共关系三种策略，选取一个同学群体进行测试，以验证上述理论。

动手

选取一个产品，为其制作一张完整的替代产品图谱，说明在不同层次竞争的基本含义和手段，可以以短视频的方式动态呈现该替代产品图谱。

互联网——"通吃"的边界

登录京东官网，我们好似来到一个万千世界，几乎只要你想到的东西，京东都在竭力向你提供，而且其产品组合依然在广度和深度两个方向发展，照此逻辑，我们有一个京东就够了。

现在，你再登录麦包包官网，便来到了一个包包的世界，但只有包包。这里只有你想不到的包包，没有麦包包不提供的包包。

那么，如果你要买包包，上京东还是麦包包？如果你的答案是京东，那么麦包包何以生存？如果你的答案是麦包包，那么无数个麦包包这样的专业网上商城会不会把京东吞噬了？

第 5 章
消费者市场分析

情感、情感,还是情感,谁击中了消费者的情感,谁就拿到了开启消费欲望的钥匙。

市场由许多具有不同消费需求和偏好的消费者群体所构成。现代市场营销强调先研究顾客,再开发产品。因此,对顾客需求与行为的分析与预测是营销策略形成的基础。

市场经济的发展、交换领域和交换对象的不断扩大,决定了现代社会市场具有多种类型。如按市场所在区域性质的不同,可分为国际市场与国内市场、城市市场与农村市场;按交换对象的不同,可分为产品市场、服务市场、技术市场、金融市场等;按购买目的的不同,可分为消费者市场和组织市场等。作为整个经济活动和所有市场为之服务的最终市场,消费者市场无疑是现代营销理论研究的主要对象。

特别是随着时代的进步与社会的发展,消费者面临的消费环境正处于深刻变化之中,其消费需求与行为也日趋呈现出快速变化、迥异多样的特征,营销者只有深入透视与把握消费者的需求、行为及其演变规律,才能一方面适应、迎合消费者的需求与行为变化,另一方面引导消费者的需求与行为,促成其新需求的形成与新行为实现。

5.1 消费者特征

消费者是指为了获得生活资料而从事消费行为活动的个人或家庭,由消费者构成的市场即为消费者市场。若将消费者放到需求的框架中加以考察,消费者既包括现实消费者也包括潜在消费者。现实消费者是指已经对自身状态产生不满并寻求消除这种不满的消费者。潜在消费者是指那些当前尚未对自身状态产生不满或虽有不满但并未寻求消除这种不满的消费者。

由于性别、年龄、教育程度、信仰和价值观等各方面的不同,消费者形成各具个性特征的亚文化群体,但也保持着一些共性特征。本章着重于消费者的共性特征,各亚文化群体或目标群体的个性特征分析是市场细分和目标市场分析的任务。

5.1.1 消费者需求特征

相对于产业顾客，消费者需求的最大特征在于情感性和个性化，即消费者的需求不仅仅是生理的，也是心理的，不同消费者之间的需求是有差异的，并且是不断变化的。

1. 情感性

对消费者来说，情感满足所能产生的愉悦总是大于生理满足所能产生的愉悦，尤其当人们的生存和安全得到基本保障以后。由于情感满足缺乏客观标准，它仍是一种无终点需求，即永远处于不断提高和变化之中。今天人们无论对功能性产品还是表意性产品都会提出情感性要求。如一个水果不仅要有营养和口感，更要有漂亮的外形，否则口感也会变差。

2. 差异性

消费者需求的产生取决于消费者自身主观状况与消费环境两方面的因素。由于消费者在年龄、性别、职业、文化水平、经济条件、性格、地理、生活方式与习惯等方面存在主客观条件的差别，不同消费者的消费需求必然也是千差万别。即使对同一需求、同一产品、同一场景下不同的消费者，或同一消费者在不同的情景下，也会有不同的具体偏好，所以消费选择呈现出明显的差异性。如同样是为解除一天工作的劳累，有人选择喝酒，有人选择睡觉，还有人会选择运动。表5-1罗列了一些由动机差异引起需求差异的例子，如家电的功能通常是非常明确的，电视提供娱乐，冰箱保持食物新鲜，空调调节室内温度等，然而不同的消费者在选择品牌时却表现出明显的差异性，有人注重外观，有人注重能耗。

表5-1 需求差异性

动机差异	需求差异
寻求愉快	宁愿进高级饭店吃饭，也不冒买廉质差的风险
防止不愉快	花几万元钱择校，避免孩子将来上不了大学
解决冲突	购买名牌家电，为的是避免维修和不可靠
维持（现状）	宁可住市中心的小房子，也不去市郊的大房子

3. 发展性

消费者需求是一个由低级到高级、由简单到复杂的不断发展变化的过程，不会永远停留在一个水平。伴随着生产的发展、消费水平的提高以及社会活动的扩大，消费者需求也在不断发展，对于需求的满足也表现出一定的层次性。按照马斯洛的需求层次理论，消费者可能同时存在生理、安全、社交、自尊和自我实现的需求，但对每个层次的需求强度不同，通常首先满足较低层次的需求，再满足较高层次的需求。需求的发展性也体现在消费者对同一产品的期望内容与满足程度上。如消费者多年前仅仅将手机看成是一种可移动的语音沟通工具，但现在不仅要求手机能进行多种形式的沟通，还要求实现在沟通基础上的社交功能，更要能听歌、拍照、上网等，以便随时与朋友分享快乐。

4. 伸缩性

伸缩性又称为需求弹性，是指消费者对某种产品的需求数量、品级等方面会因某些特定因素的影响而发生变化，这些因素包括情绪、兴趣、使用条件等，而不仅仅是支付能力。如既可以一双皮鞋穿四季，也可以春单、夏凉、秋便、冬靴。营销者不仅要激发消费者的需求，还要挖掘消费者的需求潜力。

5. 周期性

消费者的某些需求会在被满足后的一定时期内消失，随着时间的推移有可能又会重新出现，呈现出明显的周期性。需求的周期性主要是由消费者的生理运行机制及某些心理特征引起的，并受到意见领袖、社会时尚流行周期等因素的影响。如人到中年以后对往事的回忆引发对儿时事物的再关注。

■ **案例 5-1**　　　　　　　　**大众甲壳虫又一次停产**

2019年7月10日，大众最后一辆甲壳虫汽车在墨西哥普埃布拉工厂下线，甲壳虫正式全球停产。但大众汽车 CEO 沃伯肯（Woebcken）针对此次停产"永远别说绝不"的表态难免让人浮想联翩。也许再过几年，甲壳虫复古风潮又会卷土重来。毕竟，在甲壳虫的发展历程上，这并非第一次停产。

初代甲壳虫于 1939 年 8 月下线。直到 20 世纪 60 年代前后，销量不振的甲壳虫才在商业及大众文化的影响下逐渐受到热捧。但随着大众 Golf 等车系的推出与冲击，1979 年除巴西、墨西哥厂以外，其他地区的甲壳虫生产线先后关闭。直到 1998 年，在大众汽车 CEO 皮耶希（Piëch）的推动下，瞄准女性客户、秉承初代设计风格的第二代甲壳虫才重返市场，并于 2003 年荣登全球最畅销车型，重新夺回最初的流行。

资料来源：小柯. 大众甲壳虫停产 [EB/OL]. (2018-09-15). http://zx.lc123.net/html/2018-09-15/990051.html.

5.1.2　购买行为特征

消费者购买行为是指消费者为满足自身或家庭生活需求，在产品的选择、购买和使用过程中进行分析、比较、选择、判断的各种反应、动作与活动。消费者的购买行为虽然形形色色、千变万化，但归纳起来仍具有以下几个共同的特征。

1. 非营利性

消费者购买和使用产品的目的是满足自身或家庭的生活需要，并不是为了盈利而进行的再生产或转售。产品一旦被购买就意味着退出社会再生产过程，产品价值获得最终实现，消费者的购买也因此被称为最终性购买。

2. 非专家性

消费者通常缺乏准确认识和评价产品所必需的专业知识，尤其对某些技术密集、操作复杂的产品，消费者通常不能从客观的角度，即不能像专家一样用理性的性能指标来评价不同品牌产品间的差异，并据此判断谁更符合自己的需求，由此表现出明显的非专家性。

3. 冲动性

消费者在其行为过程中掺杂了情感和冲动，情绪化明显，很容易受企业品牌、广告、现场氛围等因素的影响与诱导。信息内容、信息结构是否符合其偏好和理解力，现场氛围、业务人员形象和言谈举止是否能引起共鸣，这些情感性因素会直接改变消费者的既有决策。冲动是人们的天性，既是天使也是魔鬼，冲动既可以带给人们莫大的愉悦，也会使人们懊恼不已。营销者要适当利用人们的冲动性。

⊙ 材料 5-1　　　　　　　冲动：学习如何与复杂世界相处

青春期期间，负责驱动情绪的脑区与负责控制冲动的脑区在发育上不同步，一方面令青少年更爱冒险，另一方面也让他们对环境有很强的适应性。青少年大脑的最显著特征，是通过调整脑区间的网状连接来适应环境变化的能力。这种特殊的可塑性是一把双刃剑，既有利于青少年在认知思维和适应社会化方面取得巨大进步，也容易催生危险行为和严重精神疾病。

最近的研究表明，高风险行为源于大脑边缘系统（limbic system）与前额叶皮层（prefrontal cortex）神经网络发育上的不匹配。前者驱动情绪产生，在青春期期间快速发育；而后者发育相对较晚，主要负责提供合理判断和冲动控制。现在已经确知，前额叶皮层到20岁左右才能完全发育成熟，而如今青春期却在不断提前，所以这种不匹配的时间跨度正在延长。

诸如冒险、寻求刺激、远离父母寻求同伴等行为，这些并不完全是认知和情感障碍，而是大脑发育的自然结果，是青少年正在学习如何与一个复杂世界相处的天然行为。

资料来源：吉德.冲动与冒险：解构青春期大脑[J].环球科学，2015(7).

4. 多样性

正如需求的差异性，消费者的行为也呈现多样性，不同的消费者会以不同的行为方式处理同一事物，满足同一需求。如同样购买某一品牌的冰箱，有人愿意去实体店看个明白，问个清楚，以求心里踏实，有人却愿意网购，图个省事。

5. 零星性和随机性

消费者以个体或家庭为购买单位，产品消耗量不大，产品储藏空间小，特别是随着现代市场产品供应的丰富、及时，消费者一般随时需要随时购买，因此消费者每次购买的数量比较小，购买次数比较频繁，易耗的非耐用品的购买更是如此。同时，即使是再次购买同一产品，其购买的品牌、地点和方式也会出现变化，体现出消费行为的随机性。

5.1.3 营销特征

情感性和冲动性构成了消费者特征的主轴。因此，营销者在进行消费者市场营销时，需要特别强调消费者教育，注重消费者心理与情感，发挥品牌效应，切不可急功近利。

1. 重视消费者教育

消费者教育就是营销者针对目标顾客所进行的一种有目的、有计划、有组织的传授相关消费（产品）知识和技能，培养合理消费观念，提高消费者自身素质，减少消费者购买的非理性，从而维护消费者利益的系统活动。对于营销者来说，消费者教育是一项十分重要的工作，且这种重要性随着消费品技术日益复杂、新旧产品更替频率加快、市场竞争日趋激化而越发凸显。通过消费者教育，消费者将学会如何正确选择产品，有助于减少伪劣产品、虚假广告对品牌产品的侵害，是企业建立持久的顾客满意与忠诚的基础。

> ⊙ **材料 5-2** **电磁炉的市场教育**
>
> 2006 年之前的农村市场，品牌电磁炉鲜有销量。导致市场认知障碍的因素主要有两个：用电磁炉做什么？价格那么高，是否合算？针对农村市场的消费状态，美的设计了"烧水对比实验"，在农村的集市上做频繁演示：用电磁炉和煤气罐同时烧水，然后计算烧同量水的成本，告诉消费者，只要使用到两三年，"电磁炉价格＋电费"的成本远低于"煤气费"。这种可感知的产品特征，解决了消费者认知障碍，农村市场被美的快速打开。
>
> 但随着消费者对产品的熟悉以及健康安全意识的觉醒，电磁辐射问题又让消费者有所忌惮，毕竟电磁炉是利用电磁辐射对锅具进行加热。国内小家电另一巨头——九阳一方面加强对电磁炉辐射的研究，推出防辐射电磁炉，推动行业标准建设；另一方面也在不断通过数据类比方式努力打消消费者对电磁炉的顾虑：九阳的电磁辐射量仅为电扇的 1/2、手机的 1/10，相当于地磁场，并通过各种对比实验来宣传电磁炉的安全低辐射。

2. 关注消费者心理与情感

消费者行为在很大程度上由心理与情感来支配，它不会像企业购买者那样从经济、技术角度做出客观的、理性的判断和决策。因此，要吸引消费者的关注与购买，首先就要研究和把握消费者的心理活动和情感倾向。尤其在沟通活动中，沟通主题与形式是否符合消费者的心理与情感将直接决定沟通的效果与效率。

3. 注重品牌效应

由于消费者本身不具备专业的产品知识，所以其购买与使用行为内含一定的风险性。为降低风险，消费者倾向于选择品牌知名度高和信誉良好的品牌，品牌成为产品品质和优质服务的外在体现。同时由于消费者需求的日趋个性化，品牌个性成为吸引消费者的主要原因。显然，品牌在消费者市场上起着非常重要的作用。

4. 避免急功近利

消费者的非专家性以及市场上不断出现的假冒伪劣产品，导致消费者在选购产品时变得越来越小心，也越来越要求能看到产品的直接效用，或证明其广告宣传的言行如一。消费者的这些要求是合理的，有些却是难以立即兑现的，如要求药到病除、保证不出故障等。消费者的此类要求一方面是由某些企业的不良行为所引发的，另一方面也是消费者日趋成熟的表现。在这些问题上，企业应在诚信的前提下，表现出足够的耐心，通过艰苦细致的消费者教育、精益求精的产品制造、诚心诚意的服务，尤其是售后保障来赢得消费者的认同。

⊙ 讨论 5-1　　保健品行业乱象的背后——急功近利权健事件

2018 年 12 月 25 日，丁香医生的《百亿保健帝国权健，和它阴影下的中国家庭》一文，将天津权健公司再次推上风口浪尖。一周后，因涉嫌传销和虚假广告罪，公安机关依法对权健公司的涉案行为立案侦查。2019 年 1 月，人民日报发表题为《保健品，别随便"忽悠"成药》的评论文章。

权健案让消费者对保健品行业原本脆弱的不信任感再次加剧。行业监管缺失固然是这种乱象频发的一个重要原因，但根源应该是保健食品企业普遍存有的急功近利心态。企业片面追求盈利，一味追求广告轰炸与劝导来抢占市场，缺乏踏实运作、真诚对待消费者的心态，为应对激烈竞争，夸大效果、弄虚作假自然无所不用其极。因此，在通过具体的和有约束力的刚性标准使监管部门有法可依、执法必严，对不法商家重度震慑的同时，保健品企业也应严格要求自己，避免急功近利，以优秀的产品和真诚的服务挽回消费者的信任。

保健品行业应该如何重塑品牌，你的看法是什么？

5.2 消费者购买行为分析

面对不同的需求、产品、服务或情景，不同消费者会表现出各异的购买行为，有人谨慎有加，有人率性而为，有人理性比较，有人跟着感觉走。消费者购买行为是指消费者在购买过程中所表现出来的决策过程和决策机制。

5.2.1 决策过程及决策机制

决策过程是指由消费者从需求产生到寻求需求满足的一系列决策环节所构成的购买行为流程。决策机制是指消费者在这些决策环节中所遵循的规则、方法和标准，反映了消费者面对问题时是如何做出选择的。但外部刺激的不同、消费者个性的不同会导致这一决策过程在不同的情景下呈现不同的形态和不同的决策机制运用，如图 5-1 所示。

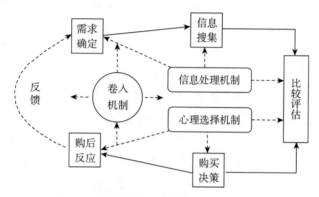

图 5-1 消费者购买决策过程及决策机制

1. 决策过程

消费者的购买决策过程由一系列相互关联的活动环节构成，包括需求确定、信息搜集、比较评估、购买决策、购后反应五个环节。

需要强调的是，具有五个环节的完整决策过程只在消费者面对一项高度卷入的全新复杂购买时才发生，而并非所有的购买决策都会完整经历这五个环节，有些购买决策会越过甚至颠覆其中的某些环节。如一位购买固定品牌牙膏的家庭主妇会越过信息搜集和比较评估环节，直接从对牙膏的需求进入购买决策环节。这也意味着不同消费者在进行同一品牌产品的购买时，其决策过程可能并不相同。卷入机制规定了决策过程是否完整，信息处理机制规定了消费者信息搜集、整理、比较评估的方式和能力，心理选择机制说明了消费者是如何进行选择、比较和决策的。

需求确定 当消费者在现实生活中意识到自身愿望与实际状态间存在差距时，这种差距就会构成一种刺激，促使消费者产生弥补这一差距的要求，即发现并认识需要，相关内容详见第 3 章。消费者会依据各种需要满足的需求的迫切性与实际支付能力，确定当下的购买需求，进而寻求满足这种需求的产品、方法与途径。

信息搜集 消费者确定需求后，开始围绕目标进行相关信息的搜集，寻求满足需求的最佳产品和途径。消费者信息的主要来源包括：①个人来源，包括家庭、亲友（圈）、邻居、同事等熟人间的传播，以及个人经验；②商业来源，包括企业广告、推销员、中间商、产品包装、展览等提供的信息；③公共来源，包括大众媒体、消费评价机构等提供的非商业信息。其中，商业来源是最为主要的来源，个人来源最为可信。对于消费者

而言，商业信息不仅具有通知的作用，而且具有针对性，个人来源的信息更多是验证作用。而对企业来说，商业信息的主动性、可控性最强。毫无疑问，时下最重要的信息来源是互联网——朋友圈、社区、论坛、评价等（详见 5.2.3 节）。

■ 案例 5-2　　　　　　　　　　**大众点评的 UGC 价值**

截至 2017 年第二季度，大众点评移动客户端累计独立用户超过 5.9 亿，App 月活跃用户数超过 2.5 亿，点评数量超过 2.5 亿条，收录商户数量超过 3 000 万家。

据 AT&T 实验室的一项调查结果，在互联网端愿意撰写用户原创内容（user generated content，UGC）的用户，仅占到 1%。只有极少数用户愿意产生内容，愿意分享自己的消费经历和体验。大部分用户只是来看看，得到他们希望的决策依据，然后就离开了。

大体量的 UGC 意味着大众点评拥有越来越庞大、动态与有迹可循的基础信息数据来源。并且，UGC 的急速增加与大众点评的业务拓展高度相关，在大众点评接入腾讯旗下主打产品微信、QQ 之后，订餐、结婚、酒店旅游等垂直领域业务也得到快速发展，"做生活消费领域的数据王者"不再是一句口号。

资料来源：李悦. 大众点评百万 UGC 背后的故事 [EB/OL]. http://www.diggg.com.cn/news-newsd-2723.html.

比较评估　在搜集到足够的需求解决方案的信息后，消费者将按照一定的评估标准对各购买客体进行认真分析与比较，对比各自优缺点，淘汰某些不满意或不信任的产品类型或品牌，然后对所确认的品牌进行价格、质量、售后服务的比较与推敲，最终挑选出具有购买意向的品牌（详见 5.2.4 节）。

购买决策　消费者在确定购买意向后，进入实质购买阶段，但此时他人的态度和未预期的情境因素还是会改变消费者的购买决定，即要不要买、买什么。他人态度的影响力取决于他人在消费者心目中的地位以及态度的强烈程度，未预期的情境因素主要是指预期收入、预期价格、预期产品利益等。当消费者确定购买后，还要进行一些执行上的最终决策，包括哪里买、何时买、买多少、与谁买、如何支付等，而购买终端的产品展示、销售人员的服务等也依然可能改变消费者的购买决策，致使购买决策不能顺利实现。

购后反应　消费者完成购买活动后，通过自身使用和他人评价，会对所购买的产品进行满意度评价，验证最终决策正确与否，并表现出不同的行为反应，如向同事抱怨、向朋友推荐或向媒体投诉，等等。

2. 决策机制

决策过程所涉及的**决策机制**主要包括卷入机制、信息处理机制和心理选择机制。

卷入机制是购买过程形态最显著的表现，它主要反映了消费者对购买过程的时间、精力投入，它既作用于整个购买过程，反映过程的整体复杂性，也作用于每一环节，反映了具体环节的复杂性。

信息处理机制主要作用于信息搜集和比较评估环节，说明消费者是如何搜集、整理和处理信息的，说明消费者是如何对搜集到的众多产品、品牌、卖家、价格信息做出评估的。

心理选择机制主要作用于比较评估和购买决策环节，是消费者进行信息评估、购买决策的客观标准和主观意愿的综合。

5.2.2 卷入机制

卷入机制（process involvement）是指消费者购买过程中对营销刺激的反应与参与程度，体现为消费者在购买过程中所花费的时间和精力、购买过程中的参与者及人数。卷入机制涉及卷入水平、卷入形式、形成条件等内容。

1. 参与者

在消费者决策过程中存在多种角色，如购买决策者、实际购买者、产品使用者等，这些角色可由多个不同个体扮演，也可以是一个个体扮演多个角色。

发起者　首先想到或提出某种需求的人。

影响者　其看法或意见对最终决策具有直接或间接影响的人。

决策者　对买或不买、买什么、买多少、怎么买等问题做出全部或部分最后决定的人。

购买者　实际执行购买的人，即同卖主进行谈判、达成交易的人。

使用者　直接使用所购产品的人，会对产品进行满意度评价，并影响再次购买与否的决策。

显然，参与者多寡是卷入程度高低的一个重要标志。只有了解每项消费活动的参与者及其角色，才能根据其角色地位与特性采取有针对性的营销策略，较好地实现营销目标。

2. 卷入水平

卷入水平可以被设想为一个连续体，从对营销刺激毫无兴趣的一端到完全痴迷的另一端，从尽量快速购买到谨慎对待每一步。消费者在低卷入端以惯性为特征，购买过程的所有决策都是出于习惯或条件反射，缺乏考虑备选方案的动机；而在高卷入端，消费者会对所接收的信息怀有激情，对这些信息通过个人知识体系做精细化处理。

> **材料 5-3   家装市场：大行业小公司**
>
> 《中国家装行业2018发展蓝皮书》数据显示：房地产行业的30年高速发展催生了4万亿元的家装市场，企业数量超过10万家，但全国性规模的企业不足50家，龙头企业东易日盛2018年的营收为42.03亿元，仅占1%。大行业小公司的市场格局持续多年。
>
> 从卷入水平看，家装是顾客无论在感性还是理性层面都高度卷入的行业，顾客从搜寻解决问题开始，寻找考察装修公司，泡论坛、刷防坑帖，与设计师等从业人员沟通，再到最后做出消费决策，买建材、选家具、挑布艺，整个过程非常复杂与冗长。
>
> 家装的高卷入度意味着整个行业很难有确切的标准，个性化定制是顾客的天然追求，品牌在这种高卷入度的环境中所起到的作用就相对有限，品牌更多起到让顾客注意而非消费决策的作用。这就是家装市场的规模如此之大，而品牌公司的市场份额如此之低的原因了。

3. 卷入形式

消费者在购买过程中的卷入形式是多样的。按照卷入结果，可以分为引发消费者高度思考和信息处理的认知卷入，引发消费者高度情感与情绪反应的情感卷入；按照卷入对象，可以分为产品卷入（陷入产品、品牌选择）、信息卷入（陷入各种信息收集、阅读）以及情境卷入（陷入情境选择甚至模仿）；按照卷入的持久性，可以分为境况性卷入与持久性卷入。境况性卷入是指消费者在特殊情境下的短时期内的卷入，如毕业生为面试对着装形成的一定程度卷入，一旦面试结束，这种卷入便会自然消失。

4. 形成条件

决定消费者不同卷入程度的因素包括：①消费者对购买的兴趣，或者购买对其的重要性与意义；②购买风险以及承受能力；③之前购买的经验；④因购买情境等因素所能产生的愉悦价值；⑤购买对象、行为及过程所产生的象征性价值。一般来说，复杂、高值、对家庭或使用者作用大的产品的卷入程度较高，反之则低。在上次购买满意度较高的情况下，再次购买的卷入程度下降，营销成本降低，反之则上升。

消费者购买过程卷入机制不仅反映消费者购买动机的强度，也对消费者信息处理、心理账户、品牌忠诚行为等产生影响，进而影响营销活动的有效性。营销者应努力降低消费者的卷入程度，促使消费者简化其决策过程，而不是相反。

5.2.3 信息处理机制

信息处理机制是消费者在信息收集、关注、理解、保留和表述的过程中所呈现出的内在心理活动、方式及关系，如图5-2所示。归纳起来就是选择性信源——每个消费者都有自己偏好的信息来源，用自己熟悉的方式搜寻信息；选择性注意——大多数消费者将大部分注意力投向了自己感兴趣的信息内容、信息结构；选择性曲解——每个消费者都根据自己的经验、知识来理解信息，解释其含义；选择性记忆——每个消费者一般只保留符合自己观念或兴趣的信息，虽然观念和兴趣可能改变；选择性表述——每个消费者都只能有限地表达自己的需求。

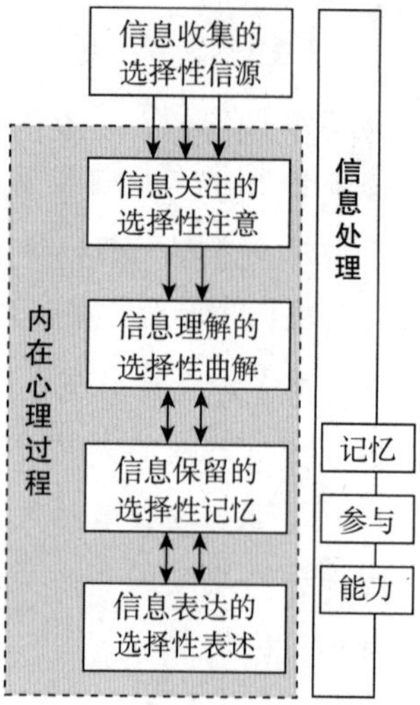

1. 信息收集的选择性信源

信息收集是消费者通过感觉器官对信息的一种接触行为。消费者信息收集行为可分为两种方式：一种是有意识、有目的的主动性选择与接触，如百度搜索、寻求朋友推荐等；另一种是无意识的、随机的、偶然的被动接触，是一种不具有自我选择性的行为，如候车时陌生人对某品牌的闲聊评论、手机收到的短信广告等，尤其在当前的信息爆炸时代，消费者无时无刻不处在被动接触的信息环境中。

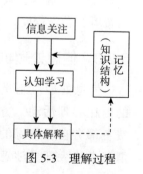

图 5-2　消费者信息处理机制

信息收集的不同方式不仅决定了消费者信息收集的来源、范围、积极性等行为特征，更影响消费者对信息的学习、记忆及其可靠性评价。

不管是主动还是被动收集，久而久之，消费者都会形成信源（媒介）偏好，即更多地从某些信息源获取信息而忽略其他信源，即如我们只会选择一些新闻客户端、阅读应用等下载到手机桌面，并且订阅其中的一些频道，经常打开看看，而其余信源就很少光顾了。

2. 信息关注的选择性注意

关注的本质是消费者注意力的聚焦，是消费者的认知能力短暂地集中于一个具体的刺激物之上。消费者只有关注到具体信息，该信息才能被有意识地处理。

在信息处理活动过程中，消费者只能有选择地注意部分特定信息，忽略或抑制大多数不符合需要的信息，不管有意无意，关注总是具有选择性，是一种**选择性注意**。当然，关注也有主动和非主动之分。主动关注是消费者主动理解注意到的信息，这一般源于消费者的特定需要，如正打算购买一台电视机的消费者会主动关注有关电视机的消息。非主动关注是消费者由于偶然接触到某些惊奇、出乎意料的信息所产生的条件反射性关注。显然，如何提高消费者对信息的非主动关注是营销者在制定传播策略时必须面对的问题。

3. 信息理解的选择性曲解

理解是消费者依据他们的知识结构、学习能力、记忆等对所关注的信息进行解释并获取含义的过程，如图 5-3 所示。

当消费者关注某些信息时，其长期记忆中储存的相关知识就可能被激活，这种被激活的"旧"知识引导消费者对信息进行解读，并通过增加、转化、重组等认知学习过程，最终给出信息的具体解释。当然，这种解释又会被整合到原有的知识结构中，并影响着下

图 5-3　理解过程

一次的信息理解。

显然，由于不同消费者的知识结构、学习能力、记忆存在差异，加之个人倾向和偏好的影响，不同消费者对同一信息的理解也会有所不同。例如，同样是降价行为，有的消费者会理解为产品品质的下降，有的则认为是因生产和营销效率的提高而形成的消费福利。这就是所谓**选择性曲解**。

消费者每天都处在信息的海洋中，但只有少数的信息能够引起消费者的关注，更少的信息被消费者正确理解与接受。营销者必须对消费者的理解方式（自动理解、学习理解）、理解水平（解读深度及层次）、精细程度（理解的全面性以及对复杂属性的把握）进行深入分析，才能真正改善目标受众信息处理的效果。

> ⊙ 讨论 5-2　　　　　　　　海量信息还是简单信息
>
> 　　营销人员总是认为如今的消费者都精通网络，擅长使用手机移动数据，于是不断提升信息的供给量，期望通过更多的互动和信息来抓住消费者。但是，Corporate Executive Board 公司对 7 000 名消费者的调查显示：对大多数消费者而言，激增的市场信息太过庞杂，令他们觉得不堪承受；过量的产品信息非但没有将消费者拉回来，反而将他们越推越远。
>
> 　　Corporate Executive Board 公司进而对影响消费者忠诚度的 40 个变量（包括价格、消费者对品牌的感性认知、与品牌的互动频率等）进行深入研究，发现对消费者品牌黏性影响最大的驱动因素是"决策简便性"所带来的悠闲感，即消费者可以便捷地获取关于产品的可靠信息，安心而且有效率地选择并衡量自己的购物决策。
>
> 　　由此观之，营销的重点应该放在消费者希望获取什么上，帮助其简化购物的决策。具体而言，三种策略最受青睐：第一，尽量减少消费者在购物决策过程中所要面对的信息数量；第二，提供可信度高的产品信息来源，给出中肯的推荐；第三，提供衡量的指标工具，帮助消费者通过对性能等的比较来做出选择。

4. 信息保留的选择性记忆

消费者并不能把所有关注、理解了的信息统统记住，而是只能记住那些符合自己信念的信息。如消费者可能只记住了某个品牌的缺点，而忽略其优势部分；或在观看广告时，只记住了那个代言人，而忘记了所代言的是什么品牌。这就是所谓**选择性记忆**。

5. 信息表达的选择性表述

当消费者对各备选方案的产品及品牌信息处理完毕后，对产品的购前期望也就形成了。但由于在表达能力、知识结构、参与程度、客观情境等多个方面存在不同，消费者期望表达的形式和准确性也将存在差异。消费者往往只是表达了他最能够表达的那部分，但未必是最重要的那部分，即选择性表达。

5.2.4 心理选择机制

在信息处理的基础上,消费者要进一步决定什么产品、品牌最能满足自己的需求,以及形成有关卖主、时机、数量和支付方式等的最终决策。消费者心理会计机制和消费偏好是影响其选择和决策的两种主要方法。

1. 心理会计机制

心理会计机制是指消费者在进行产品、品牌等选择与购后评价时所遵循的一种内隐心理运算(评价)规则,这种规则因产品类型、消费者的不同而不同。

消费者在信息处理的基础上形成了自己期望的"理想产品",即建立了理想产品所具有的属性并基于对各属性的重视程度赋予其相应的权重,便以理想产品为标杆对各备选品牌进行评估。通常,消费者选择与理想品牌最为接近的备选品牌为最终购买对象。但在现实生活中,由于消费者不愿意花太多的时间对备选品牌做过多评价,往往采用简化了的品牌选择规则来确定最终购买对象,具体如图 5-4 所示。品牌选择规则因消费者、产品、市场特性等方面的不同而不同。

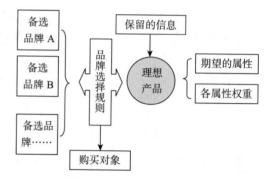

图 5-4　购买对象的确定过程

表 5-2 显示了某一消费者所期望的理想数码相机以及对三个备选品牌属性的评分情况。显然,若按照理想品牌规则,消费者应该选择品牌 C,因为消费者对其价值认知最高($0.1 \times 8 + 0.2 \times 7 + 0.3 \times 9 + 0.4 \times 4 = 6.5$),但若依据简化的品牌选择规则,最终购买对象就不见得是品牌 C。

表 5-2　购买对象确定示例(数码相机)

理想产品		备选品牌 A	备选品牌 B	备选品牌 C
属性	权重			
相机尺寸	0.1	10	6	8
画面像素	0.2	5	3	7
内置 PS 功能	0.3	5	6	9
价格	0.4	7	7	4
价值认知		6.3	5.8	6.5

注:对备选品牌属性的评分范围从 1 到 10,10 为最高分,但对价格的评分相反,10 表示最低价格。

多因素联结规则　在消费者理想品牌的属性框架下,消费者会为各属性确定一个可接受水平,最终确定的购买对象则是那个所有属性都满足可接受水平的备选品牌。可接受水平是消费者对各备选品牌的属性符合其期望水准程度的赋值。在表 5-2 中,若消费者将这个可接受水平设定为 5,则最终购买对象为品牌 A。

单因素分离规则　消费者先选出非常重要的一个或几个属性并为其确定可接受水平(通常,所设定的可接受水平要比多因素联结规则高),然后据此选出满足这种可接受水平的备选品牌。在表 5-2 中，若消费者将较为看重的价格（权重为 0.4）与内置 PS 功能（权重为 0.3）的可接受水平设定为 6，那么最终购买对象就是品牌 B。

词典编纂式规则 该规则类似于编纂词典时所采用的词条排序法，即消费者先将所看重的属性按照其重要性（即权重）依次排序，依据顺序进行备选品牌的比较，评分最高的备选品牌即为购买对象；若得分相同，则在下一个属性上进行评分比较。在此规则下，在表 5-2 中，消费者将首先排除品牌 C，再排除品牌 A，品牌 B 为购买对象。

按序排除式规则 消费者先将所看重的属性按照其重要性（即权重）大小排序，并为每一属性规定一个可接受水平，然后依据属性排序，对应分别设定的可接受水平依次排除不能满足的备选品牌。在表 5-2 中，若消费者将价格属性的可接受水平设定为 6，品牌 C 首先被排除；在权重第二的内置 PS 功能属性上以 5 为可接受水平，无品牌被排除；画面像素属性以 5 为可接受水平，品牌 A 成为最终购买对象。

事实上，几乎不会有消费者有意识地、明确地运用上述哪种规则，但所有的规则又似乎都存在并且起作用，尤其是购买对象相对重要、功能属性较多时。

2. 消费偏好

偏好是潜藏在人们内心的一种情感和倾向，既有明显的个体差异，也呈现出群体特征。作为消费心理效果的一个重要概念，**消费偏好**是指消费者在其长期生活中形成的对特定消费活动、事物或行为的情感倾向。由于消费者的购买行为通常受制于资源有限、信息不对称等条件，所以消费偏好会大大简化消费者选择过程，帮助其迅速做出决策，心理会计机制中内隐的各种心理运算规则无不体现着消费偏好。

消费偏好涉及偏好的形成根源、具体表现等问题，很好地解释了市场营销复杂性和不确定性等问题的客观存在。每个消费者都有自己的消费偏好，营销者必须深入探究消费偏好及内在形成机制，及时通过策略调整来迎合或改变这种偏好，以保证营销目标的实现。

属性及利益偏好 属性偏好是指消费者对产品各属性或利益的倾向。通常，产品兼具功能方面和心理层面的属性与利益，如饮料的属性包括卡路里含量、维生素种类、口味、包装是否新颖、是否明星指定饮品等，由此带来的则是补充能量、营养、清爽、解渴、青春、时尚等方面的利益。对同一产品的购买，不同消费者会表现出不同的属性及利益倾向。

态度偏好 态度偏好是基于消费者个人特征（如价值观、兴趣）与心理状态（如愉快、烦躁）所持有的特定情绪或情感。如消费者因为喜欢某个明星而选购其代言的产品，因为喜欢某种颜色而偏爱逛某家专柜，因为心情郁闷而对现场导购人员很不客气。当然，消费者的某些态度偏好是建立在对产品属性与利益认知的基础上的，或因为惯性消费而对品牌形成正面态度。

风险偏好 风险偏好是消费者对购买后可能存在的各种风险的重要性判断，包括风险认知和风险承受。风险认知是指消费者对可能存在的风险内容的认识，如经济风险、安全风险、道德风险等。风险承受是指消费者对各类风险承受能力的差别，如收入较高者对经济风险的承受能力较强，对经济风险的重要性判断就相对较低；对产品构成、工作原理有深入了解的消费者对质量、安全风险的承受能力较强，对这两种风险的重要性判断自然偏低。

策略偏好 策略偏好是指消费者对购买策略的重要性判断。购买策略是指消费者为获取最大顾客价值而采取的策略，如讨价还价、喜欢等到促销时购买、选择就近购买等。

（1）价格偏好是指消费者对标签价格的接受或否认。许多消费者总是倾向于和卖方讨价还价，而不是简单地接受标签价格，这可能是一种源于风险回避的倾向性。当然，价格偏好的产生也与购买情境有关，如有些消费者在街边服装店往往喜欢讨价还价，而在百货商店则会直接按照标签价格付款。

（2）时机偏好是指消费者对购买时机的把握。有些消费者喜欢储备产品，有些则等需要时再购买；有些消费者喜欢赶在节假日促销时逛商场，有些消费者则不喜欢凑这份热闹，特意在节假日前选购。这也就意味着营销者在进行促销设计时，必须考虑促销所带来的销售量提升究竟是一种需求增量，还是仅仅改变了消费者需求满足的时间。

（3）渠道偏好是指消费者对各种终端卖场的适用性判断。有的消费者喜欢大卖场的热闹，有的消费者喜欢品牌店的个性风格，还有的消费者只求购买的便捷性。

（4）品牌偏好是指消费者对品牌转换的态度与行为。有些消费者很容易形成品牌忠诚，并自觉维持这种忠诚，而有些消费者则不停地尝试新的品牌，即使对某个品牌的满意度很高且存在一定的品牌转换风险，也不能阻止其下次消费时又转向其他品牌。

> **材料 5-4** **国货崛起：用实力让情怀落地**
>
> 全球著名市场调研公司尼尔森发布的《2019年第二季度中国消费趋势指数报告》显示：随着民族情怀的上升，68%的中国消费者偏好国产品牌，即使有62%的消费者购买国外品牌，但国产品牌仍是首选。61%的消费者认为性价比是买国货的重要决策因素。在未来一年里，33%的消费者在追求品质方面有更强的购买倾向，26%的消费者在保证基本功能性的前提下，会选择便宜的产品。
>
> 报告认为情怀以及消费者对品牌的认可度是国货崛起的核心驱动力，国产品牌更清晰坚定的品牌态度赢得了消费者好感，男性和一、二线城市消费者受情感驱动尤为明显。

如果说心理会计机制表达的更多的是理性，那么消费偏好则表达的更多的是感性。对大多数消费者来说，主导其行为的是感性，因而其心理选择的主要依据是消费偏好，而不是心理会计机制。

5.3 消费者购买行为类型

有多少个消费者就表现出多少种购买行为，即使是同一消费者在不同情境下针对不同产品购买，其行为也存在显著差异。对购买行为进行全面系统的分类是不可能的，只能选取主要行为特征进行分类。受篇幅影响，本节在上述购买行为框架下，选出几种常见的购买行为类型并进行简单描述。

5.3.1 按消费者准备状态分类

准备状态是指消费者在购前阶段对购买目标及对象的明确性，是对消费者购前状态的一种总体的、抽象的描述。

1. 全确定型

全确定型是指消费者在实际购买行为发生之前，已有非常明确的需求和购买目标，对所要购买的产品种类、品牌、价格、性能、规格、款式等都已经有明确的要求与期望。

面对全确定型购买者，终端营销人员不应再向他进行这些方面的介绍、帮助和提示，因为此时这种帮助只会动摇购买者的决策，营销者应迅速引导购买者完成购买。

2. 半确定型

半确定型是指消费者在购买之前已有大致的购买意向和目标，但这种目标不很具体、明确，还需要在实际购买时再进一步推敲、比较，并希望或愿意得到他人的提示、介绍与帮助，以便最终明确购买目标。

半确定型是较为普遍的一种购买行为，也是现场销售服务的重点对象。但要注意的是，营销者一般应在明确购买者的购买意向和目标中哪些是明确的、哪些是不明确的基础上，一方面坚定购买者明确的部分，另一方面将重点放在购买者未确定的部分，帮助购买者完成决策，实现购买。

3. 不确定型

不确定型的购买行为常发生在"逛商店"的消费者身上，在进入购物场所、发生购买行为之前，他们没有任何明确的需求和购买目标。但在逛的过程中，多种产品信息或活动又可能引发其需求，唤起其购买欲望，即需求和购买行为发生与否与购物场所的内外部环境及消费者当时的心理状态有关。

对这些"逛街者"，营销人员要及时发现他们的关注点，适时主动介入，发现、激发他们的需求，趁热打铁助其决策、完成购买。

对此类消费者，氛围是激发需求、购买行为的关键。

5.3.2 按消费者性格特征分类

消费者千差万别的性格特征使消费者的购买行为各有不同，有人小心谨慎就怕上当受骗，有人直奔主题指定购买，有人冲动而为，有人计划周详。性格特征支配着消费者购买决策和行为方式，并影响着购买结果的效用及满意程度。

1. 理智型

理智型消费者会在购买前广泛收集所需产品的信息，了解市场行情，并经过慎重权衡利弊之后才做出购买决策；并且在购买执行时也表现出理智慎重的态度，较少受销售人员推荐、现场情境的影响；购后评价也是从理性出发，较少感情用事。消费者在整个消费过程中保持高度的自主，始终由理性支配活动，善于观察、分析与比较。

面对理智型的购买者，营销人员要提高专业能力，运用产品技术参数、权威机构的测试报告等理性事实来介绍产品，构建理性参照物，使购买者对企业及营销人员产生专业信任，在此基础上完成购买。

⊙ 讨论 5-3　　　　　　理性介绍还是感性介绍更佳

惠普的 HP EliteBook Folio 1020 是一款主打轻薄便携的商务笔记本电脑，其外形和苹果 MacBook 颇有几分相似。最近，外媒从游戏性能和生产力性能两方面对这款电脑进行了 Win8.1/Win10 系统性能对比测试。

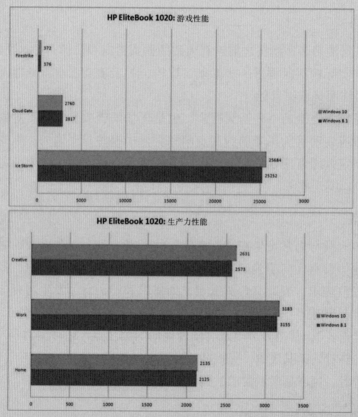

在 Fire Strike 和 Cloud Gate 测试中，Win8.1 虽然在数据上占优，但优势十分有限，最多只有几十分差距。在后来的 Ice Storm 测试中，Win10 的优势相对明显一些，超过 Win8.1 系统 400 多分。而在整体性能测试上，Win10 在三项主要的测试中都能以微弱优势战胜 Win8.1。其中，Creative 项目的优势最为明显，Win10 超过 Win8.1 将近 60 分。

理性在于沟通，感性在于打动。看完"IT 之家"的这篇文字，再对比两组画面，你受哪种产品介绍形式影响较多？为什么？

2. 情感 / 冲动型

此类消费者对产品广告、促销活动、推销员或者其他人员的刺激非常敏感，情感丰富、心理反应活跃，往往不会进行深入分析和细致比较，就以直观感觉、情感匹配为依据迅速决策并购买。情感 / 冲动型购买常发生在时尚产品的销售过程中。

对情感 / 冲动型消费者，营销者除了要准确把握其心理活动状态，及时推荐引导购买外，更要注意化解冲动购买的伴随物——购后后悔。由于冲动通常源于促销活动、产品新款的直接刺激，缺乏对产品功能、价值的深刻认识，所以避免购后后悔的关键是在推荐中让消费者明确目标产品区别于已有产品的差异化价值、使用情景等。

3. 习惯型

习惯型消费者因长期惠顾某商店或长期使用某品牌而形成条件反射，依赖过去的购买经验和消费习惯进行购买，保持着购买行为的一致性。在购买时，消费者果断成交，很少受环境变化、时尚流行、年龄增长等因素的影响，表现出很强的目的性和惯性。

对习惯型消费者的惯性消费、购买行为，如果没有环境变化、产品更新等因素迫使他们不得不改变习惯，营销者不应因这种惯性并非指向自己而去轻易改变它。因为从整体上看，惯性的指向有其自然统计分布规律，如果不能改变这种分布，那么个别的改变可能因竞争而相互抵消，只是徒劳地增加了营销成本。习惯型购买对应的是低成本营销，营销者应培育消费者的习惯性购买行为，也就是培养消费者的品牌忠诚。

4. 随意型

随意型消费者在整个购买过程中缺乏主见，对产品不苛求、不挑剔，希望借助销售人员的提示和帮助做出购买决策。但有时，消费者为了减轻心理压力和避免不良后果，一般会采取从众行为，仿效他人或大多数人的消费行为。

随意型消费者是每个营销者都应争取的对象。营销者应针对其不苛求、不挑剔的个性，培养其惯性，使之成为指向自己品牌的习惯型消费者。

5.3.3 按卷入程度 / 品牌差异分类

按照消费者在购买过程中的卷入程度以及品牌差异，可将消费者的购买行为划分为复杂型、和谐型、多变型、习惯型四种，如图 5-5 所示。需要强调的是，有些品牌差异是显性的，通过感官即可识别，如服装的风格、款式、色彩、面料、品牌名称等，有些品牌差异则是隐性的，需要一定的技术手段才能真正识别，如服装的保暖性、透气性等。不管哪种情况，品牌差异在本质上是主观的，只要消费者认为两者有差异即可。

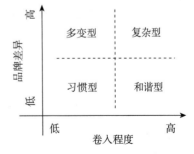

图 5-5 消费者购买行为类型

1. 复杂型

消费者通常在初次购买那些高价位、高风险、技术复杂或与消费者自我形象密切相关的产品（如轿车、高档服装）时，会广泛收集信息，并经过认真学习慎重地做出购买决策。

对于**复杂型购买**行为的产品，企业要发布多种形式、能凸显产品特性的广告，设法帮助消费者了解与该产品相关的信息与知识，并确保消费者了解并相信该产品的属性与利益。此外，企业还需要让消费者了解到其有别于其他品牌的特征，动员销售人员或其他影响者来影响消费者最终的品牌选择。

2. 和谐型

消费者重复购买复杂型的产品，或是品牌差异小，但购买风险大、购买频次较低的产品（如教育、医疗服务）时，往往是**和谐型购买**。因为可选择品牌间的差异较小，消费者虽然可能表现出信息搜集不广泛、购买决策过程迅速等特征，但仍会对价格优惠、购买便利、售后服务等内容高度关注，并表现出一定的购后持续性卷入。

但和谐型购买的消费者往往在购买某一产品后，容易因产品某些方面的不称心，或得知其他型号、品牌有更好的信息而产生一种购后不平衡，即产生后悔这一购买的心理失调。为使消费者在这种情况下重建心理和谐，坚定其对购买决策的信心，企业应在售后提供多种信息以证明和帮助消费者坚信自己当初购买决策的正确性，消除消费者的不平衡心理，使其对品牌继续保持良好感觉。

3. 多变型

当产品（如饼干、牙膏等）品牌间的差异较大，而单位价值较低，消费者的卷入度一般也较低时，他们就会表现出多变型购买行为。消费者通常不会耗费太多时间、精力去谨慎地制定购买决策，而且很容易改变品牌的选择。但这种品牌更换并非因为消费者对原有品牌的不满意，而是由于这类产品本身的价格或购买风险并不高，在求新求异的购买动机下，消费者就会经常在各品牌间进行转换。

面对这种多变型的购买行为，当企业处于市场优势地位时，应注意以充足的品种占据货架的有利位置和足够空间，并通过提醒性的广告促成消费者建立品牌习惯；而当企业处于非市场优势地位时，则应以降低产品价格、免费试用和介绍新产品的独特优势等方式，鼓励消费者进行品牌选择和新产品试用。

⊙ 讨论 5-4　　　　　　**奶茶店饮品种类是否越多越好**

奶茶是典型的多变型购买品，无论你走进哪家奶茶店，都有种类众多的饮品提供，且经常性更新，以保证顾客有更多的选择空间。尤其是店铺或外卖流量越来越多之后，丰富的产品种类能显著提升订单量。但产品种类并非越多越好，多样化也需合理化。

产品多样化成本是因生产和销售多样化产品而形成的成本。奶茶种类越丰富，对设备、原料、员工的要求也越高，产品多样化成本存在飙高风险，也会影响制作效率与顾客购买体验。当然，若流量铺天盖地，多样化成本可以自动忽略。

另外，产品多样化也容易导致资源分散与识别模糊。只有存在爆品（极致产品）且能在众多种类中脱颖而出，才能留住奶茶主力群体——"80后""90后"，带动其他产品的销售。也就是说，没有爆品的奶茶店，丰富的产品种类只会增加顾客消费负担，并不会对消费产生刺激。

4. 习惯型

对食盐、矿泉水等品牌差异小、单位价值较低的产品，消费者卷入度也较低，通常以不假思索的方式直接采取购买行动，表现出一种惯性购买。消费者一般认为不值得花费时间与精力去寻购另一个替代品，对产品的购买更多是出于习惯或是熟悉，而不是品牌忠诚。

针对这种购买行为，企业要特别注意给消费者留下深刻印象。因此，广告在强调品牌特色的同时，更要以鲜明的视觉标志、巧妙的形象构思来赢得消费者的关注，强调对重要信息（如品牌名称、产品特色）的反复重复，以加深消费者对品牌的印象。

5.3.4 互联网消费者类型

互联网消费者的构成类型是千变万化的，根据典型互联网行为特征，这里把互联网消费者分为低价寻求者、方便寻求者、尝试者、碎片化休闲者、理性购买者和信息寻求者。

1. 低价寻求者

这类互联网消费者主要是为互联网购物的低价所吸引。互联网购物由于大幅降低了中间商费用、实体终端费用和人员费用，销售成本大大减少，由此带来了产品价格的下降，给了消费者更多的实惠。在目前的互联网展示技术条件下，对大多数以功能性为主的产品，如手机、电脑、家电、厨房用具、书箱、工具、一般性服饰、家居用品等，低价是购物网站的主要竞争优势。从识别变量看，这类消费者覆盖各个人口统计变量，是互联网上最大的一个细分市场，"双十一"、拼多多的火爆充分说明了这一点。

2. 方便寻求者

这类互联网消费者主要追求的是网络购物的便利性，他们往往是一些高学历的白领或是高层管理人士等，年龄大多在30~40岁，快节奏高密度的工作使他们没有足够的时间去商场购物，而较高的教育程度以及对互联网的熟悉使他们非常容易接受网络购物这种新型的购物方式。他们较看重购物的便利性以及安全性，而对价格因素不那么敏感，甚至愿意为网络购物的便利性付出较高的价格。他们应该是购物网站最主要的目标顾客群，因此零售商们必须为这一类型的人提供真正的便利，让他们觉得在电商网站上购买产品将会节约更多的时间以及获得可靠的安全和售后服务保障。

显然，这是一个消费能力超强的群体，遗憾的是，网络购物至今没有能够很好地为这类消费者提供足够的信任感和安全感，他们对互联网上高价格的产品是否具备相应的高品质持怀疑态度，担心高端品牌的假冒伪劣。

3. 尝试者

尝试者通常是一些喜欢追求新产品、新方式、新事物的年轻人，他们具有强烈的求新心理，对互联网上的任何新事物都抱有一种好奇与渴望尝试的心态，对互联网消费和购物当然也不例外。

这类消费者的互联网消费和购物往往是出于体验和尝试，并非受到了互联网消费和购物的某种优势的吸引，在一两次互联网消费和购物以后，这种类型的消费者则会分化成两类群体，一类是当好奇心满足了以后便不再继续进行互联网消费和购物；另一类则由于感受到了互联网消费和购物的趣味性、便利性等优势而成为真正的互联网消费者。

对尝试者，互联网企业要让他们尝到互联网消费和购物的甜头，由此转变成忠诚的老顾客。对这类消费者一定要进行教育、帮助，对他们提出的疑问和不满要能及时反馈，进行一对一的联系，让其体会在传统市场中很难获得的被重视感。

⊙ 讨论 5-5　　　　　　　　如何留住"尝鲜者"

娃娃机、迷你KTV现在几乎成了购物中心的标配，而最近与此类似的口红机和福袋机又相继走红。碎片化消费的快速增长以及抖音等社交平台的催化，让这些自助式网红机快速打开市场，但网红能否变成长红，尝鲜之后的回头客才是最为重要的，毕竟"尝"的是未知体验，而尝后的再次消费则依赖体验内容的边际性。

从功能上，这些网红机与按摩椅是一样的，都是对碎片化时间的消遣与填充，不过互动性、趣味性更强。但从体验的内容来看，口红机、福袋机与娃娃机卖的都是未知性和趣味性，而迷你KTV则更多是传统KTV的线上延伸，从聚会欢唱转向自我欣赏。所以，迷你KTV各大品牌都在致力于音效技术的提升、线上线下分享与社交功能的强化，以此形成用户黏性。但未知性与趣味性的体验则有边际递减效应，且产品单一，留住尝鲜者似乎更为艰难。

---

4. 碎片化休闲者

繁忙的工作及快节奏的生活使很多人只能利用碎片化的时间进行消费和购物，形成了一个碎片化休闲者群体，方便的进程保存、购物车功能使互联网消费和购物能够更好地满足碎片化休闲者。针对碎片化休闲者，更为简洁的产品页面、更为可靠的信用、更为有效的推荐、更为方便的流程和操作是吸引他们的有力手段，随时可以停下、随时可以继续是培养他们对网站品牌忠诚的必由之路。

5. 理性购买者

理性购买者在传统市场上也是理性的消费者，他们会以理性眼光选择产品，并试图通过互联网来达到这个目的。这类顾客以男性居多，他们受教育程度较高，对所要购买产品的工作原理、性能参数有一定程度的了解，往往会大量收集相关的产品、价格信息并进行仔细比较，最后才做出购买决定。

对于理性购买者来说，广告、促销活动甚至免费赠品的诱惑都很难让他们动心，而产品的优质、低价、良好服务等真正实惠的东西才会吸引他们。企业针对这类消费者进行宣传时，一定要做到真实可信，当然产品本身也不能含糊。此外，作为理性的购买者，他们将不再被动地接受企业提供的产品，而是会根据自己的需求主动表达对某种产品的期望，企业应当关注他们对产品的描述，将理性消费者培养成意见领袖也值得一试。

6. 信息寻求者

信息寻求者只是在互联网上寻找所需要的产品信息，仍通过传统渠道进行消费和购买。这种类型的消费者主要以中年低网龄的人群为主，他们对互联网的了解不深，并且唯恐上当受骗，只会或者只愿意简单看看新闻，查找相关的信息，对互联网的依赖度很低，基本是浏览信息或使用信息获取类服务。互联网在很大意义上对他们只是一个免费的信息提供源，固有消费观念等使他们进行互联网消费和购物的可能性比较小。

也许对只有互联网业务的公司来说，这类消费者是低效率的，但对传统企业来说，他们却是很有价值的顾客。传统企业在网络营销时，可以仅将互联网作为信息提供的场所，而特别给出自己在传统市场上的信息，以引导这类消费者通过传统的渠道去消费或购买产品。

对互联网消费者进行分类是一件非常重要但也很困难的事，这里提到的六类互联网消费者并不是按某种标准进行分类的，也不是市场细分，只是归纳、介绍了其中比较具有互联网典型特征的群体。企业还需要根据产品实际情况，以细分变量中的某些变量为依据对市场进行细分，并从中选择适合自己的市场作为目标市场，开展有针对性的网络营销活动。

5.4 消费行为演变

一般认为，消费行为的形成过程是营销与环境因素等外部刺激进入消费者意识后，消费者根据自身特征处理这些信息，并经过一定的决策过程做出最终的购买决策，如图5-6所示。

这一行为过程总体上包括三个部分：一是需求的确定；二是为满足需求而采取的行动——购买行为，包括信息搜集、比较评估和购买决策；三是购后反应。需求的确定和环境刺激的影响已经分别在第3章、第4章讲述，营销刺激将在第四部分策略推进中详述。本章5.2节和5.3节已经论述了消费者的决策过程、决策机制和购买行为类型，本节论述消费者特征这一内部调节因素的影响，并结合外部环境变化归纳消费行为演变。

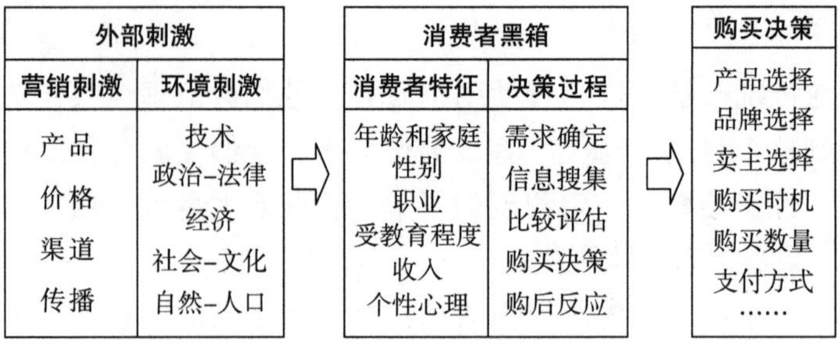

```
┌─────────────────────┐   ┌─────────────────────┐   ┌──────────┐
│      外部刺激        │   │    消费者黑箱        │   │ 购买决策  │
├──────────┬──────────┤   ├──────────┬──────────┤   ├──────────┤
│ 营销刺激  │ 环境刺激  │   │消费者特征 │ 决策过程  │   │ 产品选择  │
├──────────┼──────────┤   ├──────────┼──────────┤   │ 品牌选择  │
│  产品    │  技术    │⇨ │年龄和家庭 │ 需求确定  │⇨ │ 卖主选择  │
│  价格    │ 政治-法律 │   │  性别    │ 信息搜集  │   │ 购买时机  │
│  渠道    │  经济    │   │  职业    │ 比较评估  │   │ 购买数量  │
│  传播    │ 社会-文化 │   │受教育程度 │ 购买决策  │   │ 支付方式  │
│          │ 自然-人口 │   │  收入    │ 购后反应  │   │ ……       │
│          │          │   │ 个性心理  │          │   │          │
└──────────┴──────────┘   └──────────┴──────────┘   └──────────┘
```

图 5-6　消费者行为刺激 – 反应模型

消费行为从一次消费来看，包括消费者确认需求、购买产品及产品使用三个阶段。从整体来看，消费行为则是一系列连续消费过程的综合，也就是消费者的生活方式。如果说对购买行为的理解是为了帮助消费者迅速完成一次需求产生并满足的过程，对消费行为及演变规律的分析、总结则不仅仅是为了预测未来消费行为的特征和发展趋势，更重要的是通过这种消费行为演变的规律性，去洞悉这种行为变化中可能产生的新生活方式、新需求及购买行为，并通过设置或改变某些条件来引导与控制消费行为，即洞悉与创造需求。

5.4.1　影响消费行为的个性特征

正如图 5-6 中消费者刺激 – 反应模型所表明的，影响消费者消费行为的个性特征主要是消费者的年龄和家庭、性别、职业、受教育程度、收入、性格等。

年龄和家庭　不同年龄的顾客因其在生理机能与社会经历上存在差异，在需求内容和行为上会表现出明显的不同。随着顾客年龄的增长，其受教育程度提高，社会阅历不断丰富，身体生理机能逐渐变化，个人需求一般从注重单纯娱乐、追求时尚的需求为主向注重实用、关注健康的需求为主演变；随着家庭的人口结构、年龄结构、教育结构和关系结构的变化，家庭需求由家庭必需品和个人发展需求为主逐渐向育儿、休闲养生需求为主演变，见表 5-3。同时，消费行为也由冲动、情绪化向稳重、理性的方向发展。

表 5-3　不同年龄和家庭状况的消费需求

年龄	消费需求	家庭状况	消费需求
童年（6 岁以前）	糖果、冷饮、玩具	单身阶段	穿戴、娱乐
少年（7~17 岁）	文体用品、游戏	两人家庭	家具、电器、学习
青年（18~40 岁）	电脑等数字化产品	幼儿夫妇	婴儿食品、玩具
中年（41~65 岁）	家庭用品	入学夫妇	文教用品
老年（66 岁以后）	保健品、医疗服务	空巢夫妇	旅游、医疗、保健

性别　由于生理和心理结构上的差异，不同性别的顾客在消费欲望、需求内容和行为方式上均有所不同。同样是去商店购买水杯，女生会挑选比较可爱的卡通人物水杯，男生则可能挑选一个酷劲十足的水杯；一个成家的男性会挑选结实耐用的水杯，主妇则可能购买一个她认为赏心悦目的水杯。相对而言，男性的行为相对理性、简单、低卷入。

职业 职业是一个人接收外部信息最重要的途径,职业氛围也是影响其兴趣、爱好的最重要因素。一定的职业往往和某些特殊的需求偏好及行为方式相联系,如公司高级管理人员对仪式、秩序的偏好,技术人员对创新、灵活的偏好,行政人员对规范、流程的偏好。

受教育程度 受教育程度则是影响一个人对外部信息理解水平的最重要因素。一般来说,受教育程度越高,对外部信息的理解越独特、深入,在需求上一方面表现为较强的独立性和个性化,另一方面又存在较强的身份认同带来的需求偏好一致性。较高的受教育程度在行为上则表现为相对理性、卷入适当和较少冲动。

收入 收入决定了一个人及家庭的购买能力。消费个体一般在可支配收入范围内考虑以最合理的方式安排支出,优先满足最为紧迫的需求。在可支配收入一定的情况下,当顾客面临多种需求需要满足时,则要在各种需求满足所带来的利害结果中进行权衡和选择。中低收入者往往比高收入者有更高的价格敏感性,高收入者有更多的低卷入度,即兴购买,信息处理简单,喜欢是其唯一的选择标准。

性格 性格主要是指人对现实的态度和行为方式中较稳定的个性心理特征,它是个性的核心部分,最能表现个性差异。性格大体包括:①对现实和自己的态度特征,如诚实或虚伪、谦逊或骄傲等;②意志特征,如勇敢或怯懦、果断或优柔寡断等;③情绪特征,如热情或冷漠、开朗或抑郁等;④理智特征,如思维敏捷、深刻、逻辑性强或思维迟缓、浅薄、发散等。顾客个人性格上的差异性决定了其消费心理特征和行为方式的千差万别,也显示出每位顾客独有的个人风格和特点。如面对新的消费流行,有的顾客亦步亦趋,从众逐流;有的顾客固守己见,不为流行所动。

以上的分别论述不等于说每个因素是单独起作用的,事实上它们是一起发挥作用的,消费者的所有消费行为都是这些因素综合作用的结果;也不是说每个因素都是独立的,这些因素本身也是相互影响的,如性格可能既有与生俱来的成分,也受年龄、教育、职业、收入的影响。

5.4.2 消费行为演变阶段

随着社会经济的不断发展,市场从物质短缺到物质丰富,人们的追求也逐步地从追逐物质拥有到追逐精神享受,从享受占有到享受过程。人们的消费行为经历了从量到质再到感性的三个阶段,见表5-4。

表 5-4 消费行为的演变阶段

演变阶段	基本思想
量的阶段	拥有物质,解决生存
质的阶段	舒适生活,解放自我
感性的阶段	享受过程,精神愉悦

1. 量的阶段

在传统农业社会及工业革命早期,生产力还不足以充分满足人们的基本生理需求,物资短缺是这一历史时期社会的基本状态。受长期短缺的影响,拥有物质、解决生存问题成为左右人们消费行为的主流思想。

在这一阶段,消费者在他们的支付能力范围内尽可能地购买产品,对产品数量、产品所能带来的功能利益的关注远远超过对产品品质的关注,对产品所能提供的精神愉悦更是较少关注,也缺乏个性化要求。适应这一消费行为的是无差异大规模生产、大规模销售。

2. 质的阶段

当生产力发展到能够充分满足人们的基本生理需求后,社会逐步进入买方市场,消费者一方面开始给予产品品质、品位更多的关注,另一方面期望有新的产品能帮助其摆脱繁杂重复、费时费力的日常事务性工作的束缚与压力,拥有更多的休闲时光,从而能够舒适地生活,解放自我,追求较高的生活品质。也就是说,该阶段的"质"包括产品品质和生活品质两方面内容。

在这一阶段,消费者追逐时尚,追求奢侈,享受服务,高品质产品、新产品和服务业的发展是社会经济发展的显著特征。

3. 感性的阶段

在感性的阶段,消费者看重的不是产品数量和质量,而是产品与自己的情感关系的密切程度。消费者购买产品是为了一种情感上的渴望,或是追求产品与理想自我概念的吻合,也就是追求一种理想实现的体验。在感性消费需求的驱动下,消费者购买的产品并不是非买不可的生活必需品,而是一种能与其精神引起共鸣的感性产品,其购买决策往往采用心理上的感性标准。该阶段消费者的购买行为强调对产品购买和使用过程的享受,将精神愉悦作为行为导向。

■ **案例 5-3**　　　　　　　　　　　　**王菊现象**

王菊是谁?她是选秀节目《创造101》的参赛选手,和同台竞技的其他选手相比,她微胖、黝黑,拥有一张算不上漂亮的"路人脸"。

节目伊始,王菊并不显眼,网上讨论者寥寥,但她说:"我是比较特别的存在""有的人天生就胖,有的人可能因为疾病变胖,这些女孩,难道就没有变美的自信和资格吗?""你们手里握着的,是重新定义中国第一女团的权利"……于是乎一夜间,王菊语系、菊式文化、恶搞的表情包如病毒一般扩散,对王菊应援与黑化成为"101女团"至今最惊心动魄的现象事件。

为什么是王菊?有人解读:活在现实高压之下的年轻人,迫切需要找到一个格格不入却砥砺前行的平凡异类,作为共有的精神归属抑或是自我投射,王菊成了"各有各烦恼"的年轻人群体里的最大公约数。给王菊投票,在某种意义上是给"可能的自己"投上一票。

资料来源:在一片"菊势大好"中解析"王菊现象"[EB/OL]. (2018-06-01).https://baijiahao.baidu.com/s?id=1602029064849531150&wfr=spider&for=pc.

从总体上看，我国社会目前正处于由量向质的转换时期，小部分人已经转向感性的阶段。

5.4.3 消费行为演变趋势

消费行为随科学技术和社会经济的发展而变化，其三个阶段的演变路径所反映出的基本趋势是：情感化、主动化、过程化和可持续化。

1. 需求层次：由物质向情感

随着人均收入和消费水平的提高，衣、食等一般性需求在总需求中的比重将进一步下降，住、行以及健康、教育、娱乐、文化、信息等发展类需求将大幅度增长。在对同一产品的属性要求上，消费者情感需求的比重在增加。消费者在注重产品质量的同时，更加注重情感的愉悦和满足。越来越多的消费者开始关注"自我"的实现，即消费者越来越重视自身能力、气质、性格等个性特征的自我评价和修养。在现实生活中，"自我"以潜在、稳定的形式渗透到消费行为活动中。"自我"使消费者从自我的象征性意义的角度来认识自己已拥有的产品或想要得到的产品，这种影响甚至延伸到他们的工作选择上。

2. 满足方式：从被动到主动参与

在需求满足的方式上，消费者已经不再满足于被动地接受企业的诱导和操纵，而是主动地参与产品的设计与制造，要求作为参与者，与企业一起按照其新的生活意识和消费需求，开发出能与他们产生共鸣的"生活共感型"产品，开拓与共同创造新的生活价值观和生活方式的"生活共创型"市场。

具体表现在消费者从被动接受厂商的诱导、拉动，发展到对产品外观要求个性化，再发展到对产品功能提出个性化的要求，进而直接发挥自身的想象力和创造力，参与产品的设计、制造和再加工。同时，消费者对产品运送的方式、时间也都有了自己的要求。

但这种主动性到目前为止还只是局部的，并不是所有消费者都有兴趣参与，更不是在所有事情上都乐意参与，但参与感肯定能提高消费者的"自我"，进而增进其与参与品牌间的情感共鸣则是毫无疑问的。正是根据这种满足方式的变化，越来越多的产品开始在产品设计阶段即发布产品概念，允许消费者在基本配置的基础上加入个性化因素。这就为如何平衡产品的新奇性、防止被模仿和增强消费者参与度带来了新的挑战。

■ **案例 5-4**   **Vans 这么玩定制**

作为原创极限运动和青年文化代表品牌，Vans 一直鼓励与支持创意自我表达（Creative Expression）。2018 年，Vans 在中国正式开启顾客自由定制平台，通过鞋款、材质、颜色、图案的不同搭配与自由选定，为定制者创造出千变万化的独特专属鞋款，令其享受到独立创作带来的乐趣。

> 2019年，Vans将品牌自由定制文化再度升级，顾客自由定制平台全新加推"传图定制"功能，以四大经典鞋款Sk8-Hi、Authentic、Old Skool以及Slip-On作为定制蓝本，搭载全新传图定制功能。定制者只需登录Vans官网，在顾客自由定制鞋专区选择喜欢的鞋款，上传专属图案，再对鞋款部件加以设计配合，就能把独特创意展示在鞋款上。提交成功后，2～5周内便能收获你的专属鞋款。
>
> 资料来源：Vans Customs 自由定制鞋推出"传图定制"新功能[EB/OL]. (2019-08-30). http://media.sj998.com/yuanchuang/507554.shtml.

3. 价值目标：从结果到过程

从购买行为的价值目标上看，消费者正从注重产品本身逐渐转移到产品接受时的感受。消费者不仅仅关注得到怎样的产品，还将更加关注在哪里得到、如何得到产品。换句话说，现代消费者不仅重视结果，还要享受过程。例如，消费者宁愿花更多的钱在星巴克体验惬意喝咖啡的情感满足，从而有别于在家或者办公室的功能性饮用。另外，由消费者参与、互动的服务正日益受到欢迎，例如，过去的观光旅游正逐渐转变为体验旅游。

对于品牌，过去的消费者可能更重视品牌本身的外显功能，如地位与财富的象征；而现在的消费者更重视品牌所带来的个性价值。品牌更多承担了消费者自我概念的实现，突出了品牌承载消费者自我价值观的功能。

4. 环境关注：从掠夺到可持续性

大量购买、大量消费带来的掠夺性资源开发正在损害消费者的利益，空气污染、水体污染、交通堵塞逐步侵蚀着人们由物质丰富带来的幸福感。于是，随着物质生活的满足，现代消费者比以往任何时候都珍惜自身的生存环境，对自然环境的关注也越来越高，反对资源的掠夺性开发和使用。把个人消费需求和消费行为纳入环境保护的规范之中成为越来越多的消费者的主动选择。

本章小结

1. 消费者需求以情感性、差异性、发展性、伸缩性和周期性为特征。
2. 消费者购买行为以非营利性、非专家性、冲动性、多样性、零星性和随机性为特征。
3. 营销者在进行消费者市场营销时，需要特别重视消费者教育，关注消费者心理与情感，注重品牌效应，避免急功近利。
4. 消费者决策过程是指由消费者从需求产生到寻求满足的一系列决策环节所构成的购买行为流程，通常包括需求确定、信息搜集、比较评估、购买决策、购后反应五个环节。
5. 卷入机制是指消费者购买过程中对营销刺激的反应与参与程度，可以体现在消费者在购买过程中所花费的时间和精力，也可强调购买过程中的参与者及人数。卷入机制涉及卷入水平、卷入形式、形成条件等内容。
6. 信息处理机制是消费者在信息收集、关注、理解、保留和表述的过程中所呈现出的内在心理活动、方式及关系。归纳起来就是选择性信源、选择性注意、选择性曲解、选择性记忆和选择性表述。
7. 心理会计机制是指消费者在进行产品、品牌等选择与购后评价时所遵循的一种内隐的心理运算（评价）规则，这种规则因产品类型、消费者的不同而不同。
8. 消费偏好是指消费者在其长期生活中形成的对特定消费活动、事物或行为的情感倾向。消费偏好会大大简化消费者的选择过程，帮助其迅速做出决策。
9. 按消费者准备状态，购买行为可划分为全确定型、半确定型和不确定型；按消费者性格特征，购买行为可划分为理智型、情感/冲动型、习惯型和随意型；按卷入程度/品牌差异分类可划分为复杂型、和谐型、习惯型和多变型。
10. 根据消费者行为刺激－反应模型，年龄和家庭、性别、职业、受教育程度、收入、性格等消费者个性特征是影响消费行为的内因，营销刺激与环境刺激是消费行为形成的外因。
11. 随着社会经济的不断发展，从物质短缺到物质丰富，人们的追求也逐步从追逐物质拥有到追逐精神享受，从享受占有到享受过程，人们的购买行为经历了从量到质再到感性的三个阶段。
12. 消费行为的演变趋势可以概括为需求层次由物质向情感转移，满足方式由被动到主动参与，价值目标从结果到过程，环境关注由掠夺到可持续性。

基本概念

消费者　消费者教育　决策机制　卷入机制　心理会计机制　消费偏好
选择性注意　选择性曲解　选择性记忆　复杂型购买　和谐型购买

简答

1. 消费者都有哪些需求和行为特征？
2. 消费者市场营销时需要强调哪些内容？
3. 消费者购买决策过程涉及哪些环节？
4. 消费者决策过程中存在哪些角色？
5. 消费者的信息处理过程中的选择性体现在哪些方面？
6. 心理会计机制是如何发挥作用的？
7. 消费者都有哪些消费偏好？
8. 按卷入程度/品牌差异分类，消费者行为可划分为哪些类型？营销重点是什么？
9. 消费行为的演变趋势是什么？为什么？

思考

1. 分别举出在你看来属于不同购买行为类型的购买经历并加以分析。
2. 根据自己的经历和观察，分析小学生、中学生和大学生消费行为的区别。
3. 加入环境因素，分析各阶段学生现在和过去消费行为的区别。
4. 你是否有过冲动购买？陈述一下原因、结果和经验。

实验

我们每天都接触到许多信息，但并非所有信息都会引起我们的注意和关注。

选取一些信息类型（如时政、新闻、娱乐、社会、国际、军事等），以纯文字、文字加图片两种方式组织这些信息，保持这些信息篇幅的基本一致，然后选取一个班级的同学，以一定的速率请他们浏览这些信息，浏览后请他们回忆并写下他们记住的信息，最后给出该班级同学的信息选择性注意分布并做出分析。

动手

分别选择自己的一次高卷入购物和低卷入购物，回忆过程中的参与者和卷入形式，并分析为什么会形成不同的卷入机制，然后将上述过程和分析拍成一段情景短剧。

互联网——情景的力量

在宜家购物心情是愉快的，虽然商场内没有亦步亦趋的销售员，但你仍然能够了解到许多知识。价签上有你想要的全部信息，包括货品的价格、规格、颜色、工艺、特点以及保养指南等。此外，标签上还标明自选区取货的位置，或提醒你向销售人员咨询。

登录宜家网站（http://www.ikea.com/cn/zh/），看看宜家是怎么进行消费者教育的。

第6章
组织市场分析

> 为某种商品或劳务的供给而签订长期合约可能是人们所期望的……现在,由于预测方面的困难,有关商品或劳务供给的合约期越长,实现的可能性就越小,因而买方也越不愿意明确规定缔约双方干些什么。
>
> —— 罗纳德·H. 科斯(Ronald H. Coase)
> 1991年诺贝尔经济学奖获得者

除了消费者个人及家庭以外,市场上还存在生产企业、商业企业、政府、学校、社会团体等组织,它们不仅出售产品或服务,也进行生产资料(如煤炭、轴承、化工产品)或生活资料(如文具、电脑、轿车)的购买与使用,形成了一个庞大的组织市场。

根据组织目标的差别,**组织市场**可以分为营利组织市场与非营利组织市场。营利组织市场由以盈利为目的的组织构成,如生产企业、商业企业、金融企业等,这些企业组织通过对所购产品的再加工或提供服务谋求利润。非营利组织市场由不从事营利活动的组织构成,如政府、学校、慈善机构以及其他民间社会团体,其运行与发展主要依赖于行政事业收费、财政拨款、社会捐赠等,为了满足日常工作与职能行使、公共建设的需要而进行购买。

组织是指两个或两个以上的人所组成的正式机构,由正式的角色定义来规范个人行为,进而通过有计划的协作以达到共同目标。因此,组织行为通过成员行为来表现,成员行为受到其组织角色、组织目标的制约。目标、行动的一致性和协调性是组织能力高于个人能力的前提,但个体存在的价值在于其个性化得到充分的展示,否则个体的生命就会黯然失色。正是这种组织和个体既相互依赖又相互冲突的特征,组织的需求与行为才表现出与消费者市场迥然不同的特性。

6.1 企业市场特征

相较于直接消费、使用最终产品的消费者而言,企业的需求与行为表现出截然不同的特征。企业的组织特性及营利性目标决定了企业的需求是一种中间性需求,企业的购买是一种典型的"经济人"式的理性购买。

6.1.1 需求特征

企业的需求是由消费者需求衍生出来的，不管企业处于产业链的哪个阶段，最终都是为满足消费者需求而进行生产和销售。提供满足消费者需求的产品是企业活动的终极目标，其生产活动围绕消费者需求进行。产品生产的特点决定了企业对设备和原材料的需求具有衍生性、复合性、集中性、弱价格弹性和杠杆性等特征。

1. 衍生性

从产业链的角度来看，作为一个中间市场，企业所购买的产品经过再加工或服务提供后，以另一种产品形式或价值组合再次进入流通过程，故终端消费者的需求水平与规模直接决定并制约企业的购买需求。图 6-1 以碳纤维产业为例，无论是碳纤维还是中间材料、复合材料，最终都是由消费者对具体材料产品的要求衍生而来的。

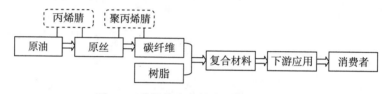

图 6-1 碳纤维产业链中的供应和需求

因此，企业对各种原材料和零部件的需求由消费者对消费品的需求衍生而来，营销者必须密切关注最终消费者的需求情况及其影响因素的变化，从这种变化中把握企业对原材料和零部件的需求变化趋势，争取市场先机。

2. 复合性

生产加工任何一种产品，即使是一件生产工艺非常简单的产品，也大都需要多种原材料、零部件、机械设备、人员等，且它们之间存在着严格的配套和数量比例关系。因而，产业市场在产品购买的种类、数量上呈现出一定的复合性。

这种复合性为供应商扩展产品线提供了线索。供应商可以由点及线地提供相关原材料和零部件，既为客户的一揽子采购需求提供便利，也增强了与客户之间的关系纽带和稳定性。

3. 集中性

集中性是指产业具有区域集群化的特点，即同行业企业在区域分布上相对集中，形成产业的区域聚集，这就导致需求也较为集中。例如，我国汽车改装市场目前主要集中在以广州、深圳、珠海为代表的广东地区以及北京、四川地区；电子信息产业主要集中在珠江三角洲、长江三角洲、环渤海地区和以四川、陕西为主的西部地区。

针对客户的区域集中性，供应商应尽可能在客户集中地附近设立生产基地或销售、技术服务机构，为客户提供更为及时和优质的服务。

4. 弱价格弹性

企业需求对价格波动的敏感性较低，短期需求的价格弹性更小。这种弱价格弹性产生的原因主要有：①企业的生产工艺、原材料和部件构成在短期内是难以改变的，个别原材料、零部件的价格波动通常不足以影响企业对该原材料或零部件的需求。例如，建筑公司不可能因水泥涨价而减少水泥的使用量。②企业所提供的产品通常由许多零部件组成，占产品总成本比重较少的零部件，即使价格变动也难以对产品总成本产生较大影响，对其自身的购买需求的影响自然也有限。③企业如果不能自行抵消个别原材料或零部件成本上涨，便可以向下游直至消费者转嫁这种成本上涨。

弱价格弹性并不是供应商涨价的理由。从长期看，客户如果不能转嫁成本或通过内部挖潜降低成本，它终将以寻求替代品、延伸业务等方式来消除个别零部件涨价的影响。

5. 杠杆性

企业需求会放大消费者市场需求的波动，这种放大效应称为"杠杆效应"。由于企业需求是一种衍生需求，所以即便消费者需求只增减10%，也能使上游一系列产业的相关总需求表现出更大幅度的增减。增减放大的比例取决于上游环节的多少，环节越多，放大效应的可能比例越大。

投机行为是造成杠杆效应的原因，而这种杠杆效应也会诱发大量投机行为。适当的投机行为有助于市场的活跃，但过度的投机行为往往造成短期市场恐慌，扰乱经济秩序。供应商应准确把握需求波动的真实性，不为表象所迷惑。

■ **案例 6-1**　　　　　　　**房市"去杠杆"抑制钢材需求**

目前国内多省份已对房市采取限购限售政策，主要一线城市上调了首套房贷的商业按揭利率，上浮幅度为 5%~10%；部分二线城市亦联手采取"限售"措施去杠杆，首套房贷利率至少上浮 5%。对于房市这种加杠杆的产物来讲，变相加息相应遏制了资金向该行业蜂拥而至。限购限售以及限价，使国内房市进入全面调控时代，越来越多的消费者开始持币待购，房屋新开工面积及商品房销售面积累计同比增速持续下滑。

房市的"去杠杆"及消费者的观望态度，显著抑制了当期钢材终端需求以及未来投资需求，进而施压钢价。"北部地区的钢铁贸易企业经营状况不是很好。1/3 的钢铁贸易商已退出钢铁业务。"海通钢铁分析师田刚峰告诉记者，自 2019 年 5 月以来，下游需求急剧恶化，销量同比下降了 50%。

资料来源：钢价连创新低　钢贸商主动去杠杆 [EB/OL]. (2019-11-04). http://www.6941111.com.cn/rdzt/2019/11/04/20191104521510.html.

6.1.2 采购行为特征

企业采购所涉及的资金流动量大、流转环节多，更因参与的部门及角色众多，而使其行为呈现出一种理性和集体性的专家购买，具体行为特征如下。

1. 标准的营利性

作为营利性组织，企业采购的目的并不是满足个人生存或精神需求，而是通过对所购产品的继续加工与销售获取利润。这就决定了企业对所购产品的价值有一个客观的判断标准。也就是说，企业不是根据自身的支付能力，而是根据购买所能带来的利益来确定是否购买和购买什么，其购买动机更加合乎经济理性。

所以，供应商应始终把客户的盈利放在第一位，更加优秀的产品和服务应当能够为客户带来更高的盈利能力而不是相反。双赢在企业市场的含义就是双方都盈利，而不是一方满意，一方盈利。

2. 过程的复杂性和集体性

企业采购过程较为复杂，从需求产生、寻找供应商、谈判、签约到验收付款的时间间隔较长，买卖双方都可能因各种主客观因素的变化而影响产品购买与履约的进程，如数量偏差、质量不符、供货时间不对、价格波动等。另外，为了降低购买风险，保证决策过程的规范性，企业的购买活动通常需要生产、财务、技术、采购、法律等多个部门与最高管理层的共同参与，进行集体性决策，这更进一步增加了采购过程的复杂性。

面对这种复杂性和集体性，营销者要厘清客户的采购制度，理解客户产品选择和决策机制，以符合客户制度的流程和规范进行销售活动。

3. 目标的多样性

企业都由多个职能部门构成，每个部门承担特定的职责，拥有完成职责所需要的特定资源与权力。尽管企业目标是各部门共同的和最终的目标，但各部门由角色定义规定的具体目标使各部门对采购活动的关注侧重点并不相同，见表 6-1。

表 6-1 各职能部门对原材料、零部件采购的关注重点

部门	关注内容
产品研发	供应商的声誉以及满足设计要求的能力
生产管理	供应商能准时发货以便排产，原材料易加工
采购管理	在认可质量水平下的最低价格，维持双方良好关系
销售管理	所购原材料、零部件有助于提高产品的声誉和销售
设备管理	所购原材料、零部件与现存设备兼容，维护方便
质量控制	所购原材料、零部件符合具体的规格和条件，满足要求
财务管理	价格要低、付款条件优惠等

面对来自各个部门的不同要求，营销者都要有针对性地给予解答，有时甚至要介入协调，使各部门的目标相互匹配。

4. 选择的专家性

参与企业采购的各部门人员多为受过相关专业训练的专业人员，他们或熟悉产品技

术，或了解市场行情，或擅长资金管理、法律事务，面对多方面的采购要求，他们基于产品的质量、规格、成分等性能参数，以及供应商的服务能力等各方面要素来衡量所购产品对企业的技术适用性和经济合理性，是基于理性选择合适的供应商和品牌，而不是过分地依赖广告或情感做出购买决策。

作为产品的制造商或提供商，供应商应以比客户更为专业的姿态出现，能够详细论证自身产品各方面的性能参数、服务及其与客户需求的匹配性，以优秀的专业素养赢得客户各领域专家的支持。

5. 购买的批量性和重复性

相较于消费者购买的零星性，企业大都是大批量购买，购买的次数较少，在运输成本、仓储成本之间进行平衡。由于生产的周期性重复，其原材料购买也呈现周期性和重复性，一旦双方完成第一次购买，重复购买就会变得相对简单，营销成本下降。

6. 关系的密切性

由于企业购买过程复杂，容易受到各种主客观因素的干扰，且需求的复合性又规定了企业不可能有足够的机动性，任何时间、质量、数量上的偏差都可能导致双方生产经营活动的受损。因此，供需双方都倾向于建立长期、稳定的合作关系。这种倾向性对供应商而言既是机会也是挑战，若供应商能与购买者建立良好的信任关系，这种关系就可以成为一种壁垒阻碍新进入者；然而当供应商进行新客户开拓时，就必须打破客户与原有供应商所形成的长期供应关系。

由于企业市场的需求和行为的复杂性，上述需求和行为特征是就总体而言的，并不是所有的采购活动都具备上述特征。如通用、标准零（部）件、劳保用品、办公用品等，这些产品的用户集中度不高，除了首次采购，其过程也不复杂，而高管的办公家具、办公设备、轿车等的采购也未必是理性的。所以，重要的是针对具体的采购对象进行具体的分析。

6.1.3 营销特征

理性和营利性成了企业需求和行为特征的主轴。营销者在进行面向企业的营销时，需要强调经济利益、双方关系、重点客户的示范效应和有效的人际沟通。

1. 以经济利益为核心

企业的营利性特征决定了企业对所购原材料、零部件和设备的性能、质量、价格以及配套服务等指标的评价都以经济利益为核心，取决于谁能带来最大的效益。理性和专家性决定了企业必然且也有能力对各项指标做出理性的评价，品牌的形象、知名度等情感性因素的重要性相对减弱，本质上还是看它们是否有利于企业获取更大的经济利益。

营销者应以提高客户的经济利益为核心，协助客户降低成本，提升客户的产品价值。

协助客户降低成本最直接有效的途径就是降低供应价格，但这会损害自身的利润，更好的途径应当是帮助提高客户的生产经营效率，降低各种消耗。提升客户产品的价值，则意味着所提供的原材料、零部件或设备的品牌价值可以植入客户产品的品牌价值。

2. 不断深化双方关系

企业的购买过程远比消费者复杂，这就带来了高昂的沟通、谈判和协调成本。在相互信任的基础上，建立供需双方长久的、协调的合作关系无疑是简化供应过程、保障供应且降低供应成本的有效途径，因而双方都倾向于建立持久的合作关系。

企业之间的合作关系并不局限于单一的、简单的买卖关系。客户需求的复合性要求这种合作是多方面的，既有技术上的匹配和相互促进，也有财务上的相互通融和支持，还可以是市场上的相互提升。双方的合作纽带越多，客户的转换成本越高，供应关系越牢固。

3. 构建重点客户的示范效应

每一个企业在市场规模、地位、影响力等方面各不相同，市场领导者企业的市场行为对行业中的其他企业具有良好的示范效应，相当于消费者市场中的消费领袖。抓住这些重点客户既可以赢得扎实的市场基础，又起到以点带面的作用，形成对客户行业中其他中小企业的示范效应。

并不是所有的供应商都能成为客户行业领导者的供应商，尤其是那些中小供应商或新进入者，营销者应根据自己的实力对客户进行分类，确定重点客户，从重点客户开始建立规范有效的供应模式，以这种规范模式拓展市场。

4. 以专业的人际沟通为手段

相较于消费者市场营销手段的丰富多样，面向企业最重要的营销手段是人际沟通，而且面对的是各方面的专业人士，这就要求销售人员既要具备专业的技术知识，熟知产品的原料、工艺、性能等属性，还要拥有较高的人际沟通能力；既能对采购者的想法、需求、行为保持敏锐的洞察力，又能及时给予针对性回应。另外，不同于消费者对产品的接受受现场影响较大，企业的购买常需要多轮的沟通谈判，涉及多个部门、多种成本与非成本因素，因此对销售人员的谈判技巧与协调能力的要求也相应提高。

6.2 企业采购行为模式

企业的采购行为特征提供了对企业采购行为的一般性认识。除了这些共性，每一个企业各有其特定的组织目标、组织构架和运行机制，每一次采购活动都有其特定的目标和行为。决策过程和决策机制是理解企业采购行为的基本维度，环境、采购的产品、采购参与者个人特征等因素会影响企业的采购决策过程和决策机制。

6.2.1 企业采购决策过程

企业采购决策过程由一系列相互关联的活动构成,包括六个阶段,如图 6-2 所示。但并非所有的购买决策都是按照这些阶段进行的,具体采购情况将决定采购决策的阶段及复杂程度,如重复性购买就会跳过其中几个阶段。

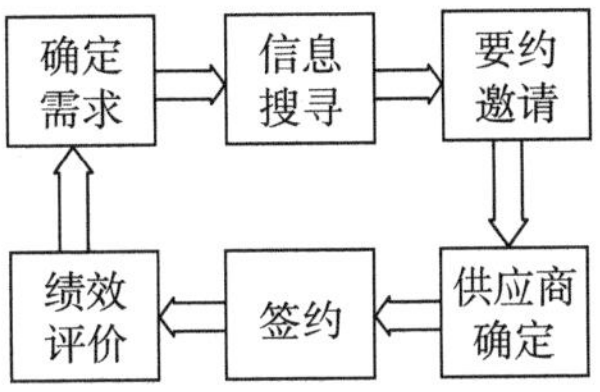

图 6-2 企业采购决策过程

1. 确定需求

企业采购需求的产生一般来自三个方面。一是既有产品的持续生产需要持续不断地购进所需的原材料、零部件和消耗性工具等,这种需求确认一般相对简单。二是原有生产设备老化,继续使用不再经济,或发现了新的高效低耗的新设备,或是市场上出现了原材料、零部件的替代品。如果仅仅是更新设备,采用新的原材料、零部件,这种需求确认也不会太过复杂。但如果是采用全新的生产方式,如由单件小批量生产向大批量生产、精准生产或智能生产方式转换,需求的确认将异常复杂。三是投产新产品需要新的生产线、原材料和零部件等,这种需求的确认也会非常复杂。

企业需求一旦确认,接着就会大致明确所需产品的规格型号(或参数)、数量、质量、价格、交付时间(周期)、供货方式、技术服务等,进入下一个环节,最终的、详细的采购需求一般要经供需双方协商后才能确认。

2. 信息搜寻

为了选购满意的产品和品牌,企业采购人员要通过各种途径物色能够满足需求的产品和供应商,如利用工商名录查询供应商,通过其他企业了解供应商,参加贸易展览会,借助互联网搜索等。如果需要,企业还可深入供应商内部,了解供应商的生产技术水平、质量管理水平、物流水平等,在此基础上评估其供应能力与服务水平,选定多家备选的供应商。

3. 要约邀请

企业会向备选供应商发出采购要约邀请,明确产品规格、型号、数量、交付时间、质量要求、配套服务等信息,请它们在规定的时间内提交供应方案。收到要约邀请的供应商提交书面供应方案或派遣销售人员前往详细介绍。

显然,供应商所提供的供应方案本质上不应该仅仅是一种技术文件,而应是一份能激起要约者兴趣与信任的营销文件。对于大型成套设备或数量庞大的原料采购来说,招投标是该阶段常用的方法。

4. 供应商确定

首先,在收到多个供应商的供应方案后,企业应对供应方案进行仔细比较、判断评分、严格筛选,确定几家较为满意的供应商。其次,企业分别与这些供应商进行谈判磋商,以获得更优惠的价格与交易条款。最后,通过再次的评估考量,企业最终确定供应商。通常，企业不愿依赖一家供应商，毕竟，拥有多个供应商可以提高自身的议价筹码，既能促使其相互竞争，降低价格或改进服务质量，又能保障产品的及时供应。

> ■ **案例6-2**　　　　　　　　　　**迪瑞医疗的供应商选择**
>
> 　　长春迪瑞医疗科技股份有限公司（以下简称"迪瑞"）是国内领先的医疗检验仪器及配套试纸试剂生产商，对原材料采购的严格、规范的规定是其保持质量领先的基石。
> 　　针对新增原材料，迪瑞要求2～3家供应商进行报价及样品制作，选择样品件合格且价格低的供应商进行采购；针对以往原材料，采购部门与供应商洽谈议价，在保证质量的前提下，逐渐进行降价；所需标准件直接向市场采购，特制件向合格供应商定制加工，通过比较质量和价格择优采购。
> 　　迪瑞会不定期邀请供应商来工厂参观，使其了解迪瑞对原材料的技术及质量要求；同时，派出质量工程师对核心供应商进行巡检，提供现场指导，并对关键部件由现场检验员驻厂检验，通过提高零配件的质量来保障迪瑞产品的质量。
> 　　迪瑞依据三方面因素选择供应商：一是供应商的资质，包括质量体系认证、生产检测能力、注册资本等；二是迪瑞医疗采购员的现场走访，查看供应商的生产能力、产品质量；三是市场价格对比，选择三家以上进行价格对比。同时，迪瑞制定了严格的供应商评估体系，每年年初由采购部为主导，组织生产部、质量检验部及财务部、审计部对供应商的产品合格率、供货周期、价格进行年度评估，依据评估结果对供应商进行合同续签或替换。
> 　　资料来源：瑞迪医疗：产品质量是重中之重 [EB/OL]. (2012-06-14). http://finance.ce.cn/rolling/201206/14/t20120614_16892943.shtml3.

5. 签约

企业与最后确定的供应商正式签订供应合同，以合同形式确定双方的权利义务关系，并提供有效的法律保障。合同内容包括产品技术说明、数量、交货时间、退货条款、付款结算方式、保修条件等。

6. 绩效评价

产品购进后，企业各部门还会对使用情况进行评价，考查各个供应商的履约情况，并根据了解和考查的结果，决定今后是否继续采购该供应商的产品。为此，供应商在产品销售出去以后，应建立客户关系档案，加强追踪调查和售后服务，以赢得信任，保持持久的供求关系。表6-2是该阶段供应商评估用表示例。

6.2.2　企业采购决策机制

企业采购决策机制是指企业在采购决策过程中所遵循的制度、决策方法和标准，反映了企业面对问题时是如何做出选择的。企业采购决策机制主要包括相关规章制度、参与者、选择标准和决策者偏好。

表 6-2　××供应商绩效评估表

供应商名称			物资类别	
规格型号			评定日期	
评估人员				
评审项目	1. 价格：			
	2. 结款方式：			
	3. 交货期：			
	4. 生产能力：			
	5. 技术水平：			
	6. 其他内容：			
评审结论			□合格　　□保留意见 □不合格　□限期整改	
生产部意见			签名/日期：	
采购部意见			签名/日期：	
管理者代表意见			签名/日期：	
总经理意见			签名/日期：	

1. 规章制度

设备、工具、原材料和零部件是产品品质的基本保障，对其采购的有效性对企业效率效益具有决定性的意义。为保障采购的有效和低成本，杜绝或减少采购过程中的各种不合理甚至违法现象，企业通常会制定一系列规章制度，对决策流程、部门参与及职责、库存标准、决策标准、验收标准、付款程序等做出明确的规定。

如有些企业会成立强大的采购中心，除需求由各部门提出，采购过程的其他环节基本由采购中心完成，而有些企业的采购部门只是一个采购执行部门，采购所涉及的大多数决策由其他部门做出，采购部门只是配合、执行。有些企业采购权力高度集中，甚至全球统一采购，所有下属子公司的物料需求均由总公司采购中心负责，而另一些企业则高度分散，各子公司自行采购所需物料。

供应商在开拓企业客户时，首先要了解目标企业有关采购的各种规章制度、涉及的职能部门，理解各参与部门在采购过程中的分工和目标，然后才是制定令目标企业决策层、各参与部门都满意的供货方案。

2. 参与者

企业采购往往由多部门参与，各部门扮演不同角色。产品选择时，生产技术部门起主导作用；选择供应商时，采购部门做主；决定价格、付款方式时，财务部门发挥较多的作用；重大采购则由企业高层决策。一般而言，企业采购的参与者包括以下几类。

使用者　使用者是企业内部直接使用所需产品的人员，如流水线上的生产工人、设备维护工。在某些情况下，使用者可能会首先发现问题、提出需求建议，在产品品种、规格、品牌选择过程中发挥重要作用。他们通常来自生产车间、设备管理部门、生产计划部门。

执行者 执行者是具体执行采购决定的人员，承担选择供应商、协商采购条款、监督供货的职责，在整个采购过程中居于至关重要的地位。他们通常来自采购部门、设备管理部门。

把关者 把关者是有权否决采购结果的人员，他们对所购物品的品质、数量等负责，如企业的质检人员。他们通常来自采购、设备管理和产品质量管理部门。

影响者 影响者可以进一步区分为直接影响者和间接影响者。直接影响者是指那些有权协助决定产品规格和采购条款的人员，如企业的技术人员；间接影响者则来自企业内部和外部的各个方面，如采购代理商、秘书、电话接线员等。

决策者 决策者是指拥有最终购买决定权的人员。在一般采购中，采购者就是决策者；在一些大规模采购或新任务采购中，决策者至少是采购部门负责人。

批准者 批准者是指那些有权批准决策者所提出购买方案的人，通常只有重大采购才需要高层领导批准。

> **■ 案例6-3　　　　　最严格采购质量成就上汽通用**
>
> 作为精密复杂的高技术产品，每一辆汽车至少有3万个零部件，涉及的零部件供应商可达400～500家。企业的供应商质量管控可谓"如履薄冰"，因为任何一个零部件的微小瑕疵都可能导致产品质量问题。而作为中国乘用车行业的领军企业，上汽通用汽车尽管平均每天有超过4 000台新车驶下生产线，整车质量却备受市场肯定，也得到"全国质量奖"的权威肯定。
>
> 要探寻上汽通用汽车产品质量背后蕴含的诸多秘密，最严格地控制采购质量是关键。上汽通用对供应商的选择、能力开发和质量管理有一整套严密的体系，严格遵循通用全球供应商开发的"16步"原则，覆盖从新品立项时的潜在供应商评审，到整个生产周期中对供应商实施质量管理的全部流程。仅仅在初级评估阶段，由采购人员、采购经理、工程师组成的现场评估小组就需要从12个质量维度、7个技术维度、6个管理维度对新的潜在供应商进行资格评估。一家新供应商必须通过上汽通用汽车采购部、工程部（泛亚技术中心）、物流部3大部门，Q（质量）、S（服务）、T（技术）、P（价格）4大功能块的近10次专业评审，才能进入采购体系。
>
> 资料来源：改编自"大质量"练就上汽通用卓越品质 [N/OL]. [2017-06-23]. 第一财经日报, https://finance.sina.com.cn/roll/2017-06-23/doc-ifyhmtcf2780498.shtml.

企业购买决策过程中参与者的构成、数量及参与程度是卷入机制在企业购买中的具体体现。另外，需要注意的是采购中心并不一定是固定的、正式的可识别部门。不同的购买过程可能由不同的部门及人员承担不同的角色，采购中心的规模和构成也会根据不同产品、不同购买情况而具体变化。

3. 选择标准

选择标准是指企业有关采购要素一系列显性或隐性的规定，是会计心理机制在企业购买决策中的具体体现，是企业确定最终产品和供应商的依据。它包括评估指标、可接受水平、指标权重、选择方法等，见表 6-3。

表 6-3　×× 供应商评估表

评估指标	指标权重	可接受水平	供应商 A	供应商 B	供应商 C	选择方法
产品价格	0.4		4	1	3	
产品质量	0.3		3	4	3	
准时交付	0.2		2	3	4	
服务意识	0.1		2	4	5	
总体得分			3.1	2.6	3.4	

注：对备选品牌属性的评分范围从 1 到 5，5 为最高分，但对价格的评分相反，5 表示最低价格。

通常，企业选择产品和供应商的评估指标包括产品性能、产品质量、产品价格、售后服务质量和便利性、技术能力和设备、交货及时性、信誉和信用、付款结算方式、财务状况、地理位置等。

当然，不同产品的评估标准与权重也是不一样的：对于常规零配件而言，交货的及时性、产品价格与供应商信誉最为重要；而对于生产装备而言，产品性能、服务质量、价格则较为重要。指标权重是指评估指标对企业的重要性，而可接受水平是企业对各评估指标符合其期望水准程度的赋值，选择方法是企业的评估模式，通常包括综合评价、性能最优、性价比满意等。

综合评价即企业充分考虑各评估指标，以累计供应商在各评估指标上的得分与权重之积作为总体得分，选择分值高者为最终供应商。以此为原则，表 6-3 最终确定的供应商应为 C（$0.4\times3+0.3\times3+0.2\times4+0.1\times5=3.4$）。尽管综合评价原则表面上最为合理，却隐藏着巨大风险和不经济性。因为评估指标有时往往是互相冲突的，例如高性能、高质量与低价格，地理位置与准时交付等。

性能最优即企业只看重产品的质量、品质等属性，但往往会因为性能多余造成经济上的浪费。性能最优原则通常只用于信息不对称程度较高的情况。

性价比满意是指在性能满足使用要求的前提下，选择价格最低的产品或供应商。相对而言，性价比满意方法最为合理，既考虑了产品的性能保障，又以经济性为前提。

4. 决策者偏好

企业尽管会对购买流程、参与者职责、库存标准、选择标准、验收标准、付款方式等内容制定一系列政策、标准和制度，其购买决策也非完全理性，主要原因包括：①理性决策只有在确定性的最优备选方案较为简单的情况下才有效，但由于信息的不对称和环境的不确定性，几乎没有方案是完全确定的；②决策者对信息的理解、认知存在一定程度的偏差；③指标权重的确定只能是主观的，指标间的冲突更使指标权重的确定陷于两难；④受个人性格特征的影响，决策者总是存在一定的主观偏好，主要包括利益偏好、合作偏好、权力偏好、风险偏好、规则偏好等。这些原因的相互作用，导致**决策者偏好**在采购决策中发挥重要作用，尤其在复杂决策情况下。

利益偏好是决策者对短期利益、长期利益、经济利益、社会利益、环境利益、股东利益、员工利益等利益的满足存在一定的顺序排位。这种偏好既可能是显性的，也可能是隐性的，毕竟利益冲突往往在所难免。合作偏好是决策者对合作关系的态度倾向，如是潜在竞争对手还是合作伙伴，合作关系是全面的还是局部的、长期的还是短期的，是否倾向于互惠购买等。权力偏好是决策者对权力配置和自身作用的基本态度，有人独断专行，有人乐于授权，有人善于听取意见，有人乐于独立思考，权力偏好反映到供应合作中就是由谁来主导这种合作。风险偏好是决策者冒险精神的体现，是对各种风险重要性及承受能力的判断。规则偏好是决策者对购买流程、制度的尊重程度。

> ⊙ 讨论6-1　　　　　　　　　**公交优先**
>
>
>
> 　　公交优先是指城市市区客运交通以容量大、速度快的公交系统为主，其他交通工具为辅。国际经验证明，这是快速分流人群、方便市民出行、减轻道路压力、缓解城市交通拥挤的最佳途径。
>
> 　　公交优先的理念最早由法国提出。如今，巴黎设置了480多条全天或部分时间禁止其他车辆使用的公共汽车专用道，公交车速度提高了20%～30%。目前，伦敦、巴黎、纽约等城市公交化均在70%左右，东京更高达87%，而在我国这个比例大多只有20%。
>
> 　　从全球机动化发展的经验看，像日本、巴西、德国和西欧大部分国家，家庭轿车有75%是周末外出旅游用，他们的公交乘坐率达到了70%以上。
>
> 　　公交优先的提出并不仅仅是因为交通阻塞，我国公交优先所遭遇的困难也不仅仅来自对公交系统的投入不足或经营困难，更深层次的原因是便利性和经济性、环境保护和经济发展、公共利益和私人利益等一系列相互冲突的诉求孰先孰后，而这些诉求优先顺序的确定既涉及决策标准的建立，也涉及决策者偏好。

6.2.3　调节因素

除了外部刺激以外，组织因素、人际因素、个人因素、信息及来源、购买对象等也会影响企业采购决策过程及决策机制，如图6-3所示。

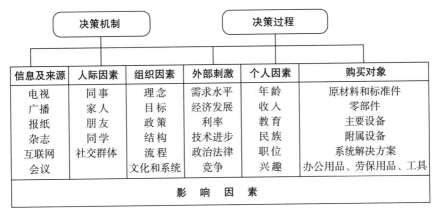

图 6-3 影响企业采购行为的因素

1. 组织因素

每个组织都有其特定的理念、目标、政策、结构、制度、流程、文化和系统，这些内容约束着其采购行为。例如，组织结构规定了采购权的集中或分散，具体体现在采购是各子公司独立进行还是总公司统一进行、采购部门在企业中的地位等方面；组织文化则决定了参与者在制度规定之外的行为准则，如保守还是创新、结果导向还是过程导向、强调团队还是个人能力等，这些准则有时比正式制度更具决定性。

2. 人际因素

组织中的每一个人都会受到自己的人际交往群体的影响，包括同事、家人、朋友、同学等，也包括由共同的特殊爱好形成的社交群体。这些群体从生活观念、行为方式、利益等多种途径或显性或隐性地对采购参与者产生影响。

3. 个人因素

企业购买决策过程中的每个成员都会带入各自的动机、认知和偏好，这些因素又受年龄、收入、受教育程度、性格等个人特征的影响。另外，成员工作生活所处的群体也会影响其对供应商的看法、态度，进而影响购买决策。

只有全面、深入地了解客户内部的组织文化、人际关系和参与者个性特征等隐性要素，而不仅仅是显性的规章制度，供应商才能全面平衡各部门的目标诉求，获得订单。

4. 信息及来源

信息及来源是指对购买决策参与者作用最大的信息类型和参与者获取这些信息的主要渠道。如企业高层最感兴趣的信息可能是宏观政治经济信息、供应商的行业影响力，主要获取渠道是国际性、全国性媒体；中层可能更关注技术和行业发展动态，各供应商的技术、市场行为特点和实力。供应商应针对客户各管理层次的媒体和兴趣偏好采用不同的沟通方式。

5. 购买对象

企业的物料需求规律及采购行为因物料类别的不同而存在很大的差异，如主要原材料和辅助原材料、办公用品的需求规律及采购行为各不相同，与设备的需求和采购行为的差别就更大。按功能及用途，企业的购买对象可分为以下几类。

原材料和标准件 原材料既包括农产品、林产品、石油、矿石等基础工业产品，也包括钢材、铜、铝等金属材料，水泥、塑料等非金属材料，以及硫酸、盐酸等化工原料。标准件是指按国家标准生产的通用零件。由于生产来源相对集中，而且在规格、质量等方面较为统一和标准化，原材料和标准件的价格在各供应厂家之间相差不大，除初次采购外，过程相对简单，重点在于供应的保障性。

零部件 零部件是构成产品的直接组成部分，不需要进行再加工，大多数零部件为了配合成品是需要定制的。由于不同制造商提供的零部件存在较大差异，采购决策的重点在于匹配性，如发动机、变速箱等。零部件的标准化程度是决定行业生产方式的重要因素，零部件标准化程度越高，行业专业分工越细，竞争越激烈，技术发展越快。如计算机、手机等电子产品行业零部件高度标准化，几乎所有重要的零部件、软件都由专业厂商提供。

主要设备 主要设备是构成主要生产过程的设备，通常价格昂贵、更新周期长。主要设备规定了企业产品的生产方式，是保障企业产品性能、质量的关键，通常以定制的方式采购，供应商的技术实力、运送、安装、售后服务是影响销售的主要因素。

附属设备 附属设备是指用于支持和辅助制造所需的各种机器设备，通常这种设备的价格较低，有统一的规格，属标准化产品，使用寿命也较短，采购决策过程通常比较简单，也很容易从几个相互竞争的厂家选择购买，价格竞争起到一定的作用。

系统解决方案 对企业而言，系统解决方案是一个非常广泛的概念，从信息化解决方案（如 ERP、CRM）到劳务解决方案（如劳务外包）、合作研发，企业越来越多地将非核心业务外包，外包对象成为新的重要采购对象。与企业其他采购对象不同，系统解决方案通常是一个过程，是标准化和个性化的综合，采购行为的结束并不意味着服务活动的终止。所以，系统解决方案供应商必须深入被服务对象，了解其流程，提供满足其个性化要求的解决方案。

■ **案例 6-4　一汽解放：从传统卡车制造商向智慧交通解决方案提供者转变**

2019 年 1 月 19 日，一汽解放在厦门举办了以"聚智慧·享未来"为主题的智慧生态合作伙伴大会。一汽解放董事长胡汉杰在会上表示：解放要从传统卡车制造商向智慧交通解决方案提供者转变，解放要以"车"为中心，通过信息将人、路、货、厂、仓、站、家串联起来。

基于此，一汽解放正式发布哥伦布智慧物流计划，此计划包含两个子计划：以解放智能车平台为核心的智能加（AI+）开放计划；以解放车联网平台为核心的互联加

（Connect+）开放计划。

在智能加（AI+）开放计划方面，一汽解放将开展三种合作模式，为合作伙伴提供中国第一、世界一流的智能车生态开放支持：①由解放单独为客户提供系统性智能运输解决方案；②利用合作伙伴算法，与合作伙伴共同为客户提供解决方案；③为合作伙伴提供开放的线控车辆平台，合作伙伴可基于智能车场景使用需求，单独完成端到端智能化解决方案。

在互联加（Connect+）开放计划方面，一汽解放将为合作伙伴开放车联网数据、车联网系统以及车联网生态：①在车联网数据开放方面，一汽解放将为合作伙伴提供行业最为深度的车联网数据，用车辆数据＋场景数据赋能中国智慧物流的发展，为行业研究、金融保险、物流管理等领域提供强大支持；②在车联网系统开发方面，解放为C端用户、B端用户、经销商、服务商分别开发了多款数字化应用系统，涵盖车机端、手机端、车载电视端、穿戴设备端等触点，让行业用户享受到便捷全面的服务体验；③在车联网生态开放方面，一汽解放欢迎合作伙伴调取解放的服务，并希望这种开放能让中国的物流行业更加数字化、更加智能化。

正如大陆集团车联网企业 Zonar 互联系统总裁及首席执行官 Ian McKerlich 先生所说："目前，商用车领域正处于空前的创新时期。在这个新的时代，合作是我们为用户提供最安全、最高效、最先进的智能商用车，释放技术潜力的充要条件。"

资料来源："哥伦布"来了！解放要从传统卡车制造商向智慧交通解决方案提供者转变 [EB/OL]. (2019-01-20). http://www.sohu.com/a/290326167_170557.

办公用品、劳保用品、工具等其他产品 这类产品使用寿命较短，价格较低，购买批量少、次数多，其购买计划完全可通过互联网实现自动订货。此类产品使用的单位较多，供应的单位也多，卖方之间的竞争较为激烈。在销售上，价格优惠、数量折扣、按期交货均起作用，中间商扮演了重要的角色。

6.3 企业间关系

供应商、生产商及经销商在竞争与合作中会逐渐形成多种类型的相互关系，这种相互关系远远超出了传统的买卖关系。它们可能是在整机与部件之间的技术协作基础上的合作关系，也可能仅仅是协助利用闲置资源的关系。企业间的这种协作关系类型越来越多，供应和需求、采购行为越来越不同于以往。

6.3.1 企业间关系类型

根据不同的需要和条件，企业间会建立不同类型的关系，如图 6-4 所示。企业与供应商、分销商、用户的关系是垂直关系，企业与同行的关系是横向关系，战略联盟是一种典型的横向关系。合资则建立在资本纽带上，比建立在协议基础上的合作关系更为牢固。合资既可以发生在垂直关系之中，也可以运用于横向关系之中。

1. 交易关系

交易关系是企业间最简单的一种关系，由对某种产品的需求和供应而产生，又由需求的满足和供应的完成而结束。但双方对交易的满意度是建立更进一步关系的基础。

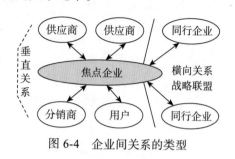

图6-4　企业间关系的类型

2. 分销关系

分销关系是最古老和最常见的企业间关系，很多时候和交易关系没有截然的区分。分销商相对稳定、长期地为生产商销售产品，生产商和分销商就销售目标、政策、订货、程序和售后服务的一系列问题达成一致。采取共同行动是分销关系建立和成熟的标志，分销关系使生产商能更好地接近用户。分销系统一般由某一成员主导，如生产商、零售商或分销商，也可能以更紧密的纽带（如特许经营）联系起来。

3. 委托加工关系

委托加工（original equipment manufacture, OEM）是指受托方按照委托方的要求制造产品并收取加工费的业务。一般来说，委托方提供待加工产品的设计图纸、要求及主要原材料，使用委托方的品牌，所以也称**贴牌生产**、定牌生产、代工等。

4. 供应链关系

供应链（supply chain）是指由供应商、生产商、分销商、零售商、物流辅助商和最终用户组成的，信息流、物流、资金流协调有序的，从原材料采购到产品和服务交付给最终用户的全过程的企业网链结构模式。供应链通常围绕一个核心制造企业，是该企业生产经营活动的前伸和后延，通过计划、获得、存储、分销、服务等活动而在供应链成员企业之间形成紧密衔接，从而更好地满足内外部顾客的需求。供应链关系是垂直范畴的，供应链的形成将对非供应链成员的进入产生障碍。

5. 战略联盟

战略联盟是指几个企业为实现一个或多个战略目标，在利益共享的基础上形成的一种优势互补、分工协作的松散式联盟。战略联盟是各企业在追求长期竞争优势过程中为达到阶段性目标而与其他企业结盟，通过相互交换互补性资源形成合力优势，共同对付强大的竞争者。战略联盟一般是横向关系的。战略联盟的发展主要源于现代竞争的全面性和集成性，竞争优势的建立和获取必须依赖更多的技术和资源，而这是单个企业所无法达到的。

6. 平台（网络）关系

随着分工的深化、物流成本的降低和产品的多样化，企业已不能仅仅依赖自己的供应和分销网络，它们需要一个更为广泛的关系网络，以便方便地在全球范围内选择供应商和分销商，接触全球用户。在网络关系组织中，有一个协调供应源和产品终端用户之间所有活动的核心企业（俗称平台），平台以完成供需匹配为核心活动，同时开展保障匹配顺利执行和完成的相关活动，其余产品加工、分销等均依赖成员企业。如果说义乌小商品市场是传统时空下的网络关系，那么阿里、淘宝、中国工控等则是互联网时代的网络关系。在网络关系中，核心企业提供了一个平台，这个平台通过互联网将制造商、供应商、分销商、物流商、终端用户等所有相关各方连接起来，满足终端用户的需求，完成社会再生产。

⊙ 材料　　　　　　　　　工业互联网平台"疯长"新模式新业态

　　工业互联网平台是新一代信息技术与制造业融合的高级形态，是两化融合（信息化和工业化高层次的深度结合）向更高层级跃升的突破口。目前，我国的工业互联网平台已经从概念普及走向实践深耕。

　　截至 2019 年 6 月，我国已经建立了 50 家具有一定区域、行业影响力的工业互联网平台，重点平台平均设备连接数达到 60 万台，平均工业 App 数量突破 1 500 个，注册用户数平均超过 50 万，初步形成了资源汇聚、协同发展、合作共赢的工业互联网平台体系。

　　"2018 年，工信部开展工业大数据、工业电子商务、信息物理系统等重点领域试点示范，新遴选 125 个试点示范项目，加速推动基于互联网的制造业模式变革。"中国工信部信息化和软件服务业司司长谢少锋说，全国开展网络化协同、服务型制造和个性化定制的企业比例分别达 33.7%、24.7% 和 7.6%。

资料来源：于瑶. 工业互联网平台 "疯长" 新模式新业态 [EB/OL]. (2019-06-25). http://www.jjckb.cn/2019-06/25/c_138171659.htm?from=groupmessage.

7. 合资关系

合资是两个或更多的企业通过出资建立一个独立的企业，出资的形式多种多样。一般来说，合资各方原有的关系、技能可以互补用于开发新的市场，如进入新的区域市场、分担政治风险、分享本地生产的利益或获得核心业务的知识与技术，也可能是保障稀缺资源的供给。合资既可以发生在分销关系、供应关系之中，也可以发生在其他关系之中。

6.3.2　企业间关系的形成与演变

企业之间不同关系的形成基于不同的动因和条件，随着各种内外因素的变化，企业间关系的内容和形式也处于不断的变化之中。

1. 关系建立的动因

企业间建立某种关系的动力主要来自合作能带来创造更多顾客需求的机会，增强应对全球商业环境动荡和风险的能力，弥补资源和技术缺口三个方面。

创造更多顾客需求　企业间的能力耦合能创造出新的顾客需求，这种耦合有时是因为两种产品有某种互补性，比如个人电脑的普及显然和多种娱乐外接设备——CD、摄像头、MP3、游戏手柄等的发展密切相关，因而，企业间的相互开放就非常重要。耦合也可以发生在原本没有什么关联的产品或情景之间，如购物中心就耦合了许多原本各自经营、没有什么关联性的产品或服务等，这种耦合所满足的需求并不仅仅是原本各种需求的简单叠加，而是产生了一种新的休闲生活方式。

■ **案例 6-5**　　　　　　　　　　　　　**小爱同学与水滴计划**

"小爱同学"是小米 2017 年推出的人工智能音箱（AI 音箱），不仅具有播放功能，还可以控制电视、扫地机器人、电饭煲、空气净化器、电风扇、智能灯、小蚁摄像头等所有小米生态链设备。即使不是小米系产品，小米 AI 音箱也可以通过几款小配件来控制。

作为智能音箱的一个切口，小米 AI 音箱将智能音箱推向更智能、更方便的远场语音交互，直接让我们的生活智能高效。小米集团联合创始人王川表示，人工智能是一个垂直分化的时代，小米希望能融合各家所长，一起把人工智能服务真正做起来，而这其中也包括用户的智能。为此，小米推出"水滴计划"，向第三方开发者免费开放语音识别和多种 API 数据接口，欢迎智能设备开发者接入 AI 音箱，实现不同厂商数据在一个局域网内的对接、共享，打造智能家居平台。

水滴开放平台通过云端交互和开发者的应用进行通信，并使用 HTTPS 保护通信内容，让用户可以使用语音来和自己的硬件产品进行交互。目前，水滴平台已经接入了海知智能、三角兽、薄言、百度地图、声网、新浪新闻、新浪财经、微博等第三方应用。未来小爱同学将拥有点咖啡、订机票、叫车、买电影票、寄快递等成千上万种技能。

资料来源：小米 AI 音箱语音控制家里的电器——真正智能家居来了 [EB/OL]. (2017-07-28). https://www.sohu.com/a/160626877_553412.

应对动荡和风险　环境动荡和多样性意味着顾客需求的多变，这要求企业具有迅速回应顾客需求变化的能力，与其他企业建立更为密切的关系——供应商、生产商和分销商组成一个协同网络有助于提高企业的应变能力。因为分工使协同网络中的每一个企业都更有能力深化自己的产品线，从而为协同网络提供比各自开发多得多的新产品及组合的可能性，而且反应速度也大大提高了。

弥补资源和技术缺口　这是企业建立关系的最初动因，即生产商利用由批发商、零售商组成的分销渠道进行销售，由供应商提供原材料和零部件。进入 21 世纪，由于技术复杂性和集成度的不断提高，在许多行业，仅靠单个企业自身的能力已经无法掌控开发新产品所需要的全部技能和资源，合作在新技术时代变得更为必要和迫切。

2. 关系形成的条件

动因仅仅是驱使企业去建立外部关系，而关系能否建立、持久还需要一系列的条件，这些条件是依赖、信任、计划、协调、灵活性和学习。

依赖　关系成员首先必须承认存在着相互依赖——有明确的合作内容，也就是相互依赖于合作方的资源是什么。如果仅仅是非稀缺的有形产品，关系通常也就是交易。如果涉及合作开发、技术转让、稀缺资源的供应、服务解决方案等，合作关系就会比较复杂，相互依赖的资源越多、程度越高，关系越全面持久。

信任　合作伙伴间的相互信任和尊重是建立成功关系的前提。合作各方的利益差异、冲突是客观存在，只有建立在经营理念基本一致基础上的信任和尊重才能使关系各方进行有效的计划和协调，否则关系终将破裂。

计划　只有当成员各方能够将各自相互依赖的资源的生产和分配进行计划安排时，关系才是真实的，计划的合理性和可行性越强，合作的效益越显著，目标的实现越顺利。

协调　合作各方在目标（利益）、流程等方面的差异和冲突是合作中的必然现象。合作关系的维持不在于是否存在差异并产生冲突，而是冲突是否能够得到及时有效的解决。这就要求建立一个协调机制来迅速调整职责、化解冲突。

灵活性　每个企业都有自己的目标和优先顺序，合作关系并不改变成员的独立性，同时，环境的改变必然促使关系的方方面面发生变化。因此，合作必须保持足够的灵活性，以便及时响应环境和合作要求的变化。

学习　合作提供了学习和利用伙伴的技能及经验的机会，也就是合作伙伴完成一个项目的技能和经验，而不仅仅是得到一项资源。相互学习还有利于加深相互之间的理解和流程的衔接，这将使合作取得更大的效果。

图 6-5 表明了这些条件的相互关系：通过互相学习，承认存在相互依赖性，建立起基本信任，在此基础上通过计划尽可能详细地安排各独立成员在合作中的权利和义务，又保持必要的灵活性，并在日常运作中及时沟通协调，化解冲突。

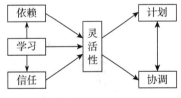

图 6-5　企业间关系持续的条件

3. 企业间关系的演变

总体上看，在企业间的竞争日趋激烈的同时，企业的合作也越来越频繁多样，合作的内容和方式更加深刻地影响着企业获取资源的种类和方式，认识关系、理解关系、把握关系是营销成功的关键。在新的环境下，企业间关系的发展呈现以下特点。

合作内容更丰富　从原材料、零部件、设备等的有形资源间的互补到管理解决方案、劳务派遣、税务代理、广告代理、相互融资等服务和技能的合作互补，无所不包。

依赖程度更深　当企业越来越多的资源、技能和活动依赖于外部获取时，相互依赖会不断加深，资源、技能、活动的衔接要求也越来越高，无论是时间、数量还是质量都必须精确对接，从而使企业间关系更加紧密、精确。

合作关系更持久　随着合作的丰富、相互依赖的加深，合作方之间的相互了解也越来越透彻，合作的效率效益持续上升，于是合作也就不断地持续下去。

独立与协同并存　合作并不排斥合作方的相对独立性，也正是这种独立性保证了合作体对环境变化的反应能力。所以，独立和协同在合作中并存。

综上所述，企业间的关系类型、基础、内容归纳见表6-4。

表6-4 企业间关系的建立和形式

建立过程		关系形式	以交易为基础（交易、分销）	以权力为基础（委托加工、网络）	以协调为基础（供应链、战略联盟）
创始			无	按要求选择代工者或分销者	按要求选择资源、技能和经验互补者
过程		角色	买方/卖方	委托方/受托方核心企业/成员企业	优势资源、技能和经验
		安排	无	核心企业主导合作安排	协商完成的合作安排
		协调	无/按交易合同	核心企业主导的协调机构和机制	多边协调机构和机制
		监控	无/按交易合同	对产出和行为的及时监测、反馈和调整	以自我调控为主
		激励	按产出激励	按产出和行为激励	协同效应
		实施	无/按交易合同	核心企业主导	共同利益驱动
终止			交易完成	按确定的终止机制	无

6.3.3 企业采购行为类型

交易关系是企业间的基本关系，也是所有其他关系的源点和核心。不管是创造新的需求还是应对风险，都是建立在资源共享的基础上的，从资源利用的角度看，所有关系都只是不同的资源利用方式，或为保障低成本而高效地利用资源。所以有必要进一步了解企业采购行为类型，以更好地理解企业间关系和采购行为之间的相互作用。

1. 按资源利用方式划分

拥有资源的所有权并不是企业利用资源的唯一方式。按资源的利用方式，企业采购可划分为购买、租赁、共享和自制四种。

购买 购买是指企业以全额支付货款的形式取得资源的所有权，从而拥有对资源的完全支配权、收益权。对大多数消耗性材料、零部件，以及持续使用的主要生产设备，购买是最主要的获取方式。购买可进一步划分为直接购买、间接购买和互惠购买。直接购买是产品使用者不经过任何中间商，直接与生产商签订交易合同、实施购买。直接购买主要适用于那些单价高、技术复杂的设备，大批量、连续供货的零部件和原材料，或按特殊要求定制的产品。直接购买是企业获取资源的主要方式。间接购买是指通过中间商购买，主要用于办公用品、劳保用品和小型工具等耗材的购买。只要有可能，企业购买者往往选择那些购买自己产品的企业作为供应商，即双方互相购买对方的产品并相互给予优惠，这样做有助于稳定双方的供需关系，但应避免形成某种程度或范围内的违反垄断法的垄断行为。

租赁 租赁是指承租人从出租人手中获得某种物品在一定时期内的使用权，但物品的所有权仍保留在出租人手中，承租人为其所获得的使用权需向出租人支付一定的费用

（租金）。租赁适用于一些大型成套设备或不经常使用的大型设备，有助于企业降低一次性投入，加快资金周转，及时使用最新设备。设备拥有者则可获得没有能力完全购买设备而又有此种需求的顾客，占据更大的市场份额。

共享 共享一般是指碎片化闲置资源拥有者和碎片化资源需求者以一种临时性、便利性和规范性的方式进行资源的利用。由于各种原因，碎片化资源闲置和需求从来都是并存的。资金资源通过全球金融市场可以实现全天候24小时的不间断利用，有形资源的利用则要困难得多。由于互联网可以随时随地方便地发布资源闲置的需求信息并进行匹配，为碎片化闲置有形资源和需求的及时匹配提供了可能性，使共享成为一种新的资源利用模式。

自制 自制指企业自己制造所需要的材料、零部件甚至是生产设备，也可以看作是一种业务延伸。但任何企业的上下游延伸都是有限度和边界的，企业既没有必要也没有可能把自己变成一个自给自足的小社会。

> **讨论6-2　　　　　　　　自制还是采购**
>
> 企业生产所需的原材料和零配件哪些应该自制，哪些应该采购？
>
> 从实际情况看，大多数汽车生产商所需的轮胎、玻璃、刹车片、车载音响等一般零部件是向外采购的，而有些生产商甚至连发动机等重要构件也都是向外采购或部分向外采购的。如潍柴动力股份有限公司是中国主要柴油机生产厂商之一，专业生产高速大功率柴油机，主要为重型汽车、工程机械、船舶、大型客车和发电机组等最终产品配套；波音公司是世界上最大的民用和军用飞机生产商，但是其生产材料70%是外购的；大多数PC厂商的电源、CPU、内存、鼠标等由不同的专业生产企业提供。理论上这些汽车、飞机、PC等生产企业可以采取纵向一体化自制零配件，但它们还是选择了采购。因为纵向一体化可能带来生产的不经济或低效率。耐克公司则把外购推向极致，除了设计和销售，耐克公司的各类运动鞋都是由专业制鞋厂贴牌生产的，中国是耐克鞋的主要生产基地。
>
> 另外一些企业则会选择自制原材料或零部件。如莲花味精，不但是国内最大的味精生产商，也是最大的淀粉生产商，而淀粉是味精生产的主要原材料（而大多数味精生产企业所需的淀粉是外购的）。五粮液酒的包装材料是自己生产的，而且其包装材料生产部门为五粮液贡献了不少利润。
>
> 因此，面向产业市场的企业要注意研究本行业和产业用户的特征，如果用户的生产规模比较大，或者进入该行业的壁垒比较低，用户就会比较对外采购和自制的成本，当条件合适的时候，你的用户就可能成为"同业竞争者"了。

2. 按复杂程度划分

根据企业采购决策过程的复杂性，可分为新购、重购和修正重购三种类型。

新购 新购即企业首次购买某种产品或劳务。这是最复杂的采购行为,因为组织对新购产品及相关情况不太了解,因而在做购买决策前,需要收集大量的信息,做出决策所花的时间比较长、环节多。新购的金额和风险越大,参与决策的人就越多,决策复杂性越高。客户"新购"是营销者的机会,供应商应组织最优秀的销售人员有针对性地开展营销活动,采取措施影响客户采购决策过程中的各个参与者,提供丰富的产品信息、解决方案来说服客户。

重购 重购即企业采购部门在供应商、购买对象、购买方式等保持不变的情况下,按惯例进行订货的购买行为。对低值易耗品、周期性使用的原材料,客户企业一般在新购成功的基础上直接下单,向指定的供应商重复购买。对于这种采购类型,供应者应努力使产品的质量和服务保持稳定的水平,稳定双方关系,提高交易效率。对于竞争者而言,想要挤入非常困难,但可以争取提供少量新产品来引起买方的兴趣,再慢慢扩大数量。

修正重购 修正重购即企业对产品的规格、价格、型号和交货条件等方面做出一定的调整或修改后的再购买行为,这类采购行为的复杂程度视引起修正的原因不同而变化。如果仅仅是客户生产周期调整引起的交货周期、批量的修正,采购行为类似重购,比较简单。如果是客户产品改进或供应商产品变化,则采购的复杂性随这种改进或变化的大小而变化。

3. 按价格形成方式划分

按所购产品价格形成方式的不同,采购行为可以分为招标、询价、议价采购三种类型。

招标采购 招标采购是招标企业提出采购招标条件,通过公开招标的方式来实现对物资或劳务的购买。招标采购主要发生在标的物的价格由于缺乏有效竞争而难以通过市场自由竞争形成的情况,所以招标企业通常选择符合条件并且报价优惠的供应商。

询价采购 询价采购是企业的采购部门根据采购需求,从符合相应资格条件的供应商中确定不少于三家供应商并向其发出询价单让其报价,在报价的基础上比较并确定中标供应商的购买方式。采购部门通常会选择报价最低的一家企业作为供应商。询价购买的实质就是"货比三家""价比三家"。这种方式通常用于标准化、通用化产品的采购。

议价采购 议价采购是采购企业直接与供应商讨价还价并确定最终价格的采购方式。通常,采购企业会先向供应商发询价表,供应商就询价表中的产品提供报价,双方就该报价进行讨价还价。若商议后的报价符合双方的预期,就可以确定该供应商中标,双方签订采购合同,完成采购活动。这种方式通常用于专用设备、材料的采购。

6.4 政府、社会团体市场

政府市场由为执行政府公共职能和社会管理职能而采购或租用产品的政府机构组成,社会团体市场由社会非营利性团体组成。

政府、社会团体市场也是一个最终市场,更类似于消费者市场而非企业市场。同时,政府和社会团体市场上采购的受益者和执行者也是分离的。

6.4.1 政府、社会团体市场的特征

政府、社会团体市场具有以下几个特征。

非营利性 政府、社会团体都不是营利性机构，它们的购买行为不是营利性的。比如学校购买桌椅、床具是为了给学生提供学习和住宿的基本条件，政府购买轿车是为了给办公人员乘坐。所以，合理的政府、社会团体购买应当是以适用、低价格为原则的。

非专家性 大部分政府与社会团体的购买具有非专家性，但对于一些频繁采购的产品，这些组织会成立专门的部门。比如高校，一般都设有基建部门，负责建筑工程的管理和建筑材料的采购。同时，随着政府采购法的实施，政府（包括事业单位）采购要设立专家小组对供应商和产品进行评估，所以购买的专家性日益增强。

■ 案例6-6　　　　　南京市政府的采购专家库建设

南京市近年来一直坚持把加强评审专家团队建设作为提升政府采购监管工作质量的重要环节来抓，严把专家申请入库的资格审查关、依法履职关和信用自律关，确保入库专家资质条件合格、业务水平过硬、自我要求严格。

一是严把资格审查关，确保入库专家资质条件合格。按照《政府采购评审专家管理办法》的规定，对申请入库专家，采取网上注册登记、现场审核资料"两步走"的办法，严把申请入库专家的基础性入库资格条件，确保入库专家的整体质量。

二是严把依法履职关，确保入库专家业务水平过硬。严格聘前培训，保证入库专家熟悉政府采购相关法规政策，仅2018年上半年，南京市就先后举办了4次培训班，对网上注册申请入库的737名专家全员轮训一遍，凡是不参加聘前业务培训的一律不予聘用。严格专业考核，把考核合格作为专家入库的必要条件。

三是严把信用自律关，确保入库专家自我要求严格。利用集中培训时机，对申请入库专家开展信用自律专项教育，对考试合格拟入库的专家采取逐个签订政府采购评审专家信用承诺书的办法，强化评审专家诚实守信意识，从制度层面形成专家管理的自我约束机制。

资料来源：南京市：扎实做好政府采购专家库建设[EB/OL]. (2018-07-06). http://www.ccgp.gov.cn/zxdt/201807/t20180706_10228160.htm.

规范性 由于政府的购买资金来源于国家税收，社会团体的购买资金来源于社会捐赠或会员交纳，多数国家在政府与社会团体采购方面都有专门的立法，对采购当事人、采购方式、程序等方面做出明确的规定并加以监管。《中华人民共和国政府采购法》（以下简称《政府采购法》）于2003年1月1日起正式施行，并相继出台、修订和完善了一系列政府采购法规文件，如《中华人民共和国政府采购法实施条例》《政府采购货物和服务招标投标管理办法》《政府采购质疑和投诉办法》，有效推进了政府采购工作的规范、有序

进行。

国产优先　大部分国家的政府采购优先面向国内供应商和制造商,《政府采购法》第十条就明确规定:"政府采购应当采购本国货物、工程和服务。但有下列情形之一的除外:(一)需要采购的货物、工程或者服务在中国境内无法获取或者无法以合理的商业条件获取的;(二)为在中国境外使用而进行采购的;(三)其他法律、行政法规另有规定的。"

示范性　由于政府采购的基本原则是公开、公平、公正,也由于政府在公众中的特殊地位,政府的一举一动都受到公众的密切关注,政府的消费行为对公众的消费行为具有强烈的导向作用,具有示范效果。

6.4.2　政府网上采购

政府网上采购即在电子商务环境下,政府部门以电子化方式与供应商通过互联网进行采购交易以及支付处理作业。政府网上采购能够更好地体现公开、公平、公正的原则。采用这种方式可以克服传统招标形式下文件数量多、程序复杂、耗时长,而且有些厂商不能及时获得信息而失去机会的问题。网上采购一般经过网上招标、网上评标、签订电子合同和网上支付等阶段。

我国政府部门以前采购物品时,由政府部门每年根据预算和各预算单位的用款,层层下拨经费,由各直属单位根据需求自主分散购买。这种自主分散采购方式容易产生采购资金脱离监督,从而出现盲目采购、重复采购、随意采购、不公平竞争等现象。采用网上采购,可以将政府采购方便地变分散为集中统一采购,有利于政府制订合理的采购计划、节约资金,从全社会角度看,也有助于实现社会资源的优化配置。

本章小结

1. 组织市场包括由企业组织构成的营利性市场和由政府、社会团体等组织构成的非营利性市场。
2. 企业需求具有衍生性、复合性、集中性、弱价格弹性和杠杆性等特征;采购行为具有标准的盈利性、过程的复杂性和集体性、目标的多样性、选择的专家性、购买的批量性和重复性、关系的密切性等特征。
3. 理性和盈利性是企业需求和行为特征的主轴,营销者在进行面向企业的营销时,要特别强调经济利益、双方关系、重点客户的示范效应和有效的人际沟通。
4. 企业采购决策过程包括确定需求、信息搜寻、要约邀请、供应商确定、签约和绩效评价六个环节。
5. 企业需求一般来自三个方面:一是既有产品的持续生产需要持续不断地购进所需的原材料、零部件和损耗性工具、办公用品等;二是原有生产设备老化需要更新;三是投产新产品需要新的生产线、原材料和零部件等。
6. 企业采购的参与者包括使用者、执行者、把关者、影响者、决策者和批准者,他们对采购发挥不同影响，起着不同的作用。
7. 企业通常用综合评价法来确定采购的具体产品和供应商，也可能以关键属性最优来进行选择，决策者偏好在最后的方案选择中往往起着决定性的作用。
8. 除外部刺激外，组织因素、人际因素、个人因素、信息及来源、购买对象等也会影响企业采购决策过程及决策机制。
9. 企业间关系类型有交易关系、分销关系、委托加工关系、供应链关系、战略联盟和平台（网络）关系、合资关系等类型。平台（网络）关系是互联网条件下最值得关注的新型关系。
10. 创造更多顾客需求、应对环境动荡和风险、弥补资源和技术缺口是企业建立关系的三个主要动因。合作内容更丰富、依赖程度更深、合作关系更持久、独立与协同并存是企业间关系发展的基本趋势。
11. 企业采购行为分为购买、租赁、共享和自制，新购、重购和修正重购，招标、询价、议价采购等类型。不同的类型适用于不同场合。
12. 政府、社会团体市场具有非营利性、非专家性、规范性、国产优先等特征，政府采购还具有示范效应。

基本概念

组织市场　企业市场　衍生性　复合性　杠杆性　决策者偏好　贴牌生产　战略联盟
平台（网络）关系　修正重购　购买　租赁　共享　自制　招标采购　询价采购　议价采购

简答

1. 简述企业市场的需求及采购行为特征。
2. 针对企业进行市场营销时需要强调哪些内容？
3. 简述企业采购决策的基本环节及任务。
4. 简述企业采购决策的参与者及职责。
5. 企业的需求通常来自哪些方面？
6. 面向企业用户的销售人员的基本素质要求有哪些？
7. 企业购买对象可分为哪几类？在采购方式上有何差别？
8. 简述企业间建立合作关系的基本动因。
9. 企业间的不同关系类型对采购会产生什么影响？
10. 简述政府市场的基本特征。

思考

1. 选择一个产业，查找资料了解其在全球、全国的分布，并分析形成这种分布的原因。

2. 拜访其中的一家非标准件供应商，了解其产品的最终用户有多少，是如何确定零部件的规格型号、价格和供应方式的。
3. 拜访一家当地的供应商，了解其与客户之间是怎样通过相互支持、沟通来维持彼此之间的关系的。

实验

选择一家非著名设备制造商，为其制作两张宣传页，一张包括几家著名客户，一张不包括著名客户，其他部分一致。选择一个班级，分成两组，分别阅读其中一张宣传页，看看两组同学对该制造商的印象有何区别。

动手

企业获取外部资源的方式可分为购买、租赁、共享和自制四种方式，这种方式并不是随意选用的，而是各有其适用性，即有些资源适合购买，如零（部）件；有些适合租赁，如周期性使用的设备。制作一段短视频，讲解四种获取外部资源方式的适合对象。

互联网——英特尔和高通

同为芯片供应商，英特尔公司和高通公司的传播方案从传播对象、信息结构到传播途径都存在很大差别。

英特尔通过广告、电脑标记等各种途径向电脑用户通报芯片的最新进展和应用，几乎每个电脑用户都会注意自己使用的电脑是否采用英特尔芯片。同时，英特尔还随着芯片的发展对其进行卓有成效的命名——奔腾、迅驰、凌动、酷睿、博锐等。而高通公司很少直接向手机用户通报芯片的最新进展和运用。

登录两家公司的网站，分析网站设计风格、信息内容的不同，体会两家公司在沟通手段运用上的差别。

PART 3 第三部分
战略确立：阐释需求

"不要试图向所有的顾客提供服务"，这是营销的重要准则之一，也应验了中国的一句老话，"有所不为才能有所为"。面对技术的飞速发展和激烈的竞争，世界变得越来越丰富多彩，还有谁能在一个领域全面称雄呢？更不要说在所有领域了。

缺乏稳定、清晰和长期的营销战略是许多企业市场营销的通病，这导致企业不停地为应对当下的竞争做出大规模、出人意料的调整。对竞争对手的出其不意，变成了顾客的看不懂，在顾客心中引起了品牌的混乱，使其变得小心谨慎。企业应当根据自己特定的资源和能力，在市场营销活动中建立长期稳定的战略，使顾客对本企业的特征形成清晰的、可辨的、排他的概念。

其实，面对快速变化的世界，顾客越来越不知道自己的实际需求是什么，营销者必须帮助顾客学会搞清楚"我的需求是什么"，而不仅仅是需要的产品是什么。

营销战略就是选择目标市场，为目标顾客创造独特的价值主张——品牌，用品牌阐释需求，告诉顾客"我的需求是什么"。

第 7 章
目标市场选择

> 我们的坏账损失之所以比普通的商业银行更低，最主要的原因在于专注。绝大多数银行要服务于相当多的行业，很难成为某个行业的专家，这在科技行业行不通，因为贷款风险太高。我们只专注为创新科技企业提供服务，而且绝大多数是中小企业。
>
> ——魏高思（Ken Wilcox）
> 硅谷银行金融集团前总裁兼 CEO

早期社会经济发展的主要矛盾是有效供给不足，市场对卖方有利。在卖方市场条件下，企业实行的基本上是无差异营销，即企业面向所有的顾客进行大量生产、大量分销和大量促销单一产品。提高产量、降低成本是此时企业经营成败的关键。如亨利·福特 1913 年发明了流水线生产方式，单品种、大批量地生产黑色 T 型车给所有的用户，从而使装配一辆车的时间减少了 90%，成本也大幅下降。无差异营销的优势在于它能满足最大的潜在市场，因为它的成本最低，并且能进而转化为较低的售价和较高的毛利。

但是，随着科学技术的进步、科学管理和大规模生产的推广，产品产量迅速增加，市场上产品转向供过于求，竞争加剧，收入上升导致个性化需求得到释放，市场需求日趋多样化，无差异营销的难度越来越大。一些生产商开始意识到产品差异化的潜在价值并逐步实行差异化营销，即提供几种具有不同特点、风格、质量和尺寸的产品，其目的是向顾客提供选择性。如通用汽车公司率先采用这种营销策略，生产不同品牌的多种汽车——庞蒂亚克、别克和奥兹莫比尔等，各品牌的特点、风格各异，并以此超过了福特汽车公司。但这时的差异化营销并不是以市场细分为基础，还不是为迎合不同顾客偏好的一种自觉行为。

在经历了短缺时代的大众化营销、产品丰富条件下的差异化营销后，企业不再可能为所有的顾客服务，目标市场营销成为主流。

目标市场营销是指企业在市场细分的基础上，选择一个或几个细分市场作为目标市场，并根据目标市场的需求和行为特征确定营销策略，以获得企业生存和发展的一种营销思想和方法。目标市场选择和确定包括如图 7-1 所示的八个步骤：①确定待分析产品；②确定细分变量；③按细分变量进行市场细分；④找出有效的细分市场；⑤全面描述各有效细分市场的需求和行为特征；⑥确定目标市场模式；⑦分析、比较各有效细分市场，确定哪些细分市场对本企业是有效的，即确定企业有效细分市场；⑧按目标市场模式从中选择一个或几个细分市场为目标市场。这一过程并不完全是单向和直线的，如不能确定有效细分市场时，就需要重新进行市场细分，甚至创新细分变量进行细分。

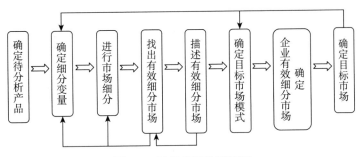

图 7-1　目标市场选择过程

正如分工能提高效率是因为劳动者的技巧因业专而日进一样，营销者也能因专注于某一类顾客而能更深入地理解他们，从而更好地为他们服务。因此，根据心理、行为、利益诉求等要素对消费者进行聚类，针对不同的消费者群体采取更有针对性的营销策略，是企业在现代生产力条件下建立竞争优势、取得良好营销效果的唯一途径。

7.1　市场细分

市场细分是现代市场营销的重要基石，没有市场细分就没有目标市场选择，也就不存在目标市场营销。市场细分的必要性来自两个方面。

一是顾客个性化的天然存在。顾客受所处家庭和家族、社区、自然环境、社会环境以及受教育程度等因素的不同影响，在购买心理、购买行为等诸多方面存在差异性，并且这种差异性会随技术的发展越来越大。正是这些差异使市场细分既是可能的，也是必要的。

二是企业资源的有限性和市场需求增长的相对无限性，使任何一个企业都只能满足部分顾客的部分需求，市场细分成为一种必然。

7.1.1　相关概念和作用

市场细分的概念是美国营销专家温德尔·R. 史密斯（Wendell R. Smith）在20世纪50年代中期提出的，其产生背景是美国市场供求关系发生变化，即"卖方市场"转变为"买方市场"，对同一产品的顾客需求呈现明显的差异性，营销观念由生产导向转向顾客导向。

1. 概念

市场细分是指企业根据顾客的需求欲望、购买行为等各方面的差异性，把某一产品的整体市场（**异质市场**）划分为若干个子市场（**同质市场**）的过程。在这里，一个顾客群就是一个细分市场,每一个细分市场都由一群具有相同或相似的需求倾向和购买行为的顾客组成,而不同细分市场之间则有明显的差别。当然,顾客需求与行为的差异是相对的,从绝对的意义上说,任何两个顾客的需求与行为都会有所不同,因此,极度的市场细分就是定制化营销。

值得注意的是,市场细分首先要明确产品,即针对什么产品进行细分,而不是在一般意义上对顾客进行分类。其次,不是产品分类,而是顾客分类,如服装市场可细分为中老年、青年、儿童市场等,重点在于顾客的不同,产品差异是对顾客差异的反映,是企业的营销策略。再次,市场细分是一种聚合,是把具有某种共同需求和行为特征的顾客鉴别出来,使之显性化并在观念、行为上聚合。最后,顾客的异质性并非一成不变,它随着社会、文化和经济的发展而处于不断变化之中;它也不仅仅是一个自然过程,企业可以通过营销努力影响它。所以市场细分是一个经常性的、反复的过程。

⊙ 讨论7-1　　　　采暖:从同质到异质,再回到同质?

长久以来,我国南北方维持着这样的采暖格局——北方区域实施传统燃煤锅炉集中供暖,南方区域则以空调、取暖器等取暖设备为主。然而,燃煤排放是引起近年全国持续出现大范围雾霾天气的主要原因之一,所以依靠燃煤的集中供暖被贴上了黑色标签。集中供暖耗能高、污染大,不论是否需要,暖气全天全空间供热,运行费用高,能源极大浪费。南方居民过冬,长时间使用空调,供热不均匀且令皮肤干燥、嗓子不适,室内体验让人不尽满意;而电取暖器加热时间长,采暖范围小,电费支出更是相当可观。

随着生活水平的提高,采暖不再单纯追求温度,已变为一种享受。消费者对采暖价格、质量等的不同需求使得采暖市场向异质化转变。如今,北方集中供暖正逐步改造为分户采暖,壁挂炉、地暖、散热器、高中低档暖气片等采暖方式应有尽有,新的供暖方式不断涌现,多种供暖方式并存,人们的选择空间更多。

这其中,虽然地暖安装及使用价格比较昂贵,但其散热均匀、安静、多用途、不占用空间等优势还是使它受到越来越多居民的青睐。那么,在更高的收入水平下,地暖是否会使采暖重新成为同质市场?甚至成为房地产的交付标准?

2. 变量类型及关系

细分变量可分为三类:①用于识别顾客群体身份特征的**识别变量**,即年龄、性别、居住区域等,识别变量用于回答各细分市场的特定成员是谁;②用于描述顾客群体需求特征的**利益变量**,如对食物的关注,有人着重营养,有人着重色香味;③用于描述顾客群体行为方式的**行为变量**,如信息渠道、评估标准、购买时机、使用情景、满意体现等。

图 7-2 表明了识别变量、利益变量和行为变量的不同作用及三者的关系。识别变量、利益变量和行为变量必须同时使用，才能既知道顾客是谁，也能够明确顾客在寻求什么以及是如何寻求的，企业也才能据此提供符合顾客需求的产品以及确立产品提供方式。

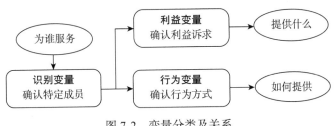

图 7-2　变量分类及关系

识别变量是稳定的，利益变量和行为变量则是不断变化的，市场细分的目的就是持续地发现、开发顾客新的利益和行为变量。很多时候，识别变量也会承载一定的利益和行为特征，如男性和女性各有利益和行为偏好，中老年人的利益诉求和行为特征明显区别于青少年，高寒地区和热带地区的生活方式也存在显著差异。但识别变量、利益变量和行为变量不是一一对应的关系，大多数利益和行为变量不为某一识别变量所独占，如不管男性还是女性都既有追求时尚的，也有崇尚经典的，老年人也未必不喜欢运动型的产品。所以，不能用识别变量代替利益和行为变量。发现特定细分市场的特定利益诉求和行为特征是市场细分的本质所在。

市场细分能够帮助企业认识市场，研究顾客和竞争对手，为选择合适的目标市场、制定正确的营销策略提供依据。市场细分的作用具体表现在以下几个方面。

创造新的市场机会　市场细分的过程其实就是不断深化顾客需求、行为特征的过程。因此，在这种对顾客需求、行为的不断深化过程中，就有可能发现顾客尚未被满足的需求或新的行为方式，从而挖掘或创造出新的市场机会。

更好地界定竞争对手　竞争并不仅仅来自同行的品牌竞争，还有形式竞争、品类竞争和愿望竞争，有效的市场细分本质上就是对顾客愿望由外及里、抽丝剥茧式的剖析，也就是对顾客从愿望、品类到形式和品牌偏好的逐步界定。市场细分既帮助企业明确顾客的当前需求，也指出顾客需求的演变方向，准确界定企业的竞争对手。

有效满足顾客需求　通过市场细分，企业准确而细致地界定了顾客的利益诉求，从而可以比竞争对手更有针对性地满足顾客需求，获得顾客的忠诚。

有利于企业发挥竞争优势　在明确各种需求的基础上，企业可以更好地根据自身资源和能力情况，扬长避短，选择最有利的细分市场进行产品开发，获取竞争优势。

有利于企业把握市场变化　市场细分是对顾客需求和行为的详细分析及界定，同时也是对顾客需求和行为变化轨迹的描述，这构筑了企业根据市场变化及时调整营销策略的基础。

7.1.2　常用细分变量及组合

细分变量是市场细分的依据，表明了顾客群体需求或行为的某种特征。顾客需求和行为特征很多,细分变量很多,并不是每次市场细分都要按所有细分变量进行,而是选择几个细分变量。所以,细分变量的准确选择是市场细分有效的关键。

1. 消费者市场常用细分变量

消费者市场常用的识别变量是人口变量和地理变量,这两者总体上属于识别变量,但通常也承载着某些利益和行为特征;利益变量包含功能、品质、情感、便利性偏好等,利益变量的选取因需求和产品的不同而采取不同的具体指标;行为变量包括性格、时机、忠诚度、渠道等。消费者市场常用细分变量及示例见表7-1。

表7-1 消费者市场常用细分变量及示例

识别变量		示例	利益变量	示例	行为变量	示例
人口	性别:男、女		功能	省力、省时、易操作	性格	冲动、冷静
	年龄:少年、青年、老年		品质	质量、价格	时机	打折、节日、随意
	家庭:单身、三代		便利性	高、中、低	忠诚度	高、中、低
地理	气候:寒带、热带		情感	完美、艺术、时尚	渠道	网购、百货店、地摊
	地形:平原、丘陵					

地理变量 地理变量包括国家、地区、城市规模、气候、地形地貌等。国家和地区作为识别变量是相对稳定的。从识别变量的角度看,地理变量的长期作用往往会促进某种独特地区习俗的形成,所以必须指出这种独特的习俗是什么,即与国家、高寒、地形相关联的需求和行为特征是什么。由此,企业不仅可以针对这种独特的地理差异创新产品,还可以将一个地区的习俗加以适当改造后推及其他地区。

人口变量 年龄、性别、家庭、宗教、民族、收入、职业、教育水平等人口统计特征是最重要的识别变量。同时,这些人口统计特征也会直接指向某些利益和行为特征,如青年女性的时尚偏好、老年人的保健需求、高收入者的奢侈偏好等。

相较于地理变量,尤其是在全球化和网络化趋势下,地区差异日益缩小,人口变量成为最主要的识别变量,几乎全部市场细分都是以人口变量进行划分和识别的,然后在此基础上归纳、发现各个人口群体的行为特征,或不断反复这一过程。

利益变量 利益变量是顾客追求的实际利益——需求,如消费者对住宅的利益诉求可以分为面积诉求(足够的居住空间)、学区诉求(子女接受良好教育)、交通诉求(上下班的便利)、生活诉求(生活方便),等等。虽然消费者一般喜欢具备所有利益的产品,但经济承担能力、现实可能性等会迫使消费者放弃某一诉求或对诉求进行重要性排序。由于利益是消费者购买某种产品的终极目的所在,利益变量成为最有效、最重要的细分变量。

行为变量 行为变量是顾客追求利益或产品的方式方法,如购买或使用某种产品的时机、冲动性、评估标准、忠诚度、性格等。由于行为反映了顾客是如何获取产品的,行为变量可以指导营销者如何吸引顾客的注意力,如何让顾客快速做出有利于自己的决策,是市场细分不可或缺的变量。

⊙ 材料 7-1　　　　　　　　　　网络行为变量

购物网站面临的挑战来自每个群体都有其不同的购买需求和购买行为，企业必须选择适当的变量及组合进行市场细分，从而明确自己要吸引的是哪部分网络顾客，并确定如何根据目标群体设计网站风格、推广策略。否则，网站就会吸引一些不能带来利润的访问者，而失去那些最可能带来利润的群体。相比于线下顾客，互联网顾客的细分有其独特的细分变量。

（1）使用互联网的熟练程度。对互联网熟练的顾客会更倾向于网上购物，因为他们熟悉网上购物的交易流程及安全性，很享受网络购物给他们带来的便捷。

（2）使用的浏览器软件。不同的互联网浏览器软件提供的网站信息是有区别的，影响用户获取有用信息。

（3）访问途径。访问途径主要有：直接键入、关键词搜索、购物导航网站、邮件链接、广告链接、微博链接、社区链接等。访问途径越多，顾客接触到购物网站的概率就越大。直接键入是网络购物最主要的访问途径。

（4）访问时间。如果消费者经常在上班时间而不是休息时间访问站点，可能他们要寻求的信息更多的是与他们的工作相关而非与个人需要有关。

（5）访问的规律性。首次访问者或是不规律访问者可能对站点中关于企业整体性的信息更感兴趣。对于规律性的访问者，企业应尽可能为他们提供相关的最新信息。

（6）访问频率。访问频率是指顾客平均隔多久访问站点。显然，访问频率是衡量顾客行为方式的一个重要指标，访问频率高，说明消费者对该页面的信息感兴趣，进而反映其对公司网站上的产品或服务感兴趣。企业应尽可能更新和完善信息，使消费者能及时了解最新动态。

（7）网页停留时间。网页停留时间短的消费者更倾向于获取简洁、明了的信息；长时间停留的消费者更乐意接受复杂的、有深度的信息。

（8）支付方式。网络顾客的支付方式主要有：第三方平台支付、网上银行直接支付、货到现金付款、货到刷卡支付、银行汇款等。网络顾客更倾向于安全、方便的支付平台。此外，网站的支付方式多样化也是吸引网络顾客的重要因素。

2. 企业市场常用细分变量

由于企业是一个组织，其利益诉求是营利性的，行为是理性的和专业性的，所以细分变量的选取和创新都明确地指向营销和理性。企业市场的常用细分变量及示例见表 7-2。

表 7-2　企业市场常用细分变量及示例

识别变量	示例	利益变量	示例	行为变量	示例
行业	机械、石油、软件……	效率	高、中、低	偏好	合作、权力、风险……
地区	美洲、欧洲、亚洲……	品质	高、中、低	管理	集权、分权……
规模	大、中、小	价格	高、中、低	周期	成长、成熟……

识别变量　和消费者市场不同，企业市场很难说有什么变量是纯识别变量，几乎所有的变量背后都承载着一定的利益和行为特征。如一个产品或零（部）件在一个行业是主要的，在另一个行业可能是辅助性的。大企业和小企业显然有不同的行为特征，大企业讲规范，小企业则更强调效率。行业、地区、规模用户与企业空间距离的远近、用户分布的集中程度都可以作为企业市场的识别变量。如果把距离较远、比较分散的用户视为一个子市场，其价值显然不如距离较近、分布集中的子市场。

利益变量　企业的利益诉求主要包括效率、品质和价格三个方面。有些企业对效率的要求高于品质和价格，有些宁可付出高昂代价也要保证品质一流。由于不同产品的效率、品质表达都是不一样的，所以，营销者一定要区分不同用户利益诉求之间的差异。如对于轮胎的利益诉求来说，货车生产商更加注重轮胎的负重诉求（足够的负重能力），赛车生产商则注重轮胎的提速诉求（提高车辆的行驶速度），家庭轿车生产商注重轮胎的安全诉求（制动性能好、稳定性高），农用车生产商注重轮胎的耐用诉求（耐磨、寿命长）等。

行为变量　由于企业是一个营利性机构，对利益的诉求一般都有明确的指向，只是面临多重属性时，考量不同利益属性的权重、顺序时会有一定的不确定性。企业行为虽然也以理性成分居多，但复杂性决策毕竟不可能是完全理性的，何况决策者、执行者都是人，是人就会有情感，有非理性的一面，有主观偏差，有偏好。所以，把握企业行为特征才是企业市场细分的关键。

■ 案例 7-1　　　　　　　　佳能打印机精准发力

2018 年 3 月 20 日，佳能举行"绿色打印共瞰未来"新品发布会，精准发力 CAD/GIS 市场，推出 imagePROGRAF TX 系列大幅面打印机。

随着中国信息化进程的提速，计算机辅助设计（CAD）和地理信息系统（GIS）在城市规划、地理信息、工程设计、国防建设、航空航天等领域应用广泛。CAD/GIS 行业用户的大幅面出图量大，对输出品质和安全性要求高，需要线条清晰、色彩精准，能够再现原作设计理念。此次新品在墨水系统、纸张传输、截切控制、加密保护等方面进行了革新与改良，可以充分满足 CAD/GIS 用户在高效打印、品质输入、安全保障方面的专业性需求。

仅仅 20 天前，搭载第三代 ADVANCE 平台的 A4 彩色数码复合机 imageRUNNER ADVANCE C356 II 正式上市销售。该产品主要面向医疗行业、交通运输行业以及共享办公等用户，在人性化操作、色彩细腻性、智能扫描等方面颇具亮点。此外，针对小企业的

"智能黑立方"一体机一经推出也广受市场青睐。智能黑立方采用鼓粉分离技术,让企业在使用过程中只需更换墨粉盒,不用更换感光鼓,在满足小企业办公需求的同时显著降低了使用成本。

资料来源:精准发力 CAD/GIS 细分市场　佳能发布新型 5 色 image PROGRAF TX 系列大幅画打印机[EB/OL]. (2018-03-20). http://www.canon.com.cn/info/products/1728.html.

不管是消费者市场还是企业市场,利益变量和行为变量的确认最终都必须能够回答第 5～6 章分析中所指出的消费者(或企业)的决策过程及决策机制。

3. 细分变量组合

在具体细分市场的过程中,往往不是采用单一变量,而是同时使用几个变量甚至一系列变量来进行市场细分。以智能手机为例,图 7-3 表明了一个包括三个变量和三个步骤的简单的市场细分。

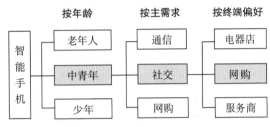

图 7-3　市场细分变量组合

(1)按年龄这一识别变量将最终用户细分为老年人、中青年和少年三个子市场。明确的识别变量帮助销售人员识别谁是该款产品的目标顾客,做到有的放矢,从而提高销售效率,帮助媒体经理按目标顾客媒体偏好选择广告投放媒体,提高广告效率。

(2)按主需求这一利益变量进一步将中青年市场细分为通信、社交和网购三个子市场。同样,也可对老年人和少年市场按他们可能的主需求进一步细分。主需求这一利益变量告诉销售人员,要从目标顾客的主要利益诉求入手推荐产品,告诉广告经理广告诉求的主题应该是什么,以及如何结合目标顾客的思维、理解特征来组织信息。

(3)按顾客购物终端偏好这一行为变量,再进一步细分为电器实体店、网购和移动通信服务商营业厅三个子市场。终端偏好这一行为变量告诉销售部门如何向分销渠道投放产品,做好不同投放渠道下的产品展示方案。

可见,图 7-3 仅仅是一个简单的变量组合细分示例,实际上运用的细分变量更多,如已经提到的媒体偏好、理解特征等,没有提到的收入、职业等,每一个细分变量也可以更加深入,如中青年可进一步分为中年、青年,或者按更小的年龄段划分。

7.1.3　细分变量创新

从营销实践看,已有的细分变量及组合表明这些利益诉求或行为特征已为竞争者所熟知,相应的细分市场已被发现或开发,进入这些细分市场意味着你是一个迟到者。所以,企业要不断寻求、创造新的细分变量以谋求新的市场机会,这才是市场细分的本质所在。细分变量创新可以从两个方面入手。

(1)对已知变量进行更深入、细致的划分,或是减少划分的层次。如针对停车难、交通拥堵、环保的要求,倡导环保理念,开发微型汽车。

（2）发现或刺激顾客产生新的利益诉求或行为方式。如从人们对健身的关注出发，开发可穿戴设备，记录人们的运动情况，并在朋友圈共享以增强趣味性，便于相互鼓励和监督。

> **■ 案例 7-2　　　　　　　　　用消费场景细分市场**
>
> 　　汽车润滑油作为一种高使用率、低感知度的产品，并不如快消品那么贴近生活，通常按照消费者利益变量（如抗氧化、清洁、抗磨）或所用车型（如高档、低档）来细分市场。嘉实多磁护作为老牌润滑油品牌，近年来通过细分创新，以消费场景为线与消费者建立情感绑定，市场表现优异。
>
> 　　嘉实多磁护瞄准不同的人群拥有不同的车型，在不同的出行场景会面临不同的路况挑战，引擎磨损情况也是截然不同这一客观事实，以消费场景为变量，推出多款产品来深化"为爱专属，时刻保护"的宣示。如嘉实多磁护启停保5W-30能够在频繁启停路况下拥有出色的燃油经济性；0W-20在保证燃油经济性的同时，能够为工作温度较低的混合动力发动机提供优质保护；5W-40则为拥堵的城市路况而生，能够显著降低引擎在热车及频繁启停过程中所造成的磨损。
>
> 资料来源：精细化细分市场+场景式内容营销，嘉实多磁护是如何打动受众的？[EB/OL]. (2018-10-31). http://www.yidianzixun.com/article/0KOoiGG1.

7.2　细分市场评估和描述

企业对市场进行了有效细分后，就有了多个不同的细分市场，但这些细分市场并不一定都是有意义的，有些可能因为规模太小而不具备盈利性，有些可能要求太高，目前的技术尚不能提供能够有效满足需求的产品。所以，营销者还必须确定各细分市场的有效性，企业只能在有效的细分市场中进行选择，并确定哪些细分市场为目标市场。

评估细分市场有效性的三个主要因素是细分市场的盈利性、竞争性以及营销差异性。

7.2.1　盈利性评估

盈利性反映了细分市场的投资回报情况，高盈利性意味着该细分市场是一个有利可图的市场。通常情况下，企业会选择盈利性高的细分市场。细分市场的盈利性主要取决于细分市场的经济规模、成长性和环境风险。

1. 经济规模

经济规模是指细分市场的顾客数量、分布及由此形成的总购买力，顾客越多、分布越集中、每位顾客购买力越强，总购买力越大，经济规模越大，盈利性越大。反之，低于一定经济规模的细分市场不具备盈利性，表明该细分市场没有开发和培育的价值。现实中，许多企业往往比较注重细分市场上每位顾客的购买力，却忽视顾客的数量和分布，以每位顾客的购买力代替细分市场的总购买力是危险的。这种情况一般发生在高端市场。

所以，一个有效的细分市场在经济规模上应该具有适当而稳定的需求规模，即子市场的需求规模大到足以使企业实现其利润目标，并且这一规模能够在一定时期保持相对稳定。如果细分市场的需求规模较小，说明这个市场还未完全形成，若将其细分出来进行运作，结果会适得其反，也难以保证企业的盈利要求。同时，一个过小的细分市场很容易受关联细分市场的影响，进而使该细分市场渐渐失去特性而不再存在。因此，在很多情况下，市场不能被无限地细分下去，以免造成规模的不经济。

当然，顾客数量、顾客分布、每位顾客的购买力都可能发生变化，企业既要考虑细分市场当下的总购买力，更要考虑潜在的总购买力。

2. 成长性

当一个细分市场具有良好的成长性时，企业面对的是不断改进和扩大的市场需求，企业既可以争夺新产品市场，也可以争夺扩大的市场，而不必采取攻击性行为去抢占竞争对手的市场，销售渠道的进入及建立也比较容易。

反之，如果市场成长性较差，市场需求的增长迟缓或停滞不前，伴随的市场格局往往是顾客偏好已经形成，市场结构较为稳定，企业间的销售量此消彼长。选择进入这样的细分市场，企业必然要在定价、服务、促销等方面展开富有攻击性和高强度的竞争，但即使这样也并不能保证自身产品的销量与盈利。因此，企业通常应尽可能选择成长性较好的细分市场作为目标市场。

> ⊙ 讨论7-2　　　　　　　阻碍中国男士化妆品市场发展的真正原因
>
> 根据《天猫2019年颜值经济报告》，2018年，天猫平台上男士化妆品专用品牌数量同比增长达到了56%。2018年在男性购买的所有化妆品中，男士专用BB霜或CC霜占4%，比2017年增长185%；而男士专用眉笔占1%，比2017年增长214%。男士化妆品销量大涨是否意味着男性化妆品成为新掘金市场？
>
> 绝大多数品牌目前在研发上仍以女性化妆品为主要方向，男士专用产品不仅品种少，也基本以洁净为单一功能。数据显示，我国男性化妆品只占化妆品市场规模总量的2%，相比发达国家30%的市场份额，男性化妆品市场还需要培育与投入，春天远未到来。
>
> 当前，男士对护肤品的概念接受远高于化妆品。但在护肤品类上，也只是停留在"把脸洗干净"阶段，以控油、清洁、除痘为主，对滋养、紧致、亮肤等功能意识较弱。而针对洁面的基础护理，也缺乏针对不同年龄层次、皮肤特性、使用习惯的有效细分，对男性护肤的市场培育深度还远远不够。
>
> 另外，碍于兴趣、时间以及传统社会压力，中国男性远不能像女性那样经常、自由自在地出入百货商超，仔细选购，很多购买依赖于女性代购或网购。且目前男性护肤品的销售渠道走的仍是传统女性护肤品的路线，并未根据男性特点进行渠道调整，在某种程度上也阻碍了中国男士的护肤化妆需求向购买行为的实际转化。

3. 环境风险

环境风险是指企业进入细分市场时面临的非竞争性因素导致的各类风险，如由政府政策、风俗习惯、顾客的行为惯性等原因导致的对产品的限制、冷淡、厌恶甚至拒绝等。环境风险对细分市场最终的盈利性有决定性影响。通常，企业应当对环境风险进行谨慎评估，在试用、试销的基础上决定进入与否，或选择环境风险相对较小的细分市场。

7.2.2 竞争性评估

细分市场的竞争性是指细分市场的竞争状态或强度。竞争状态或强度是影响企业竞争行为有效性的关键因素。企业通常选择竞争状态稳定、强度较低的细分市场作为目标市场。决定一个细分市场竞争性的因素主要包括卖方密度及均衡性、产品差异性、转换成本、进入障碍和退出障碍等。

1. 卖方密度及均衡性

卖方密度是指一个细分市场上卖方的数量。细分市场的卖方密度越大，即参与竞争的竞争者越多，该细分市场上的竞争就越激烈一些，反之则弱。企业评估细分市场时，应考虑其卖方密度，尽量进入卖方密度较小、竞争强度较低的细分市场。

从竞争对手之间力量的均衡性看，由具有相似规模和实力的少数企业控制的细分市场对新进入者构成巨大的进入障碍。这些企业控制了该市场的较大份额，其资源与实力使得它们能够对新进入者采取强有力的行动和回应，因而这样的细分市场较难进入。如可乐市场就是竞争相对均衡的一个很好例证，尽管有许多企业尝试过进入该市场，但因可口与百事两大可乐巨头会采取有效措施共同阻止，所以至今难有成功者。

2. 产品差异性

产品差异性是指不同企业同类产品之间的差异程度，是影响顾客对产品的鉴别、偏好和忠诚的重要因素。差异性使不同品牌间的产品各有特色，可比较性下降，细分市场可以分割得较细。所以，产品差异化程度越高，细分市场的竞争强度越弱；反之，产品差异化程度越低，细分市场的竞争强度就越高。

3. 转换成本

转换成本是指顾客从一个供应商转向另一个供应商所花费的一次性成本。这种成本不仅仅是经济上的，也是时间、精力、情感上的，如购买新的辅助设备的货币成本、挑选新产品或服务的时间成本，甚至结束一种供应关系的心理成本等。细分市场上的产品转换成本越低，顾客转向竞争对手越容易，该细分市场的竞争就越激烈；相反，细分市场上的产品转换成本越高，细分市场的竞争强度越低。

⊙ 讨论 7-3　　　　　　　　**携号转网　想说爱你不容易**

2019 年 11 月 11 日，中国工信部印发《携号转网服务管理规定》。至此，早在 3G 普及前就讨论的话题，在折腾了 13 年之后终于在 5G 元年落地。

早在 1997 年，新加坡就实行了号码携带制度，此后，欧美及日本、韩国等纷纷跟进。在中国这场迟缓的携号转网时间表中，技术和成本的约束显然可以忽略不计，商业博弈才是病灶，是中国移动、中国联通、中国电信三大运营商默契的结果。

为了实质性倒逼通信产业改革，携号转网成为政策施压的产物。但从目前来看，三大运营商在用户转入时几乎零门槛，对用户的转出则设置了重重关卡。一轻一重的规则设计，在一定程度上暴露了运营商的应对逻辑，也预示着携号转网真正掌握在用户手中并非那么容易。

4. 进入障碍和退出障碍

进入障碍是指企业在试图进入某个行业时所遇到的困难程度。不同行业新企业进入的难度不同，例如复杂高新技术行业需要大规模的投资和很高的专业技术，一般企业很难进入，而诸如服装、餐饮、快速消费品等行业相对就较易进入。因而，进入障碍高，进入的企业数量较少，竞争强度较弱。反之，进入障碍低，进入的企业数量多，竞争强度则高。

退出障碍是指企业在试图退出某个行业时所遇到的困难程度。退出障碍越高，企业只能苦苦支撑，以求渡过难关，或者期待其他企业的退出，采取不良竞争行为的概率越大（如恶性降价、轰炸性的广告宣传等），竞争会变得极其残酷。反之，退出障碍越低，竞争强度也越低，因为企业并不需要为退出承受多少损失，大多数企业会理性地在去留之间做出选择。因此，高进入障碍和低退出障碍的细分市场是企业的理想选择，当然，更多的是建立这样一种行业生态，而不是期冀这样一种生态。

⊙ 材料 7-2　　　　　　　　**煤电去产能成全球趋势**

据国际能源署（IEA）最新发布的《世界能源投资报告》显示：2018 年全球最终决定投资的燃煤电厂规模仅为 22 吉瓦，较 2015 年的 88 吉瓦下降幅度高达 75%，全球范围内关停的燃煤电厂全年约有 30 吉瓦。也就是说，2018 年燃煤电厂关停规模已超过新增规模，这很可能是自工业革命以来全球首次出现煤电规模减小的情况。

2019 年 5 月，中国国家发展改革委、工信部、国家能源局发布《关于做好 2019 年重点领域化解过剩产能工作的通知》，9 月《国家能源局关于下达 2019 年煤电行业淘汰落后产能目标任务的通知》，要求淘汰落后产能 866.4 万千瓦。目前，江苏、河北、黑龙江三省的 68 家热电厂煤电项目已正式退出历史舞台。

资料来源：1. "建"与"退"　2019 年第一波煤电去产能名单来袭！[EB/OL]. (2019-05-30). http://news.bjx.com.cn/html/20190530/983503.shtml.
　　　　　2. 国家能源局：煤电行业今年计划淘汰落后产能 866.4 万千瓦 [Z/OL]. 澎湃新闻，2019-10-04. https://www.thepaper.cn/newsDetail_forward_4603595.

7.2.3 营销差异性评估

营销差异性是指各细分市场对产品或服务的需求及对营销活动的反应必须是不同且可以测量的,可测量是衡量差异性的前提。营销差异性是有效细分的最基本特征,如果两个细分市场营销差异性不显著,通常就要考虑是否还要继续把它们看作是两个不同的细分市场了。营销差异性评估包括可测量性、需求差异性、行为差异性和反应差异性四个方面。

1. 可测量性

可测量性是指一个细分市场必须能够被明确区别和衡量。能够区别是指一个细分市场的识别变量、利益变量和行为变量是明确的;能够衡量是指一个细分市场的容量和市场特征能够被准确表述和测量。

在选择市场细分变量时,应尽可能回避那些难以准确定义和度量的要素;否则,细分市场将无法被界定、度量和有效描述,市场细分也就失去了意义。如将消费者分为奋斗型、成功型、生存型等,你既不能真正确定他们是谁,也不能确定他们针对你的产品的利益诉求、行为方式是什么,于企业制定营销策略无益。

可测量性是一个细分市场成立的基础,可测量才能明确一个细分市场的容量到底是多少,也只有可测量才能进一步进行需求、行为和反应差异性的评估。

2. 需求和行为差异性

仅仅可测量是不够的,还要保证两个细分市场在需求和行为方面有足够的差异。

需求差异性是指两个不同的细分市场对该产品的利益诉求,也就是要达成的愿望是有差别的。如同样是买车,一个细分市场是上下班代步,于是小型、起动性会成为重要因素;另一个细分市场是周末家庭出游,那么空间大、速度快会成为重要因素。

行为差异性是指两个细分市场购买、使用该产品的方式存在差异。如一个细分市场谨小慎微,全面考量才能选定车型、品牌,那么营销者必须一次性提供详细信息;另一个细分市场成熟老练,那么营销者可以引导顾客提问,有问必答即可。

3. 反应差异性

反应差异性是指两个细分市场对同一营销刺激的反应是不一样的。如对轿车来说,一个细分市场对价格不敏感,降价的实际意义就可能是变更目标顾客,变换目标细分市场;另一个细分市场对价格敏感,降价就会激发他们将购买计划提前,变现细分市场的购买力。营销者没有必要将两个对相同营销刺激反应一致的顾客群体作为两个细分市场区别对待,这只会浪费营销资源,降低营销效率。如对轿车价格敏感的人,他们一般同属一个细分市场,营销者没有必要因为他们的职业、收入等不同而把他们划归不同的细分市场。

⊙ 讨论 7-4 　　　　　　　　　**酒企、演唱会与细分市场**

近年来，酒类企业参与冠名或赞助明星演唱会已然成为一种普遍现象。作为酒类企业，为何要热衷于明星演唱会呢？

一般而言，明星演唱会具有娱乐性、聚焦性、话题性的特点，因此也是宣传企业、扩大销售的最好时机。同时，一场演唱会的宣传时间跨度比较长，一般参与企业会取得比较理想的宣传效果。比如有些房地产企业参与明星演唱会的冠名之后，房子销售短期内会非常火爆。

和一个楼盘的目标市场相对狭小和明确不同，大多数能够赞助演唱会的酒企其产品跨度都比较大，从几百上千元一瓶的高端酒，到几十元一瓶的低端酒。显然，高低端酒的目标市场是不同的，各目标市场的利益诉求和行为方式也大相径庭。高端酒要的是脸面，商务场合饮用居多，中低端则朋友聚会饮用居多。那么，演唱会的受众是否也涵盖全部高中低端的目标顾客呢？

综合市场盈利性、竞争性和营销差异性的要求，一个有效的、理想的细分市场特征和衡量指标见表 7-3。

表 7-3　理想细分市场的特征和衡量指标

	特征	衡量指标
盈利性	经济规模	累计销售量高，足以分摊固定成本，能容纳多个竞争者
	成长性	生命周期处于引入、成长阶段
	环境风险	稳定性高、失败概率低
		投资回报高、快
竞争性	卖方密度及均衡性	竞争强度低，有限的、理性的竞争者
	产品差异性	产品差异化空间大
	转换成本	顾客转换成本高
	进入（退出）障碍	早期进入、投资少、资产的可转移性或可变性强
		适度、均衡
营销差异性		可测，有明显区别于其他细分市场的利益、行为和反应差异

7.2.4　细分市场描述

市场细分选用的细分变量一般只强调了该细分市场最典型、差异性最大的特征，是一个细分市场区别于另一个细分市场的标志性指标。这一指标规定了企业营销方案的主要诉求，但如何送达、实现这一主要诉求还要依据该细分市场的其他特征。所以，为制订有针对性的、全面的营销方案，营销者还必须对有效细分市场进行全面的市场特征描述。

所谓全面的市场特征描述，就是对顾客的所有市场（需求和行为）特征指标进行描述，这些指标包括需求、信息处理、卷入机制、选择标准，以及各种偏好——媒体偏好、思维结构和方式、性格特征、渠道偏好等，详见第 5 章和第 6 章。如果某个细分市场某些必要的市场特征难以描述，那么该细分市场依然是无效的。如一个香水公司将某个细分市场定义为晚归的、社交众多的单身男女，除非你还能定义这个群体相对固定的接触媒体和购物场所，否则你根本无从接近这一消费群体，因而这一细分市场就是无效的。

> **⊙ 材料 7-3　　　　短途货运市场细分和特征**
>
> 根据物流行业的特点，从事物流货运的企业可以按照行业、地理区域、物品属性、时间长短、服务方式等方式进行细分。随着物流行业的发展，以上这种分类方式已经不适用于当今国内的物流体系了。诸多新形态的物流体系打破了原有的便捷效应，以货拉拉和58速运[⊖]为代表的同城物流行业就是其中最重要的组成部分。
>
>
>
> 一般认为，类似货拉拉这样的同城货运平台主要是面对 C 端用户，但事实上，货拉拉超过 70% 的订单来自 B 端市场。所谓 B 端市场，在同城货运行业其实主要是一些专业市场，像五金市场、家具市场、花卉市场、农贸市场等。国内小 B 端市场具有一个很鲜明的特点——小额高频，配合同城或短距离跨城，这就很容易理解，为什么类似货拉拉这样的平台的业务聚焦于此了。
>
> 另外，B 端用户与 C 端用户的需求客观上差异较大。在消费升级时代下，C 端用户对于使用体验的敏感度已经在一定程度上大于价格敏感度。而 B 端用户对此的要求相对较低，这也是为什么货拉拉在 B 端大受青睐，而回归到 C 端后，除货拉拉之外，58 速运、蓝犀牛、云鸟等都难以取得足够的影响力。
>
> 资料来源：短途货运下半场："货拉拉们"的现状如何？[EB/OL]. (2018-08-10). http://www.ebrun.com/20180810/291259.shtml.

7.3　确定目标市场

确认有效细分市场后，企业即可以着手在这些有效细分市场中选择一个或几个作为目标市场。目标市场选择的本质是细分市场和企业资源之间的匹配，即为企业选择一个既有发展前景又是企业资源所能支撑的细分市场作为企业的目标市场，使企业有能力向这一细分市场（目标市场）提供最优秀的产品和服务，取得竞争优势。

7.3.1　目标市场模式

企业通常选择一个或几个细分市场作为目标市场。但细分市场之间的相互关系并不相同，有些细分市场之间关联要素多一些，有些细分市场之间关联要素则较少；有些细

⊖　2018 年 8 月，"58 速运"品牌升级为"快狗打车"。

分市场以产品生产技术为纽带,有些细分市场以资源为纽带,而有些细分市场以顾客为纽带。细分市场之间关联要素不同,对企业资源和能力的要求也不同。

细分市场之间最主要的关联要素是产品和市场。按产品和市场的关联性构成的细分市场组合方式称为目标市场模式,共有五种目标市场模式:密集单一化、产品专业化、市场专业化、选择性覆盖和完全覆盖。如图 7-4 所示,图中 P 表示产品,M 表示市场。

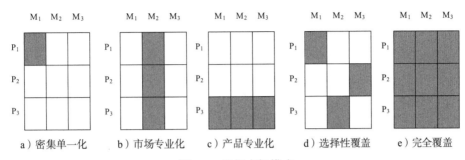

图 7-4 目标市场模式

1. 密集单一化

密集单一化市场模式是指企业只生产一种产品,选择一个细分市场进行集中营销。这种选择通常是基于:①企业具备在此细分市场获胜的基本条件;②企业资源有限,只能在一个细分市场经营;③这个细分市场上可能没有竞争对手;④这个细分市场有可能成为企业继续发展的起点。

采用这种模式,企业可以更好地了解细分市场的需求,并树立特别的声誉,在该细分市场建立牢固的市场地位。另外,通过生产、销售和促销的专业化分工,也可以获得相当的经济效益。但是,这一市场毕竟过于狭小,一般经营风险较大。所以,尽管这是一种好的进入市场的方式,但也只能是企业长期、整体发展战略的一部分。

> ⊙ 讨论 7-5　　　　　　　**从一点开始**
>
> 娃哈哈由儿童饮料起步,海尔专注冰箱 7 年整,苏宁从空调销售开始其成长之路,宝洁起初只是一家生产肥皂的小公司,华为在创业之初只是一家生产用户交换机的香港公司的销售代理。
>
> 如今,娃哈哈不仅是一个饮料王国,还生产罐头食品、方便休闲食品、酒类、医药保健品等,并踏入童装、婴幼儿奶粉等行业;海尔已是闻名于世的家电生产商;苏宁也早已从电器转为云商;宝洁已是全球最大的日用品生产商之一,产品包括织物及家居护理、美容美发、婴儿及家庭护理产品、健康护理、食品、饮料等;华为则是享誉全球的 ICT(信息与通信技术)基础设施和智能终端提供商。
>
> 几乎所有的大公司都是由专注于某一点而发展起来的,但这样的一个支撑点往往并不那么容易找到,更多的企业还未来得及成长就被市场淘汰了。

对大多数中小企业来说，集中营销是它们唯一的选择，但所选择的细分市场并非一定要最大、最具吸收力，那些小的、不为大企业所关注的和有特殊要求的、竞争强度较低的细分市场（即第 8 章中的补缺者）往往是它们成长的起点。

2. 产品专业化

产品专业化模式是指企业集中生产一种产品，但向不同的顾客分别销售该产品的不同品种或款式。如一家显微镜生产商分别向大学实验室、企业实验室、中小学生销售不同型号、款式的显微镜，而不是针对一种客户（如大学实验室）去生产它们可能需要的其他实验器材。

产品专业化模式实施的基础在于企业拥有该类产品生产的专有技术能力，通过这些技术满足不同顾客的需求。产品专业化能使企业比较容易地在某一产品领域树立起很高的声誉，扩大市场面，使企业摆脱对个别市场的依赖，有利于降低风险。产品专业化模式的威胁主要是当该产品领域被一种全新的技术所代替，如柯达的胶片生产技术被数字技术所替代，或用于生产该产品的原料缺乏，没有代替原料或者成本过高时，产品产量有大幅下降的危险，甚至威胁到企业的生存。当然，全新的替代性技术并不是经常出现，周期也会比较长，并且这一模式的顾客群较大，营销的风险比密集单一化模式要小得多。

3. 市场专业化

市场专业化模式是指企业专门为满足某类顾客群体的各种需求服务。如某家实验器材生产商专为大学实验室提供显微镜、示波器、本生灯、化学烧瓶等实验器材产品。

这种模式的好处是企业专门为某一顾客群服务，可以充分、准确地理解这类顾客的需求和行为，从而更有效地提供服务，在这一顾客群中建立相当的信誉度和知名度。但是同一群体的顾客往往有相同的发展周期性，使得企业很难回避由这种市场波动带来的风险。如当大学实验室突然削减经费预算，减少仪器的购买，专为大学实验室提供系列产品的企业就会面临短期销售压力。

4. 选择性覆盖

选择性覆盖模式是指企业同时在若干个经过挑选的有吸引力且符合公司战略目标和能力的细分市场上进行营销活动。各细分市场之间没有关联或关联较少。事实上，选择性覆盖是一种多元化经营模式，主要理由是分散经营风险，即使某个细分市场盈利不佳，企业也希望可以继续在其他细分市场上取得盈利。选择性覆盖模式要求企业具有较强的多方面能力。

5. 完全覆盖

完全覆盖模式是指企业用自己生产的各种不同品类的产品满足不同市场上顾客的需求。通常只有大企业才能采取这种市场模式，如通用电气的产品包括电气产品、媒体和财务三大类，顾客涵盖军队、商业企业及普通消费者。

由于企业用自己生产的所有产品针对各个市场上所有可能的顾客进行营销活动，试图抢占所有可能的细分市场，所以要求企业有较强的实力。另外，企业多方向用力，如果控制不好，有可能失去主要方向。事实上，通用电气公司在 20 世纪 80 年代杰克·韦尔奇担任总裁期间，其业务领域不是扩展了而是缩减了，事业部由 350 个缩减至 15 个，同时全球领先业务从 3 个增加到了 12 个。

> **■ 案例 7-3　　　　　　　　海尔的目标市场扩张方向**
>
> 集中化策略成功以后，企业积聚的资源需要更大的舞台。
>
> 从 1985 年到 1991 年，海尔专心于冰箱整整 7 年，致力于把冰箱做好、做大，终于超越了早期的香雪海、双鹿、万宝等知名品牌，产量突破 30 万台，产值突破 5 亿元，"琴岛 – 利勃海尔"入选"中国十大驰名商标"……
>
> 这以后，海尔开始了其扩张之路。1991 年 11 月 14 日，青岛市政府下发通知，决定"以青岛电冰箱总厂为核心层，青岛空调器厂和青岛电冰柜总厂为紧密层，成立青岛琴岛海尔集团公司"。于是，海尔的产品组合由电冰箱扩展到了空调器和冷柜，同属制冷机械，是典型的产品专业化。1995 年 7 月，海尔兼并青岛红星电器厂。1997 年，海尔以低成本扩张的方式先后兼并了广东顺德洗衣机厂、莱阳电熨斗厂、贵州风华电冰箱厂、合肥黄山电视机厂等 18 个企业，以进入彩电业为标志，海尔进入黑色家电、信息家电生产领域，完成了市场专业化扩张。至此，海尔在家电领域的产品方向扩张和市场方向扩张全部完成。

一般而言，随着企业的成长，企业的目标市场组合模式应遵循由集中到专业化、再到多元化的道路。寻求在一个集中市场的优势，建立企业发展的基础是第一步。在此基础上，企业应当根据自己的优势是在技术领域还是市场领域，选择技术专业化或市场专业化战略拓展业务。只有在一个领域取得如韦尔奇所说的第一或第二的绝对优势地位后，方可考虑开拓新的业务领域。很难想象一个企业在经营了多年的业务领域仅仅依靠领先的市场机会就能成功，机会的把握是重要的，可以成为企业发展的起点，但实力（资源）才是支撑企业持久生存并获得发展的核心竞争力。人们从产品及其归类认知一个企业，清晰的主营产品（类）是支撑企业知名度的基础，所有知名企业都有清晰的主营业务从实践上证明了这一点。

7.3.2　目标市场选择原则

上述细分市场的有效性是一般性的，或者说是针对行业的。每个企业都有不同的资源和能力，一般有效不等于对自己有效。所以，企业还需要根据一些原则进一步判断这些一般有效的细分市场对自己是否也是有效的，以达到企业资源、能力和细分市场之间的匹配。

1. 可进入性

可进入性是指企业有资源和能力进入并立足于这一细分市场,包括能够获取政策许可、产品和营销活动能够有效送达该细分市场,对该细分市场产生影响并引发购买。可进入性的本质含义是企业在该细分市场具有超越竞争对手的资源和能力,也就是能够比竞争对手向该细分市场提供更为适合的产品和服务,已经具备或能够建立起在该细分市场的竞争优势。一个极具利益的细分市场,如果企业没有足够的在竞争中取胜的资源和能力,那么这一细分市场事实上对该企业来说仍然是无效的。

2. 多数谬误

多数谬误是指大多数竞争者容易选择最大和预期盈利性最高的细分市场作为目标市场,而其他一些小细分市场却得不到应有的重视。结果最大和盈利预期最高的细分市场成为竞争最为激烈的市场,虽然总市场规模不会由此缩小,但企业份额并不大,盈利性更是和预期相去甚远。

当然,由于其规模最大,这一细分市场往往具有一定的示范效应,放弃这一细分市场可能会被视为处于弱势。所以,企业要综合考虑各方面的因素进行取舍。对不具备较强竞争力的企业来说,一般可以考虑采取进入的姿态但并不实际进入。

3. 品牌对称性

品牌对称性是指品牌的市场地位和细分市场在整体市场中的地位相一致。在收入分布均衡性较差的情况下,一个产品的整体市场会明显表现出由购买力而导致的层次性,也就是可以用收入作为细分变量,将整体市场划分为高收入、中等收入和低收入等细分市场。此时,高端品牌为扩大销量而进入下一层次市场可能会损害其在高端市场的声誉。反之,低端品牌为提高盈利性而进入上一层次市场也很难获得上一层次市场的认可。

一般而言,品牌有一定的扩展性,但这种扩展性更多的是指向相关产品延伸,而不是市场延伸,这是由品牌主要是一种市场力量而不是技术力量所决定的。所以,在目标市场的选择上,保持品牌地位和目标细分市场地位两者的对称是必要的。要拓展新的细分市场一般应采用新的品牌,如奔驰推出 Smart 品牌。

⊙ **讨论 7-6** 　　　　　　　　**韩系车在中国遇冷**

2019 年,全球最具权威的质量调查公司 J.D.Power 发布了美国 2019 年新车质量研究报告(IQS),在中国整体受冷遇的韩系车斩获了榜单的前三。而在去年的 IQS 中,韩系车同样排在前三。韩系车为何在美国行情受追捧,在中国却越来越没存在感了呢?

韩系车早期采取低价倾销的路线,使得消费者对其印象产生了固化。对于消费者来说,韩系车最具吸引力的根本原因就是合资品牌中最高的配置性价比。韩系车长期的中等起步价+大幅优惠的手段成功帮其占领了市场,但同时也成为其单车利润低、品牌力羸弱的根源之一。高端车型是品牌效应的催化剂,但韩系车在中国的高端市场销量惨不忍睹，现代捷恩斯与起亚斯汀格在国内鲜有问津。

随着自主品牌实力增长以及国外品牌的国产化，韩系品牌的在华优势已经荡然无存。所以，对今天的很多消费者而言，美系车动力出色，德系车品质放心，日系车省油价廉，而韩系车已经没有明确、吸引人的标签了。

4. 市场关联

企业在选择细分市场时，还应充分考虑各细分市场之间的相互关联性，即企业在一个细分市场中的策略可能会影响到另一个细分市场中的产品销售。在很多时候，细分市场是互相关联的，而这种关联影响可以是互相有利的，也可以是互相不利的。企业应选择一些有着相互有利影响的细分市场，而不是有着相互不利影响的细分市场。例如高档珠宝和低档珠宝这两个细分市场是有着不利相互影响的细分市场。如果一个企业既做高档珠宝又做低档珠宝，就会发现，高档市场中的消费者会因为该企业经营低档珠宝而产生不信任感，而低档市场的消费者又会对高档珠宝的高价产生敬畏而抑制了消费欲望。

7.3.3 目标市场选择方法

最后，企业还要评估各有效细分市场与企业资源和能力的匹配程度，从中选择匹配程度最高的细分市场作为目标市场。评估的方法很多，这里介绍可信度覆盖区法和市场吸引力–企业相对优势矩阵法。

1. 可信度覆盖区法

可信度覆盖区是指市场机会、品牌价值主张和企业组织能力（资源）的重合区，如图7-5所示。作为一种目标市场的选择方法，可信度覆盖区既指出了最优的目标细分市场，也指出了在不能获得最优目标细分市场时的营销战略。

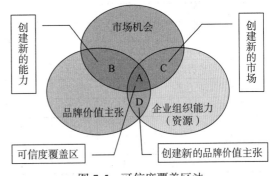

图7-5 可信度覆盖区法

首先，最优的目标细分市场应该充满机会，符合企业的组织能力和品牌的价值主张。即这一细分市场有良好的增长潜力，潜在顾客易开发；同时，企业的组织能力（资源）刚好擅长为这一细分市场提供产品，相对于可能的竞争者具有优势；品牌的价值主张也符合顾客对产品的价值认知，企业在该市场可以建立或拥有一个强势品牌。

在不能选择可信度覆盖区A为目标市场的情况下，企业也可选择其他区域为目标市场，但应尽可能选择覆盖度高的细分市场为目标市场，如图7-5中的B、C、D区域。此时，企业要创建、培育或外购相应的新的组织能力，或创建新的市场机会、新的品牌价值主张。

2. 市场吸引力–企业相对优势矩阵法

市场吸引力–企业相对优势矩阵法强调的是作为目标市场的细分市场应当具有吸引力，企业组织能力或资源在这一细分市场上具有相对优势。这一方法和可信度覆盖区法并没有本质的差别，只是将品牌价值主张和组织能力或资源都归并为企业优势要素，但在具体操作上更为详尽。其具体的过程是：①企业在评估不同的细分市场时，同时考虑细分市场的吸引力和企业在该细分市场中的相对优势两个因素；②对这两个因素赋予不同的权重来代表细分市场吸引力和企业相对优势的重要性；③对细分市场的吸引力（企业相对优势）做出分析并赋值，形成一个二维矩阵；④分析这个二维矩阵，判断哪些细分市场是优良的备选市场，哪些是较差的备选市场。表7-3是某小型轴承公司的市场吸引力–企业相对优势矩阵。

表7-4　××轴承公司细分市场吸引力–企业相对优势矩阵

细分市场 因素		权重	亚洲及大洋洲		欧洲		北美		拉美	
			分值	总分	分值	总分	分值	总分	分值	总分
市场吸引力	细分市场规模	15	10	150	8	120	9	135	3	45
	细分市场增长率	20	8	160	7	140	6	120	4	80
	潜在利润率	20	7	140	9	180	6	120	4	80
	法规方面的限制因素	10	7	70	6	60	5	50	5	50
	建立新强项的能力	15	7	105	7	105	8	120	2	30
	进入市场壁垒	10	7	70	6	60	5	50	5	50
	竞争激烈程度	10	6	60	6	60	5	50	6	60
总　分		100		755		725		645		395
企业相对优势	细分市场份额	20	7	140	5	100	8	160	1	20
	高质量服务	20	8	160	6	120	7	140	3	60
	专业技术知识	15	7	105	6	90	7	105	4	60
	良好的销售团队	15	8	120	7	105	7	105	3	45
	组织变动迅速	10	7	70	5	50	6	60	3	30
	低成本营运	10	8	80	7	70	7	70	6	60
	销售设施	5	4	20	2	10	3	15	1	5
	与政府的关系	5	3	15	2	10	4	20	1	5
总　分		100		710		555		675		285

由表7-4可见，对于该公司而言，亚洲及大洋洲市场的吸引力最高，为755分，是最具吸引力的细分市场；其次是欧洲市场，达725分；接下来是北美市场，为645分；而拉美市场得分仅为395分，不具有吸引力。该公司的相对优势在亚洲及大洋洲市场也最为显著，为710分；其次是北美市场，然后是欧洲市场，最后是拉美市场。

以市场吸收力为纵坐标，企业相对优势为横坐标，即构成该公司的市场吸引力–相对优势矩阵，如图7-6所示。

一般说来，处于高／高、高／中和中／高单元格的细分市场，是优选细分市场。处于低/低、低/中和中/低单元格的细分市场则是较差的备选细分市场。

从图7-6可以看到，拉美市场处于低/低单元格，市场的吸引力不大且企业没有相对优势，是较差的备选市场，在企业没有余力的情况下，应当首先放弃这一市场。而亚洲及大洋洲市场则处于高/高单元格，市场吸引力大并且企业相对优势明显，是首选的目标市场。

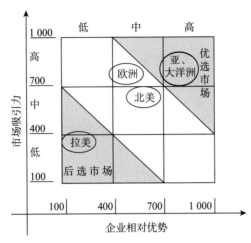

图7-6 市场吸引力－相对优势矩阵

本章小结

1. 目标市场营销是指企业在市场细分的基础上，选择一个或几个细分市场作为目标市场，并根据目标市场的需求和行为特征确定营销策略，以获得企业生存与发展的一种营销思想和方法。
2. 市场细分是指企业根据顾客的需求欲望、购买行为等方面的差异性，把某一产品的整体市场（异质市场）划分为若干个子市场（同质市场）的过程。
3. 细分变量可分为三类：一是用于识别顾客群体身份特征的识别变量，即年龄、性别、职业、居住区域等，用于回答各细分市场的特定成员是谁；二是用于描述顾客群体需求特征的利益变量，如属性偏好、情感偏好；三是用于描述顾客群体行为方式的行为变量，如决策过程、评估标准、购买时机等。
4. 企业要不断寻求、创造新的细分变量以谋求新的市场机会，是市场细分的本质所在。细分变量创新既可以对已知变量进行更深入、细致的划分（或减少划分层次），也可以通过寻求顾客新的利益诉求或行为特征去实现。
5. 一个细分市场是否有效取决于盈利性、竞争性和营销差异性。盈利性反映了细分市场的投资回报情况；竞争性反映了细分市场的竞争状态或强度，营销差异性则强调各细分市场对产品或服务的需求及对营销活动的反应必须是不同、可测量的。
6. 细分市场的盈利性主要取决于细分市场的经济规模、成长性和环境风险。
7. 决定一个细分市场竞争性的因素主要包括卖方密度及均衡性、产品差异性、转换成本、进入障碍和退出障碍等。

8. 营销差异性是有效细分的最基本特征，包括可测量性、需求差异性、行为差异性和反应差异性四个方面。

9. 目标市场模式包括密集单一化、产品专业化、市场专业化、选择性覆盖和完全覆盖五种细分市场组合方式。在资源有限的情况下，企业应选择集中化为目标市场模式，随着资源和能力的增强，在某一细分市场建立起长期优势的基础上，再向其他目标市场模式扩展。

10. 目标市场选择的本质是细分市场和企业资源之间的匹配，其原则包括可进入性、多数谬误、品牌对称性以及市场关联等。

11. 企业目标市场选择方法包括可信度覆盖区法、市场吸引力-企业相对优势矩阵法等。通常，企业应选择那些能够比竞争对手提供更为适合的产品和服务，已经具备或能够建立起竞争优势的细分市场为目标市场。

基本概念

目标市场营销　同质市场　异质市场　市场细分　识别变量　利益变量　行为变量
转换成本　进入障碍　退出障碍　反应差异性　可测量性　多数谬误
密集单一化　市场专业化　产品专业化　选择性覆盖　完全覆盖

简答

1. 简述目标市场选择过程。
2. 简述市场细分的作用。
3. 为什么说市场细分是对同类顾客的聚合？
4. 识别变量、利益变量和行为变量三者之间的联系与区别什么？
5. 消费者市场与企业市场在细分变量的使用上有何差异？
6. 如何评估一个细分市场的有效性？
7. 简述目标市场选择的基本原则。
8. 试析企业目标市场模式选择的一般规律。
9. 可信度覆盖区法是如何确定目标市场的？
10. 检索并描述目标市场选择的其他方法。

思考

1. 选择一个熟悉的产品，尝试提出一个新的细分变量，描述各细分市场的需求和行为特征，并进行有效性评估，判断哪个细分市场最适合自己创业。
2. 寻找一些在不同细分市场上都进行产品销售的例子，比较并分析它们在产品提供、营销活动等方面的相似点和差异点。

实验

有些产品使用分男性和女性，有些产品则几乎不加区分。选择一款性别区别不大的产品，为其加入明显的性别要素，然后选择一个班级进行测试，看看该班级男女同学在无性别元素和有性别元素下对该产品的偏好会发生什么变化。

动手

选择一款产品，为其创造一个新的利益变量，为该变量设计一个展示方案，并用平面广告、视频或其他方式将该方案表达出来。

互联网——电脑市场怎么细分

在目前浪潮官网（http://www.inspur.com/）的主页可以看到，浪潮公司将其市场细分为政府和企业两个细分市场，政府市场进一步细分为常务政务、财政税务、民生保障、文化教育、智慧城市等，企业市场则进一步细分为金融、电信、交通、制造、快消等。分析这些细分市场的不同特征和吸引力，比较浪潮和其竞争对手在这些细分市场上的差异和相对竞争优势。

第 8 章
品牌定位

> 你不但看到的是你想看到的,你闻到的也是你想闻到的。这就是在香水的营销中最重要的决策是为该产品起什么名字的缘故。
>
> ——艾·里斯　杰克·特劳特
> 《定位:争夺用户心智的战争》的作者和"定位理论"的创始人

目标市场战略要求企业不再为所有的顾客服务,而是锁定一个或几个细分市场采取更有针对性的营销策略。目标市场的选择要求在某种程度上避免过度竞争,但事实上,即使只针对一个很小的细分市场,竞争也是无法完全回避的。当技术逐步走向成熟,产品同质化随之日趋严重,品牌作为差异化要素的重要性也就随之上升,赢得竞争的关键就在于是否拥有较高的建立、维持、提高与保护品牌的能力。

面对五颜六色、琳琅满目的洗发产品,顾客记住了"去屑"的海飞丝、"柔顺"的飘柔、"健康亮泽"的潘婷、"男士去屑专用"的清扬、"专业发廊护理"的沙宣。在技术复杂、厂牌林立的中高档轿车市场,消费者信奉奔驰是"高档商务行政级轿车",开宝马享受的是"驾驶的乐趣",沃尔沃"最安全","物有所值"是凌志。上网购物,顾客知道淘宝是"万能"的,京东是"电器商城","品牌折扣"是唯品会,"购书"上当当。顾客记住的是品牌,吸引顾客的是品牌,而不是产品的技术参数——油耗、加速度、扭矩,也不是商店的服务参数——好评率、送达速度、开箱合格率,虽然品牌并不能脱离这些产品参数和服务参数。

一个成功的品牌不仅基于良好的产品参数、服务参数、较高的知名度,还在于其拥有良好的感性形象——能够直击目标顾客心智的诉求,对目标顾客需求极简,同时又是酣畅的、升华的阐释。这就要求企业要有独特的品牌定位、清晰的品牌运作思路、出色的传播支持与长期的品牌投入。唯有如此,品牌才能为企业培育粉丝,造就品牌忠诚,进而形成稳定的目标市场和品牌溢价,保证稳定持久的回报。

8.1 品牌

从历史上看,品牌并不是现代社会的产物,可以说从有商品交换开始就已经有了品牌。从认知上看,人们对品牌的认识存在一个从肤浅到深刻,从表象到本质的发展阶段。表 8-1 给出了品牌的起源、发展及演变的过程。

表 8-1 品牌的发展历史

公元前 600 年	巴比伦尼亚的商人在店外挂起了标记,以区别于他们的竞争者
1266 年	英国法律规定面包师要在每一块出售的面包上做出记号,防止有意缺斤少两
15 世纪	brand 成为英文单词,意指点燃动物脂肪来宣布自己的占有
17 世纪	视觉符号被广泛用于帮助那些不识字的人去识别产品和商业活动
1760 年	Josiah Wedgwood 创建了第一家有品牌的企业
1910 年	现代广告先驱克劳德·霍普金斯首次提出品牌形象的概念
1931 年	宝洁公司建立品牌管理系统,并树立"将品牌当作一项事业来经营"的理念
1955 年	大卫·奥格威以广告人的视角,提出品牌形象理论,认为品牌可以创造差异,应具备个性,是自我形象的反映,强调品牌是一种资产
1981 年	杰克·特劳特和艾·里斯出版《定位:争夺用户心智的战争》[⊖],带来品牌思想革命:要在客户的脑海中建立一种定位
20 世纪 90 年代	如何专业化地进行品牌管理被广泛讨论,品牌与顾客之间的关系成为理论研究的焦点
21 世纪	以"确定和建立品牌定位、计划和实施品牌营销、衡量和解释品牌性能、增长和保持品牌价值"为步骤的"战略品牌管理"被广泛用于营销实践

8.1.1 品牌的含义

品牌既有其独特含义,又和产品及其品质、商标、符号(形象、品位)等密切相关。有人认为品牌就是质量,也有人把品牌看作是商标。把握品牌的独特含义及品牌与其他竞争要素的关系和区别,是进行有效品牌定位、品牌建设和品牌推广的关键。

1. 品牌的概念

美国市场营销协会对品牌的定义是:"品牌是一种名称、术语、标记、符号或设计,或是它们的组合运用,其目的是借以辨认某个或某群销售者的产品或服务,并使之同竞争对手区别开来。"但透过表 8-1 可以看出,随着品牌的发展,人们对品牌的理解也在加深,品牌早已不仅仅具有"辨认"这一功能,"辨认"也不仅仅是对产品生产者的辨认,还包括对产品品质、形象、品位的辨认。同时,"品牌价值""品牌资产"等概念也在不断拓展品牌的内涵与功能。

大多数人将品牌理解为企业提供的一系列产品特点、利益和服务的允诺,是产品价值或服务价值的综合表现,通常以特定形象符号作为标记。但这一理解更多地强调了品牌与其他竞争要素的联系,即品牌只是这些竞争要素的综合或代言,这就使品牌失去了其自身独特的含义和价值。这种理解很容易将品牌建设导向产品品质提升、增加产品特点和服务精细化等相关领域,而恰恰忽视了品牌自身含义的提炼、塑造和推广。

⊖ 2017 年 9 月,机械工业出版社推出了本书的经典重译版。

另外,一个品牌可用于多个产品,甚至多类产品,这时又如何综合这些产品的特点、利益和服务呢?可见,这种综合也只能是抽象的而不是具体的。品牌应该有属于自己的含义。

品牌的独特含义在于品牌是买方认可的一种独特价值和形象,以及由此表现出来的特定社会心理学含义。这种含义通常是抽象的、难以表述和验证的。当然,这绝不意味着品牌和产品特点、利益及服务允诺等无关,恰恰相反,这种独特的价值和形象需要相应的产品属性特点、利益和服务允诺等来支撑和保障。简单来说,品牌源于产品,高于产品。

2. 品牌与产品

品牌体现产品特色,但品牌又不仅仅是产品特色,它是最具差异性和最具吸引力的产品特色。

一般意义上的产品特色是指产品的理性特点,如手表走时精确、空调节电、皮包用料考究、汽车油耗低等,品牌必须体现产品的这种理性特点,使消费者感受到。

但产品的理性特点是可模仿的,不可能为一家企业所独占,比如谁的空调是最节电的呢?其次,消费者关注的理性特点是随时代变迁的,随着技术的进步或生活水平的提高,一种原本最受顾客关注的理性特点可能会变得无关紧要,或者降格为基本要求,如手表走时精确是必需的,但这是消费者选择的重点吗?所以,品牌对产品特色的体现一定是概括的、抽象的,是脱离理性的,是感性的。如高端手表今天依然高贵,却不仅仅因为其走时精确。

随着技术进步,产品的所有理性特点都会退化并逐渐失去市场意义,唯有品牌——买方认可的独特价值和形象,以及由此表现出来的独特社会心理学含义,才具备完全的独占性和独特的意义。在这个意义上,品牌是产品最具差异性、最具吸引力和终极的产品特色。

综上所述,不同于产品主要满足顾客的功能诉求,品牌主要满足顾客的情感诉求,建立产品之间的心理区隔,在顾客心智中占领一席之地。品牌与产品之间的差异见表8-2。

表 8-2 品牌与产品的差异

比较项目	产品	品牌
基础	生理的、客观的	心理的、主观的
形态	具体的、有形的、单一的	抽象的、无形的、综合的
要素	原料、工艺、技术、质量	标记、个性、形象、品位
功能	特定的应用功能和效用	特定的社会心理学含义
排他性	容易被模仿	独一无二
时效	有一定的生命周期	经久不衰
扩展性	只从属某一种类型	可适当延伸、兼并和扩展
	其效应难以积累	其资产可不断积累和增加

3. 品牌与商标

商标是将某产品或服务标明是由某个具体个人或企业所生产或提供的、经国家商标管理机构核准注册的显著标志，由文字、图形、字母、数字、三维标志、声音、颜色或这些要素的组合所构成的符号。《中华人民共和国商标法》规定，经商标局核准注册的商标，包括商品商标、服务商标和集体商标、证明商标，商标注册人享有商标专用权，受法律保护；如果是驰名商标，将会获得跨类别的商标专用权法律保护。

可见，经商标局核准注册的商标是品牌最为显性的表现，这使很多人往往将商标与品牌相等同。但实际上，商标只是一个法律概念，品牌因注册商标而获得独占权。商标具备了某种市场价值，但本质上仍是品牌建设的结果。商标对品牌的意义在于它承担了两方面的作用：一是品牌的法律保护，二是品牌传播的基本识别。

4. 品牌与符号

名称、标识等符号系统是品牌以及商标最显著的标志，这个符号系统的表层意义是帮助顾客识别产品的制造商或提供商，本质意义是表达、传递品牌内涵，即表达品牌的社会心理学含义，如承诺、个性、核心价值等。

归纳起来，品牌、产品、商标和符号之间的关系是：品牌表现为商标，为了识别供应商而独占和排他；服务于产品，为了提升产品价值和识别提供商；核心是符号，表达和传递其独特的社会心理学含义（见图8-1）。

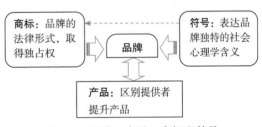

图 8-1　品牌、产品、商标和符号

8.1.2　品牌的价值和作用

不管是营利性组织还是非营利性组织甚至个人，品牌都是成功的关键要素，也是社会和消费者的消费对象。品牌之所以在今天的社会生活中扮演如此重要的角色，与其产生的原因或解决的问题，以及由此衍生的价值和作用密不可分。

1. 品牌的由来

纵观品牌的历史和现实，导致品牌产生的市场原因主要来自以下三个方面。

识别　最初的品牌只是因为市场上一种产品出现了多个生产者，顾客需要一种标记来识别产品的生产者。虽然还没有商标的概念，发挥的却是商标的作用。直至今天，这一功能仍然是品牌的基本功能。

承诺　现代产品、产业极其复杂，越来越多的生产商和越来越复杂的产品导致激烈的市场竞争，众多的生产者提供众多的既相似又有区别的各种产品，将人们带入选择的迷宫。不要说消费者很难从理性的角度来判断不同生产商提供的同一产品之间的优劣，或相对自己的适用性，即使专家也需要借助各种仪器、模型才能进行一定程度的判断。所以，对产品理性的技术测试通常只在特殊情况下才进行，日常生活中人们需要一种简便的方式来帮助自己做出这种判断。品牌担当起了这一职责，这时的品牌是一种承诺，是对产品品质、安全和服务等决定产品功能效用的承诺。这时的品牌也是专业的代名词，因为专业代表着优秀，企业力争行业领导者的地位，以此向市场（顾客）表明自己在相应领域最为专业，即最为优秀，如提起华为，人们就想起通信，提起中国中车，人们就想起高速列车。

情感需求 在物质日益丰富的条件下，人们的追求逐渐转向精神情感消费。在产品的功能性利益之外，人们越来越重视产品所能提供的象征意义——文化内涵，产品实际功能退居为这种象征意义的载体。一件衬衫的价值固然与用料、款式、颜色、做工等等相关，更重要的却是这些构成要素承载和传递了什么文化内涵，它的社会心理学含义是什么——"简约而不简单""与狼共舞"还是"男人的衣柜"？

2. 品牌的价值

由此可以看到，品牌的价值对应地体现在三个方面，见表8-3。

识别价值 识别价值体现在品牌代表了产品的生产商是谁，来源于企业的商标活动，获得了商标的独占性，一定意义上还代表了产品生产的合法性。顾客对识别价值的感受主要是生理的、客观的。

表 8-3 品牌的价值

类别	作用	来源	感受
识别价值	区别生产商	法律过程	生理的、客观的
代言价值	代言品质、特点	生产过程	
符号价值	象征社会身份	市场过程	心理的、主观的

代言价值 代言价值主要体现为品牌承载了产品的品质及其他功能特点，来源于产品的生产活动。顾客对代言价值的感受也是生理的、客观的。

符号价值 这是品牌价值的本质所在，是品牌自身的，符号体现了品牌的社会心理学含义及其社会身份特征。正是有了这样一种社会心理学含义，品牌才有了其独特的价值，完成了对产品从实际功能到兼具某种象征意义的生成、蜕变和升华。品牌的符号价值来源于市场过程，顾客的感受是心理的、主观的。

从构成品牌资产的视角看，符号价值的财务价值最高，一般所谓的品牌价值，主要来源于符号价值，代言价值次之，识别价值基本上不构成财务价值。当然，这三者又是相互联系、相互作用的，符号价值必须建立在代言价值和识别价值的基础之上。

3. 品牌的作用

品牌的识别、代言和符号三个方面的价值对企业建立竞争优势的作用体现在获得稳定的目标市场和品牌溢价上。

稳定目标市场 当品牌在识别、代言的基础上构筑了一定的社会心理学含义并逐渐深入人心后，品牌就具有了生活价值观、社会角色、文化品位等个性象征，具有了独特性，是不可模仿和替代的。此时，不管产品在物理上是否还存在有意义的差异，品牌本身都构成了竞争产品之间最重大的区别。由此，品牌和顾客个性之间会建立起某种微妙而稳定的联系，这种联系会有效地阻止顾客转向其他品牌，构成强有力的转换障碍，并由此建立品牌忠诚——顾客对品牌的排他性重复购买，目标市场的稳定性得到有效强化。

品牌溢价 特定的社会心理学含义使产品不再仅仅具有工具性的实用价值，还有了象征性的心理价值，满足了人们的精神需求，价值升华使产品有了在市场获得高于平均价格（溢价）的基础，品牌带来的差异化使企业获得了定价的相对自由。

高度的**品牌忠诚**和转换障碍简化了顾客的决策过程，并增加了重复购买。这两者既降低了顾客的决策成本，也会降低企业的销售成本，同时稳定了市场。溢价、稳定的市场和销售成本下降最终带给企业稳定的投资回报。该过程中品牌的起源、价值和作用如图 8-2 所示。

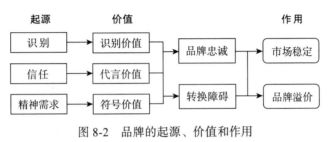

图 8-2 品牌的起源、价值和作用

8.1.3 品牌的决策

品牌创建与运行的过程就是众多品牌决策的过程。为了攻占顾客心智，迎接众多竞争品牌的挑战，营销者必须谨慎审视企业的品牌战略，分层次、分步骤地进行品牌决策。

1. 品牌化决策

顾客并非对所有产品、在所有场合下都重视品牌。所以，营销管理者首先要回答的品牌决策问题是：企业是否应当为自己的产品建立品牌？对这个问题的回答即为**品牌化决策**。

尽管需要承担品牌化的费用，大多数企业仍然愿意为自己的产品建立品牌，毕竟品牌化可以为企业创造许多好处。品牌发展到今天，不需要建立品牌的产品已经只剩有限的几类及在有限的场合：①未加工原料，如原棉、谷物、矿产资源等，因为这些产品性质单一，品质参数少，检测相对简单；②不会因生产者不同而产生差异的标准化产品，如有色金属、基础建筑材料等，这些产品只要标明生产厂家就足够了；③鲜花、水果和茶叶等品质尚无法稳定控制者。但事实上，这几类产品的品牌化走势也非常明显。

> ⊙ 讨论 8-1　　**茶叶品牌化程度低制约行业发展**
> 我国是全球第一大产茶国，第二大出口国，但并非茶叶强国，市场竞争力较低。国家统计局数据显示：2018 年我国茶叶总产量为 261 万吨，出口 36.5 万吨，内销 191 万吨，

出口均价创历史最高，达到每公斤 4.87 美元，出口额累计 17.8 万美元。但即使这样，出口均价也只有日本的 1/6，也低于斯里兰卡（每公斤 4.99 美元），也就有了"茶企七万家，抵不过立顿这一家"的行业之殇。

多年来，我国的茶叶市场被形象地比喻为"有姓无名"。有姓，是指有品种，如龙井、乌龙、毛峰等；无名，是指没有品牌。而茶叶这种很难从理化指标上进行品质甄别，又充满文化含义的产品，恰恰是最需要品牌支撑的。茶叶品牌建设的落后，已经成为制约我国茶产业发展的一大障碍。不要说与全球年销售超 30 亿美元的立顿相抗衡，我们连全国性的茶叶品牌都很少。如何创建品牌，提升品牌溢价，需要来自国家、行业与社会的共同努力。对此，你怎么看？

2. 品牌归属决策

品牌归属决策指的是品牌所有权归谁所有，由谁担当品牌建设、推广，主要有三种选择。

制造商品牌　制造商品牌是一种最主要的品牌归属，是指品牌的所有权归产品制造者所有。大多数著名品牌的所有者都是制造商，如华为、娃哈哈、微软、宝洁和通用电气等。

渠道品牌　**渠道品牌**是指品牌所有权为中间商所有，如家乐福、苏果、屈臣氏。中间商通过签订生产合同，委托制造商为其生产产品。渠道品牌的迅速发展，一方面是由于社会分工的深化，许多中小企业无力以自己的品牌进入市场，通过为中间商贴牌生产、以渠道品牌进入市场就显得更为有利；另一方面，连锁业的发展和完善产生了一些巨型零售企业，形成了庞大和完善的销售体系，委托制造商生产的自有品牌产品因为有自身信誉做担保，且拥有较强的价格优势，因而在某些日用品领域受到市场认可。

虚拟化经营品牌　也许生活中的消费者并不知道自己穿的耐克鞋、喝的浏阳河酒，并不是品牌所有者所属的企业生产制造的。很多企业既不自己生产，也不自己销售，而是向加工企业委托加工，通过中间商销售产品。这种方式常被称为虚拟化经营品牌。品牌虚拟经营实现了品牌与生产的分离，使制造商者更专注于生产，使品牌持有者从烦琐的生产事务中解脱出来，转而专注技术、服务与品牌推广。

3. 品牌组合决策

企业通常不会只生产一种产品，而是生产由多种产品构成的产品组合。是一种产品对应一个品牌还是所有产品对应一个品牌？企业产品组合对应的品牌组合策略有四种常见情况：独立品牌策略、统一品牌策略、分类品牌策略与复合品牌策略。

独立品牌策略　**独立品牌**策略是指企业为不同的产品建立不同的品牌，尽管这些产品可能具有相关性或存在重叠。独立品牌的优势在于可以将企业的声誉和某个品牌的成败分开，即使某个品牌失败了，也不会影响到企业及其他品牌的声誉。更为重要的是，企业就不同目标市场使用不同品牌，既提高了营销针对性，又可以全面锁定顾客，为其成功产品设置了外延防御阵线。独立品牌的劣势在于为了推广众多品牌，企业将不得不增加品牌费用。独立品牌策略很罕见，大多是因为几个企业重组或收购后对各方原有品牌的保留。如瑞士制表商 SMH 公司旗下拥有欧米茄、浪琴、雷达、天梭、斯沃琪等多个独立的手表品牌；我国机车企业重组为中国中车后，"东风"作为内燃机车品牌、"韶山"作为电力机车品牌依然在很长一段时期内继续使用，动车则统一采用"和谐"品牌，现在则是"复兴"品牌。

统一品牌策略　**统一品牌**策略也称单一品牌策略，是指企业的所有产品使用同一个品牌。如本田企业在汽车、摩托车、滑雪车、除草机、船用引擎和雪地车等产品大类上都使用了本田品牌，形成一个蔚为壮观的品牌大家族。采用统一品牌的优势在于不需要再为建立品牌的认知与偏好支付昂贵的推广费用，新产品引进与推广的成本较低，特别是该品牌拥有良好声誉时，对新产品营销的帮助更大。缺点就是产品之间的相互影响较大，一荣俱荣，一损俱损。统一品牌要求多种产品的品质保持在相对一致的水准。

分类品牌策略　**分类品牌**策略是指企业按产品类别建立品牌，一种类别产品采用一个品牌。如安利公司的营养保健品品牌是纽崔莱，美容化妆品品牌是雅姿；西尔斯公司的家用电器品牌是 Kenmore，工具产品品牌是 Craftsman，而家用装修设备的品牌则是 Homart。分类品牌策略既化解了产品在功能性质、使用场合、消费行为等方面的冲突，又可将建立起来的品牌声誉尽可能地让同类产品共享；既避免了传播的随机分散，又能强化传播产品线的独特承诺与优势。对一个跨行业的多元化企业来说，分类品牌策略是其不二选择。

复合品牌策略　**复合品牌**策略也称母子品牌策略，是指企业采用两个品牌相结合的方式进行品牌推广，这种情况多见于产品相对复杂、物理差异大或消费者个性化需求较强的场合。此时，一种产品需要多个品牌来针对不同的细分市场，占领更多的零售货架空间，但企业同时运作多个品牌又会稀释资源，导致任何一个品牌都难以取得较高市场份额。所以，这些品牌需要一个统一的支撑，以形成市场合力。复合品牌策略也常被理解为一种主副品牌或母子品牌格局：以主品牌传递传统、历史和内涵，副品牌突出具体产品的特色与目标群体。

⊙ **材料 8-1**　　　　　　　　　**内涵和特色的演绎**

复合品牌在具体运作过程中既可以是企业品牌／产品品牌的组合，如 Forte Hotels 旗下有 Forte Grand（高级国际酒店）、Forte Crest（商务酒店）、Forte Posthouse（大众旅店）、Forte Travellodge（路边方便旅店）多个品牌；也可以是企业／产品品牌与系列名称的组合，如吉列锋速、吉列锋隐、上汽荣威、上汽名爵等。

宝洁公司实行的多品牌策略事实上也是这种策略，在每一个广告结束前都会说上一句"P&G"或"宝洁公司，优质产品"。旺旺食品采用的也是这种策略，"旺旺"是它的企业名称，而它推出的每一种食品又有注册商标如仙贝、雪饼等。

综上，复合品牌策略显然是为了更深入地演绎产品特色，以更好地吻合不同细分市场的需求内涵。

品牌延伸 事实上，除了独立品牌策略以外，其他三种策略的背后都存在**品牌延伸**的问题，即在一个品牌名称下引入多种新产品来获利，这种延伸既可以是不同产品品类的延伸（统一品牌、分类统一品牌），也可以是同一产品线内产品项目的延伸（复合品牌）。品牌延伸能够使新产品更易为顾客所接受，顾客可以根据对现有品牌的认知而对新产品做出相应的推论并形成预期，从而减少新产品的推广成本。当然，产品范围的增加也有助于顾客更好地理解品牌的核心价值，使品牌受益。品牌延伸的负面影响是由于产品过多，顾客可能难以将品牌与具体产品或非常相似的产品联系在一起，淡化了品牌的独特之处，产生品牌稀释现象。若是延伸失败，现有品牌的形象会受到更严重的伤害。因此，企业在品牌延伸过程中，一定要对延伸的基础进行谨慎评定，包括消费心理、物理属性、使用环境、顾客类型等，毕竟顾客的内心深处觉得"合适"，品牌延伸才有成功的希望。一般来说，由于品牌主要是一种市场力量，品牌延伸应保证延伸产品之间的市场正相关。

4. 品牌标识决策

标识是品牌内涵的集中体现。一个品牌标识通常包括名称、图案及它们的组合、字体和颜色，随着技术的进步，音频、视频等其他特征元素也越来越多地成为品牌标识的构成要素。一个成功的品牌标识必须符合以下几个原则。

可保护原则 品牌标识必须能够得到法律的认可和保护，也就是说品牌标识要在商标法允许注册的范围内。既要借力典故、地方特色等已有市场资源，又要避免可能由此引发的纠纷，导致对品牌造成损害，甚至丧失商标所有权。

易上口原则 品牌名称要朗朗上口、通俗易记。一般以2~4个音节为宜，新造词而不是利用既有词汇。

高识别度原则 品牌标识在视觉上以高识别度为第一要求，要力求在多种场合第一时间引起受众的注意并使之停留，在此基础上争取艺术性、美感等。

富联想原则 品牌标识既要能体现出产品的特性，还要富有正面联想，无歧义。一个表达了产品特点且正面联想丰富的标识，既能让顾客容易理解产品的特点，也使今后的品牌推广有了丰富的素材和形式，更为品牌延伸留下了伏笔。

可延伸原则 可延伸原则指的是品牌标识未来是否能延伸到其他产品及其他市场领域。不管企业的现状如何，发展的结果总是导向企业产品的延伸，以及随之而来的品牌延伸。所以，品牌标识对产品特性的体现应该是抽象的，而不是具体的。

产品特性、富于联想、无歧义和可延伸既是相互关联的，也是相互冲突的，企业在确定品牌标识时，应平衡这些方面。

> **⊙ 讨论 8-2　　　　　"云南白药"品牌的延伸性**
>
> 　　当"大健康"成为众多药企的发展战略时，越来越多的药企开始了产品拓展，同一个品牌下新增了许多非药品产品。以云南白药为例，目前云南白药所涵盖的产品包括止血药品、创可贴、牙膏、洗发水、药妆等。
>
> 　　先不管云南白药的品牌延伸基础如何，单从品牌标识决策的原则来看，云南白药的这种延伸就存在一定的讨论空间。与同仁堂、白云山、马应龙、康恩贝等品牌不同，云南白药是集团名称、品牌名称与产品名称的统一体，且产品名称背后的实质意义更大，顾客对云南白药的直接认知更多的是"止血镇痛"功能而非"健康"概念。因此，单纯从品牌名称上来看，云南白药品牌的延伸性要弱于其他医药品牌，只有具有止血功能的产品才适宜使用云南白药这个名称。从目前云南白药各类产品的销售情况来看，以止血镇痛为主要功效的产品热销，而其他产品遇冷，也基本印证了这一点。

5. 品牌合作决策

随着竞争的加剧与营销技术的发展，很多品牌开始进行某些形式上的合作，以分摊营销成本，获得合作方的顾客与渠道，扩大品牌影响力，并且这种合作呈现出日益增长的趋势。

目前，品牌合作主要有三种方式：①不同品牌在广告、销售促进等营销活动上开展合作，如英特尔与惠普联手打造的"Intel Inside, HP Outside"，买麦当劳早餐送威露士洁肤湿巾等；②不同品牌合作推出一种基于新品牌的新产品，如吉列与博朗推出"吉列－博朗"全新品牌，李宁与红旗推出联名潮流产品；③传统品牌与互联网品牌合作推出新产品或进行品牌推广，如网易云音乐与农夫山泉跨界推出"乐瓶"。通常，品牌是互补关系而不是相似关系的合作更容易成功，表8-4节选了部分跨界品牌案例。

表 8-4　跨界品牌案例

品牌	跨界形式	亮点
可口可乐 × 百度 AR	技术支持	3D 体验增进品牌与消费者的联系
六神 × RIO	联名鸡尾酒	天猫独家首发 5 000 瓶，17 秒售空
周黑鸭 × 御泥坊	联名口红	咬唇妆的设计元素、鸭脖色的色号
肯德基 × 中国国家博物馆	主题店	18 个城市开设不同主题的"线下博物馆"
老干妈 × Opening Ceremony	联名卫衣	开启独具中国文化基因的品牌定制潮流，潮流单品登上纽约时装周
日日煮 × 哈根达斯	"好事花生"好运快闪店	创意冰激凌盛宴，与消费者产生亲密互动
喜茶 × 百雀羚	联名喜鹊礼盒、会员卡	经典的上海元素插画，呈现浓浓的民国复古风
泸州老窖 × 气味图书馆	联名香水	包装粉嫩，香水通身采用白酒玻璃瓶设计，将酒香与香水完美结合
耐克 × 顺丰	联名工作服	防风、防水、透气、配置反光贴条，增进送货安全
知乎 × 饿了么	线下快闪店	从"吃"话题入手，发散多元化只是分享玩法

资料来源：真会玩！你想不到的品牌竟然跨界合作了 [EB/OL]. (2019-01-07). https://cj.sina.com.cn/articles/view/1834507152/6d585b9001900dica.

8.2 品牌定位

在激烈竞争中，每个企业都期望自己的产品最符合目标顾客的心智，拥有独特的品牌属性或价值，并且这种属性或价值是其他竞争品牌无法替代的，如小米的"青春"、魅族的"梦想"、洋河的"蓝色经典"、茅台的"国酒""候鸟天堂"鄱阳湖、"魅力水乡"周庄。这一切都依赖于企业的品牌定位战略，**细分**（segmentation）、**目标**（targeting）和**定位**（positioning）也因此构成了企业差异化营销的战略基础。

任何品牌的定位都遵循以下过程：开发品牌差异——选择品牌特色——塑造品牌形象——传递品牌形象。品牌差异的开发强调营销者应针对品牌产品，深入地开发出能够比竞争品牌更有效的品牌差异点；品牌特色选择则告诉营销管理者，在面对多个品牌差异点的时候，如何选择出最有力、最符合顾客需求的品牌特色；品牌形象塑造则是对品牌特色进行提炼和整合，使品牌特色内涵丰富、易于联想、形象生动；品牌形象传递则探讨如何借助传播将品牌形象演变为顾客对品牌的心智，详见第 12 章。

8.2.1 定位的含义

定位理念最初由艾·里斯与杰克·特劳特在 20 世纪 60 年代末提出，是对 50 年代初美国人罗瑟·里夫斯（Rosser Reeves）提出的 USP（unique selling proposition，独特销售主张）理论的发展和升华，强调以 USP 或定位与竞争产品形成差异化，定位将独特的销售主张升华为品牌的社会心理学含义。此后，定位理论逐渐成为现代目标市场营销的基石。

品牌定位就是通过对品牌的整体设计与传播，有效建立该品牌与竞争品牌的区别，使其在目标顾客心目中占据一个独具价值地位的过程或行动。在这个过程中，企业除了要使品牌与竞争品牌形成差异以外，更重要的是让顾客相信并接受这种差异所带来的价值。因此，整个品牌定位的过程实际上是企业选择、塑造并传递品牌差异，并使目标顾客形成独特品牌形象的过程。简单地说，从静态的角度理解，定位就是品牌，就是独特的社会心理学含义（独特的形象或独特的价值）；从动态的角度理解，定位就是建立这一独特社会心理学含义的过程。所谓差异就是不同的品牌有不同的社会心理学含义。

品牌定位的目标是使顾客对该品牌形成偏好与忠诚，强调的是企业对顾客偏好的争夺，是一种偏好层次上的竞争。偏好一旦形成就难以更改，因此，顾客一旦对某品牌形成了良好认知，竞争对手就很难改变。尽管竞争者可以复制生产过程和产品设计，但很难模仿某一品牌经过多年体验使用和营销活动后在顾客心目中所形成的心理认知。因此，与质量竞争、价格竞争相比，作为情感偏好竞争的品牌定位就更具有不可替代性和可持续性。

■ 案例 8-1　　　　　　　　　　"红旗"的象征

我国第一辆国产轿车于 1958 年诞生于一汽。对于"中国第一车",新中国的缔造者们曾寄予了无限的期望与关怀,国人也对红旗怀有一份特殊情怀。

1959 年 9 月,第一辆红旗检阅车送到北京,供国庆十周年阅兵使用。

1966 年 4 月,20 辆红旗三排座高级轿车送到北京,周恩来总理、外交部部长陈毅等国家领导人正式乘用,并成为国家礼宾用车,被誉为"国车"。

1972 年,毛泽东主席坐上红旗特种保险车,为"中国第一车"罩上了耀眼的光环。

1984 年,在中华人民共和国成立 35 周年的盛大庆典上,邓小平同志乘坐红旗高级检阅车检阅了三军。

2009 年,在中华人民共和国成立 60 周年庆典上,国家主席胡锦涛乘坐红旗检阅车检阅三军。

2019 年,在中华人民共和国成立 70 周年庆典上,国家主席习近平乘坐红旗 T196 检阅三军。

尽管与国外强势品牌相比,红旗轿车在性能、质量方面并不具有优势,但作为中国汽车工业的骄傲与国家领导人的公务用车,红旗品牌中多了一份自主、自强的民族精神,一份尊贵的荣耀,在今天的轿车市场上仍然获得了众多的关注。

品牌定位是在市场细分与目标市场选择的基础上进行的,也就是说企业是根据目标市场的需求及行为特征来实施品牌定位战略的。因此,从竞争战略的层面上来看,市场细分、目标市场选择与品牌定位既相互联系又有着本质性的差别。

市场细分、目标市场选择的本质在于尽可能选择和竞争者不同的细分市场作为目标市场,试图在一定程度上回避或削弱竞争,减少对抗。品牌定位则是与竞争者展开直接的正面竞争,争夺的是同一细分市场,是比谁的定位更好地把握了目标顾客的需求和行为。

8.2.2　特色的选择

一个品牌的社会心理学含义不是一蹴而就的,总要从产品及相关事物的一些具体属性开始培育,在市场营销过程中逐步形成,即定位是从产品特色的开发、选择和培育开始的。

1. 明确潜在竞争优势

特色总是从那些顾客重视、支持和偏好的独特属性,即能够成为竞争优势的差异点中去寻求,进而培育的。一般而言,特色可以来自产品、材料、工艺、服务、人员、渠道和企业形象等几乎所有领域。表 8-5 给出了差异点的可能来源。

表 8-5 差异点来源

项目		产品	服务	渠道	人员	企业形象
差异点		功能	订货方便	覆盖面	专业化	理念
		性能/质量	交付	专业化	形象	公共关系
		款式	安装	保障	品德	标识
		可维护性	培训、咨询	送货	态度	信誉
		材料、工艺等	维修保养等	库存等	耐心等	风格等
低成本		无差异				

低成本 低成本策略即以最低的价格出售无特色的标准化产品给行业内最典型的顾客。顾客得到的实惠是产品的低价格，失去的是产品的特色，所以也称为无差异策略。从广义上说，低成本进而低价格也是一种特色，只是这种特色主要表现在经济利益而非产品的特殊功能或个性形象上。低成本策略的最大优势和理论基础是规模经济所带来的成本节约，现实基础是消费者在某些情况下会因价格昂贵而在某种程度上放弃对个性化的要求，转而接受无差异的大众化产品。低成本策略的风险主要来自消费者一旦条件许可——可自由支配收入增加，他们就可能愿意支付更高的价格以获得更符合其个性的产品。规模带来的其实远不仅仅是低成本，更强有力的是随之而来的便利性及社会认同效应，这一点在互联网条件下表现得尤为明显，社交应用、网购无不如此。

产品差异 产品差异可以从功能、性能/质量、款式、可维护性、材料和工艺等多个方面表现出来。如率先推出具备拍照功能的手机，也可以从待机时长、厚薄、金属外壳等角度寻求手机的产品特点。产品差异是客观的、最易识别的，也最容易模仿。

服务差异 随着产品种类的丰富和技术复杂性的提高，顾客对服务的重视与要求程度也在不断提高，特别当产品本身难以差异化时，取得竞争优势的关键常常是附加于产品的服务内容的增加与质量的提高。对零售商而言，服务才是它的产品，网络购物发展之所以如此迅猛，根源在于它提供了更为消费者青睐的服务。但服务较之产品更易被模仿。

渠道差异 企业也可以在渠道的选择、覆盖面、专业化等方面进行差异化。苏宁、阿里巴巴和京东都是通过开发和管理新渠道而获得优势的，特别是随着互联网与信息技术的高速发展，渠道创新将更加容易。

人员差异 相对于产品或服务差异化，人员差异化的不可模仿性较强，对品牌独特形象的作用也更为直接，因而更易为企业带来竞争优势。IBM声称员工个个是专家，而迪士尼乐园的员工则个个充满快乐，无疑直指顾客心智。一般而言，可以从专业性——解决问题的高超技能和知识、诚实的品德、负责任的态度和谦恭的形象几个方面寻求人员差异化。

○ 讨论 8-3　　　　互联网时代：低成本还是差异化

在供给充分的传统买方市场，差异化无疑是企业的终极追求，因为只有差异化，中小企业才能从大企业口中夺食，分得一杯羹。如众多的小快餐店，无不以差异化在麦当劳、肯德基等快餐连锁巨头的夹缝中生存。

> 在互联网时代，赢者通吃似乎成为一条铁律，社交应用微信独尊，网购平台淘宝鹤立鸡群，专业商店京东、苏宁龙虎斗，拼多多横扫低端大众市场，音乐、视频、游戏等互联网应用也大体如此，众多服务小众市场的应用日子并不好过。低成本似乎远优于差异化。
>
> 那么，这是暂时的还是恒久的？很明显的是，分享是人类的本能，但我们从来没有像今天这样能够随时随地分享。而分享依赖应用的规模、应用之间的互通，规模所带来的便利性及社会认同效应也许正在抵消差异化的诱惑。

形象差异　即使各竞争品牌的产品及服务看上去都一样，顾客也能从企业或产品品牌形象方面获得一种与众不同的印象。能解释万宝路香烟异乎寻常的世界市场份额（约30%）的唯一理由就是"万宝路牛仔"形象激起了大多数吸烟者的强烈认同。形象的差异化主要来自顾客对企业理念、公共关系、标识、承诺、信誉、风格的感知。事实上，品牌形象差异是品牌定位的最终目标，是各方面差异的综合和升华，是独特社会心理学含义的达成。

2. 选择标准

品牌差异点开发的目的是在顾客价值提供方面比竞争品牌更有优势。因此，营销者面对众多可能差异点进行特色遴选的时候，主要考虑以下几个标准。

独特性　独特性强调这一特色是竞争对手所不具备的。就产品本身及服务、渠道而言，只有源于一定的地理、气候条件或历史文化传统，严格意义上的独特性才能成立。在技术集成度和复杂性极高的情况下，依赖这种高技术门槛，也能建立独特性，但只是短期的。所以，唯有主观的形象差异才可能是持久的。

重要性　重要性强调特色必须是顾客所看重的，且支付愿望能够保证企业盈利。

信任性　特色必须是可信、可靠的，如联想起步时以倪光南院士发明的联想汉卡为号召，方正以王选院士的汉字激光照排立足，院士的信誉、快捷的输入、划时代的技术意义使得目标顾客对此信任有加。

传达性　尽管有时候企业拥有使顾客信服该特色的足够理由，但由于顾客知识结构与能力的局限，他们完全接受与正确理解可能十分困难。因此，仅仅有足够的支撑还不够，这些证据还应能被完美地传达和理解。

持久性　持久性强调的是品牌特色是否具有先行优势、防御能力以及难以被模仿、攻击。品牌特色的持久性既依赖于企业内部资源的支撑，保证能够持久地领先于竞争对手，更依赖顾客保持对这一特色持久的兴趣。如一旦消费者失去对摄影的质量、艺术性等的追求，专业摄影器材恐怕就只能退居专业领域而失去大众消费者市场了。

3. 常见定位

特色选择的各项标准很多时候是相互冲突的，抓住了重要性，往往就失去了独特性。顾客重视的特色和企业能建立优势的特色也并不总是一致的，完全理想的特色几乎是不存在的。现实营销活动中,特色的选择往往是各种因素平衡的结果。最常见的特色选择如下。

利益定位 **利益定位**是指企业针对顾客所重视的某项产品利益进行品牌定位,如白象独创以"骨胶原"为营养诉求并独占骨类方便面新领域,今麦郎以"弹、弹、弹"的劲道口感赢得掌声一片,上品则以红烧牛肉面中加了卤蛋而被消费者所熟知。

类别定位 类别定位是一种与某些知名而又司空见惯的竞争产品做出明显类别区分的定位方式。如美国的七喜汽水以"非可乐"的概念吸引了相当一部分"两乐"产品的转移者,而娃哈哈的"有机绿茶"则与一般绿茶构成显著差异。

顾客定位 顾客定位直接以产品的消费群体为诉求对象,突出产品专为该类消费群体服务,从而获得目标顾客的认同,但必须凸显目标顾客的某一诉求特征。把品牌与顾客结合有助于增进顾客的归属感,满足顾客"专为我设计"的需求心理。如"海澜之家,男人的衣柜"直接以男人为诉求对象,诉求对象明确,但其国民男装的特征并不显著。

品质–价格定位 这种定位将品质与价格结合起来构筑品牌形象,强调物有所值或价廉物美。如雷达表以其高品质、高价格表明"恒久与尊贵";戴尔电脑总是强调"物超所值,实惠之选";雕牌用"只选对的,不买贵的"暗示雕牌的实惠价格。

技术领先定位 强调品牌始终率先采用最新技术。如华为总是在产品开发上引领行业,保持技术领先。

迎头定位 **迎头定位**是一种和占据市场支配地位的竞争对手针锋相对的定位方式,毫不示弱地强调相同的利益、相同的品质。如百事可乐长期以来一直坚称自己和可口可乐是相同的,并无二致。精工表和西铁成都属于此定位方式。

冠军定位 **冠军定位**强调品牌在同行业或同类中的领导性、专业性地位。"行业第一"给予顾客的信心是其他企业所无法比拟的,其意义不言而喻。

⊙ 材料8-2　　　　　　　　　**网站定位**

无论在数量还是规模上,我国网站的发展都已经到达了一个非常旺盛的阶段。如何在"网流"中取得一席之地,凸显网站的自身品牌优势呢?

澎湃新闻——口号是"专注时政与思想",主打时政新闻与思想分析,生产并聚合中文互联网世界中优质的时政思想类内容。澎湃新闻结合互联网技术创新与新闻价值传承,致力于新闻追问功能与新闻跟踪功能的实践。

搜狐——号称中国最大的门户网站。搜狐门户矩阵包括门户网站sohu.com、青年社区chinaren.com、网络游戏信息和社区网站17173.com、中文搜索引擎sogou.com等。

百度——强调做全球最大的中文搜索引擎、全球最大的中文网站。每天响应来自138个国家数亿次的搜索请求,率先创造贴吧、知道、百科、空间为代表的搜索社区。

即使是购物网站,各大网站仍大打"冠军牌"。如淘宝网宣称是"亚洲最大、最安全的个人网上交易社区",京东商城则以"中国最大的自营式电商企业"来应对。

高级俱乐部定位 当企业不能取得行业第一或具有很强意义的属性时,可借助集体概念将自身划入具有严格限制的某种顶级群体中,从而提高自身的地位形象和威望,如"三大汽车公司""全球八大广告事业集团"等。

这些常见定位中,一个显而易见的事实是"冠军崇拜"。冠军、第一是最为独特、有效的特色。但随着市场细分的程度越来越高,冠军会越来越多,所以冠军效应也许并不卓著。

8.2.3 形象的构建和塑造

在确定了品牌特色后,营销者接下来的任务就是对品牌特色信息进行设计,构筑完整的定位体系,提炼最终的特色主题,并围绕主题选择素材、内容和形式,最终构建并塑造出一个具有独特体系的、联想丰满的品牌形象。

1. 定位体系

品牌定位是对顾客偏好的争夺,但顾客偏好包括属性偏好和态度偏好两个层次。**属性偏好**来自产品属性及其所能提供的功能性利益,**态度偏好**则是顾客对产品的直观情绪与情感。成本、产品、服务和渠道差异属于属性偏好,形象属于态度偏好,人员偏好则是属性偏好和态度偏好兼而有之。由于属性偏好和态度偏好相互关联、相互作用,营销管理者必须从属性与态度两方面同时入手,既建立基于属性偏好的短期定位,更要在此基础上建立基于态度偏好的长期定位,构筑短期定位与长期定位相互协调和作用的品牌定位体系。

短期定位 短期定位针对产品属性与利益方面的特色进行,以体现其独特性(优于竞争品牌)和必要性(满足顾客关注的利益点)。这种特色主要是由产品研发、生产过程中的工艺因素以及所用原材料所决定的,相对客观,偏向于产品物理属性,能够提升产品的功能性价值,如能拍漂亮夜景的手机、便携式扫描仪等。

但在激烈的市场竞争中,顾客对这种差异性的感知会因技术的进步、产品的使用、竞争对手的模仿而趋于下降,难以在其心目中形成稳定、持久的特色。如早期的手机因体积过大而不便,小体积、薄的优势明显,但当体积和厚度下降到一定程度时,它们就不再是优势要素了。因此,企业必须通过长期定位来弥补这一缺陷,而且所有的短期定位都应有助于长期定位形成。

长期定位 长期定位是基于顾客对品牌产品的整体情感、态度而进行的一种形象(价值)特色提炼与塑造。这种特色是由其社会、审美、文化等个人心理因素决定的,是一种主观的心理偏好,能够提升产品的象征性价值。如万宝龙"重新发现书写的乐趣"、劳斯莱斯的"独有尊贵"、耐克的"Just do it"、海尔的"真诚到永远"等。表8-6是罗科奇(Rokeach)提出的最终价值和工具价值表,可作为品牌长期定位的源泉。

长期定位提供给顾客比较宽阔的想象空间,以形成顾客的品牌态度偏好为目标,不会因时间的推移而降低,能创造出更高的顾客价值。

表 8-6　最终价值与工具价值

最终价值	工具价值
舒适的生活、刺激的生活、成就感、和平的世界、美丽的世界、平等、家庭安全、自由、幸福、无内心冲突、成熟的爱、国家安全、快乐、互相帮助、自尊、社会认同、真正的友谊、智慧	雄心勃勃、心胸开阔、有能力、愉快的、整洁的、努力的、宽恕的、乐于助人的、诚实的、创造力、想象力、独立的、理智的、逻辑性、有感情、孝顺、懂礼节、责任感、自制力

■ **案例 8-2**　　　　　　　　　　**农夫山泉有点甜**

　　农夫山泉的迅速崛起离不开"农夫山泉有点甜"这一相当成功的品牌定位。尽管众多消费者认为该品牌产品的味道未必甜，但不可否认其传递出一种清冽、甘甜，一种田园式的亲切。

　　从农夫山泉个性化的名称，到"有点甜"的诉求，农夫山泉做到了不同于其他饮用水的独特品牌形象。农夫山泉避开了明星效应和对水质的属性诉求，出其不意，采用感性和理性结合的方式，将消费者对水质的属性关注引导到对水的心理偏好上。

2. 特色组合

　　长期定位关注的是形象，是抽象表意的；短期定位强调物理属性，是具体客观的。长期定位一般只有一个，一旦明确就不应轻易改变；短期定位可以有多个，可以更新替换。为保持定位体系的整体性，长期定位和短期定位组合选择时应遵循一致、少量和相容的原则。

　　一致原则　一致原则强调短期定位中的品牌特色内容应服务于长期定位。尽管短期定位中的品牌特色可以来自多个方面，可以不断推陈出新，但都应与品牌形象及价值保持一致。短期定位的选择、组合与传播必须遵循长期定位所塑造的品牌形象主线，只有这样，顾客才会加深对这些短期定位的认识与理解，对品牌产品的认知才不会被干扰混淆，对该品牌的偏好也才能更加稳固、持久。同时，长期定位也必然依赖于短期定位的支撑，否则品牌形象就是空中楼阁，难以令顾客信服，缺乏持久生命力。可见，短期定位与长期定位两者缺一不可，在品牌定位体系中担负不同的职能。只有这两方面内容都具备，品牌定位才是完整的，其作用才能持久与有效。

■ **案例 8-3**　　　　　　　　　　**好客山东**

　　早在 20 世纪 90 年代，山东就开始了全国范围内的旅游宣传，从最早的"一山、一水、一圣人"到后来的"走进孔子、扬帆青岛"，但这种宣传并未达到理想效果。一方面，这两个口号只是提到"我有什么"，并未强调给游客"带来什么"；另一方面，

两个口号不能完全代表山东，只是提及了泰山、泉水、孔子、青岛海滨等部分山东资源。

山东乃"孔孟之乡，礼仪之邦"，作为儒家文化的发源地，齐鲁文化传播久远，并凝结出充满仁爱的"山东精神"，豪爽、热情、仁义、淳朴的山东标签本身就是一种宝贵的社会文化资源。于是"好客山东"就成为近年来山东主推的旅游标签。对于旅游业而言，只有让游客体会到当地的文化与情谊，才能真正打动人、吸引人、留住人。

为了突出"好客山东"的文化主题，山东打造了以泰山、曲阜、济南为主体的山水圣人线路，以青岛、烟台、威海、日照、东营、滨州为主体的黄金海岸线路，以及以潍坊、淄博为主体的逍遥旅行线路等，这些线路紧扣山水资源与特色进行"乐山、乐水"的文化渲染，并开发出封禅大典、菩提东兴、神游传奇等演艺品牌。风筝节、牡丹节、红色沂蒙、贺年会、休闲汇等节事活动，则在民俗风情上诠释和深化了"好客山东"。烟台苹果、胶东刺参、崂山绿茶、东阿阿胶等"山东有礼"与美丽乡村、特色小镇则从优质产品/产业旅游化方面支撑了"好客山东"。由此，集合城市、产品、节事、目的地等众多资源构筑而成的"好客"品牌才享誉全国。

资料来源：马牧青.好客山东旅游品牌形象定位赏析 [EB/OL]. (2017-11-20).

少量原则 尽管在信息爆炸的社会中，大多数企业强调品牌定位的单一化，如"洋河蓝色经典""高露洁，防止蛀牙"等，但仍然有企业在强调双重定位，如 Gore-Tex 看似矛盾的"透气"和"防水"卖点，宝马的"奢侈感和高性能"形象，沃尔沃对"最安全"和"最耐用"的追求等都在市场上获得了成功。但无论是品牌长期形象还是短期卖点，原则上都应控制在三项以内，追求少而精。毕竟当企业推出较多的品牌特色内容时，会令人难以相信，顾客在进行记忆与联想时也存在诸多困难。

相容原则 相容原则主要探讨在定位的特色之间是否具有兼容性，毕竟在顾客认知习惯中，许多特色内容之间是负向关联、不兼容的。表 8-7 列举了几组特色不相容示例。

表 8-7 不相容特色示例

低价格与高质量	悠久与现代
美味与低卡路里	有力与安全
高营养与美味	有效与温和
透气与保暖	实用与高雅

3. 形象塑造

从顾客的角度看，**品牌形象**是存在于顾客头脑中的各种品牌联想的反映。品牌联想是指顾客记忆中的与品牌相连的每一事件，包括顾客接受与理解的品牌特色、评价，以及顾客自身的品牌使用经历。这些事件对品牌形象形成的作用主要在于它们的联想独特性、联想强度和联想美誉度，故对品牌形象的塑造也应从这三个方面入手。

联想独特性塑造 品牌**联想独特性**是指品牌在顾客脑海中产生的异于竞争品牌的联想。这些有差异的联想使得品牌能在众多竞争品牌中脱颖而出，引起顾客的注意。如蓝色、男人的情怀、梦是洋河蓝色经典的标签；金色拱门大"M"、可爱的小丑总令人记起麦当劳。可见，品牌联想的独特性来自独特的联想物，品牌联想物可以是特定的人、卡通、事件,也可以是物品(如以象鼻山为标志的桂林旅游景区)。因此,营销者必须设计出独特的品牌联想物,并不断强化它。

联想强度塑造 品牌**联想强度**是指顾客回忆品牌的难易程度,用于评价品牌传播是否容易在顾客脑海中留下印迹。如谈到南京长江大桥,人们很容易想到"一桥飞架南北"的磅礴、中国人民的自强自立、拼搏和活力。

品牌联想强度是由品牌信息的内容和数量决定的。为了提高消费者的品牌联想强度,营销者在设计品牌信息时,必须注意品牌信息内容的关联性、时间的延续性和空间的协同性。内容的关联性是指品牌信息要针对顾客的兴趣及尚待解决的问题;时间的延续性要求不同时期的品牌信息具有继承性,不偏离品牌长期定位;空间的协同性则要求不同形式的品牌信息相互关联,围绕长期定位来组织和传播。

联想美誉度塑造 品牌**联想美誉度**是指顾客对品牌的正面态度,用于评价品牌满足顾客主观情感的能力。如谈到电脑芯片,消费者会认为英特尔做的芯片才是真正的芯片,真正的芯片就应该像"奔腾"那样。要使品牌联想具有美誉度,品牌必须具有高于竞争者的功能性价值、象征性价值和体验性价值。

> ■ 案例8-4　　　　　独特、易记和美好的"三只松鼠"
>
> 三只松鼠倡导"慢食快活"的生活方式,森林系是其独创的产品品类。有了品牌定位,那品牌名字应该是什么呢?章燎原带领自己的团队思考了很长时间,最终确定了"三只松鼠"。这个名字好在哪里呢?
>
>
>
> 松鼠以坚果为食,最喜欢吃的是松子、核桃等。坚果以"松鼠"为核心,有一个非常大的好处,就是减小教育成本。一说到松鼠,消费者自然而然就能联想到坚果,不用花费额外的成本来说明松鼠和坚果之间的关系。反过来想,如果换作兔子,效果肯定减弱很多。如果将坚果和兔子联系在一起,那必须首先向消费者解释说明兔子和坚果有什么样的故事,有什么样的联系,这无疑会增加教育成本。
>
> 那为什么是三只,不是五只或八只呢?这个就比较好解释了,"三"一直以来都被认为是个吉祥的数字,比如说举一反三、三生有幸等,而且三还有表示强调的作用,比如三令五申、事不过三、重要的事情说三遍等,因此选择三这个数字会比较容易让消费者接受。品牌标识是根据中文名称得到的——三只可爱的小松鼠。
>
> 资料来源:三只松鼠的品牌故事 [EB/OL]. (2019-01-04). http://www.sohu.com/a/286729890_120052002.

4. 品牌故事

独特性、强度、美誉度都应融于品牌故事,并且由品牌故事表达。

从消费者需求的视角看，在物质越来越丰富的条件下，精神满足越来越成为人们的追求目标，而品牌正是产品精神的体现。从产品最终总是走向同质化的视角看，品牌是产品之间的终极差异化。品牌精神融于品牌故事，品牌故事是品牌精神的最佳载体，因此，讲好品牌故事是塑造、传播品牌的有效路径。

品牌故事包括所有与企业文化、经营理念、产品及活动有关的事件，是对这些事件的升华和文学创作。值得注意的是，首先，企业可以对品牌故事进行文学创作，但应该以事实为基础，而不是编一个子虚乌有的故事；其次，品牌故事并不局限于企业生产经营过程中已经发生过的事件，也包括企业领导者、技术专家、员工对企业文化、发展战略、技术发展以及经营管理、员工关系等的理论思考和实践认识。事件、思考共同构成的品牌故事才是完美的。

8.3 市场角色

为了使品牌定位战略获得最好的竞争绩效，营销者还必须依据品牌在目标市场中所处的地位，对品牌定位的设计结果进行调整，进而实施最佳的营销定位战略。

市场角色是指品牌在目标市场上的影响力和地位，领导者、挑战者、跟随者、补缺者是最主要的四种角色。品牌的市场角色是由其客观的市场份额及其所拥有的资源所决定的，而不是可以自由选择的，这也决定了品牌定位战略的设计与实施必须符合其市场角色和资源条件。当然，随着竞争格局的演变与品牌的营销努力，其市场角色会发生变化。

各个品牌在市场份额上的不同和资源拥有上的不同，决定了它们所要追求的市场地位和所能实施、所应实施的营销策略都存在根本性差异。如实力雄厚的强势品牌总是力图谋求并保持领导者地位，野心勃勃的挑战者总会寻求时机采取进攻性策略，搅乱市场，窥视领导者地位，而中小品牌则会乐于暂时偏安一隅，甘居追随者或补缺者。

8.3.1 领导者

大部分行业都有一个公认的**市场领导者**，该品牌通常拥有最大的市场份额，经常在制定规则、价格变动、新产品开发、分销覆盖、促销等方面发挥主导作用。市场领导者既受到顾客最热烈的追捧，也往往成为挑战者攻击的首选目标。为长久保持市场第一的位置，市场领导者必须承担扩大行业市场、建立行业规则的责任，同时保护自己的市场占有率。

1. 扩大行业市场

如果整个行业市场的需求量能够扩大，领导者则是市场扩大的最大受益者，既可以避免对现有顾客的正面竞争，更关键的是可以有效阻击其他竞争者以开发新顾客发起的侧面竞争，并进而赢得同行的尊重。市场扩张的最大受益者一定是市场领导者，毕竟其拥有强大的品牌威力。为此，无论是从产业发展还是自身发展角度，市场领导者都应带领行业为产品寻找新顾客、新用途或鼓励现有顾客扩大产品使用量。

> **⊙ 材料8-3   电脑是如何不断扩大目标市场的**
>
> 　　电脑由商用向家用普及的过程，就是一个价格不断下降、性能不断提高、功能越来越多和使用越来越容易的过程，否则，你很难想象现在会有那么多的家庭拥有家用电脑。
> 　　（1）电脑硬件和软件价格的降低，使越来越多的家庭有能力购买和使用电脑。
> 　　（2）电脑不断增加的科学计算以外的学习、娱乐等功能，为家庭带来了全新利益——快乐的孩子教育和学习、方便的对外联络和信息获取等。
> 　　（3）图形界面操作系统的推出成功地降低了电脑的操作难度，使大多数顾客只需接受少量培训即可上手。

　　寻找新的使用者　首先，领导者应不断将潜在市场、有效市场转化为有效合格市场。一般可以从三个群体中推进这一过程：想使用但未使用者（市场渗透战略）、非使用者（新市场细分战略）、其他地区的拥护者（地域扩展战略），并可通过降低价格、增加新的功能、降低使用难度等策略来保证这些新市场的快速增长。

　　寻找新用途　其次，领导者可以为产品开发新的用途从而扩大顾客范围。大多数产品并非仅有一种功能与用途，但很多产品出于品牌定位的需要，往往会淡化某些用途。可是当环境发生变化时，领导者就应该针对不同目标群体相应地调整诉求，或将该产品运用于其他新的领域。如手机不断开发的新应用既衍生出一个庞大的生态群，也使手机的更新换代不断加快，从而扩大了手机的销量。

　　扩大使用量　最后，领导者在符合道德的前提下鼓励顾客提高消费水平或者消费频率以增加使用量，最有效的办法是增加产品的使用机会，如更为方便的交通、住宿显然可以有效提高居民旅游度假的需求。

2. 建立行业规则

　　建立行业规则是市场领导者的一项重要使命，也只有领导者有此资格和能力把行业规则建立起来。行业规则展现着行业的成熟程度，一旦行业规则建立起来并能够稳定运转，规则的最大受益者依然是市场领导者，而一旦失去行业规则制定的话语权，那么离失去最大的市场份额也就不远了。行业规则包括技术标准、产品使用和竞争规则三个方面。

　　建立行业技术标准　技术标准是现代制造业分工体系的基础，而技术标准总是围绕某一核心技术展开的。所以，居于技术核心并以此建立起产业链的技术标准，是市场领导者立于不败之地的不二选择。

> **■ 案例8-5   5G超级上行技术或成国际标准**
>
> 　　2019年7月5日，中国电信北京公司联合中国信息通信研究院、中国电信北京研究院和华为成立"亦庄5G云端创新中心"。华为中国区电信系统部部长郭海龙称，华为与

> 中国电信刚合作研发成功了 5G 超级上行技术，将推动其成为 5G 国际标准。
>
> 5G 超级上行技术将使 5G 实现更快的上行速率和更低时延。测试显示，该技术将使 5G 用户的上行体验速率至少提高 20% 以上，并缩短时延约 30%，从而提升用户在 5G 网络下的使用体验。
>
> 5G 时代将拉动万亿美元级别的基础设施建设，并带动十万亿美元级别的下游产业发展。中国电信北京公司总经理肖金学披露，这次四方共同成立的亦庄 5G 云端创新中心将打造 5G + 云 + AI + 大数据 + 安全的生态合作场所，为全行业提供 5G 应用测试、研发和产品搭建的平台。
>
> 当日在亦庄 5G 云端创新中心的 5G 展厅，从智能送货机器人到自动扫地车，还有工业机器人和立体三维游戏等，各种基于 5G 网络的创新应用也同步亮相。
>
> 资料来源：赵鹏. 5G 超级上行技术或成国际标准 [N/OL]. 北京日报, 2019-07-06. http://bjrb.bjd.com.cn/html/2019-07/06/content_11894141.htm.

建立产品使用惯性　市场领导者应充分利用自身的品牌影响力与市场行为，告诉顾客如何评估产品、挑选产品，以及如何购买和使用（如购买时机、消费的场景、使用的频次与数量等）。当然，这种消费惯性的建立是以凸显领导者的品牌特色、保护领导者市场地位为前提的。但对于市场挑战者而言，最先需要打破的恰恰是这种惯性，改变顾客固有的品牌评估与使用习惯，进而提供不同于领导者的产品属性与利益，展现自身的品牌特色。

建立行业竞争规则　市场领导者应充分利用自身的行业地位与市场行为，告诉竞争者哪些竞争策略是不可以采用的，竞争行为的底线在哪里。这种规则除了保护领导者自身利益以外，对行业的长期发展也具有积极作用。虽然一些竞争规则可以上升到正式的法律法规，但更多的竞争规则是企业间的约定俗成、默契或惯例。因此，领导者必须以自身符合规则的市场行为的榜样力量来促使全体竞争者遵守行业规则。竞争规则的建立和有效运作体现着市场领导者的成长与成熟，比市场占有率更为明确地传递出谁是市场领导者。

3. 保护市场占有率

在努力扩大市场、建立行业规则的同时，市场领导者当然还必须时刻注意从顾客维护和防御竞争对手两方面入手来保护现有市场，以免其受到竞争对手的侵蚀。

顾客维护　市场领导者要让自己的顾客继续保持忠诚，就必须不断主导产品进步的方向和节奏，引领技术发展，永远不要让他们感到失望。

定位防御　定位防御强调对品牌形象的持续传递，保持品牌的强大影响力。

侧翼防御　侧翼防御强调市场领导者为自己的主产品形成一个范围广泛的、有力的外延，避免竞争对手在外延产品上取得突破口。

收缩防御　当领导者意识到不再能占有所有现有市场时，可以放弃较弱的细分市场，将力量重新分配到较强的细分市场。

反击防御 当领导者受到竞争对手的攻击，尤其是在主要市场受到攻击时，必须做出相应的回击，以显示领导者的实力，万不可无所作为。

先发防御 先发防御强调如果进攻不可避免，则在竞争对手发起进攻前先发制人，强调"预防胜于治疗"，如若价格战不可避免，就率先发起价格战。当然，先发制人的行为有时并不一定付诸实践，可以只是在心理层面上展开，如在得知竞争对手准备建立生产基地生产同类产品时，可向媒体透露正在考虑降低该产品价格，从而威慑竞争对手。

8.3.2 挑战者

当行业中处于第二或第二梯队的品牌攻击市场领导者或其他竞争者，以夺取更大的市场份额，甚至成为新的领导者时，这些品牌就是**市场挑战者**。通过直接的竞争性攻击战略，市场挑战者是有可能成为领导者的，但在进攻过程中，需注意以下事项。

1. 选择挑战对象

大多数挑战者的战略目标是争取市场领导者的市场地位，一般来说，这就需要攻击别人的市场以提高自己的市场份额。攻击总会引发反击，选择了错误的挑战对象可能导致鹬蚌相争，渔翁得利。挑战者要因时因地选择合适的攻击对象，保证挑战的成功。

以市场领导者为攻击对象 如果成功，这一战略既降低了领导者的市场份额，同时又提升了自己的市场份额，见效较快。但领导者的反击能力也强，所以风险也高，而且这往往预示着行业基本格局和竞争规则的变更。一般应谨慎选择。

以本地和地区性的小企业为攻击对象 这是一种通过增加自己的份额而不是直接侵蚀领导者的份额来获取领导者地位的迂回策略。

以与自身规模相仿但经营不善、资金不足的企业为攻击对象 运用得当，这是迅速扩大规模、夺取领导者地位的有效路径。

当行业发展处于相对稳定阶段时，一般不应轻易采取进攻性策略。当行业需要进行调整，需要驱逐一部分企业离开本行业时，策略目标和进攻对象的选择应有利于企业迅速调整到位，盲目地以更强的竞争者作为进攻对象是不明智的。

2. 选择进攻策略

在清楚确定了攻击对象后，市场挑战者需要选择正确的进攻策略。挑战者的进攻策略主要包括以下五种类型。

正面进攻 正面进攻就是向被攻击对象的目标市场提供比其更具竞争力的产品和价格，并针对该目标市场发起攻击性的广告、促销等营销活动。正面进攻的力度基于双方之间的实力对比，结果取决于谁更具有实力和持久力。

包围进攻 包围进攻是指进攻者向被攻击对象的目标市场提供更为完善的产品线或产品项目，提供更多的选择，凸显进攻者拥有更为广泛和雄厚的资源。

侧翼进攻　这是指针对被攻击对象的弱点展开进攻，如提供更好的产品属性或服务。

迂回进攻　作为一种最间接的进攻战略，迂回进攻是完全避开任何较直接指向对手现行领域的一种挑战行业，如采取多样化，经营与对手无关联的产品，通过范围经济抗衡竞争对手。

游击战　游击战通常是由较小企业向较大企业发起的，针对对手的不同领域所采取的小规模的、断断续续的攻击，以逐渐削弱对手市场力量的一种攻击策略，如有选择的降价、地区性地袭击供应线、法律行动等。

> **⊙ 讨论 8-4　　　　艺龙：错位竞争错了吗**
>
> 十年前，在线旅游服务市场是携程与艺龙的天下。其中，携程一直在机票业务中居于主导地位，而在酒店领域的优势并不明显。艺龙看到这个机会，除了与热门酒店合作以外，还不断增加经济型酒店与低价旅馆，推行返利等营销策略，以增强在酒店预订领域的优势。
>
> 艺龙网时任 CEO 崔广福表示：携程已经在机票预订领域成为人们的首选，艺龙只有为自己新开辟一个领域并成为第一，通过先建立局部优势来带动品牌优势，才能最终全面赶超竞争对手。为此，艺龙在 2010～2015 年在酒店预订领域与携程展开了长期的价格拉锯战。
>
> 但时至今日，艺龙已经在纳斯达克市场停止交易并退市，而携程的股价早已翻了不止 20 倍，说明艺龙当时的错位竞争战略并不成功。那么，是什么导致这一策略的失败？是策略本身还是执行出了问题？

8.3.3　追随者

并非所有处于第二梯队的企业都会向市场领导者发起挑战，毕竟领导者拥有更强大的品牌威力与持久作战能力，追随领导者于是成为许多企业的选择。

市场领导者需要承担开发新产品和引导市场的巨额费用，但新产品一旦被证明有利可图，企业就可以竞相模仿或者推出适当改进的新产品。模仿者尽管很难获得最大的市场占有率，但因为不必承担创新的费用与风险，仍有可能获取较高且稳定的利润。

但追随者往往是挑战者和领导者的主要攻击对象，**市场追随者**必须确定一条不会引起竞争性报复的成长路线。市场追随者的策略可分为紧随其后、有距离追随、有选择追随三类。

紧随其后策略会使追随者颇像挑战者，容易引起被追随者和其他挑战者的注意，而保持一定的距离或有选择地追随相对可使自己和被追随者相安无事。

有距离追随策略强调在产品、名称和包装上跟领导者相差无几，但在价格、服务上存在较大差距，目标市场也大相径庭。如一些地下企业（甚至是合法企业）专门制造名牌产品的仿制品，价格只有正品的 1/10，但这种差距足以使被仿造者、仿造者、买者相安无事。

有选择追随策略强调在诸如消费观念、技术方向、产品卖点、服务承诺、销售区域等方面仿效领导者的营销做法，但不是全面复制领导者的产品与营销策略。有选择地追随有时候可以帮助领导者共同培育并扩大市场。

需要强调的是，追随者并不是一味地仿制或模仿，毕竟没有顾客喜欢被视为追随者，一旦条件许可，他们就有可能转向领导品牌。所以，追随者必须在追随的同时，通过改进或革新领导者的产品以谋求发展。例如，蒙牛初期是以伊利追随者的姿态在业内站稳脚跟的，经过多年跟随、积累与创新，逐渐开始与伊利进行正面比拼，经过四年交锋，伊利与蒙牛都已成长为国内乳业巨头，并成功与第二集团拉开差距。

> ■ 案例 8-6　　　　　安踏："追随者"的完美蜕变
>
> 安踏自诞生之日起，即在李宁公司身后紧紧跟随，同时抓住李宁公司的每一次战略失误，不失时机地发起赶超。
>
> 2004 年，李宁放弃赞助 CBA 联赛，安踏则第一时间选择跟进，效果立竿见影，安踏的营业额由当年的仅 3.1 亿元，一路涨到 2011 年的 89 亿元。2009 年，李宁公司放弃与中国奥委会合作，安踏再次毫不犹豫地"捡漏"，并且更进一步——四年打包，即中国代表团参加所有体育赛事都将穿着印有安踏标识的队服。2014 年 8 月，安踏又取代李宁成功签约中国体操队，10 月与 NBA 正式签约，安踏在冠名赞助的道路上一骑绝尘。
>
> 战略方面，当李宁放弃高性价比路线，锁定"90 后"，打造"90 后李宁"时，安踏把市场瞄准了三、四线城市，消费者明确定位在 18～22 岁，并打出"国民球鞋"和"实力无价"的概念，强调其产品的高性价比。当李宁摆脱逆势，围绕主品牌进行李宁 IP 开发强化产品线时，安踏则通过国际收购实现了多品牌策略。
>
> 依靠在三、四线市场的深耕和多品牌战略及价格优势，2019 年上半年，安踏实现营业收入 148.11 亿元，同比增长 40.3%，实现归属母公司净利润 24.83 亿元，同比增长 27.7%，其中安踏与 FILA 的经营利润分别为 24.42 亿元与 18.94 亿元，净利润分别为 32.2% 与 29%。而李宁上半年的营业收入仅为 62.55 亿元，两者规模已非一个体量。
>
> 资料来源：把李宁甩在身后的安踏，成为 2019 最具价值服饰品牌 50 强之一 [EB/OL]. (2019-03-11). https://baijiahao.baidu.com/s?id=1627679506074582406&wfr=spider&for=pc.

8.3.4　补缺者

几乎每个行业都有一些小企业以补缺者的角色专门经营大企业忽略或不感兴趣的业务，占据那些小的细分市场。理想的小细分市场应具备以下特征：①这个小细分市场有一定的规模和购买力而足以获利；②这个小细分市场有发展潜力；③强大的竞争者对这一细分市场没有兴趣；④企业具有为此细分市场服务的资源和能力；⑤企业已在顾客中建立了良好的信誉，能借此抵御大企业的攻击。

市场补缺者因比其他随便应对该细分市场的竞争对手更清楚地了解这些顾客的需求，因而能够获取较高利润。因此，补缺的关键在于专业化。

补缺者必须在市场、顾客、产品或营销组合等方面实现专业化，在以下几个方面发挥专家作用。一是小规模用户专家：专门为大企业所忽略的小客户或小规模的特殊群体服务，如为杂货店、残疾人和不能自理的老年人等服务。二是地理市场专家：只在特定的某些地区销售产品，总是或多或少地保持着一些明显的地方特色。服务于地方特色既能建立自己的特色并受到欢迎，往往还能享受到地方政府的保护。三是服务专家：特别提供一种或几种其他企业不提供或不能提供的服务，如高端奢侈品的上门维修。四是质量与价格专家：专门在市场的顶部或底部经营，如劳斯莱斯只生产最高档的轿车。

⊙ 讨论 8-5　　　　　民宿：补的什么缺

无疑，众多的民宿是酒店市场的补缺者。那么，这只是一个小市场吗？

这些年喜欢自由旅行的人越来越多。不像交通工具总体上只是工具，快捷、舒适永远是旅行者的主诉求。住宿就不同了，它可能是旅游内容之一，还很可能是非常重要的一项内容，甚至是唯一的。

相比酒店，民宿是属地化和多样化的。属地化是指民宿内含当地最具特色的文化，住下来，可以慢慢地走过这里的每一个角落，体会这里的风土人情，感受这里的夕阳西下，自由闲适。民宿的属地化特征决定了民宿必然是多样化的，这里的民宿不同于那里的民宿，蕴含着不同房东的性格和审美取向，更凝结了房东自己的故事。民宿不是酒店的标准化、浮夸化和商业化。个性与张力成了民宿火热的原因。

遗憾的是，火了，商业化与资本就会介入。商业介入了，谁还能保证民宿设计能保持一个地方的原汁原味呢？商业经营，谁能保证房东（其实更多的已经是二房东了）还能保留自己的风格和故事呢？民宿还有可能是一个小众市场吗？

市场补缺者面临的最大风险是细分市场的需求枯竭或受到大企业的攻击。因此，企业应连续不断地创造新的补缺市场，在两个或更多的补缺市场上形成一定的实力后，企业生存发展的空间就得到极大拓展。不管怎样，对于新进入市场的小企业来说，充当市场补缺者是获取一定市场份额、建立发展基础的一种有效方法。

本章小结

1. 品牌是买方认可的一种独特价值和形象,并由此表现出来的特定社会心理学含义。
2. 品牌表现为商标,为了识别供应商、独占和排他;核心是符号,表达和传递其独特的社会心理学含义;源于产品,高于产品,承诺产品品质并提升产品价值。
3. 品牌源于顾客需要区别产品的制造者、简化产品的比较和选择以及满足精神需求,由此形成识别、代言和符号三种价值。从企业的角度看,品牌可以为企业带来品牌忠诚和高转换障碍,最终带来稳定的市场和溢价,保障了投资回报。
4. 除了极少数同质性极高的产品不需要建立品牌,生产者高度分散的产品没有能力建立品牌,大多数其他产品都需要建立品牌。
5. 相对产品组合,品牌有独立品牌、统一品牌、分类品牌、复合品牌四种组合策略。
6. 由于品牌主要是一种市场力量,品牌延伸应保证延伸产品之间的市场正相关,即顾客认为产品之间高度关联。
7. 可保护、易上口、高识别度、富联想、可延伸是品牌标识设计的五个基本原则。
8. 从静态的角度理解,定位就是品牌,就是独特的社会心理学含义(独特的形象、独特的价值);从动态的角度理解,定位就是建立这一独特社会心理学含义的过程。
9. 独特性、重要性、信任性、传达性和持久性是品牌特色选择的标准。
10. 各种常见定位说明最有效的定位是"冠军定位",即以某个领域、某种场合下的"第一"为品牌特色。所以,寻求新的细分市场是后来者立足、发展的不二法门。
11. 定位其实是一个由相互协调、相互作用的长期定位和短期定位构成的体系,长期定位基于态度偏好,短期定位则基于属性偏好。
12. 长期定位、短期定位要遵循一致、少量和相容原则。
13. 品牌形象塑造包括联想独特性塑造、联想强度塑造和联想美誉度塑造三个方面。
14. 领导者、挑战者、追随者和补缺者是四种常见的市场角色。
15. 领导者要有效承担扩大行业市场、建立行业规则的责任。
16. 挑战者要谨慎选择进攻对象,盲目地以更强的竞争者作为进攻对象是不明智的。

 基本概念

品牌　品牌形象　品牌溢价　品牌忠诚　品牌延伸
品牌化　渠道品牌　独立品牌　统一品牌　分类品牌　复合品牌
长期定位　短期定位　利益定位　迎头定位　冠军定位　高级俱乐部定位
属性偏好　态度偏好　联想独特性　联想强度　联想美誉度
市场领导者　市场挑战者　市场追随者　市场补缺者

简答

1. 简述产品与品牌的联系和区别。
2. 简述品牌、商标和符号之间的联系与区别。
3. 简述品牌产生的主要原因。
4. 品牌价值表现在哪几个方面?
5. 品牌是否会因为产品性质的不同,品牌功能发挥的侧重点也有所不同?
6. 品牌延伸为什么要强调产品的市场相关性?
7. 简述品牌标识决策的基本原则。
8. 试析独立品牌、统一品牌各自的优劣和适用性。
9. 什么是品牌定位?试描述几个你熟悉的品牌定位及其支撑要素。
10. 简述(品牌)定位和市场定位、产品定位、价格定位等的区别。
11. 简述品牌特色的选择标准。
12. 简述品牌特色组合的基本原则。
13. 如何塑造品牌形象?
14. 简述市场领导者的基本职责。
15. 市场挑战者应如何选择进攻对象?

思考

1. 当前,家庭轿车制造商的品牌组合令人眼花缭乱。请选择其中一家,就其品牌组合谈谈你的想法与建议。
2. 宝洁以差异化策略在日化用品市场上获得成功,可口可乐则长期以无差异策略称霸饮料市场,试分析之。
3. 选择一个产品,区别该种产品在本地的领导者、挑战者、追随者和补缺者,然后看看四者在产品、营销策略及其他方面都有哪些差别。

实验

选择两款不同品牌但本身相似度极高的产品,其中一款具有较高知名度,另一款则知名度较低,为这两款产品分别制作相似的宣传页,除品牌不同外,暗示其他性能指标,如材质、做工、款式等高度一致。请一个班级的同学对该两款产品进行估价并进行分析。

动手

创造一个产品及品牌,为该品牌创立一个定位,对该定位按联想的独特性、强度和美誉度进行形象塑造,并解释之,然后将该创意制作成一个平面广告或视频广告。

互联网——品牌新贵"加多宝"和品牌典范"可口可乐"

毫无疑问,纵观近几年的日用消费品市场,加多宝堪称品牌新贵,更名、败诉非但阻挡不住其席卷市场的步伐,反而越战越勇。

毫无疑问,无论从哪个角度看,可口可乐都是品牌典范。没有什么技术含量,是否有益健康也经常受到质疑,但几乎没有什么能动摇全球消费者对其的追捧。

登录加多宝和可口可乐的网站,看看它们建立的品牌形象或社会心理学含义是什么,又都运用了哪些元素,通过什么途径来不断塑造和强化它们的品牌形象的。比较之后,你有何感想?

PART 4
第四部分

策略推进：传递需求

无论是需求的创造、传播还是满足，都需要具体策略的支持与推进，需要被目标顾客所接受并产生正向行为，否则只能是镜花水月，空留追思。

首先，要有好的产品。好的产品既是满足需求的手段，也是创造需求的引信。好产品的核心是对需求的理解，且能随着需求的演变不断完善。

其次，要有好的价格。好价格的核心不是成本，更不是利润，而是由顾客需求决定的顾客价值，成本的意义在于其是创造顾客价值必需的支出。

当然，一个不为顾客所知的需求、品牌和产品是没有意义的。企业对需求、生活方式、商业模式的阐释需要传播，需要为目标顾客所接受。否则，就如同"杨家有女初长成，养在深闺人未识"。更重要的是，还要传递到顾客手中，故好的渠道和传播不可或缺。渠道和传播在保证需求扩大的同时，更实现了目标顾客与营销者之间的互动交流。

不管是产品、价格、渠道还是传播，首先都是传递需求，由需求拉动购买，实现需求和产品的匹配，达成企业利润和顾客价值的双赢。

第 9 章
产品策略

> 我们在通信网络、IT、智能终端和云服务等领域为客户提供有竞争力、安全可信赖的产品、解决方案与服务，与生态伙伴开放合作，持续为客户创造价值，释放个人潜能，丰富家庭生活，激发组织创新。华为坚持围绕客户需求持续创新，加大基础研究投入，厚积薄发，推动世界进步。
>
> ——《华为是谁？》
> 华为官网公司简介

营销的本质是顾客需求的创造与传播，产品则是满足顾客需求的手段。因此，产品策略在整个营销要素组合中居于核心地位，价格、渠道和传播都是为产品服务的。需求大都有复杂的结构而不是单一的，产品也有复杂的结构与之对应。人们的需求是变化的，产品也以自身的变化适应并推动着需求的变化。人们的需求多种多样，产品也因此五彩缤纷。

产品既可以是有形的物品，也可以是无形的服务。尽管物品和服务之间存在很多差异，但对于企业和顾客来说，它们都是产品，都是顾客需求实现的手段。不过有的产品产销两旺，有的产品却无人问津。

在解决了基本生存问题后，需求的重点就转向了表意、成就和自我，而不再是功能、生理和安全。技术成为产品的载体，创意才是产品的灵魂。解剖一个产品，厘清产品组合，把握产品生命周期，才能制定完美的产品策略，让产品持续地受到市场追捧。

9.1 产品类型

产品在市场上可以表现为具体的物品、服务、信息、观念、行为等，但根据传统惯例，营销人员针对产品用途将产品分为工业用品和消费品。

工业用品是指各类社会、经济组织购买的，用于维持其发展需求的产品，包括原材料、工具、设备、系统解决方案，以及办公用品、劳保用品等。

用于满足消费者生活需求的产品称为消费品，既包括住宅、轿车、家电、家具等耐用品、水电气、米油盐、服装、药品等非耐用品,也包括教育、旅游、休闲等服务产品。消费品也可划分为物质产品、服务产品和体验产品。

9.1.1 物质产品

物质产品作为一种有形产品,主要用于满足消费者的功能性需求。消费者通过物质产品的购买与使用,以获得产品具体的功能性利益。按照消费者的购买习惯,物质产品可分为多种类型,并各具用途、费用、使用场合、消费行为和营销特点。

1. 方便品

方便品是指消费者经常购买或即时购买、卷入程度低,即几乎不做购买比较和购买努力的产品。方便品可以进一步分为日用品、冲动品和急用品。

日用品　日用品又称易耗品或便利品,营销上也常称为**快消品**,是消费者经常消耗、经常购买的产品,如牙膏、肥皂、牛奶、米油盐酱醋等。这类产品单价不高,消费者对它们的特性、价格也相当熟悉,久而久之就会形成比较稳定的品牌偏好和购买习惯。因此,消费者在购买前不需进行太多的计划、比较和选择,方便是这类产品营销的关键。

冲动品　冲动品是指那些满足消费者非稳定、非持续性需求的产品。消费者的此种需求通常是受情景、产品等现场刺激临时产生并随手购买的,如旅游纪念品、土特产、休闲食品、小件观赏品、消遣读物等。所以,冲动品一般处在方便购买的醒目位置,价格不高,如结账台旁边的口香糖、都市报、购物袋等。

■ **案例 9-1**　　　　　　　　　　**迷路与冲动购物**

英国伦敦大学建筑计算学院教授 Alan Penn 近期在一次演讲中说,宜家之所以销售那么好,一个很重要的原因是其独特的店面线路设计,这种设计使得高达 60% 的购买品并不在顾客的购物清单之内。

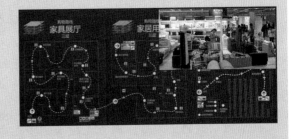

Alan Penn 解释说,宜家的策略很简单,就是无论你先前计划在宜家逛多久,它都让你把安排给"购买商品"的时间不知不觉地耗在前面的样板间里,那里永远展示宜家最有设计感的产品、最富有创意的空间布置。当你好不容易摆脱这个"迷宫",走进购物区时,大脑里已经自动多加了好几样东西。Alan Penn 教授的研究生通过电脑模型,发现宜家的线路设计借助人们会向"看得到"的"最远处"前进的倾向,巧妙设计了人的"视线"。和普通大卖场不同,因为这种迷宫式的设计,大家在宜家就会很自然地跟着别人的脚步,往"同一个方向"走,这种"不用动脑的跟随",使得在其他卖场自主性很强的顾客逐渐卸下防卫,轻松自然地就将宜家的各种商品印在了脑海中。

资料来源:IKEA 家具如何靠迷路创造 60% 的冲动购物 [EB/OL]. (2011-08-08). http://www.ceconline.com/sales_marketing/ma/8800062508/01/.

急用品 急用品是消费者为应对某些突发事件而购买的产品，如下暴雨时所购买的雨伞、中暑时购买的消暑片等。显然，急用品营销成功的关键在于准确预测突发事件。

2. 选购品

选购品是指那些经久耐用、购买频率较低、单价较高的产品，如正装、家用电器、轿车、住房等。由于消费者对选购品在购前大多不熟悉，单价又较高，因此存在一定的购买风险。消费者情愿在购前多花一些时间、精力，对产品的适用性、品质、性能、价格、款式等各方面进行充分的挑选、比较之后，再做出购买决策。

选购品可进一步细分为同质选购品和异质选购品，但在营销过程中，都需要较多的人员现场推销，提供较多的销售保证和服务。

区分选购品是否同质的主要标准是不同品牌产品之间在主要技术指标、服务和特色等方面是否存在重大或明显的差异。同质选购品的竞争主要在于价格，异质选购品的竞争则主要在于异质性的价值。随着产品的成熟和消费者对产品认知的加深，同一产品的异质性越来越多地表现为品牌形象、风格的异质性而非产品物理属性的异质性。

3. 特殊品

特殊品是指和某些消费者的特殊兴趣、嗜好联系在一起的产品，如钢琴、渔具、纪念品等。特殊品营销的关键在于专业性，销售现场应营造专业氛围，营销者必须具备相应领域的专业素养，能够揭示产品的使用技能、特殊意义，以及这种特殊性与顾客兴趣、能力等特殊个性的匹配性。

4. 非渴求品

非渴求品是消费者未曾听说过或即使听说过一般也不想购买的产品，如各种名目繁杂的商业保险、烟尘检测仪等。对非渴求品，营销者需要做出诸如广告和人员推销的大量努力。一些最复杂的销售技巧就是在推销非渴求品的过程中发展起来的。

9.1.2 服务产品

随着社会经济的发展，服务正越来越多地走入人们的日常生活，如文化休闲、餐饮、旅游度假、电影、健身、极限运动、理财等。服务对于生产活动更是必不可少，如互联网、金融、物流等，在国民经济和人们日常生活中扮演着越来越重要的角色。

1. 服务产品特征

服务通常是指某种活动，是服务提供者代替或帮助服务接受者完成一项作业或活动，其结果并不导致任何所有权的产生和转移。如家政服务是代替顾客完成指定的家务，运输服务则是帮助顾客或其货物到达指定目的地。服务产品具有以下几个特征。

无形性 服务通常以"活动"的形式提供，活动可以感受，但无形无态无质，随活动的发生而存在，随活动的结束而消失，如就医、观看戏剧、旅行等。

不可分离性 这是指服务产品的生产与使用同时进行，顾客与提供者相互作用。服务人员向顾客提供服务时，也正是顾客使用服务的时刻，两者不可分离。同时，顾客会或多或少地参与到服务的生产过程中。

不可储存性 由于服务的无形性和不可分离性，服务不能像物质产品一样集中生产，所以服务半径有限。服务产品也不能储存起来，以备未来出售，所以如果不能当下售出，就会造成损失（如车船的空位等）。

品质的不确定性 这是指服务的构成成分及其质量水平会经常变化。一方面是服务生产人员状态的波动在所难免，从而影响服务品质；另一方面是顾客主观上各有所好，即使对同一服务也会产生不同的评价。

> **材料 9-1　　　　　　　如何使服务需求与供给同步**
>
> 库存是调节物质产品供给和需求异步的重要方法，由于不可储存，服务供给和需求异步的调节必须另辟蹊径，或者为供给能力在需求不足时另找出路。
>
> （1）采用差别定价方法使某些需求从高峰期转移到低谷期，或增加低谷期的需求以更好地利用供应能力。如在旅游淡季下调机票、门票、酒店及相关服务的价格。
>
> （2）为低谷期开发新需求。如茶社提供白天的商务服务而不仅仅是夜间的休闲娱乐服务。
>
> （3）在高峰期简化服务或自助服务。如快餐外送或非店内就餐等。
>
> （4）提高需求高峰期的供给能力。如在高峰期雇用兼职人员、增加座位等。
>
> （5）提倡供给能力共享。如阶段性使用的专用设备通过各种途径实现多机构共享。

2.服务产品营销

服务产品生产和销售的特殊性决定了服务产品的营销活动也独具特性。

服务过程中的互动营销 由于服务的生产与消费不可分离，服务的提供者与消费者在服务过程中互相作用。因此，可以在服务过程中开展互动营销，一个好的服务人员可以随时根据顾客偏好调整服务行为、流程甚至内容。

生产者是最重要的营销者 对于物质产品而言，其营销部门和生产部门是两个相对独立的职能机构。生产部门一般只负责提供符合各方面要求的产品，销售的任务则主要由营销部门来完成。但在服务产品的销售过程中，营销部门主要负责企业总体营销战略计划的制订、企业形象的设计，及内部营销、营销活动的组织管理，而作为关键环节的现场（互动）销售只能由服务（生产）人员完成，服务（生产）人员成为最重要的营销者。

内部营销意义重大 由于服务人员的态度、行为直接作用于顾客对服务质量的感知，因此从某种意义上说，服务产品的内部营销比外部营销更为重要。只有所有员工都能充分理解本企业服务的内涵，人人都是优秀的营销员，服务产品的品质及提供过程才能有所保证，服务产品的外部营销才有可能获得成功。

密集分销 服务是不可储存的、不可分离的,不可能像物质产品一样构建分销渠道,通过分销渠道大规模销售服务,也就不能实现标准化和规模化生产。服务企业的发展只能依赖于不断在消费地建立服务点,在消费地就近生产和销售服务产品。

强调品牌及形象 服务的无形性使得顾客在购买前无法像购买物质产品那样可以通过感官对产品做出判断,进而做出购买决策,因此与服务产品相关联的情境、形象及品牌成为塑造顾客购买信心的重要工具。所以,在服务产品不能实现标准化、规模化生产的条件下,正是强有力的品牌使服务企业可以依靠连锁取得消费者的认可。

> ⊙ 讨论9-1　　　　　　　**网红奶茶打动你的是什么**
>
>
>
> 有人总结,一杯网红奶茶的正确打开步骤是:①排队数小时买茶;②买完单拍照;③照片上传社交平台;④品尝。
>
> 排队数小时就为喝一杯奶茶,真的是这样吗?显然,步骤②和③告诉我们,至少不仅仅是这样的。
>
> 至少到目前,互联网还不能直接传递味道,而且从朋友圈的照片也可以看出,很少有人通过表情或内容来传递其味之妙。吸引大家拍照、上传的并不是味道,那是什么呢?
>
> 看看这些照片其实很容易归纳出来:长长的队伍,这是乐在其中,也许只是从众;高颜值的产品包装,凸显品牌辨识度;消费场景(包括店头和店内的风格),表面上每个店都不一样,实质上都青春荡漾、时尚涌动,或潮范或简约或高冷或清新;跨界,和各种青春、时尚产品联名;不搅,不用吸管,一口一口地啜饮,成就了仪式感……至此,青春时尚的生活方式随着产品的购买、消费而阐释完毕,服务营销要素也不知不觉中被提供与接受,爱比好喝自然更为重要。

9.1.3 体验产品

自约瑟夫·派恩(Joseph Pine II)与詹姆斯·吉尔摩(James Gilmore)将人类经济发展历史划分为产品经济、服务经济、体验经济三个阶段以来,体验产品、体验消费就逐渐成为理论和实践的热点,并在营销活动中不断被付诸实践。如微软视窗操作系统 Windows XP 中的 XP 代表的就是体验(experience),期望用户能更好地体验电脑、体验网络生活。

1. 体验产品特征

体验是指在企业提供的消费情境中,顾客作为整个消费事件和消费过程中必不可少的一员,因参与设计、协助推动或因其他因素而沉浸在整个消费过程中所产生的美妙而深刻的感觉。所以，**体验产品**就是能够提供一种精神愉悦以及由此产生长久回味的事物。

体验产品是在消费需求发展到"感性阶段"才应运而生的。体验产品与物质产品、服务产品相比的特征见表9-1。

表9-1 体验产品、物质产品、服务产品的区别

	物质产品	服务产品	体验产品
产品本质	物质	活动	感觉
表现形式	有形	无形	无形
表象载体	有形实体	结合物质产品或独立存在	依托物质或服务产品
消费目标	拥有物质，解决生存	舒适生活，解放自我	享受过程，精神愉悦
消费方式	自主消费	参与生产流程	参与、观察或沉浸

精神产品 消费者对产品效用的追求存在两类——功能上的和情感上的。功能上的效用是生理上的满足或解放，情感上的效用是心理上的满足或愉悦。体验给予消费者的是情感，如温馨、刺激、新鲜等，体验产品的作用就在于塑造消费者的心理共鸣。因此，体验产品是一种精神产品，但一般依托于具体的物质产品或服务产品，是无形的，这也导致了消费者对体验产品的购前认知是模糊、抽象的。

生产者和消费者的统一 和服务产品一样，体验产品的生产与消费也是不可分离的。但是与服务产品不同的是，体验产品的生产者是消费者自己，企业只负责体验流程、舞台及道具的提供和氛围的营造。在企业所提供的体验情境中，消费者在外部情境刺激和内在心理驱动下，通过一系列复杂的心理过程，获得一种难忘的感觉。

参与的个性化 按心理学分析，一种难忘的感觉必须在个体达到情绪、体力、智力甚至是精神的某一个特定水平下才能产生，而每个个体在这些方面都是不同的，这就导致在同样的情境下，每个消费者获得的体验存在显著差异。因此，有效的体验过程要求让消费者以其个性化的方式参与、观察或沉浸到整个消费过程中。另外，由于消费者对体验效果的感知会随消费次数上升而趋于递减，这就要求营销者不断提供与挖掘顾客体验获得的源泉，提供新的体验情境。

■ **案例9-2** **太空体验馆让梦想成真**

1970年4月24日我国第一颗人造地球卫星"东方红一号"发射成功，时隔46年"中国航天日"正式设立，时间定格在4月24日。从此，每年的这一天都将揭起全社会的航天热情，展示出中国航天强国的铿锵步伐。

以"文化、航天、旅游"为一体的航天主题体验馆，近年在许多城市开设。这些以浩瀚太空为背景的太空体验馆，将高科技虚拟技术与仿真技术相结合，充分展示太阳系行星分布、月球表面环境、月球探测器等。参与者可通过不同职责的分工，操控月球车合作完成月球历险任务。

> 场馆大都引进了各种型号的飞行模拟器，结合时下最流行的VR（虚拟现实）设备，通过新颖的科技手段使游客能身临其境地感受到航空航天所带来的互动体验。在飞行家太空体验馆里，室内跳伞是最为引人注目的项目，模拟跳伞者从飞机上一跃而下的失重，在虚拟演习中积累近乎真实的实跳经验，体验一段心惊肉跳、豪迈英勇的跳伞之旅！
>
> 资料来源：国家航天日乐天堂太空体验馆让梦想身临其境[EB/OL]. (2019-05-01). http://mini.eastday.com/mobile/190501103445328.html#.

2. 体验产品营销

由于企业主要负责提供消费者获得体验的情境，较少参与体验产品的生产过程，其营销任务就变成如何引导消费者更好地进行体验的创造与感知。

创造精神主题 既然体验首先是一种精神产品，那么如何创造精神主题并使消费者容易体验到，就成为体验产品营销的首要任务。这种精神主题可以是纯粹以感官刺激为基础的娱乐体验，或者是以培养艺术灵感和科学修养为目的的文化体验，抑或是追忆过去感怀经历的情感体验，甚至是逃避现实的遁世体验等，没有程式，贵在创新。

选择合适的载体 精神产品不能有形存在，必须依附于特定的载体。表现同一精神主题的载体形式多种多样，企业必须选择与精神主题特征、内涵最为匹配的载体或途径。如同样是冒险体验，可能户外运动更为可行；同样是户外运动，可能蹦极运动比户外生存更刺激，也更容易操作一些。企业在进行载体选择时可以从以下三个方面考虑：一是时间性，是以过去、现在还是未来的某个情境来承载主题；二是空间性，是以家庭、工作，还是城市喧闹、乡村静谧，抑或是个人独处、朋友小聚来承载；三是特定的物料——创作素材、工具和方式，如纸张、沙土、颜料等，是机械还是手工制作，是要原创还是模仿等。时间和空间在于营造体验的氛围，物料在于提供体验的条件。

激发体验感受 体验感受是体验者在体验过程中得到的。由于每个人的感悟对象和能力都不一样，营销者要为体验者设计触动感受的刺激，使体验者既沉浸于体验过程，又能适时感受到体验所带来的精神愉悦。激发的触动设计包括三个方面：一是让体验者在体验过程中不断有阶段性发现，即体验过程要有阶段性和阶段性成果；二是这种阶段性要有波动起伏，既有极度的兴奋和紧张，也有平缓和静谧；三是让体验者在参与过程中通过互动与组合，通过交流放大体验强度并形成新的社交圈，获得附加价值。

随着经济的发展和生活水平的提高，消费者的个性化需求越来越明显，产品的种类和品牌虽然越来越多，同质化依然严重，故竞争更加激烈。物质和服务产品也越来越依赖于通过体验元素的引入来吸引消费者。所以，体验又是营销手段，又称**体验营销**。

⊙ 讨论 9-2　　　　　　　　　体验元素在营销中的运用

随着消费环境的变化，体验消费越来越受到关注时，如何利用体验去营销物质产品与服务产品就成为横亘在营销者面前的一个新课题。

（1）体验成为客户价值的必要组成部分。体验源于某种经历、遭遇对消费者内心和思想的触动，这就为企业将其产品与消费者生活方式相联系、赋予消费行为更为广泛的社会意义提供了机会。体验效用将和产品效用一起构成整体的客户价值。因此，企业的销售过程将包括三个交换层面：①信息交流，分享信息和理智的观点；②利益交换，公司提供产品和服务而客户付费；③情感交流，公司和客户在情感上相互联系。

（2）戏剧化和互动的概念将指导营销策划。体验元素的引入意味着营销者不能再孤立思考一个产品的质量、包装等，而需要通过各种手段（设施、产品、服务和互动过程等）来创造一种戏剧化和互动以增加顾客体验，而且要把具体的消费场景置于更广泛的社会文化背景之下。

（3）科学和人文、技术和艺术相结合。由于体验的内容五花八门，而个体的差异更增添了企业营销方法和工具的难度，特别是对体验效果的评估（包括体验流程、技术规范、衡量标准、效果测试等），企业必须善于寻找和开发适合自己的营销方法和工具，并且不断推陈出新，这就需要考虑将科学和人文、技术和艺术充分结合起来。

9.2　产品整体

现代产品通常包括很多侧面或属性。一个物质产品不能局限于它的实用功能，它看上去还要像那么回事，服务和体验更是如此。那些看上去差不多的产品可能存在很大的价格差异，其主要原因不在于产品基本功能属性的差异，更重要的可能是那些附加功能、品牌形象、企业信誉、服务、款式等的差异。一些顾客愿意为附加功能或偏好品牌支付更高的价格，而另一些顾客可能不愿意。可见除了产品或服务的主要功能和目的外，其他一些附加部分也可以成为企业市场营销的着眼点，特别是在产品由于技术成熟而趋于同质化以后，附加部分更是企业营销的重点所在。

9.2.1　产品层次

从营销的观点看，产品是一个包括核心产品、形式产品和附加产品三个层次的整体，如图 9-1 所示。核心产品规定了产品提供的核心利益，形式产品是核心产品的载体，附加产品是对产品核心利益的扩展：形式产品、附加产品必须体现、加强核心产品所要表达的利益诉求。

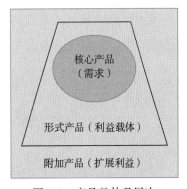

图 9-1　产品整体及层次

1. 核心产品

核心产品是指产品提供的基本利益,代表了"购买者真正要买的东西",即顾客购买产品时所追求的核心利益——需求。迪士尼卖的不是卡通、玩具,而是童年的快乐与梦想,农夫山泉的"我们不生产水,我们只是大自然的搬运工"异曲同工。

营销者必须清醒地认识到自己提供的产品能够满足顾客的核心利益是什么,才能有效识别竞争者,制定出有效的竞争策略。只有清楚地意识到自己销售的是"交流"时,社交软件开发者才会把咖啡店、体育场列入竞争对手名单。

2. 形式产品

形式产品是指实现核心产品的有形载体,是核心产品的实现方式和外在表现,包括技术、结构、质量、性能、特色等内容。如一辆汽车由发动机、传动系统、安全系统和车身等部件构成,这些部件有各自的质量、性能和特色,不同的燃油效率、输出动力、抗冲击性、外观等,规定了整车的油耗、速度、款式等质量、性能和特色。

对形式产品的理解存在两个层次。一是指所有核心利益的实现方式,如我们既可以通过汽油提供动力,也可以通过蓄电池提供动力,还可能是两者的混合动力,最终会归于某种最优形式。在这个层次上,实践中把这些实现同一核心利益的不同形式产品视为不同的产品。二是仅指核心利益某种特定的实现方式,如电动汽车用电来驱动。

可见,形式产品是产品不可或缺的,离开形式产品,核心产品就只是一个概念而已。同时,形式产品比核心产品更为直观和形象,更容易被顾客所理解。因此,形式产品也就成为企业和顾客沟通、传递核心产品的有效工具。但营销者如果由此过度关注自身形式而不能把握核心产品,从核心产品的角度来理解竞争,其危害也显而易见。

3. 附加产品

附加产品是指附属于产品的一些附加服务和利益,包括品牌形象、售后服务、使用保证、培训等。从本质上看,附加产品不是产品所必需的。但在核心产品、形式产品趋同的情况下,谁能更快、更多、更好地满足顾客复杂利益整合的需求,谁就更能赢得竞争。附加产品备受关注,因为一方面购买者除了希望满足其某种基本需求(核心利益)之外,还希望其他相关需求也能同时得到满足;另一方面,随着产品技术的日益复杂,竞争品牌日渐增多,信息不对称性越趋严重,购买者需要得到企业对产品使用过程和使用结果的质量保障与承诺。

> ⊙ 材料 9-2　　　　　产品整体视野下的台灯
>
> 这是一位毕业生为其导师用 3D 打印机打印的一款台灯。
>
> 当然,这首先是台灯。也就是说,它具备照明的功能,能增强一个小范围的光线,这也是传统台灯的核心产品。
>
> 我们今天能见到的台灯大都是通过将电能转变为光能而实

现照明的，具体发光体倒是种类繁多，有白炽灯、节能灯、Led 灯等。控制开关的方式也多种多样，如触控式、亮度可调式甚至声控等。这两者是一般意义下的形式产品。

从设计风格上看，台灯有欧式的、韩式的、中式的，还有复古系列等。从材质上看，有玻璃磨花的、陶瓷彩釉的、景泰蓝的、金属的和塑料的等。从台灯灯光的色彩上看，有乳白、橘黄、草绿等。从外形上看，有金属蛇形管的、夹式弹簧摇臂悬吊的、座式可调光搪瓷的、铜座古典台柱式单双瓷罩的、槽型双瓷双色罩的、古典烛台式的、古老煤油灯式的、双灯头子母式玻璃的等。这些，我们已经很难区分它们是形式产品还是附加产品了。

当我们更多地要求台灯与周围的事物共同营造某种氛围时，当这样一盏特别制作的台灯放在老师案头时，那当然就不仅仅是照明了。这时的核心产品又是什么呢？

也有学者将产品整体划分为五个层次：核心产品、形式产品、期望产品、附加产品和潜在产品。期望产品是指顾客购买产品时通常希望和默认的一组属性及条件，如旅客期望干净舒适的床、新的毛巾、安静的环境等。这些属性一般都是顾客对产品的最低要求，企业必须给予满足。潜在产品是指顾客当前尚未意识到或暂时还不能实现的产品属性，如现在手机的拍照功能、上网功能在多年前都属于潜在产品。

9.2.2 产品进化

只有三个层次都具备的产品才是完整的，但这并不等于说产品推出时每个层次就都是完美的，更不等于说在任何时候，顾客对三个层次的关注度都是一样的。产品整体是在成长中逐步完善的，顾客对产品各层次的关注度也会随环境、个人等因素的变化而变化。这就要求企业把握产品的进化规律，适时改进产品。

1. 进化规律

一般而言，产品整体的三个层次是在技术进步和顾客关注点转移的共同作用下分阶段逐步形成、完善起来的，如图 9-2 所示。

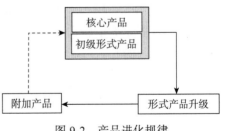

图 9-2　产品进化规律

初级阶段　在新产品刚刚推出的初期，形式产品只是刚刚能够实现核心产品，在质量、性能等方面还多有不尽如人意之处，而且价格昂贵。顾客为拥有新产品而兴奋，对形式产品缺陷的包容度非常高。手机刚刚推向市场时，能通话，但通话质量不如固定电话，价格更是固定电话的十倍甚至百倍，体积、重量也和今天的不可同日而语，但依然受到市场追捧，唯一的制约就是价格——购置价格和通话费用。

中级阶段　在这一阶段，随着技术进步，产品质量走向可靠，性能趋向稳定。此时，受技术门槛下降和市场热度的诱惑，越来越多的竞争者加入进来，形式产品越来越完美，款式越来越多，顾客有了更多的品牌选择，并且注意力也因核心产品的同质化而逐渐转向形式产品。形式产品步入升级、多样化阶段。

高级阶段 随后，由于更多竞争者的加入，顾客选择的余地越来越大，而形式产品改进的余地又越来越小，顾客的关注点逐渐转向附加产品，竞争者于是争相开发附加产品以满足之。产品发展进入高级阶段。

综上所述，当新产品刚推向市场时，顾客最关注的是核心产品，即该产品是否能比以前的产品更好地满足自己的需求，或激发了新的需求；当核心产品实现趋于稳定后，顾客开始关注形式产品的改进；最后强调附加产品的有效提供。对于企业而言，产品的革新改进也基本遵循核心产品——形式产品——附加产品——新的核心产品的路径。

2. 进化原因

产品层次之所以存在上述演变规律，主要受以下五个方面的影响。

技术进步 技术进步是产品进化的根本原因和动力。一项技术总是要经历从猜想到实验，再到商业化的过程，并且在商业化过程中不断成熟、稳定，产品实现其基本功能的能力越来越强、越来越可靠，成品率越来越高，成本越来越低，由此推动形式产品对核心产品的实现越来越完美，产品改进的重点逐步转移。

顾客收入水平 顾客收入水平较低时，对核心产品的关注度最高，产品只要能保证实现其主要功能就可以了，因为多余的形式产品及附加产品将直接带来价格的提升。随着收入水平的提高，顾客对形式及附加产品的关注度将越来越高。

对产品技术的认知 若产品技术复杂或产品对顾客是陌生的，顾客的知识和能力决定了他只能关注产品的附加部分，希望品牌能够承载品质。

产品生命周期 当产品尚处于引入期、成长期时，顾客对产品的关注重点在于核心产品。随着产品逐渐成熟，顾客对产品也越来越熟悉，形式产品对顾客来说就变得非常重要，大多数顾客甚至对形式产品和附加产品的重视超过了对核心产品的重视。但这并不意味着核心产品不再重要，而是核心产品已不再可能存在有意义的差异。

供求变化 当供不应求时，顾客处于被动状态，只求核心产品能满足需求；当供过于求时，顾客处于主动状态，他们还追求款式、服务等形式产品和附加产品。

除了上述的几个方面外，不同顾客的消费观念、偏好也会影响其对产品层次的注重。例如，保守型的顾客往往更注重核心产品，爱面子的顾客往往对品牌、款式会多注重一点，时尚、求新的顾客会为附加的小功能、小部件等兴奋不已。

> ⊙ **材料 9-3** 口香糖大市场
>
> 　　口香糖之所以能够清新口气（核心产品），与其成分有关。口香糖是以胶基为载体，加入糖（或代糖）、香精、软化剂等物质后，调和压制而成。胶基的黏性很强，可以去除牙齿表面的食物残渣，香精的添加也有助于口气的改善。所以，在最初的竞争中，各大品牌都在胶基、香精的用料、配方（形式产品）上做文章，也让各品牌逐渐在口味、口感、

持久性方面形成独特差异,如绿箭的薄荷口味、炫迈的美味持久。

目前,中国已成为全球第二大口香糖消费国,市场规模近130亿元。其中,"牙齿保护"市场在快速增长。核心产品的变化,使得口香糖开始围绕糖(或代糖)以及其他添加物进行创新,并催生出包装、形状上的变化。如乐天、好丽友以木糖醇,益达以无糖,清至以洁净强调对牙齿的保护,瓶装、粒状、脆皮、软心等概念一浪高过一浪。而在淘宝上,一批主打提神醒脑、增强记忆、消除烟瘾、补充能量、增加身体香氛的"特殊"口香糖销量也日趋渐长。

9.3 产品组合分析与优化

大多数企业都生产经营着一种以上的产品,它们成为一个产品组合。因此,在明确单个产品的整体层次及进化规律的基础上,企业还要在有限资源约束下,考虑哪些产品需要发展、哪些需要维持、哪些需要淘汰,不断优化自己的产品组合。产品组合的优化决策通常包括产品宽度、产品线与产品项目决策三个层次。

9.3.1 产品组合及分析工具

要优化产品组合,首先就要理解产品组合,掌握产品组合的衡量和分析工具。

1. 产品组合概念

产品组合是指企业提供给顾客的全部产品线与产品项目。这些产品之间一般存在一定的相互联系和影响,按这种相互联系和影响可将产品划分为不同的产品线和产品项目。

产品线是指密切相关的一组产品,就是通常意义上的产品类别,这些产品或以类似的方式发挥功能,或面向同一顾客群,或配合使用,或通过同一种类的渠道销售,或存在相似的价格波动。产品线的划分没有绝对统一的标准,即一条产品线可以包括若干条子产品线。**产品项目**是指一个产品线内依据品种、规格、价格或其他属性加以区别的具体产品。

例如,海尔拥有商业解决方案与个人及家用产品两大产品门类,其中个人及家用产品包含冰箱和冷柜、洗衣机、空调等10条产品线,热水器又包含电热水器、太阳能热水器、小厨宝共7条子产品线,电热水器又包括竖式、横式、立式以及由不同容量规格、能效等级、控制方式等规格划分的共299个产品(见表9-2)。

产品组合分析就是分析各产品线、产品项目的现状和潜力,以及产品组合的整体合理性,各产品线、产品项目的合理性。

产品组合决策就是决定产品线、产品项目的增减,即增加或删除产品线、产品项目,以及产品线整体水准,各产品项目的功能、性能、质量等的参数的改进,尤其是特色的确认。

表 9-2　海尔个人及家用产品（节选）

个人及家用产品	热水器	电、燃气、空气、太阳能、太空能热水器，以及小厨宝、采暖炉等
	洗衣机	滚筒洗衣机、波轮洗衣机、双桶洗衣机、洗烘一体机等
	空调	壁挂式空调、柜式空调、家用中央空调、移动空调等
	冰箱和冷柜	对开门、单门、两门、十字对开门、多门等
	电视	液晶电视、激光电视
	小家电	生活小家电（吸尘器、饮水机、扫地机器人、除湿机等）
		个护小家电（剃须刀、电熨斗、挂烫机、智能马桶盖等）
		母婴小家电（消毒器、辅食料理机、空气智能器等）

2. 产品组合衡量

产品组合可以从宽度（广度）、长度、深度和黏度（相关度）四个方面来衡量。

宽度是指产品组合中包含的产品线总数；长度指产品组合中产品项目的总数；深度是指产品线中每个产品有多少品种（或产品组合的平均品种数）；黏度也称相关度，是指不同产品线在最终用途、生产条件、分销渠道或其他方面相互关联的程度。

根据表 9-2，海尔的个人及家用产品按照技术原理可以分为机电产品（白电）和电子产品（黑电）两大类。虽然同类产品间的技术相关度较高，但两大类之间的产品相关度是在渠道上而非技术上，是典型的市场相关。也正是这种市场相关，这些产品才归为个人及家用产品类。海尔的热水器包括电热水器、采暖炉等 7 条子产品线，即该产品组合的宽度为 7。每条子产品线的长度不一，共有 710 个产品型号，因此，热水器的产品组合长度为 710，平均深度约为 101，在用途、渠道、技术方面高相关，但在使用频率、使用情境、更新周期等方面存在差异。

3. 产品组合分析工具

任何优化决策都依赖于对现有产品组合的分析，毕竟，环境无时无刻不在发生变化，企业经营的任何一个产品的市场表现、对企业的贡献也都在发生变化。因此，企业需要随时优化产品组合，即舍弃或新增一些产品线、产品项目。企业只有对产品组合的状况了然于胸，才能做出正确合理的产品组合优化决策。

波士顿矩阵也称波士顿市场成长 – 市场份额矩阵（简称 BCG 矩阵），是波士顿咨询集团于 20 世纪 70 年代初期开发的一种分析多元化公司产品组合的技术工具。波士顿矩阵以产品的相对市场占有率和市场增长率为参数，对企业产品组合进行分析。

相对市场占有率是某产品的市场占有率与同行中最大竞争对手的市场占有率之比。市场增长率是企业对产品下一年度市场需求（销售）的预期增长率。市场增长率高低的分界点可依据企业实际情况予以设置，一般以 10% 为基准。相对市场占有率通常以 1 作为高、低市场份额的区分点，相对市场占有率等于或大于 1 意味着该产品目前是市场领导者。基于此，形成如图 9-3 所示的四个区间，处于这四个区间的产品分别称为吉星、金牛、问题、瘦狗产品。

图 9-3 中圆圈表示企业现有产品组合中的各具体产品，位置代表它们市场增长率和

相对市场占有率的高低，圈的大小则代表销售额的大小。

吉星产品（stars，高增长率、高市场份额）**吉星产品**处在快速增长的市场中并且占据市场的支配地位，企业可能是早期进入者。对吉星产品，企业可能获得正现金流量，也可能面对负现金流量，这取决于新工厂和产品开发投资量与产生收益的比较。这类产品经过一段时间的发展，市场渐渐饱和，增长率下降后，最终既可能转变为金牛产品，也可能转变为问题产品。这取决于企业在市场增长期间是保持不断

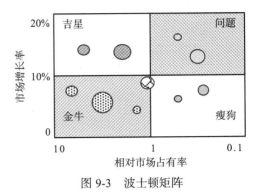

图 9-3 波士顿矩阵

的投入、提高产量和销量以维持甚至提高市场份额，还是急于取得甚至提高利润。

金牛产品（cash cows，低增长率、高市场份额） 较高的相对市场占有率说明产品在市场上处于支配地位，较低的市场增长率意味着有限的增长前景和只需要少量的投资。所以**金牛产品**是一些相对成熟的产品，企业应保持稳健的生产和营销，取得高额利润。金牛产品是企业利润的主要来源。

问题产品（question marks，高增长率、低市场份额） **问题产品**在一个成长性市场上处于弱势地位，企业可能是晚期进入者。对问题产品，企业需要较多的投入才能满足迅速增长的市场需求并赶上市场领导者，成为吉星产品，否则它们将沦落为瘦狗产品。对此类产品，企业应根据自身的资源、能力和目标，确定是否进行大规模投入，确保其成为吉星产品，否则应予放弃。

瘦狗产品（dogs，低增长率、低市场份额）**瘦狗产品**处于成熟市场，由于在竞争中处于劣势，所以不能产生大量现金。大规模的投入意味着打破市场的现有均衡，会引起竞争对手的激烈反应。所以，一般不应大量投入以改进绩效，应采用收缩或放弃的方案。

利用波士顿矩阵可以清晰、明确地分析企业现有各产品的状况，分析企业产品组合的合理性。显然，如果问题产品和瘦狗产品过多，而吉星产品和金牛产品过少，抑或只有金牛产品而无吉星产品都是不合理的。此外，企业还可以依据波士顿矩阵对企业资源进行合理分配与统筹安排。波士顿矩阵的局限性在于没有充分考虑到产品之间的关联性。例如，若金牛产品和瘦狗产品是互补的产品组合，如果放弃瘦狗产品，金牛产品就会受到影响。

⊙ 讨论 9-3　　　　　　　"拍拍"的起起落落

2005 年，背靠腾讯的拍拍网诞生，被腾讯视为对抗淘宝的"主力军"。拍拍运营满 100 天就进入"全球网站流量排名"前 500 强。2007 年，拍拍注册用户超过 5 000 万人，超过"易趣"成为唯一能与淘宝抗衡的 C2C 平台。但在即将追上淘宝的关键时刻，拍拍被腾讯叫停，沦为边

缘业务。

2014年，京东与腾讯战略合作，拍拍投入京东麾下，但因"C2C模式无法杜绝假货"，它于2016年4月1日被关闭。真正的原因是：随着社交电网与移动电网的崛起，京东对微信的依赖越来越深，而拍拍网对京东的流量支撑越来越小，以B2C起家的京东没有信心与资本做好拍拍。

但仅仅消失一年，拍拍再度复活。2017年12月21日，京东CEO刘强东竖起"品质二手"大旗，投入10亿元，整合回收、检测、再加工、销售等逆向供应链资源，希望拍拍在线上二手交易市场打下一片天。此时，腾讯投资的"转转"和阿里巴巴旗下的"闲鱼"早已做得风生水起。

2019年6月3日，京东集团宣布，拍拍与"爱回收"进行战略合并。此次合并显然是希望借助爱回收在手机及3C产品的优势，实现弯道超车。

互联网世界里，百度做不成团购，阿里巴巴做不成社交，这种现象比比皆是。那么，真的存在企业产品（业务）组合的边界吗？拍拍是因为在这个边界之外而必然沦为瘦狗产品吗？

实际上，波士顿矩阵的分析对象并不局限于企业的整体产品组合，也可用于对各品类组合以及产品线的深入分析，如家电类产品（冰箱、电视机、洗衣机、空调），厨房电器（烟灶套系、吸油烟机、燃气灶、消毒柜、电烤箱、洗碗机）、冰箱产品线（单门、两门、三门、多门、对开门）的组合、盈利性和潜力分析。

另外，波士顿矩阵也不是唯一的产品组合分析工具，还有方向性政策矩阵和生命周期组合矩阵等。方向性政策矩阵（DPM矩阵）是荷兰皇家壳牌集团在波士顿矩阵的原理上开发的，其实质是把外部环境与内部环境结合起来，对企业各项业务所处的战略位置做出判断，进而提出指导性战略规划。生命周期组合矩阵（ADL矩阵）是由著名的咨询管理公司阿瑟·D.利特尔公司提出的一种投资组合管理方法。生命周期组合矩阵以产品生命周期理论为基础，从产业发展阶段和企业竞争地位两个维度，对企业的业务进行划分和选择。

9.3.2 产品宽度决策

产品宽度决策是产品组合宽度层次上的决策，是对增加还是减少产品线（产品组合宽度）、增加/减少什么产品线的决策。

1. 产品宽度决策的性质

产品组合宽度不但标志着企业成长的结果，而且预示着企业未来的发展方向，因此产品组合宽度的改变属于企业发展战略，需要由企业高层来决策，营销部门不能随意对产品线数量进行增减，但可以依据诸如波士顿矩阵的分析结果提出产品组合宽度调整的建议。

■ 案例9-3　　　　　　　　　以网易考拉再造网易的"佛系哲学"

近期，亚马逊出售中国海外购业务的风声再起，而对象正是丁磊总在站台的网易考拉。

从1997年注册成立，到2000年6月在纳斯达克挂牌上市，网易只用了三年。此后，网易从一棵树苗成长为参天大树，枝枝叶叶包括网易游戏、网易云音乐、网易严选、网易考拉、网易公开课、网易云等，还孵化出了网易味央、网易美学等一系列网红新品。能够把网易做这么大，归根于丁磊很善于做产品。"动作可以慢，但战略一定要正确"一直是丁磊所强调的。所以，与华为、阿里、京东等企业强调的"狼性文化"以及腾讯"小步快跑，试错迭代"不同，网易的产品都偏向佛系，不抢风口，把精力用于探索路线和打磨产品。

网易从一个游戏公司转向电商业务，而且做得不算差，但国内市场有黑马拼多多，京东、阿里的跨境电商营收也在节节攀升。网易考拉"傍上"亚马逊，能不能实现丁磊曾说的"再造一个网易"？

资料来源：叶菁.丁磊：以网易考拉再造网易的"佛系哲学"[EB/OL]. (2019-02-27). http://create.fjii.com/html/9babf1abe60043b18e66b5d1662c9e1293121cc761dfa5ac.html.

2. 产品宽度营销决策

尽管产品组合宽度的调整不仅仅是一种营销决策，但营销部门可以依据产品组合的黏度进行企业层面的营销协调，即通过对各条产品线在营销方面关联性的分析，对各产品线所开展的营销活动进行整合。

传播整合　若几条产品线的目标顾客有相同或交叉的信息搜集、接收渠道或方式，那么企业可以在广告、公共关系、媒体选择、信息主题和内容等传播要素之间进行整合，以提高传播效率和效益。

渠道整合　若几条产品线在销售渠道、销售方式方面相同或存在交叉，那么企业可以通过同一条销售渠道、同一方式来进行销售，从而减少企业的营销费用。

客户管理整合　若几条产品线有共同或交叉的顾客，那么企业应对这些顾客进行统一管理、维护，以避免顾客对来自同一家企业的信息或服务产生不同的甚至是矛盾的感受。

9.3.3　产品线决策

产品线决策就是通过对产品线中产品项目数量的增加/减少来调整产品线的长度。产品线的长度依据企业的发展目标而定，寻求高市场份额和高增长的企业一般倾向较长的产品线，而强调高利润的企业则会选择由优质产品项目构成的短生产线。

1. 产品线长度趋势

虽然实践中既有企业推崇长产品线，也有企业倾向短产品线，理论上也没有长优短劣或短优长劣的一般性结论，产品线还是具有不断延伸的总体趋势。一方面是随着技术进步，生产能力的过剩促使企业开发新的产品项目；另一方面，营销队伍与分销商也希望产品项目更为全面，以满足顾客的选择性。但产品项目的增加必然导致各种费用的上升，从产品组合中放弃那些低销售额和低利润的产品项目以优化产品线，可使企业集中力量发展获利较多的产品项目。现实中，企业往往先是随意延伸产品线，然后再削减大量产品项目，以保持产品线的活力。产品线的延伸与紧缩模式被企业重复使用。

2. 产品线延伸／紧缩原则

产品项目的增减并不只是取决于各产品项目的利润情况。产品线中各产品项目所承担的功能并不完全一致，有些是利润的来源，有些则可能仅仅是对竞争对手的阻击，有些是出于对产品线完整性的考虑。虽然大多数顾客的选择会集中于某几个产品项目，完整的产品线却可以增强顾客对其选择结果合理性的信心。

当产品线的延伸／紧缩仅仅是功能规格的增加／减少，不涉及品牌定位的变化时，情况并不复杂，一般只需要根据需求的实际演变做出适应性调整即可，如随着居住面积的扩大，电视尺寸、冰箱容积随之增大。

但当产品线的延伸／紧缩涉及品牌定位的调整时，情况就变得比较复杂了，因为这可能引起顾客品牌认知的混乱。此时，产品线的延伸／紧缩可以分为向上、向下或双向延伸／紧缩三种。向上是指在产品线中增加／减少高端产品项目；向下是指在产品线中增加／减少低端产品项目；双向是指企业在原定位于中端产品市场的基础上，向高端、低端两个方向增加／减少产品项目。一般而言，为减少顾客在品牌认知上的混乱，不管是向高端还是低端延伸，启用新的子品牌是必要的。

■ 案例9-4　　　　　领克成都建厂支撑产品线延伸

10月25日，中车网从吉利某内部人士口中获悉：领克将于成都设厂，专用于BMA平台项目，未来将生产领克旗下的中小型车。事实上，这已是领克2018年的第二个设厂项目。2018年7月25日，吉利集团官方曾发布公告称，领克汽车正在规划梅山工厂项目，计划生产3款车型，首款投产车型为E级7座豪华SUV，项目预计2019年5月供能。

数据显示，2018年9月领克售出汽车14 875辆，同比上涨8.78%；2018年1～9月，领克累计销量超8.7万辆。至此，领克品牌已实现了自上市以来销量的连续性上升。10月

19日,领克汽车旗下首款轿车领克03,在日本富士国际赛道正式上市。

根据领克此前的目标规划,到2020年至少要推出10款车型。而随着产品线的不断延伸,领克的产能需求将更大,建厂需求也随之增加。

资料来源:刘雨婷. 产品线扩展 领克或将于成都建厂?[EB/OL]. (2018-10-25). http://auto.net.cn/articles/1610562018/10/25.

从理论上看,长产品线的优势一是可以较好地满足不同顾客的不同需求,二是可以有效配置各产品项目的促销功能,即有些产品项目是为了展示技术实力,有些产品项目是为了吸引注意力等,剩下的产品项目都是真正的利润来源;劣势则主要表现为较高的生产成本和市场成本。短产品线则刚好相反。

9.3.4 产品项目决策

产品项目决策是指如何使每一个保留或新增的产品项目更加现代化与更具特色,即产品项目决策包含现代化决策与特色化决策两方面。

1. 现代化决策

如果跟不上技术的高速发展与消费需求的快速变化,产品就会落伍而被竞争对手及顾客抛在身后。企业需要对某些产品项目甚至整个产品线进行现代化,问题在于是逐步现代化还是一步到位。逐步现代化可以使企业在改进整个产品线之前,观察顾客是否接受、喜欢改进后的产品,可以降低企业的现金流量,但是容易被竞争对手跟进与模仿。一步到位的现代化避免了上述缺陷,却增大了企业的经营风险。

通常,科技含量不高的产品可依据实际情况对这两种方式进行选择。但对于高科技产品企业来说,必须采取一步到位的现代化决策,以保持产品较高的更新频率。而许多传统产品,持久地保持传统风格、用料、制作方法可能才是制胜之道。

2. 特色化决策

特色化决策为每一个产品项目确定具体的特色。这种特色化强调的是产品项目之间的区隔,而不是和竞争对手的区隔。特色既可以是风格,也可以是性能、口味等。

■ **案例9-5** **李宁跑鞋的弧系列与轻家族**

2012年7月,李宁弧2.0缓震跑鞋面世,这是继"李宁弓"系列篮球鞋之后的又一力作。若再加上之前李宁"轻"家族新添的轻舟、轻翼和轻云三款产品,李宁的跑鞋系列产品在2012年创新升级、全面提速。

与李宁弓的减震不同,李宁弧强调缓震,这是在吸收李宁弓优点的基础之上,在材料密度等方面引入诸多创新,使脚部在接触/受力的同时感到柔软细腻,在"减震、灵活、舒适"方面实现了全面升级。李宁弧目前已推出第二代,与以橡胶为主要材质的第一

> 代产品相比，弧二代用铝膜制作 IP 底，支撑性更好，弹性更佳。
> 李宁跑鞋的轻系列则延续了超轻家族轻量（鞋子重量仅 200 克左右）和透气的特点而备受消费者青睐。"轻舟"以古代轻舟为灵感，鞋面独特的开窗设计如船体舷窗，在脚部形成通风系统；轻翼则强调脚与鞋的接触没有陌生感、吸汗会呼吸；轻云以"轻、薄、透"为卖点，面料采用轻薄透气的 MonoMesh 网布材料，半透明外观无论在视觉上还是足部的感官上都能营造一个清透干爽的体验效果。
>
> 资料来源：李宁推创新产品助改革计划 [EB/OL]. (2012-12-24). http://www.eeo.com.cn/2012/1224/237921.shtml.

9.4 产品生命周期

产品一般不会无止境地在市场上延续下去，随着产品的成长，顾客对产品整体各层次的态度和追求，产品本身的功能和质量等都会发生明显的变化，产品组合也会随之发生变化。这些变化既是社会经济和文化发展的结果，也是企业营销活动的结果。企业营销既要积极适应产品生命周期的变化，针对不同周期阶段采取不同的策略，又要主动引导这种变化，使之朝着有利于社会和企业发展的方向演变。

9.4.1 产品生命周期的形态与演变

产品生命周期理论是市场营销一个非常重要的基础理论，其应用领域已远远超出市场营销，企业生命周期、行业生命周期都由此延伸而来。

1. 典型产品生命周期及阶段

产品生命周期是指一种产品从进入市场到被淘汰退出市场的全部运动过程，表现为一条随时间推移的产品销售（需求）量变化曲线。典型的产品生命周期表现为一条 S 形曲线，一般可分为引入、成长、成熟和衰退四个阶段，如图9-4所示。它表明：①任何一种产品的生命都是有限的；

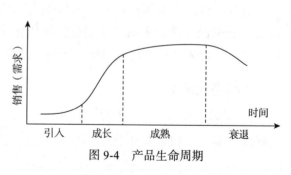

图9-4 产品生命周期

②产品生命周期明显地表现为几个不同的阶段；③在产品生命周期的不同阶段，产品面临的机会和威胁不同，适用的营销策略不同。但并非所有的产品都会完整地经历这四个阶段。

引入期 在这一阶段，产品刚刚推向市场，由于顾客对它不了解，销售增长缓慢。由于引入产品费用较高，此时一般无利可图。

成长期 经过一段时间磨合后，顾客开始了解并接受了这种产品并产生需求，销售量迅速增长，企业开始获得利润。并不是所有的产品都能进入成长期，有些产品终究不能为顾客所接受，市场引入失败，只得退出市场。

成熟期 这时，因为产品已被大部分潜在顾客接受或成为流行，销售量增长放慢，市场保持稳定。成熟期是该产品贡献利润的主要时期。

衰退期　由于新的替代产品的推出或新技术的应用,顾客转而追求其他替代产品,产品销售呈严重下降的趋势。

大多数成功产品的市场历程证明了产品生命周期四个阶段的存在,但这并不是说事先能够严格区分这些阶段,甚至能准确地预计到它的产生和衰退。产品生命周期理论的意义在于提供一种分析工具,预测产品的这种变化趋势,及时变更营销策略。

理想的产品生命周期形态具有如下特征:①产品开发期、引入期短,因此产品开发、市场开发成本较低;②成长稳健,稳健的需求增长有利于投资及生产能力的及时跟进,并且减少过度投机,避免严重供过于求;③成熟期长,也就意味着企业有一段相对稳定的经营期,盈利时间长;④衰退缓慢,销售量是逐渐减少的,而不是突然下降,这使企业有时间处理剩余产品和转产。

2. 产品种类、品类、品牌的生命周期

产品种类(如个人电脑)、产品品类(如笔记本个人电脑)、产品品牌(如××牌笔记本电脑),都存在产品生命周期,但有各自的特点。

产品种类的生命周期最长,许多产品种类的生命周期近乎无限长,如农产品、服装、住房等。到目前为止,我们还无法知道电脑会在何时退出市场,作为总体概念的计算机的衰退似乎遥遥无期。

产品品类最真实地体现了生命周期的概念,如处理器从奔腾到奔腾4完整地经历了生命周期的四个阶段,现已基本退出市场。

产品品牌的生命周期很短,而且大都不完整,只有少数成功者是完整的,因为引入后往往尚未到衰退期就已退出,而之后的跟进者可能没有经历引入期和成长期。两者的品牌生命周期都短于品类和种类的生命周期。

⊙ 材料 9-4　　　　　　　产品生命周期的变形

产品生命周期是以统计规律为基础的一种理论抽象结果,在现实中并非所有产品的生命周期都严格地呈 S 形。受各种因素的影响,产品生命周期有可能偏离正常的成长路径,产品生命周期的图形往往并不规范,形成多种形态,有学者认为有 17 种之多。

风格型呈现出一种循环、再循环的模式。在生活中,一些产品会随着时代的变化,时而流行,时而不流行,在风格之间转变,如图 9-5a 所示。时尚/流行型的特点是:产品刚上市时很少有人接纳(独特阶段),销量随着时间慢慢增长(模仿阶段),终于被广泛接受(流行阶段),之后缓慢衰退(衰退阶段),如图 9-5b 所示。时髦/热潮型产品来势凶猛,很快就吸引大众的注意力,快速成长又快速衰退,如图 9-5c 所示。扇贝型产品的生命周期,随着产品的不断创新或新用途的不断发现而不断地延伸再延伸,呈现出一个扇贝形结构,如图 9-5d 所示。

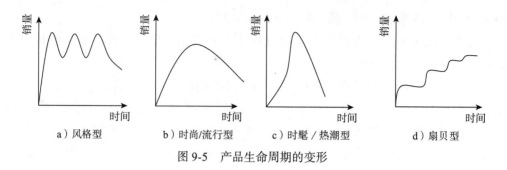

图 9-5　产品生命周期的变形

3. 影响产品生命周期形态的主要因素

行业和企业都可以通过对产品、顾客施加影响，使产品生命周期向着有利于自身的方向演变，如为产品寻找到新的用途、采用新的生产技术等都可以在一定程度上延长成熟期。影响产品生命周期形态的主要因素如下。

产品的技术成熟度　与新技术产品相比，建立在成熟技术上的新产品开发时间短、费用低，产品引入期较短，成熟期却可能很长，如方便面；新技术产品则相反，由于技术变化很快，一种技术尚未成熟即有可能被另一种技术替代，产品生命周期往往不完整，如微软"维纳斯计划"中的机顶盒。

与原有系统的相关度　当一种产品和原有的生产、销售、使用系统关联度较高时，由于不需要为它建立新的分销渠道、运输、服务、沟通途径，以及进行消费者教育，所以经销商会迅速接受并促销这种产品，产品的引入和成长时间较短。

产品性质　当一种产品成为必需品时，其产品生命周期会变得相当长，反之则短。

总体上说，随着科学技术发展的日渐加快，产品生命周期也在总体上日趋缩短。

9.4.2　各阶段营销策略

产品生命周期理论的意义不仅仅在于认识到产品存在四个阶段，更在于它揭示了四个阶段中不同的顾客态度和行为，不同的市场机会和利润潜力。因此，企业不仅要认识到产品存在不同生命阶段及市场表现，更要认识到应针对不同阶段采取不同的营销策略。

1. 引入阶段

当新产品首次推向市场时，产品的引入阶段就开始了。作为新产品，要让经销商和顾客接受，需一定的时间，市场表现出如下特点：①由于销售额低，分销和促销费用分摊高，因此利润低甚至亏损；②竞争者少，故可以只生产最基本的产品规格；③顾客通常是那些求新求异者。

作为市场开拓者首先进入市场，一般可以在顾客中造成先入为主的思维定式，这将在今后为企业带来很高的报酬，但是风险和成本也比较高。市场开拓者应当知道迟早会发生竞争，并导致价格及自身市场占有率的下降。因此，这一阶段企业营销活动的目标是提高产品知名度，吸引顾客试用，确保销售网点有货可供。一般有四种可供选择的组合策略,如图 9-6 所示。

快速撇脂 **快速撇脂**就是采用高促销和高价格的组合将新产品推向市场,高促销是要迅速引起目标市场的注意,高价格是要攫取较高利润,尽快回收新产品的投资。该策略采用的条件为:①有目标顾客渴望得到该产品并愿意为此付出高价;②企业面临潜在竞争者的威胁,需要及早树立品牌;③如果需求潜力较大,企业有可能向下延伸产品线。

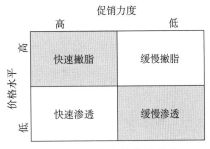

图 9-6 引入阶段的营销策略

缓慢撇脂 **缓慢撇脂**是以低促销和高价格的组合推出新产品,这可以使企业获得更多利润。该策略的适用条件为:①市场规模相对较小;②目标顾客大多已了解该产品且能接受适当的高价;③竞争威胁不大。

快速渗透 **快速渗透**采用高促销和低价格的组合推出新产品,其目的在于快速打入市场,获取最高市场占有率。该策略的适用条件为:①产品的规模经济效果明显;②市场容量很大;③潜在顾客对产品不了解,且对价格敏感;④潜在竞争激烈。

缓慢渗透 **缓慢渗透**以低促销和低价格组合推出新产品,该策略的实施条件为:①市场容量较大;②潜在顾客易于或已经了解该新产品,对价格敏感,需求价格弹性较高;③潜在竞争不会很激烈。

2. 成长阶段

成长阶段的标志是销售迅速增长,新的竞争者不断加入,产品开始有所改进和扩展。此时,企业的营销目标是抓住时机最大限度地迅速扩大市场份额,树立品牌形象,具体可以采取的策略包括:①改进产品质量,赋予产品新的特色和式样,增加侧翼产品;②进入更低层次的、对价格敏感的细分市场,并在适当的时候降低价格或给予一定折扣;③进入新的分销渠道;④改变广告内容,从建立产品认知转向建立产品、品牌信任和促进购买。

企业采用上述部分或全部策略后,将会大大提升产品的竞争能力,但营销成本也会相应增加。在成长阶段,企业将面临高市场占有率或高利润率的选择。通常,实施上述市场扩张策略会减少眼前利润,但加强了产品的市场地位和竞争能力,有利于企业的长远发展。

需要注意的是,很多企业在成长阶段很容易犯故步自封的错误:由于供应与需求都在迅速增长,企业即使减少营销费用也不会带来销售额的明显下降,后者甚至还会有所上升,但放任这种行为,企业市场占有率将下降,其结果是当产品进入成熟阶段面临真正的竞争时,企业先机已失,吉星产品演变为瘦狗产品,处于不利竞争地位。

■ 案例 9-6　　　　　"抢鲜到"破局中高端外卖市场

近日，名为"抢鲜到"的外卖平台在深圳福田区写字楼密集的办公片区才上线半个月，就备受白领追捧。

对于快节奏、事务繁忙而又追求生活品质的城市新中产来说，一份"随点随到"的高品质外卖能解决他们生活中不少的实际问题。而传统O2O外卖配送模式，配送速度慢、配送时间不稳定，一份外卖往往需要等待30～50分钟，导致口感差、体验差，直接影响用餐心情。除此之外，平台野蛮式快速发展、进驻商户参差不齐也增加了用户选择难度以及食品安全风险。

抢鲜到正是瞄准了这样的市场痛点和用户刚需，通过算法、大数据及信息化技术，自建新型高效能共享厨房，精选大牌美食入驻，星级厨师下单现做，采取骑手一对一私属专送，实现平均10分钟送达的外卖体验，开创餐饮、配送二合一的外卖自营模式。

那么，在这样一个由主打大众化路线的美团外卖与饿了么的"双雄"主导的成长性市场中，精品外卖能为精细化运营的抢鲜到等后来者提供新的发展机遇吗？

资料来源：平均10分钟送达的"抢鲜到"外卖平台备受白领追捧 [EB/OL]. (2019-07-16). http://news.ikanchai.com/2019/0716/298832.shtml.

3. 成熟阶段

成熟阶段可以再分为减速、稳定和下降三个时期：①在减速期，虽然仍有少数后继购买者进入市场，市场仍呈上升趋势，但销售增长率开始下降。同时，一些在成长阶段晚期开工建设的生产线这时可能刚刚投产，供应能力持续增长，增长速度可能还很快。销售增长减缓而供应持续增长将导致竞争日趋激烈。②在稳定期，大部分潜在顾客已经在使用这种产品，市场饱和，未来的销售取决于人口增长和重置需求。同时，所有生产能力都已经逐渐释放，供应增长迟缓，供需趋向平衡。③在下降期，顾客开始向其他替代产品转移，产品的销售水平开始下降，竞争过于激烈，一些企业由于无利可图开始退出。

鉴于上述情况，企业在产品生命周期成熟阶段营销的主要目标是建立品牌忠诚，巩固市场占有率，并设法延长产品成熟期，可采用的营销策略有三种，如图9-7所示。

市场改良　市场改良即通过开发新市场寻找新用户，保持和扩大自身的市场份额。具体方式包括：①挖掘产品的新用途；②刺激现有顾客增加使用频率或每次使用量；③寻找未使用过这种产品的潜在顾客；④争夺竞争对手的顾客。

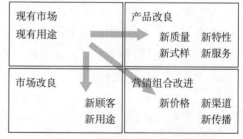

图 9-7　成熟阶段的营销策略

产品改良　产品改良是通过改进产品以刺激销售，主要包括质量改进、增加功能、特性改进、式样改进、服务改进等方式。由于产品已经成熟，这种改良一般不是重大、革新性的。

营销组合改进　营销组合改进即通过改变价格、渠道、传播等营销策略要素或其组合以不断维护目标顾客的品牌偏好，增加销售，延长产品生命成熟期。

■ 案例9-7　　　　　　　星巴克是如何进入成熟咖啡市场的

咖啡是一种历史悠久的饮料。在星巴克之前，咖啡的提供方式主要有三种：一是以雀巢为代表的速溶咖啡，在超市销售，消费者自己随时冲泡饮用；二是各具特色的传统咖啡馆，它们在欧洲各大城市星罗棋布，消费者可以在店里悠闲地点上一杯猫屎咖啡，慢慢品味度过一个下午；三是在如快餐店、
酒吧等餐饮店提供。无论在欧洲还是美洲，这都是一个成熟市场，三种方式共存，没有巨头，各类供应商相安无事，呈现典型的完全竞争状态。

作为后来者，星巴克成功进入成熟市场并迅速盈利的关键是通过创新颠覆了这一传统的结构和节奏。相对于速溶咖啡和餐饮店，星巴克提供更高的品质和更为丰富的咖啡种类选择，一种对"纯正"产品的追求和享用的感受，对高水平服务的享受。相对于传统的咖啡店，星巴克提供了一种适合现代年轻人的、更有魅力的生活方式，一种品质更高、更加贴近自然的感受，如新鲜的水果蔬菜、刚出炉的烤面包、新炒的咖啡豆，还有总是能成为网红的杯子，花费不多却能享受到顶级的产品和服务。这里，既有市场改良，也有产品改良和新营销组合。

4. 衰退阶段

大多数产品（品类）最终都会走到衰退阶段，如录像机、显像管电视机等。这一阶段的主要特征是产品销量和利润下降，既可能是缓慢下降，也可能是突然下降。当产品进入衰退阶段后，企业的营销目标是削减支出、获取收益，常用营销策略包括以下几种。

维持策略　维持策略即企业继续沿用过去的营销战略与策略，直至产品完全退出市场。该策略适用于有吸引力的产品且企业本身具有较强竞争实力。

收缩策略　收缩策略即企业在规模上做适当收缩，逐步将能力和资源转向企业最有力的细分市场、最有效的分销渠道、最易销售的产品品种、式样上收缩，同时大幅度降低促销水平，从而为企业赢得尽可能多的利润。

放弃策略　放弃策略即迅速放弃该产品，转而生产另一种产品。

9.4.3 新产品开发

产品生命周期理论的一个重要启示是：随着科技水平的迅速发展，顾客需求变化加快，市场竞争日益激烈，企业要持续发展必须不断推出新产品，以适应市场需求的发展变化及产品生命周期的日益缩短。根据新产品对于企业和市场的创新程度，可以把它划分为以下几种。

全新产品 采用新原理、新结构、新技术、新材料制造的产品。

替代产品 在原有产品基础上，部分采用新技术、新材料制成，性能有显著提高的产品。

改进产品 在原有基础上，性能有所改善，或款式有更新，或口味有增进的产品。

仿制产品 在另一个市场区域提供其他市场区域已有的产品。

企业新产品开发流程一般包括产生创意、筛选创意、概念形成及测试、制定营销战略、财务分析、产品开发与测试、市场试销以及商业性投放八个环节，可归纳为创意、概念与商品化三个阶段，如图9-8所示。可见，新产品开发实际上是一个完整的市场营销过程，各部分内容可参见相应章节。

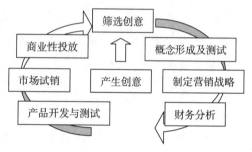

图9-8 新产品开发流程

1. 创意阶段

创意阶段是新产品开发过程中最基础的一步，它为后面两阶段的实施提供基础，具体包括产生创意和筛选创意两个环节。

产生创意 创意是指提出一种新的能激发顾客需求的概念或设想。产品创意的主要来源包括顾客潜在需求，新技术、新工艺和新材料，竞争产品，销售人员和经销商，企业高级管理者。情感创意主要来自灵感，功能性创意主要来自技术进步。

■ **案例 9-8**　　　　　　　　文创：让产品充满文化

在文创产业高速发展的当下，各大博物馆发挥其自身优势与新媒体合作，扩大其自身的品牌效应，实现了经济和社会效益的双重回报。种种现象也让"文创"成为年轻消费群体中的热词，使"文创产业"迎来发展热潮。

苏州博物馆出品的《梅花喜神谱》系列中，最受欢迎的就是这款梅花喜神谱快客杯，其设计灵感来自宋代宋伯仁所撰绘的画谱《梅花喜神谱》。梅花喜神谱快客杯由一壶三杯构成，分红黑两款，这一套器具杯身上刻有宋伯仁绘制的梅花造型，将古人绘画技法用现代技术还原，体现了原谱刻本的特征。除了产品形态，其方便性与实用性，更是让许多年轻人对

这款产品爱不释手。

熊猫盖碗，由古格王朝创始人夏科与火痕品牌的创建者廖天浪打造，因2019年新年时登上央视栏目而走红。熊猫的独特造型和配色让熊猫盖碗立刻成为天府之国成都的代表。熊猫盖碗以"三才碗"为依托，秉承"盖为天、托为地、碗为人"的理念，体现出了浓厚的四川文化，以最具四川代表性的大熊猫为元素，创造了一个温文尔雅的形象，加上其实用性和观赏性以及自带的传播卖点，受到很多文创爱好者的热情追捧。

资料来源：2018～2019年国内最佳文创产品盘点[EB/OL]. (2019-04-24). http://cq.ifeng.com/a/20190424/7388651_0.shtml.

筛选创意 并非每一个创意都具有吸引力、可行性，能够最终转化为获利的产品，故企业需要对创意进行分析、筛选，具体标准包括：①市场机会，如产品潜在市场的规模和成长率、竞争程度；②企业资源和能力，如是否符合企业的营销目标，企业是否有资源和能力生产这种产品并取得优势；③产品关联性，即新产品对企业现有产品的营销、销售的影响；④企业现有的销售结构、渠道、物流等是否适合或能够支撑该产品的销售。表9-3是一个较为典型的新产品创意评判表。

表9-3 新产品创意评判表

产品成功的必要条件	相对权数（1）	产品能力水平（2）	评分（1）×（2）
产品的独特优点	0.4	0.8	0.32
较高的绩效成本比率	0.3	0.6	0.18
较高的营销资金支持	0.2	0.7	0.14
较少的强力竞争	0.1	0.5	0.05
小计	1.0		0.69

评分等级标准：0～0.3为差，0.31～0.6为尚可，0.61～0.8为佳，可接受的最低分为0.6。

2. 概念阶段

在概念阶段，企业将通过对目标市场的调查，将创意转变为产品概念，制定营销战略，进行财务分析，以明确该产品是否符合公司的发展目标。

概念形成 **产品概念**是指企业要用简洁、清晰、符合顾客逻辑的顾客语言描述已确定的创意。通常，一个完整的产品概念由两部分组成：①问题，即顾客内心关注的问题（如抱怨、需求）；②支持点，即如何解决问题及解决的程度，主要描述相对老产品的优势。

概念测试 一个创意可以转化为几种产品概念，企业要从中选择最受目标市场欢迎的那一个。概念测试就是企业将初步设定好的一个或几个可以相互替代的产品概念，以文字、图画或实体的形式展示于一群目标顾客面前，通过获取并分析他们的反应来了解产品概念的受欢迎程度。当前，借助计算机展示产品概念已日渐普遍。

> ⊙ **材料 9-5**   **微单的崛起**
>
>   微单的全称是微型单电相机。在微单这个概念尚未形成前,无论是松下、奥林巴斯还是三星的单电相机,在市场上的表现都只是不温不火,迟迟打不开局面。其名称并不固定,如无反相机、可换镜头数码相机、EVIL 等,直到索尼将其单电相机 NEX 系列命名为微单,这类产品才在 2011 年市场上呈现出势如破竹之势,其名称也迅速为其他厂商所接受。
>
>   在单电相机出现之前,卡片机和单反两种产品基本瓜分了整个市场。便携性是卡片机的最大优势,却是单反的死穴,而单反突出的专业性能则让卡片机望尘莫及。微单一词则将单电相机的小巧便携、性能接近单反这两大卖点传神地表达出来,简单易记、通俗准确,从而迅速被消费者关注并正确理解。
>
> 资料来源:杨钊. 微单启示录 [EB/OL]. (2012-06). http://www.zcom.com/article/71797/index1.htm.

    制定营销战略 企业选择了最佳产品概念后,必须制定一个把这种产品引入市场的营销战略,并在未来的发展中不断完善。初拟的营销战略应包括四部分:①目标市场规模、结构、购买行为;②品牌定位;③第一年的营销组合和营销预算、销售量、市场占有率等;④较长期不同阶段的销售量、营销预算和营销组合。

    财务分析 财务分析的任务是在初步拟定的营销战略基础上,对新产品从财务上进一步判断它是否符合企业的目标,包括销售额预测、成本与利润推算。预测新产品销售额可参照市场上类似产品的近年销售统计资料,充分考虑各种竞争因素,分析新产品的品牌定位和可能的市场占有率。企业预测出新产品的销量后,就可以推算出产品的预期成本与利润,包括营销、研发和运营等预计成本,评估新产品的财务吸引力。

3. 商品化阶段

    在商品化阶段,新产品实体被开发出来并要通过一系列测试。若企业对测试结果满意,新产品便要在可行的营销方案下进行试销。试销成功后,企业便可以进行批量生产,将新产品投放市场。至此,企业便完成了整个新产品开发流程。

    产品开发与测试 若企业对新产品的财务分析结果感到满意,就可以移至研发部门或技术部门试制产品模型或样品(简称产品原型)。由此,产品概念转化为实际产品。当然,产品原型必须具备产品概念所规定的所有特征。

    市场试销 在市场试销环节,产品被引入更加真实的市场环境中,为产品的大规模上市与推广建立市场经验。产品试销前,必须先对以下问题做出决策:①试销的区域范围和地点,试销市场应是目标市场的缩影;②试销时长,试销时长应尽可能长于产品的平均重复购买间隔,因为只有重复购买才能真正说明顾客对新产品的认可;③试销所要取得的数据,如顾客的首次购买及重复购买情况、顾客意见等;④试销的费用;⑤试销的营销组合;⑥试销的各种预期结果及应对方案。

    商业性投放 产品试销成功后,即可以正式投入批量生产,全面推向市场。企业必须就以下几个方面做出慎重决策：①投放时机，新产品进入市场的时机选择是个关键问题，企业既可以为获取先发优势而选择首先进入，也可以为避免承担巨额市场开发费用和风险而选择后期进入，在技术不断进步的条件下，主要把握投放的频率并避免与强大的竞争对手迎头相撞；②投放地区，通常企业由单一地区市场逐步推向全国、全球市场，但在竞争对手可以迅速跟进的情况下，以在最大的区域范围内尽可能同时发布为好；③导入策略，企业应制定尽可能完备的产品导入策略及营销组合方案，合理分配营销预算，根据主次轻重有计划地安排各种营销活动。

本章小结

1. 按产品用途，产品分为工业用品和消费品。工业用品可进一步分为原材料、工具、设备、系统解决方案以及办公用品、劳保用品等。消费品可进一步分为物质产品、服务产品和体验产品。物质产品又可进一步划分为方便品、选购品、特殊品和非渴求品。
2. 服务产品具有无形性、不可分离性、不可储存性和品质不确定性等特征，故在营销过程中应强调服务过程的互动、内部营销、品牌和密集分销。
3. 体验产品是一种个性化参与、生产者和体验者统一的精神产品，营销的重点在于创造精神主题、选择合适的载体和激发体验感受。当然，体验也是一种营销手段。
4. 产品是包括核心产品、形式产品和附加产品三个层次的整体。核心产品规定了产品提供的核心利益，形式产品是核心产品的载体或实现方式，附加产品是对产品核心利益的扩展。当新产品刚推向市场时，顾客最关注的是核心产品，强调的是有胜于无；当核心利益的实现趋于稳定后，顾客开始关注形式产品的改进，最后强调附加产品的有效提供。
5. 企业提供给顾客的全部产品之间一般存在一定的相互联系和影响。按这种相互联系和影响，我们可将全部产品分为不同的产品线和产品项目。产品组合可以从宽度（也称广度）、长度、深度和黏度（也称相关度）四个方面来衡量。
6. 波士顿矩阵（简称 BCG 矩阵）是一种最为常用的产品组合分析工具。波士顿矩阵以产品的相对市场占有率和市场增长率为参数，将被分析产品分为瘦狗、问题、吉星和金牛产品。一般来说，瘦狗产品应放弃，问题产品要视具体情况或加强或放弃，吉星产品要持续投入以保持领先地位，金牛产品则以获取利润为主。
7. 产品组合决策是产品组合宽度层次上的决策，是对增加还是减少产品线（产品组合宽度）、增加/减少什么产品线的决策，属于企业战略决策范畴。营销部门可以依据产品组合的黏度进行企业层面的营销协调，即依据各条产品线在营销方面的关联性，对各产品线所开展的传播、渠道、客户管理等营销活动进行整合。
8. 产品线决策就是通过对产品线中产品项目数量的增加/减少来调整产品线的长度。寻求高市场份额和高增长的企业一般倾向较长的产品线，而强调高利润的企业则会选择由优质产品项目构成的短生产线。规格变化导致的产品线伸缩一般只需要根据需求的实际演变做出适应性调整，但涉及品牌认知时则应建立新（子）品牌。

9. 产品项目决策是指如何使每一个保留或新增的产品项目更加现代化与富有特色。
10. 产品生命周期是指一种产品从进入市场到被淘汰退出市场的全部过程，是一条随时间推移的产品销售（需求）量变化曲线。典型的产品生命周期表现为一条 S 形曲线，一般可分为引入、成长、成熟和衰退四个阶段。
11. 引入阶段的市场特点是销售额低，分销和促销费用分摊高，利润低，竞争者少，只生产最基本的产品品种，顾客通常是那些求新求异者。这一阶段企业营销活动的目标是提高产品知名度，吸引顾客试用，确保销售网点有货可供。
12. 成长阶段的标志是销售迅速增长，新的竞争者不断加入，产品开始有所改进和扩展。此时，企业的营销目标是抓住时机最大限度地迅速扩大市场份额，树立品牌形象。
13. 成熟阶段的标志是产品已被大部分潜在顾客接受，销售增长放慢，市场保持稳定。企业营销的主要目标是建立品牌忠诚，巩固市场占有率，并设法延长成熟期。
14. 企业新产品开发流程一般包括产生创意、筛选创意、概念形成及测试、制定营销战略、财务分析、产品开发与测试、市场试销以及商业性投放八个环节，可归纳为创意、概念与商品化三个阶段。

基本概念

快消品　选购品　体验　体验产品　体验营销　核心产品　形式产品　附加产品　产品组合　产品线　产品项目　产品组合宽度　产品组合长度　产品组合深度　产品组合相关性　波士顿矩阵　吉星产品　金牛产品　问题产品　瘦狗产品　产品生命周期　快速撇脂　缓慢撇脂　快速渗透　缓慢渗透　产品概念

简答

1. 简述服务产品的基本特征和营销特征。
2. 简述体验产品的基本特征和营销特征。
3. 请说明物质产品、服务产品和体验产品的联系与区别。
4. 简述产品整体层次及进化规律。
5. 依据波士顿矩阵，简述四类产品的基本营销策略。
6. 如何决定产品线的延伸或紧缩？
7. 简述产品生命周期理论以及各阶段的特点。
8. 按照价格水平与促销力度，引入阶段的营销策略有哪些组合？使用条件分别是什么？
9. 产品概念由什么构成？

思考

1. 选择一个产品，用产品整体理论描述并展望之。

2. 选择一个企业，对其产品组合进行描述与分析。
3. 选择一个产品，描述其生命周期历程，并说明新产品开发的时机选择。

实验

一个产品的款式少了，我们会觉得没有选择；多了，又往往让人无从下手，不知道选哪一款好。设计一个实验，测试一下既能让消费者感到有选择权，又不致造成选择困难的款式数量是多少。

动手

中国历史悠久，各地已建成一些颇具特色的博物馆，然而博物馆的生存始终是一个难题。找一家当地的博物馆，根据体验产品的内涵设计一个解决方案。

互联网——故宫文创，光大传统之美

作为一个拥有近600年历史的文化符号，故宫拥有众多皇家建筑群、文物古迹，成为中国传统文化的典型象征。近年来，在文创产业带动下，故宫化身为"网红"。据统计，截至2018年12月，故宫文化创意产品研发超1.1万件，文创产品收入在2017年达15亿元。如今，故宫已不仅仅是一座博物馆，更是利用文化创意产品走进百姓生活的一个样板。

登录故宫博物院官网（https://www.dpm.org.cn/Home.html），去领略这些文创产品的创意之美，思考一种好的文创产品是怎样的。

第 10 章
价格策略

> 自然价格可以说是中心价格，一切商品的价格都在不断地向其靠拢。不同的意外事件有时可能会使价格保持在这个中心价格之上，有时又会迫使它们降到这个中心价格之下。但不管什么障碍，它们虽然有时妨碍着商品价格固定在这个中心，但一切商品的价格总是不断地向这个中心靠拢。
>
> —— 亚当·斯密（Adam Smith）
> 经济学创始人

一切营利组织和多数非营利组织都要为自己的产品制定并调整价格。价格的名目繁多，无所不在，如租公寓要付房租，受教育要付学费，看医生要付诊费，坐飞机、火车、出租汽车和公共汽车要付票钱。

按照经济学的基本原理，供给与需求共同决定了大多数产品的价格，价格又是指导资源配置的信号，影响着供给与需求。根据这一原理，价格由供需而不是企业自主决定，那么价格的制定与调整也就无从谈起。但正如亚当·斯密指出的那样，一切商品的价格都在不断地向自然价格靠拢，意外事件只使价格在自然价格上下波动。所以，价格策略的本质是企业寻求自然价格和有利于自己的意外事件，根据意外事件的性质和影响力确定最终价格（简称定价），在具体内容上包括为新产品制定价格、适时调整价格两部分。

在四种营销基本策略中，价格是看起来唯一能够直接创造收益，调整起来也最为简单的一种策略，似乎只是动动价格标签而已。然而事实并非如此，价格直接创造收益只是一种表面现象，价格的提高或调低并不一定意味收益的上升或下降，价格调整更不只是动动价格标签那么简单。为企业的产品组合设立一个合理的价格体系与机制是一件非常困难的事。

10.1 价格及定价模式

价格并不仅仅是顾客为获取一件产品而支出的货币，对卖方来说也不仅仅是收回成本和获取利润。理解价格对买卖双方的多种含义、影响价格的各种因素和机制是寻求自然价格并制定正确价格的前提，也是避免频繁调整价格和打惨烈价格战的前提。

10.1.1 营销价格观

不同的企业、不同的品牌、不同的人员对价格的理解往往并不相同。例如，营销人员认为价格是营销策略之一，他们考虑的是顾客和竞争者会怎样理解这个价格；会计人员认为价格是销售收入、利润、现金流的重要因素；而采购人员眼中的价格则代表着成本。

1. 价格是成本

价格首先是成本。从顾客角度看，价格是为获取某一产品付出的一切费用的总和，不仅包括初始的选择、购买费用，还包括整个使用过程中的所有其他费用。如一辆家用轿车的费用，不仅包括购买轿车本身的费用，还包括车辆购置税、保险费、养护费、汽油费等，甚至还包括这笔车款用于其他投资而获得的获益，即所谓机会成本。

从卖方的角度看，价格必须足以抵消生产、销售一个产品所发生的一切支出，否则就会造成亏损，令企业难以为继。

2. 价格是质量的信号

大多数顾客会依据价格的高低评判产品质量，认为高价格必然与高质量相联系，其内在的逻辑是高质量产品的成本必然高于低质量产品，高质量产品的价值也高于低质量产品的价值。当企业有能力以较低的成本生产销售较高质量的产品时，就可以获取超额利润。只有当市场进行调整时，企业才有必要生产物美价廉的产品。以高价诱惑消费者购买劣质产品，也许能在短期内获利，但长期必然导致企业失败，更关键的是扰乱了市场秩序，加大了顾客选择的难度，进而增加了营销成本。

一个稳定、成熟的市场必然是质量和价格相匹配的市场，即所谓"一分钱一分货"。因此，企业想长期立足于市场，使价格与产品质量相匹配就十分重要。

3. 价格是一种象征

作为品牌较易识别的一种属性，价格被赋予了一定的象征性，尤其在消费者市场上，价格背后的象征价值远远超过了由产品功能带来的实用价值，即价格成为价值的重要来源。

当然，这并不意味着价格可以完全脱离产品的成本，只是在很大程度上已经不再依赖于产品原本的功能属性，当然成本也就不仅仅来自功能，而更多地来自价值的塑造。对以形象价值为主的产品而言更是如此，价格是形象的一部分。

⊙ 讨论 10-1　　　　　　　　　价格的意义

奢侈消费品从功能含义上理解是一个主观概念，在经济学意义上则又有其客观性。

从功能上说，奢侈品并不比一般消费品提供更多的功能，也不会更好地执行其功能，如金餐具、银餐具、高级陶瓷餐具、普通餐具在餐具的功能上是完全一致的，但金、银、高级陶瓷餐具所带来的心理优越感是普通餐具无法比拟的，因而它是主观的。手工制作、镶金嵌玉在大多数情况下与产品的功能、品质无关，但它们确实提高了产品生产的边际成本。根据边际成本决定价格的经济学原理，奢侈品的价格自然比普通品高得多，因而它又是客观的。

然而，生活中的消费者不会如经济学家一般从边际成本去理解两者的差别，价格由此获得了至高的象征意义。在打折、降价成为最受普通消费者欢迎的促销手段的同时，奢侈品品牌打折却是核心顾客最不愿看到的事。

4. 价格折射出相关性

企业不仅要时刻关注竞争品牌的价格，还要考虑产业链产品、替代产品价格的影响，如牛肉价格不仅受到饲料价格的制约，还会因猪肉、羊肉价格的变动而变动。特别当企业经营多个具有相关性的产品时，产品价格之间更存在紧密关系，通常需要进行组合定价。

5. 价格传递企业战略

对于企业而言，价格策略是企业目标市场战略与品牌定位战略决策的重要体现。单一产品的价格也并非孤立存在，而是处于产品组合的价格体系中。一个品牌的价格标准在品牌战略未做出重大调整时，不应该有明显改变。随意调整价格标准，容易使顾客产生困惑，无法认知企业的品牌定位。为适应环境变化，满足顾客需求，企业只能在预先确定的价格区间内对品牌价格进行调整。

价格背后存在相当多的含义，营销视角下定价的核心就是明确目标市场中的购买者是如何判断品牌价值的，进而结合自身的战略、资源及竞争品牌的价格策略，明确价格观，形成合理的价格体系与机制。

10.1.2　定价模型

顾客认知价值、成本和竞争是决定产品价格的三个基本要素。产品的最高价格取决于该种产品的顾客认知价值，超出顾客认知价值的价格将导致实际需求为零；最低价格取决于企业生产、销售该产品的总成本费用，否则企业将无利可图；和竞争产品的比较最终决定企业产品价格在最高价格和最低价格之间的具体位置。图10-1表明了由顾客认知价值、成本和竞争构成的定价模型。实际上，无论是价值还是成本，都是以货币为衡量单位的。

产品价格的确定首先以顾客认知价值和生产销售总成本为上下界限，通过与竞争产品（或替代产品）在性能、品牌、促销水平等因素上的比较，确定价格在上下限之间的具体位置，即总体价格水平。这一定价模式可以概括为"以成本费用为基础，以顾客需求为前提，以竞争（替代）品价格为参考"。

换个角度看图 10-1，顾客认知价值和企业总成本之间的差值也可以看作是企业可能获得的利润空间，但这一空间会被竞争产品或替代产品不断挤压。

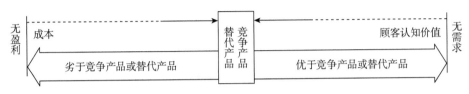

图 10-1 定价模型：顾客认知价值、成本和竞争

1. 顾客认知价值

顾客的价格意愿主要取决于顾客对产品价值的认知，认知价值越高，愿意承担的价格就越高，反之亦然。对企业而言，产品价值就是其盈利性；但对消费者而言，价值认知是一种主观认知，既不客观也不准确。消费者通常从以下三个途径来感受产品的价值。

一是对产品的感受。即消费者从产品所满足需求的价值及满足需求的程度来确认对产品的价值认知，但不管是需求的价值还是满足程度都是主观和不确定的，且因人而异。生存必需品的稀缺几乎可以导致其价值的无限上升（所谓生命无价），而偏好牛肉者认为牛肉的价值高于猪肉，偏好旅游者认为旅游的价值高于运动，哪种运动更利于健康则众说纷纭。

二是与同类产品或替代产品的价格比较。即消费者以同类产品或替代产品为参考来确认产品的价值，或者以对这类产品的一般价格印象为参照来确认其价值。如一个消费者对冰箱价格的一般印象是 5 000 元，则他对某款冰箱的价值确认会以 5 000 元为基准，如果他认为该款冰箱优于冰箱的平均水平，则价值高于 5 000 元，反之则低。

三是自身支付能力和总支出效应。消费者的支付能力高，则他对产品价值的认知一般会偏高，反之则低。总支出效应大（单价高），则消费者的产品价值认知下降，反之则上升。

可见，消费者对产品价值的认知总是建立在某种参照系的基础上，这种参照系可以是需求、同类产品、替代产品，也可以是收入。尽管第一种途径最为直接，但也最为主观和不确定，真正起作用的大多是第二、第三种途径或是几种途径综合的结果。所以，营销者应以一种隐性而又易理解的方式向顾客提供参照系（也称"锚"）。一个好的"锚"既可以帮助顾客迅速做出决策，也可以提高顾客对产品的认知价值。

> **材料**　　　　　　　　　**价值形成实验**
>
> 　　老乔到货架上选啤酒。有一种高级啤酒，售价 2.6 美元，另一种是廉价啤酒，只卖 1.8 美元。高级啤酒更"好"（不管它指的是哪方面），品酒的行家们给它的质量打 70 分（百分制），廉价品牌则只有 50 分。老乔应该买哪种啤酒呢？
>
> 　　杜克大学商学院教授乔尔·休伯（Joel Huber）与其学生克里斯托弗·普多（Christopher Puto）向一群商学院的学生提出了这道难题。学生们首选高级啤酒，选择高级啤酒和廉价啤酒的人数比例是 2∶1。
>
> 　　另一组学生则可从三种啤酒中做选择，除了前述的两种，还有另一种更劣质的啤酒，售价仅 1.6 美元，品质得分也最低，40 分。选择先前那种廉价啤酒的学生的比例从 33% 增加到了 47%。超低价啤酒的存在让廉价啤酒变得名正言顺了。
>
> 　　还有一组测试者，他们面对的三种选择是最初的廉价啤酒和高级啤酒，再加上一种超一流啤酒。和不少高档货一样，这种超一流啤酒要贵得多，售价 3.4 美元，但质量只稍微好一点（75 分）。10% 的学生表示，他们会选超一流啤酒。令人吃惊的是，其余 90% 的学生全选了高级啤酒，没人想要买廉价啤酒。
>
> 资料来源：庞德斯通．无价：洞悉大众心理玩转价格游戏[M]．闾佳，译．北京：华文出版社，2011：115．

2. 成本

从长期来看，产品价值决定价格的最高限，成本决定价格的最低限。价格不仅包括所有研发、生产、分销、服务和推广该产品的成本，还应包括企业承担风险的一个公平报酬。

成本分为固定成本和可变成本两种形式，两者之和为总成本。固定成本是指不随产量或销售量的变化而变化的成本，如研发成本、房租支出、固定设备折旧、市场推广支出等；可变成本是指随着产量的变化而发生变化的成本，如产品包装费用、原材料费用、能源费用、人工费用等。平均成本是总成本与总产量之比，是单位产品所包含的平均成本。一般来说，总成本是价格底线，但当企业处在不利环境时，价格的底线也可以降至可变成本。

随着产量的增长，每个产品的固定成本分摊在下降；随着员工越来越熟练，可变成本也会在一定程度上有所下降。这种平均成本随生产经验的逐渐累积而逐渐下降的相互关系称为经验曲线，如图 10-2 所示。因此当增加产量可以降低产品平均成本时，几乎所有企业都会追求增加产量这一目标。但产量的增加又会带来竞争的加剧，使营销变得更加困难，成本自然提升。经验曲线的一个重要启示是成本和价格之间是相互关联、相互作用的，并不是简单的谁决定谁。

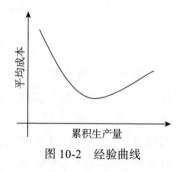

图 10-2　经验曲线

所有的成本都和一定的生产量、销售量有关。图 10-3 表明了价格、成本和利润之间的关系。一般来说，价格上升使销量下降，销量下降导致单位成本提高，单位成本提高推动价格进一步上升，销量随之进一步下降，市场份额降低，反之亦然。因此，提价既不必然导致单位利润的提高，也不必然导致总销售收入或总利润的提高。正确的方法是认真预测产品在其生命周期内的价格、销量和成本三者的相互关系，认真预测产品的最终销售量，在最终销售量的基础上准确测算成本，并以此为依据制定最优价格，而不是在当前销售量下制定价格。一般来说，最终在市场上站住脚的是那些市场份额大的企业，而不是那些单位利润高的企业。

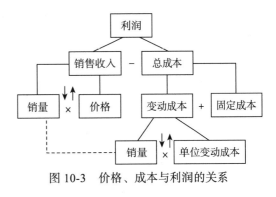

图 10-3　价格、成本与利润的关系

从另一个角度看，产品成本由生产成本、研发成本、市场成本三个方面组成。三者都是硬性的，不应只把生产成本看作是硬性的，而把其他两项看作是软性的。没有生产成本，不能生产出产品；没有科技开发就不会有新产品；没有市场投入，就难以产生市场销售。

3. 竞争

不管是消费者的主观价值认知还是组织的盈利性价值认知，都不能直接导致价格确认，为争取更多的利益（剩余），顾客总是在相同的价值认知下选择价格最低的品牌，或者在一定的预算（价格）下选择价值认知最高的品牌，所以价格总是一种强有力的竞争手段。

竞争对定价的作用本质上是顾客价值认知形成中在同类产品或替代产品间的比较。如图 10-1 所示，企业只能在最终成本和顾客认知价值之间，考虑产品相对竞争产品的优势来确定最终价格。如果企业的产品与竞争产品相似，那么价格上也应相近，否则会失去市场；如果企业的产品与竞争产品相比有明显差异，企业可根据实际情况决定价格高低。

竞争产品之间的比较从两个层面作用于定价。首先是产品客观特点（性能参数）之间的比较，产品参数之间的比例可确定价格之间的大致比例，如 2TB 移动硬盘价格一般可以是 1TB 移动硬盘价格的 1～2 倍；其次是产品主观特点之间的差异，由于主观特点之间缺乏可比性，价值高低取决于顾客的主观偏好，如果企业建立起了这种主观特点，企业就获得了相对的定价自由，这种主观特点对消费者越重要，企业定价的自由度越高。如不管外观如何时尚、漂亮，2TB 移动硬盘的价格要达到或超过 1TB 移动硬盘的 2 倍是困难的，但当一个移动硬盘作为礼物的时候，情况可能马上就不一样了，就如同服装的价格总体上取决于款式，和规格无关，甚至和面料无关，服装企业有很大的自由定价权。产品特点对价格的这种作用可归结为产品的异质性效应，即产品异质性越大，企业定价自由度越高。

实际上，没有任何企业能完全自由定价。大多数已有产品的价格水平已经在供应、需求和价格三者的长期相互作用下建立起来并很难改变。对于全新产品，定价则是预测成本、价值认知和竞争三者相互作用的均衡点，长期则依然会演变为供应、需求和价格三者相互作用下的均衡点。所以，企业定价只是根据自身产品特征（品牌差异）在已有价格水平的基础上做出一定的调整，竞争产品、替代产品间的比较始终处于核心地位。一种品牌越独特，越与众不同，其定价自由度也就越大，即偏离已有价格水平的程度可以越大。所以，通过建立品牌差异形成细分市场垄断来获得某种定价自由是营销成功的关键。

10.1.3 调节因素

所以，定价其实就是在一般价格水平的基础上，根据自己的产品和竞争产品的比较确定自己的价格水平。除此以外，价格还会受到企业战略与目标、需求弹性、信息对称性、法律和道德的制约。图10-4表明了价格与上述诸多因素之间的关系。

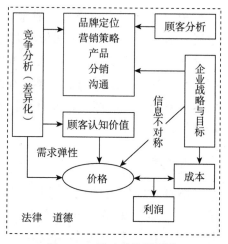

图 10-4 影响价格的因素

1. 企业战略与目标

企业在不同发展阶段或特定市场环境下，会采取不同的发展战略或确定一个特定市场环境下的具体目标，价格则是实现并传递企业战略与目标的重要手段。

维持生存 当企业处于不利环境时，如竞争激烈或价格下跌，行业处于调整过程时，为了避免倒闭，企业要以生存为短期目标，采取低价策略以求仅仅收回可变成本和部分固定成本，争取维持营业到形势好转或新产品问世。一旦出现转机，企业将以其他目标取代生存目标。

利润最大化 追求利润最大化几乎是所有企业的共同目标，但利润最大化如何理解本身就是一个问题。因为当期利润和长期利润并非简单的线性关系，当期利润最大化有时会损害长期利润最大化。所以，应当慎用利润最大化为定价目标。

最高市场撇脂 许多企业在刚刚推出新产品时喜欢制定高价来"撇脂"，从而在顾客中树立优质的产品形象，再慢慢降低价格，以期在不同的顾客层中都获得最大限度的利润，剥夺尽可能多的消费者剩余。当然，并不是所有的产品都适合市场撇脂，应当具备以下几项条件：①目标顾客数量足够多；②小批量生产的单位成本不会过高以至于无法从中获取利润；③该市场最初的高价格、高利润并不会吸引更多的竞争者快速跟进；④高价格策略能够提升该产品在顾客心目中的优质形象。

■ **案例 10-1　　　　　　　　　戴森卷发棒的双面争议**

提起戴森，很多消费者的第一反应是"黑科技""酷炫"和"昂贵"。在吹风机之后，戴森 2018 年又推出了售价高达 3 690 元的新产品 Airwrap 美发造型器，也就是网红爆款戴森卷发棒。但几个月来，经历了抢购、缺货和吹捧之后，消费者对这款新产品的评价呈现两边倒：一部分人认可该产品的使用效果，还有一部分人认为其功效难以匹配价格——气流卷发、轻松打造多种造型、卷发同时吹干头发的效果根本达不到。

戴森的产品一直以黑科技、高价出名，这款造型器的价格在京东商城标为 3 690 元，套装为 6 头配置，8 头配置的套装价格要达到 4 000 多元。而类似具有蒸汽功能、自动卷发的"神器"品牌不少，款型神似，价格多在 300 多元。

产经观察家、钉科技总编丁少将认为，戴森造型器的热销，并不是产品本身过于优异导致的，更多是戴森品牌势能外溢的结果。所谓黑科技，更多还是服务于营销宣传和价值锚定。"戴森很喜欢讲述其品牌故事和工业设计理念，这也契合当下消费者想要标榜个性、制造差异的需要。同时，它把自己定位为家电行业的奢侈品，这也让它的高价产品有着更精准的目标人群。"

资料来源：石飞月. 戴森卷发棒的双面争议 [EB/OL]. (2019-03-25). http://www.bbtnews.com.cn/2019/0325/291891.shtml.

适应竞争　适应竞争的企业战略与目标是指企业暂时偏离长期定价目标和原则，采取临时性的降价或提价措施以应对竞争者当下的降价、促销等竞争行为。

最大市场占有率　市场占有率是企业经营状况和竞争力的综合反映，是评价一个企业最重要的经营指标，也是企业盈利的基础。高市场份额可以保障企业销售的稳定和提高企业的抗风险能力，有利于企业影响并控制市场。高市场占有率通常要比短期高盈利更具有战略意义。提高市场占有率一般要求企业制定一个中等偏低的价格，毕竟在市场上，中等收入者是最大的细分市场，过高的价格将抑制他们的购买力，过低的价格则影响他们对品牌的信心。而在组织市场上，由于组织的理性，通常在性能满足要求的条件下选择价格最低的品牌。

产品质量领先　一些生产和经营优质产品的企业往往采用这一定价目标，即通过在市场上树立产品质量领先、服务优质和品位高端的形象，使其制定的高价格为顾客所接受，当顾客认为物有所值时，就会发生购买行为。

保持价格稳定　有些企业总是盼望着涨价，认为涨价意味着利润增加。然而，即使在供小于求的情况下，保持价格稳定也不失为明智之举。这是因为竞争最终会推动价格回到合理的水平，稳定的价格有利于在顾客心中塑造财力雄厚、实力强大和可靠负责的企业形象，对企业的长期销售和新产品开发都有着极为重要的意义。

合理投资回报率　该目标通常用于组织市场，是指企业将产品总成本与期望的投资回报相加，以求和结果作为制定价格的依据。在产品性能、质量和成本能够进行客观评定的场合，这是一个比较合理、容易让人理解和接受的方法。

一般而言，最大市场占有率、产品质量领先、保持价格稳定与合理投资回报率可以作为企业长期的定价目标，其他的只能作为特定市场形势下的短期目标，一旦时机成熟，就应转变为以长期目标为主。

2. 需求弹性

对企业定价来说，最大的困难是，对产品的现实需求水平是产品价格的函数——需求曲线，如图10-5所示。在正常情况下，需求和价格是反向关系，需求曲线斜率为负，也就是说价格越高，需求越低，反之亦然，如图10-5中 K_1 和 K_2 曲线。当然也有例外，有些基本生活必需品的需求曲线斜率有可能为正，如图中的 K_3 曲线，价格上升时需求量反而增加，这种产品经济学上称为吉芬产品。

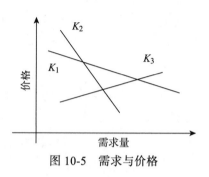

图10-5 需求与价格

需求价格弹性（price elasticity of demand），简称为价格弹性或需求弹性，是指需求量对价格变动的反应程度，是需求量变化的百分比除以价格变化的百分比。需求价格弹性的实际意义是顾客对价格的敏感性。不同产品有不同的需求价格弹性，主要取决于下列因素。

（1）产品的品质特性。产品的异质性或独特性越强，顾客对价格越不敏感；产品价值属性客观性越强，价格弹性空间越小。反之亦然。

（2）总开支效应。产品费用占顾客总收入的比重越小，顾客对价格越不敏感。

（3）分摊成本效应。如果一部分成本由另一方（如父母、所在组织或合作伙伴）分摊，顾客对价格的敏感性会下降。

（4）沉积投资效应。如果产品能与现有用品结合使用，顾客对价格不敏感。

（5）库存效应。顾客无法储存产品，对价格的敏感性就低。

（6）信息不对称。买者不会很快知道自己买了高价产品，或对替代产品知之甚少，需求弹性小。

（7）习惯。顾客在改变购买习惯和寻求更低价格方面行动迟缓，则对价格不敏感。

（8）必需品或奢侈品。由于必需品是生活中不可缺少的，较小的价格变动不会引起需求的急剧变动，因此被认为是缺乏弹性的，而奢侈品则是富有弹性的。

当产品的需求价格弹性较大时，企业通常会考虑通过降价来刺激需求，从而产生较高的总收入，反之则不应贸然降价。

3. 信息不对称

今天，信息不对称是市场交易过程中的常态。**信息不对称**指市场交易各方就交易对象及相关情况所掌握的信息是一方多、一方少，或者一方拥有另一方不知情的一些信息的情况。信息不对称通常表现为隐蔽性特征和隐蔽性行为两类。

隐蔽性特征是指信息的表现是隐性而非显性的，如产品原料构成、工作原理、成本等，不像外观、颜色、重量、体积等一目了然。掌握隐蔽性特征可能需要一定的专业知识、技能，还可能需要一定的检测仪器。所以很多时候，即使理论上存在掌握隐蔽性特征的可能，在经济上也是不合理的，在行动上也是不可能的。

隐蔽性行为是指行为主体相互不可能完全了解和掌握对方的行为，如交易双方都无法对另一方的行为进行管理和约束，尤其是基于隐蔽性特征的行为，从而可能诱发各种违约。

一般来说，卖方所掌握的隐蔽性特征多于买方，如卖方对产品的原料构成、工作原理、成本等都相当清楚，而买方对此通常只是略有所知。隐蔽性特征不对称在消费者市场尤其严重。隐蔽性行为则于买卖双方都是不对称的。

买卖双方都会采取一些措施来利用信息不对称提高自己的收益，或规避由信息不对称引起的风险。双方正确的行为有助于降低交易风险和成本，反之则会提高交易风险和成本，甚至导致市场的丧失。道德风险及由此产生的柠檬产品现象（或称逆向选择）是由卖方不当利用信息不对称进行定价引发的两种不良现象，企业应在定价过程中努力加以避免。

道德风险是指经济行为主体不道德地利用信息不对称可能带来的各种危害，是行为主体一种故意的、违背道德规范的行为，这种行为可能导致交易的另一方甚至是无关利益主体的利益受到不应该的损害，使市场机制运行的基础受到破坏，甚至使一些市场不复存在。

"柠檬产品"是指具有不良特点并限制了其用途的产品。**柠檬现象**则指劣质品驱逐优质品的市场现象。"柠檬"这个词来源于美国口语中的"缺陷车""劣等品"，对柠檬产品和柠檬现象的研究也是发端于对二手车市场和旧货市场的观察。柠檬现象是不当利用信息不对称谋利而产生的典型危害。

在二手车市场，车的使用年限、质量等参差不齐，甚至有些还是非法的赃车，二手车本身的这些属性卖方一般是清楚的，而买方却无从知晓，这是典型的信息不对称。这时，买方只有根据一些如价格、品牌、成色等表面信息来对旧车的品质进行简单判断。如果报价高，买方可能会认为车子质量好些，反之则差些。但这种判断既易出错，又易被不良卖方利用，他们把一些质量不良信息隐藏起来，同时按照平均价格来出售，却不会将质量高的车子按照平均价格来出售。买方出于降低风险的考虑，往往采取不利选择策略，即很少会有人以高于平均水平的价格购买旧车。这一过程的持续作用便会导致市场上的二手车整体质量水平持续下降，优质品逐渐退出市场。图10-6表明了这一过程。

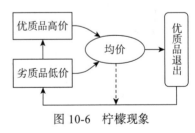

图 10-6　柠檬现象

这种劣质品驱逐优质品的现象不仅发生在旧货市场，在任何存在隐蔽性特征的普通产品市场同样会出现。如果任由柠檬现象蔓延，市场信用体系就会遭受重创，市场正常运行受到损害。一方面是生产优质品的企业被逐步挤出市场，另一方面是消费者先是"花平均价格买了劣质品"，尔后是市场上再也没有自己真正需要的产品。

4. 法律和道德

大多数情况下，产品价格由企业自主决定，但在一些特殊情况或特殊时期，法律会对一些产品的价格或定价机制做出特殊规定。我国为了规范价格行为，发挥价格合理配置资源的作用，保护消费者和经营者的合法权益，制定了专门的价格法。企业应了解并密切关注法律动态，自觉遵守法律规定，根据法律变化及时调整自己的价格策略。

道德虽然不会对企业定价产生强制性约束力，但可能比法律更具长期效力。一个企业一旦被贴上不道德的标签，其危害是极其严重的，柠檬现象就是道德约束长期失效的例证。

10.2 价格确定

企业在正式制定价格之前，先要确定定价组织和流程，即由谁来制定价格，按什么样的程序来制定价格。然后，企业在通盘考虑价格影响因素之后，需要选择一个具体的定价方法。由于顾客价值认知、成本和竞争是决定价格的三个主要因素，所以分别以它们为主线形成了需求导向定价、成本导向定价和竞争导向定价三种基本定价方法。

通常，按基本定价法确定的是针对企业某类产品及该类产品全部目标市场（顾客）的总体价格水平，所以还必须在此总体价格水平下考虑产品之间、顾客之间的一些相互关系以进一步确认各细分市场（顾客），及各产品线、产品项目的具体价格，最后还要根据目标顾客的心理偏好对价格尾数进行微调。

10.2.1 定价组织与流程

定价并不仅仅是营销部门的事，企业规模、产品组合和销售区域的复杂性，目标市场的多样性会使企业形成不同的定价组合和流程。对大多数具有一定规模的企业来说，定价都会涉及多个部门，需要管理高层参与、决策。

1. 定价组织

不同规模、性质的企业在定价机制上各不相同。小企业通常由管理高层定价，大企业则一般在管理高层制定的定价目标和政策指导下，由部门经理或产品线经理定价。在石油、航空、铁路等基础性产品制造或服务企业中，由于价格影响大，企业往往要设立一个部门专门负责定价或协助其他部门定价。在我国，价格还需要到物价局备案、审核甚至审批。大多数情况下，定价由研发、生产、财务、会计、成本控制和销售、市场部门共同参与，通常由管理高层做出最后的决定。相对而言，销售和市场部门在定价中起主导作用。大型企业的定价参与部门及相互关系如图10-7所示。

市场、销售部门和研发、生产、财务、会计、成本控制部门的沟通合作是定价准确的保障。

在消费品生产和流通企业，财务部门从成本和利润角度提出价格意见，市场和销售部门则从顾客认知价值、价格反应和竞争品牌的价格出发，寻求价格与销售量、市场占有率、市场认知之间的相互关系和平衡。

在组织市场上，报价只是开始接洽时的一个初步意向，最终的产品构成和价格需要经过双方的反复协商后才能确定。在这种情况下，企业必须将很大一部分最终定价权交给销售经理，甚至一线销售人员。

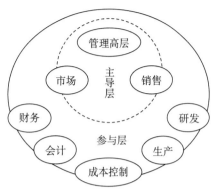

图10-7　定价参与部门及其相互关系

2. 定价流程

一个相对完整的定价流程如图10-8所示。

问题界定　在产品研发开始时，企业就必须考虑新产品（线）的目标顾客、用途和其他边界条件，从而明确定价目标和成本限制。

市场调研　企业要通过调研充分了解外部市场态势，明确具体的竞争对手和竞争（替代）产品，研究竞争产品的相对优势和劣势，仔细分析竞争对手的产品、定价策略和定位。

市场模拟　建立计算机市场反应模型，对市场反应进行模拟，计算出不同价格下的市场反应和成本、收益。

确定产品线总体价格水平　根据企业战略等选择一种定价方法，结合市场模拟的结果确定产品线的总体价格水平，若条件许可还应进行市场测试，以验证模拟结果的可行性和准确性。

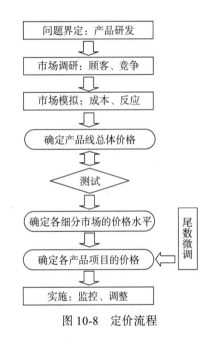

图10-8　定价流程

确定各细分市场的价格水平　在产品线总体价格水平的基础上，根据各细分市场的具体情况，为每个细分市场确定价格水平。

确定各产品项目的价格　最后还要根据各个产品项目的相互关系，以及与其他相关产品的关系（如选配件、易耗品等）确定各产品项目的具体价格，并依据顾客的心理偏好进行尾数调整。

实施　在最终价格付诸实施的过程中，企业还要密切监视市场反应，以便及时做出必要的价格调整。

10.2.2　定价的基本方法

需求导向定价、成本导向定价和竞争导向定价是三种基本的定价方法，它们的定价对象是产品种类（线），确定的是该类产品在其全部目标市场（顾客）的总体价格水平。

1. 需求导向定价

需求导向定价是以目标市场对产品的价值认知和需求强度为主要依据进行定价，具体形式为**认知价值定价法**（perceived-value pricing），即在顾客对产品认知价值的基础上考虑其他因素后确定产品的价格。该定价法要求企业通过市场调查、数据分析及实验测试等方式掌握顾客对该产品的一般价值认知——可接受价格，然后结合成本、竞争和企业战略、品牌及营销策略、需求弹性等调节因素，最终确认该类产品的总体价格水平，即：

$$P = aV$$

式中　P——单位产品价格；
　　　V——顾客产品价值认知（可接受价格）；
　　　a——调节系数（由成本、竞争、定位、策略等因素综合决定）。

认知价值定价法的优点是价格符合顾客的预期，接受度高。但事实上，顾客的价值认知或价格预期并不是凭空而来的，总是在各种环境因素，包括企业品牌定位、营销推广等作用下产生的，更是在与同类产品、相似产品及替代产品的比较中产生的，比较或者说竞争在顾客价值认知形成过程中发挥着极其关键的作用。所以，认知价值定价法取得成功的关键不是调查顾客的产品价值认知，而是能否成功培育顾客的产品价值认知。

2. 成本导向定价

成本导向定价直接以成本为主要依据进行定价。相较其他两种定价方法，其准确性取决于成本预测的准确性。具体形式为**成本加成定价法**（cost-plus pricing），即以产品单位成本加上一定的利润（即成本加成）来确定产品价格。成本加成定价法的基本计算公式如下：

$$P = C(1 + r)$$

式中　P——单位产品价格；
　　　C——单位产品成本；
　　　r——利润率（或成本加成率，综合考虑竞争、定位、策略等因素决定）。

成本加成定价法的主要优点是把成本与价格直接挂钩，简便易行；如果同行企业都用此法定价，利润诉求基本一致，则价格相差不大，可避免恶性价格竞争；以成本为基础定价对买卖双方都公平合理，卖方可获取一定的利润，买方也不致因需求强烈而付出高价。

成本加成定价法的关键是准确测算成本，因为价格水平影响市场销售量，并进而影响固定成本分摊。按高销售量分摊，分摊额小，造成价格偏低，如果销售不能实现，则很容易导致亏损；反之，按低销售量分摊，则又会形成高价，造成销售困难。

企业可以通过绘制盈亏平衡图或计算保本销售量来了解企业的利润率会怎样随着产品销量的变化而变化，从而尽可能准确地测算成本和收益。盈亏平衡图如图10-9所示，图中总收入曲线和总成本曲线相交处的销售量即为保本销售量。

显然，如果企业的成本超过了行业的平均成本或目标利润率过高，则该价格在市场上缺乏竞争力，会导致预期销量无法实现。企业在具体使用成本加成定价法的过程中，必须慎重考虑既定价格可能对销售量及利润的影响，尤其是对于一些需求弹性比较大的产品。

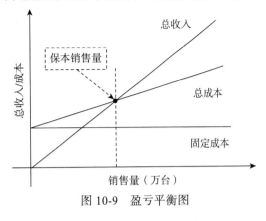

图 10-9　盈亏平衡图

3. 竞争导向定价

竞争导向定价是企业以市场同类产品的一般价格水平为主要依据进行定价。具体形式为**通行价格定价法**，也称随行就市定价法，即企业的价格主要基于市场上同类产品的总体价格水平，考虑成本、品牌和营销策略后，在这一总水平上下做一定的调整以确定最终价格水平。通行价格定价法的基本计算公式如下：

$$P = P_z(1+r)$$

式中　P——单位产品价格；

　　　P_z——单位产品市场一般价格；

　　　r——调节系数（由成本、定位、策略等因素综合决定）。

在销售同质产品的寡头市场，例如钢铁、化肥、工业原料市场等，企业一般采取和市场相同的价格水平。作为追随者的中小型企业也往往等市场领导者制定价格之后才进行定价，无论成本和需求如何变化，都紧密跟随市场领导者，并保持适当的差异。

实际上，无论采用哪种定价方法，现行市场一般价格水平本质上都是最核心的定价依据，只是在此基础上，需求导向定价确定的是顾客对产品价值的认知，成本导向定价测算的是产品单位成本，然后考虑需求弹性、信息不对称、具体产品特征、品牌定位、企业战略和营销策略等，综合确定企业产品价格在现行市场一般价格水平上的调整幅度（调节系数、利润率），竞争导向定价则是随行就市，紧跟市场领导者。

10.2.3　差别定价

在现实生活中，同一产品在不同情境下以不同价格出售是非常普遍的现象，如超市商品的会员价、假期铁路部门的学生票。这种不以成本的差异而是针对不同顾客群，对同一产品制定不同价格的策略称为**差别定价**，其理论基础是价格歧视理论。

1. 细分市场定价

细分市场定价也称**价格歧视**（price discrimination），是指企业在同一时间对同一产品的不同顾客索取不同的价格，也可指一家企业的各种产品价格之间的差额大于其生产成本之间的差额。价格歧视存在的基础是不同顾客对同一产品的需求、行为、支付能力以及边际效用的差异，即价值认知的差异。从理性的角度分析，正确实施价格歧视既有助于企业获得更高的利润，也会提高消费者剩余。正确的价格歧视策略相比统一价格策略，还能增大社会福利,尤其是对低收入者来说。

企业往往倾向采用价格歧视来取得最大利润,但没有任何顾客会在信息对称(也就是知道存在价格歧视)的条件下接受差别价格,支付高于其他顾客获得这种产品的价格。因此,实施价格歧视是有条件的。

(1)必须是正常产品,即需求与其价格成反比的产品,而不是吉芬产品。因为对吉芬产品来说,高收入者非但支付愿望不高于低收入者,甚至对之没有需求。

(2)市场必须能够细分,细分市场要显示出不同的需求内容、价值认知与需求价格弹性。如学生与商务人士对手机通信的需求内容、价值认知及需求价格弹性显然存在明显差异。

(3)从操作上看,实施不同价格的两个细分市场必须能在合理的成本下被区隔开,否则价格歧视会引发贱买贵卖的转卖行为,从而在真正的顾客中引发混乱和不满,大部分由此而来的利润也将被投机者获取,企业想通过价格歧视获得更高利润的企图必定落空,还会对企业声誉产生不利影响。如不同折扣的航空票价背后是购买时间、里程优惠、不能退转签等一系列附加限制,这些条件限制就是一种有效区隔。只有这样,低价细分市场的顾客才无法将产品转销或转手给付高价的细分市场。

对严格意义上完全同质的产品实施价格歧视是不适当的,特别在互联网高度发达的今天,价格透明化在加大企业实施价格歧视难度的同时,也大幅度提高了企业采取价格歧视可能遭遇的道德风险。

■ **案例 10-2** 联想再陷"中美价格歧视"风波

2018年"双十一"期间,联想再次被消费者指责"国内国外价格歧视"。

事情起因很简单,就是联想在美国的"黑色星期五"活动日,推出6.5折的大幅度优惠活动,但中国消费者被"锁区",不能参加活动,这让许多消费者感到不平。尽管联想也针对国内"双十一"推出更低的5折活动专区,但因为是限量秒杀、限量销售,且部分产品还是远古库存级别,所以被国内消费者质疑套路无诚意。

联想国内国际价格"区别对待"的新闻,这几年一直不断。比如,联想性能卓越的高端机代表 ThinkPad X1 Carbon,在上市初期,国内价格是 24 999 元人民币,而国外的价格大约在 16 000 元人民币,两者相差 9 000 元人民币,这个价差远超消费者的心理预期。再比如 IdeaPad 720S 笔记本电脑,都是 13 英寸屏幕、AMD 锐龙 7 处理器、8GB + 256GB 的配置,美国打折后价格为 579.99 美元,约 4 030 元人民币,而国内联想旗舰店的价格为 5 699 元人民币。即使加上 10% 左右的消费税和几百元人民币的国际运费,价格仍然比国内低不少。对于中美售价差异,联想客服解释称联想没有统一售价,具体销售价格以当地渠道为准。

资料来源:联想再陷"中美价格歧视"风波 [EB/OL]. (2018-11-14). http://dy.163.com/v2/article/detail/E0IN72K805455AYS.html.

所以,企业总是根据顾客特点,在地点、时间、功能、数量或其他附加条件有所区别的基础上进行差别定价，抑或给予不同的折扣。现实生活中主要有下几种形式。

顾客差别　不同的顾客对相同产品的支付价格不同。例如，生活用水与生产用水的水价并不相同，老年人持老年证可以享受景区门票半价或全免的优惠政策。显然，这种顾客差别定价不会引发贱买贵卖的转卖行为，也符合法律和道德。

地点差别　同一产品在不同地点具有不同的价格，即使产品成本是相同的。例如，演唱会不同座位的成本费用都一样，价格却相差甚远，这实际上是因为产品本身存在差别；同一饮料在超市、餐馆、酒吧的价格也不相同，这是由成本和价值双重引发的。

时间差别　由于需求的波动，价格随季节、日期甚至钟点变动而形成**季节折扣**（差价）。如许多城市执行的峰谷分时电价，航空公司或旅游公司一到旅游淡季就打折。

功能差别　当顾客在付款时间、交付要求、购买数量、送货、促销、维修等方面做出一定让步时，企业会根据让步情况给予相应的价格折扣或加价，形成**现金折扣**、**数量折扣**或**功能折扣**。

2. 产品组合定价

企业既不会只生产一种产品，一种产品更不会只有一个规格型号，在依据产品价值、成本和竞争确定的总体价格水平的基础上，企业还需要为产品的每个规格型号确定具体价格，形成与产品组合对应的价格组合，当然也可以是统一价。与确定产品组合的总体价格水平不同，规格型号之间的价格差异主要取决于卖方对每种规格型号的定义，即该款产品是主打产品，是衬托主打产品价值的"锚"，还是展示制造商技术水平的"范"，又或者仅仅是吸引顾客注意力的"秀"。同时，产品组合不仅仅是静态的，也是动态的，即各产品项目在时间轴上的作用是变化的。

相关产品之间总是存在某种关系，一个产品的价格会影响另一个产品的价格，企业产品组合内的产品更是如此。所以，企业定价是寻求其产品组合的利润最大化，而不是每个产品的利润最大化。围绕产品组合的总体价格水平，企业还要针对各产品线、产品项目在产品组合中的地位、相互关系为每一产品线确定价总体价格水平，在产品线总体价格水平的基础上为每一产品项目确定具体价格，此即产品**组合定价**。按照产品之间的相互关系，产品组合定价包括产品宽度定价、产品线定价、选配品定价、两段定价、附属产品定价、捆绑定价等形式。

产品宽度定价　产品宽度定价是指在各产品线总体价格水平的基础上，依据各产品线在企业产品组合中的地位，以及各产品线之间的相互关系和作用，对各产品线总体价格水平进行调整以体现各自的地位和相互关系。如一家轿车生产企业拥有轿车产品线和金融服务产品线，其金融服务是为向购买者提供分期付款便利而设立的，那么其分期付款应服从于轿车销售和利润，而不能一味强调金融服务本身的获利能力。

产品线定价　通常，产品线中不同型号或规格的产品项目存在目标市场、档次、附加功能多寡、使用场合等差别，不同型号或规格的产品在产品线中拥有不同的地位和作用，企业必须处理好同一产品线中不同产品之间的价格差异区间。营销者在进行**产品线定价**时，既要考虑不同产品的成本差异，更要考虑顾客的认知价值以及竞争者的价格水平。

> **案例 10-3**   **华为 P30 系列定价策略**
>
> 在刚刚结束的春季新品发布盛典上，华为消费者业务 CEO 余承东公布了 2019 年两款旗舰机型 P30/P30Pro 的售价，见表 10-1。
>
> 表 10-1   P30、P20 系列产品价格比较   （单位：人民币元）
>
> | | 8GB+64GB | 8GB+128GB | | 8GB+256GB | | 8GB+512GB | |
> | --- | --- | --- | --- | --- | --- | --- | --- |
> | | 国内 | 国内 | 海外 | 国内 | 海外 | 国内 | 海外 |
> | P30 | 3 988 | 4 288 | 约 6 043 | 4 788 | | | |
> | P30 Pro | | 5 488 | 约 7 551 | 5 988 | 约 8 311 | 6 788 | 约 9 446 |
> | | 6GB+64GB | 6GB+128GB | | 6GB+256GB | | | |
> | | 国内 | 国内 | 海外 | 国内 | | | |
> | P20 | 3 788 | 4 288 | | | | | |
> | P20 Pro | 4 988 | 5 488 | 约 6 968 | 6 288 | | | |
>
> 华为维持一贯国外定价大幅高于国内的定价战略，这使消费者更容易接受国产手机厂商对国内价格的设定。将 P30 手机的起售价压在 4 000 元以下，意味着这仍是一款"三千多元"的手机，这个价格也符合广大消费者的心理预期。相比于 P30，P30 Pro 在硬软件上的表现更出色，其价格比 P30 大幅提升了 1 200 元，也无可厚非，毕竟它的目标群体更有可能是追求极致拍照性能的"不差钱"专业用户，普通用户对这种旗舰机型的关注度相对较低。
>
> 资料来源：夏初. 依然是 3×××机皇？华为 P30 系列定价策略稳健而圆滑 [EB/OL]. (2019-04-11). http://mobile.yesky.com/192/1897824192.shtml.

选配品定价   许多产品在基本配备之外，还附加了一些可供选择的配件或服务，以形成更加强大的功能或使用体验，如相机的长镜头、三脚架，轿车的导航系统、除尘装置等。企业一般为那些属于基本配备的经济型产品制定相对较低的价格，以此来吸引消费者的兴趣，再通过提供各类可选择的配件或服务来获取更多的利润。

两段定价   服务性企业常常采用两段定价法，即通过收取固定费用来提供基本服务，再收取可变费用来提供额外的服务。如办理套餐业务的手机用户每个月至少要预存一定数目的套餐费用，超出部分再按实际发生额计算。当企业采取两段定价时，必须慎重考虑固定费用收取多少，可变费用的收取标准是什么。通常，企业以较低的固定费用来吸引顾客使用，再通过可变费用获取利润，也可考虑以较低的费用率来促使消费者提高使用量来提高利润。

附属产品定价   当企业生产的某种产品必须与自己生产的另一个主体产品同时使用时，就需要对附属产品定价。通常，企业会为主体产品（如剃须刀刀架、打印机）制定一个较低的价格，而将较高的毛利额附加在附属产品（刀片、墨盒）上。这种方式的前提是企业能够控制附属产品的生产和销售。

捆绑定价 捆绑定价是指企业将几种产品组合在一起，以低于分别购买这些产品总价格的售价进行捆绑销售，如电脑生产商在其提供的电脑中嵌入具有吸引力的软件包，旅行社提供包括机票、餐饮、住宿、门票在内的成套服务等。

促销定价 促销定价包括：①促销品定价，把产品组合中的某些产品项目作为促销品，以低于正常水平的价格吸引顾客，如饭店常用每日特价菜（价格低于成本的菜）吸引消费者，超市低价销售鸡蛋等；②特别事件定价，在某些时机、节日对特定顾客或特定产品提供特别价格，如店庆价、儿童节的玩具、文具特价销售等。

3. 心理定价

心理活动是影响人们购买决策的一个重要因素。心理定价就是合理利用人们对数字的心理偏好，使买方获得额外的心理满足。心理定价有以下四种基本形式。

尾数定价 尾数定价是指把价格尾数调整为当地文化偏好的、认为吉利的数字，而避免不吉利的数字。如6、8、9在中国人眼中分别是顺利、发财、持久的象征，是吉利的、喜庆的，而4、25则被认为是晦气的、可笑的，西方人则忌讳13、14。

整数定价 整数定价是指把价格定在某个心理价位之上或之下，这一价位通常是一个整数，并且是顾客区分产品档次的分界。如整千元成为手机档次的分界，定为1 000元以下是为了让顾客产生实惠的感觉，5 000元以上是高档认知，而3 000元是中低档的分界。所以大多数价格或者刚超过这一整数，或者略少于这一整数。

习惯定价 对大多数日常消费品，消费者会形成一种价格惯性，如食盐、饮料等，消费者有一固化的价格印象，不应随意更动，可根据收入水平的变化适时调整。

心理折扣 心理折扣是指在心理上让消费者感到目前的实际价格低于前期或其预期的价格。心理折扣在产品利益主观性高、变化快的产品类型上得到普遍应用。如大多数服装类产品其标价远远高于实际成交价格，除少数求新求异者会在新款推出之初以原价购买外，大多数顾客是以折扣价格购买的，但这其实只是一种心理折扣。当全行业都采取这一种方法时，它的确会在一定程度上提高消费者的价格预期，从而有助于实际成交。不过这只适用于流行性产品，是由时尚价值的快速衰减规律所规定的。其他产品运用心理折扣的长期效用是极其负面的，如随处可见的工艺品大甩卖。另一种错误运用是无中生有的"亏本大甩卖""跳楼价"等。

10.2.4 免费

互联网经济诞生以来，免费现象比比皆是，获取信息是免费的，社交是免费的，听音乐是免费的，看视频也是免费的，等等。从产品组合定价的角度看，免费并非互联网经济的独有现象，我们可以说在餐馆就餐，座位是免费的，餐具使用是免费的，驾车上下班时，市政道路的使用是免费的等不一而足，但绝没有在互联网经济中这么普遍和有影响力，甚至我们都不觉得有这些免费，只不过费用以其他形式被收取罢了。互联网经济中的免费现象总体上源于两种情况：一是一些数字产品的边际成本趋向于零；二是卖方对产品组合中不同产品或具体规格型号的不同定义，视免费为一种促销方式。两种情况形成了三种免费模式。

1. 流量模式

流量模式的基础是产品边际成本趋于零。根据微观经济学边际成本决定价格的理论，这类产品在市场竞争的作用下，其最终市场价格为零——免费。

微观经济学理论指出，当增加一个单位产量所增加的收入（即单价）高于边际成本时，这一单位产量就能为企业带来盈利或减少亏损，企业应该继续提高产量；反之，这一单位产量就会造成利润的下降或扩大亏损，企业应该减少产量。因此，当产量增至边际成本等于边际收入时，这一产量是企业获得其最大利润的产量。

显而易见，数字产品复制或下载的成本几乎为零，即其边际成本几乎为零。所以，只要用户数量增加，再低的价格也能为企业带来盈利的提高或亏损的减少，提高产量或用户数量就成了数字产品永恒的追求。但实际上，只有当用户数量趋于无穷大时，趋于零的价格才可能最终使企业收回产品开发成本，真正实现收支平衡或盈利。虽然一般而言，需求量会随着价格的下降而上升，但这并不代表价格为零时的需求就是无限的，无论什么产品，即使在免费条件下，其需求也是有限的。

因此，只有那些几乎所有人都需要的、而且会趋于选择同一品牌的、能够形成巨大流量的数字产品，才有可能真正使用免费策略。从目前看，符合这三个条件的数字产品只有互联网社交应用，互联网零售平台则近似符合。某些游戏虽然能达到亿级的用户量，但其持续时间通常是有限的，大多数游戏玩家终究会转而寻求新的游戏。

巨大的流量使这种数字产品可以发挥媒体、互联网入口等多方面的作用，正是这些作用为这种产品提供了收入来源，提供者可以向第三方提供广告、链接等各种服务来获得收入，还可以在免费的基本服务的基础上提供收费的个性化增值服务以增加收入。免费的流量模式如图 10-10 所示。QQ、微信的免费使用，淘宝的免费开店都是这种模式的实际应用。

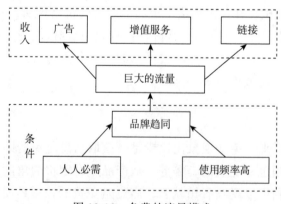

图 10-10　免费的流量模式

2. 产品整体模式

根据第 9 章的产品整体理论，产品包含核心产品、形式产品和附加产品三个层次。

相对于核心产品的一致性，顾客对附加产品表现出更强的个性化要求。一个办公软件，基本的文字处理、图形处理、表格处理、编辑和排版、纠错等功能对所有的顾客都是基本一致的，以共性为主。但每个顾客的职业不同、专业不同，对办公软件又有其特殊的要求，有人需要复杂的统计处理，有人需要良好的图形裁剪、调整，有人需要上传以便在不同终端进行处理，有人永远不会去关心软件的主题，有人则喜欢把默认主题换成自己偏好的主题，而且经常更换。

于是，以免费的核心产品吸引用户，以个性化的、具有附加价值的附加产品获取收入形成了互联网免费的第二种模式——产品整体模式，如图 10-11 所示。

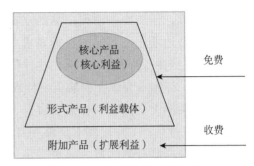

图 10-11　免费的产品整体模式

■ 案例 10-4　　　　　免费的 WPS

在 2018 年中国国际版权博览会上，金山 WPS 副总裁肖玢感叹道："政府的正版化让金山 WPS 走出低谷。因为看到软件正版化推动的艰难，2005 年我们决定个人版免费，这才造就了后来的 3 亿月活用户。如今，我们从版权的'被保护方'变成了'保护方'，保护我们内容生态上的数千名模版设计师的版权。"

WPS 最初的免费是以向第三方广告商收取费用为保障的，但过多的广告损害了用户的体验和感受，直到后来采用"免费+增值服务"的商业模式才真正让金山获得了良性发展。WPS 承诺个人版的所有基础功能（核心产品）永久免费，但更多的"特色功能"（附加产品）可以通过开通会员付费使用。例如，开通 WPS 会员可享有如 PDF 转 Word、图片转文字、图片转 PDF 等特色功能，拥有更大的单个文件上传大小、云空间扩展至 100GB 等；而成为稻壳会员则拥有免费下载"稻壳商城"中的付费模板、云字体、会员专属皮肤等特权。

在 2018 年 3 月举办的内容创作者大会上，金山 WPS 宣布稻壳已经有 3 000 多位内容创作者入驻、每月 8 000 万次的内容下载量，2017 年 WPS 的付费会员数量增长近 4 倍，WPS 希望接下来能够培养出 100 位收入超过 100 万元的优秀内容创作者，实现用户、内容创作者与金山的共赢。

资料来源：被"正版化"运动拯救的 WPS，在"免费"道路上还能走多远？[EB/OL]. (2018-10-26). http://www.sohu.com/a/271523415_116132.

3. 产品组合模式

面向相同的顾客、配合使用、同一销售渠道为免费产品寻求收入提供了另外一条途径。所有的生活片段（活动）都是围绕某种生活价值观来安排的，除了需要一定的时间、空间的支撑，还需要一系列产品的支撑。与恋人共度一个浪漫周末，需要一顿烛光晚餐还是一次海边度假？不同的目标要求不同的活动，需要不同的时间、空间，还有产品和服务。人们对一种产品的需求往往伴随着对另一种产品的需求。人们在一起聊天，需要一杯茶或一杯咖啡为媒介，购买一件衣服后，也许还需要购买一件相配的饰品或者鞋子。人们在互联网上交流也一样需要媒介，丰富的媒介使人们的交流更深入、持续。几乎所有的生活（或生产）片段都不是单一需求，由于互联网应用切换的便利性，对其中的某种需求以免费产品激发顾客去寻求满足，进而带动其他相关产品的销售就成为常见的网络营销策略。微信之所以超越短信，除了免费，还在于更为丰富的朋友圈、扫一扫、分享、表情等诸多周边产品。

于是，以免费的主产品吸引用户，以个性化的、具有附加价值的周边产品获取收入；或者相反，以免费的周边产品吸引用户，提高主产品的销售收入，这就形成了互联网免费的第三种模式——产品组合模式，如图10-12所示。

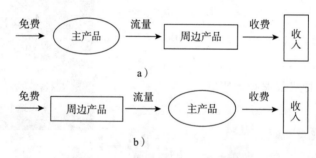

图10-12 免费的产品组合模式

当然，不管是免费产品还是收费产品，顾客价值都是第一位的，没有顾客价值就不可能吸引流量，不能吸引流量就不可能为收费产品创造取得销售收入的机会。另外，主产品和周边产品是相对的，各种产品的价值相得益彰才能为产品组合带来更高的销售收入，企业的着眼点不应是某一个产品的销售收入，而是整个产品组合的销售收入。

上述三种模式并不总是独立存在的，更多的情况下是你中有我，我中有你，是一种共存关系。免费的流量模式在取得巨大的流量后需要通过附加产品或周边产品获取收入，而核心产品和附加产品、主产品和周边产品本身就是相对的、相互转换的，属于哪种模式其实取决于你的视角或立场。

10.3 价格调整

虽然保持价格稳定是定价的基本准则，但变化是现代社会的基本特征，随着外部环境和企业内部条件的变化，价格的调整总是在所难免。但任何价格行为都会受到顾客、竞争者、供应商、中间商甚至政府的关注并做出反应，这种反应可能会使企业期待的价格调整效果化为乌有。所以，企业必须对价格以及价格行为所引发的效应、反应进行密切监控和分析，并决定是率先进行价格调整还是等等再跟进。

10.3.1 价格效应与反应

价格行为既影响顾客的购买力和购买量，对企业现在和将来的成本、利润产生影响，形成一种动态效应，也对供应商、中间商产生影响，短期引起它们销售和收益的变动，长期则会导致它们采取各种对策（反应），如调整供应、价格和分销行为。

1. 价格的动态效应

图 10-13 表明了企业价格行为所形成的四种动态效应，对此企业必须密切监控与分析。

一是当期价格对未来需求的影响。当期价格决定当期销量，如果产品当期销售良好，顾客满意度高，就会产生提高品牌知名度与良好口碑、减少风险不确定性、积累品牌资产及顾客网络效应的正面效应，未来需求可望稳定或上升。反之亦然。

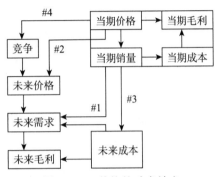

图 10-13　价格的动态效应

二是当期价格对未来价格的影响。当期价格以及顾客对其合理性的认知会直接影响顾客对未来价格的预期，进而对未来需求产生影响。顾客对未来价格的预期包括价格变化方向（上涨还是下跌）、变化幅度、变化速度、变化频率等内容，显然，企业应努力避免顾客形成对价格下跌的预期。在目前的手机市场，每隔一段时间，当品牌推出新产品时，总是会有一定的价格上调，这就可以有效避免顾客的观望，促使其及时兑现需求。

三是当期价格对未来成本的影响。既然当期价格对未来需求与未来价格都产生影响，这就意味着未来成本是不确定的。不断监测、修正和调整对产品销量、成本的预测，不仅影响当期产品的盈利状况，更关系到产品在其全部生命周期内的盈利状况。

四是当期价格对竞争的影响。这种影响涉及现有竞争者及替代者的反应、新竞争者的进入以及中间商和供应商的反应，这些反应既对销量产生直接影响，也对成本产生影响。

2. 市场反应与应对

可见，企业的价格行为除了对顾客及其购买产生影响以外，还会引起市场上其他相关主体——新进入者、供应商、中间商和直接竞争/替代者的反应，而动态效应正是这些反应共同作用的结果。

图 10-14 显示了市场相关主体对企业提高价格的反应。供应商会随之要求提高原材料的价格；由于利润上升，新进入者进入的冲动增加了，这既会导致成本的上升，又会降低销售量；中间商的单位利润一般也随之上升，销售积极性提高，有可能提高销售量；直接竞争/替代者可能会跟随涨价，但当竞争/替代者不予理睬时，率先涨价者会成为众

矢之的，得不偿失。

企业除了要关注自身价格行为所引发的市场反应外，更要密切监控竞争/替代者的价格行为，洞悉其采取此种价格行为背后的原因，了解这种价格行为是临时的还是长期的，如果自身不做相应变化会产生什么样的后果，其他的竞争/替代者对此会做何反应等问题，以在必要时做出及时、有力、准确的应对。

图10-15是一个应对竞争/替代者降价竞争的反应模型。当竞争/替代者的降价行为不会对自身造成重大损害且是短期行为时，企业可以不做应对；当竞争/替代者采取小幅降价并可能对自身造成损害时，企业可以采取赠品、超过其降价幅度的折价券等非价格手段与之相抗；当竞争/替代者降价幅度较大时，企业可以根据产品的异质性和竞争/替代产品的比较，采取相应的跟进措施。不管采取哪种应对措施，继续观察竞争/替代者的价格行为和其他竞争行为都是必要的。

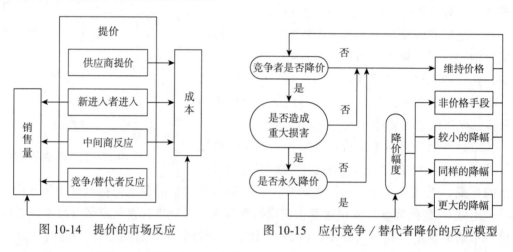

图10-14 提价的市场反应　　　　图10-15 应付竞争/替代者降价的反应模型

10.3.2 价格维持

通常，企业应尽可能地保持价格稳定。稳定的价格能给顾客以实力雄厚、关心顾客、可靠负责的良好印象。在不得不调整价格的情况下，企业可采取以下变通策略。

（1）停止需要调整价格（上涨或下降）的产品的生产与销售，推出新产品。当供大于求而引起价格下跌时，企业不应降低原产品的价格，而是推出较低价格的新产品以谋求市场主导。当然，这种策略必须建立在技术进步、成本下降的基础上。

（2）当面临原材料（或能源、工资等）上涨时，企业应设法扩大生产销售规模，降低单位生产、营销成本，以保持价格稳定并趁机提高市场份额，而不是简单地提高产品价格。

（3）因供不应求而形成价格上涨压力时，企业不能随便跟风提高价格，尤其不能随意变更和中间商之间的协定。正确的策略是在保证质量的前提下采取一切可能的方法和途径迅速扩大产量，甚至允许市场的短暂脱销，而不是人为地以提高价格来限制消费，达到虚假的供求平衡。此时最为错误的策略就是只关注眼前效益，既不去进行技术开发，也不去扩大产量，仅仅依赖于提高价格赚取利润。而同时，竞争对手却趁机提高产量，扩大市场占有率，新进入者大量涌入。

> **⊙ 讨论 10-2　　　　可口可乐价格为何 60 年不变**
>
> 　　1886 年，一罐可口可乐的价格是 5 美分，大约相当于今天的 1 美元。如今可乐的售价不再是 5 美分了，这并不特别令人惊诧。真正令人惊诧的是，可口可乐的价格维持了 60 多年的时间才发生变化。经济学家将这称为名义价格刚性。
>
> 　　价格之所以能够保持平稳运行，是因为它会做出调整，以反映需求和潜在的生产成本。如果价格因为某种原因没有进行平稳调整，那就可能造成非常严重的经济后果。经济衰退时，如果工资未能下降，那么人们将会失业。需求下降时，如果价格不能下跌，那么销售将崩溃，结果还是一样。
>
> 　　可乐的价格问题，部分在于更换自动售货机的成本（这些机器只接受 5 美分镍币）。但若改为接受 0.1 美元的硬币，意味着价格将上涨 100%（可口可乐的老板曾于 1953 年写信给美国总统艾森豪威尔，非常严肃地建议使用 7.5 美分的硬币）。这种因调整价格而产生的成本称为"菜单成本"。当然，在引入售货机之前很久，可口可乐公司就在通胀非常低的时候签署了长期的固定价格合同，向罐装商供应可乐。如今，改变可乐售货机的程序几乎不费什么力气，那么所谓的菜单成本是不是就不再重要了呢？
>
> 　　资料来源：哈福德. 可乐价格为何 60 年不变？[EB/OL]. 刘彦, 译. (2007-05-19). http://www.360doc.com/content/07/0519/23/22968_510098.shtml.

10.3.3　提高价格

　　提价通常由于以下四种情况：一是资源枯竭导致供应不足，这主要是那些不可再生的自然资源，如石油、天然气、稀土、砂石等；二是由于通货膨胀，物价上涨，企业成本费用提高，企业不得不提高产品的价格；三是当产品供不应求时，企业可以选择临时性价格提高策略，但这种提价不应当为今后的市场竞争带来潜在的不利因素，如吸引强有力竞争者的进入等；四是企业以提高价格来提升品牌定位，或使价格与新的品牌定位相匹配，这种情况通常发生在情感性很强的奢侈性产品上。

　　针对前三种情况引起的涨价，企业应向顾客说明原因，同时还应当尽力通过技术进步、加强生产成本管理、减少营销支出来控制价格的上升幅度。

> **■ 案例 10-5　　　　紫光集团宣布组建 DRAM 事业群**
>
> 　　经常装机的朋友每年都会遇到内存以及固态硬盘价格不稳定的现象，总体规律是上半年下跌，下半年就会上涨。其根本原因是中国未能生产与之竞争的产品，导致供应商可以任意控制产量来调节市场价格。
>
> 　　为了应对这个问题，紫光集团在 2018 年就曾经表示，DDR4 规格的内存产品正在研

> 发当中，预计在 2018 年年底可以上市销售。在 DRAM 领域，紫光旗下西安紫光国芯自主创新出全球首系列内嵌自检测修复 DRAM 存储器产品（ECC DRAM）；此外在 NAND 领域，紫光旗下长江存储在 32 层 3D NAND 闪存芯片上创新的 Xtacking TM 技术，实现了 3D NAND 闪存芯片结构的历史性突破。
>
> 2019 年 7 月 1 日上午，紫光集团宣布组建紫光集团 DRAM 事业群，委任刁石京为紫光集团 DRAM 事业群董事长，委任高启全为紫光集团 DRAM 事业群 CEO。这样看来，随着紫光对 DRAM 投入的加大，消费者买到国产内存产品指日可待。
>
> 资料来源：内存条要降价了？紫光集团宣布组建 DRAM 事业群 [EB/OL]. (2019-07-01). https://www.anzhuo.cn/news/p_34585.

10.3.4 降低价格

尽管从表面看，降低价格会提高市场份额、增加销售量，但由于竞争者的跟进，销售量和市场份额未必会提高，而可能带来利润下降、信誉降低等反面影响。一般来说，只有当存在以下三种情况时，企业才选择降低价格。

（1）当行业生产能力过剩、供过于求，而且产品改进和销售改进已经不能扩大社会需求时，企业只好考虑使用降价的方法来扩大产品的有效市场。行业（或产品）发生供过于求的根本原因在于高额利润的存在，通过降价可以使价格回归到正常社会平均利润水平。这也意味着新产品上市之初的定价就应该全面考虑竞争、潜在需求、企业目标需求、生产成本、市场成本，尤其是产品生命周期的总成本和总销售量，而非仅仅考虑当前的生产成本和供需关系。

（2）当企业在强大竞争压力下市场份额逐步减少时，为了扩大销售，保持市场份额，企业有时不得不降低产品的价格。但这种降价如果不是以技术进步、成本下降为基础的，其长期效应只能是负面的。

（3）当顾客不再认可产品品牌间的差异，企业由差异化战略转向低成本战略时，降低价格是其必然的结果。

降低价格会引起顾客特别是已购买顾客的不满，会被人视为产品落伍、存在缺陷，还会造成潜在顾客的持币观望，认为还会继续降低价格，从而使需求无法像设想的那样被扩大。

本章小结

1. 价格不仅仅是顾客为获取产品所付出的货币，也是成本、质量的信号，还可能代表某种象征意义、折射产品之间的相关性，并传递企业战略或经营理念。
2. 顾客认知价值、成本和竞争是决定产品价格的三个基本要素。定价模型指出，竞争决定了价格在顾客认知价值和成本之间的具体位置。

3. 成本是价格的底线，任何价格都不可能长期低于成本。成本的困境在于成本与产量相关，而产量又取决于销量，销量取决于价格。所以，成本和价格很难说得清楚谁决定谁。
4. 价值是价格的上限。一般来说，价格等于价值时，顾客没有获得任何让渡价值或者剩余。价值的困境在于，一是价值是用价格来表示的；二是同一产品的价值因人、因时、因地而异，价值本身具有不确定性。
5. 竞争是价格的最终决定因素：一是价值其实是各个层面的竞争产品比较的结果，绝对差异化的、不可替代的产品是不存在的；二是为给予顾客更多的让渡价值，竞争必然迫使价格往成本方向逼近。
6. 企业战略与目标、需求弹性、信息不对称、法律和道德是价格形成的重要调节因素。
7. 认知价值定价法、成本加成定价法和通行价格定价法分别是需求导向定价、成本导向定价和竞争导向定价的具体形式。
8. 不以成本的差异而是针对不同顾客群，对同一产品制定不同价格的策略称为差别定价，其理论基础是价格歧视理论。企业总是根据顾客特点，在地点、时间、功能、数量或附加条件有所区别的基础上对不同细分市场进行差别定价，抑或给予不同的折扣。
9. 产品组合定价是指在总体价格水平的基础上，充分考虑在产品组合中的地位、相互关系而为产品线、产品项目确定具体的价格。企业定价是寻求其产品组合利润的最大化，而不是每个产品项目利润的最大化。
10. 心理定价是指合理利用人们的数字心理偏好，最后将产品价格调整到一个符合当地文化习俗的数字，使买方获得额外的心理满足。它具体表现为尾数定价、整数定价、习惯定价和心理折扣。
11. 互联网经济诞生以来，免费现象比比皆是，总体上源于两种情况：一是一些数字产品的边际成本趋向于零；二是卖方对产品组合中不同产品或具体规格型号的不同定义，视其为一种促销方式。两种根源形成了免费的流量模式、产品整体模式以及产品组合模式。
12. 通常，企业应尽可能地保持价格稳定。稳定的价格能给顾客以实力雄厚、关心顾客、可靠负责的良好印象。即使在不得不调整价格的情况下，也应尽可能采取一些变通策略，避免直接的价格调整。
13. 当竞争/替代者的降价行为不会对自身造成重大损害且是短期行为时，企业可以不做应对；当竞争/替代者采取小幅降价，并可能对自身造成损害时，企业可以采取赠品、超过其降价幅度的折价券等非价格手段与之相抗；当竞争/替代者降价幅度较大时，企业可以根据产品的异质性和竞争/替代产品的比较，采取相应的跟进措施。

基本概念

顾客认知价值　需求价格弹性　信息不对称　隐蔽性行为　隐蔽性特征　柠檬现象
认知价值定价法　成本加成定价法　通行价格定价法　差别定价　价格歧视
现金折扣　数量折扣　功能折扣　季节折扣
组合定价　产品线定价　捆绑定价　心理折扣

简答

1. 价格策略的本质是什么？
2. 简述定价模型。
3. 企业定价时存在哪些定价目标？
4. 简述企业定价流程。
5. 需求导向、成本导向和竞争导向三种定价方法的联系和区别是什么？
6. 实施价格歧视的基本条件是什么？
7. 互联网中的免费现象源于何种情况，存在哪些免费模式？
8. 简述企业提高价格可能引发的市场反应。
9. 简述价格的动态效应。
10. 企业应如何应对竞争对手的价格行为？

思考

1. 新产品的价格往往要经历由高而低的过程，请选择一个产品，从成本、竞争、顾客价值认知等方面阐述这一过程的合理性与不合理性。
2. 请分组交流对当地著名超市的价格印象，再实地调查一下，分析并说明调查结果，并与先前的印象加以比较。
3. 选取一种产品（线），观察其各产品项目的价格，比较其产品关系和价格关系。
4. 请选取生活中的免费案例，剖析其免费模式。

实验

价格是人们做出购买决策时的重要因素。利用锚定效应，针对不同价格的同类产品，看看如何陈列展示才能促进它们的销售。

动手

请利用学校的商业对抗模拟软件，以游戏和竞赛的形式，体验企业的价格行为所引发的市场反应及绩效。

互联网——慢慢买

基于价格在顾客选择中的重要作用，互联网上充斥着各种各样的价格信息，生产者、经销商和个人出于各种目的，以多种形式在互联网上发布五花八门的价格信息。如慢慢买（http://www.manmanbuy.com）、价格比较网（http://www.jiage.cc）、造价168（http://www.

cost168.com）、钢材价格网（http://www.zh818.com/）、太平洋汽车网（www.pcauto.com.cn）等都是一些以提供价格信息服务为主的专业网站。访问这些网站，找到更多的此类网站，比较它们提供服务的方式，分析大量存在的这些网站对企业的价格行为和顾客的购买行为会产生什么影响。

第 11 章
渠道策略

客户、供应商之间没有本质的差别,要像对待客户那样对待供应商。

渠道的整体利益取决于成员的共同努力,但利益分配终究是此消彼长的,所以渠道的本质是合竞——首先是合作以取得最大整体利益,然后才是竞争,每个成员都会争取自身的最大利益。

大多数情况下,企业不可能把产品直接销售给用户,尤其在消费市场。在生产商和顾客之间有一个中间层,其组成是一些承担不同职能和具有不同名称的中间机构,如批发商、零售商、代理商,以及一些提供各种实体服务的辅助机构,如物流公司、维修公司等。由这些中间商和辅助机构组成的网络即为分销网络,也称分销系统、分销渠道、营销渠道,简称渠道。

渠道不仅仅是各个独立的中间商,它还代表着这些中间商对所承担的分销事务及相互关系的一系列政策(协议)和实践,尤其是对顾客的承诺,这些政策、实践和承诺编织成一个巨大的、长期和相对稳定的关系网络。另外,渠道将直接影响企业的其他营销策略,如价格决策与企业是否利用大型的、高质量的经销商密切相关。而且和其他营销策略不同,渠道策略本质上是对外部机构和关系的管理,它只能以协商的方式建立,以协调的方式运行。

渠道是企业的一项关键性外部资源,它的建立和完善需要很长时间,而且不是能轻易改变的。今天,在许多领域,如快速消费品领域,它甚至比企业的其他关键性内部资源(如制造部门、研究开发部门、工程部门等)更重要。

不管是对顾客还是制造商、中间商,渠道决策都有强大的惯性,任何试图改变渠道现状的尝试都会遭到来自各个方面强烈的抵抗,是企业管理高层面临的最重要决策之一。企业在进行渠道决策时,既要着眼于今天的营销环境,也要考虑到明天的营销环境。

今天,互联网正以不可阻挡之势最大限度地改变着分销系统,任何试图抵抗、延缓的努力都是徒劳的,唯一的出路就是适应它。渠道正在建立其新的惯性。

11.1 渠道概述

渠道是指促进产品或服务顺利地从生产者传递至最终用户所经过的,由企业内部销售部门和企业外部代理商、批发商和辅助商等一系列相互独立的组织所构成的产品销售和服务网络。表 11-1 概括了现实中渠道的基本情况。大型复杂产品通常采取直接销售的方式,大多数其他产品则通过中间商进行销售。中间商总体上分为两类——经销商(批发商、代理商)和零售商,平台其实只是供应商和用户在物理空间(集市,如义乌小商品市场)或互联网空间(网站,如淘宝网)上的汇集。中间商的主要功能是完成产品所有权的转移,产品实体的转移、安装、维修则需要辅助商——物流企业和维修企业来完成。

表 11-1 渠道概况

项目	类型	示例
渠道	直接销售	机车、石油、飞机、超级计算机
	间接销售	轿车、个人电脑、服装、日用品
中间商	经销商	批发、代理
	零售商	百货店、超市、互联网零售商、微商
	平台商	集市、互联网空间
辅助商	物流商	快递、运输、仓储
	维修服务商	电器维修、汽车 4S 店

11.1.1 渠道的本质

通过渠道,制造商向供应商采购原材料,向客户销售产品,如图 11-1 所示。从供应商的角度看,制造商向其采购原材料的过程就是它销售产品的过程;从客户的角度看,就是其向制造商采购的过程;从中间商的角度看,它们既向供应商采购产品,也向客户销售产品。由此可以看出以下几点。

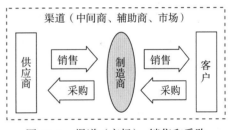

图 11-1 渠道(市场)、销售和采购

(1)客户、供应商和制造商之间没有本质的差别,三者的角色是相对的、转换的,谁都可能是制造商、供应商或客户。中间商面对供应商时是客户,面对用户时即供应商;即使是客户,在工作时,他也是劳务提供者。所以,要能从对方的角度理解问题。

(2)由于采购的目标是降低成本,销售的目标是利润或销售收入最大化,而降低采购价格和提高销售价格是双方达到各自目标最为简洁的路径,这使两者在总体上是相背离的。因而,冲突、竞争是渠道的常态,渠道管理就是冲突管理,就是不断地寻求双方可接受的契合点,就是销售方不断降低利润率同时试图提高销售收入以保持甚至提高利润总额,采购方不断扩大采购量以期供应方降低售价,进而达到双方的均衡。

(3)销售、采购只是同一件事的不同说法,供应商的销售过程就是客户的采购过程,客户的采购过程就是制造商的销售过程。因此,销售和采购在理念、方式和地位等相关方面的一致是销售或采购过程得以顺利推进和持续的必要条件。如一方追求品质和品位,另一方一味追求数量;一方面鼓励销售人员不择手段地推销,另一方面对采购人员严加防范;一方为市场领导者,另一方只是市场追随者等:这些方面的差距越大,渠道的稳定性就越差。

(4)渠道的本质是合竞,即合作和竞争共存。合作是因为整体利益大小取决于渠道各方合作的深度和顺畅与否,但利益的分配终究是此消彼长,竞争(冲突)无可避免。冲突是愈演愈烈还是逐渐化解取决于各方之间的协调,所以协调是渠道管理的核心。

11.1.2 渠道的必要性

既然渠道冲突不可避免,那么生产商为什么还是愿意建立分销关系,把部分销售工作委托给中间商呢?生产商是否自建分销渠道、委托中间商销售产品取决于以下考虑。

(1)产品消费特性决定了有些产品采取直接销售的方式在经济上是不合理的。如口香糖、饮料、日用品等快速消费品,它们单价低,生产上规模经济显著,生产集中,但消费必然是分散的,消费者的购买活动零星、高频并且图方便,由生产商直接向个体消费者出售(包括通过互联网销售)、快递或者建立专门零售店是不经济的,借助由中间商构成的销售网络进行销售在经济上合理得多。

> **案例 11-1**　　　　　　58 同城:渠道下沉　服务进阶
>
> 58同城CEO姚劲波在"2019年58神奇日"峰会现场称,2019年,58同城、安居客会从一个纯流量平台、一个互联网的流量应用,变成一个真正的落在地面的跟客户离得很近的服务企业。在此次峰会上,姚劲波分享了未来几年58同城的主要发力点:一是下沉,从58同城到58同镇,从大城市到中小城市、县城、乡镇,渗透到三线、四线、五线市场;二是服务进阶,加强对平台商家的赋能,从流量效果好的互联网公司转变为赋能中小企业的平台;三是智能化,通过VR看房、58直面等产品,连接用户与商户。
>
> 截至2018年年底,58同镇已在全国开设一万多个乡镇信息站点。姚劲波给出的58同镇下一步的发展目标是再用一两年时间覆盖全国4万个乡镇,实现在每一个乡镇都有58同镇的站点存在。至此,58同城可以构建起从大城市到地级市、县级市、58同镇的一个完整的网络服务体系。"我认为,下沉到乡镇市场仍具有非常大的红利。"姚劲波表示。
>
> 资料来源:58同城下一阶段:渠道下沉　服务进阶[EB/OL].(2019-05-15). https://m.21jingji.com/article/20190515/herald/e7103f5cd831d6e23a33b9bd177016a8.htm.

(2)大多数生产商没有足够的财力资源建立自己的直接渠道,必须借助中间商。如通用汽车公司在北美通过8 000多个独立经销商出售产品,要全部买断这些经销商,即使是通用汽车公司也无法做到。在市场较为广阔时,依靠自身资源让销售网点遍布全国或全球是难以实现的。

(3)即使有能力建立自己的销售渠道,生产商也往往通过增加业务投资、专注于自己的专长以获取更大利润,而不是冒险进入自己不熟悉的分销领域。

图 11-2 显示了利用中间商所实现的成本节约。图 11-2a 是对直接销售的示意，所有生产商与所有顾客直接接触，需要 9 次交易；而通过一个中间商后（参见图 11-2b），只要经过 6 次关联即可完成全部交易。

图 11-2　直接销售和间接销售的交易次数

（4）更为重要的是，中间商可以凭借自身的专业技能、区域经验和活动规模更有效地推动产品对市场的覆盖与渗透，让更多的潜在用户转变为现实顾客，从而扩大市场。显然，作为生产商与顾客之间的桥梁，渠道不仅能服务于市场，更可以创造市场。

11.1.3　渠道的功能

渠道将产品从生产商转移到最终用户手中，克服了产品生产与使用在时间、地点和所有权方面的不一致，实现了产品的有效转移。为完成这一使命，渠道成员共同分担了一系列重要功能，并形成了实物流、资金流、信息流等多个流程，如图 11-3 所示。渠道也因此承担了除交易以外的其他功能。

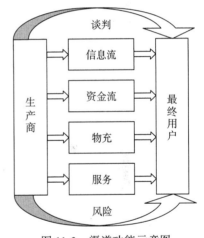

图 11-3　渠道功能示意图

谈判与交易　谈判与交易是渠道的基本功能，即就产品的价格和其他条件与顾客进行谈判，并达成一致，以实现所有权的转移。

信息与反馈　市场总是处于不断变化之中，产品销售和使用过程也会产生大量信息，这些信息是企业做出下一步决策的基础。中间商处于和客户接触的第一线，最了解客户的情况，厂商借助渠道可以搜集市场中潜在顾客、现实顾客、竞争者和其他参与者的各种信息，同时也把有说服力的产品信息传达给顾客。

融资　这是指生产商和各层次中间商互相提供资金方面的支持，因为这种相互支持是建立在已有的分销关系基础上的，担保、抵押、审批等一系列冗长的融资手续可以得到有效简化，有助于降低资金筹措成本。

风险承担　这是指渠道成员共同承担产品开发、推广过程中的风险，并分享由此而来的收益。高风险高收益是市场经济的基本规律，一味追求降低风险，把风险尽可能地推给其他渠道成员是一种短视的行为，放弃了可能的高收益。另外，风险共担会迫使各成员更加尽责地发挥自己的专业、区域特长，从而有利于加强对市场动态的理解和把握，这种协同能够降低经营风险。

技术服务 产品从生产商到最终用户的转移,需要一系列的运输、储藏、配送、加工服务及售后安装、维修服务等。这些服务有些由中间商承担更为有效,有些由生产商承担更为有效,渠道成员间应以方便顾客为原则,合理分配、承担这些职能。

支付 这是指中间商协助买卖双方通过银行或其他金融机构以最有利、有效和可靠的方式实现货款结算。

> ⊙ **讨论 11-1**　　　　　　　　**淘宝的成功:免费以及支付宝**
>
> 淘宝是成功的,这并没有什么疑问,但助其成功的主要因素是什么?
>
>
>
> 按机遇论,毫无疑问是互联网,没有互联网就没有淘宝。但很明显,并不是互联网特别眷顾淘宝,而是淘宝更好地拥抱了互联网,至少在中国,在目前的小商品零售领域,淘宝的拥抱是最完美的。毕竟,淘宝不是第一个投向互联网怀抱的,很多人比淘宝更早地拥抱了互联网,而且也曾很成功。所以,互联网没有偏心,机遇也从不偏心于第一个看见它的人。
>
> 免费,有点靠谱了。淘宝平台是免费使用的,免费使用的淘宝平台一下子将创业的门槛几乎降到了零。"0",这是一个多么奇妙的数字,它推动千千万万想创业而又没有足够资本的人将梦想变成了现实。万众创业助推淘宝迎来了第一波急速发展。
>
> 支付宝,画龙点睛之笔。如万里黄河泥沙俱下,随着淘宝商户的急剧增加,以次充好、短斤缺两,甚至收了款不发货等损害买方的不良现象频发,电子商务最令人担忧的信用问题成为悬在淘宝头上的达摩克利斯之剑。应运而生的支付宝将达摩克利斯之剑转成了卖家的悬顶之剑,买家的利益获得了有效担保。加上快递业务的跟进,淘宝才走上坦途。

渠道的上述功能在执行过程中存在流向上的差异。像实体服务是从生产商到顾客,属于正向流程;支付则从顾客到生产商,属于反向流程;而谈判、信息、融资和风险承担为双向流程。渠道功能通过渠道流程来完成,流程效率决定功能的产出效率。

承担一定的功能是一个组织赖以生存的基础,承担的功能越多,被替代的可能性越小,抗风险的能力越强。随着管理技术和沟通技术的发展,渠道的功能也会不断推陈出新,越来越丰富,渠道成员之间的合作也会不断获得更深更广的发展。

11.1.4　渠道的类型

产品的不同、需求的不同,对渠道及功能和速度的要求也不同,由此产生多种多样的渠道形式。有些渠道环节多,有些渠道环节少;有些渠道成员间关系紧密,有些渠道成员间关系则较为松散。按照不同的划分标准,渠道可分为不同的类型。

1. 环节层级类型

根据产品在流通过程中所经历的中间环节层级（渠道层次）的多少，我们可将渠道分为直接渠道与间接渠道。图11-4展现了消费者市场与组织市场常见的几种渠道层次类型。

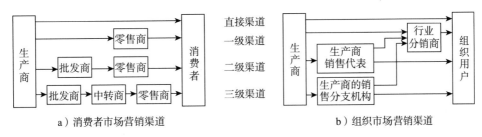

图11-4 渠道的层级类型

直接渠道 直接渠道是指生产商将产品直接销售给最终用户，也称零级渠道。直接渠道大多适于企业市场上大型专用设备或大批量原材料的销售。因为这些产品技术密集，需要按照用户的特殊需要来设计制造，并需要派遣专业人士指导用户安装、调试和维护；而且组织用户数目较少，产品单价高，用户批量大，利用直接渠道销售效率高、成本低。

间接渠道 间接渠道是指生产商借助中间商实现产品的传递。根据中间环节层次的数量，间接渠道又可分为一级渠道、二级渠道和多级渠道。一级渠道只经历一个中间环节，在消费者市场，处于这个中间环节上的通常是零售商，而在组织市场上，通常是品牌代理商或经销商。二级渠道包括两个中间环节，在消费者市场中，通常是批发商和零售商的组合，组织市场则可能是代理商和经销商的组合。多级渠道是指有三个或三个以上的中间环节。一般而言，渠道环节越多，生产商控制和向最终用户传递信息也就越困难。

2. 成员密度类型

根据特定区域内每个渠道层次上使用的中间商数量，即区域成员密度，渠道可分为密集分销、选择分销与独家分销三种。

密集分销是指生产商通过发展尽量多的中间商来分销产品，以此为顾客提供最大限度的方便。选择分销强调在一定区域市场范围内挑选几个经销商来经营产品，以使顾客有一定的选择余地。而独家分销是指生产商在一定区域内仅指定一个中间商销售其产品，用户只能向这个中间商购买产品。该部分内容将在11.2.3节予以详细介绍。

3. 成员关系类型

按照渠道系统内各成员之间的关系，渠道可分为直营、代理、合资、加盟等多种类型。并且随着社会发展与营销技术的进步，更多的成员关系类型还将不断出现。

直营 直营是生产商自己设立销售直营点（店），构建直营网络来分销产品的一种渠道模式。直营店直接面向零售商或最终顾客。在直营过程中，生产商拥有直营店的所有权和经营权，对直营店实行标准化经营，统一管理，统一核算。直营模式对直营店的直接控制与集中管理有利于生产商统一开发和实施经营战略，而分散各地的直营店也通过统一的店面布置、规范的人员管理有助于生产商品牌形象的建设。但直营模式需要耗费较高的管理成本，对物流及资金投入要求较高。

加盟 加盟也就是特许经营，加盟者就加盟费用、保证金、责任与权利等与生产商达成协议后，生产商提供技术与培训，授予其品牌使用的权利，但会在店面布置、服务支持、经营模式等方面要求加盟者按规范操作，并予以监控。

> ⊙ **讨论 11-2**　　　　　　　　**快递：直营还是加盟**
>
> 　　加盟和直营是快递业的两种基本组织方式，目前以顺丰和 EMS 为代表的直营阵营及以"四通一达"为代表的加盟阵营同时存在。EMS 由中国邮政发展而来，一直是直营模式，也正因此而保持了较高的信誉。顺丰则经历了由加盟而直营的转变，其他快递企业则一直是加盟。
>
> 　　1993 年顺丰初创，当时的快递行业是 EMS 一家独大。为迅速开展业务，加盟模式是最好的选择。但随着业务的高速发展，加盟模式的弊端逐步显现：客户资源集中在地方加盟商手中，随时可以单干或他投；业务流程不规范，绕过母公司自己接私活儿；服务质量和运输价格难以统一。于是，在之后的三年多时间里，顺丰通过"先合作，后收购"的方式强势整合了所有的地方加盟商，向直营转变。"四通一达"则一直保持着加盟的组织形态。
>
> 　　和便利店、快餐店不同，快递行业的终端不仅和总部发生业务联系，终端之间也必须相互合作才能完成一件快递的接收和投送，故这种合作肯定需要一个协调中心。同时，在互联网条件下，快递接收、投送及其过程中的各环节的信息，总部都可以同步获取并监控。所以绕过总部接私活儿、业务不规范、准确率低、乱收费或私自降价等都只能是区域性的、局部的，只要管理得当，应该是可以克服的。

代理 代理是指生产商在特定区域内通过代理商来销售产品。在代理过程中，代理商不取得产品所有权，仅以被代理者的名义开展活动、签订合同，一般按照销售额的百分比取得佣金。

经销 经销关系是最常见的渠道类型，指生产商通过经销商来销售产品。在经销过程中，经销商取得产品所有权，以自己的名义销售产品，独立承担合同义务。

合资 合资则是生产商通过与中间商共同投资、共同经营销售网点，并按比例分享利润、分担风险及亏损的一种合作方式。

实际上，大多数生产商的营销渠道并非只有一种关系类型，往往是多种类型并存。在一个区域内既有加盟也有合资，而合资设立的销售机构既可以是代理商也可以是经销商。

4. 活动空间类型

按照活动空间的不同，渠道可分为实体渠道与互联网渠道两类。

实体渠道是指由传统实体中间商构成，在物理空间活动的分销渠道。随着互联网、通信技术及数字交互媒体的快速发展与商业应用，实体渠道的地缘优势被互联网的虚拟性所取代，产品基于互联网空间活动完成从生产者向用户转移的互联网渠道得以快速发展，阿里巴巴、淘宝、京东等电子商务平台更是纷纷推出 App 构筑新的交互活动空间。互联网渠道不仅使销售区域更广，可陈列的产品品种和项目更多，更因为信息传播与交换的高效率，优化了传统实体渠道中的订货、结算与配送等诸多环节，因而在渠道功能、结构、费用上与实体渠道存在差别。

⊙ 讨论 11-3　　拥抱移动网络　零售业的必然

无论是从移动网民数量，还是移动手机的普及度，一个毋庸置疑的事实是移动网络时代已经来临。

在移动网络时代，消费者的购物方式正在呈现不同于以往任何时代的新特征。对于零售商而言，是否积极拥抱这种变化，可能并不会对今天的销售产生巨大影响，但量变到质变的规律告诉我们，只有把握好移动互联网与互联网交融时代的消费规律，主动改变以往的经营方式才有可能决胜于未来。

技术解决方案提供商 Cognizant 对全美排名前 100 的零售企业在移动领域中的表现进行了调查统计，分析发现尽管零售商的移动战略实施目前还处于初期阶段，但有 66% 的零售商有 iPhone 的手机应用，49% 的零售商有 Android 的手机应用，67% 的零售商有专门针对手机的移动网络，没有提供移动服务的零售商已经落后于行业平均水准。尽管大部分的移动应用仍然缺失一些消费者认为重要的功能，例如没有整合社会化和本地化服务、没有帮助菜单、缺少对富媒体的支持、不提供扫描的功能等，但国外零售企业在移动领域中的表现已远远领先于国内零售企业。那么，国内零售企业该如何利用移动互联网进行零售管理升级呢？

5. 服务功能类型

按照渠道提供的服务功能的多少和复杂性，渠道可分为自助型和服务型，快件型和慢件型，冷链型、特殊型和普通型，综合型和专业型等，并且还在持续发展变化之中。

自助型是指那些提供很少服务的渠道，比较、选择、付款、提货等主要由顾客自己完成，如有色金属交易中心、超市等，主要适用于标准化产品和快消品。服务型渠道则提供较多的服务，如产品介绍、送货、安装、培训等，主要适用于选购品、设备等复杂产品，如设备代理、工业交易 B2B 平台、电器商店等。

快件型是指那些提供较高流转速度的渠道，主要适用于那些保质期短、顾客能接受的等待时间短的产品，如蔬菜、水果和快消品等，慢件型则相反。快慢件的区别在于渠道成本，快速渠道的成本通常要比慢件渠道高许多。随着交通运输、仓储和配送技术的不断进步，速度和成本之间的矛盾一直在下降，慢件渠道的流通速度也越来越快。

冷链型是指那些能够提供冷藏保鲜功能的流转渠道，主要适合那些需要在冷藏状态下进行运输、仓储和配送的食品，如鲜奶、冷饮、生鲜和冷冻的肉禽、蔬菜水果等。特殊型通常是指那些有毒、有害、大件或对储运和配送有特殊要求的化工产品、大型机电产品，国家对这些产品的储运有严格要求，商贸、储运企业要取得相应的资质，具备相应的知识、技术和专门的储运设施设备，其他机构不得从事此类产品的流通。普通型则是指那些不具备冷链和特殊产品流通资质的渠道，它们从事那些不需要冷链和特殊设施设备的普通产品的流通。

综合型是指那些具有较宽产品组合的渠道，专业型则指那些只提供某类或少数相似产品流通的渠道。在渠道上游，即批发领域，专业型渠道占据主导地位；在渠道下游，即零售领域，则是综合型渠道占据主导地位。

11.2 渠道设计

渠道设计是指为实现销售目标，对各种备选渠道方案——渠道类型、长度和宽度，以及渠道成员进行评估和选择，从而开发新型渠道或改进现有渠道的过程。设计既可能是一个选择、增加的过程，也可能是一个创新或放弃的过程。渠道设计是渠道策略的核心，包括四个基本步骤：分析顾客的服务需求，明确渠道设计的制约因素，选择渠道类型和结构，决定成员及其责权利。渠道设计的过程与内容如图 11-5 所示。

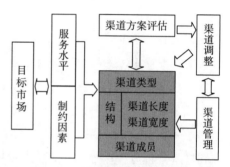

图 11-5　渠道设计的过程与内容

11.2.1　分析服务需求

渠道设立的目的就是更好地服务于市场，保障产品高效地交付到顾客手中，保证顾客能够安全、可靠和高效地使用。因此，渠道的千差万别都是基于顾客所需要的购买和使用服务需求而产生的。概括起来，顾客对渠道的服务需求主要包括以下六个方面。

批量　批量是指顾客一次性购买的产品数量。面对集团客户的大批量购买，可选择短而窄的渠道结构，而普通消费者的少量、经常性购买，就应该采用长而宽的渠道结构。

等待时间　等待时间是指顾客从订单确认到收到货物的平均时间。顾客通常喜欢快速交货的营销渠道，但不排除在可能的情况下综合平衡交货速度、库存和费用。

空间便利　空间便利是渠道为顾客购买产品所提供的方便程度。如顾客对日用品存在很高的便利性要求，故生产商必须使用尽可能多的零售终端。

产品组合　对于有些产品顾客往往同时购买，而对于另一些产品则总是单独购买。对顾客习惯组合购买的产品，渠道就应提供较宽的产品组合，以利于实现一站式购物。

反之，则应以产品深度为主，尽可能满足各类顾客对产品项目的不同偏好。从渠道环节上看，越是上游环节，产品组合宽度越窄；越是下游环节，产品组合宽度越宽。

服务支持　服务支持是指渠道所能提供的各种附加服务，如产品展示、介绍、分期付款、安装、维护、使用培训等。对复杂产品，顾客希望渠道能提供比较多的、真实的介绍及售后服务，因此，专业经销商会更受欢迎。而对日用品而言，顾客通常不喜欢烦琐冗长的推销，应该给顾客提供一个轻松、不受干扰的购物环境。

体验　体验是指顾客在购物过程中所得到的情感满足，这种情感满足既来自购物过程的效率、对所购产品的满意度，也来自购物情境的愉悦性。理性的顾客会较多地强调购物的效率和满意度，感性的顾客则会较多地关注购物情境的愉悦性。不管是实体中间商还是互联网中间商都强调顾客购物过程中的体验，希望为顾客创造更多、更好的体验，但问题的关键是顾客到底需要什么样的体验，如实体店的眼见为实，网购的简单高效。

生产商在关注顾客服务需求的同时，还必须清醒地认识到：服务内容的增多及其产出水平的提高必然意味着渠道成本的增加和产品售价的提升。但很多顾客可能更愿意接受因较低水平的服务而带来的低价格，如折扣商店等。无条件地提升服务水平是错误的。

■案例 11-2　　　　　AiFi：给顾客快速购物体验

近来，位于圣克拉拉县的创业公司 AiFi 将目光瞄准了自动销售店面系统，该公司推出的 NANO Store 迷你型无人销售店，最小的店不到 15 平方米。店里配置大量传感器，包括摄像头和专用电脑，让顾客真正实现拿起商品就走的购物体验。

AiFi 的首席执行官兼联合创始人史蒂夫·古说："人们的想法是尽量减少零售商的开销，同时为他们提供定制服务。NANO Store 的模块化固定装置和制冷装置可以根据不同的店面需要进行重新配置或更换，并且没有品牌，店家可以随意添加标牌和徽标。零售商可以在很短的时间内就建立起自己的店面，并且吸引附近行人来到店里进行快速购物。"

NANO Store 麻雀虽小、五脏俱全，在其小巧的屋顶下涵盖了大量最新科技。它装备有嵌入式对象检测算法的摄像机，据称可以跟踪多达 500 人和数万商品信息。顾客将不同的商品添加到他们的购物车中，付款时只要刷信用卡或点击应用程序，就可以一手拿着收据，另一手拿着商品走出去了。

资料来源：郝益民，韩媛. AiFi 推出迷你自动售货店　让顾客更好地体验快速购物 [EB/OL]. (2019-01-14). http://www.cnmo.com/news/653379.html.

11.2.2　明确制约因素

除了目标市场的服务需求外，产品、环境、竞争、资源等因素也制约着生产商的渠道设计，规定了渠道对顾客服务需求水平的满足程度。

产品　不同的产品特性会对渠道产生不同的要求，有些要求渠道承担较多的服务，要求较高，有些比较简单。产品对渠道设计的影响主要体现在四个方面。一是产品特殊属性。易腐、易碎的产品（如生鲜食品、玻璃制品等）要求短渠道或专用渠道，以求快速、安全；体积大而笨重的产品（如建筑材料）为了减少环节以降低装卸、转运成本和储存成本，也要求短渠道。二是产品价格。价格昂贵的产品通常由企业的销售队伍直接销售。三是产品标准化。标准化程度较高的产品可以通过中间商销售，而非标准化的产品一般由企业代理商直接销售。四是产品技术。若产品技术含量高、不易学习，需要长期、复杂的服务，一般由生产商或特许经销商来销售，否则培训成本或者其他配套成本会更高，而且在技术学习、产品安装、调试和维修过程中也容易出现更多不可控因素。

环境 渠道设计必须考虑四个方面的环境因素。一是基础设施状况。如区域互联网、通信、金融、人力资源、交通、办公、土地和电力等基础设施状况，商务活动要求方便的通信、办公、金融、便利的交通和高素质的人力资源供应，物流活动要求方便的运输、仓储和电力供应。二是经济状况。当经济健康发展时，生产商选择的余地较大；当经济出现萧条、衰退时，生产商总是要求利用较短的渠道将产品推向市场，并取消一些会提高产品价格的服务。三是区域习惯。不同区域本身的渠道状况、中间商的认知水平和能力会有差别，用户和消费者也可能存在不同的渠道偏好，这些也对渠道设计构成制约。四是政策环境和政府服务。各国政府颁布的政策、法规，如进出口规定、专卖制度、直销法、税法等不仅仅影响着渠道方案的选择，还影响对渠道正常有序的管理，尤其是医药、食品、能源、烟草和酒类等产品，海关、检验检疫、工商管理等政府服务效率也直接影响商业活动的效率。

竞争 渠道设计还受到竞争者渠道模式的制约，特别是在销售网点的选址上。企业可以选择与竞争者相同或临近的地点设置销售点，如肯德基和麦当劳的网点选址和布局等方面极为相似，也可以通过地点选择避开竞争者。从总体上看，在渠道设计上，扎堆是一般趋势，不管是总部还是分销机构，组织的市场部门在地点选择上大都趋于集中，形成城市的商业或商务中心（CBD）。随之而来的是城市 CBD 的拥堵、高额房租等。随着电子商务的发展，越来越多的商务活动通过电子商务完成，人际沟通的减少将对商务活动、销售的地点选择产生重大影响。

资源 生产商自身的能力和特点也会对渠道设计产生影响。生产商总体规模决定了它的市场规模、分销规模及在选择中间商过程中的地位；生产商的财务、营销资源决定了它所能承担的销售费用、营销职能以及对中间商可能的财务支持；生产商的产品组合影响营销渠道的类型，产品组合越广，企业直接向客户出售产品的能力就越大；产品组合越深，采用独家或少量中间商经销的方式就越有利；产品组合的关联性越强，所采用的渠道也就越相似。

11.2.3　选择渠道类型和结构

如 11.1.4 节所述，渠道包括多种类型划分，结构其实也是类型的一种。这里的类型选择主要是指服务功能和活动空间的确定，结构则是指中间商在市场上的空间分布，即渠道环节层级（长度）和成员密度（宽度）两个方面，如图 11-6 所示。

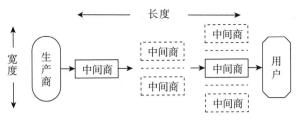

图 11-6 渠道结构

1. 渠道类型

大多数情况下，渠道服务功能类型并没有太多的选择余地，如你不可能为需要冷藏的产品选择非冷链渠道，哪怕其中的任何一个环节，你更不可以通过普通渠道对特殊产品进行分销和流转。所以，一般而言，生产商应当沿用行业采用的传统渠道类型，因为用户也已经习惯通过这类渠道购买。当企业进入一个新的目标市场时，打进主流渠道就意味着成功了一半。但当进入传统渠道的成本太高或障碍太大时，或为新产品、新的目标市场进行渠道设计时，企业可对现有渠道进行创新、改革，以新的渠道方案来赢得市场。

随着互联网技术的不断进步，为产品选择传统的实体渠道还是互联网渠道成为摆在众多企业面前的难题。从长期看，似乎没有人怀疑实体渠道终将为互联网渠道所替代，但具体进程是另一回事，毕竟到目前为止，许多复杂产品的采购，人们还需要面对面地协商以确定最终参数、价格、付款和交货、安装、培训等一系列相关问题。根据 11.2.1 节和 11.2.2 节，在批量、产品组合方面，互联网渠道具有明显的优势。除了那些即时消费的产品，在等待时间、空间便利性上，互联网渠道也具有明显的优势；服务支持则各有优势。在体验上，互联网渠道的体验主要表现为便利和快速，顾客可以随时随地、快速地检索到自己需要的产品、品牌，并完成支付，但目前对于其他方面的体验，实体渠道占据优势，如情境体验、触感体验、味觉体验等，甚至视觉体验。制约因素对传统实体渠道和互联网渠道的作用是一致的，可见，除了那些对体验要求极高的产品，大多数产品会转而通过互联网渠道进行销售。

2. 渠道长度

渠道长度是指产品在流通过程中所经历的中间环节的多少（即渠道层次），分为零级渠道、一级渠道、二级渠道、三级渠道等。长渠道可以使生产商充分利用中间商的资源及其高度专业化的优势，减少资金和人员等方面的投入，获得最广泛的市场覆盖面，但生产商对产品和渠道的控制随着长度的增加而减弱，获取市场信息困难，渠道冲突也会更加频繁和激烈。短渠道要求生产商在资金和资源等方面实力雄厚，具有大规模存货和配送的能力，或能有效利用第三方物流，生产商对产品和渠道有较强的控制力，但市场覆盖面较小。渠道长度选择的基本原则是尽可能短。

渠道长度主要取决于用户规模、用户集中度和产品通用性、技术复杂性。当用户规模大、相对集中和产品专业性强、技术复杂时，一般选择短渠道或零级渠道。用户规模大、相对集中使生产商在直接销售的情况下也能以较低的分销成本向用户提供满意的服务。而专业性强、技术复杂的产品所要求的产品服务是大多数中间商无力提供的，只能由生产商自己来提供。反之，生产商则选择长渠道，更多地依赖中间商，实施分级管理，使产品渗透到更多的目标市场，便于目标市场用户购买。

> ⊙ **材料11-1**　　　　　　**两票制对流通企业的影响**
>
>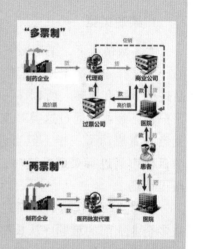
>
> 2018年3月20日，国家卫生计生委、国务院医改办等六部委联合下发《关于巩固破除以药补医成果持续深化公立医院综合改革的通知》，明确要求"2018年，各省份要将药品购销'两票制'方案落实落地"。
>
> 两票制是指药品从生产企业销往流通企业开一次发票，流通企业销往医疗机构再开一次发票的药品流通政策。两票制的推行，意在减少药品流通中间环节，避免多级经销商，从而减少药价层层加码的情况。
>
> 受此影响，上游厂家出于成本、风险、管理、运营等方面的考虑，更加偏向于与网络覆盖广、物流配送能力强、经营行为规范、资金实力雄厚的大型药品流通企业合作，中小型药商的"生存性"竞争已然开启。与此同时，医药流通企业的销售模式也在发生较大改变，纯销业务占比迅速飙高，调拨业务占比下滑明显，这也意味着药品流通企业需要将渠道网络下沉，渠道建设成本上升，终端推广与终端维护费用将占用企业大量现金流。
>
> 资料来源：深度解析"两票制"落地2年的4个惨淡真相[EB/OL]. (2019-01-11). https://www.cn-healthcare.com/articlewm/20190111/content-1044472.html.

3. 渠道宽度

在明确了渠道长度后，生产商必须针对每个渠道层次确定所要利用的中间商数目，这也称为**渠道宽度**，宽度选择的基本原则是方便用户并保持适度竞争。通常有三种方案可供生产商选择。

独家分销　**独家分销**是指生产商在一个顾客半径区域市场内仅选择一家最适合的中间商销售其产品。这一方案只适用于大型专用成套设备，或具有技术诀窍、专门用途的特殊产品。独家分销能够充分控制市场，降低渠道管理难度和费用，产品支持服务通常也由生产商直接提供，经销商只是起沟通作用。所以，独家分销通常和短渠道紧密相关。

密集分销　**密集分销**也称广泛分销，是指生产商通过发展尽可能多的中间商以促进产品销售。这一方案的主要目标是建立尽可能大的市场覆盖面，使顾客可以随时随地地购买产品。当顾客对购买的空间便利性极为重视时，生产商必须采用密集分销。密集分销主要适用于日用品,如香烟、打火机、饮料、口香糖、盐等,以及工业用品中的通用产品,如标准件、五金工具、一般劳保用品和小型通用设备等。

选择分销 选择分销介于独家分销与密集分销之间,强调生产商在一个顾客半径区域市场内挑选几个中间商来经销其产品,以使顾客有一定的选择比较余地。选择分销使生产商既有足够的市场覆盖范围,又比密集分销的控制性更好,还能使中间商之间保持适度竞争。这一方案主要用于有一定复杂性和技术含量、需要较高销售技术和售后服务水平的大件耐用产品。由于产品价值较高,顾客一定会货比三家,在经过相对严格的挑选比较、技术经济分析和谈判后才会确定购买,而不会仅贪图方便就近采购。在采取选择分销时,生产商通常还要向经销商提供技术培训,以提高经销商的服务水平。

■ **案例 11-3** 　　　　　**家用光伏年　天合抢下先手棋**

受分布式光伏利好政策的影响,2017 年,我国家用光伏新增并网户数达到 50 万,是 2016 年的 3 倍多,装机量超 2 吉瓦,一跃成为吉瓦级光伏市场。2017 年也被称为家用光伏品牌元年。

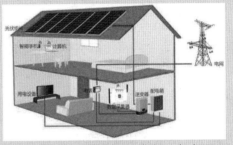

作为行业内标杆企业,面对呈高速发展的行业态势,天合光能在 2017 年只做了两件事:一是开创性推出原装光伏系统,发布"天合富家"子品牌,在行业规范性、标准化较弱的市场成长阶段,以优质的产品、技术与服务在行业、用户中树立了良好形象;二是开启全国招商活动,与近千家渠道商建立了合作关系,推进乡村合作人的经销模式,提出并深入践行"3 年内发展 2 000 家县级代理商,建立 30 000 个村镇级服务网点"的渠道目标。仅石家庄城市招商会,就现场签约经销商 58 家,签约金额达 2.62 亿元。

资料来源:2018 家用光伏有望冲刺 150 万套!天合下一站:誓将原装用户体验到底 [EB/OL]. (2018-01-17). http://www.sohu.com/a/217237407_296300.

渠道的宽度主要是由顾客对选择性、便利性和服务有效性的要求决定的。渠道并非越宽越好,不适当的渠道宽度往往是渠道冲突的主要根源,导致渠道管理的失控、窜货、品牌混乱。

11.2.4　决定成员及其责权利

各种中间商是构成渠道的主体。在明确了渠道的长度与宽度之后,生产商需要为每个渠道环节选择和确定中间商,明确其权利与责任,并通过激励、控制等管理手段使各成员分工有序、协同一致,保证渠道运作的高效。

1. 中间商选择

生产商拥有技术资源、产品资源、品牌资源等，中间商拥有当地的市场、资金和人力资源等。生产商选择中间商是为了资源的最大化利用和最优匹配，实现厂商共赢。但由于中间商自身的发展目标、经营机制、营销能力、声誉等对营销效果有着直接的影响，生产商在选择中间商时应格外慎重，遵循以下几个原则。

战略匹配 生产商在选择中间商时，不仅要考虑到当前的市场利益，更要考虑到市场的发展变化和自身长期战略，故应选择那些在经营理念、战略目标和企业文化等方面与自己相对一致的中间商。否则，今天合格的中间商就会成为明天发展的障碍。

市场匹配 市场匹配，一是指中间商的市场目标和生产商基本一致，即目标市场重合度高，这样才能有效防止分销过程发生窜货行为，至少不发生严重的窜货行为，扰乱生产商的市场布局；二是指两者在目标市场的相对市场地位基本相当，这样才能保证双方在渠道建立及今后分销过程中的地位基本平等，以利于有效化解冲突，减少双方的投机行为；三是指对竞争格局、各竞争产品之间关系的看法基本一致，并都有意维护现有格局而不是单方面采取措施打破现有格局，因为大多数中间商总是代理或经销多个品牌的竞争产品，没有这种一致性，双方很容易就分销过程中中间商的资源分配产生冲突。从这个意义上讲，生产商一般应选择相对地位稍低于自己的中间商，以争取中间商将更多的资源投向自己的品牌。

能力匹配 能力匹配是指要选择那些有能力或至少有潜力达成分销目标的中间商。为此生产商要对中间商进行全面考察，包括经营实力（如经营年数、成长情况、人员素质、发展潜力、盈利能力、偿付能力等）、营销意识、市场能力（市场覆盖范围、品牌运作、销售服务水平、物流水平等）、管理能力、口碑声誉等，还要评估它经销的其他品牌、产品的数量与性质。对零售商，生产商还要评估商店的位置和经常光顾的顾客类型等。

■ 案例 11-4　　　　　　　　　　拉菲"分家"

2019年4月8日，拉菲罗斯柴尔德集团正式宣布：将由原来的独家代理模式升级为四大分销商模式，获得代理权的四家企业分别为：隶属于日本三得利集团的ASC、隶属于法国烈酒巨头的保乐力加中国，以及北京奥比安和上海百联优安两家中资公司，其中，上海百联优安最令人出乎意料。

上海百联优安以百联集团为依托，零售渠道覆盖全国，拥有众多批发渠道及团购资源。拉菲罗斯柴尔德集团总裁兼首席执行官让-纪尧姆·普拉表示："拉菲罗斯柴尔德集团与上海百联优安的此次战略携手，不仅是基于集团进一步深耕中国市场的品牌定位，也是为了在互联网平台和线下市场与更多的葡萄酒爱好者进行互动和分享，相信双方会在本

地化营销、消费体验升级等方面培养起更多的默契。"

此次多渠道经销模式，标志着拉菲罗斯柴尔德集团对中国市场的越发重视及战略调整。目前，中国市场的进口葡萄酒市场快速成长，总量已远远超越国产葡萄酒，国内多家白酒巨头纷纷涉足葡萄酒。代理权一分为四，可以让拉菲充分借力更多资源，又能让代理商保持品牌专注度，从而保证以更多元的方式全方位满足中国消费者的更多需求。

资料来源：拉菲中国巨变！经销权一分为四，保乐力加拿下传奇、传说两大品牌 [EB/OL]. (2019-04-08). http://www.jiuyejia.com/p/116671.html.

其实，不仅是生产商在选择中间商，中间商也在选择生产商，这是一个相互的过程。双方的选择是一个多目标决策过程，上述三项匹配往往是不一致的，需要生产商和中间商共同谨慎平衡之，不但要考量眼前各方面的匹配，更要考量长远的匹配，共同成长是两者合作成功的关键因素之一。尤其是那些处于强势地位的生产商或中间商，还应肩负更多的社会伦理责任，以避免恶性竞争，促进社会经济生态的良性发展。

2. 渠道成员的责权利

生产商必须真诚对待每位渠道成员，协商确定双方的权利与责任，实现合作共赢。其中最重要的因素就是价格政策、销售条件、地区权利的划分以及各方承担的具体服务功能。

价格政策要求生产商制定中间商认为公平合理的价格目录和折扣表。

销售条件是指付款条件和生产商的承诺保证。大多数生产商对提前付款的中间商给予现金折扣，同时也向中间商承诺次品处理的特殊保证，以解除中间商的后顾之忧。

地区权利的划分是各地区的经营权在中间商中的分配。除非是独家分销，否则中间商的经营区域总是有一定重叠。对消费者市场而言，这种重叠一般不会带来太大的问题；但对组织市场而言，就有可能造成顾客无所适从，不知道该从哪里购买更为合适的产品，甚至顾客还可能利用两个中间商之间的竞争从中渔利。因此，如何在中间商之间分配所辖区域内的销售权益，就成为生产商必须决定的重大问题。

最后，一定要明确各方在交易功能方面的分工，如由谁来提供售后服务，双方如何分摊市场活动与费用，以及产品如何展示等。

⊙ **材料 11-2**   **销售政策**

以下是 ××× 公司针对合作伙伴制定的销售政策，包括保利与返利政策。

保利政策 从签订代理协议之日起向后第 90 天至第 180 天期间，签约代理商可向 ××× 退回所有未售出的产品。退货时代理商退回未售出产品，结清已售出产品货款。代理商的退货金额大于应付金额时，退还相应货款。

全款提货返点奖励 代理商全款提货时，可获得 9.8 的折扣。

服务性收费政策及服务返点奖励 代理商可以就增值服务项目向客户收取服务费用，

并依据《服务质量反馈表》给予奖励。

销售奖励政策 销售奖励按季度进行核算，奖励计算方法为：

$$Q = SP - Q_1$$

式中 Q——当季销售奖励；

Q_1——合作伙伴前期已享受的返点奖励之和；

S——累计销售额；

P——按当季回款目标计算的返点比例，共四级。

信誉额度支持 根据合作伙伴的签约任务量确定一个固定比例的信誉额度，合作伙伴每次可在支付规定比例的预付款后提货，余款累积到信誉额度的全值时，合作伙伴需全款提货。所有余款从首次提货之日算起，每半年结清一次。

项目结算支持 合作伙伴可按照分期付款协议的规定分期结算。

11.2.5　评估渠道方案

对于初步形成的渠道方案，生产商需要从经济性、协调性和适应性三个方面对渠道方案加以评估与调整，以确定最终的方案。

经济性标准 每一渠道方案都有其特定的成本和销售额，生产商必须决定分销成本和销售额的最佳匹配，以确定最大利润的方案。

协调性标准 如果生产商采用直接渠道，则可以完全控制销售网络，分销机构及人员必须按照企业要求去进行销售。但若采用间接渠道，中间商可能根据自身的利益诉求把注意力放到客户更感兴趣的其他品牌上。这对它们来说很正常，为了成交、贬低一家，抬高一家的事时有发生。强大的中间商在可以提供强有力的分销支持和目标市场控制的同时，也给生产商的渠道协调和管理带来困难。

◉ 讨论 11-4　　　　　　**品牌服装直营是不是趋势**

对于服装企业来说，大部分品牌在前期开拓市场时，会采取加盟的形式，以利用加盟商的资金获得快速扩张。但在品牌成熟后，考虑到品牌形象提升、品牌整体战略布局，往往会收回代理权。

分析人士认为，从短期来看，最近几年，加盟店仍将是服装企业发展的一种重要模式，特别是对新市场的进入，加盟店是有效节约企业资金、规避经营风险的较好手段。但从长期来看，直营店仍将是服装企业未来发展的主要趋势，因为它可以让企业更好地掌控终端市场，了解消费者的真实需求，提升品牌形

象，符合企业的长期发展战略。直营店减少了加盟商的环节，不需要将一部分利润让渡给加盟商，企业可以从中获取更多的利润，这对于成熟的企业来说是很好的销售模式。

资料来源：张建锋.服装直营是趋势[N/OL].中国经营报，2012-06-25. http://dianzibao.cb.com.cn/html/2012-06/25/content_18577.htm?div=-1.

适应性标准　适应性标准强调选择的渠道方案与产品对渠道的要求是吻合的，是能满足顾客的服务需求的。适应性是渠道方案评估的最重要标准，生产商不能片面地追求低成本或者高控制，必须以适应性为根本，不能满足顾客服务需求的渠道，其低成本高利润只能是一种假象。另外，市场环境的变化通常要求渠道做出相应的调整，过于刚性的渠道结构显然是不利的。在变化迅速、不确定性大的市场上，渠道方案的适应性更为重要。

11.3 中间商

各种中间商是构成分销渠道的主体。在分销渠道结构确定后，需要为每个分销环节、每项分销功能选择和确定中间商。中间商多种多样，而且处于不断发展变化之中，只有了解不同中间商的特性和发展，才能准确地选择中间商。

按照是否拥有产品所有权，中间商可分为经销商和代理商。经销商是先取得产品所有权之后再进行产品出售；而诸如经纪人、生产商代理人和采购代理人等代理商，只是代表委托者进行销售或采购活动，收取一定的佣金，在此过程中任何环节都不拥有产品所有权，买卖合同最终也是由生产商和用户签订。

按照交易批量的大小，中间商可分为零售商和批发商。零售商是那些批量购进、零星售出的商业企业；批发商是大批量购进、小批量售出的商业企业。

当然中间商还包括一些诸如物流公司（包括运输公司、独立仓库和配送公司）和金融机构等辅助商。它们尽管不参与买卖谈判，也不取得产品所有权，但支持产品的交付活动。

11.3.1 零售商

零售是指将产品以单件或小批量直接销售给最终消费者，供其非商业使用的活动。从事零售业务的企业称为**零售商**。零售的形式有网络购物、自动售货和店铺零售。

1. 网络购物

网络购物是指利用一种或多种通信网络媒体将产品销售给用户的零售方式，包括互联网购物、移动互联网购物、电视购物、电话销售和邮购目录销售等。由于电视购物、电话销售和邮购目录销售还必须借助其他手段完成购物，它们终将逐步退出零售领域或者只是少量、局部地存在，并更多地回归为沟通媒体，发挥媒体的信息发布作用。

未来的网络购物主要是指互联网购物和移动互联网购物，尤其是移动互联网购物。虽然目前大多数产品还主要是由实体店铺实现销售，但是近十多年来，互联网购物比店铺零售的发展快得多，在零售中的比例不断上升，成为最主要的零售方式已经为时不远。相对于传统实体店铺零售，互联网购物的优势表现在以下几个方面。

方便快捷　消费者可以利用碎片时间完成购物，不再需要占用整段或整块的时间，也不再需要专程去商店，在时间空间上都非常方便。快递的发展，使网购产品在第二天甚至当天就能送达，随着相关技术的进步，配送还会更快，甚至在实际上超过实体店。

反馈　买方可以对收货、使用等信息进行反馈，发表自己的使用体会和评价，帮助其他购买者提高对产品、品牌、商家的选择效率。这种反馈在传统零售店是很难实现的。

透明　信息不对称现象大规模减少，价格比较、参数比较变得异常方便，用户评价的数量、评分、口碑使卖方利用信息不对称谋取不当利益变得非常困难。

便宜　由于不需要在城市中心设立店铺、不需要大量的用于产品展示的货架空间、不需要大量的现场服务人员，网络零售成本大大低于店铺零售成本，购物价格更低。

产品齐全　由于不需要实际的货架空间来展示产品，而是通过计算机的多媒体手段展示产品，网络商家的产品组合无论在宽度还是在深度方向都几乎可以无限延伸，形成了一些规模巨大的网上商城，为消费者选择、一站式购物带来更多便利。零售的地域限制被无限消除，地方零售巨头的概念将逐步消失。

可靠　互联网购物的反馈对网络商家形成巨大的压力，迫使其守法经营。消费者从来没有像现在这样拥有和卖方平等的话语权。

精准　现在，商家能通过大数据分析更精准地了解顾客行为，例如能够判断是何种信息交流方式使顾客产生了反应行为，并且能够知道顾客反应的具体内容是什么，又如目标顾客是想订货还是要获取更详细的资料，等等；也可以知道消费者当前的位置和状态，从而更有针对性地向其发布促销信息，激发需求并立即付诸实施。

> ⊙ **材料 11-3**　　　　　　　　**零售业的发展趋势**
>
> 伴随着互联网技术、物流技术、经济的发展与顾客需求的个性化，零售业呈现出蓬勃发展的趋势，涌现出众多崭新的零售业态形式，主要体现为以下三点。
>
> （1）网络购物蓬勃发展。可以预见在不久的将来，对于不需要太多支持性服务的产品的零售，网购将成为绝对主力。只有那些需要强力支持服务、现场体验的产品，如专业乐器、高级时装等，或单价较低的日常便利品，实体店才能保留一席之地。
>
> （2）巨型零售增多。中型零售商店正在走下坡路，零售市场日益形成"沙漏"态势。实体零售增长主要集中于最顶尖（奢侈品）和最低端（折扣品、方便品）市场。网络购物也向规模巨大的网上商城和寄生于巨型平台的小商家这种两极分化形式演化。巨型零售商利用先进的信息、物流系统和强大的市场影响力，可以向大众以低价提供良好服务和各种产品，而一些中型零售商，特别是百货公司正面临困境。
>
> （3）主要零售商的全球化经营。家乐福、瑞典的宜家、英国的玛莎百货正在全球扩张，网络购物的海外购更是无可阻挡。零售业的竞争再也不可能仅仅局限于一个区域或者是一国，再也不可能是全球化中的一个特例。

2. 自动售货

自动售货以面向流动消费者为主，主要用于强调即时消费的产品，如香烟、软饮料、冷饮和报纸等。自动售货机可以遍及机场、学校、社区、加油站等众多地方，能够提供24小时的销售服务，但渠道成本昂贵。成本居高不下的原因主要是自动售货机分散、补充货物困难和机器经常遭到破坏。因此，自动售货机销售的产品价格往往要比一般情况下高出15%~20%。

同时，利用自动售货机提供的娱乐活动也越来越丰富，如弹子机、吃角子老虎、投币式自动点唱机和电脑游艺机等。

3. 店铺零售及业态

店铺零售是指在固定的产品展示场所销售产品的零售活动。从事店铺零售的业态主要包括专卖店、专业店、购物中心、百货商店、便利店、超市等。

专卖店　**专卖店**是指只销售某一品牌各种产品的零售商店，所以也称品牌专卖店，如海尔厨卫专卖店、李宁专卖店、海澜之家专卖店、LV旗舰店等。专卖店通过提供和专卖品牌形象相称的购物氛围来表现品牌的特定形象，所以在强调品牌的产品领域，专卖店是其主要零售形式。实际上，专卖店既可能是单独的门店，也可能是百货店、购物中心中的店中店。随着品牌在生活中作用的不断提升，大多数非日用品通过不同形式的专卖店进行销售。

专业店　**专业店**是以专门经营某一类产品为主的零售组织，如药店、琴行、书店、渔具店、鲜花店、家具店等。专业店以产品线长、提供专业服务为特征，经营同一产品类别的多种品牌。适合专业店销售的产品一般都要求提供较高水平的专业服务，如药品、乐器等，或具有特殊性，消费者一般不和其他产品同时购买，如书籍、鲜花、体育用品、家具等。

超市　**超市**是相对规模较大，开架自选售货、集中收款，以满足消费者日常生活需要为主要目标的一种自助式零售业态。根据满足对象的不同，超市还可以分为便利超市、社区超市、综合超市、大型超市。超市主要经营日常生活用品，拥有较宽的产品线，销售的产品大多是定量定价的，不需要计量，也不需讨价还价，不提供或只提供很少的服务。

百货商店　传统**百货商店**经营规模大，产品线较宽，涉及消费者生活的多个方面，实行统一管理、分区销售。20世纪中期以后，随着生活水平的提高与专卖店、专业店和超市等其他零售业态的兴起与发展，在许多国家和地区，百货商店已处在衰退期，产品线收缩，目前主要经营服装、箱包、饰品、化妆品等相对昂贵的、强调品牌的消费品，而且大多采取店中店的品牌专卖店形式。

购物中心　**购物中心**又称联合商店，是一种面向消费者的各种服务业态的大规模联合体。大型购物中心的零售产品包罗万象，几乎涵盖所有消费品，并以相应的专卖店、专业店或超市的形式存乎其中，几乎可以满足消费者的全部购物需求。同时，购物中心还提供儿童教育、休闲娱乐、餐饮等服务。购物中心的出现迎合了现代消费者生活方式的变化，多业态的集合还为联合促销以吸引顾客提供了便利。

> **讨论 11-5　购物中心：生活方式载体**
>
> 几年前，当电商市场呈现一片蓝海时，曾有人担忧线下实体经济遭受重击。然而近几年，众多大商场、城市综合体"惊艳转型"，变"被动"为"主动"，从"艺术品走进商场"到"城中城"，不断引领新时代的消费趋势、消费方式和生活方式。购物中心已不再是简单的"商品售卖"之所，它与当地城市的文化融为一体，成为地标式的存在。
>
> 上海置汇旭辉广场位于6号线北洋泾路站附近，是集高端住宅、精品办公楼、一站式购物中心、生态艺术公园等于一体的城市综合体，融合商业、艺术、文化、娱乐等多元化的丰富业态。它以"生活"为灵感，首次引入区域内精致酒吧街区，在项目规划及建设上打造了全新模式的时尚生活中心。
>
> 资料来源：蔡木兰. 越来越多的购物中心向生活方式载体转型 [EB/OL]. (2017-12-04). https://www.thepaper.cn/newsDetail_forward_1888059.

便利店　**便利店**是指那些设在居民区附近、面积较小、以满足消费者便利性需求为目的的小型商店。便利店营业时间长，主要经营周转率高的便利品，品种范围有限，经营成本较高，因此其销售价格要高一些。消费者主要在此做随时、零星的购买。

仓储会员店　**仓储会员店**以会员制为基础，实行储销一体、批零兼营，以提供有限服务和低价商品为主要特征。仓储会员店主要销售食品、厨房器具、洗涤用品和其他日用品，一般面向小型便利店。由于经营规模大、服务少、设施简陋，因此其成本较低。

11.3.2　批发商

批发是指将实体产品以大批量为单位进行销售的业态。相对于零售以批量进货、单件产品甚至称重的方式销售，批发的主要特征是买进卖出都是大批量的。批发商则是指以批发业务为主的商业企业，实际上则既有批发商兼营零售业务，也有零售商兼营批发业务。

批发商与零售商还有一些其他不同：第一，批发商较少注意气氛和店址，因为其交易对象主要是大批量购买的商业顾客，商业顾客的行为相对理性；第二，批发商的产品组合一般较窄，只经营一类或几类同类产品；第三，批发商以人员推销为主要沟通形式，采取有针对性的个性化人际沟通方式，而不似零售商以大众沟通为主；第四，在有关法律条令和税收方面，政府对于批发商和零售商也是区别对待的。

根据在分销过程中所起的作用及产品是否发生所有权转移，批发商可分为四类：商业批发商、经销商、代理商和经纪商。

商业批发商　商业批发商是最典型的批发商，一般也就简称为批发商，是指那些专门从事消费品批发经营活动的企业。它们大批量买下所经销的产品，取得产品所有权，然后独立自主地小批量售出，批零差价是它们获利的基础。它们独立承担产品滞销的风险，也独享产品溢价的利益。实际上，批发商和零售商、上游批发商或生产商之间有各种利益分配模式，远不是简单地赚取差价。

经销商　经销商一般是指那些经营产业用品（工业原材料、设备等）的中间商，商业批发商有时也被称为经销商。它可以被定义为面向非消费型顾客进行产品销售活动的销售（商业）机构，而批发商在广义上是指非零售商，狭义上即指商业批发商。

代理商　代理商又称商务代理，是指在其行业惯例范围内接受委托人委托，为委托人促成或缔结交易的商业机构。代理商以委托方的名义活动，不取得产品所有权。代理商可以代表买卖双方的任一方，代表卖方的为销售代理商，代表买方的为采购代理商。销售代理商根据代理契约规定销售委托人的产品，在价格、交易条件等方面代表委托人与用户谈判，达成销售协议。采购代理商则代表买主，为其采购产品，甚至为买主收货、验货、储存和送货。代理商的收益方式一般为按最终销售量或销售额收取佣金。

经纪商　经纪商俗称中介，主要功能是向买方或卖方提供交易操作，为买卖双方牵线搭桥，协助完成交易和手续，由委托方付其佣金。在整个交易过程中，经纪商不存货，不卷入财务，不承担风险。最常见的经纪商是保险经纪人、不动产经纪人（房产中介）和证券经纪人。证券经纪人的存在是由证券交易必须通过会员才能进行操作的特殊性决定的，在其他领域，随着信息化的发展，仅仅基于信息的中介服务将越来越少。

另外，在某些特定的经济领域，也存在一些特殊的批发商，如农产品集货商。该类批发商从农民处收购农产品，然后化零为整，运销给食品加工企业或政府，通过整车运送和地区差价赚取利润。

11.3.3　互联网分销商

所谓**互联网分销商**，是指那些通过互联网从事分销业务的企业。由于不再受服务半径的限制，在互联网分销网络中，中间环节一般只有一个，分销层次大幅度减少了。与此同时，具有一定规模的互联网分销商一般都既直接向用户销售产品，也向其他中小互联网分销商提供平台服务，允许它们通过自己的网站（App）销售产品，其经营方式更加灵活。除了专业的分销商，许多非分销机构也纷纷围绕自己的核心业务进入分销行业，如银行积分商城。根据分销商之间的关系，从目前的发展情况看，互联网分销商可分为互联网独立分销商、互联网分销平台和线上线下融合三种类型，每种又包含三种子类型，如图11-7所示。

1. 互联网独立分销商

互联网独立分销商是指那些在互联网上独立销售产品和服务的企业，这类分销商包括专业分销商、综合分销商和非专业分销商三类。

互联网专业分销商　互联网专业分销商是指那些在互联网上销售某一类或几类相关产品和服务的互联网企业。互联网专业分销商类似于传统的专业商店或专业批发商，它们的产品组合宽度较窄，产品线长度较长。几乎所有的互联网分销商都是从某一领域的销售（即专业分销）开始的，如最早的当当从图书销售起步，凡客诚品、唯品会则起步于中低端服装销售，它们的起步早于那些现在声名显赫的综合专业分销商和综合平台，并且在早期都获得了相当大的成功。

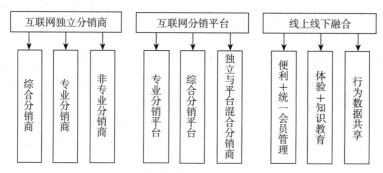

图 11-7　互联网分销商图谱

互联网综合分销商　互联网综合分销商是指那些在互联网上销售全品类产品和服务的互联网企业。互联网综合分销商类似于传统的百货商店，它们的产品组合宽度非常宽。但传统百货商店产品线长度较短，互联网综合分销商的产品线长度很长。由于互联网综合分销商在产品线长度上并不输于互联网专业分销商，消费者网上购物又是一种碎片化购物，所以互联网专业分销商失去了传统专业分销商较长的产品线长度、更为优秀的专业服务等方面的优势。目前，互联网综合分销商，如京东、苏宁易购等的发展趋势远远超过了互联网专业分销商。

■ **案例 11-5**　　　　　　　　　　**当当沉浮**

2010 年 12 月 8 日，当当正式在纽约证券交易所上市，IPO 当天股价就从 13.91 美元 / 股翻番到 29.91 美元 / 股，市值高达 23 亿美元，李国庆夫妻两人的事业在此刻达到了顶峰。

然而，当当 IPO 后并没有不断加固自己的护城河，尽管其在图书领域一直遥遥领先，但是在其他的品类拓展上，并未取得实质发展。在那几年，淘宝、京东甚至亚马逊都在拼命做规模。随之而来的则是各平台之间的价格战和市场份额争抢。"当当长期以来一直把自己当成一个简单的网上书店，既没有进行纵向业务生根，也没有横向业务扩张，直到 2010 年上市，当当仍然是一家以卖书为主业，以低价为唯一竞争手段的网上书店。"一位离职的前当当高管表示。

艾瑞统计数据显示，在 2010～2013 年这三年间，当当的线上图书占有率已经从巅峰时期的 50% 下降到了不到 30%，更为严重的是，在市场份额不断下滑的同时，当当陷入连续亏损的境地。2015 年 7 月，业绩糟糕、股价不断下跌的当当选择正式从纽约证券交易所退市。此后的两年多时间里，中国的电商市场已听不到当当的声音。

2018 年 4 月 11 日晚，海航系上市公司天海投资发布公告称，初步作价 75 亿元收购北京当当 100% 股权及当当科文 100% 股权。由此，当当 15 年的电商创业史画上了句号。

资料来源：改编自董洁 . 黄粱一夜电商梦 [EB/OL]. (2018-03-13). https://awtmt.com/articles/3250084?from=wscn.

互联网非专业分销商 互联网非专业分销商是指那些并非以通过互联网进行分销为主要业务的企业。越来越多的互联网企业、传统企业似乎都对互联网分销感兴趣,通过各种途径、以各种方式将触角伸向互联网分销,抢食这块大蛋糕。这一现象主要基于以下两个方面:一是充分利用自己的流量优势,希望将流量直接变现以实现盈利,这主要是一些拥有大量用户的社会化媒体、门户网站或搜索服务等,如网易严选;二是围绕自己传统核心业务的业务延伸,如顺丰优选,也包括制造商的网上商城,如全球大型清洗设备制造商德国卡赫(Kärcher)。

当然,分销商的专业与非专业是相对的,不管原来的主营业务是什么,当分销业务只是主营业务的配角,只是为了提高主营业务资源的利用效率时,分销就是非专业的;而当分销业务已不仅仅是主营业务的附属时,分销也就是专业的了。

2. 互联网分销平台

互联网分销平台是指那些在互联网上提供产品或零售服务的企业,它们自己不销售产品或服务,而是提供那些在互联网上开展零售活动所需要的建立网上商店、结算等服务,更为重要的是吸引顾客访问,为入驻平台的中小型分销商提供基本流量,如淘宝、饿了么等。一个好的互联网分销平台的影响力远远超过了一个繁华城市的商业中心区。

相对于开设一家实体店的费用,在互联网分销平台开设一家网店的费用几乎是0,这为那些没有足够的能力独立建立销售网站、吸引流量的中小分销商提供了创业机会,甚至成为许多在校大学生创业的首选或实践课堂。互联网分销平台包括专业分销平台、综合分销平台和独立与平台混合分销商三类。

互联网专业分销平台 互联网专业分销平台是指那些在互联网上为销售某一类或几类相关产品和服务提供互联网零售服务的互联网企业。互联网专业分销平台类似于传统的专业商圈或市场,如北京中关村电子一条街、海宁皮鞋城等,它们的产品组合宽度较窄,产品线长度较长。传统的专业商圈或市场通常以批发业务为主,面向中小型制造企业或零售商,零售只是它们的兼营业务。互联网专业分销平台则既有面向制造商或批发商、以生产资料供应为主的,也有面向消费者、以生活用品或服务销售为主的,如专注母婴用品的贝贝、专注旅游的携程、专注美食的大众点评等。

从互联网分销平台的发展看,也是专业分销平台先于综合分销平台,携程、艺龙是最早通过互联网分销旅游及相关产品的,从车票、飞机票到酒店、景点门票、旅游线路等。在那些旅游资源相对紧张或信息不对称的年代,这些旅游及相关产品的互联网销售为广大旅游者、公务旅行者带来了极大的方便,也成就了这些互联网专业分销平台的早期辉煌。

互联网综合分销平台 互联网综合分销平台是指那些在互联网上提供全品类产品和服务的互联网销售服务的互联网企业。互联网综合分销平台类似于传统的城市商业中心。在这个平台上,许多各种各样的独立分销商在有限的统一规则下独立地销售各自的产品和服务。由于入驻商户包罗万象,平台的产品组合非常宽,几乎无所不包,并且产品线的长度也非常长。

和互联网专业分销平台几乎涉及所有分销领域不同，互联网综合分销平台集中于消费品领域和通用工业品批发领域，前者如淘宝、拼多多等，后者如工品汇、中国制造网等。

类似于互联网专业分销商的发展先于综合分销商，目前落后于综合分销商，互联网专业分销平台和综合分销平台也走过了相似的发展过程。无论是衡量当前规模的是销售额、月度活跃用户规模，还是衡量发展势头的活跃用户环比增幅，综合分销平台都远远超过了专业分销平台。这同样是综合分销平台在产品组合的宽度和长度两个方向上都优于专业分销平台的必然结果。

独立与平台混合分销商　既然独立综合分销商优于独立专业分销商，综合分销平台优于专业分销平台，那么，独立综合分销商就会自然而然地向平台方向延伸，即依托现有庞大的客户流量吸引中小微商户入驻，同台竞争。如京东、苏宁易购等互联网独立分销商，现在不仅仅自己销售各种产品和服务（所谓自营），也吸引中小商户入驻，成为平台，消费者输入一个产品搜索，结果不仅有自营的，也包括各入驻商户分销的。不只大规模独立分销商吸引中小微商户入驻而向平台延伸，大规模的互联网独立分销商也进驻大规模的互联网综合分销平台，即既有大小相互结合、取暖，也有大大相互结合、取暖，如苏宁易购官方旗舰店进驻天猫商城、唯品会入驻京东，独立分销与平台分销混合的趋势十分明显。

■ **案例 11-6**　　　　　**电商巨头"闪婚"，谋求超越价格战**

2015年8月17日，苏宁易购官方旗舰店正式进驻天猫商城，苏宁易购的会员们收到了"结婚请柬"，被邀参加"喜宴"。这意味着苏宁与阿里巴巴对外宣布相互参股后，双方第一个实质性携手的动作落地。苏宁易购在零点上线后，天猫在其首页醒目的banner图以及搜索框右边栏位置为苏宁易购打出了广告。苏宁易购天猫旗舰店，经营的主要品类为家电、3C、美妆、母婴和超市。

几家电商巨头以往经常厮杀得天昏地暗，如今却"闪婚"，而电商与传统超市这对"冤家"也频频携手。当多家网络媒体和自媒体用"阿里苏宁闪婚，京东哭昏"之类的标题夺人眼球时，不要忘记日前京东刚刚宣布入股永辉超市。

资料来源：苏宁易购官方旗舰店昨正式进驻天猫商城　电商巨头"闪婚"，谋求超越价格战[EB/OL]. (2015-08-18). http://jsnews2.jschina.com.cn/system/2015/08/18/025956937.shtml.

3. 线上线下融合

在电子商务发展早期，互联网分销商几乎是清一色的纯互联网企业，创业者也大都没有太多的分销领域经历，传统分销商错过了电子商务的第一班车。现在，许多传统分销商正在努力拥抱互联网，建立互联网销售网站（App），加入了互联网分销商的行列。虽然互联网零售的增速远远高于传统零售业，但我国巨大的消费市场及增长容纳了互联网零售和传统零售的平行发展。

消费者对不同消费品不同的购买模式或习惯决定了互联网零售和实体零售有不同的适应领域。虽然随着互联网技术的不断发展和配送效率的不断提高，互联网的购物体验越来越接近甚至在某些方面超越实体店，适用范围越来越宽，但实体零售在某些方面依然继续保持优势，线上线下在分工的基础上融合是未来零售业的发展趋势之一。从目前来看，这种融合主要有"便利+统一会员管理""体验+知识教育"和"行为数据共享"三种形式。

便利+统一会员管理 这种形式将线下广泛分布的便利店和线上统一的会员管理结合起来，便利店满足了即时消费、即时购买的需求，线上统一的会员管理提高了产品选择、支付的效率，连锁化经营提高了便利店的技术，改善了小店的环境，降低了小店的货品成本，增加了小店信誉，在效率（速度）大幅度提高的同时，成本也下降了。

体验+知识教育 一个好的实体店给予消费者的不仅是购物体验，还有一定程度的消费体验，如在沙发上坐一坐、跷一跷腿，静静地欣赏一下环绕的音乐，而这一切至少在目前都是互联网零售难以企及的。所以，对体验要求高、卷入度高的产品，如高端乐器、高端音响、高级时装、轿车和奢侈品等，实体店依然保持着某些优势。这些高端产品背后大都隐藏着一定的专业知识或品牌故事。受制于场地条件、人员的专业性，实体店在产品样品展示、专业知识普及、品牌故事渲染，以及在此基础上的品牌、产品规格比较服务等方面则远不及互联网零售。因此，在线上获得必要的产品专业知识或品牌故事以建立产品、品牌比较的基础知识和技能，完成基本的品牌、产品规格选择，最后在实体店预约体验进行验证，最终决定是否购买才能保证消费者获得完美体验。与此同时，实体店只要展示有限样品即可实现全产品销售，既弥补了有限样品的劣势，又降低了样品的资金占用。

行为数据共享 对顾客的了解和理解，进而采取有针对性的营销策略才是制胜之本。互联网零售对顾客行为的跟踪、记录、分析和管理是传统零售商难以企及的，不管是哪种线上线下融合，背后都是顾客行为数据的共享。便利小店提供的不仅是便利，记录的不仅是购买时间、地点和周期，还提供了顾客的消费时机、地点和数量，而这是购买和消费分离的互联网零售无法做到的。顾客在实体店中的购买体验、模拟消费体验中的情感变化也不是互联网零售能够跟踪和记录的。顾客行为数据共享是零售商提供更为精准服务的基础。

> ⊙ 讨论 11-6　　　　　　　　　**实体店为啥回暖了**
>
> 　　从几年前的"线下线上冰火两重天"，到如今趋于"线上线下比翼齐飞"，我国零售业何以出现这样的转变？在更好地满足消费升级需求中，中国零售业又会铺展怎样的图景？
> 　　线上线下价格差距缩小，是消费回归的首要因素。春节临近，北京某外企员工蔡威想添置点新物件，挑来选去看中一款最近流行的戴森吹风机。蔡威先到网上查，发现该吹风机的价格为 2 900 多元，但需要预约，一时半会儿收不到货。他又来到单位附近的一家电器商场，没想到价格比网上便宜几十元，还能当场取货。"以前我总觉得，实体店比网

> 上贵。现在商场和网上价格差不多了，我愿意到商场买，毕竟可以面对面交易，心里踏实。"蔡威说。
>
> 业内人士认为，2017年被唱响的新零售本质上是以互联网为依托，通过运用大数据、云计算、物联网、人工智能等技术手段，将线上、线下以及物流打通，对商品的生产、流通、展示、销售、售后等全过程进行升级。"这不仅是中国流通提速增效的好路径，也是对未来零售生态与世界零售格局的重塑。"
>
> 如果把2017年称作未来零售的元年，2018年就是未来零售的深化年，还会有更多值得期待的新项目、新概念快速落地，集中爆发。在互联网赋能线下、线上线下融合的大背景下，线下业态必将再次迎来洗牌发展的机会。
>
> 资料来源：王珂. 实体店为啥回暖了？[EB/OL]. (2018-01-29). http://finance.people.com.cn/n1/2018/0129/c1004-29791440.html.

4. 互联网分销系统的变化趋势

随着互联网技术、物流技术、沟通技术的不断进步，人们市场行为的变化，互联网分销系统的变化趋势主要表现为扁平化，直销、独立分销商和平台分销商混合，标准化，全球化四个方面。

扁平化　随着大型制造商尤其是手机制造商的努力，借助品牌商城客户端预装且不可删除的优势，手机很有可能成为直接销售，即手机品牌制造商将手机直接销售给消费者的突破口，虽然不会改变整体的互联网分销为单一环节分销的格局，但毕竟增加了制造商面向消费者直接销售这一分销模式，互联网分销网络进一步扁平化。

直销、独立分销商和平台分销商混合　未来的互联网分销既不会演变为直销的一统天下，也不会是平台分销商的一统天下，或是独立分销商的一统天下，而是直销、独立分销商和平台分销商混合占据分销主导地位。也就是说，既有制造商商城的直销，也有大型独立分销商吸引中小微商户和制造商商城入驻向平台延伸，以进一步扩展产品组合并提高流量。平台在汇集大量的中小微商户的同时也吸引大型独立分销商和制造商商城入驻，借助大型独立分销商和制造商的信誉来提高平台的信誉。

标准化　标准化是指分销系统中的制造商、分销商、分销平台、辅助商相互之间的分销关系，即责权利的界定趋向标准化。这既是由于互联网的公开和透明，更是因为制造商面对的是一个拥有众多平行分销商的互联网分销系统，制造商不可能再像以往一样一对一地去谈判、协商以确定分销商，而只能制定统一的、标准的分销政策进行招商，以构建互联网分销系统。标准化的分销系统导致两个结果。一是分销成员之间的关系更紧密、稳定和规范了，稳定、紧密并且规范的关系提高了整个分销系统的快速反应能力，减少了对顾客需求的响应时间。二是分销冲突有效减少。这是由于产业客户现在也可以在全球范围内选择分销商，逐步占据选择的主导地位，用户冲突由此成为客户选择而不再是分销商之间的冲突。随着用户冲突的减少及成员关系的紧密化和规范化，其他冲突发生的可能性和程度也随之大幅度下降。

全球化 几乎所有的大型分销商、分销平台都在向全球化拓展，海外购就是这一趋势的开始，这是由互联网分销的无限半径所推动的。大型互联网独立分销商、分销平台在全球范围内建设物流、配送体系是互联网分销的必然结果，正如其在国内的发展一样，先是单纯的互联网分销，最后走向自建物流、配送系统，全球化只会使这种规模优势更加明显。

■ **案例 11-7**　　　　　　**阿里巴巴全球化：1.5 亿名海外活跃买家**

2018 年 9 月 12 日，阿里巴巴全球速卖通战略发布会在杭州召开。继 2017 年 4 月买家数突破 1 亿名大关后，全球速卖通在一年时间内新增 5 000 万名用户，累计成交用户已突破 1.5 亿名，全球范围内每月访问全球速卖通的消费者超过 2 亿名。

作为阿里巴巴旗下面向全球市场的 B2C 电商平台，全球速卖通已覆盖全球 220 多个国家和地区，已开通 18 个语种站点，在全球 100 多个国家的购物类 App 下载量中排名前列，是唯一覆盖"一带一路"全部国家和地区的跨境出口 B2C 零售平台。

马云曾在 2015 年提出："未来十年海外市场要占到阿里巴巴收入的一半。" 2018 财年，得益于东南亚电商平台 Lazada 和全球零售市场平台全球速卖通的强劲增长，阿里巴巴海外零售业务收入同比增长 94%；2019 财年，海外零售和批发业务已经为阿里巴巴创造 277.25 亿元营收。

全球速卖通不仅帮助中国卖家"卖全球"，海外企业也能在全球速卖通上实现"卖全球"。2019 年 1 月，土耳其店铺 Trendyol 开业头三日，就把土耳其的商品卖到了全球 90 个国家。

资料来源：刘卓然. 阿里巴巴速卖通公布 2018 年成绩单：海外买家破 1.5 亿，还有这些机会 [EB/OL]. (2018-09-13). http://www.sohu.com/a/253635251_114930.

11.4 渠道管理

渠道建立后，生产商必须对渠道整体及成员进行日常管理、监督、指导，实施激励和控制，了解成员的不同需要，化解冲突，并要随着时间的变化对渠道进行调整，以保证渠道的稳定运行与良好发展。这些任务也构成了渠道管理的主要内容。

11.4.1 激励与协调

对渠道成员的激励是为了促进渠道成员将更多的资源投入自己的品牌；协调的目的是保证各渠道成员在价格、服务、推荐等各方面的一致性。很明显，这种一致性的要求从分销商的角度看是禁止其提供差异化服务，限制其竞争能力。

1. 激励渠道成员

渠道成员激励是指生产商为促进渠道成员努力完成分销目标而采取的各种措施及组合。激励实施不仅是渠道管理的重要组成部分，更是生产商实现渠道管理目标的重要手段之一。

渠道成员往往同时经营多个相互竞争的品牌，生产商总是希望自己的品牌对渠道成员是最重要的，但渠道成员未必这么看，它们对各品牌在其产品组合中的角色和目标自有理解，并据此分配资源。为调动渠道成员将更多的资源投向自己的品牌，生产商通常需要运用各种力量来激励渠道成员。图11-8归纳了可运用的主要激励力量。

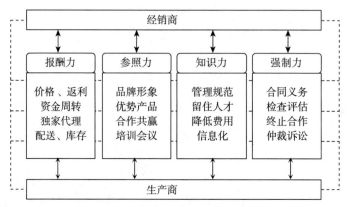

图11-8 生产商对经销商的激励力量

报酬力 向渠道成员直接或间接地提供附加价值是渠道成员积极合作的基本点。直接利益包括价格优惠和销售返利等，间接价值包括资金周转的支持、授予独家代理权、提供配送和库存服务、共同开展促销活动等。报酬力是激励渠道成员最有效的手段，但会增加渠道成本，并导致越来越多的渠道成员索取越来越多的报酬。

参照力 这是指生产商要努力使渠道成员感觉到与其合作是光荣的，能够提升自己的市场影响力。参照力的实现要求生产商拥有一个被充分认可的远景理念、良好的品牌形象和较高的市场知名度。

知识力 生产商应提供渠道成员认为有价值的技术、知识与信息，如帮助经销商规范管理、留住人才、降低费用、提高效率、建立信息化平台等，并通过对这些内容的不断发展与更新，使渠道成员愿意继续与之合作，以提升内在素质与能力。

强制力 如果渠道成员不合作，生产商可以采取终止合作等威胁手段对其施加压力，甚至依据合同载明的规定或从属关系，要求渠道成员有所作为或有所不为。强制力对一些规模较小的渠道成员较为有效，但也会刺激渠道成员以粗暴的方式予以对抗。

生产商只有站在双赢的战略角度上，将渠道成员视为长期的合作伙伴，立足共同利益，建立长期利益，才能保证渠道策略的正确执行。

2. 协调渠道成员

生产商应与渠道成员一起致力于满足顾客需求，但渠道成员对各自在渠道中的定位、领域、职能、利益和具体目标的理解上总是存在差异，独立性又使它们可以按自己的理解采取行动，这是任何一个企业的基本生存之道。生产商也只能通过协调来促使渠道成员认真贯彻价格政策和销售政策，保持品牌行为在时间和空间上的一致性、连续性及协调性，并且尽量降低渠道运行的成本。

首先，树立顾客满意为渠道合作目标。渠道协调的首要原则是使所有渠道成员都致力于提高顾客满意度，以寻求顾客满意为基础，而不是把渠道成员的利润要求置于顾客的功能需求之上。顾客满意才是生产商和渠道成员生存、获取利润并获得长远发展的根本。值得注意的是，这里的顾客满意度是整体顾客满意度，而不仅仅是某个分销商的顾客满意度。另外，协调渠道成员并不是要使各渠道成员听命于生产商，而是保证共同渠道政策得到良好实施，达到渠道全体成员的共赢并建立伙伴关系。

其次，建立并关注渠道成员绩效及运行评价体系。合理的绩效及运行评价体系既能有效反映分销商的绩效，也能清楚表明绩效的成因，及时发现问题。通过对各项运行和绩效指标的关注、分享和分析，生产商很容易找到造成绩效波动的原因，进而采取有效的应对措施。

最后，规范沟通与交流。沟通是协调的基础，只有在沟通、信息分享的基础上才能发现问题，进而采取措施加以解决。交流经验是提高绩效的有效途径，绩效的提高可以增进成员之间的沟通与交流，从而带来更好的沟通与交流效果。生产商与渠道成员、渠道成员之间需要建立规范的信息交换、经验交流机制，并在分销过程中加以实施。

11.4.2 冲突及解决

具有自主经营权的各渠道成员追求自身市场最大化和经济利益最大化的结果必然导致成员之间的冲突。随着各中间商的成长，目标市场拓展的逻辑结果就是各中间商市场区域的逐步交叉、重合，而一定整体利益在成员之间的分配必然是此消彼长的。所以，成员间的合作是一方面，竞争是另一方面，冲突是渠道的常态，冲突的实质是利益冲突。渠道管理的重要任务之一就是预防、及时发现并解决**渠道冲突**。

1. 冲突类型

垂直冲突 **垂直冲突**是指上下游渠道环节之间所发生的冲突。这种冲突可以发生在生产商与经销商之间，也可能发生在上下游经销商之间，主要表现为渠道成员之间在职能承担上的互相推诿，在利益分配上的互不相让。

水平冲突 **水平冲突**是指发生于同一渠道环节的成员之间的冲突，尤其当渠道成员的销售区域存在重叠时更容易发生。对于生产商来说，批发商之间的水平冲突理论上可以通过严格的市场划分予以解决，而零售商之间为了争夺零散顾客一般不被视为冲突。

新旧冲突 **新旧冲突**是指发生在旧渠道模式和新渠道模式之间的冲突。这是当前互联网不断创新渠道模式所引发的新冲突类型。这是由新进入者往往试图通过创新进入一个传统行业，而传统行业现有企业却认为现有模式并没有什么问题所导致的。

> **■ 案例 11-8　　　　　宝沃：新旧渠道冲突**
>
> 　　宝沃汽车在2019年伊始突然陷入了内讧的风波，缘由就是如今在各行各业日益火爆的销售模式——新零售。新零售，让宝沃众多4S店经销商集体"反叛"。
>
> 　　2019年1月，神州优车联合宝沃汽车推出汽车新零售平台，承诺通过产销分离使经销商做到零库存，全面降低经销商的库存压力，这也是只需要50平方米就可以开店的原因。
>
> 　　但在神州优车发布的最新招商政策中，原宝沃承诺"一城多店一伙伴"的政策完全取消，改成了最新的招商政策"千城万店"，这也意味着原先经销商的城市垄断优势将不复存在，一个城市将出现多个宝沃4S店。此前开店的经销商巨大的投入成为无用功，从而引发原本宝沃经销商的集体怒火。
>
> 　　资料来源：宝沃内讧：神州力推新零售 引发经销商集体"反叛"[EB/OL]. (2019-03-14). https://baijiahao.baidu.com/s?id=1627941452540362760&wfr=spider&for=pc6.

2. 冲突表现

渠道成员之间的冲突主要表现为以下几个方面。

用户冲突　这种现象在产业市场和中间商市场上比较多见。大客户会绕过中间商直接向生产商购买，生产商也会避开中间商直接向大客户销售，造成生产商与中间商争夺客户。上下游经销商之间、同层经销商之间也会互相争夺客户。这是最主要和最难以解决的冲突。这种冲突在消费者市场比比皆是，各零售商都各尽所能地吸引消费者，人们并未视其为一种冲突，这是由消费者在选择零售商时处于主动地位所决定的。

价格冲突　生产商经常会抱怨渠道成员擅自提高或降低产品销售价格，从而影响其产品的形象与定位，渠道成员则会抱怨生产商给予的折扣过低而无利可图，或价格过高阻碍销售。

促销冲突　渠道成员经常认为促销是生产商的事，与己无关。即使是促销，二者的目的也不尽相同，生产商一般关心用户来购买自己的产品，在哪里买是次要的；渠道成员则关心用户到自己这里购买，不关心买的是谁生产的产品。

存货冲突　所有渠道成员为了自身的经济效益，都希望把存货水平控制到最低，把存货风险转嫁给上下游，而其上下游同样不愿意过多承担存货风险。

结算冲突　上游成员希望下游成员先付款后拿货，下游成员的想法则恰恰相反。

服务冲突　渠道成员不能按生产商的要求或契约规定的标准为顾客提供服务，从而给生产商造成品牌形象及名誉上的损失。

产品冲突　渠道成员并不只销售一家生产商的产品，从而引发渠道成员在不同厂家产品上的营销资源分配问题，造成生产商与其的冲突。

信息冲突　出于自身利益的考虑，渠道成员会向生产商提供一些对自己有利的信息，封锁对自己不利的信息，以掩盖自己销售不力的责任；同时，渠道成员也会经常抱怨生产商不重视他们的意见,不能及时改进产品或者销售政策。

3.解决机制

渠道冲突应当通过双方的共同努力和相互理解予以解决。通常有三种解决机制可供渠道成员选择,如图 11-9 所示。

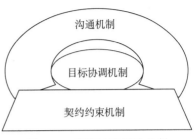

图 11-9　渠道冲突解决机制

契约约束机制　通过建立明确的契约关系,详细规定双方的权利义务,可以在一定程度上求得生产商、渠道成员和顾客在供货价格、促销、资金结算等方面的一致性,避免冲突的发生。在渠道冲突发生时,也可以按照契约规定的条款追究各自应该承担的责任。

目标协调机制　目标协调机制则通过协调渠道成员之间目标不一致的行为,使整个渠道系统目标趋于一致。例如推行代理制,使渠道成员的收益来源由赚取价差转变为赚取佣金,以消除价格矛盾;或通过渠道的纵向一体化使渠道成员成为以资本为纽带的利益共同体,使渠道的系统目标一致。

沟通机制　沟通机制是指通过渠道成员之间的相互沟通来解决由于认识或者观念上的不一致导致的渠道冲突。具体措施包括建立信息沟通的制度化、进行必要的人员交流(如经验交流会、年会、互换员工、成立沟通委员会等)等。

若渠道冲突是长期的或是比较尖锐的,无法通过协商、说服等沟通方式达成谅解,则需要引入第三方的调解、仲裁、诉讼等方式来解决。

11.4.3　渠道调整

虽然渠道是一种相对稳定的外部结构,但新的销售方式、新的渠道类型的产生、顾客行为方式的变化都有可能导致原有的渠道系统不再适应,生产商需要及时进行渠道调整。

1.分销系统的变化趋势

随着现代物流技术和沟通技术的不断进步、人们市场行为的变化,渠道系统的主要变化趋势是互联网化、扁平化、紧密化和冲突减少。

渠道系统互联网化　这是指互联网、移动互联网正逐渐成为渠道分销的主要活动空间,基于互联网、移动互联网的中间商(简称电商)也逐步成为分销活动的主力。从广度上看,互联网、移动互联网向分销活动的全领域蔓延,早就不再局限于商业信息的传播、收集和整理,沟通、谈判、订单确认和跟踪、支付、反馈都可以在互联网、移动互联网上完成,不仅是消费品通过互联网、移动互联网完成交易,产业用品的互联网、移动互联网的交易比例也在上升。从比例上看,电商的市场份额迅速提高,传统分销企业也正逐步将业务通过互联网、移动互联网来完成,进化为电商。

> **案例 11-9   从"苏宁电器"到"苏宁云商"的华丽转身**
>
> 2013年3月13日,"苏宁电器"正式宣布更名为"苏宁云商",宣布开始进行线上线下渠道融合的"店商+电商+零售服务商"模式。
>
> 回顾最近几年来的历程,苏宁在董事长张近东的带领下,正在描绘一幅互联网蓝图。自2008年苏宁于巅峰之时开启互联网转型,到2010年上线苏宁易购,再到2013年率先提出O2O模式。在近六年的转型发展中,苏宁对互联网零售的O2O融合进行了大胆而富有成效的探索。为迎合互联网"无边界"的特性,苏宁云商通过"去电器化、全品类",开拓了企业视野,打破限制传统企业发展的"天花板"。2014年,苏宁发力超市、母婴两大互联网零售市场,接着启动线上线下同价策略,提出开放平台战略,进入互联网金融领域。拿下虚拟运营商牌照,收购PPTV,从这些都可以看出在行业动荡之际,苏宁转型的坚定决心。
>
> 张近东用"一体、两翼、三云、四端"八个字概括了苏宁互联网转型的经验。"一体"就是以互联网零售为主体,"两翼"就是打造O2O的全渠道经营模式和线上线下的开放平台,"三云"就是把零售企业的"商品、信息和资金"这三大核心资源社会化、市场化,"四端"就是融合布局POS端、PC端、移动端、电视端。
>
> 资料来源:毕磊. 苏宁华丽转身:张近东演绎"互联网+"[EB/OL]. (2015-03-13). http://homea.people.com.cn/n/2015/0313/c41390-26687447.html.

渠道系统扁平化　这是指渠道的环节趋于减少。这是由互联网、移动互联网、现代交通所规定的,任何一个电商可覆盖的市场范围现在都是全球化的,即使传统中间商,也由于现代交通、通信的发达,其可覆盖的市场半径大大拓展了,因而再也不需要通过多个层级来实现大范围的市场覆盖,环节由此必然趋于减少。

成员关系紧密化　不管是上下游的经销商之间,还是经销商和辅助商之间,关系都比以前更紧密、稳定和规范了。因为只有稳定、紧密并且规范的关系才能使整个分销系统做出快速反应,减少对顾客需求的响应时间。你根本无法想象每笔交易都要全面谈判,每次发货都要重新找物流商,每次支付都要比较哪种支付方式更为合理等场景。

冲突减少　同时,由于产业客户现在也可以在全球范围内选择经销商,逐步占据选择的主导地位,用户冲突由此成为客户选择而不再是经销商之间的冲突。随着用户冲突的减少及成员关系的紧密化和规范化,其他冲突发生的可能性和程度也随之大幅度下降。

2. 调整中间商数目

调整中间商数目是针对选择性分销而言的,是指增加或减少某一环节所采用的中间商数量,不改变选择性分销的性质。

生产商采取该方式进行渠道调整时,既要考虑由于增减某个渠道成员对企业盈利方面的直接影响,更要考虑由此引发的其他成员的反应。比如增加某区域经销商时,可能会引起该区域内原有经销商的反对和抵制。因此,生产商在某一地域范围内增减渠道成员时，必须要做到统筹兼顾，在做好直接的增（减）量分析同时，还应该考虑到渠道调整的间接影响。

通常，随着时间的推移，大多数经销商的经销范围会自然而然地越过最初划定的市场区域，导致市场交叉重叠的现象越来越严重。这时，生产商要么和中间商一起扩大每个区域市场的目标顾客，或提升原有顾客的单位需求量，扩大总需求满足经销商的发展，要么和经销商一起开拓新的区域市场，缓解在原有市场区域的冲突。

当无法再以扩大市场来满足经销商的发展时，生产商就只能减少经销商的数量，对剩下的经销商重新划分定销区域，缓解冲突。

只有在需要开拓新的细分市场或现有经销商能力不足以覆盖现有目标市场时，生产商才考虑增加经销商。

3. 调整渠道类型

调整渠道类型包括四种情况：一是调整渠道长度，即调整渠道环节层次，如变三级渠道为二级渠道，甚至直销；二是变更成员密度，如变密集分销为选择分销，选择分销为独家分销；三是变更成员关系，如变加盟为直营，变经销为代理等；四是更换活动空间，即从传统物理空间向互联网、移动互联网空间拓展。

在很多情况下，仅仅依赖增减渠道成员是不够的，市场环境的变化或者现代科技的发展要求生产商变更渠道结构，拓展或削减渠道类型，采取混合渠道模式。如生产商原来是通过代理模式进行分销，现在开始通过开设自营店来拓展市场。又如随着网络技术的发展，许多借助传统渠道分销产品的生产商也开始借助网络平台直接进行销售。

4. 全面调整

全面调整就是既调整中间商数目，又调整渠道类型。当生产商自身条件或外部条件发生激烈变动且原有的渠道结构与模式已经制约企业发展时，生产商就有必要做出根本的、实质性的渠道全面调整。这种调整涉及面广，影响大，执行困难。如安利公司在刚进入中国时采用的是多层次传销模式，在遇到法律障碍后，将其渠道模式调整为店铺零售与直销相结合的渠道模式。

⊙ 材料 11-4　　　　　　　　**酒业巨头渠道巨变来袭**

高端格局日益稳固、次高端较量日趋激烈，在这一形势下，渠道变革似乎开始成为众多酒企 2019 年新的发力点。

茅台主推渠道扁平化　改变原有层次代理制度，砍掉 400 家传统经销商；加大直营、直销投放，与大型商超、知名电商合作；扩大国内重点城市机场、高铁经销点。

五粮液裂变营销战区　以省为基础，将原 7 大区域营销中心裂变为 21 个营销战区，从大商制向小商与专卖店转型，下沉销售网络至县，布局空白网点。

洋河主动控货　业内公认重视渠道的洋河则主动放缓增速，对海、天、梦等主导产

> 品实行全面控货、去库存、理价格、提升厂商干系，重塑经销商信心与积极性。
>
> **今世缘全渠道网络建设** 由"1+1"深度协销模式向"经销商+直销+线上销售"模式转变，加大对商超系统、重点团购单位的直销，与喜庆家微信商城、电商主流平台深入合作，建设"1+5+新零售"渠道网络。
>
> **水井坊"另类"渠道变革** 高频次宴席、高规格品鉴会和核心门店是水井坊全国化扩张的利器。

本章小结

1. 渠道是指促进产品或服务顺利地从生产者传递至最终用户所经过的，由企业内部销售部门和企业外部代理商、批发商和辅助商等一系列相互独立的组织所构成的产品销售和服务网络。除了促成交易，渠道还承担着谈判与交易、信息与反馈、融资、风险承担、技术服务和支付等多项功能。
2. 渠道的本质是合竞，即合作和竞争共存。合作是因为整体利益大小取决于渠道各方合作的深度和顺畅，但利益的分配终究是此消彼长，竞争（冲突）无可避免。冲突是愈演愈烈还是逐渐化解取决于各方之间的协调，所以协调是渠道管理的核心。
3. 利用中间商的主要理由来自四个方面：一是大多数产品必须通过中间商分销，直销在经济上是不合理的；二是大多数生产者没有能力建立完全属于自己的渠道；三是与建立自有渠道相比，专注核心业务的效益更高；四是中间商凭借自身优势，可创造和扩大市场。
4. 目标顾客对渠道的服务需求包括批量、等待时间、空间便利、产品组合和服务支持等。除此以外，产品、环境、竞争和资源也制约着生产商的渠道设计。
5. 渠道长度是指产品在流通过程中所经历的中间环节的多少（即渠道层次）。渠道长度主要取决于用户规模、用户集中度和产品通用性、技术复杂性。渠道长度选择的基本原则是尽可能短。
6. 独家分销、密集分销和选择分销是三种基本的渠道宽度方案，宽度主要取决于顾客的选择性、便利性要求。
7. 生产商在选择中间商时应注意战略匹配、市场匹配和能力匹配三个基本原则。
8. 对于初步形成的渠道方案，生产商需要从经济性、协调性和适应性三个标准对渠道方案加以评估与调整，以确定最终的方案。
9. 零售是指将产品以单件或小批量直接销售给消费者，供其非商业使用的活动。从事零售业务的企业称为零售商。零售的形式有网络购物、自动售货和店铺零售。
10. 批发是指将产品以大批量为单位进行销售的活动。批发商则是指以批发业务为主的商业企业。批发商可分为四类：商业批发商、经销商、代理商和经纪商。
11. 互联网独立分销商是指那些在互联网上独立销售产品和服务的企业，可分为专业分销商、综合分销商和非专业分销商三种类型。

12. 线上线下在分工的基础上融合是未来零售业发展趋势之一。从目前看，这种融合主要有"便利+统一会员管理""体验+知识教育"和"行为数据共享"三种形式。
13. 报酬力、参照力、知识力和强制力是常见的四种经销商激励力量。渠道管理的核心是协调，需要建立目标协调机制、契约约束机制和沟通机制。
14. 渠道冲突包括垂直冲突、水平冲突和新旧冲突三种类型，具体表现包括用户冲突、价格冲突、促销冲突、存货冲突、结算冲突、服务冲突、产品冲突和信息冲突等形式。
15. 随着现代物流技术和沟通技术的不断进步、人们市场行为的变化，渠道系统的主要变化趋势是互联网化、扁平化、紧密化和冲突减少。
16. 渠道调整包括调整中间商数目、调整渠道类型和全面调整。渠道调整直接涉及市场结构和中间商利益，很容易引发中间商的直接对抗，给生产商带来负面影响。

基本概念

渠道　直接渠道　间接渠道　渠道长度　渠道宽度　独家分销　密集分销　选择分销
直营　代理　加盟　实体渠道　互联网渠道　零售　网络购物　批发　合资　经销
零售商　专业店　专卖店　购物中心　仓储会员　百货商店　便利店　超市
互联网分销商　互联网独立分销商　互联网分销平台　线上线下融合
渠道冲突　水平冲突　垂直冲突　新旧冲突　价格冲突　用户冲突　促销冲突

简答

1. 为什么说渠道的本质是合竞？
2. 简述渠道的基本功能。
3. 简述渠道设计的基本内容。
4. 简述制约渠道结构选择的主要因素。
5. 简述渠道成员密度类型及实例。
6. 简述生产商选择中间商的基本原则。
7. 如何评估渠道方案的合理性？
8. 简述主要店铺零售业态及适用性。
9. 简述互联网分销平台的主要类型。
10. 生产商对中间商的主要激励力量有哪些？
11. 简述渠道冲突的类型、形式及冲突解决的基本机制。

思考

1. 分别寻找一种采用独家、选择和密集分销的产品，并讨论之。
2. 请分析超级市场、便利店、百货商店、专业店这四种店铺零售组织在服务提供上的差别,并分析零售业的发展趋势。
3. 经常有人说,直销、无店铺零售要比间接销售、店铺销售的成本低,售价也低。然而事实是,在消费品领域,即使在互联网条件下,直销也始终没有获得大的发展,更没有成为某类产品的主导零售方式。说说你的看法。
4. 根据互联网(包括移动互联网)的发展趋势,讨论其对分销系统可能的影响。

 实验

选择几款不同产品,在校园找到几处相距不等的地点,在不同地点为这些产品设置不同的实验价格,但在每个地点都可以方便地了解到另几处的价格,测试人们获取产品的不同反应,并分析之。

 动手

众多的互联网分销商目前大都提供开店服务,选择其中一家开个小店,一个月后相互交流一下心得。

互联网——采购批发上"1688"

阿里巴巴是全球企业间(B2B)电子商务的著名品牌,是目前全球最大的网上交易市场和商务交流社区。良好的定位、稳固的结构、优秀的服务使阿里巴巴成为全球首家拥有600余万商人的电子商务网站,成为全球商人网络推广的首选网站,被商人们评为"最受欢迎的B2B网站"。

登录阿里巴巴官网(https://www.168.com),对比传统中间商市场,看看它是如何提供中间服务的。

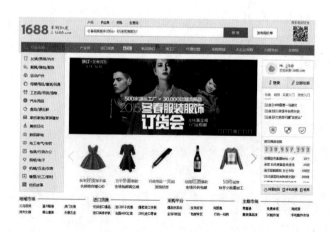

第 12 章 传 播 策 略

传播将整个世界联系了起来，使人们增进了相互了解。传播也将产品和需求联系了起来，使产品找到了它的归宿。

自媒体的出现，从根本上改变了传播理论和实践。

现在，营销者在传播，顾客也在传播，而非只接受营销者的说教；不仅是产品在寻找需求，需求也正在创造产品。

现代市场营销的丰富实践表明：即使一个企业能够开发出优秀的产品，也并不代表该企业能在市场上取得成功。企业必须与现有的及潜在的顾客进行有效沟通，向他们传播并促使其接受企业的经营理念、品牌形象、产品信息以及所代表的生活方式。

但是，在今天的信息社会，信息传播的成本越来越低，各种信息充斥我们周围，如果没有伟大的创意，你的信息就如海洋中的一滴水，根本不会受到关注。"酒香不怕巷子深"的经营理念在当今社会已经失去了意义，对大多数企业来说，问题不在于是否要进行传播，而是如何进行传播。

12.1 传播原理

传播也称沟通，是人与人之间、人与社会之间通过有意义的符号进行信息传递、信息接收和信息反馈活动的总称，信息是传播的对象。**营销传播**是营销者使用能被目标受众正确理解的方式，向其传递营销信息并使之接受反馈的活动，其目的在于提升目标受众对企业及品牌、产品的认知，最终是使目标受众的态度、行为发生有利于企业经营的改变。为此，就必须首先了解人们态度、行为的形成路径，了解传播的基本模式和传播媒介。

12.1.1 行为形成

人的态度和行为取决于其内在的个性，并受到来自家庭、学校和社会等各种外来刺激的影响，所以一个人的行为在不同的外界刺激下会有不同的表现。在现实生活中，人们的行为形成往往是在外界刺激下和学习中的一个渐进过程。

1. 行为形成过程

人们的行为形成是一个渐进过程，包括知识的改变、态度的改变、个人行为的改变和群体行为的改变四个阶段，如图12-1所示。

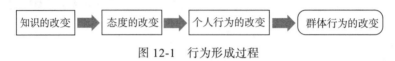

图12-1　行为形成过程

知识的改变　知识的改变就是由不知道向知道的转变。营销者可以通过广告、宣传、培训、咨询和展会等信息交流手段使人们了解产品的工作原理、判断和选择方法，减少甚至消除信息不对称。这是行为改变的第一步，也是基本的行为改变。只有对产品有了相对深入的了解，才能激发出人们的需求，才有可能进一步发展到以后行为层次的改变。建立在流行基础上而不是理解基础上的产品就只能是流行产品，是不可能持久的。

态度的改变　态度的改变就是对事物评价倾向的改变，是人们对事物在情感和意向上的变化。态度的改变通常建立在知识改变的基础之上，但态度一旦形成，就具有强烈的情感成分，在一定程度上脱离理智（知识）的驾驭。另外，态度的改变还常受到人际关系的影响。态度的改变是人们行为改变的关键一步，特别是情感的改变和意向的改变。态度的改变一般经历服从、认同、同化三个阶段，流行本质上只是一种服从，认同和同化才是一个品牌持久的基础。

个人行为的改变　个人行为的改变是个人在行动上发生的变化。当一个品牌建立起目标顾客在态度（情感）上的偏好后，接触、便利和价值就成为促成购买行为的主要因素。

群体行为的改变　这是某一群体内人们行为的改变。如第3章所述，群体行为的改变往往是由群体内意见领袖带动的，即意见领袖的个人态度、行为通过某些途径刺激带动整个群体所有成员行为的改变，这是营销传播活动最终要达到的目标。

■ **案例 12-1　脑白金：从知识的改变到态度的改变，再到群体行为的改变**

这么多年来，脑白金的洗脑式广告总会在年节霸屏，在部分公众、专家对其嗤之以鼻的同时，脑白金却成为保健品市场上难得的"长寿型"产品。

脑白金生产厂商最初对"脑白金"这样解释："人脑由大脑、小脑、脑干、脑垂体和脑白金体组成。以前人们以为脑垂体是人脑的核心，20多年前科学家们才发现，人脑的核心是位于大脑正中央仅有黄豆粒大小的脑白金体""脑白金体分泌出来的物质为脑白金，它是脑白金体的信息传递者，为人体机能的最高主宰，人寿去留的统帅。"

脑白金是史玉柱自创出来的词,其实就是褪黑素,分泌褪黑素的松果腺也就成了脑白金体。这种"概念偷换"成功地改变了消费者对脑白金的态度,也与竞争品牌做了有效区分。

而今天,脑白金已经很少提及上述有关"脑白金"的生物学知识,而是将重点放在"年轻态",铺天盖地的广告宣传使得老年人将脑白金当作了年轻态的保健圣品,成功培育了老年人对脑白金的态度偏好,导致老年人群体以及为长辈购置保健品的年青一代大都将其作为不二选择,形成了行为惯性。

脑白金通过早期的"脑白金"知识宣传改变了目标顾客对其的认知,又在此基础上通过"年轻态"的诉求培育了目标顾客对脑白金的态度偏好,最终影响了整个保健品消费群体的购买行为。

资料来源:汤十三. 一部脑白金史就是人类简史 [EB/OL]. (2019-06-14)http://www.sohu.com/a/320661147_505837.

2. 行为刺激

外界刺激是影响态度和行为改变的重要因素,营销者也只能通过传播来施加外部刺激以引起这种变化。外来刺激主要表现为信息影响、情境影响和价值影响三个方面,如图 12-2 所示。

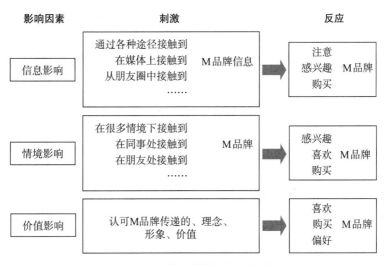

图 12-2 外来刺激与行为形成

信息影响 信息影响是指充斥在人们周围的各种信息在被关注、理解和记忆后对人们的态度及行为产生的影响,这是一种最基本和常见的影响。如目标受众通过各种途径接触到某品牌信息后,有可能导致其产生对该品牌的注意、兴趣甚至购买。信息影响一般不具备强制性,尤其是企业传递的营销信息,以恐吓、不良后果等信息影响目标受众是不明智的。营销者可以不断向目标受众(群体)传递一些品牌信息,并促使这些品牌信息成为群体的共享信息,而信息一旦成为一个群体的共享信息,就会从群体外部和内部共同作用于群体成员，产生放大效应，这些信息也将成为群体成员行为的重要参考依据。信息及信息在群体间传播的影响程度取决于被影响者与群体成员的相似性，以及消费领袖的威望和专业性。

情境（规范）影响　**情境影响**是情境中包含的各种显性或隐性信息、规范、风格、价值观等对身处其中的人的态度及行为的约束和影响。可见，情境既包括信息影响，也包括价值影响。同时，情境不仅仅只是一种影响，其作用的强度随被影响者的理解和接受而变。情境也具有一定的约束性，迫使群体成员的行为遵从群体规范，是一种规范影响。情境影响产生的前提是社会或群体能给予其成员某种奖赏或惩罚，这种奖惩或惩罚不仅是物质的，更是道德的和声望的、融入性的（不遵守群体规范的成员可能会被逐出群体）。所以，情境是传达营销信息的最有效载体。

价值影响　价值影响是指个体对一种价值观的认同，是对社会或群体价值观和群体规范的内化。在内化的情况下，无须任何外在的奖惩，个体就会遵从这种观念与规范形式，这种价值观及对应的行为实际上已经成为个体自身的价值观和愿望。所以，品牌必须包含某种价值观，唯有价值观才能真正建立起企业和顾客之间的真正一致，当达到价值观的一致时，顾客才能建立起对品牌的持续偏好并持续购买。

■ **案例 12-2**　　　　　　　　　**宜家：情境的力量**

如果去过宜家，你八成有这种疑惑：这里到底是商场、餐饮店还是游乐场？因为你不仅能看到有人在推着购物车买东西，还能看到有人吃牛排、喝咖啡，甚至还有小孩子在嬉笑着玩玩具。这是宜家商场的常态，是宜家营销模式中最重要的环节——体验式营销，也是宜家在竞争中立于不败之地的重要法宝。

宜家精心设计的样板间是生活场景的再现。55平方米，一家三口的幸福照，一张室内格局草图，上面配有几行简单的话语，带我们进入了这三口之家。"儿子上小学，他需要更多的学习空间……欢迎来到我们家，请来看看我们的精心布置吧！"面对这样的一个情境，同样境况的人群不禁驻足观看这个家庭的布置，甚至好像是在邻居家串门一样的自然与真实。宜家营造出一种和谐、自由的购物环境，让消费者充分体会"宜家如家"的温馨感觉。

小到几个平方米的厨房，大到一整套的住房，房间内家具、家电、生活用品等配套完整，一应俱全。书架上的书籍、衣柜里的衣物、阳台上的盆栽等均是实物陈设，旨在营造一种真实温馨的氛围。"请坐上去，感受一下它是多么的舒服！"宜家鼓励消费者对家居产品进行深度体验，在沙发上坐坐、拉开抽屉看看等。这种活泼、真实而动感的展示方法营造了强烈的现场感，给消费者强烈的情感体验，让消费者不由自主地就想把这些搬回家。

资料来源：陈丽丽，冯草群，马仁峰，等. 营销3.0背景下体验式营销模式研究——以宜家为例 [J]. 生产力研究，2015(4):109-112.

12.1.2 传播模式与要素

传播源于某个特定目标,通过信息传递、理解而完成。图12-3的传播模式描述了传播的过程、主要要素及其互动关系。

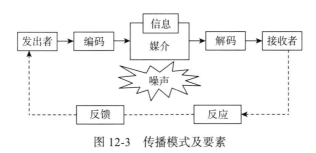

图12-3 传播模式及要素

1. 传播模式

信息首先被发出者按一定的形式加以组织(编码),然后通过信息媒介传送至接收者,接收者对接收到的信息进行理解(解码),形成反应,继而反馈给信息的发出者,发出者借此判断传播效果并修正下次传播方案。在这个传播过程中,环境中存在的各种噪声会对各环节、各要素产生不同程度的干扰,进而影响传播效果。

2. 传播要素

由此可见,传播包括以下九个要素,它们共同作用于传播及传播效果。

发出者 主动发出信息的一方,即信息源。本质上,发出者是发布营销信息的企业;形式上,发出者往往是代言人。由于信息发出者的身份、形象等会对信息接收者对信息理解产生或正面或负面的影响,所以企业要谨慎选择代言人。

编码 编码即表达诉求主题的方式,如是以图形、语言还是事物,是以抽象图形还是写实图形,是以文学语言还是科学语言来表达主题。

信息 经编码后形成的主题表达符号,如图形、文字、音频、视频或它们的组合。

媒介 信息从发出者传送到接收者的传播通道,如互联网、报纸、电台、杂志等。

接收者 接收信息的一方,又称信息传播终点。在营销传播中,一般是目标顾客或潜在顾客,有时也可能是相关公众。

解码 接收者对信息的理解。由于信息接收者和发出者往往具有不同的知识结构、生活经验和思维模式,对同一信息的理解通常存在差异。所以,为使信息接收者准确理解发出者的本意,信息发出者应以信息接收者的理解方式来组织信息表达主题,而不是以自己喜好、专长的方式来组织信息表达主题。

反应 接收者在接收到信息后的一系列行为,如传播、态度转变或购买等。

反馈 接收者将其接收到信息后的反应传回给发出者。

噪声 传播过程中存在的各种环境因素。噪声既对信息发出者决定发出何种信息、如何组织信息产生影响,也干扰接收者接收和理解信息。这些环境因素既包括行业、经济、伦理道德、风俗、政治和法律等宏观信息，也包括诸如竞争品牌、替代产品、社会评论等信息。如广告中方言的使用可以很快提升品牌在当地的亲和度，而当一个客户向另一个潜在客户传播产品的负面信息时，则会造成对潜在客户的消极影响，扭曲企业发出的信息。

⊙ 材料 12-1　　　　　　　　　加多宝春节广告传播要素分析

"过吉祥年，喝加多宝"的加多宝广告每到年关，就会在各大电视台密集播放。试对该广告的传播要素分析如下。

发出者　加多宝公司。

编码　诉求主题是"过吉祥年，喝加多宝"，属于情感主题，主题的表达一是文字和声音的直白，二是以红色、焰火、福帖、团圆等传统春节基本元素营造过年氛围。

信息　用开门有礼、回家团圆、亲友相聚等热闹场景营造喜庆气氛；以包装的变化及文字、声音做辅助说明——"还是原来的配方，还是熟悉的味道"。

媒介　央视、各大卫视及地方电视台等。

接收者　观看该广告的观众（包括潜在和现有的消费者、竞争对手、经销商等）。

解码　在观看广告后，观众接收到过年应该喝加多宝以及加多宝是吉祥的象征，为产品增添了吉祥、喜庆的认知。这其实只是发出者的设想，实际认知会因人而异，略有差别。

反应　喜庆场景让观众觉得新年临近；"过吉祥年，喝加多宝"广告词让潜在顾客将其视为必备年货之一，在过年的饮品选择上相对竞争品牌会优先考虑。

反馈（举例）　观众在微博感慨，"加多宝真有钱，又一轮的广告轰炸"；竞争对手认为该广告是加多宝春节期间发动总攻的前期铺垫；经销商要求终端宣传物料及时供应，能够充分配合广告宣传。

噪声（举例）　观众可能只关注到喜庆的场景，而忽视了该广告实际传递的信息；由于该广告与春节期间其他产品广告呈现形式、应用颜色过于类似，缺乏特色，所以难以给广告观众留下印象。同时该广告频现央视、各大卫视与地方电视台，营销专家发表评论，对这种粗放式的广告投放效果表示怀疑。

12.1.3　传播媒介

传播媒介是指能够向受众传递信息的各种工具和手段。传播媒介有很多种类，按是否人与人直接接触，可划分为人际媒介和非人际媒介，**非人际媒介**又可划分为媒体和情境等，并且还在继续发展之中。迄今为止，常用的大众传播媒介如表 12-1 所示。

表 12-1　常用传播媒介

人际媒介		直接通过两个或更多的人传播信息，包括人员、口碑	
非人际媒介	媒体	互联网：网站、社区、即时通信	影视媒介：音频、视频、游戏
		广播媒介：收音机、电视	陈列：广告牌、标牌、海报
		印刷媒介：报纸、杂志、信函	书写媒介：亲笔信
	情境	通过环境气氛传递某种信息，如古典装饰传递稳重与经验	

1. 人际媒介

人际媒介是指人与人之间通过语言、肢体动作，同时也可借助演示文稿、印刷品、样品等其他物品辅助进行的直接沟通和交流，也称人际沟通。

人际沟通是最重要的或者是最关键的传播形式。至今，在重大、复杂的决策条件下，其他传播、沟通方式只能是前期沟通，最终决策都还依赖于人际沟通。这是由人际沟通的直接性、即时互动性、深入性和情感性所决定的。如果说随着沟通技术的不断发展，其他特性非人际沟通都能具备，那么情感性可能是人际沟通始终优于非人际沟通的特性，而这又恰恰是人与人之间最重要的关系特征。

2. 互联网

互联网（包括移动互联网）作为一种全新媒介，一经问世即备受青睐，以超乎寻常的速度发展。目前，它已经是毫无争议的第一传播媒介。互联网传播特性在第 13 章中有全面介绍。

> ⊙ 讨论 12-1　　　　　　　　**如何让浏览者点击广告**
>
> 大多数互联网网站上都有许多广告，表现形式有图片、文字、动画等。有些很华美，幅面很大。有些只是一句话，幅面也很小，甚至这句话都不完整。但你千万不要小看了这一句话所能提供的信息。如果说在传统媒体上，你看到广告也就跳过去了，那么在互联网上看到广告时，是不是有种要去点击试试的冲动？当你浏览新闻、学习或与朋友交谈时，广告在什么时候、哪个区域弹出最容易诱使你去点击它？
>
> 大多数情况下，点击的结果是你被引导到了广告主的企业网站或为广告产品专门建立的网站。在这里，你可以全面了解你想知道的产品信息，也可以直接向广告主提出你的疑问。网站上简单的一句话，背后却可以链接出如此众多的信息，这正是互联网作为媒介的最大优势所在。

3. 书写媒介

书写媒介是一种个性化很强的媒介，从书写工具到符号的编制、信息的表达，都反映了书写者的个性。而个性化的另一面则表现为创造性，即形成的信息总是既有别于他人，又有别于自己以前的信息。同时，书写媒介的生产只能是单件的，而不可能是批量的。这些都使书写媒介的传播范围、传播速度和传播效果受到了很大的限制。但是伴随其个性化的是浓浓的情感，这是任何其他媒介都不可替代的。在印刷、转发泛滥的年代，大多数信息被忽略了，而一封亲笔书写的信、贺卡，再简单的语言也会胜过十分华丽的"复制"。

4. 印刷媒介

所谓印刷媒介，就是将文字和图形等制版印刷后形成的报纸、杂志、书籍等实体。印刷媒介曾是人类最主要的传播工具，它具有明显的优点：①它借助机器设备可以迅速大量地印制生产，如报纸可以每日一期，每一期少则 4 版或 8 版，多则 200 多版；②它容纳的信息多、内容广；③读者可以自由地决定阅读的时间、地点、速度和方式；④它可以长期保存，随时取阅，反复研读；⑤适应不同读者的不同兴趣和要求，报纸、杂志、书籍也在日益向"小众化"的方向发展；⑥威望较高，专业性较强；⑦以负载文字符号为主，适宜用来传播高深、复杂或篇幅较长的信息。文化程度低的人无法充分使用和分享其中的含义是其最大缺点。

5. 广播媒介

广播媒介理论上几乎不受时间和空间限制，传播信息瞬息万里，受众范围遍布地球上的每个角落。广播媒介的优点为：①它可以真实而逼真地记录、复制人类的声音，使稍纵即逝、过耳不留的声音可以留存，也可以用或大或小的声音传播；②传播信息迅速及时，可以与事件同步进行，全球听众可以在同一时间收听同一电台的实时报道；③传播范围广阔无限，无远不及，无处不在；④声音传播一听就懂，易于沟通，适应了不同文化程度的听众，而无须像读者那样必须接受一定的教育；⑤既声情并茂、亲切感人，又是个"从不妨碍我们的朋友"，听众可以一边做事一边收听音乐、新闻等。

> ⊙ **讨论 12-2**　　　　　　**广播媒介是否前途暗淡**
>
> 随着新的传播媒介的出现，广播这一曾经红火的主流传播媒介，好像渐渐淡出了人们的视线。广播还有发展的前景吗？利用广播来进行营销传播还有没有意义？
>
> 广播可以利用其可携带性、可与其他事务同时进行以及其内容不断推陈出新的优势，与现代生活节奏有机接轨。比如在交通发达的大都市，开车听广播成了人们的一种习惯，通过"顺便一听"来获得信息的方式，与需要"专门看"来获得信息的方式相比，在这个快速运转的社会中自然具备独特的优势。
>
> 广播还可以与朋友圈、短信、电话等相结合，实现即时互动，这也优于影视媒介和书写媒介。更重要的是，在收听过程中并不妨碍你做其他事情。

6. 影视媒介

电影与电视都是传播有声动态图像的大众媒介。它们声像兼备、视听兼顾,具有双通道视听优势和现场参与感。影视媒介的主要优点是:①画面传播,一看即懂,画面既是影视媒介的表征,也是人类相互沟通、交流的"世界语";②声像并茂,视听兼容,集声像于一身,聚眼、耳、脑于一瞬,立体传播;③形象生动,具有很强的穿透力和影响力。

影视媒介和广播媒介的共同缺点是:过眼(耳)不留,稍纵即逝,无法重复,不容细想,受众较为被动,而且与影视媒介互动困难,但这一缺点正为回播、点播等技术弥补。

12.2 传播工具

传播媒介提供了信息传播的通道,通过这些媒介,企业可以将各种营销信息传达到目标受众。营销传播工具本质上就是营销信息载体或信息表达形式,包括广告、公共关系和宣传、促销和人员沟通。表 12-2 是各种传播工具及其常用手段。

表 12-2 传播工具及常用手段

广告		促销		公关关系和宣传		人员沟通
视频广告	随包装广告	比赛、游戏	样品	记者报道	研讨会	销售展示
音频广告	宣传手册	抽奖、奖券	交易会	年度报告	演讲	销售会议
平面广告	招贴和传单	奖金与礼品	展览会	慈善捐赠	赞助	奖励
翻牌广告	企业名录	低息贷款	演示	社区关系	出版	展览会
广告牌	视听材料	以旧换新	招待	标识宣传	游说	顾客拜访
招牌	标志图形	商店赠券	返利	企业期刊	活动	
外包装		搭配商品	购货券			

12.2.1 广告

广告是由明确的主办人发起并付费,通过非人际媒介展示和推广创意、产品信息的传播活动。作为最常用的营销传播工具,广告的基本目标是广而告之,即让尽可能多的目标受众接收广告所要传递的信息。广告的形式多种多样,从最早的叫卖广告、招牌广告,到现在的报刊广告、海报、音频广告、视频广告等。

1. 广告特征

无论广告的形式如何,总体来说,广告具有以下几点特征。

公共性 作为一种高度公开、高度大众化的信息传播手段,广告能在短时间内向最广大的目标受众传递信息,并且这种公开性也意味着广告传递的信息是一种法律意义上的要约,一旦信息被接收者接收即构成合约,营销者必须履行广告信息所表达的承诺。

表现力强 由于广告是经过精心制作后播出的,所以广告主可以精心谋划广告主题,寻求最好的创意,灵活组合运用各种视频、音频、颜色、文字等元素,对广告主题及产品信息予以充分展示。

非强制性 广告是一种非强制性的沟通工具,它不强迫接收者关注什么,或必须对关注信息做出什么反应,而是只用最好的表现去吸引受众关注,用最明了的语言防止受众曲解,用最简洁的结构促使受众记住。不管如何,行为的主动权仍然掌握在受众手中。

2. 媒介广告

根据所用传播媒介的不同,广告可以分为报纸广告、电视广告、广播广告、杂志广告、传单广告、户外广告、互联网广告、招贴广告、直邮广告、电话广告等。表12-3概括了上述几种主要广告类型的优缺点及应用范围。

表12-3 几种主要广告类型概貌

类型	优点	缺点	应用范围
报纸广告	灵活、及时、弹性大;本地市场覆盖率高	保存性差、复制质量低、传阅者少	当地市场产品
电视广告	多媒体、富有感染力;触及面广,送达率高	成本高、干扰多、瞬间即逝;对象选择性少	大多数产品
广播广告	受众相对明确;成本低	展露瞬间即逝	专题广告
杂志广告	可信并有一定的权威性;保存期长;传阅者多	前置时间长、时效性差	高端产品 专业产品
传单广告	灵活;人情味较重	相对成本较高,易造成低档产品的印象	健康补品 服务产品
户外广告	展露时间长,重复性高	不易被注意	工业产品 耐用消费品
互联网广告	表现力强;互动;可精准投送;效果易测度;灵活;可逐层展开	可被屏蔽	大多数产品

3. 通知性、说服性和提醒性广告

根据目标的不同,可将广告分为通知性广告、说服性广告、提醒性广告。广告目标是指在该广告时期内,广告主希望目标受众所要完成的态度或行为改变。

通知性广告 通知性广告主要用于产品引入期,其目的是促使顾客了解该产品或品牌的存在或相关信息,如产品销售渠道、包装更换等。

说服性广告 说服性广告旨在培养顾客的品牌偏好,鼓励顾客使用本品牌产品,纠正顾客的错误信息,降低顾客购买风险等。在竞争激烈的市场环境下,企业可通过说服性广告向顾客传递区别于竞争对手的差异化优势,进而让顾客建立选择性需求。

■ **案例12-3** 玉兰油姐姐驻颜10年:说服性广告中验证信息的提供

2002年,她第一次代言玉兰油,十年后,她重新回归,担任玉兰油多效修护霜亚洲代言人。在这十年间,她结了婚,生了两个孩子,经历了无数压力与风吹日晒,但肌肤透白如初。她就是"玉兰油姐姐"丹妮尔·格雷厄姆(Danielle Graham)。

玉兰油多效修护霜的广告是说服性广告中的经典之作。因为"十年一切都可以瞬息万变，但青春不变，HOLD住25岁"不是靠大量的功效保证与说辞，而是直接以一个活生生的例子呈现在受众眼前。说服性广告如何说服受众不在于信息量  的多少，也不在于承诺的内容，而在于能否让受众自己去验证、判断，这也意味着说服性广告中一定要提供受众验证、判断的途径、线索、方式等信息。玉兰油广告采用十年前的广告代言人就是提供一种验证的线索。

提醒性广告　提醒性广告常用于产品成熟期，其目标是唤醒既有顾客对该产品的更新或再次购买需求，刺激顾客重复购买。如一些商家在临近节假日前所做的沟通广告，提醒顾客注意促销活动及所剩时间。

4. 显性广告、隐性广告和原生广告

根据广告性质显示度的不同，可将广告分为显性广告和隐性广告。

显性广告　显性广告是指直接以广告的面目呈现给受众的广告，通常以标准的广告艺术表现形式来组织和表达所要传递的信息。

隐性广告　隐性广告是一种以隐匿方式呈现的广告，通常嵌入影视、小说、游戏的剧情或背景之中，成为作品的有机组成部分，所以也常被称为嵌入式广告、植入式广告或置入式广告。隐性广告虽然很早就出现，但互联网的兴起使其发展更为迅速。植入性和隐匿性是其基本特征。由于广告植入于剧情，且具有隐匿性，受众很难回避，也很容易被潜移默化影响。不过，频率过高、时长过久的植入不仅会使隐性广告转变成显性广告，而且可能破坏剧情。

原生广告　原生广告（native ads）的概念是从内容之中衍生出来的，是一种让广告作为内容的一部分而植入实际页面设计中的广告形式，如游戏关卡中通关奖励植入的广告、视频加载时的广告插屏、朋友圈发布的看似生活动态的广告等。原生广告本质上是一种隐性广告。

> **材料 12-2　　　　　原生广告的研究数据**
>
> 根据 SmartyAds 的最新原生广告趋势报告，2018 年，原生广告占据美国所有广告支出的 61%，2020 年原生广告预计将达到 210 亿美元，占所有移动和桌面广告支出的 76%。
>
> 原生广告高匹配的表现形式使其阅读率大大提高，数据显示，25% 的用户更多的是关注到原生广告，比起传统的横幅广告，用户购买意向提高 18%；原生广告与内容的完美匹配度使广告被观看率提高到 70%，而传统广告是 31%；原生广告的点击率是 0.30%，而传统广告的点击率是 0.05%；原生广告大概有 2% 的转化率。

12.2.2 公共关系和宣传

从顾客最终做出购买决策的顺序看，顾客首先接受的是企业形象（品牌），然后是企业人员，最后才是企业的产品——顾客接受企业产品是接受企业品牌和企业人员的逻辑结果。当然，优秀的产品会不断强化企业形象，从而建立起高度的顾客心智价值和心理转换壁垒。因此，企业在向顾客推荐其产品之前必须先建立其形象和**公共关系**。21世纪，形象和公共关系不仅是最重要的传播内容，还是大多数产品的重要组成部分，而宣传则是提升和扩大形象、公共关系影响力的主要传播手段。

作为一种传播手段，公共关系和宣传是指赞助社会公益性项目，或在媒体上发布重要技术进展，或获得有利报道、展示等非直接商业性活动及信息传播活动，其直接目的是促进公众对企业的认识、理解及支持，树立良好的企业（品牌）形象。

从动态看，公共关系和宣传是一种通过塑造、传播和提升企业品牌形象来建立和供应商、客户、员工、股东、社会公众等相关公众之间的良好关系的活动。从静态的视角看，公共关系是指企业和相关公众之间的相互关系状态。从管理的角度看，企业公共关系和宣传管理的职能包括评价相关公众对企业的态度、确认与相关公众利益相符合的组织政策与程序、拟定并执行各种行动方案等。

1. 公共关系和宣传的特征

公共关系和宣传不同于其他传播手段的主要区别在于，它并不是直接宣传企业或产品，而是通过塑造企业品牌形象和公共关系来提升美誉度和提高知名度，间接达到提高销量和扩大市场占有率的目的。所以，公共关系（活动）和宣传必须具备以下几个特征。

高可信性　公共关系活动及信息一般以媒体的新闻报道或故事特写的形态展现，是以第三者的身份对企业、品牌或其产品的描述。因而在目标受众看来，这比企业自己发布的广告更真实、更可信。

少戒备性　公共关系活动及信息必须以一种隐蔽、含蓄、间接触及商业利益的方式开展和进行传播，从而可以减少受众的戒备性，将信息送达那些想回避广告及推销人员的顾客。

富戏剧性　公共关系活动及信息必须引人入胜、富有戏剧性，使目标受众乐于欣赏、乐于参与，在不知不觉中形成对企业品牌的偏好。

2. 公共关系类型

公共关系包括两种基本类型，一是公共关系活动，二是公共关系信息。公共关系信息集中在文字和影像两种形式。文字信息包括新闻稿、公关广告词、企业出版物和宣传资料、企业海报甚至企业礼仪文书等。影像信息是指企业生产的产品实样或形象性的图片资料、视听材料以及能反映企业面貌的各种信息。总体上，公共关系的具体形式主要包括演讲、主题活动、公益活动、企业出版物、公益广告、危机管理等。

演讲　演讲是指企业领导者或其高级职员参与各种社会（公益）活动并发表间接有利于企业的演说。因而，企业领导者或高级职员等要注意自身的言行，防止对企业形象产生不利影响。通常，企业有专门的撰稿人，帮助提高演讲效果。

主题活动　主题活动是指企业为吸引新闻媒体报道、传播企业希望扩散出去的信息而主动安排的有特定目的和目标的特殊事件或活动，如新品发布会、纪念或庆功活动、技术进展学术研讨会等。主题活动应围绕一个指向性十分明确的主题展开，结合当时媒体及报道动向、社会焦点、舆情信息进行设计。

■ 案例 12-4　　　　　　　马拉松：你的城市名片

2019 年下半年的赛事报名集中期即将来到，很多跑友估计又要挑花眼了，毕竟有些赛事组委会使出了撒手锏，有的赛事补给超给力，有的赛事加油的民众非常热情，有的赛事赛道非常良心……那到底怎么选？很好办！如果你不在乎成绩，只想逛吃，那你就报名补给超好的赛事，比如哈马；如果你想体验一下当地的风土人情，那你就选择民众超热情的，比如兰马；如果你想跑马识城，那你就要擦亮眼，认真挑选一下那些超良心的赛道——没有太多折返，尽量照顾到城市的地标物，比如南马。

南京马拉松自 2016 年改革后，赛道串联起更多的城市景观地标，新街口、玄武湖、中山陵、夫子庙、总统府、明故宫、中华门等 AAAAA 景点和经济文化中心都纳入跑马版图，山水城林和虎踞龙盘的金陵风光一览无余，堪称国内最美、最有历史感的马拉松赛道，荣获过中国田径协会"最美赛道特色赛事"称号。

资料来源：国内马拉松超良心的赛道 北马南马西马必须有姓名 [EB/OL]. (2019-06-21) http://sports.sina.com.cn/run/2019-06-21/doc-ihytcerk8307472.shtml.

公益活动　公益活动是指企业对公益事业提供赞助及捐赠。参与公益活动可以提高企业的公众美誉度，树立企业的良好社会形象。企业作为社会的一员，应对社会公益事业做出贡献。

公益广告　公益广告的直接目的不是商业宣传，而是付费向社会公众"免费传播"某种文明道德观念和主张。公益广告以其受众群体大、传播范围广、到达率高的独特优势，能在更广的范围内和更高的层次上塑造企业形象。成功的公益广告给企业带来的各方面收益将远远超过以直接推广产品为目的的商业广告。

企业刊物　这是指企业印制发行、免费提供以企业创业故事、企业产品技术进展、企业公益活动等形象性信息为主的企业刊物等。在互联网时代，企业刊物应主要以 App、网站、邮件、论坛等形式出现，并密切关注新的形式，及时更新，及时推送。但应注意国家法律以及基本社交礼仪，不随便侵入他人领地。

危机管理　**危机管理**是指企业在危机意识或危机观念的指导下，依据危机管理计划，对可能发生或已经发生的公共关系危机事件进行预测、监督、控制、协调处理的全过程。若企业能够及时回应不利事件，采取积极的补救措施，就可能不会引起大量的负面报道，反而成为塑造企业诚信可靠形象的契机。所以，危机管理的意义在于，一旦事件发生就能判断它是否会引发危机，是否需要启动危机管理程序，采取相应的行动避免事件演变成危机。适当的危机管理不仅能帮助企业避免或降低经济损失，还能协调与公众的关系，重塑企业形象。

> ■ 案例 12-5　　　　　"东方之门"的危机公关
>
> 苏州"东方之门"以其独特的"低腰秋裤"造型成为网民热议的对象。2012 年 9 月 5 日,《苏州日报》以《没文化就看不懂"东方之门"》为题发表评论,以反驳的口吻回应网友质疑,激起了许多网友的怒火。当晚"东方之门"官方微博发表声明,不认同《苏州日报》这篇评论的观点,表示欢迎网友各种吐槽。
>
>
>
> "东方之门"回应说:"东方之门"未授意任何人把建筑欣赏与个人文化相联系。我们认为好建筑必须是大众能够欣赏的,是为城市和百姓所兴建的。网友的吐槽是善意的、中性的、具有娱乐性的,我们表示欢迎。我们认同网友都极具文化素质,极具智慧与幽默感,我们表示感谢和欣赏。此外,"东方之门"官方微博不仅转发了一些网友有创意的 PS 图片,还发起了一项"征集 LED 点阵图像投影设计方案"活动。
>
> "东方之门"的危机公关是值得学习和借鉴的:否认当地报纸的评论,需要勇气;认为网友的吐槽充满善意,需要胸怀;表示欣赏网友的文化素质和幽默感,需要智慧。
>
> 资料来源:晏扬. 学学"东方之门"的危机公关 [EB/OL]. (2012-09-07)http://epaper.xawb.com/xawb/html/2012-09/07/content_142416.htm.

12.2.3　人员沟通

人员沟通是指企业派出业务人员与现实或潜在顾客进行面对面的陈述和交流,介绍企业和产品,以促进和扩大销售的一种传播活动。人员沟通不仅仅是展示、介绍产品,更是建立一种长期合作。在许多场合下,团队沟通正逐渐取代"单枪匹马"式的个人沟通,对推销人员单纯的销量管理也逐步向销售效率的管理转化。

1. 人员沟通的特征

人员沟通的主要工作目标是维持与老顾客的关系,开发新顾客和支持经销商。人员沟通的特征主要体现在以下几个方面。

互动性　人员沟通是两个或更多人的一种面对面交流,通过人与人之间的直接接触来传递信息。既可语言介绍,也可做产品展示或演示,现场介绍、现场提问、现场解答,具有较强的情感性、灵活性和互动性。

长期合作性　人员沟通可发展出各种关系——从最初的买卖关系到建立起深厚的信任和友谊。显然,不断创造并提高顾客价值的营销人员能够与顾客建立长期的伙伴关系,这种关系在许多时候是阻止新进入者的一道重要屏障。

及时性　由于人员沟通是一个交互的交流过程,推销人员既在向顾客传递信息,也同时在收集顾客的实时信息，可以及时获得对方的反应与反馈。

针对性 优秀的推销人员在沟通过程中可以亲眼观察顾客对陈述和产品演示的反应，并揣摩其购买心理的变化过程，因而能根据顾客情绪及心理的变化酌情改进陈述和演示，以适应顾客的行为和需要。这种针对性是其他传播工具无法比拟的。

除了上述特点外，人员沟通还兼有广告、公关宣传、促销等传播手段的一些优点，它可以满足顾客在产品购买、使用过程中的一切需要，是一种最全面、最有效的传播工具。当然，它的成本也是最高的。

2. 人员沟通的类型

根据销售人员与顾客接触的方式，人员沟通可以划分为多种类型。相对于个别沟通，新产品发布会、产品（学术）研讨会或展览会属于群体沟通。

个别沟通（销售拜访） 企业销售代表或销售团队与目标客户或现有客户代表（团队）面对面或通过电话、电子邮件等进行个别的一对一接触，这是人员沟通的主要形式。

新产品发布会 企业就新产品举行发布会，以尽可能生动、准确的方式翔实地介绍新产品的功能、原理、使用等事项。视产品用户群体的规模或邀请所有可能的客户、经销商，或邀请客户、消费者代表（领袖）参加。通常也邀请媒体参与，以获得有利报道。

产品（学术）研讨会 企业为客户有关成员举办教育性会议，或与客户代表共同研讨产品的最新技术发展、性能改进方向等。这是产业市场上整机厂商与其零部件供应商之间经常举办的活动，以利于增加了解，共同解决技术难题，加深合作。

展览会 企业参加行业的、全国性的甚至全球性的产品展览会、博览会。参观者主要由主办者邀请，参展企业也可以邀请其客户参加。相对产品（学术）研讨会，展览会面向的对象更广阔一些，有助于在更大的范围内提升企业的品牌形象、知名度，有利于企业产品线的拓展。

■ **案例 12-6** **创新赢得机遇 2020 年迪拜世博会中国参展路演**

2019 年 7 月 30 日上午，2020 年迪拜世博会中国参展路演（北京站）在北京世园会园区举办。"天眼"FAST、北斗卫星、5G 技术、人工智能等作为核心展项将首次在世博会中国馆"华夏之光"展出，高铁模拟驾驶、智能网联汽车等也将通过创新形式演绎"智慧出行"，亮相世博会舞台，展现中国科技创新成果。

2020 年迪拜世博会以"沟通思想，创造未来"为主题，将于 2020 年 10 月 20 日至 2021 年 4 月 10 日在阿联酋迪拜举办，截至目前已有超过 190 个国家和国际组织确认参展。世博会期间，中国馆将举办地方和企业活动以增进与各国的交流合作，同时将通过论坛、文艺演出、非遗展演、青年交流等活动多角度讲述中国故事，促进民心相通和文化互鉴。

资料来源：创新赢得机遇 2020 年迪拜世博会中国参展路演（北京站）举办 [EB/OL]. (2019-07-31)http://www.people.com.cn/n1/2019/0731/c32306-31266437.html.

12.2.4 促销

促销又称销售促进、营业推广或销售推广，是指提供直接的短期利益以刺激顾客的购买欲望、提高中间商的销售积极性与销售效率而进行的各种信息传播及市场推广活动。

在各种传播工具中，促销在短期内刺激顾客购买的效果最好，但如果不加以系统化的组合，则可能对企业形象造成损害。如毫无规则的、频繁的促销活动会导致品牌定位混乱，还有可能提高消费者对于价格的敏感程度，出现所谓"持币待购"的现象，缺乏创意的促销活动也会导致消费者熟视无睹。营销者要对各种促销手段加以系统化的优化整合，才能达到既能在短期内刺激购买，同时又有效维护品牌形象与地位的目的。

1. 促销的特征

让利性 提供某种利益是促销的基础。在促销实施中，企业向顾客提供一些直接的、明显的、短期的利益，如价格折扣、抽奖、积分、礼品等，诱惑性强。

吸引力强 促销提供的各种让利可以迅速赢得顾客的注意。

起效快 促销可以迅速赢得顾客关注并使他们接受有关产品和服务的相关信息，激活其潜在的消费需求，有效刺激他们立即购买。

2. 促销的类型

根据促销对象的不同，可将促销分为三类：面向消费者的促销、面向中间商的促销和面向销售人员的促销，所包含的具体工具见表12-4。

表 12-4 促销工具

对象	目的	工具	对象	目的	工具
消费者	了解产品	样品赠送	中间商	提升热情	销售竞赛
		产品咨询			数量、功能折扣
		现场试用			展览会、广告
		人员表演			赠送、招待
		产品包装		提升技巧	培训
	即时购买	摸奖、抽奖、优惠券			辅导
		价格折扣、特价（包装）		提升关系	研讨会、年会
		赠品（礼品）、限时优惠			联合促销
	重复购买	产品保证	销售人员	提升热情	销售竞赛
		联合促销			销售提成
		以旧换新			展览会、广告支持
		退费		提升技巧	销售手册
		优惠卡			销售会议、培训
		积分卡		职业发展	升职
		回报计划			长期福利、股权

面向消费者的促销 针对消费者的促销可进一步分为：①帮助消费者了解及使用产品的促销，如现场试用、样品赠送、咨询和培训、产品展示、人员表演等；②刺激消费

者即时购买的促销，如优惠券、价格折扣、抽奖、特价、限时优惠等；③鼓励消费者大量、重复购买的促销，如优惠卡、积分卡、回报计划、以旧换新等。

面向中间商的促销　针对中间商的促销包括：①刺激中间商销售热情的促销，如销售竞赛、各类折扣、展览会和广告支持等；②提高中间商销售技巧的促销，如产品知识与技术培训、专业人员辅助销售等；③提升伙伴关系的促销，如研讨会、年会、联合促销等。

面向销售人员的促销　针对销售人员的促销包括：①提升销售热情的促销，如销售竞赛、销售提成、展览会和广告支持等；②提升销售技巧的促销，如销售技巧培训、销售会议、销售手册等；③激励销售人员持续地服务于本企业的促销，如升职、长期福利和股权安排等。

促销工具种类繁多，促销效果也大相径庭。促销目标、产品类型及企业地位共同决定促销工具的使用。表 12-5 反映了促销目标和促销工具之间的对应关系，当然，这种对应仅是原则性或指导性的。通常，日用品促销更多地倾向于对消费者让利，毕竟消费者有较强的自主性且对价格敏感；而选购品促销则主要针对零售商，因为零售商能够对消费者的选择施加影响。强势企业会尽量采取无损其品牌形象的促销工具，如对销售人员进行客户关系管理培训或争取排他性的销售渠道；弱势企业则更多采取价格优惠，强调促销活动的差异性。

表 12-5　促销目标与促销工具

促销目标＼工具	优惠券折扣	样品试用	降价	赠品	特价包装	以旧换新	承诺	竞赛积分	教育	展览
引起尝试		※					※		※	※
改变购买习惯			※		※			※		
增加每次购买量	※		※		※					
刺激潜在购买者	※	※	※	※	※		※			※
刺激中间商	※		※	※			※	※	※	※
刺激产业用户	※	※					※		※	

各种沟通工具——广告、公共关系和宣传、人员沟通和促销都有其固有的优势和劣势，营销者要依不同情况选用。表 12-6 显示了四种传播工具的优劣势比较。

表 12-6　传播工具比较

传播工具	优势	劣势
广告	覆盖面广、表现力和感染力最强、可重复、灵活性好	信息量小、抗干扰性差、购买行为滞后、说服力较差
促销	刺激快、诱惑性强、手段多样	时效性差
公共关系和宣传	可靠性强、吸引性强、戏剧性、有利于树立企业形象	见效慢
人员沟通	直接沟通、直接反应和反馈、可建立密切关系、针对性强	成本高，对人员素质要求高

12.3 传播开发

由于个人心理的不确定性和知识背景的差异性，也由于各种噪声的大量存在，传播决策可能是最为困难、效果最难衡量的营销决策，这也使传播最能体现营销的艺术性。所以，传播决策是科学与艺术的结合。图12-4呈现了营销传播开发的流程和内容，包括确定目标受众、设定传播目标、设计传播信息、选择传播工具、编制传播预算、整合传播和衡量传播效果七个部分。由于本章前文已对常用的传播工具做了详细阐述，而传播预算编制的内容及方法与营销预算基本一致（详见15.1.2节）。因此，传播开发流程与内容着重从其他五个方面展开。

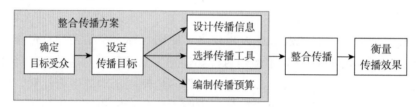

图 12-4 营销传播开发流程与内容

12.3.1 确定目标受众

目标受众是营销者期望通过传播来影响或改变其行为，达到传播目标的对象。在营销传播开发的过程中，必须首先锁定目标受众，掌握目标受众的基本特征、**媒体偏好**、关注的利益点、目前的态度等内容。

目标受众　营销传播的对象既可能是企业产品的目前使用者、潜在购买者、竞争品牌的忠诚者，也可以是购买决策者或影响者；既可以是个人，也可以是组织机构。

基本特征　目标受众的基本特征就是该细分市场的特征，即顾客需求、信息处理、卷入机制、选择标准、各种偏好（媒体偏好、思维结构和方式、性格特征、渠道偏好等）。

媒体偏好　不同的受众对媒体有不同的偏好，所以必须明确目标受众经常关注和接触的媒体是哪些，一般是在什么情境下（如陪同家人休闲时或是坐车途中）接触这些媒体，这些媒体引起他们注意和信任的原因及程度如何。

关注的利益点　营销者还必须清楚什么利益点最能满足目标受众的特别需求。产品或品牌可以解决他们生活中的哪些需求、问题或挫折，以及该产品或品牌在哪些方面比其他竞争对手更能满足目标受众的需求等内容。

目前的态度　传播的目的在于塑造或改变目标受众对企业品牌或产品的基本态度——满意或不满意、偏爱或排斥等。企业要根据目标受众对产品、品牌当前所持的不同态度设定传播目标，如明确告知支持者以激励他们，用理性或情感的方法说服持中立态度的受众，表明理解和积极的态度以期有敌意的受众转为中立，良好的产品维修服务以消除顾客的不满。事实上，受众当前的态度既是确定目标受众所要考虑的重要因素，也是信息设计的出发点。所以，明确目标受众当前对企业、产品或品牌的基本态度及分布是传播决策的重要基础。

根据图 12-5 的顾客品牌认知示例，显然，为剩下 10% 的顾客去建立品牌认知度就没有多大意义了；争取了解者中 20% 的尚未试用者试用产品是值得一试的目标，以冷漠者、排斥者为传播对象也未尝不可；由于目前有 23% 的目标顾客偏爱该品牌，营销者自然不能奢望会有 23% 以上的新试用者会偏爱这一品牌。

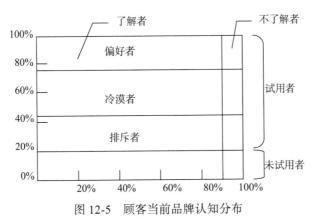

图 12-5　顾客当前品牌认知分布

12.3.2　设定传播目标

传播目标是对"为什么要进行本次营销传播、期望达到什么样的传播效果"的回答，如提高顾客忠诚度、传递产品信息、提升企业形象、化解危机等，也可以将受众目前的态度转变为一种更为积极、趋向购买的态度作为传播目标。

表 12-7 归纳了四种最著名的顾客**反应层次模式**（response hierarchy models），以这些反应层次模型表明的顾客反应层次的提升为传播目标也是可行的。如以效果层次模式为基础，营销传播目标可以概括为五类。

表 12-7　顾客反应层次模式

	AIDA	效果层次	创新扩散	信息处理
认知	注意	知晓 认知	知晓	展示 注意 理解
情感	兴趣 欲望	偏好 信任	兴趣 评价	接受 记忆
行为	行动	购买	试用 采纳	评价

知晓　使目标受众知晓企业及产品、品牌名称。通常，企业需要依赖不断重复的传播来达到这一目标。

认知　使目标受众对企业及产品、品牌有一个客观的理解，使他们知道产品的功能并认可产品能够满足其某种需求，认可品牌特征。企业可以通过产品展示、试用、意见领袖的示范等手段予以实现。

偏好　使目标受众对企业、产品及品牌形成良好的整体印象，从而偏好企业、品牌及产品。一般可以通过传递企业经营理念、企业文化或品牌形象等来达到。

信任 使目标受众确信企业、产品及品牌是他最好的选择。通常可通过提供理性比较和培养长期顾客关系来达到。

购买 让目标受众做出购买的决定并付诸行动。可以通过给予低价、补偿或鼓励试用等引导顾客。

需要强调的是,上述目标具有层次性,即高层次的目标通常要建立在低层次目标的基础上,如购买必须建立在信任的基础上,在知晓基础上的购买是偶然的,不具备持久性。传播目标一定要明确具体,一次传播活动最好只设立一个目标,不能指望一次营销传播可以实现企业的所有目标。

12.3.3 设计传播信息

信息是传播的核心,受众通过信息来理解发出者所要表达的意图。传播信息设计包括诉求主题、创意、信息结构、信息形式和信息源五个方面的决策,最终形成的信息应满足 5C——清楚(clear)、正确(correct)、完整(complete)、简明(concise)和建设性(constructive)。

1. 诉求主题

诉求主题是指信息所要表达的内容的主要含义或主线。诉求主题可以来自产品的性能表现,也可以来源于外部因素,如时尚潮流、技术焦点等。按照方式,诉求主题一般分为三类。

理性诉求 **理性诉求**是指信息紧扣目标受众的功能性利益,强调产品的功能属性以及所带来的实际好处。特别是针对产业市场进行营销传播时,理性诉求更容易使目标受众客观、深入地比较不同的品牌。在消费者市场中,理性诉求通常只在消费者确实能够理解,且产品技术特性非常重要的情况下才能发挥作用。例如,消费者在购买高风险产品时会希望收集和评估产品技术参数,从而做出理性选择。

情感诉求 **情感诉求**是指通过渲染情感色彩,把产品塑造成人际或心理角色,传递产品给目标受众带来的种种情感享受,为产品融入优美动人的生命力和丰富的情感内涵,从而促进目标受众对产品的审美观赏与接受。通常,营销者可以用期望、幽默、热爱、骄傲、愉悦等正面情感对目标受众进行情感呼吁,也可以用恐惧、内疚和羞耻等负面情感来促使受众停止做不该做的事(如吸烟、酗酒、吸食毒品等)或做该做的事(如刷牙、去腋臭等)。需要注意的是,幽默的信息比其他信息更加吸引人,但过度运用可能妨碍受众的正确理解。通常,消费者市场的传播应以情感诉求为主,理性诉求为辅。

道德诉求 **道德诉求**是指使目标受众从道德上分辨什么是正确的或适宜的,进而规范其行为,形成信息发送者所希望产生的结果。道德诉求常用来规劝人们支持社会事业,如保护环境、尊老爱幼、关注教育,或建立某种新的生活方式等。将道德诉求直接用于商业目的本身就是和道德相悖的。

2. 创意

创意(create new meanings)是指提出一种具有新颖性和创造性的思想、概念、形式、表达方式等。所以，创意是对传统的叛逆，是打破常规的哲学。营销传播创意通常是指提出一个不同寻常的主题或意想之外的主题表达方式。

现代社会充斥着各种信息，要获取人们的关注就必须有特别之处，创意由此成为营销传播决策的核心。否则就如现代广告大师大卫·奥格威所言："除非你的广告中有了不起的大创意，不然它就会像黑夜中行驶的船只一样，无声无息，不留痕迹。"

3. 信息结构

信息结构指的是信息表述的逻辑性，通常包括结论提出、单面展示、双面分析以及表达次序等要素。也就是说营销者在营销传播中要考虑：是直接给出结论还是让目标受众自己寻求结论？是单面展示产品的优点还是同时强调产品的优点并暴露产品的弱点？是先给出论点再提出论据，还是先给出论据再提出论点？

4. 信息形式

信息形式就是信息表述的符号方式。言辞、图形、科学是三种最基本的符号元素。言辞是指人们对活动现象所做的口语或文字的叙述说明；图形就是以抽象图形、具象图形或几何图形、静态图形、动态图形或视频等方式对对象进行描述、反映；科学即以科学公式、符号等科学语言呈现信息。显然，言辞是最常用的信息形式，图形尤其是视频是最生动、最直观，也是最受欢迎的信息形式。

⊙ **材料 12-3**　　　　　　　　**抖音：抖出你的风采**

百度发布的2019年内容创业年度报告显示，中国短视频应用用户规模已经达到5.94亿人（见图12-6），占整体网民规模的比例高达74.19%，其中，30岁以下网民的短视频使用率为80%。抖音2018年12月的月活跃用户规模达4.26亿人，为所有短视频App中月活用户量第一。在抖音平台用户画像与特性上，抖音60%的用户拥有本科以上学历，主要集中在一、二线城市，90%都小于35岁，并且男女性别比例为4∶6，以女性居多。

图12-6　2013～2018年中国短视频用户规模统计图

> （1）内容——短、快、新。抖音短视频所具有的特点是，把故事的大致情节展现得波澜起伏，让画面具有流动感，再加上情感艺术的表达，内容从生活到人生哲理等，丰富且多变，非常符合大众碎片化吸收信息的习惯，满足了大众心理和精神上的需求。
>
> （2）结构——网状式连接，病毒式传播。抖音的网状式传播结构由个人界面、关注区域和推荐区域三部分组成，用户可以从这三部分里找到自己的兴趣点。通过个人界面录制独具特色的专属小视频；各个区域用户之间网状式连接，形成一张大网，增强用户互动，对用户更具有黏性；同时，抖音用户随时可以看到抖友在彼此呼唤，像是多年未见的故友。
>
> （3）效果——狂欢式的互动图景。玩抖音短视频，不受年龄大小的限制，只要感兴趣都可以玩，不用顾忌社会等级差异，用户可以放开自己，尽情释放自己，把自己最本真的一面展现出来，与其他用户进行互动，收获满足感，形成了大众狂欢式的互动图景。
>
> 资料来源：2018年抖音用户规模、用户画像回顾及2019年抖音行业发展趋势[EB/OL]. (2019-02-18). http://www.huaon.com/story/404240.

依据信息表述对象的差异性，信息形式又可分为结构性形式与功能性形式。结构性形式的信息侧重于描述对象的结构或工作原理，即对象的构成要素及要素间的相互关系，如冰箱工作原理图等。功能性形式的信息侧重于描述对象的功能，即对象的用途及用途间的相互关系，如产品操作说明、产品目录等。

事实上，在营销传播实践中往往是多种符号元素与形式并用，并衍生出旁白、故事、新闻等多种信息形式。在印刷广告中，营销者需要决定尺寸、排版、标题、文稿、插图、颜色等内容；而在视听广告中，营销者还要仔细考量音质、音调、背景、灯光等，若信息是通过人员传播，还需要考虑肢体语言、服装造型设计等。

5. 信息源

企业在营销传播中通常从吸引力与可靠性两方面来考虑"由谁发出信息"。有吸引力的信息源所发出的信息能获得目标受众更高程度的注意，并留下更深刻的印象，这也是广告常请名人作为代言人的原因；而具有较高可靠性的信息源所发出的信息更有说服力。

信息源的可靠性取决于信息发出者的专业性、可信性和喜爱性。专业性是指信息发出者的权威程度，如医生、科学家、专业刊物在其领域内更具专业性。可信性是指信息来源被认为客观和真实的程度，如朋友比销售人员更容易信赖。喜爱性是信息接收者对信息源的偏好程度，如销售人员的坦率、幽默的品质，更能赢得顾客的喜爱。另外，文案、色彩及布局安排也会对信息源的可信度产生影响。

⊙ **讨论 12-3**　　　　　　　　**形象代言人，是明星还是普通人**

明星代言是一种广泛应用的广告手段。那么，明星代言在提高了广告整体吸引力的同时，是否也提高了受众对广告的真正诉求（品牌、产品）的关注呢？河海大学商学院营销行为实验室利用眼动追踪技术，分析了被试观看明星广告和普通广告时关注度的差异，部分结论如下。

（1）在高品牌熟悉度的情况下，明星广告和普通广告的首次注视开始时间差异不显著；在低品牌熟悉度的情况下，相比普通广告的9.08秒，明星广告只需要3.56秒即被被试注意到。

（2）在高品牌熟悉度的情况下，被试在观看明星广告和普通广告时的瞳孔大小差异不显著；在低品牌熟悉度的情况下，被试观看明星广告的瞳孔大小为15.13px，大于观看普通广告时的瞳孔大小（13.10px），说明明星广告更能激发被试的观看兴趣。

（3）相比明星广告的2.29次，普通广告中的品牌区获得3.87次注视，明显优于明星广告。

（4）在高品牌熟悉度的情况下，被试对明星广告中的产品的首次注视停留时间为0.17秒，而普通广告为0.25秒，说明普通广告中的产品能够留下更持久的第一印象；在低品牌熟悉度的情况下，两者差异不显著。

由此可知，对于非知名品牌企业来说，企业应尽量选择明星代言，因为明星广告能够更快地被消费者注意到，也更能激发消费者的观看兴趣，这有助于企业提升知名度，加强消费者对企业及产品的认识；对知名企业来说，除了运用明星代言外，企业通过加强广告的播放频率等方式，也可加强广告对消费者的影响，取得较好的广告效果，这不失为一个高性价比的广告策略。

资料来源：陆莉. 不同品牌熟悉度下明星代言广告效果的眼动研究[J]. 电子测试，2013:11.

12.3.4　整合传播

确定目标受众、设定传播目标、设计传播信息、选择传播工具、编制传播预算五个部分构成了营销传播方案的核心内容，但在方案具体执行与落地过程中，需要有整合思维。

整合传播是指企业通过对各种传播目标、工具的协调配置和综合运用，最大限度地增强营销传播活动的影响力，从而达到有效、明确和连续一致地完成企业传播目标的行动过程。整合传播的核心思想是协调一切媒介，整合一切传播工具，使用一个声音，创造一个形象。

通常，企业会以极具吸引力和冲击力的广告广泛宣传企业、品牌及产品，运用公共关系和宣传在公众及顾客心中树立有吸引力的、负责任的形象，以促销（短期利益）刺激顾客迅速行动，以销售人员的热情和责任心（人员沟通）为顾客释疑解难而取得长期订单。但随着营销传播方式的多元化，整合传播的基本工具也越来越多，除了上述四种传播工具以外，CI（企业形象识别）、包装、产品价格、服务态度、场所布置、企业制度等也可以被纳入营销传播中。

大多数情况下，如何在传播过程中合理协调各种目标、诉求，搭配各种传播工具并没有固定的模式。企业整合它的传播资源，建立营销传播组合时一般应考虑整合层次、市场类型、顾客反应层次、产品性质、推/拉策略以及产品生命周期等因素。

1. 整合层次

整合传播在具体实施过程中，整合对象或目标存在一定的层次，由低到高依次说明如下。

认知整合　认知整合是最基础的整合，要求企业全员认识整合传播的必要性与价值。

形象整合　形象整合要求通过不同传播工具、媒体所传递的信息要保持一致。

协调整合　在信息一致的基础上，还要保持传播在时间和空间上的协调性，即信息传播在时间上有良好的周期性，强刺激、连续刺激和弱刺激、间歇刺激相结合。空间上既保持各区域间的相对独立，又有适当的重叠。

功能整合　就每个传播要素的功能、优劣势进行分析，扬长避短，相互配合。

基于风险共担者的整合　企业认识到目标顾客不是传播的唯一受众，其他共担风险的利益相关者，如企业的员工、供应商、中间商、股东甚至所在社区和某些政府单位，也应包含在总体的整合传播的受众之中。

关系管理的整合　这是营销整合传播的最高层次，是企业为了加强与利益相关者的关系，而对营销战略、财务战略、人力资源战略等战略的整合。

■ **案例 12-7**　　**与世界为邻：深航深圳直飞伦敦航线开航整合传播案**

深航深圳直飞伦敦航线整合传播案以"与世界为邻"为传播主张，深化品牌形象，并配合销售进行两个阶段的持续深化沟通。

第一阶段为产品广告宣传促销售，以线下新闻发布会+线上发布会+宣传片为主要传播形式；以线上双官微矩阵+直播平台为核心矩阵，配合线下地铁包列+大巴硬广+机场硬广+新闻门户电台等，传播全覆盖，实现广度宣传告知效果，微博话题总阅读量超过 1 060 万，直播发布会观看人数达 2 531 万，直播互动达 187 万。

第二阶段为精准推广造影响，以线上预热引流+线下首航日活动为主要传播形式；以线上双官微矩阵+朋友圈广告为核心阵地，配合线下地铁包列+大巴硬广+机场硬广等，实现精准推广扩大影响效果，朋友圈广告总曝光达 900 万，触达用户 371 万；首航当日博文内容曝光达 142 万，阅读量达 307 万。

资料来源："与世界为邻"　深航深圳直飞伦敦航线开航整合传播案[EB/OL]. (2018.11.07). http://news.carnoc.com/list/468/468879.html.

2. 市场类型

对于产业市场和消费者市场，由于顾客需求及行为的差异，各种沟通手段所能发挥的作用不同，因而它们的重要性也不相同，如图 12-7 所示。

消费者的分散性和购买行为的非专家性决定其易受大众信息的影响，对利益诱导能够产生快速反应。因而在消费者市场上，最重要的传播工具是广告与促销，人员沟通与公共关系和宣传次之。

组织市场的集中性、大规模购买和购买行为的专家性（理性）、盈利性使组织用户要求更多的面对面的沟通与谈判，可见的实际利益重于关系。因而，在组织市场上，传播工具的重要性排序是人员沟通、促销、公共关系和宣传、广告。

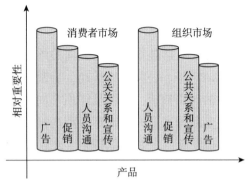

图 12-7 市场类型与传播工具

3. 顾客反应层次

综合各种顾客反应层次模式，顾客对营销刺激的反应可概括为认知、理解、信任、成交、重购等层次。在顾客不同的反应层次上，各种传播工具的成本效益是不同的。广告与公共关系和宣传在认知阶段作用最大；顾客对产品或服务的理解主要受广告及人员沟通的影响；顾客的信任主要来自口碑和人员沟通的影响；成交和重购主要受人员沟通及促销的影响，在某种程度上广告的提醒也会起一定作用。通常，广告与公共关系和宣传在顾客反应的初期层次效果最好，人员沟通和促销则在顾客反应的后期层次效果较好，具体如图 12-8 所示。

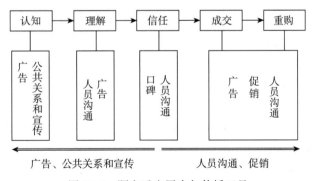

图 12-8 顾客反应层次与传播工具

4. 产品性质

复杂、高价的产品要求详尽的介绍甚至演示，简单的或低价的产品则只需要广而告之即可。因此，企业可以通过广告、公共关系活动进行产品告知、扩大知名度等方面的传播推广，利用促销、免费样品等吸引试用，而利用互联网、展会、人员沟通等对产品进行详细的演示、解说。

5. 推／拉策略

推式策略是指在所有的分销环节上，营销者都是向自己的下游（客户）推销产品，即生产商努力将产品推给批发商，批发商再努力将产品推给零售商，零售商最后竭力向顾客推荐产品。在推式策略中，产品销售的主要动力不是来自顾客的主动购买而是营销者的竭力推动，如图12-9a所示。

拉式策略是指生产商面向最终用户开展大规模的广告、公共关系活动，着眼于激发最终用户的购买欲望，促使最终用户向零售商指定购买本品牌产品，推动零售商向批发商求购产品，批发商再向生产商求购，如图12-9b所示。

当然，大多数产品的销售并不仅仅依赖推式或拉式策略，而是有所侧重地双管齐下，既"拉"又"推"。

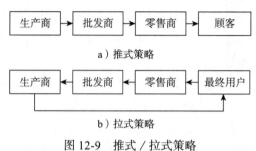

图 12-9 推式／拉式策略

6. 产品生命周期

在产品生命周期各阶段，顾客需求和行为、竞争的不同规定了传播工具运用的不同。

在引入期，传播的主要目标是让尽可能多的目标顾客知道并初步认识该产品，因而，广告的成本效益最好，其次是促进产品试用的促销活动。

在成长期，由于口碑开始发挥作用，需求保持自然增长的势头，企业的主要任务是扩大生产规模、稳定质量、保持并提高市场份额，各种传播工具的作用都有所减弱，广告需要人员沟通的配合来扩大销售渠道。

在成熟期，需求保持稳定，各品牌间产品的实质性差异已经不多，品牌间的竞争主要是品牌形象的竞争。因而，广告的成本效益比人员沟通更好一些，但促销又比广告更胜一筹。提醒性的广告、经常性的公益活动、有规律的促销是成熟期整合营销传播的基本特点。

在衰退期，企业应削减营销传播费用，仅针对老顾客保持一定份额的促销费用，配合少量提醒性广告。

整合传播的目的是保持信息传播的高度一致性并产生巨大的销售影响力，因此，一个有效的整合营销传播计划应具有以下几个特点。

强互补性 不同传播媒介与工具可以建立不同的品牌联想，传播媒介与工具运用的互补性越强，传播效果就越好，品牌联想就越趋于差异化。营销者通过整合要使每一种传播媒介与工具的功能得到充分发挥，使整合效能最大化。

准确覆盖 不同的传播媒介与工具具有不同的受众群体，营销者应综合考虑各种传播媒介与工具的受众范围，设计出最佳的组合方式，从而使信息最有效地送达目标受众。

高一致性 营销者要确保不同传播媒介与工具所传递的信息具有高度一致性，这样才能建立统一的品牌形象，避免顾客品牌认知与联想的混乱。

低传播成本 在保证传播效果的前提下，应努力使传播成本最小。

⊙ 讨论 12-4　　　　　　　"整合营销传播"还是"整合营销"

　　整合营销传播本质上并不只是传播要素的组合。按整合营销传播的提出者——美国西北大学唐·E. 舒尔茨的解释，"营销即传播"，"整合营销传播"看上去只是传播工具或要素的组合，实质上却是营销全要素的整合，是一种整体上的考量，包括战术性要素协调、重新定义营销传播的范围（接触点管理）、信息技术应用、财务和战略整合四个阶段。

　　事实上，"整合营销传播"和"整合营销"不应被理解为两个对立的概念。传播是营销的一部分，营销从需求研究、产品设计到传播推广是一个整体，各个部分必须相互协调。而传播诸要素、工具的综合运用，从不同角度以不同形式向顾客传递需求，引导购买，也必须保持信息的一致性和适度的频率。

12.3.5　衡量传播效果

　　通常，企业不能以销售量增长、市场占有率提高等指标来衡量营销传播的效果，因为这些指标还受到产品质量、价格、产品支持服务等因素的深刻影响。对营销传播效果的衡量只能从目标顾客的认知、态度与行为变化三方面进行衡量。

　　认知　即目标受众是否记住了营销传播信息的主要内容，能否有效地识别出企业传递的相关信息。具体衡量可以通过知名度、认知度在传播前后的对比进行。

　　态度　即目标受众对企业传递的相关信息的情感表现，如喜欢、厌恶、不感兴趣等及其强烈程度。具体衡量可以通过各种情感的目标受众比例的变化进行。

　　行为　即目标受众现在以及将来是否会购买企业的产品。

■ 案例 12-8　　　　　　　**Five Plus 乐探之旅**

　　2012 年 8 月，易传媒为 Five Plus 策划了"Five Plus 乐探之旅——明星联动畅享英伦风，试穿赢取限量包"活动。此次乐探之旅，正值伦敦 Camden Crawl 音乐节举行之际，音乐爱好者、网民只要在视频节目中看到任何一款自己喜欢的服装，就可以到线下试穿并分享自己的明星范，并有机会获取明星版限量包。

　　该活动突破传统时尚新品发布的壁垒，结合时下最立体的"视频联播节目+互联网广告+EPR"整合传播策略，巧妙地展示出 Five Plus 乐探之旅"英伦风"的品牌内核。活动仅持续一个多月，但活动曝光量超过 1 774 万次，Five Plus 的品牌偏好度从 14.66% 上升至 27.4%，整体提升 87%；受众对 Five Plus 品牌的购买意愿从 13.55% 上升至 28.55%，整体提升 110.7%。

　　资料来源：2012 年度中国网络广告最佳整合营销案例奖——易传媒 [EB/OL]. (2012-12-26) http://www.ciweekly.com/article/2012/1226/A20121226557946.shtml.

本章小结

1. 营销传播是营销者使用能被目标受众正确理解的方式，向其传递营销信息并使之接受反馈的活动。其目的在于提升目标受众对企业及品牌、产品的认知，最终是使目标受众的态度、行为发生有利于企业经营的改变。

2. 人们的行为变化是一个渐进过程，包括知识的改变、态度的改变、个人行为的改变和群体行为的改变四个阶段。外界刺激是影响态度和行为改变的重要因素，营销者可以通过信息、情境和价值三个方面的刺激来逐步改变目标顾客的态度和行为。

3. 传播模式包括发出者、编码、信息、媒介、接收者、解码、反应、反馈、噪声九大要素。传播媒介是指能够向受众传递信息的各种工具和手段，可分为人际媒介和非人际媒介。

4. 营销传播工具本质上是营销信息载体或表达形式，包括广告、公共关系和宣传、促销、人员沟通。

5. 广告是由明确的主办人发起并付费，通过非人际媒介展示和推广创意、产品信息的传播活动。作为最常用的营销传播工具，广告的形式和用途多种多样，具有公共性、表现力强和非强制性等特征。

6. 公共关系和宣传是指企业赞助社会公益性项目，或在媒体上发布重要技术进展，或获得有利报道、展示等非直接商业性活动及信息传播活动，其直接目的是促进公众对企业认识、理解及支持，树立良好的企业（品牌）形象。公共关系和宣传的基本特征是高可信性、少戒备性和富戏剧性。

7. 人员沟通是指企业派出业务人员与现实或潜在客户进行面对面的陈述和交流。人员沟通的特征主要体现在互动性、长期合作性、及时性和针对性等方面，是一种最全面、最有效、成本也最高的传播工具。

8. 促销又称销售促进、营业推广或销售推广，是通过提供直接的短期利益以刺激顾客购买欲望、提高中间商的销售积极性与销售效率而进行的各种信息传播及市场推广活动。促销具有让利性、吸引力强和起效快的特点。

9. 一项有效的营销传播开发的流程和内容，包括确定目标受众、设定传播目标、设计传播信息、选择传播工具、编制传播预算、整合传播和衡量传播效果七个部分，前五个内容构成整合传播方案。

10. 目标受众是营销者期望通过传播来影响或改变其行为，达到传播目标的对象。除了确定目标受众，还要掌握目标受众的基本特征、媒体偏好、关注的利益点、目前的态度等内容。

11. 以效果层次为基础，传播目标可分为知晓、认知、偏好、信任、购买。

12. 设计传播信息包括诉求主题、创意、信息结构、信息形式和信息源五个方面的决策，最终形成的信息应满足5C，即清楚、正确、完整、简明和建设性。

13. 整合传播是指企业通过对各种传播工具、工具的协调配置和综合运用，最大限度地增强营销传播活动的影响力，从而达到有效、明确和连续一致地完成企业传播目标的行为过程。整合传播的核心思想是协调一切媒介，整合一切传播工具，使用一个声音，创造一个形象。
14. 整合层次、市场类型、顾客反应层次、产品性质、推/拉策略、产品生命周期是影响整合传播的主要因素。

基本概念

营销传播　情境影响　人际媒介　非人际媒介　广告　促销　公共关系　形象代言人　危机管理　人员沟通　媒体偏好　理性诉求　情感诉求　道德诉求　创意　整合传播

简答

1. 营销传播的本质是什么？
2. 请描述人们行为改变的基本过程和主要外部刺激因素。
3. 描述传播的基本过程和构成要素。
4. 请分析不同传播媒介的特点以及它们的适用场合。
5. 广告、公共关系和宣传、促销和人员沟通各自的目标、特点是什么？如何配合使用？
6. 主要的沟通目标有哪些？如何为一次沟通确定目标？
7. 设计传播信息包括诉求主题、创意、信息结构、信息形式和信息源五个方面的决策，最终的信息应满足什么要求？
8. 影响整合营销传播组合的因素有哪些？

思考

1. 选择一个传播活动，分析它的目标受众、传播目标、诉求主题、信息设计、传播工具运用，从整合传播的视角分析其合理性和缺陷。
2. 设计一次以新生为受众、以帮助他们正确理解大学生活为目标的传播活动。

实验

从影视剧中截取两段包含嵌入式广告的片段，如果学校有眼动仪或脑电仪，请几个同学作为被试，测试他们在观看这些片段时的眼动或脑电反应，并分析之。如果没有此类设备，也可以采用回忆的方式，请同学回忆看到了哪些画面或情景。

动手

创意一次班级集体活动，为该活动制作一款电子邀请函，并解释该邀请函的诉求主题、信息结构和信息形式。

 互联网——今世有缘 相伴永远

"缘"在炎黄子孙的心中是一个内涵丰富、充满美好情感而又略带神秘的字眼。缘字在汉语中构词功能强，在社会交际语言中使用的频率也很高：缘分、姻缘、因缘、夙缘、缘故、缘由、机缘、随缘、尘缘、三世有缘、宿世因缘、广结善缘，等等。

登录今世缘官网，用本章理论看看今世缘官网是怎么演绎"缘"的。

第13章
互联网传播

互联网是以一种全新的传播媒介开始进入人们的视野和生活的,传播也就成了互联网最早的商业应用。作为一种具有多媒体性质的双向、互动、即时传播媒介,互联网的传播模式已发生了本质性变化,为广告、公共关系等提供了远比传统环境下丰富得多的形式,尤其是其精准投送、效果测量更是改变了传统的广告运营模式,企业再也不需要为多余的广告投放买单了。所谓"我知道我的广告有一半浪费了,但我不知道是哪一半"从此成为历史。

毫无疑问,传播是最重要的营销活动,而互联网携社会化媒体使自己成为史上最强大的传播工具,使传统传播模式发生了本质性的变化,无论是广告、公共关系和宣传还是促销活动,现在都是双向的、自传播的,都有了更为丰富多彩的形式,投放更为精准,效果的衡量也更为精确。

13.1 互联网传播模式及优势

如果说传统传播是一种信息发出者和接收者相对明确的传播模式,那么互联网传播则是一种模糊了信息发出方和接收方的传播。图13-1表明了互联网传播模式及传播过程、主要要素及其互动关系。

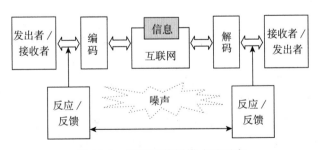

图 13-1 互联网传播模式及要素

如果说传统媒介环境下的信息传播更多的是一种传递,是单向的,即一方发出信息,另一方接收信息,时间上是滞后的,反馈是隐性的,那么,互联网环境下的信息传播则更多的是一种沟通，是双向的，双方都既是信息的发出者，也是接收者，时间上可以是即时的，反馈是显性的。显然，这种双向、即时和显性的反馈构成了互联网传播的基本优势。

13.1.1 互联网沟通模式及要素

对比传统传播模式，互联网传播模式是双向的，所有人都是信息发出者，同时也是信息接收者。当然，营销者和顾客在信息的主题、组织、表达、主动性等各方面还是有区别的。

首先，营销者发出／顾客接收的信息主题主要是品牌、产品、促销等供给信息，而顾客发出／营销者接收的是顾客的需求信息，或顾客的产品消费体验（评价）。

其次，营销者发出／顾客接收的信息是以图形、文字、视频等形式组织的，而顾客发出／营销者接收的信息主要是顾客的浏览、选择和决策行为，这些数据反映的顾客态度、行为倾向需要营销者运用大数据分析等现代智能技术进行分析和解读。

再次，总体上来说，营销者的信息发布和接收是主动的、有计划的，信息编码是有设计的，总是竭力向顾客推送，呈现于顾客的手机屏幕，记录顾客的所有行为。而顾客的信息发出和接收则是相对被动的、随机的，信息编码是随意的。

最后，营销者总是在试图获取顾客的所有信息，大到人口统计特征，小到行为细节（什么时候、在什么位置、看了什么，等等）。而顾客则力图保护自己的隐私，不想成为一个透明人。

互联网环境下的传播依然存在各种噪声，影响着信息的传播和双方对信息的理解。由于互联网环境下顾客之间的相互交流变得相对容易，噪声的影响也变得更加强大了。

从构成要素上看，互联网传播模式和传统传播模式没有差别，依然是九个要素。只是每个要素都不再为单方面所有，而为双方所拥有，即双方都要编码，也都要解码，双方都会对对方做出反应和反馈，也都需要选择具体的互联网信息通道——网站、社交应用、搜索等，以向对方发送信息，获取对方的信息。

当然，最重要的是现在的信息载体是数字的、多媒体的，它具有更强、更灵活的表现能力，而且发布者可以随时更新信息内容，使之与当前的活动保持一致。

13.1.2 互联网传播的特点

相对于传统传播模式，基于互联网的技术特点和传播模式、要素的变化，互联网传播具有以下几个特点。

内容递进 在互联网上，营销者发布的营销信息可以包含众多链接，这些链接引导浏览者逐步进入更为详尽的内容页面，如产品介绍、产品演示、价格和技术参数等。即互联网上的营销信息是逐步递进、层层展开的，营销者通常只需要给出一个简洁的、具有诱惑力的信息（图片、动画、文字等），引导浏览者点击即可。

随时更新 信息发布者现在可以随时更新信息内容，表达自己最新的想法，传播最新的促销活动。

富媒体表达 传统传播媒体之间是相对独立、各有特点的，如电视台主要传播视频信息，广播主要传播音频信息，而报纸、杂志、出版社主要传播的是文字和静态图形信息，而这三者在互联网上可实现有机的结合，使互联网成为一种富媒体。富媒体特性使互联网的信息表达和传播有了比传统媒介更为强大的表现力。

精准投送 传统媒体的受众和营销目标受众只能部分重合，不可能完全重合；传统媒体都有自己固定的投放时间安排，不一定能与目标受众的阅读时间、习惯重合。因而，传统媒体的信息投放总是带有一定盲目性的，而互联网可以根据顾客浏览行为分析进行精准投送。

双向、互动、即时 互联网传播可以实现双向和互动，这里没有严格的发出者和接收者的区分，营销者和顾客都可以是信息的发出者或接收者。反应和反馈可以是即时的，任何一方接收和理解信息后都可以迅速做出反应，顾客可以即时下单以免错过优惠，营销者可以根据顾客的浏览做出即时推荐，以帮助顾客迅速做出决策，当然这种推荐在多大程度上能够击中顾客心理取决于人工智能算法的发展。

13.1.3 互联网传播的优势

相对于传统媒体，互联网传播的优势主要表现在信息发布能力、交互能力、信息管理和查询能力三个方面。

1. 信息发布能力

传统媒体的信息发布普遍是以报刊、电视、广播、户外广告等为发布媒介，与这些传统媒体相比，互联网的信息发布能力具有明显优势，见表13-1。

表13-1 互联网与传统媒体信息发布能力的比较

项目	互联网	报刊	电视	广播	户外广告
表现形式	多（富）媒体	图文	多（富）媒体	音频	图文
表现力	极强	弱	极强	弱	中
分享性	易分享	难分享	不能分享	不能分享	不能分享
覆盖面	全球	有限地域	有限地域	有限地域	非常有限
精准性	精准	粗略	粗略	粗略	随机
及时性	即收即发	差	尚可	尚可	非常差
互动性	强	无	无	无	无
信息量	巨大	有限	大	大	小
存储性	易	不易	即逝	即逝	即逝
成本	极低	低	高	低	高
获取性	极易	易	订阅	易	偶遇
再读性	易再阅	可再阅	不可回看	不可回听	依然偶遇

从表13-1所列各项的比较中可见，通过互联网发布信息，不管是发出方还是接收方，均比传统媒体方便、高效、时效性强，且可互动、使用成本低、归档保管查询简便快捷。随着传统媒体向互联网靠拢，许多传统媒体现在也通过互联网以数字形式发布，其劣势也就不复存在，但已经很难再说它是传统媒体。

2. 即时交互能力

营销传播要求大量的信息联络，量大、频繁，需要不断反馈，而传播的有效性恰恰在于双向和交互，这只能由通信联络来完成。通信联络手段有邮寄、电话、传真、互联网等方式。互联网通信联络的优势在营销传播活动中更加明显，见表 13-2。

表 13-2 通信联络方式的优缺点比较

	地域性	及时性	安全性	管理性	传输能力	反馈及成本
互联网	全球性	即时	较高	方便	巨大	快、成本低
邮递	多死角	滞后大	低	难	小	慢、成本高
电话	全球性	即时	较高	不能	只能语音	快、成本适中

曾经，邮件是人们与远方的亲人、朋友沟通的主要方式，也是机构传递文件的主要方式，互联网的第一波应用——E-mail 就已经基本替代了邮件。随着互联网的进一步发展，目前的电话系统融入互联网已是必然。随着互联网安全性进一步提高和数字认证的发展，相信在不远的将来，邮件也终将彻底成为历史，只存在于记忆之中。

3. 信息管理和查询能力

在传统传播方式下，顾客由于记忆力有限，很难在大脑中储存企业发布的各种信息，经常会在需要时找不到所需的信息，企业只好花费大量的费用保持经常的、重复性的信息发布以增强顾客的记忆。利用互联网发布的任何营销信息，任何顾客都可以随时登录企业网站调阅，或随时再搜索查阅，甚至按他自己的喜好下载、组织并进行管理。互联网所提供的信息管理和查询的便利性及低成本是传统媒体远不能企及的。

传统营销传播包括广告、公共关系和宣传、人员沟通、促销四种工具。人员沟通是双方业务人员面对面交流，属于人际沟通，虽然互联网可以提供视频电话、视频会议等近似人际沟通的方式，但不改变人际沟通的基本流程、原理和方法（形式）等，故这里对人员沟通不再赘述。

13.2 网站（客户端）及社会化媒体

网站是互联网的基本构件，是所有互联网活动、信息的源头，可以说，互联网就是由无数个互联互通的网站构成的信息传播网络。企业网站则是企业通向其顾客和公众的门户。说互联网是一种传播媒介，实则上是指网站是一种传播媒体。

移动互联网的出现改变了网站的形态，它们摇身变为**客户端**（或称应用、App），其实这些客户端只是网站的入口，打开 App 就是打开相应的网站。当然，它们现在是最重要的入口，但不管是手机还是电脑，能容纳的客户端都是有限的，于是让客户端占据客户手机或电脑内存并经常打开，成为网站（App）生存及作用发挥的第一要务。

和传统媒介不同，网站是开放的、可扩充的，浏览者除了浏览，也可以在上面留言（跟帖），还可以将喜欢的内容转发到其他网站，因而网站内容是可自传播的，所以广义上整个互联网或所有的网站都是社会化媒体，但从狭义上看，社会化媒体仅指那些以浏览者为创作者、传播者的网站。由此我们把网站分为两类：网站（客户端）和社会化媒体。

社会化媒体的概念及特点详见第 2 章 2.3 节。表 13-3 是目前我国社会化媒体格局的基本概况。从基本形式看，社会化媒体可分为沟通、讨论和分享三类。

表 13-3 我国社会化媒体概况

类型		首创者	国内效仿者
沟通	即时通信	MSN	QQ、微信、百度 Hi、FastMsg、UC
	娱乐社交网络	Facebook	开心网、西祠胡同、豆瓣、QQ 空间
	职业社交网络	Linked In	人和网、猎聘网、虎嗅网
	E-mail	Hotmail	网易、新浪、QQ
讨论	博客	Blogger	博客中国、新浪博客、和讯
	微博	Twitter	新浪、腾讯、网易、搜狐
	论坛	BigBoards	天涯社区、猫扑、搜狐社区、帖易
	百科	Wikipedia	百度百科、SOSO 百科、MBAlib
	问答	Answers	百度知道、新浪爱问、知乎
分享	消费点评	Yelp	饭统网、大众点评、口碑网
	音频分享	Flickr	酷狗、QQ 音乐、虾米、喜马拉雅
	视频分享	You Tube	PPTV、土豆、优酷、奇艺
	社会化书签	Delicious	QQ 书签、抽屉、新浪 ViVi 收藏夹
	社会化电子商务	Groupon	拉手、美团、聚划算、糯米
	社交游戏	Zynga	腾讯游戏、淘米网、五分钟
	签到/位置服务	Foursquare	街旁、微领地、开开、切客

社会化媒体是一种自传播媒体。一则生动有趣的信息，可以瞬间通过访问者的相互转发而获得大范围的传播，而且对信息发布者来说是零成本。因此，社会化媒体理所当然地改变了营销传播方式。如何适应社会化媒体的特点以发挥其正向作用是今天营销传播面临的最重要挑战。

13.2.1 网站（App）类型

根据各类网站或应用在企业营销传播中作用的不同，我们把互联网网站归纳为官网、新闻网站、商务网站、游戏网站、专业网站、个人网站和检索（搜索）网站七种类型。

> ⊙ 材料 13-1　　　　　　　　我国网站及应用数量
>
> 根据中国互联网络信息中心 2019 年 2 月发布的《中国互联网络发展状况统计报告》：截至 2018 年 12 月，我国（不包含 .EDU.CN 下）网站数量为 523 万个，较 2017 年年底下降 1.9%；".CN"下网站数量为 326 万个，较 2017 年年底增长 3.4%；网页数量为 2 816 亿个，较 2017 年年底增长 8.2%。
>
> 我国市场上监测到的移动应用程序（App）在架数量为 449 万款，我国本土第三方应用商店移动应用数量超过 268 万款，占比为 59.7%；游戏类应用数量超过 138 万款，排名第一占比达 30.7%；生活服务类应用规模达 54.2 万款，排名第二，占比为 12.1%；电子商务类应用规模位于第三，超过 42.1 万款，占比为 9.4%。

1. 官网

官网是指各种社会机构——政府、企业、学校及各种社会团体向社会介绍和展示自己历史、传承、使命、组织、业务及活动的网站,是企业在互联网上的门户。所以,官网是企业营销传播最重要的舞台,是企业所有营销传播信息的源头,它向社会公众、顾客提供他们希望了解的有关企业的所有信息。今天,所有企业都应该建立自己的官网。

2. 新闻网站

新闻网站(App)主要向访问者提供各类新闻、评论和分析等,如新华网、人民网、央视网、凤凰网等。新闻网站相当于传统的新闻媒体,如《经济观察报》《瞭望周刊》、中央电视台等,几乎所有的传统新闻媒体都有了对应的互联网网站,并把重点转向互联网。大多数新闻网站建立了移动客户端作为移动互联网的入口。由于计算机的大容量和易检索,大多数新闻媒体网站正在全力向全方位新闻领域拓展,不再将自己定位为政治、经济、军事、农业或社会新闻网站,而是在网站内部用频道加以分类,也不再区别是报纸、期刊还是广播、电视台等,都在全媒体发展。

企业可以在新闻网站上利用网络广告、链接、社区等网络营销工具与访问者进行一般性沟通,以扩大企业的知名度和美誉度,这类似于企业在报纸、广播、电视、户外媒体等传统传播媒介上做广告或开展其他营销活动。

虽然新闻网站在向大而全的方向发展,但毕竟还是各有侧重,尤其行文风格、关注重点、基本观点和立场不同,选取的新闻和视角也会有所不同,不同的新闻网站仍然会有其不同的访问群体,因而企业在选择新闻网站时也必须首先了解各网站访问者是否包括目标顾客群体,并根据他们的上网行为特征选择和运用营销传播工具。

3. 商务网站

商务网站(App)是指专门从事产品或服务销售的网站,也指移动互联网应用。商务网站在商务链条中的地位相当于传统的经销商——批发商或零售商,或企业销售机构,详见11.3.3节。它的访问者具有较强的购物倾向,是潜在顾客,因而适合在商务网站上开展的营销传播活动是各种促进立即购买的销售促进。

和传统的批发商和零售商不同,商务网站的访问者并不受地域的限制,实际销售则受制于物流半径。它还是售点广告(POP)、促销活动的适当发布地,因此也是一种大众媒体,一种营销活动的媒体。商务网站也是顾客交流的场所,对所购产品和服务进行评价的场所,是一个顾客社区,这既形成对网站经营者的监督,也为顾客购买决策提供了便利。这些都是它优于传统实体批发商和零售商的地方。

4. 游戏网站

互联网游戏网站(App)是指专门提供互联网(线上)游戏服务的网站,大多数社交应用也会提供游戏应用或游戏入口。互联网游戏种类非常广泛,动作、冒险、模拟、角色扮演、休闲、益智的应有尽有,有适合多人的、集体的,也有适合个人的;可以是纯粹的游戏，也可以是游戏形式的产品展示，当然也可以是两者的混合。

由于互联网游戏能够对现实情景进行高度模拟或升华，游戏中的角色和背景、角色的装备、道具和服装等都可以成为嵌入式广告的理想载体。由于游戏者对角色的融入、偏爱，角色的用具自然也就成为游戏者的偏爱。另外，企业也可以直接制作游戏来演示产品和服务的原理、功能和使用方法等。游戏是互联网提供给企业的一种全新营销工具。

5. 专业网站

专业网站是指提供某类具有一定专业水准服务的互联网应用，如工具（百科、词典、地图等）网站、财经网站、学术网站等。这类网站基本上相当于传统的专业性报纸杂志，其商务模式也大致相同，即向访问者收取费用。不同的是，企业也可以直接建立此类网站，并利用此类网站间接服务于企业的传播活动，如建立与产品相关的技术交流社区。

作为营销传播活动的平台，此类网站的优势在于由它的专业性衍生出来的专业技术的可靠性，劣势在于较少的访问量。如果希望做旅游产品方面的宣传，地图网站就是一个非常好的平台，无论是因为什么原因进行旅行，看看沿途、目的地周边有些什么景点、酒店和餐饮都是自然而然的。

⊙ 讨论 13-1　　　　　　　怎么看待这个不正经的网站

相较于各类专业网站，一个叫"狗屁不通文章生成器"的很不专业的网站近日却十分火爆。据说，该网站的诞生源于一个知乎用户的请求：学生会退会的 6 000 字申请怎么写？于是，一个热心网友就自称随便写了个项目——狗屁不通文章生成器。

你随便输入一个想写的题目，立即就能获得一篇紧扣题目、针对某一观点或论题反复论述的"重量级"文章。但仔细阅读就会发现，这篇文采飞扬、引经据典的文章，被浓浓的"油腻"感包围，言之无物、模式化、零逻辑、没感情、无生命力、前言不搭后语、狗屁不通！

这是无聊的恶搞，还是针对形式主义的嘲讽？还是说背后隐含着商机？你怎么看待这个不正经的黑科技网站？

---

6. 个人网站

个人网站是个人在互联网上的展台，系统展示个人经历、思想和观点。企业可以为企业创立者及做出重大贡献的技术人员、经营人员建立个人网站，宣传这些人的奋斗经历、思想演变，对社会经济问题的思考、对年青一代的期望，通过提升他们的形象来提升企业的美誉度和知名度。企业还可以通过和企业外部知名人物或知名专家个人网站的合作，利用名人效应和专家意见开展网络营销活动。

7. 检索（搜索）网站

互联网不仅包含海量信息，更重要的是这些信息可以被方便地搜索和检索：搜索使我们能方便地找到自己所需要的信息，检索可以将这些信息按所需要的规则排序。不仅有专业的检索（搜索）网站，检索（搜索）也几乎是网站的标配，大多数网站会提供站内信息搜索和检索。由此，搜索不仅曾经是人们进入互联网的最重要入口，也是使用最多的应用。成为"热搜"几近是企业营销传播的最高荣誉。

检索（搜索）并不限于社会热点，人们还利用检索（搜索）服务寻求知识、产品、品牌信息，进行价格比较，以做出正确的购买决策。所以，企业不仅要主动登录专业检索网站，提供自己的价格信息、服务信息，还要方便这些网站能够容易地检索到这些信息。

随着互联网的不断发展，相信还会有更多的新型网站出现。正如营销的真谛在于创造而不是模仿一样，作为企业面向顾客的窗口，与众不同永远是网站创立和利用的首要原则。

13.2.2 沟通类社会化媒体

沟通类社会化媒体是指主要以双方或多方无特定主题的、以应答方式进行信息交流的互联网应用。信息一般是日常的、事务性的、随意的，一般没有特定目的。当然，基于社会化媒体自由平等的基本特性，其实很难对不同社会化媒体做出明确的功能区隔，尤其是用户最多的沟通类社会化媒体，你并不能要求用户只许做这个，不许做那个，只是适用性不同而已。沟通类社会化媒体主要包括即时通信、社交网络、E-mail及短信。

1. 即时通信

作为一种终端服务，即时通信最初是以好友间一对一的聊天服务开始，经过发展壮大，其功能也远不限于一对一的文字聊天，群聊、语音聊天、视频聊天、文件传输、信息分享等不断地丰富着人们的交流方式。同时，附加于其上的非（即时）通信功能也越来越多，这些功能在丰富人们生活的同时，也正成为强有力的营销传播工具。实际上，任何网站上的客户服务都可以看作是一种即时通信服务。

■ 案例 13-1   **真约 App 成就美好姻缘**

2019年12月18日，实名制相亲即时通信软件——"真约App"上线。真约App运用人脸识别技术、大数据，实施互联网+相亲战略，为中国2亿多单身成年人提供真实免费的相亲平台，打造全新婚恋生态链。

真约App功能强大，使用方便，注册实名制，使用免费。为了强化相亲特质，真约技术团队进行了系列活动模块的设计与提供。相亲活动模块包括在线活动发布、用户在线报名、活动电子票、活动签到、结算等功能；在线视频约会模块包括发起约会、约会专人审核、约会跟进、约会预热、视频约会、约会总结；在高级搜索模块，会员可根据性别、年龄、身高、婚况、学历、职业、收入、籍贯、工作地区、兴趣爱好等综合条件搜索出符合你要求的人，精准定位你的爱情，快速找到意中人。

资料来源：改编自实名制相亲即时通信软件"真约App"上线 助力粤港澳万人相亲会 [N/OL]. 商务观察，2019-12-24, https://baijiahao.baidu.com/s?id=1653781410101064636&wfr=spider&for=pc.

目前，即时通信在网络营销传播中的运用主要体现在以下几个方面。

入口、好友和广告 既然人们几乎片刻都不能离开即时通信，即时通信就理所当然地成为通向各类网站、产品和服务的最佳入口。入口形式一般包括好友链接和广告链接两种。好友链接是指以某种合理的方式加入主人通讯录，成为主人社交圈的特殊好友——如公众号、小程序等。取得好友身份（受关注）后，既可以像一般好友一样主动或被动地和主人对话、聊天，发送相关信息（文章、视频等），也可以链接进入网站，这时，这些链接在本质上就是相应应用的入口。广告链接是指在即时通信非私人聊天页面发布广告，以获得浏览或点击。和好友链接不同的是，广告内容是主动呈现的，而不是用户点击的结果。

顾客服务 随着技术的发展，顾客对服务的及时性要求越来越高，现在，大多数顾客希望即刻获得有关产品疑问的答复，显然即时通信服务在理论上能够满足这一要求。不过由于这种方式对顾客服务人员要求很高，占用人工也比较多，顾客服务成本会增加，因此还很难被广泛采用。随着人工智能的不断进步，即时顾客服务一定会成为所有企业的标准服务配置，所以这种即时服务已经成为一种不可忽视而且是最受欢迎的在线顾客服务手段，尤其是在网上零售、网上保险等对顾客服务要求较高的应用领域。

消费者教育 现在的即时通信服务都具备群交流（聊天）功能，这就为已有用户或感兴趣的潜在顾客聚集成群提供了便利，他们可以在群里相互交流，共同分享对该产品的知识，并就一些问题互相讨论。既可以实现"相约购物"，增加网上购物的乐趣，也有助于顾客对产品的快速了解。更重要的是，产品提供者可以参与其中，既可以随时释疑解惑，也可主动发布一些产品知识或信息。

2. 社交网络

相对于私人、熟人之间一对一沟通的即时通信应用，社交网络应用则侧重于陌生人、群体之间的交流，以共同话题或兴趣聚集成一个个社区。从这个意义上看，社交网络中不同社区的形成和目标市场的形成原因是类似的，因而是较即时通信更为适合的营销传播媒体。但现在即时通信也具备形成不同社区（群）的功能，社交网络的这种优势由于用户的减少而逐渐失去。也许，随着即时通信应用越来越成为一个整合了多种应用功能的综合性平台和入口，社交网络本身也会渐渐退潮，两者之间的区别逐渐消失。

相反，职业社交网络由于其专注于职业领域的社会交际，能够为人们的职业发展、职业人脉的形成、商务活动提供有效帮助而持续发展，会员在其中也更多地关注各个专业领域的发展，是一个很有前景的网络营销媒体，尤其对产业市场而言。

■ **案例 13-2**   **领英中国 2.0**

2019 年 5 月 7 日，全球最大的职场社交平台 LinkedIn（领英）在中国启动战略升级。自 2004 年 2 月 LinkedIn 进入中国，现用户数量已超 4 700 万，合作的企业和政府客户超过 1 000 家。

> 谈及下一个五年发展，领英中国的新任掌舵者陆坚表示："在中国职场人的职业发展趋势和职业需求趋势逐渐高涨的前提下，领英中国 2.0 战略将依托全球社交网络开展三个核心策略：一是产品，打造一站式职业发展平台；二是竞争，利用全球品牌和海量数据的优势；三是建设职场开放生态。基于全球的会员网络，领英将进一步探索更契合中国经济发展趋势的职场社交、数据洞察和产业生态的有机融合，实现由'全球职场人脉的连接器'向'一站式职业发展平台'的转型升级。"
>
> 资料来源：领英中国总裁陆坚：入华五年，带给我们的三点教训 [EB/OL]. (2019-05-07). https://blog.csdn.net/dQCFKyQDXYm3F8rB0/article/details/89924264.

3. E-mail

电子邮件（electronic mail）也称 E-mail，是用户或用户组之间通过互联网收发信息的服务，是互联网用户之间快捷、简便、可靠且成本低廉的现代沟通手段，已成为企业进行顾客服务的主要方法。E-mail 是一种私人沟通工具，利用 E-mail 推送的信息只有邮箱主人可以看到。E-mail 营销传播就是通过电子邮件传递营销信息给收件人。

按照发送信息是否事先经过用户许可来划分，可将 E-mail 分为**许可 E-mail 营销**（permission email marketing，PEM）和**未经许可的 E-mail 营销**（unsolicited commercial email，UCE）。未经许可的 E-mail 营销也就是通常所说的**垃圾邮件**（Spam），正规的 E-mail 营销都是基于用户许可的，在没有特别说明的情况下，本书所讲的 E-mail 营销均指 PEM。

我们也可以按照 E-mail 地址的所有权进行分类。潜在用户的 E-mail 地址是企业的重要营销资源，根据对用户 E-mail 地址资源的所有形式，可将 E-mail 营销分为内部 E-mail 营销和外部 E-mail 营销。内部 E-mail 营销是一个企业利用一定方式获得用户自愿注册的资料来开展的 E-mail 营销；外部 E-mail 营销是指利用专业服务商的 E-mail 营销服务，企业并不拥有用户的 E-mail 地址资料，也无须管理维护这些用户资料及取得授权。

使用 E-mail 进行营销的主要形式包括新闻邮件、促销邮件和回复邮件。

新闻邮件　新闻邮件就是通过 E-mail 给顾客发送企业新闻通讯稿，这种新闻通讯稿的主题应是围绕行业发展的，如新产品开发、产品技术进展、行业协会活动、行业展会等内容，适当地可以加入一些企业领导者、销售人员与客户之间就产品研发、服务等开展的联谊活动，参加的公益活动等，但依然应该突出行业性，否则就会变成赤裸裸的广告。

促销邮件　促销邮件以产品信息、特价信息或其他促销信息为主，新闻为辅。

回复邮件　这是对客户邮件的回复。回复可以是即时的、低成本的和简洁的自动回复，也可以是人工的详尽回复。一个好的回复邮件既应该是迅速的，答复的内容也应该是能够解惑的、令人满意的。仅仅是一个简单的收到答复是没有意义的，智能客服应能识别客户的问题，并且给出相应的回答，不能时应及时转为人工答复。

> **材料 13-2　　　　　　海外 E-mail 营销报告的建议**
>
> 美国电子邮件营销服务公司 Return Path 和软件公司 Demand Metric 发布《2018 电子邮件营销报告》，呈现出 E-mail 营销的最新发展动态。
> （1）只有 6% 的品牌表示在过去一年的 E-mail 营销过程中没有遇到任何挑战。
> （2）设有特定营销目标的邮件效果更好，比其他邮件的关注度高 5 倍。
> （3）邮件点开率低于平均线的品牌，其盈利也在下降的概率比其他品牌高 5 倍。
> （4）接近 3/4 的平均开放率高于平均水平的品牌都会使用一些技术手段去预览 E-mail 营销活动的发布效果。
> （5）平均邮件打开率高于 15% 的品牌，其邮件的点击率也高于 15% 的可能性比其他品牌增加了 14 倍，且营销效果显著改善的可能性也增加了 7 倍以上。

E-mail 作为营销传播工具具有"推"的性质，同时又是私人的，因此在使用时特别要注意两点：一是要基于用户许可；二是发送的信息对客户是有价值的，也就是包含客户需要的信息，否则就会成为令人痛恨的垃圾邮件。

此外，发送邮件时还要注意以下几点：一是使用带有企业域名的 E-mail 地址，以令人信服；二是信件中要包含代表公司形象的标志性图案或文字；三是回复邮件要注明来信的问题；四是电子邮件的写作风格要符合企业文化；五是在邮件中尽量使用对方的名字，避免使用笼统的称谓；六是要简洁，以保证电子邮件被认真地阅读；七是要尽可能快地回复。

4. 手机短信

手机短信也是一种私人沟通工具，不管是性质还是应用都类似于 E-mail，而且由于智能手机具备良好的多媒体功能，因此短信也能实现多媒体信息推送，只是习惯上，短信的内容大多短小精悍，这里不再赘述。

13.2.3　讨论类社会化媒体

这里的讨论类社会化媒体是指主要服务于对某一话题有共同兴趣的人群，并进而对这一话题进行相对深入的、经常性讨论的互联网应用。话题既可以是关于日常生活的，也可以是关于财经、军事、科技的，还可以是茶余饭后的八卦。它区别于沟通类社会化媒体的主要特征是群领袖就该话题发表的意见是有一定篇幅、深度和论证的，而不仅仅是简单的几句话、一个标题，其他成员则会就该意见跟帖，跟帖则形式多样。

从一个需求先由消费领袖产生，由消费领袖带动群体，再由一个群体扩散至另一个群体的需求传播规律看，讨论类社会化媒体的传播特征几乎完美呈现了这一需求传播规律，可见它是一种极其重要的营销传播工具。目前，属于该类媒体的应用主要有博客（微博）、论坛（聊天室、问答）和百科。

1. 博客（微博）

博客最初的英文名称是 Weblog，由 web 和 blog 两个单词组成，即网络日记，也指在互联网上发表和张贴个人文章的人。大多数博客专注于特定或有限领域，如思想、历史、经营管理、营销、文学艺术、摄影、视频或音乐等，读者则可以跟帖表达意见。博主（博客作者）发布博文吸引粉丝，读者加关注成为博主的粉丝，由此形成一个具有特定偏好的粉丝群体。

大部分博文以文字为主，但一篇图文并茂的博文显然更具吸引力，所以，越来越多的博文会插入图片、视频、音乐等，这既取决于博主的专注和耐心，也取决于博客网站提供的制作工具。由于长篇博文需要博主投入大量的精力和时间，这是许多知名人士、专业人士难以承受的，而普通人又缺乏足够的论述能力，于是就派生出了微博，并成为主力。

利用博客进行营销传播就是企业基于博主的知识、兴趣、生活体验和知名度、号召力，通过其博文发布，传播企业、品牌、技术或产品的相关信息，同时密切关注并及时回复粉丝和浏览者的相关疑问以及咨询，达到接触、影响博主粉丝或其他浏览者的传播目的。所以，博客传播首先要建立博客（员工博客和顾客博客），然后开展博客秀（发布博文并圈粉）。

员工博客是指由企业员工（包括企业领导者、专业技术人员和生产人员、销售人员和顾客服务人员等）创立的博客。

■ **案例 13-3　　　　　坐拥 4 000 万名粉丝的小米高管们**

4 月 9 日是小米的米粉节。2019 年凌晨 1：39，雷军一如往常在微博上吆喝，"如果你还没有睡，可以到小米商城去逛逛，我们正在举办各种优惠回馈活动。"

据红星新闻记者统计，小米官网公布的 15 名高管中，有 13 名高管开通了微博，截至 2019 年 4 月，共拥有粉丝 4 140.07 万名。其中，雷军本人拥有 2 123 万名粉丝，有 5 名高管拥有金 V（即月阅读量超过 1 000 万人次）。此外，还有一批认证为"小米产品经理"的微博用户也较之前明显提高了发博频率，微博文字也更具互动性和人性化。

记者就此询问了小米相关人士：小米内部是否针对微博制定了什么战略？对方回应称，微博一直都是小米和米粉、用户沟通的渠道，小米可以通过微博收到一线消费者的反馈和意见。至于中高管近段时间在微博表现活跃，可能是因为现在他们接触一线消费者和用户的机会比较少，所以需要这样的平台去了解。

资料来源：小米高管坐拥 4 000 万粉丝成微博大 V　互联网模式还有效？ [EB/OL]. (，2019-04-09). https://new.qq.com/omn/20190409/20190409A0K7GT.html.

顾客博客是指由企业顾客创立的博客。最为理想的情况是，顾客是产品的消费意见领袖⊖，博客以产品的使用体验与分享为核心，此时的博客也就成为该产品消费、体验、

⊖ 消费意见领袖，此处想表达，这部分消费领袖本身又具有极强的专业知识。

分享、交流的圈子。在实际操作中，通常由产品代言人创立博客，企业可向代言人供稿，以代言人博文的方式和粉丝交流产品消费体验，并从跟帖中收集粉丝们的反馈。当然，最好的方式是鼓励一般顾客的产品消费体验分享，鼓励他们在选定的博客网站、板块发表意见，及时发现、推荐顾客在其他社区分享的产品消费体验。

博主的名气当然可以成为一个博客的良好开端，但仅仅有名气还是不够的，粉丝是希望通过博文了解博主、分享博主的经验和思想，并且是经常性的。为此，要做好以下几个方面的工作，使博客能吸引更多的关注。一是要有独特的、符合企业价值观和品牌形象，同时简单明了、让人耳目一新的页面；二是每篇博文要有新的事件、新的感悟，能够让光临博客的人收藏、分享；三是对粉丝的留言要有回复，或者在新的博文中加以进一步的阐释，以使浏览者感觉到博主对自己的关注；四是加好友，互相加关注，还可以与一些博客进行互相推荐；五是一定要经常更新博文，博文的更新周期应小于大多数粉丝的访问周期。

实际上，企业通过博客进行营销传播要求企业构建一个专门的博文采编和维护系统，当然也可以由企业既有的新闻采编系统按博客特点对新闻改编后用于博客传播。毕竟，仅靠员工个人很难长期维持博客的正常持续运行，也很难有效发挥营销传播的作用。

2. 论坛（聊天室、问答）

论坛、聊天室和问答是互联网上的一道独特风景，也是最具影响力的社会化媒体。一大群来自四面八方、互不相识的、有共同兴趣的人汇集在一起，在同一个互联网空间各自发表自己的意见、评价别人的观点，进行深入交流，或者提出自己的问题，期待别人的回答。可见，这里天然就是一个目标市场，是企业和目标顾客、潜在顾客进行互动沟通的场所，主要作用表现在以下几个方面。

收集意见 论坛、聊天室和问答是一种非正式组织形态，参与者在这里分享生活经验、购物体验、学习体会，或者对某一事物的观点、看法，提出自己的疑问。通过商业性、技术性、生活性的网站论坛，企业可以了解到顾客对产品或服务的意见；如果在学术性的站点，则可以方便地了解同行的观点，收集有用的信息，并有可能给自己带来启发。

实际上，利用论坛、聊天室和问答进行在线市场调研是一种高效廉价的手段，这比在主页或相关网页设置一个在线调查要好得多。

参与讨论 企业市场人员可以以普通访问者的身份进入论坛、聊天室或问答，参与话题的讨论或聊天，理想的情况是抛出企业需要的聊天话题或问题，并在此过程中将讨论逐步引向深入。企业通过参与这些讨论可以知道顾客的真正需求是什么，对产品的真正想法是什么，根据这些想法研发出的新产品将会是最受顾客欢迎的。

提供服务 企业还可以将论坛、聊天室和问答作为一种顾客服务的工具，利用它们回答顾客的问题，或者就产品使用、维护的一般性问题进行指导、咨询，甚至开展培训。聊天室因为能实时地进行顾客服务，已经得到了大多数企业和顾客的认可。

链接 企业可以在问答帖子中对某些文字，如品牌、产品名称等进行链接，使帖子浏览者在对品牌、产品感兴趣的时候，可以方便地点击链接到达相应的品牌、产品页面。

3. 百科

和传统百科全书不同的是，互联网**百科**是开放的、免费的，它的词条发起者、编纂者可以是任何对此感兴趣的人，而不一定是专家；它随时可以增加或者删减，时效性很强。少了专家性和严格的审稿、编纂过程，互联网百科在准确性、学术性、权威性等方面远不如传统百科全书，但在时效性、涵盖面、篇幅、检索链接等方面却表现得更为优秀。当然传统百科全书也可以与互联网相结合，在坚持由专家撰写的基础上，吸取互联网时效性强、检索方便等特点，形成和互联网百科取长补短、相互促进的格局。

借助互联网百科，企业可以将所拥有的对用户有价值的信息（包括行业知识、产品知识、技术知识、消费文化等）传递给潜在用户，并逐渐形成对企业品牌和产品的认知。这一百科营销传播过程的主要内容包括词条创立并维护、词条解释延伸、词条链接，同时应遵守商业伦理，以不破坏百科的知识传播属性为基本原则。

百科的关键在于通过对特定名词、概念或专用术语等的解释来传播知识。借助百科，企业可以为与自己的工艺、产品原理等相关的概念、术语创立词条及解释，并及时加以维护以保持与技术进步合拍，帮助消费者建立正确的消费观念、产品识别能力，进而激发消费者对新产品的需求。所以，企业创立的词条应是具有一般性和典型意义的名词、概念和术语等，词条解释是客观的，而不应该是赤裸裸的对企业特定产品的宣传。词条可以是品牌及品牌内涵和历史，但也应该只是客观介绍而不是鼓噪宣传。

> ◉ **讨论 13-2**　　　　　　　　**如何看待百科产品的盈利**
>
> 　　2017 年"3·15"晚会，互动百科被曝光，一些所谓的词条只需 4 800 元就可以开通"百科词条认领"服务，创建者即可随心所欲创建内容。词条付费机制的出现暴露了打着"更真实信息"的幌子进行虚假宣传的词条利益链。百科产品作为知识分享型平台，到底该不该营利成为大家关注的焦点。
>
> 　　其实，百科产品营利与否取决于企业的价值观。若在 KPI 至上的价值观下，任何一个商业产品都需要运营，都需要费用，依赖广告营利是互联网企业普遍的落脚点，况且知识变现是趋势所向。但同样是百科产品，维基百科（Wikipedia）自 2001 年上线起，就坚持不收费而成为全球最好的百科产品，其正常运行更多依赖的是志愿者们的捐赠而非商业广告。可见，即使不营利，如果把持住产品的初衷，仍然能够留住真正的用户。

实际上，由于互联网百科在篇幅上几乎没有限制，所以在对词条进行基本的客观解释之后，企业还可以对词条进行拓展性解释，如围绕与词条相关的技术史、学术争论、技术展望、规格参数等。在这些拓展性部分，企业可以做一些相对有利于自己的解释，即更多地呈现自己具有优势的方面。当然，这依然应该是客观的，而不能无中生有。

除了直接创立词条，企业还可以在相关的词条解释中嵌入企业名称、品牌名称等词条链接来进行企业营销传播。词条链接的前提是已经建立了对应的企业名称、品牌名称词条。另外，在词条解释的参考文献中将企业员工发表的文献列入其中也是一个有效的宣传手段。

百科的权威来自其所传播的知识的可靠性，也可以说是传统百科全书几个世纪努力的结果，滥用这种权威会引发严重的商业伦理问题，最终使互联网百科失去权威性，也就同时失去了营销传播工具的价值。所以，客观性、科学性是创立百科词条的必要条件，在任何时候、任何情况下都不可违背。

13.2.4 分享类社会化媒体

与人分享幸福可以使幸福放大，与人分享痛苦可以使痛苦减轻，分享也是人们加深相互了解和友谊的重要手段。实际上，所有社交应用（社会化媒体）的核心或本质都是**分享**，只是分享的对象、内容和目的各不相同。沟通类社会化媒体分享的对象是朋友，内容是个人经验，目的是加深了解和友谊；讨论类社会化媒体分享的对象是陌生的同好，内容是公共知识，目的是获取知识；分享类社会化媒体分享的对象是大众，内容是大众娱乐或对公共事物的点评，目的是帮助他人选择并放大效用、提高效率。

1. 娱乐分享

这里的娱乐分享是指广播（含音乐）、视频、文学和游戏等互联网应用，这些娱乐项目老少皆宜，是除即时通信应用外受众最多、使用频率最高的互联网应用（见表13-4）。互联网广播（含音乐）、视频、文学和游戏的横空出世，冲垮了唱片业，传统电视业则日渐衰落，正在寻求新的商业模式，互联网文学也一定会迫使传统出版业做出相应的调整，而互联网游戏提供了许多传统环境下不可能的情境游戏，且许多传统游戏也上线了。

表 13-4 中国互联网娱乐用户规模（截至 2017 年 12 月）

娱乐类型	用户（亿人）	占比（%）	手机用户（亿人）	占比（%）
互联网音乐	5.76	69.5	5.53	67.7
互联网视频	6.12	73.9	5.90	72.2
互联网文学	4.32	52.1	4.10	50.2
互联网游戏	4.84	58.4	4.59	56.2

资料来源：中国互联网络信息中心. 中国互联网络发展状况统计报告 [R/OL]. (2019-08-30). http://www.cac.gov.cn/2019-08/30/c_1124938750.htm.

广播曾经随着电视、互联网的普及而趋向边缘化，但经广播电台上线播出、内容点播等互联网改造后，广播正携其独特优势重回大众娱乐。如此庞大的受众群体，当然使娱乐分享成为引人注目的营销传播媒体，它的营销传播运用主要通过自制节目、链接嵌入和广告插播三种方式实现。

自制节目 自制节目是指企业自己或委托第三方制作与企业价值观、品牌理念和产品相关的故事（文字或音频的）、音乐、视频和游戏等，投放互联网分享应用平台，供用户观看、阅读和分享，其主要途径有四个：一是企业可以自己或请专业机构谱写符合企业价值观、品牌理念的厂歌，并形成纯音乐、合唱、MTV、配舞等多种形式的版本，供互联网浏览者下载或在线播放；二是企业可以编写反映创业、创新和经营的故事供访问者阅读和分享；三是制作动画、视频来演示产品技术原理、生产工艺和过程、消费情景、产品体验等，供访问者分享；四是制作游戏对产品进行模拟操作，使消费者在得到真实的产品之前就可以进行产品消费体验。

链接嵌入 企业可以做得更多的是在一般的娱乐作品中嵌入企业、品牌或产品，这种嵌入可以是情境、道具，也可以是台词。情境嵌入就是将企业、品牌或产品置于作品的背景中，营造情节所需要的氛围；道具嵌入就是让作品中各种角色使用企业产品；台词嵌入则是角色在对话中提到企业、品牌或产品。

广告插播 广告插播则是直接、霸道地在作品播出前、播出中或播出后插入企业硬广告。由于互联网的播放方式是点播、可控的，因而这种直接插播硬广告的效果会比传统广告差很多，即使在技术上使观看者不能跳过广告，观看者也可以采取其他措施来回避广告。因此，在互联网娱乐作品中插播硬广告，虽然可行，却不是一个好选择。

2. 点评

点评是点评者（顾客）对事物（产品或服务）的评价，是与别人分享自己对某一事物的评价，或者是将自己置于公开场合，请公众评价，并让这种评价公之于众。

点评分享的需求来自两个方面：一是人类与生俱来的与人分享美好事物的愿望；二是希望从别人的评价中简化自己的选择，帮助自己快速做出正确决策，尤其当我们处于陌生环境时，或对产品、品牌不熟悉时。

体验性点评 体验性点评是点评分享的主流。在体验性点评分享应用平台，消费者对各种产品发表自己的消费体验，而产品提供者既鼓励用户的点评，又担心用户给出负面评价。点评现在已经成为许多消费者重要的决策依据，也是推动产品制造商、供应商不断改进产品、改善服务和开发新产品的重要推动力。受限于知识、工具，消费者对产品的点评通常是体验性的、主观的，而且青菜萝卜各有所好，标准是不一样的。这个说口味好，那个说口味不好，背后的原因可能只是各个评价者的口味偏好不同而已。所以，准确明白无误地给出自己的产品、服务设计理念及风格固然会导致部分顾客的流失，却能给评价者一个潜在的、统一的评价尺度，即"锚"，进而影响他们的评价，在相当程度上缓解由于尺度不同带来的评价混乱。另外，企业应及时对用户点评做出回应，这种回应至少包括两个方面：一是对点评的鼓励，不管用户给出的点评是正面的还是负面的，企业都应给予一定的奖励，如积分、优惠券等；二是及时答复、处理用户点评。

技术性点评 就功能性产品，尤其是产业市场而言，如果企业能够从技术角度引导顾客对产品进行理性的技术性能点评，无疑会为那些在技术上领先的企业带来极大好处，免去顾客由于技术上的陌生而产生的困扰。

13.3　互联网广告

互联网广告就是广告主以付费方式通过互联网投放某种试图改变其顾客、潜在顾客或社会公众态度和行为的信息的一种传播活动。互联网广告与传统广告的基本区别在于所用的媒体不同，由此带来独特的测评指标和自身的一些特点。

> **材料 13-3　　　　　　　中国互联网广告发展**
>
> 2018年，我国互联网广告整体市场规模为3 717亿元，同比增长25.7%，保持稳定发展态势（见图13-2）。作为互联网产业的核心商业模式之一，网络广告不断扩展边界和形式，营销服务链条不断延伸，信息流广告迅速发展，成为推动网络广告市场发展的主要力量。

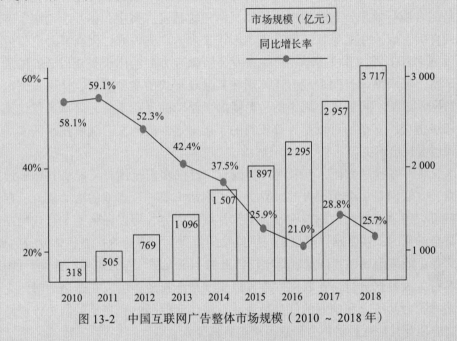

图 13-2　中国互联网广告整体市场规模（2010～2018年）

> 2018年我国网络广告产业发展主要呈现以下三个特点。
>
> （1）就广告载体而言，移动广告占市场主流。移动端应用在为网民提供各类资讯的同时，也提供高度匹配用户的广告使用场景，将用户价值变现，推动移动广告市场发展，目前移动端广告市场份额在整体中的占比约为70%，未来仍将持续增长。
>
> （2）就广告形式而言，信息流广告成为广告产业新的增长点。2018年信息流广告在形式和内容上不断创新，与社交、搜索、视频等渠道相融合，广告投放过程中注重用户的互动体验，算法应用更成熟，投放效果更精准，市场份额持续提升。
>
> （3）就广告平台而言，短视频平台广告收入增速明显，伴随着短视频行业的发展，平台的营销价值逐渐得到认可，广告主预算不断倾斜，展示广告、内容植入成为主要营销方式。2017年以来，短视频平台相继推出自有商业平台，第三方短视频数据平台也不断搭建，短视频营销逐渐规范化和专业化。
>
> 资料来源：中国互联网络信息中心.中国互联网络发展状况统计报告[R/OL].(2019-08-30). http://www.cac.gov.cn/2019-08/30/c_1124938750.htm.

13.3.1 互联网广告测评与特点

相对于传统广告，互联网广告具备一些传统广告所不具备的优势，也产生了一些新的衡量其效果的指标，或使一些传统的测量指标变得真正可量化了。

1. 互联网广告优势

互联网具有不同于传统媒体的独特性，相对于发布于传统媒体的广告，互联网广告具有表现力强、精准投送、可扩展和易衡量四个基本优势。

表现力强　互联网对广告内容的强表现力通过以下三个方面得到实现：一是内容容量大，互联网为广告主提供的信息容量几乎是不受限制的，点击一个小小的广告条，打开的是包括产品性能的技术参数、价格、外观、型号等一切有必要向受众说明的详细信息；二是综合视听效果，互联网广告可以灵活组合语音、文字、图片、动画、音乐、视频、三维空间、虚拟视觉等目前所有表达形式来表达广告内容，因而其对广告内容的表达可以做到丰富多彩、形象生动，可在视觉、听觉等方面给广告受众以全面的震撼；三是形式丰富，互联网广告的表现力还体现在其呈现形式的多种多样，从网页到电子邮件再到互联网游戏无不可嵌入，固定的、轮播的、浮动的无所不有，简单的仅仅是一两个文字的超级链接，复杂的可以是一篇长长的、层层递推的博文。随着技术的发展，新的广告形式还会层出不穷。

精准投送　在投送方面，互联网广告既有广泛的覆盖范围，又能将其精确地投送给目标受众。互联网是一个无国界的世界，一个网站只要符合当地的法律法规，理论上该地居民就可以通过互联网访问该网站，浏览其网页内容，所以任何一个合规网站其覆盖范围都是全球化的；互联网同时也是一个连续的世界，没有传统广告媒体发行的周期性，这就使广告也能覆盖到那些作息时间比较特殊的小众人群。在无国界、连续性的基础上，基于顾客行为大数据分析，互联网广告可以实现精准投放，可以在适当的时间、通过适当的网站将符合其需求和偏好的信息呈现在正被访问的网站和浏览的网页，或者通过邮件、社交应用等其他途径将广告信息呈现给目标受众。

可扩展　传统媒体广告的内容是固定的，而互联网广告的内容是可扩展的，即可以层层递进，将内容由浅及深、由简单到复杂地呈现给受众，甚至变更表达形式，使目标受众能够由表及里地理解广告内容，逐步建立起对品牌的良好印象和对产品的理解。层层递进源于互联网广告不仅包含直接展现的内容，同时还是一个链接，目标受众点击广告后，即可在新打开的网页中获得更为详尽的品牌故事、产品技术参数等。基于互动性，广告主可以及时回复受众的问题，以更加符合目标受众理解方式的形式传递广告所要表达的含义。

所以，对于互联网广告，重要的不是广告本身包含多少内容，而是广告是否有足够的吸引力，吸引浏览者忍不住要去点击它。

易衡量　衡量广告效果一直困扰着工商界和学术界，利用传统媒体做广告，很难准确地知道有多少人接收到了广告信息，更不要说接收到广告信息后的态度和行为改变，只能通过事后市场调研来估计、推测，无法精确统计。互联网广告突破了这一障碍，它可以准确地掌握广告的浏览量和点击率等指标，清楚地了解有多少人看到了广告，其中有多少人对广告感兴趣，有多少人直接下单购买了产品等，并进一步了解这些人的人口统计、需求和行为特征等，加深对顾客和潜在顾客的了解，并据以调节广告投放的时间、地点和内容。

在看到互联网广告优势的同时，也应注意到互联网广告的另一面，即受众对互联网广告可以视而不见，或不予点击，甚至使用工具屏蔽广告，使隐藏在互联网广告背后的大量实质性内容失去意义。虽然也有许多方法使访客不得不注意到这些广告，如闪烁、游动、屏幕提醒、发送邮件等，但这很可能导致用户的反感而得不偿失。

2. 互联网广告测评

互联网是一种可以记录人们浏览行为的媒介，由此产生了一系列衡量广告被浏览、阅读和点击的指标。这些指标相对精确地表明了广告的效果，广告主可以借此知道广告的阅读者是谁，甚至有可能在一定程度上了解他们的态度和行为变化，为广告的有效投放提供了可靠的数据基础。互联网广告特有的一些测评指标如下。

访问 用户点击进入一个网站，然后所进行的一系列的点击、浏览为一次**访问**（visit），它是衡量互联网访问者行为的一个单元指标。当用户超过规定的时间而没有再次点击要求数据，那么下一次点击将被认为是另一次访问。

网站流量 网站**流量**是指一个网站在一定时期的访问量，这是一个反映网站受欢迎程度、用户数量及使用频率的基本指标。网站流量是确定广告投放和收费的基本标准。

广告曝光次数 **广告曝光次数**（advertising impression）又叫广告收看，是广告所在页面被用户浏览的次数。广告所在页面被浏览的次数越多，广告被关注、浏览、点击的可能性就越大。广告曝光次数并不等于广告实际被浏览的人次。通常情况下，一个网页会有多则广告，由于访问者对网页不同位置的关注度不同，广告曝光次数的实际价值不同。

点击次数 **点击次数**（click through）是广告被用户点击并链接到相关网址或载有详细内容的页面的次数。广告被点击打开，说明点击者对广告至少产生了兴趣。

点击率 **点击率**（click-through rate）是广告被点击次数与浏览次数之比。

转发次数 **转发次数**（Number of sharing）是指广告被访问者转发与朋友分享的次数。分享本身就是互联网特有的一种媒体阅读特征，分享越多，广告被浏览的可能性越大。更为关键的是它来自朋友的推荐，广告的吸引力和可靠性由此大规模上升了。

如果说，大多数指标在概念上都能找到与在传统媒体上发布广告所对应的指标，不同的只是测评的精确性，那么转发次数这一测评指标则不然。当一个广告被转发分享时，互联网不仅让广告主可以几近零成本获得极大的广告曝光率，并建立其他方式不可能建立的品牌印象，而且对广告内容、形式、发布等都产生了颠覆性的影响。值得注意的是，该领域也出现了许多以诱惑、恐吓等为手段要求、强迫转发的情况，这既是不道德的，也是无效的。

千人点击成本（cost per thousand click-through） 千人点击成本是广告被点击并链接到相关网址或载有详细内容的页面 1 000 次的费用。

单位行动成本（cost per action） 单位行动成本是广告主按广告点击产生的销售量或

销售额支付给广告站点的费用。

另外，互联网本身还在快速发展之中，新的广告形式、测评指标还在不断地涌现，广告主需要时刻关注并适应这些变化。

> ⊙ **讨论 13-3**　　　　　　　　**移动视频广告的可视化**
>
> 2018 年 5 月 23 日至 24 日，为期两天的 2018 艾瑞（北京）年度高峰会议聚焦"智能·无界·决策"，在北京国贸三期大酒店盛大召开。艾瑞峰会汇聚众多互联网行业领军人物、创新者，企业决策者一起看清机遇，改变惯性，开拓认知商业新视野。以下是 InMobi 大中华区总经理杨娟发表的题为《移动视频广告的可视化指南》的演讲实录。
>
> "过去移动视频可视化的大部分预算，是投在视频网站上的，或者是视频网站 App 上的，以前主要以贴片为主。过去几年我们发现，对于移动视频网站来说，越来越多的用户成为付费用户，这些用户是看不到广告的。对于广告主来讲，它们更想从别的移动场景来触达这些用户。基于这种情况，移动的可视化成了非常重要的一个问题。我们 InMobi 在移动可视化方面探索了很久，在两年前就开始做了。
>
> "现在这个问题是说，移动广告，我们怎么定义可视化呢？大家都知道可视化，其实可视化在移动视频里面是这样定义的，也就是说一个视频广告是否真正成为一个可视化广告，有两个条件：首先这个移动视频的素材，至少要展现 50% 的项目；其次是连续播两秒。这个可视化定义是国际协会规定的 MRC 定义。MRC 定义在中国也被采纳了，我们用此来定义移动视频可视化。"
>
> 资料来源：InMobi 大中华区总经理杨娟：移动视频广告的可视化指南 [EB/OL]. (2018-05-23). http://news.iresearch.cn/content/2018/05/274620.shtml.

13.3.2　网页广告

网页广告是指投放于网页之上的各种形式的广告。这种类型的广告和传统平面广告最为接近，有相同的基本形态，但有了更多的新形式，可以是静态的，也可以是动态的；可以是固定幅面的，也可以是变动幅面的；可以是固定于页面的，也可以是浮动于页面的；可以是瞬间的、闪烁的，也可以恒定的。

1. 按钮、横幅和文字（链接）广告

按钮广告是一种小幅广告，看上去类似一个按钮。按钮广告通常是静态的，有时也可以闪烁，由于幅面很小，信息量少，表现手法简单，最多就是几个简单画面或文字的轮播。

横幅广告又名"旗帜广告"，多是一个固定尺寸的静态或动态图像。横幅广告一般幅面不大，所能容纳的信息量有限，但均比按钮广告大，表现手法相对丰富一些。为提高信息容量，网站通常会设置几个画面轮播。

文字（链接）广告是以一行甚至几个字作为一个超级链接的入口的一种广告，由于其

占用空间较小,常常是几个甚至十几个同类的广告放在一起,组成一组广告信息。使用文字广告可以增加网页页面广告信息的含量。

2. 轮播广告

轮播广告是指几个广告在相同的广告位置以一定的时间间隔轮番播放的广告。它其实就是一组幅面相同的、轮番播放的静态横幅广告。轮播既可以是间隔性的,也可以是连续性的,当然也可以是其他的进出方式。轮播一般也被认为有助于减少浏览者的疲惫感。轮播广告是一种非常重要的网页广告形式,是传统平面广告所没有的新形式。

3. 收放、游动和弹出广告

收放广告从表面上看与按钮广告类似,不同之处在于当用户的鼠标移动到该广告上时,该广告会放大,提高了广告的显示度。这种广告和按钮广告一样,在网页中只占很少的一点空间,但又能比按钮广告显示更多的内容,因此应用也比较广泛。

游动广告从外观上看有些类似按钮广告,区别在于它会在屏幕上自由移动,像漂浮在水面上的树叶一样。当网页被上下滚动翻看时,它依然跟着移动。

弹出广告也称弹屏广告、弹窗广告,是人们浏览某网页时自动弹出的广告。有些这类广告会在屏幕上停留一段时间后自动消失,有些则会在屏幕上不断盘旋或漂浮,最后落到屏幕的某一角落。

4. 全屏广告

全屏广告是指短时间占据整个屏幕的广告。此时,网站浏览者无从回避,不可能不注意到,也不可能一眼不看。因此,从正面看,全屏广告具有强烈的视觉冲击力和提醒力;从负面看,全屏广告明显过于霸道,容易引起浏览者的反感,相对并不多见。但如果滞留时间掌握得好,画面漂亮,传递的广告信息符合访问者偏好,还是可以一用。

13.3.3 植入广告

植入(嵌入式、置入式)广告、原生广告(流量广告)都是随着互联网的发展而获得更新发展的广告形式,它们的根本特征是隐秘性,即广告是作品的自然部分,由此回避受众对广告的抵触心理,以达到潜移默化的宣传效果。今天,植入广告的载体已不再局限于文学、艺术作品或游戏作品,它可以是一个社交网站、一个专业 App,也可以是搜索结果的一部分,这就更加强化了广告的隐秘性。从植入的方式看,植入可划分为情景植入、术语植入、网站植入和搜索结果植入。

1. 情景植入

情景植入是指将广告信息植入于作品的情景元素——背景、道具等之中,并融入情节发展,和故事、角色一起无声地呈现给受众。从距离看,广告信息在背景中的呈现有远、中、近之分;从形式看,可以是门头、生产线、卖场等,也可以直接是户外广告大牌、品牌广告展架、技术交流活动、促销现场等；从道具看，置于背景中的产品、使用中的产品等都是可能的选项。不仅仅是信息的植入呈现，现在的互联网技术还允许形成链接，在受众将鼠标指向广告信息区域时，即能显示更多的详细信息或打开所链接的网页。

2. 术语植入

术语植入也称台词植入，是指广告信息在作品角色尤其是主角的对话中呈现出来，如果是文学作品，则还可以形成指向特定网页的文字链接。术语并不一定是直接的品牌、产品信息，也可以只是与此相关的技术、市场术语（概念或参数等），如无具体品牌指向的 CPU、内存、显示屏、主频、容量、像素等，角色可以完全中性地讨论这些硬件、参数，但当受众将鼠标指向或点击这些对话的屏幕提示、文字时，屏幕可以显示相关的品牌及产品信息，或打开链接的网页，呈现更多的品牌及产品信息，甚至销售页面。

◉ **材料 13-4**　　　　　　　　**如何选择植入方式**

情景植入式广告在实践中呈现多种类型，那么何种形式的植入广告能够最大程度地获得消费者的注意力，又有哪些因素会调节消费者对植入广告的注意力？河海大学商学院营销行为实验室利用眼动追踪技术，参考单位时间注意率、单位时间注意次数两个指标，参考热点图结果分析了被试观看植入广告时的注意力差异，部分结论如下。

（1）从热点图和眼动指标分析来看，消费者对情节植入式注意力最高、角色次之、背景最低。从单位时间注意力指标来看，分别是 34.501 87%（情节植入）、24.568 38%（角色植入）、18.849 18%（背景植入）；从单位时间注意次数来看，分别是 0.163 597 次/秒（情节植入）、0.087 183 次/秒（角色植入）、0.051 916 次/秒（背景植入）。

（2）产品涉入度对背景、角色植入式广告注意力具有正向调节作用，对情节植入式广告无调节作用，其中产品涉入度对背景植入式广告的调节作用强于植入式广告。从单位时间注意率指标来看，产品涉入度与背景的相关系数为 0.815（$Sig < 0.01$），与角色植入的相关系数为 0.380（$Sig < 0.05$）；从单位时间注意次数指标来看，产品涉入度与背景植入的相关系数为 0.634（$Sig < 0.01$），与角色植入的相关系数为 0.377（$Sig < 0.05$）。

（3）消费者的品牌预持态度、性别不会对植入广告的注意力产生调节作用。

---

3. 网站植入

广义地说，网站植入就是原生广告或流量广告，是指广告信息以类似网站构成板块或内容的形态出现在网站或网页上，你几乎不能区分哪些是广告，哪些是网站的正常内容。这种植入形式类似于传统的软文，但形式丰富得多，也更加隐秘。

4. 搜索结果植入

搜索是互联网最受欢迎和最广泛的应用之一，大到世界政治军事，小到日常生活琐事，有什么不知道的上网搜一搜，有什么不明白的上网搜一搜，不认识的字、词搜一搜已经成为许多人的习惯。大多数互联网搜索不是精确的，结果也不是唯一的，这就给搜索服务商呈现哪些搜索结果、如何排列搜索结果提供了广阔的选择空间，即搜索服务商既可以尽可能地按搜索者的本意提供搜索结果，也可以按自己喜欢的顺序呈现结果，这种喜欢往往就是竞价排名。如果搜索服务商不向搜索者明示结果是按提供者的出价高低排名的，则就是一种搜索结果植入广告。搜索结果植入一般被认为不符合商业伦理。

13.3.4 推荐（精准）广告

这里的**推荐广告**是指精准投送给特定受众的广告，广告信息是对该受众目前的需求及其品牌、产品指向的预测，即目前该受众的需求是什么，他正在寻找什么产品来满足自己的需求。显然，这种广告以对特定顾客的需求和行为分析为基础，同时该广告只出现在该受众打开的网页或应用中，其他受众则看不到，或者在同一广告位看到的是其他广告信息。

1. 猜你喜欢

最常见的、最明显的推荐广告是"猜你喜欢"，几乎所有的互联网零售商都会在顾客行为记录和分析的基础上，向顾客推送"猜你喜欢"——特定产品介绍、销售网页链接，或者以相对隐秘的方式进行推荐，如当顾客搜索某种产品时，以对其喜好的预测为基础呈现产品排列。实际上，这种推荐广告不仅会出现在顾客正在浏览的销售网站（App）的网页上，也会出现在顾客随后访问的其他网站（App）上。

2. 内容（海报）广告

海报是最早也是最基础的广告形式。传统海报是平面广告的一种，限于平面媒体的表现能力，传统海报的表达能力有限。互联网海报的表现能力则强大了许多：首先它是多媒体的，海报更加生动活泼、丰富多彩；其次，没有了篇幅限制，可以翻页或者自动播放，从而容纳更多的内容；再次，制作方便，有许多软件或应用方便用户自助制作精美海报——展会邀请、产品相册、节日贺卡等；最后，海报是可转发、分享的，一个阅读体验好的海报很容易成为朋友圈分享的对象，从而极大地扩展了广告的受众范围，并且被阅读的可能性上升了，由于来自朋友圈，可信度也上升了。由于互联网海报广告的优势，可以预见，海报将成为互联网广告的基础形式，越来越多的互联网广告都会采用海报的形式发布。

3. E-mail 广告

也许只有 E-mail 广告才是真正的精确投送广告，因为 E-mail 就是私人的，只有它的所有者才可以打开它，接收并浏览信件。但事实上，大多数时候广告主是不加选择地将广告投送给所掌握的所有的邮箱用户，是不精确的，有可能对用户邮箱使用体验造成干扰，成为垃圾邮件。

4. 社交（朋友）圈广告

社交圈广告其实就是前面论述的植入中的原生广告（流量广告）。既然社交是互联网上用户最多、最活跃的应用，社交圈自然少不了广告的身影。社交（朋友）圈是每个用户自己建立的，每位用户都有自己独特的社交圈，社交圈信息主要是圈内朋友的活动、所见、所得或分享。从这个意义上说，每位用户的社交圈都是一个天然的、同质性很高的细分市场，其中的一个个群则更是一些具有某种同质性的细分市场，而且这些细分市场相互之间的互动性很强，相互影响很大。当然，社交圈不是商业圈，而是朋友圈，朋友的话题不在商而在友，在社交圈发布广告很容易引起朋友圈的反感。

■ 案例 13-4　　　　　　　　朋友圈广告再出新花样

自 2015 年 1 月，微信朋友圈内测了第一条广告起，腾讯就未停止朋友圈广告探索的步伐，特别是 2019 年，朋友圈广告不断出现新花样。

4 月，微信宣布推出朋友圈广告呼好友功能，用户收到朋友圈广告后，可以像点赞、评论一样，在广告的评论区 @ 好友与其进行互动。

5 月，朋友圈第三条广告全量开放，这意味着每人每天理论上能收到三条朋友圈广告，微信朋友圈的商业化变现开始提速。

7 月，微信宣布将上线视频广告组件，优化激励式广告，升级流量主后台。

8 月，微信正式上线朋友圈话题广告。在该类广告右上角，可以看到"话题讨论"的字样，广告页面有在看、转发、留言、精选留言等功能。用户点击"在看"就可将内容分发到看一看，这是微信在看一看信息流方面的商业化探索。

资料来源：微信朋友圈广告新花样，话题广告上线！[EB/OL]. 2019-08-09. http://baijiahao.baidu.com/s?id=1641394538486466957&wfr=spider&for=pc.

13.4 互联网促销

基于互联网的全天候、会员制、灵活的产品组合和报价，互联网针对消费者市场的促销创造了许多独特的形式，进一步增强了互联网零售的优势。

13.4.1 限时特价

限时特价是指在特定时段以低价销售某些产品项目，其目的是吸引顾客的注意力，带动产品线或产品组合中其他产品项目的销售。在传统实体零售中，消费者需要到店进行选购，限时特价往往演变成节假日促销，加剧了零售的波动，提高了零售成本。网购对碎片化时间的利用释放了消费者的时间潜能，限时特价成为全天候策略。

1. 秒杀

秒杀或抢购是指卖方在特定时段以低于正常价格水平的报价限量销售特定产品。网购是全天候的，秒杀也是全天候的，卖方通常按时段进行操作，即不同时段提供不同的特价产品。由于网购是可以个性化推荐的，卖方可以向不同消费者提供不同的秒杀产品。

> ⊙ 讨论 13-4　　　　　　　　如何让"拖延症"消费者尽快下单
>
> 　　以下三点能确保消费者不仅将圣诞礼物加入购物车，还能让他们购买而不至于废弃购物车。
>
> 　　（1）催促消费者购买。零售商要让圣诞前销售获得成功的话，就要利用特殊的促销价格和按时交付等催促消费者购买，倒计时是催促圣诞购物者在配送截止前进行网购的最简单方式。这能防止圣诞购物者离开网上商店，并说服他们相信自己确实需要半价的电视机。对75%的废弃购物车消费者来说，网上商店应该在购物废置邮件中添加倒计时，引起购物者的购买兴趣，让他们知道还有多长时间能以最优惠的价格买到想要的产品。
>
> 　　（2）利用消费者的担心。零售商还可以利用消费者担心错过优惠这一点来促成交易，这一点在圣诞节期间的效果非常好，因为该时期内销售库存非常有限。零售商可以警告浏览网站的购物者还有多少人打算入手该产品，或者是以现在的销售速度多久之后将断货，说服他们赶紧抓住圣诞节前的特惠。
>
> 　　（3）给消费者提供参考建议。不管是线上还是线下，零售商都会宣传自己最佳的圣诞节礼品特惠，但是当某人浏览零售商网站时，零售商们会提醒购物者最热的产品是什么，或向他们建议送家人最好的礼品。利用网站智能即时消息，个性化展示一些特惠产品是实现转化的最佳方式，它能让消费者知道给亲戚购买什么样的礼物。零售商可以通过浏览者感兴趣的产品和产品的价值吸引他们，确保给每个购物者个性推送特惠产品。
>
> 资料来源：方小玲. 如何让"拖延症"消费者尽快下单？[EB/OL]. (2016-12-15). http://www.cifnews.com/article/23606.

　　按运用时机的不同，秒杀具有多种限时形式。

　　时段性秒杀　时段性秒杀即把每天划分为几个时段，不同时段推出不同的秒杀产品。对那些消费者希望送货时间较短、购买频率较高的快速消费品，通过上午时段秒杀培养、鼓励消费者上午下单以提高配送速度，降低供应链的库存成本。反之，对那些消费者可接受的等待时间较长、购买频率较低的产品，则可以通过下午或晚上时段秒杀，培育、鼓励消费者下午或者晚上下单，为供应链赢得更大的配送半径，集中库存以减少流动资金占用。

　　节日性秒杀　节日性秒杀即在节假日前夕推出符合节假日特性的特价产品。通过节假日前夕的秒杀可以提前释放各种节假日产品的需求量，减少波动。

　　随机性秒杀　随机性秒杀即在节假日、规律性的时段秒杀之外随机安排的秒杀。一般来说，这种秒杀活动的目的在于赢得消费者的拼抢，因而特价的力度应该比较大，产品也应该选择热销产品，但持续的时间可以比较短，既可以事先通告，也可以临机发起，视活动目的而定。

个性化秒杀 个性化秒杀即向特定消费者推出的秒杀。如上所述，这是基于对特定消费者需求和行为的分析。在确认该消费者对某产品确有兴趣但还在犹豫、比价中，这时针对该消费者定向推出该产品的限时特价，可以鼓励他做出购买决策。由于这是一种个性化秒杀，因而并不会对其他消费者产生关联影响，因为该消费者并不清楚这只是针对他的。

2. 竞拍

竞拍是在竞拍时期由消费者对竞拍品竞相出价，在限定时间内出价最高者获得竞品。与秒杀由卖方给定一个特价不同，竞拍的最终价格取决于竞拍参与者的热情和出价。竞拍通常以很低的价格甚至零价格起步，这就对消费者形成了巨大的吸引力，吸引大量对竞拍品有兴趣的消费者参与竞拍，进而形成对竞拍品和网站的持续关注，为网站带来可观的流量。所以，竞拍活动能否持续，关键不在于起拍价有多低，而在成交价有多低。如果最终的成交价总是和当时的市场价持平或略低，人们慢慢地也就失去了兴趣，不再关注和积极参与。

■ **案例 13-5**   "捡漏"：网络拍卖"飞入寻常百姓家"

2018 年 1 月 12 日开拍的京东拍卖暖冬专场受到了众多消费者的强烈围观，其中一台奥迪汽车刚一公示便吸引了 16 000 多人次围观。

本次京东拍卖暖冬专场共上拍了 8 万件拍品，针对即将到来的春节，还着重上拍了名酒茗茶、奢侈品、珠宝、文玩手串、书画等一批珍品。其中，一批国酒茅台以 1 298 元起拍。

京东拍卖负责人表示，因为拍卖低于市场价格起拍的"捡漏"属性，以及网络拍卖更加高效、便捷、公开透明的参拍流程，所以越来越多的消费者养成了参与网络拍卖的消费习惯；同时网络拍卖还解决了传统线下拍卖的地域限制，为消费者提供了更多的参与机会；而且京东还推出了即刻拍、限时拍、1元起拍等多种玩法，提升了网络拍卖的参与感。2017 年"双十一"期间，京东拍卖上拍的 18 万件拍品最终吸引了超过 120 万次竞价，成交额同比增长 778%。

资料来源："捡漏"才是王道！网络拍卖"飞入寻常百姓家"[EB/OL]. (2018-01-15). http://news.mydrivers.com/1/563/563271.htm.

13.4.2 团体特价

团体特价是对团体购买给予的价格折扣，本质上是一种批量折扣。从目前的互联网实践看，团体购买或团体特价有拼购、团购、众筹购买和购物节四种形式。

1. 拼购

顾名思义，**拼购**即两个或以上的顾客一起购买某一产品，也有许多专业提供拼购服务的互联网零售商，如近期如日中天的拼多多。表面上看，拼购增加了购买批量，实质上由于拼购的两（N）位顾客往往不在同一地点，因而依然是两（N）份订单、两（N）次支付、两（N）次拣货、两（N）个包裹、两（N）次投送，并不能真正带来物流效率的提升和成本的下降。而如果拼购本身并不是由一位顾客邀请另一（几）位顾客组成，而是由互联网零售商配对，交易效率也不会上升。所以，拼购实质上是一种促销，而不是批量折扣。互联网零售商之所以乐此不疲，主要目的在于聚集人气。

2. 团购

团购即众多顾客一起在同一时间购买同一产品。由于团购既能降低销售成本、物流成本，又能带来销售量和效益的提升，最终还会带来市场影响力的提高，团购一直受到生产商、经销商的热捧。不管是线上还是线下，都存在各种形式的团购及由此而来的团购特价，尤其是大件产品。互联网团购的主要特点和优势表现在以下几个方面。

多形式 这是指互联网团购具有多种形式。一是非常态性团购，这是互联网零售商利用特定时机，如周末、节假日等，选择特定或相关产品组织团购，其目的是利用特价和从众心理聚集人气，在推动特价团购的同时，带动其他产品的销售；二是常态性团购，这是互联网零售商经常性举办的团购活动；三是线上线下融合团购，线上团购操作简便、灵活，可以吸引大量的消费者参与，线下提货方便灵活。

弹性规模 互联网团购规模——起点人数具有很大的弹性，少则几人，多则成千上万都可以组织。小规模团购带来了巨大的操作空间和想象空间，几乎所有消费者都有能力组织一个三五人的团，甚至是一个配送地点，这就为常态化团购和降低成本提供了可靠的基础。

自传播 互联网的**自传播**功能使每一个团购参与者都可以成为团购信息的传播者，甚至是团购活动的组织者，这就使团购信息可以迅速扩散，达到组团的最低人数要求。这种自传播功能不但使团购组织难度降低了，团购活动的影响力无形之中也被放大了。

团购活动的关键在于顾客的聚集，顾客聚集得越多，可能给出的折扣就越高，影响力也就越大，而影响力越大，顾客聚集得就越多，这是一个良性循环。

3. 众筹购买

这里的**众筹购买**是指集众人之财购买某件产品，所得产品通常归众筹者中一人或几人所有，其他参与者则一无所获，也有为参与者共同拥有的。众筹购买的产品价格可以是原价，但众筹购买发起者通常会给予一定的折扣。一般来说，每个众筹购买参与者的出资额都很低，比如1元，而众筹购买的产品单价则较高。所以，与其说众筹购买是一种团购，还不如说是一种抽奖活动，类似于买彩票，只不过奖品不是现金，而是某件产品。

由于众筹购买在本质上是一种抽奖活动,所以适于众筹购买的产品一般须满足两个条件:一是产品为目前市场的热点产品,否则不能吸引足够的参与者;二是产品单价较高,单价太低一般没有足够的吸引力。而所谓众筹特价只是一种假象,关键并不在于众筹特价(折扣)是多少,而是每位参与者的出资额只是参与者数量的倒数。即如果有 100 000 位参与者参与一辆 100 000 元轿车的众筹购买,每人的花费只有 1 元。

> ■ 案例 13-6　　　　　　　　　2.5 万名网民众筹毕加索名画
>
> 　　2018 年 5 月,来自世界各地的 2.5 万名互联网买家将"众筹"一词发挥到了极致,他们通过购买一幅画股份的合资方式,一起买下了毕加索的《火枪手半身像》,而这幅画的最终售价高达 170 万欧元(约合 1 300 万元人民币)。
>
> 　　这是当代名画第一次在电商网站上被"数字社区"群体买下。这幅画作被电商卖家 QoQa.ch 分成 4 万份"股权",以每份 50 瑞士法郎拍卖。不到 48 小时,画作就被 2.5 万名瑞士居民以 200 万瑞士法郎拍得。MAMCO 的主管 Lionel Bovier 表示,这个项目反映了艺术的本质,"艺术从来不属于任何人,艺术属于整个共同体"。
>
> 　　住在洛桑的退休老人 Marie-Claude Roberi 是这幅画的买家之一,她表示花钱不是为了拥有这幅画,而是成为这个集体行动的一部分。
>
> 　　资料来源:房欣宇. 2.5 万网民众筹毕加索名画　这个国家对艺术有多疯狂? [EB/OL]. (2018-05-15). http://news.e23.cn/wanxiang/2018-05-15/2018051500164.html.

4. 购物节

更大规模的互联网团体特价发生在由淘宝发明的"双十一"发展而来的**购物节**上,这一天也被戏称为消费者节。为了这一天,众多的供应商也许在一个多月前就开始精心备货,消费者也开始逐渐提高关注度,将看中的产品加入购物车,为的都是那一天的特价,或许还有零点那一刻的心跳。现在,互联网零售商们又制造了另一个属于上半年的购物节——6·18。

就零售业而言,节日特价本不是什么新鲜事,节假日从来都是零售业最繁忙的日子,也是各种打折的日子。但传统节日总是有其特定的历史文化内涵,也有其特定的对应产品,如端午的粽子、中秋的月饼、春节的年货,零售商们只能围绕其历史文化主题组织活动。互联网的消费者购物节却没有这种限定,成了一个纯粹的消费者狂购节。

13.4.3 其他特价

除了限时特价和团体特价上的独特性,互联网也为积分、抽奖、优惠券等其他促销形式赋予了新的特性,使它们变得更加有效或更有针对性。

1. 积分

积分的本质是对持续性购买的一种奖励,其目的是提高顾客黏性,最终提高顾客忠诚度。相对于传统积分卡（会员卡）的积分管理，互联网积分管理有多方面的优势。

账户的唯一性　每个消费者都拥有自己的账户和积分，很少会有人使用他人的账户进行购物，这保证了账户和行为的对应，为顾客行为分析提供了可靠的基础。

积分的多样化　不仅仅是消费可以获得积分，每日签到、评价、晒单、分享等行为也可以获得积分，积分来源的多样化为互联网零售商提高顾客黏性提供了多种手段。

使用的便利性　由于网购必然是以会员为前提的，消费者再也不需要另外办一张会员卡，消费者在互联网的每次购物、登录、参加活动、获得积分一气呵成，既不需要出示什么卡，更不需要另填什么表，等等。积分多少、如何使用等既可以随时查阅，卖方也能随时给予消费者一定的提示。

2. 抽奖

抽奖大概是最激动人心和最具诱惑力的促销活动之一，因为对中奖者来说近乎一本万利，对未中奖者来说近乎毫无损失，那么何不一试运气？和实体零售商们的抽奖活动受限于商场空间和营业时间相比，互联网零售商们的抽奖形式在空间和时间上则灵活得多，而且形式和内容也丰富得多，既可以是单纯的抽奖，也可以是带有一定活动内容的游戏性抽奖，还可以是与积分或其他优惠联动的抽奖，上述众筹购买特价就是一例。

3. 优惠券

优惠券是一种常见的促销形式，优惠券持有者可以按券面表明的价值、价格或折扣购买产品。优惠券一般可以达到两个促销目的：一是提高消费者的购买批量，这种优惠券通常设有一个最低消费额，消费者须达到这一额度才能享受优惠券标明的优惠，所以这种优惠券的发放对象是已经具有一定品牌忠诚度的顾客；二是提醒消费者购买，这种优惠券一般就是一个折扣而没有最低消费要求，发放对象通常是潜在顾客，或尚没有形成品牌偏好的新顾客。优惠券一般用于购买频率较高的快速消费品，因为很难用优惠券使消费者将耐用消费品的购买计划提前，除非这个优惠的折扣很大。

基于顾客行为大数据分析的互联网零售商可以准确地培育、把握消费者对快速消费品的购买行为习惯，真正实现精准营销，在适当的时候向适当的顾客推送恰如其分的优惠券。而不是像传统零售商那样通过大众媒介刊登优惠券（消息）或雇人满大街随意发放花花绿绿的纸质优惠券，然后被人随手扔进垃圾桶，既有损形象，又造成环境污染。从这个角度看，即使不可能离开实体店的服务业，线上线下融合也已是必然。

> ⊙ 讨论 13-5　　　　　　　　电商"大数据杀熟"
>
> 同样的商品或服务，老客户看到的价格反而比新客户要贵出许多，这在互联网行业叫作"大数据杀熟"。现实生活中，在机票、酒店、电影、电商、出行等多个价格有波动的平台都存在类似情况，且在线旅游平台较为普遍，对该类事件的报道并不鲜见。
>
> "大数据杀熟"的本质是资本利用大数据这一工具实行价格歧视，将消费者剩余转化

为生产者剩余从而获得超额利润。大数据的运用本应是针对不同客户的需求及特征提供针对性服务，消费者通过让渡部分个人隐私，帮助大家做最优决策。但不良商家在使用这些数据时违反商业伦理，给消费者的每一次行为打上数据标签，然后利用这些标签去牟取不属于他们的利益。所以，有人认为"大数据就是精准靶向坑人"。对此，你怎么看？

 本章小结

1. 从构成要素上看，互联网传播模式和传统传播模式没有差别。只是互联网环境下的信息传播更多是一种沟通，是双向的，双方既是信息的发出者，也是接收者，都要对对方做出反应和反馈，时间上可以是即时的，反馈是显性的。当然，最重要的是现在的信息载体是数字的、多媒体的，它具有更强、更灵活的表现能力，而且发布者可以随时更新信息内容，使之与当前的活动保持一致。
2. 基于互联网的技术特点和传播模式、要素的变化，互联网传播具有内容递进、随时更新、富媒体表达、精准投送和双向、互动、即时的特点。
3. 相对于传统传播，互联网传播的优势主要表现为强大的信息发布能力、即时交互能力、方便的信息管理和查询能力。
4. 网站是互联网的基本构件，客户端（或称应用、App）其实只是网站的入口。根据各类网站或应用在企业营销传播中的不同作用，互联网网站（App）可归纳为官网、新闻网站、商务网站、游戏网站、专业网站、个人网站和搜索网站（App）七种类型。
5. 和传统媒介不同，网站（App）是开放的、可扩充的，内容是可分享的，浏览者除了浏览，也可以在上面留言（跟帖），还可以将喜欢的内容和朋友分享，即是可自传播的。
6. 官网是各种社会机构（政府、企业、学校及各种社会团体）向社会介绍和展示自己的历史、传承、使命、组织、业务及活动的网站，是企业在互联网上的门户，是企业自主运营的媒体。而新闻网站、商务网站、游戏网站、专业网站、个人网站和搜索网站则是外部媒体，是企业进行营销传播、开展商务活动的平台。
7. 社会化媒体可分为沟通、讨论和分享三类。
8. 沟通类社会化媒体包括即时通信、社交网络、E-mail、手机短信等；讨论类社会化媒体包括博客（微博）、论坛（聊天室、问答）、百科等；分享类社会化媒体则包括娱乐分享、点评等。
9. 互联网广告的基本优势是表现力强、精准投送、可扩展和易衡量。访问、网站流量、广告曝光次数、点击次数、点击率、转发次数、千人点击成本、单位行动成本这些指标可以较为精准地测评互联网广告的效果。
10. 网页广告的主要形式有按钮广告、横幅广告、文字（链接）广告、轮播广告、收放广告、游动广告、弹出广告、全屏广告；按照植入方式，植入广告可划分为情景植入、术语植入、网站植入和搜索结果植入；推荐广告是指精准投送给特定受众的广告，包括猜你喜欢、内容（海报）广告、E-mail 广告、社交（朋友）圈广告等。
11. 基于互联网的全天候、会员制、灵活的产品组合和报价，互联网针对消费者市场创造出秒杀、竞拍、拼购、团购、众筹购买、购物节等许多独特的促销形式，并使积分、抽奖、优惠券等传统促销形式有了新的形式并得到更为广泛的应用。

基本概念

网站　客户端　App　官网　社会化媒体　自传播　博客　论坛　百科　分享
访问　流量　广告曝光次数　点击次数　点击率　转发次数　网页广告　推荐广告
秒杀　竞拍　拼购　团购　众筹购买　购物节

简答

1. 互联网传播模式和传统传播模式有何不同？
2. 互联网传播的特点和优势有哪些？
3. 网站有哪些基本类型？如何运用于营销传播？
4. 社会化媒体有哪些基本特点？有哪些形式？
5. 互联网广告有哪些优势？有哪些形式？
6. 简述互联网网页广告类型。
7. 简述互联网推荐广告形式。
8. 互联网促销有哪些新形式？
9. 简述互联网团购特价的形式。

思考

1. 整理近年出现的互联网新广告形式，并分析它们的优势、适用性及投放模式。
2. 整理互联网上的各种促销形式，并分析它们的优势、适用性及运用方式。
3. 整理几家互联网零售商的拼购模式，分析、讨论并提出你的建议。

实验

积分是互联网零售商提高顾客黏性，进而提高交易量的一大利器，其获取方式也五花八门。为自己的小店设计几种积分获取方式，看看哪种方式既受顾客欢迎，又能有效提升小店的黏性和交易。

动手

创作一个小故事,在故事中植入一个品牌,要求不破坏植入的隐匿性。互相交流,看看谁的植入效果最好。

互联网——有的逛 值得买 在身边

苏宁易购原本是一家传统家电零售企业,相比同时期的其他传统家电零售企业,苏宁是少数成功搭上互联网班车的,在互联网时代依然傲立潮头。

登录苏宁易购官网,看看它的网站结构、服务功能,都有哪些促销手段。你有什么想法和建议?

PART 5 第五部分

保障和控制：满足需求

在经历了洞悉需求、阐释需求和传递需求之后，目标顾客的需求得到了充分创造与扩散，他们深刻认识到自身需求的存在，明确知道了可以满足需求的产品、购买途径，接下来就是产品购买和使用，需求得到满足。一次需求创造、扩散和实现的循环结束，更高层次的需求循环拉开序幕。

此时，企业要做的就是销售与客户管理，帮助目标顾客购买、使用产品并实现需求。销售承接营销的前期活动，是需求的创造与传递是否成功的试金石。客户管理是顾客获得良好消费体验的保障，并且启动了顾客的再次需求循环，也使企业经营活动得以持续和发展。

另外，由于市场环境是多变的、营销执行是有偏差的，因此，企业还必须建立一套有效的评估、控制机制，及时发现、分析营销执行中的问题，通过控制纠偏来确保营销目标的实现。

第 14 章
销售与客户管理

销售和购买是一个过程的两个方面,销售要从采购理解交易,采购要从销售看交易。双赢是成交和重复成交的前提。销售的本质是在帮助客户提高收益、持续收益的前提下收获自己的利益。

客户的利益就是自己的利益,对客户利益的认识和发掘来自对客户的长期跟踪、沟通和合作,多方面的客户关联是维持良好客户关系的不二法则。

对于卖方,销售是营销承上启下的一个转折点。销售成功说明营销的前期活动——需求的创造、传递和扩散是卓有成效的。同时,销售成功也启动了营销后期的客户管理活动——帮助顾客正确使用产品,及时有效地解决使用过程中产生的问题,使顾客从产品消费中获得满足,进而产生新的需求。销售实现了投资回笼,也使企业的经营活动得以持续和发展。

对于买方,购买是其采购活动承上启下的一个转折点。购买说明顾客接受了卖方所主张的生活方式或生产方式及产品。同时,购买使顾客从产生需求、选择产品转入消费(利用)产品、满足需求。销售、购买与需求满足的关系如图 14-1 所示。

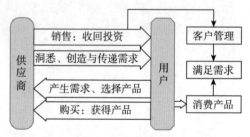

图 14-1　销售、购买与需求满足的关系

14.1　销售组织

根据市场的复杂性、地域性、分散性及产品线的复杂性和相关性,企业的销售组织有很多种结构形式。小型企业一般采用单一组织结构,但大型企业可能会有几种组织结构并存,并且在功能上存在一定的交叉。主要的销售组织结构有区域式销售组织、产品式销售组织、客户式销售组织等。

14.1.1 区域式销售组织

区域式销售组织是指按照地理或行政区域进行销售组织机构设置,如图14-2所示。这种销售组织结构在企业销售总部下设若干大区域销售部,大区销售部又下设若干小区销售部。销售组织结构中的管理跨度与深度则根据所覆盖区域的范围、销售任务和销售队伍的大小进行设置,每个区域销售部负责企业所有产品在该区域的客户和销售。

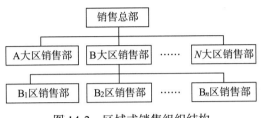

图14-2 区域式销售组织结构

区域式销售组织通常适合那些产品组合相对简单、相关性较大的企业,具体优势与劣势如下。

1. 区域式销售组织的优势

(1)销售人员可以成为某一区域的市场专家,熟悉当地市场结构、顾客行为和社会文化风俗等,并能够充分利用组织在当地的社会网络资源,针对不同区域的社会文化、经济环境等制定最为合适的销售政策,而不是采用全球统一的销售政策。

(2)可以有效降低销售人员的差旅成本和离岗时间,使销售人员能将更多的时间投入客户拜访、市场调研等有效工作,促使他们更好地把握工作重心。

(3)当客户有问题时,可以迅速找到负责人员。更重要的是,客户不需要面对来自同一个企业的不同销售人员,从而避免了混乱。

2. 区域式销售组织的劣势

(1)当企业拥有较宽的产品组合时,销售人员不可能熟悉所有的产品,在产品方面的介绍和服务能力下降,容易使客户产生疑虑。

(2)当各产品线的相关性不大、获利能力不同时,销售人员容易按自己的偏好而不是企业的战略分配精力和资源,从而造成企业和销售人员之间的对立。

(3)各区域都会极力强调本土化,忽视全球化或企业全局,不利于全球化和本土化的协调发展,造成区域分割,规模效益下降。

14.1.2 产品式销售组织

当企业拥有多条产品线,或是设立了多个事业部、存在多个品牌时,可以考虑按产品(或事业部、品牌)来设置销售组织。这种组织结构以特定的产品(或事业部、品牌)为区分,设置不同的产品部门,由产品(或事业部、品牌)经理统一负责某一产品的全部工作,包括产品开发、营销和销售。

> **■ 案例 14-1**   **宝洁公司的品牌经理制**
>
>   宝洁公司是最先采用品牌经理制的公司。品牌经理在宝洁基于功能细分市场的多品牌战略中发挥了核心作用。作为直接经营责任者,品牌经理对该品牌(或产品线)的产品研发、营销、销售以及产品毛利承担全部责任,并具体协调市场研究部门、产品开发部门、生产部门、营销部门的工作,进行产品生命周期的全过程管理。
>
>   品牌经理的存在让宝洁后端平台化的能力积淀和前端细分化的业务布局得以融通。基于对顾客需求的深度研究与严密论证,品牌经理能够有效调动后端资源为己所用。这些后端资源包括宝洁每年数百亿美元的基础研发投入、巨大的品牌资产、丰富的全球供应链资源以及遍布全球的渠道网络。
>
>   但随着市场环境向顾客主权、一人细分、快速迭变、多维竞争的方向转变,品牌经理制在宝洁也产生了诸多问题。比如,品牌经理制只会关注自己的品牌,不会更多地思考宝洁公司层面的业务和资源布局,无法将资源分配到边际收益最大的部门或品牌,从而导致众多品牌在自有产品线上进行不恰当延伸,错过高端细分市场的发展。
>
>   为改变这种状况以及适应零售商的"一揽子采购"方式,宝洁在品牌经理外,又发展出品类经理(产品大类经理),负责同一品类中几个单独品牌的协调。品类是消费者认为互有关联或者互可代替的一系列产品或服务的组合。由于各战略性经营单位的着重点在于顾客价值,品类管理实际上成为一个管理品类的流程。品类管理的最终目标是通过品牌集合满足顾客需求,增加零售商的整体销售,通过强化顾客满意度来赢取利润。
>
> 资料来源:夏宁敏. 这家公司创造了产品经理,却在努力避免进入油腻的中年[EB/OL]. (2017-11-10). https://www.sohu.com/a/203522214_465192.

1. 产品式销售组织的优势

(1)因销售人员只负责一类产品的销售,有可能较好地了解并熟悉这类产品,从而能够为客户提供更为专业化的服务,满足客户日益专门化和复杂化的需求。

(2)产品经理能够将各营销要素更好地协调整合起来,更快地发现市场上出现的问题并做出反馈,有利于解决产品开发和市场开发之间的矛盾,使产品开发人员和市场开发人员有更多的相互交流和沟通,使产品开发更符合市场需求。

(3)对于那些新的、目前利润贡献率较小的产品或品牌,由于也配有专门的产品(品牌)经理,可以减少被忽视的可能,有利于它们的成长,企业可以保持较好的后备产品。

(4)由于只负责一类甚至一种产品,年轻的新晋销售人员既可以从容起步,又可以迅速掌握必要的知识和技能。

2. 产品式销售组织的劣势

(1)当一个客户需要多种产品时,不同产品部门的销售人员都会与之接触。对一些并非重大的采购项目来说,尤其当所购产品来自同一个企业时,客户一般不喜欢这种局面，他们更希望和一个销售经理谈判多种产品的采购。

（2）产品部门往往不是一个完全独立的机构，还需要人力资源、财务、物流、法律等职能部门的配合，产品经理不得不花费大量时间在其他部门之间游说，进行协调。另外，不同的产品之间容易滋生本位主义。

（3）产品经理和销售人员虽然对自己所经营的产品了如指掌，但当产品在销售过程中需要依赖某种专长时，比如需要进行网络传播或复杂的谈判，产品经理可能会凸显出某一方面能力的欠缺。

一般来说，产品经理的职责包括制定产品的长期经营和竞争战略；编制年度营销计划和进行销售预测；与广告代理商和中间商一起研究广告、促销活动和宣传活动；激励推销人员和分销商对经营该产品的兴趣；不断收集有关该产品性能、顾客及经销商对产品的看法、产品遇到的问题及新销售机会的情报；组织产品改进，以适应不断变化的市场需求。

其实，产品经理的职责存在很大的波动范围，一些企业的产品经理只拥有很小的权力，而有些企业的产品经理可能拥有非常广泛的权力，包括人员聘用、物流安排、资金筹措、渠道建立等，具备运营一个独立企业的大部分职能。

需要强调的是，事业部作为一个独立中心，需要分别与各个部门联系，事业部经理的工作更具复杂性，图14-3显示了事业部经理与其他部门的关系及职责。

图14-3　事业部经理的职责

14.1.3　客户式销售组织

当企业生产非标准化产品、顾客需求与行为差别较大（如客户中包括企业用户、政府用户以及个人用户）时，企业可以根据客户的不同购买行为或产品偏好对其进行分类管理，并以此为依据设置销售组织，这种销售组织能够使销售人员更有效地处理客户要求。

按客户设置销售组织机构时，一名客户主管经理管理多名客户经理，客户经理与其他职能经理保持密切的联系。客户经理作为对客户服务的主导人员，他们的职责与产品经理类似，负责制订关于客户的长期销售计划和年度计划。客户经理的业绩根据所主管客户市场的成长状况和利润水平来衡量。

> ⊙ 材料 14-1　　　　　　　　　解密银行客户经理
>
> 客户经理是银行最主要的营销岗位，分为对私客户经理（理财客户经理）、对公客户经理和个人贷款客户经理，具体内容就是开发新客户及维系老客户。
>
> 对私客户经理主要服务于私人客户，满足其存款、投资等需求，其日常工作类似于销售，即拉存款、卖理财……对私客户经理需要具备存款、国债、基金、股票、保险、黄

> 金、外汇、期货等多种金融理财知识，为客户提供理财咨询和建议。
> 　　对公客户经理主要服务于政府、机关事业单位、企业等客户，主要工作职责是吸引对公存款及发放对公贷款。对公客户经理需要具备风险控制、掌握信贷审核流程等专业能力。
> 　　个人贷款客户经理虽然主要负责营销和办理个人住房、汽车等个人贷款业务，但与开发商、住房代理中介、4S店关系的建立与维护是其工作重点。
>
> 资料来源：银行大客户经理做什么 [EB/OL]. (2019-09-19). https://ssffx.com/xinqingsuibi/39141.html.

1. 客户式销售组织的优势

（1）因客户经理只负责一类（固定）客户的销售，能够深入了解并熟悉这些客户，从而更好地满足客户多方面的需求。

（2）客户经理可以建立并保持与客户的密切联系，从而更易熟悉客户所在行业的基本特点，掌握客户和行业的发展和变化。

（3）由于客户经理与客户关系密切，熟悉客户的情况，掌握客户所在行业的发展和变化，企业可以更好地听取客户对新产品开发的意见，甚至使客户介入新产品的开发中。

（4）企业可以更好地权衡顾客价值，合理分配资源，提高资源的产出效率。

2. 客户式销售组织的劣势

（1）如果产品多样，客户经理只负责企业的部分产品，那么客户要面对企业的多个客户经理。如果客户经理本位主义严重，当客户需要获取其他客户经理负责的产品信息时，客户经理还有可能拒绝向客户推荐，或越权承揽该项业务，这样会增加其他客户经理的客户开发难度，给企业带来损失。

（2）如果一个客户的所有需要都归一个客户经理负责，客户经理就必须熟悉所有的产品，当企业拥有复杂的产品组合时，这一点就很难做到。

（3）当客户经理辞职时，新的客户经理接手有一定的难度。同时，虽然有同业竞争的限制，客户经理还是有可能将客户带走。

事实上，如今大多数大企业的销售组织结构往往是混合的。通常是以区域为主，产品（或事业部、品牌）在区域销售机构中设有分支机构和负责人，既向区域负责人报告，又向产品（或事业部、品牌）负责人报告。

14.2　销售流程

销售流程是销售人员通过拜访，将销售机会转变为订单的过程，承接着营销前期与营销后期的活动，如图14-4所示。

营销的前期活动针对潜在顾客，确定目标顾客，通过对需求的创造、传递与创意来培养顾客需求，产生销售机会。销售则要求销售人员将目标顾客从需求者转变为产品的购买者,将通过各种渠道收集到的销售机会转变为订单,从而实现企业的销售目标。在订单的处理与完成过程中,潜在顾客完成向客户身份的转变,技术与服务支持、评价与控制等营销后期活动也在悄然发生,将渗透客户转化为忠诚客户是营销后期活动的主要目标。

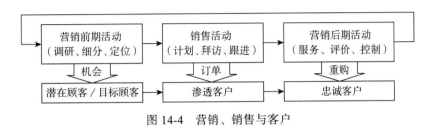

图 14-4 营销、销售与客户

销售流程包括计划与准备、接近与约见、展示与推荐、洽谈与成交、跟进与维护五个阶段。销售人员一般通过上述五个阶段进行顾客拜访,完成订单签订、交货与资金回笼,并进入下一次销售过程。在此过程中,顾客完成购买,因而被称为客户。

14.2.1 计划与准备

计划与准备阶段包括三项基本工作内容:一是寻找并鉴定潜在客户;二是熟悉企业及竞争对手的产品信息和销售政策;三是设计必要的拜访技巧和道具。

1. 寻找潜在客户

尽管企业一般都会为销售人员提供一些客户线索,销售人员仍然需要具备自行寻找潜在客户的能力。通常情况下,销售人员可通过以下途径来寻找潜在客户。

(1)向现有客户询问潜在客户信息;

(2)向供应商、咨询公司、行业协会等询问潜在客户信息;

(3)加入潜在客户所在的组织,如俱乐部、同乡会等;

(4)从拥有相同客户方向但不提供同类产品的非竞争性销售人员那里寻求线索,如为电梯提供门机系统和变频器的销售人员,为中央空调提供制冷压缩机和铜管的销售人员等都属于非竞争性销售人员;

(5)从事能引起潜在客户注意的活动,如演讲、报告等;

(6)通过互联网、电话黄页和邮政信息寻找潜在客户等。

为了能获得更有价值的客户资源,销售人员还需要对潜在客户进行更多的了解与评估鉴定。对企业用户,销售人员需要掌握企业性质、业务量、需求内容、信誉度、经营和财务状况、连续合作的可能性、购买组织、购买行为、地址和联系方式等。对消费者而言,销售人员则应了解其购买动机、受教育程度、具体需求、经济水平、个人偏好、性格特点等个人资料,并掌握他们的消费行为。详见消费者市场分析和组织市场分析。

> **材料 14-2　　　　　　　如何利用社交工具寻找潜在客户**
>
> 　　寻找更多的潜在客户并不断发掘产品的前景是 Twitter 营销非常重要的一部分，具体方法包括：
>
> 　　（1）利用 Twitter 的高级搜索功能。以摄影行业为例，一些潜在客户可能会推出这样的话题：我不喜欢我的头像；寻找婚礼摄影师很难；如何改善我的领英个人资料等；哪里可以买到××镜头……你只需通过关键字设定就能精准搜索到相关推文，进而展开对话，进行营销或销售。
>
> 　　（2）根据账户、位置和"心情"进行搜索。例如，某咖啡店想要做营销，发掘潜在客户，就可以找星巴克附近的推文，找到相关的推文和用户之后进行互动。开始对话的最好方式就是直接回复推文，或者直接进行转发引起用户的注意，之后可以向用户推出优惠券或是一些可以引起其注意的活动。
>
> 　　（3）通过 IFTTT 设置电子邮件。若定期搜索关键词比较耗时，可以利用 IFTTT 创建一个省时的小程序（触发器）来自动搜索，选择电子邮件作为回复服务。这样，每当有人在推文中使用你选择的关键词时，你都会收到邮件。
>
> 资料来源：兰小奇，外贸商家如何在 Twitter 上寻找潜在客户 [EB/OL]. (2018-03-16). https://www.cifnews.com/article/33711.

2. 熟悉产品信息和销售政策

熟悉企业及竞争对手的产品信息和销售政策是对客户进行有效拜访的基础。销售人员需要熟悉并了解企业和竞争对手的产品特点、价格政策、促销政策、销售任务等系列内容。销售人员不了解新产品，也就无法向客户有效展示和介绍新产品；不了解销售政策，就无法用优惠政策来吸引客户；不了解当月的销售任务与促销计划，就缺乏让客户尽快下订单的动力；不了解竞争对手的相关情况，就很难明确自己的相对优势和劣势是什么。

3. 设计拜访技巧和道具

此外，销售人员还要针对特定客户和产品设计拜访及展示技巧，准备好相应的文件、宣传材料、样品和道具等，例如设计开场白、如何陈述产品的**特征、优势和利益**（feature，advantage and benefit，FAB）以及如何运用肢体语言等。

14.2.2　接近与约见

准备工作完成后，下一步就是按计划接近和约见客户。接近和约见客户的方式有很多，关键要因客户而异，既可以先通过朋友、同学、老乡等社会关系接近并熟悉客户，再约见客户，也可以直接通过商业渠道接近并约见客户。

1. 接近客户

"接近客户的 30 秒，决定了销售的成败"，这是成功销售人员的共同体验。接近是指在与潜在客户进行实质性洽谈前，销售人员获得与客户会面，为切入销售主题建立基础的过程。

客户是千差万别的，销售人员必须学会适应，针对不同的客户来改变自己的接近方式、语言风格等，并且要充分理解，坦然面对困难，善于调整自己。为了顺利接近客户，为双方关系建立一个良好的开端，销售人员必须注意以下方面的内容。

明确接近主题 通常情况下，销售人员接近客户时，客户都会产生购买压力，具体表现为冷漠、拒绝，或者故意岔开话题，有意无意地干扰和推脱销售人员的接近行为。因此，销售人员必须确立一个明确的能够消除客户压力的主题来接近客户。这种主题可以是征求客户意见、预约客户来参观演示、慕名求见寻求帮助或市场调查等。

选择接近方式 根据客户的性质及接近的主题，销售人员可以选择会议、E-mail、电话、信函、直接拜访或任何一种可能的方式来接近客户。通常情况下，电话是应用最普遍，也是最为高效的一种接近方式。因为电话压力最小，操作方便，能够保障表达清晰有力，节约时间，接触到更多的客户。一般来说，一个潜在客户需要被电话访问四次才能获得约见。在展览会、交易会等商业活动中接近客户则最为自然，因为客户本身也有意获取所需产品信息。随着通信成本的降低，电话接近的方式越来越多地被采用，导致传递情谊的电话蜕变为"骚扰电话"，直接被拒接或拦截。电话还是作为在展览会、发布会等基础上建立了双方约定后的再跟进工具为好，而不应在没有获取对方同意的情况下直接使用。

设计接近话语 考虑到众多潜在客户的时间宝贵以及对接近的压力，销售人员必须认真设计与客户接近的话语，包括开场白、语言表情以及随后谈论的内容及流程等。与客户初次接近时的话语直接决定客户对销售人员的第一印象，并影响此后的合作过程。需要强调的是，销售人员在接近消费者用户时，即使已经知道他是谁，一般也不应在初次见面时就准确称呼，否则消费者会认为自己的个人隐私受到侵犯。但对于企业用户而言，则需要能够准确报出客户的名称及职务，毕竟企业存在电话转接、预约等程序，这有助于直接快捷地找到具有决策权的业务负责人。

⊙ **讨论 14-1**   **这次电话接近为什么是失败的**

一个月前，一家国内 IT 企业进行笔记本电脑的促销活动，我接到了推销电话，他们认为我是潜在客户。

销售员：先生，您好。这里是××公司个人终端服务中心，我们在搞一个调研活动，可以问您两个问题吗？

我：你讲。

销售员：您经常使用电脑吗？

我：是的，工作无法离开电脑。

> 销售员：您用的是台式机还是笔记本电脑？
>
> 我：在办公室用台式机，在家用笔记本电脑。
>
> 销售员：我们最近的笔记本电脑有一个特别优惠的促销活动，您是否有兴趣？
>
> 我：你是在促销笔记本电脑，不是搞调研吧？
>
> 销售员：其实，也是……但是……
>
> 我：你不用说了，我没有兴趣，我有了，而且现在用得很好（挂上电话）。

2. 约见客户

约见是指销售人员与客户协商确定访问对象、事由、时间和地点，是实质性接触的开始。

约见目标　在约见客户之前，销售人员首先要明确约见目标，是建立关系、增加了解，还是介绍新产品、传达销售政策，抑或是处理投诉或跟进维护。不同的约见目标决定了约见的对象、时间、地点以及正式见面时所谈论的内容。

约见对象　销售人员要明确与对方哪个人或哪几个人见面。若以促进销售为目的的约见，销售人员应尽量设法直接约见客户的购买决策人。

约见时间　销售人员应尽量为客户着想，最好由客户来确定时间，同时，以最能充分展示产品及服务优势的时间为佳。一旦时间确定，要保证守时，并合理利用约见间隙从事与销售相关的工作，提高拜访效率。

约见地点　约见地点也应尊重客户的要求。约见地点明确后，销售人员需要明确赴约路线，守时守信。

上述约见细节明确后，销售人员就应着手准备正式会晤时所需要的各种相关资料及个人形象的打理。

14.2.3　展示与推荐

销售人员与约见对象正式会晤，为达成销售目标，需要进行产品及服务的全面展示与推荐。销售人员要向客户充分展示产品的特征、优势和利益，以激发客户的购买欲望。

特征描述了产品或服务的主要性能，如芯片处理速度或存储能力；优势显示了该性能相对于替代品和竞争对手的优势；利益则强调了该产品能向客户提供的经济、技术、服务和社会利益。在产品展示与推荐过程中，一个经常性的错误是过分强调产品的特点和优势，而忽略了对客户利益的介绍。销售人员在展示与推荐产品的 **FAB** 时，通常采用以下方法。

固定法　固定法是指由专门人员设计科学的、有刺激性的和有诱惑力的语言、图片和行为，形成固定的推荐流程、推荐词和演示行为，销售人员熟记后向客户依次讲解推荐，而不管客户在此过程中的反应，客户处于被动倾听的位置。这种方法的优点是推荐流程优化、推荐词精练、演示行为规范有效，同时对销售人员的素质能力要求较低，缺点是不能对客户的反应做出及时有效的反馈。

需求–满足法 需求–满足法是通过鼓励客户多发言，以充分了解客户的真正需求、态度及购买风格，进而通过具体的讲解、展示向客户说明该产品是如何满足其需求的。需求–满足法要求销售人员具有善于倾听客户意见并能及时解决实际问题的能力。销售人员扮演的是一个拥有丰富业务知识的咨询者角色，强调对客户实际问题的解决。

另外，销售人员在进行产品展示与推荐的过程中，也可采取以下影响策略。①正统性：强调本企业在该领域的历史和传统地位，以及由此形成的企业信誉和经验、产品的可靠性和性能的优异性。②专门知识：销售人员要充分表明自己对客户情况和产品的专业性，强调本企业是解决客户某一方面需求的专家，具有超越竞争对手的专业实力，但要避免言过其实，以免为今后产生纠纷留下隐患。③相关力量：销售人员可以在共同的特点、利益、社会关系的基础上与客户建立良好的私人关系，承诺共享某些资源。④印象管理：销售人员应设法树立自身及产品的良好形象。

> **讨论 14-2** 　　　　　　　　　　**案例挖掘与撰写**
>
> 　　在工业品营销中，向潜在客户宣传曾服务过的成功案例是较为有效的一种方法。在建立客户信任度方面，案例有着其他手段无法替代的作用，但如何挖掘、撰写好案例却让很多企业力不从心。
>
> 　　案例素材往往隐藏在企业日常经营中，但案例的开发往往是一种跨部门、跨职能的合作，需要团队合作和以品牌为导向的企业文化以及激励政策的支持。销售部或项目部要及时将案例素材反馈给市场部，市场部要站在品牌和营销的高度进行编写，并能得到销售部、技术部、售后服务部的支持。如果有客户的积极合作，则更有助于案例的呈现与说服力。施耐德电气的视频案例往往会以多个客户的证言作为主线进行贯穿。
>
> 　　案例撰写的基本原则是从客户角度出发，要呈现出客户面临的问题、担心与困惑，以及你的优势、解决方案，以问题为导向去呈现客户价值，要能够让存在类似问题的潜在客户从案例中看到自己的影子和未来，从而产生进一步了解的兴趣与合作的期待。
>
> 　　另外，如果案例中涉及的客户是行业标杆企业，案例效果自然会不同。但标杆企业毕竟稀缺，其面临的问题与解决方案可能并不具有典型性。因此，需要将标杆客户案例与一般客户案例组合使用，明确不同案例使用的目的与情境，才能最大限度发挥案例价值。
>
> 　　对于案例的挖掘与撰写，你怎么看？

14.2.4 洽谈与成交

通常，销售人员在展示完产品，要求客户进行订购时，客户大都会表现出一定的顾虑甚至抵触情绪。这种情绪有些是心理上的，有些是逻辑上的。心理上的抵触主要包括对外来影响（强迫购买）的抵制，对展示氛围的反感，不愿改变现有购买或使用习惯等；逻辑上的抵触则主要包括对价格、性能、交付环节的疑虑。

所以，展示完成后即向客户发出成交请求是不合适的，适当的对策是要求客户发表看法，明确客户目前产品的使用状态。在了解客户对展示产品和目前使用产品的看法的基础上，有的放矢地与客户展开深入细致的洽谈。

洽谈是销售流程中真正的沟通环节，是合作双方互相了解、共同认可的过程。销售人员必须引导客户比较推荐产品和解决方案之间的差别，发现推荐产品的优势，让客户确信所推荐的产品能够更好地满足其需求，其付出是合理并值得的。

在洽谈过程中，销售人员需要掌握一定的技巧，以便更有效地开展谈判。其中最重要的技巧包括：洽谈主题和流程的控制技术，倾听技术；在压力和不确定情况下清晰与迅速反应的思维能力、判断能力、语言表达能力；洽谈过程中所表现出的正直、感染力与耐心等。

洽谈内容包括产品质量、价格、交付方式、时间、产品数量、合同期限、物流配送、产品安全、风险等问题，需要双方多个人员的共同参与及多次协商，才能最终形成具有共同约束力的成交协议。

但是，尽管成交是洽谈的最终目标，但这并不意味着销售人员要急于向客户抛出成交请求，或坐等客户提出成交请求。销售人员必须根据客户的动作、语言、评论以及提出的问题等表现，发现可以达成交易的信号。在此时间点上，销售人员适当地给出特定的成交劝诱，如特价、免费赠送额外数量，或告知客户如果不订货将遭受怎样的损失等措施，将获得事半功倍的成交效果。

值得注意的是，细节的洽谈并非一定是在达成成交意向之后，相反可以先就客户利益、产品特性、价格、交付等细节开展洽谈，成交只是水到渠成的结果。当然，最重要的是无论如何都不能"忽悠"客户。

■ 案例 14-2　　从来不勉强准客户投保的推销之神原一平

推销之神原一平曾多次拜访一位准客户，但从未主动详谈保险的内容。有一次，准客户问原一平："老原啊！你我相交的时间不算短了，你也帮了我不少的忙，有一点我一直不明白，你是保险业务员，为什么从未向我介绍保险的详细内容呢？难道你对自己的保险工作也不关心吗？"

"怎么会不关心呢？我就是为了推销保险，才经常来拜访你啊！"

"既然如此，为什么从未向我介绍保险的详细内容呢？"

"坦白告诉你，那是因为我不愿强人所难，我素来是让准客户自己决定什么时候投保的，从保险的宗旨和观念来说，硬逼着别人投保也是错的。再说，我认为保险应由准客户感觉需要后才去投保，因此，未能使你感到需要迫切，是我努力不够，在这种情形下，我怎么好意思开口硬逼你买保险呢？"

"嘿，你的想法跟别人不一样，很特别，真有意思。"

"所以我对每一位准客户，都会连续不断拜访，一直到准客户自己感到需要投保为止。"

> "如果我现在就要投保……"
>
> "先别忙,投保前还得先体检,身体有毛病是不能投保的。身体检查通过之后,不但我有义务向你说明保险的内容,而且你可以询问任何有关保险的问题。所以,请你先去做体检。"
>
> "我知道了,我这就去体检。"

14.2.5 跟进与维护

如果销售人员想保证客户满意并愿意维持长期稳定的合作关系,在交易达成之后,跟进与维护是必不可少的。毕竟,企业并非只是简单地追求一次交易的达成,重复购买、合作才是最终目标,建立长期的客户关系是确保重复购买的基本手段。

交易达成后,销售人员首先应着手完成订单的各项处理工作,包括交货时间、购买条件及其他事项。接着,销售人员需要制定一个后续工作访问日程表,以保证客户能够适时地获得相关销售服务,如安装、调试与使用指导等。销售人员通过这种定期的后续访问,还可以发现目前销售过程中可能存在的问题,使客户认可销售人员的关心与努力,并减少可能出现的认知偏差。最为重要的是,销售人员还应制订一个客户维护和成长计划,特别是针对一些关键客户,更要及时了解其存在的问题,并尽量以多种方式为其提供服务。

表 14-1 是某手机制造企业对中间商所采用的一种客户跟进表。销售人员通过对客户的跟进及跟进内容的记录,可以充分了解中间商对手机相关属性的具体需求。

表 14-1 ×××企业中间商跟进表

手机型号			售出时间/地址			
客户性质			拜访对象			
职务			性别		手机/固话	
跟进记录						
跟进时间			意见和建议		改善方案	备注
第一次 年月日 记录人		款式				
		质量				
		颜色				
		价格				
		其他				
第二次 年月日 记录人		款式				
		质量				
		颜色				
		价格				
		其他				
……						

通过客户跟进与维护，可以保持双方之间的通畅沟通，建立起客户对企业、品牌和产品的良好形象，也有助于丰富和完善客户数据库的相关内容。但在具体实施过程中，很多企业的客户跟进与维护脱离了其本来的实质意义，变成了企业对销售人员自身工作的检查，成为企业监督销售人员的一种手段；并且整个跟进与维护制度过于繁杂，既有销售回访、技术回访，再加上督查回访等，严重干扰了客户的正常工作或生活。

因此，对客户的跟进与维护必须注意度的把握。一方面，是对时机的选择，既不能过于频繁，也不能过于稀疏，而是充分考虑客户的产品使用习惯、频次和更新周期。另一方面，是对跟进内容的取舍，应主要针对客户遇到的相关问题和产品技术进展加以访问讨论，对销售人员的工作检查完全可以通过其他途径来进行。另外，在客户跟进与维护过程中所获得的相关数据要及时输入客户数据库，这既是整体客户分析的需要，也是客户服务连续性的需要。

14.3 客户管理

产品是否优秀、品牌是否诱人，顾客的购买才是最终的判决。但诚如亨利·福特所说的，"做成一桩买卖之后，企业和顾客的关系并未就此结束，事实上它才刚刚开始"。图 14-5 展示了企业与顾客关系的发展过程。

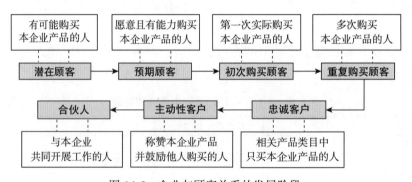

图 14-5　企业与顾客关系的发展阶段

显然，当顾客转化为企业的客户时，与企业的关系越紧密，对企业也就越忠诚，在多次交易中对企业的贡献也就越大。然而，许多企业着重研究吸引新顾客的技术，往往忽略了对现有客户的维系和培养，重在推销和销售，而不是与客户发展强有力的关系。

14.3.1　顾客资产

顾客满意是企业营销活动持续的基础，只有顾客购买后维持一种持续满意状态，方有可能成为忠诚顾客，企业才能建立起稳定的市场基础，并在此基础上扩大市场。同时，顾客越忠诚，顾客资产也就越高。否则，一边开拓市场，一边流失顾客，而市场终究有极限，顾客的不断流失也就意味着市场的彻底失去。

1. 顾客满意

顾客满意（customer satisfaction，CS）具有相对性，它是顾客对产品的感知效用和期望效用比较的结果。感知效用高于期望效用则顾客惊喜，感知效用等于期望效用则顾客满意，感知效用低于期望效用则顾客失望。在一定的产品效用下，过高的期望虽然会强化顾客的购买欲望，有助于提升短期销售业绩，但往往导致较低的顾客满意。所以，企业在不断提高产品效用的同时，还应适当地控制顾客对产品效用的期望，而不是一味地提升这种期望。图 14-6 表明了顾客对产品的期望效用和购买欲望、顾客满意之间的相互关系。

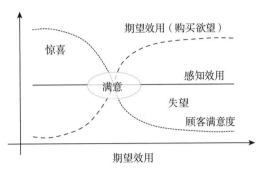

图 14-6 期望效用与购买欲望、顾客满意的关系

顾客满意仅仅是顾客的一种感知——**顾客期望**被满足、超越或没有得到满足的感知，顾客满意并不一定意味着顾客会再次购买，并不见得会给企业带来实质性的利益。显然，顾客满意并非企业的终极目标，通过顾客满意，企业希望达到的是顾客忠诚。

2. 顾客忠诚

顾客忠诚是顾客对某一企业、某一品牌的认同和信赖，它是顾客满意不断累积、强化的结果。与顾客满意这种感性知觉不同，顾客忠诚是顾客在理性分析基础上的肯定和信赖，具有一定抗干扰性。顾客忠诚能够使顾客持续地、排他性地购买本企业产品，即使竞争者提供的产品在某种程度上优于本企业产品，即顾客忠诚可以带来行为忠诚。

顾客忠诚依其程度深浅可以分为四个层次，如图 14-7 所示。认知性忠诚是基于产品而形成的最浅层次的忠诚，是顾客对这种产品满足需求的认可。情感性忠诚是获得持续满意的顾客对品牌形成的偏爱，这种偏爱使顾客较少关注竞争品牌，从而使企业在竞争中处于优势地位。意向性忠诚是指顾客在下次选择购买产品时，对具有情感性忠诚品牌的优先考虑。行为性忠诚是顾客忠诚的最高阶段，顾客愿意克服种种障碍实现对特定品牌的购买。

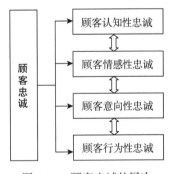

图 14-7 顾客忠诚的层次

3. 顾客资产

顾客价值是企业为顾客创造的价值，与之相对，**顾客资产**是顾客为企业创造的价值，主要体现在直接价值、创新价值与扩展价值三个方面。

直接价值是顾客的直接购买为企业带来销售收入及利润的价值，它不仅指顾客短期的或一次性的购买所带来的价值，更是指顾客终生的重复购买所带来的价值。

> **材料 14-3   顾客的直接价值**
>
> 美国一家超市的经营者斯图·伦纳德说：每当看到一位满脸愠怒的顾客，就仿佛看到 50 000 美元从他的店中溜走。因为一位顾客在一个地区居住的时间通常长达 10 年，这期间他每周要在超市花费 100 美元，10 年就是 5.2 万美元。所以如果顾客有一次不愉快的经历，并转向其他超级市场，超市的损失不是 100 美元而是 5.2 万美元；如果再考虑到失望顾客不良传播的影响而导致其他顾客离去，以及超市的全球连锁经营，损失远远不止 5.2 万美元。
>
> 北欧航空公司计算后得出每位商务旅行者 20 年的价值是 48 万美元。
>
> 凯迪拉克认为每位忠诚顾客 30 年的价值是 33.2 万美元。凯迪拉克至今都是美国文化的重要标志，多任美国总统以它为座驾，猫王、梦露等世界级偶像均是其忠实的车主和代言人，而猫王一生中至少买过 100 辆凯迪拉克。
>
> 每位 AT&T 的忠诚顾客 30 年的价值是 7.2 万美元。
>
> 当一个企业学会看待顾客的终生价值时，企业将走向长期发展的轨道。

创新价值是指顾客不断推动企业市场创新、产品创新所带来的价值。优秀的顾客善于表达自己的需求，并乐于对企业产品和服务的不足提出自己的意见，从而为企业创新提供思路和动力，也就是为企业提供了建立优势和开拓新市场的机会。他们是创意的来源，是新产品的首推对象，同时也是扩大需求的首选对象。

扩展价值是指忠诚顾客在形成规模、网络化和购买定式后的壁垒效应以及口碑效应所带来的更为广泛的收入增长、利润增长和成本下降。首先，一旦忠诚顾客形成规模和网络化，顾客间易于形成良性互动而不断增强其忠诚度。忠诚顾客的重复购买使交易成为惯例，并形成购买定式，购买定式和不断增强的忠诚是巨大的转换壁垒，阻止顾客转向其他供应商，并且大规模降低交易成本。其次，一定规模的网络化忠诚顾客会自发地形成口碑，这种口碑又导致顾客规模的持续扩大，并进而产生新的忠诚顾客，从而带来更为广泛的销售收入。最后，忠诚顾客会爱屋及乌，极易接受企业围绕核心产品开发出的相关产品，甚至是全新的产品，这就使企业新产品的推广费用大大降低，推进时间大大缩短。

14.3.2　客户维系

顾客可分为老顾客和新顾客，老顾客是指多次购买本品牌产品的顾客，新顾客是指第一次购买本品牌产品的顾客。企业只有保持老顾客，同时不断地吸引新顾客才能获得稳定持续的发展。

从营销成本看，吸引新顾客的成本通常是保持现有顾客成本的 5 倍，进攻性营销明显比防守性营销成本高得多。为吸引新顾客，企业必须完成使顾客从不了解到了解、不信任到信任、不熟悉到熟悉和无偏好到有偏好等的整个营销过程，而维系老顾客所要做的只是经常性的提醒，解决问题。加深品牌在顾客心中的印象。两者相比，成本高低是显而易见的。所以重要的不是把尽量多的产品卖给尽量多的顾客（市场占有率模式），而是说服一个已有的顾客更多地或者只购买自己企业的产品，这自然会带来更多的顾客。

顾客忠诚是顾客满意连续积累的结果，来自顾客不断从产品或服务的消费中所获得的惊喜。在此过程中，新顾客成为老客户，老客户成为忠诚顾客。然而，即便是忠诚顾客也仍然需要企业不断加以维护，挖掘其价值，顾客忠诚才能演变为顾客资产并不断升值。

图14-8表明客户流失和客户忠诚一样，都始于企业的广告、公共关系、展示等营销活动，也取决于客户之间的口碑相传。造成客户流失的原因在于客户对产品的实际评价低于预期或发生问题，而问题又没有得到有效解决，造成需求没有得到切实有效的满足。所以，企业应从以下几个方面入手来堵住客户流失，建立顾客忠诚。

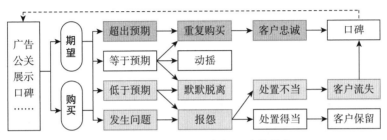

图 14-8　客户流失和客户忠诚的形成

1. 注重产品质量

长期稳定的产品质量是维系客户的根本，产品质量是企业营销活动的基础。高质量的产品本身就是保持客户的强力凝固剂。这里的质量不仅是产品符合标准的程度，更是符合客户偏好，并且不断根据客户的意见和建议改进产品。因为随着社会的发展和市场竞争的加剧，用户的需求正趋向于个性化，与众不同已成为时尚潮流的象征。

2. 控制客户期望

既然期望是影响客户满意和忠诚的重要因素，而客户期望又恰恰是企业广告、宣传和展示等一系列市场活动的结果，企业必须按自己的实际能力，并留有余地地建立客户期望，以提供超出客户预期的产品和服务，进而达到客户忠诚。如果仅仅为了一时赢得客户而误导客户，夸大产品性能、质量与服务，给客户过大的想象空间和过高的期望，随之而来的必定是抱怨、失望甚至离去。

3. 响应客户抱怨

客户是企业产品和服务的最终评判者，对改进产品和服务也最具发言权。他们在使用各类产品的过程中，会发现产品和企业服务的不尽如人意之处，并由此产生报怨并投诉。因为抱怨就是需求，企业必须正确理解客户抱怨、鼓励抱怨，而不是表面客客气气地对待客户，对问题却不予解决，那是一种彬彬有礼掩盖下的淡漠，是对客户的最大伤害。正确的方法是不仅要听取问题,更要及时解决问题,并且避免类似问题的再次发生。

首先,必须让客户抱怨有门。企业要想让客户在遇到问题时首选向自己投诉,除了要有足够的诚意,还要切实为他们提供方便、迅捷的通道,如提供企业相关部门的在线客服、联系电话或电子邮箱等。

其次,给抱怨的客户及时反馈并使问题迅速得到解决。要对客户所经历的不便事实进行承认和道歉,倾听、移情、问一些开导性的问题,提出公平的化解方案,针对带来的不便或造成的伤害给予客户一些具有附加价值的补偿,同时要有跟进行动以保障上述补救行动让客户满意。另外,企业要一个声音对外,不能把应当内部协调的事情推给客户。

最后,要以客户为最高利益,本着客户总是对的之精神,因为即使抱怨错了,也往往是营销者没有交代清楚,或者给了过高的期望引发了误解、失望。其实,客户的要求并非总是正确,但这并不能成为不尊重客户的理由,尊重客户、让客户满意和客户永远正确是两回事,纠正客户的错误才能使其达到正确的满足。

> **⊙ 讨论 14-3   向你抱怨的才是好客户**
>
> 没人喜欢被投诉,但你有没有想过,客户向你抱怨,这也是他会继续向你采购的证明。当他们来反馈你的产品或服务不及预期时,说明他们是非常在乎的,因此愿意花时间和精力来试图纠正他们认为不对的地方。
>
> 研究表明,一般客户不满意时会将他们的糟糕体验和经历告诉9~15个人,甚至有13%不满意的客户会告诉超过20个人。会向你抱怨的客户的优点在于,他们几乎不会向家人和朋友圈抱怨你的产品或服务,而是选择直接向你表达不满,这就给了你一个机会去补救。
>
> 如果客户的抱怨得到积极的回应,并看到企业针对抱怨做出改进,他们就会觉得自己在组织内部有了发言权,会觉得你的企业很重视他,并在乎他的满意度。因此,你可以借此和抱怨客户建立一种比问题发生之前都要牢靠的关系。
>
> 对于抱怨的客户,你怎么看?

4. 建立客户关联

企业应及时将企业经营战略与策略的变化信息传递给客户,便于客户及时做出相应的调整。同时,要主动收集客户对企业产品、服务及其他方面的意见、建议,将其融入企业各项工作的改进之中,而不是非要等到客户产生抱怨才去发现和解决问题。这一方面可以使老客户知晓企业的经营意图,另一方面可以有效调整企业的营销策略以适应客户需求的变化。

真正为客户着想的企业,还应尽量为客户提供有价值的市场信息。如在预测到产品价格短期内将上浮的消息时,及时告诉经销商,使其能提前大批量地进货,以赚取更多的差价。而一旦预测到近期市场需求将下降,企业在减少生产量的同时,也可通知经销商降低库存，以减少不必要的资金积压和成本费用。又如，当预测到客户的需求偏好发生改变时，及时通知供应商准备新的原材料或配件。

客户需求是产品价值评估的唯一标准，没有对客户需求的真正理解，就不可能有对产品的正确理解，满足客户需求的产品才是好产品。为此，营销者应通过多种渠道倾听来自客户的褒贬评价，及时了解客户需求的变化及新需求——产品改进方向，尽可能提供独特的、让人印象深刻的服务或产品。理想的情况是，这种需求变化是由营销者引导的，即创造需求。

5. 进行情感投资

优化和客户的感情也非常重要，情感和信任是一道无形的转换壁垒，更是获取建议的有效途径。日常拜访、节日问候、联谊活动都可以优化与客户之间的感情。

一旦与客户建立了业务关系，就要积极寻找产品之外的关系，并用这种关系来强化客户关联。如记住客户个人的结婚纪念日、生日，企业客户的纪念日等重要日子，采取适当的方式表示祝贺。对于重要的客户，负责人要亲自接待和走访，并邀请他们参加本企业的重要活动，使其感受到自身对企业成长所做出的重大贡献和全力支持。对于一般的客户可通过建立俱乐部、联谊会等固定沟通渠道，保持并加深群体间的关系。

同时，企业还必须建立强有力的品牌形象，因为面对日益繁荣的市场，客户的需求层次有了很大的提高——除了要求产品带来功能满足，还要求品牌带给其情感满足。功能是可比的、可模仿的，而品牌是唯一的、不可模仿的。

6. 传递客户满意

客户满意应当在客户及企业员工中得到传递。同事、邻里、朋友的意见是相互印证的，满意的分享会更加满意，要采取各种措施使客户满意在客户中得到传递。客户满意在企业员工中的感受和传递可以使员工看到自己努力的结果、人与人之间的友好关系。加强员工对客户满意的认识，可以更好地激发员工的工作热情。

14.3.3 客户关系管理系统

客户关系并不会自动成立，更不会自动升级，良好的客户关系需要企业有计划地构建，并在整个关系生命周期内细心呵护，**客户关系管理系统**（以下简称"CRM系统"）由此应运而生。CRM系统是企业为了赢取新客户、巩固保留现有客户以及增进客户利润贡献度，利用现代信息科学技术，实现与客户良好沟通并建立关系的一种管理经营技术与方式。

1. 主要功能

在一个企业中，主要有三个部门（市场部、销售部和产品技术服务部）与客户有着直接的、密切的联系，CRM系统首先要满足这三个部门的部门级需求，提高市场决策能力，加强统一的销售管理，提高客户服务质量。其次，客户关系管理将企业的市场、销售和服务协同起来，建立市场、销售和服务之间的沟通渠道，从而使企业能够在电子商务时代充分把握市场机会，也就是满足企业部门协同级的需求。最后，客户关系管理和企业的业务系统紧密结合，通过收集企业的经营信息，并以客户为中心优化生产过程，满足企业级的管理需求。对三个层级的需求满足构成了 CRM 的三个主要功能。

部门级需求 在企业中，对 CRM 有着强烈需求的部门是市场、销售和产品技术服务三个部门，但它们各自所关心的问题存在明显区别。

市场部门主要关心以下问题。①活动管理：对企业的所有市场活动及效果进行跟踪、评价和反馈；②市场管理：对市场供应（竞争）、需求走势进行跟踪、分析；③客户监测：对客户需求、财务、销售等基本资料和行为进行收集与记录，及时掌握客户动态；④客户分析：对客户的构成、风险、利润和行为等进行分析。

销售部门关心的主要问题包括三个方面。①销售任务：将销售任务按销售经理制订的方案进行落实；②销售信息：及时掌握各销售区域和销售人员的销售情况；③销售评价：对各个地区、各个时期以及各个销售人员的业绩进行度量。

产品技术服务部门关心的主要问题三个方面。①准确信息：及时掌握客户对服务的需求并据此进行安装、维修、培训和咨询等客户服务活动的安排；②一致性：以企业整体形象对待客户，使客户感觉是同一个人在为他服务；③问题处理：能够跟踪客户所有的问题、质量投诉和抱怨，并给出答案。

要满足部门级的需求，CRM 系统至少应该包含数据仓库、联机分析处理（on-line analysis processing，OLAP）、销售管理、活动管理、反馈管理和数据挖掘系统。

协同级需求 对一个大型企业，市场、销售和产品技术服务通常是三个独立的部门，对 CRM 有着不同的需求，但是有一点是共同的：以客户为中心。协同级将市场、销售和产品技术服务三个部门紧密地结合在一起，从而使企业更有效地向客户提供产品及技术服务。

协同级主要解决企业在运作过程中遇到的以下两个问题。①及时传递信息：将市场分析的结果及时地传递给销售和产品技术服务部门，以便它们能够更好地理解客户行为，达到留住老客户的目的。同时，销售和服务部门收集的反馈信息也可以及时传递给市场部门，以便市场部门对销售、服务和投诉等信息进行及时分析，从而制定更有效的竞争策略。②渠道优化：市场部门将销售信息传递给谁、由谁进行销售等对企业运营非常重要。渠道优化是指在众多的销售渠道中选取效果最佳、成本最低的销售渠道。总之，通过市场、销售和产品技术服务部门的协同工作，可以实现在恰当的时机拥有恰当的客户目标。

企业级需求 在大、中型企业中，IT 系统比较复杂，如果这些 IT 系统之间相互孤立，就很难充分发挥各系统的功能。因此，不同系统之间的相互协调可以充分提高企业的运作效率，同时也能充分利用原有的系统，从而降低企业 IT 系统的成本。

CRM 作为企业重要的 IT 系统，要与企业的其他 IT 系统紧密结合，这种结合主要表现在信息来源的需求、利用原有系统以及其他系统对 CRM 的需求上。①信息来源：市场分析需要有关客户的各种数据，销售和产品技术服务部门也需要在适当的时机掌握正确的数据。这些有关客户行为、客户基本资料的数据通常来源于其他 IT 系统，因此 CRM

系统经常需要从企业已有的 IT 系统中获得这些数据。②利用原有系统：企业已有的 IT 系统中有很多模块可以直接集成到 CRM 系统中，通过对已有系统的利用，既可以增强企业各 IT 系统中数据的一致性，同时也降低了 CRM 系统的成本。③其他系统对 CRM 的需求：CRM 系统的数据及分析结果可以被企业内其他 IT 系统所利用。

2. 系统分类

考虑到客户关系对企业的重要性，各大软件公司纷纷依据自己对客户关系管理的理解开发 CRM 系统。目前市面上的 CRM 系统种类繁多，但大致可以分为操作型（operational）、分析型（analytical）和协作型（collaborative）三类。它们的功能定位如图 14-9 所示，企业可根据自己的行业和自身特点选择应用。

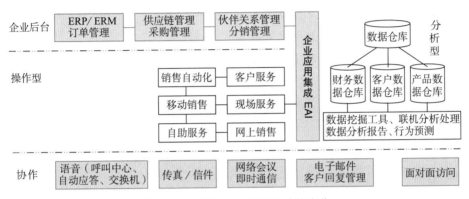

图 14-9 三类 CRM 系统的功能定位

操作型 CRM 操作型 CRM 也称运营型 CRM 或流程型 CRM，主要特点是方便与客户的交流，操作流程简单。操作型 CRM 系统生成统一的视图面对客户，直接面对客户的相关部门能够共享客户资源，减少信息流动滞留点。操作型 CRM 最适合制造业、零售业以及保险业。

协作型 CRM 协作型 CRM 全方位地为客户实现交互服务，实现多种客户交流渠道的融合，保证企业和客户都能得到完整、准确和一致的信息。协作型 CRM 系统主要由呼叫中心、客户多渠道联络中心、帮助台（help desk）以及自助服务导航构成。具有多媒体、多渠道整合能力的客户联络中心是该系统发展的方向。

分析型 CRM 分析型 CRM 的核心在于让企业真正地了解客户。企业通过前台销售自动化、客户服务与支持的协同运作积累了大量的客户信息资源，分析型 CRM 的作用就是让这些资源发挥作用。该系统通过 80/20 法则分析、销售情况分析等手段，从前台所产生的大量交易数据中提取各种有价值的信息，并对将来趋势做出预测。系统中的数据仓库具备分析能力，能够通过建立客户的全景视图与客户保持持续的沟通，从而帮助企业获得额外竞争力。

3. 体系结构

CRM 系统能实现对客户销售、市场、支持和服务的全面管理，能实现客户基本数据的记录与跟踪、客户订单的流程追踪、客户市场的划分和趋势研究以及客户支持服务情况的分析，并能在一定程度上实现业务流程的自动化。此外，进行数据挖掘和在线联机分析以提供决策支持也是CRM的功能之一，其体系结构如图14-10所示。

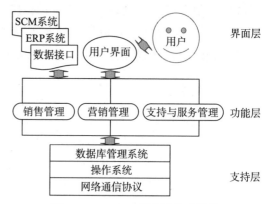

图14-10　CRM系统的体系结构

注：1. SCM=供应链管理。2. ERP=企业资源计划。

界面层　界面层是CRM系统同客户进行交流、获取或输出信息的接口，通过提供直观、简便易用和友好的界面，客户可方便地提出要求并得到所需的信息。

功能层　功能层由执行CRM基本功能的各个子系统构成。各子系统又包括若干业务，这些业务构成业务层，业务层之间既有顺序的，又有并列的。这些子系统总体上可分为客户销售管理子系统、客户营销管理子系统和客户支持与服务管理子系统。

支持层　支持层包括CRM系统所用到的数据库管理系统、操作系统、网络通信协议等，是保持整个CRM系统正常运作的技术基础。

本章小结

1. 销售和购买是一个过程的两个方面，销售要从采购理解交易，采购要从销售看交易。双赢是成交和重复成交的前提。销售的本质是在帮助客户提高收益、持续收益的前提下收获自己的利益。

2. 区域式销售组织是指按地理或行政区域设置销售组织机构，即在企业销售总部下设若干大区域销售部，大区销售部又下设若干小区销售部，每个区域销售部负责企业所有产品在该区域的客户和销售。区域式销售组织适合那些产品组合相对简单、相关性较大的企业。

3. 产品式销售组织是指按特定的产品（或事业部、品牌）设置不同的产品部门，由产品（或事业部、品牌）经理统一负责某一产品的全部工作，包括产品开发、营销和销售。产品式销售组织适合那些产品（或事业部品牌）组合相对复杂的企业。

4. 客户式销售组织是指按客户设置销售组织机构，即在企业销售总部下设若干客户部，具体负责一类或几类客户的销售和服务。客户式销售组织适合那些生产非标准化产品、客户需求差别较大（如客户中包括企业用户、政府用户以及个人用户）的企业。

5. 销售流程包括计划与准备、接近与约见、展示与推荐、洽谈与成交、跟进与维护五个阶段。销售人员一般通过上述五个阶段进行客户拜访，完成订单签订、交货与资金回笼，并进入下一次销售过程。

6. 销售人员要通过各种途径寻找潜在客户，了解他们的利益诉求、行为特征，熟悉企业的销售政策，掌握良好的产品展示技能。

7. 适当的接近主题、接近方式和接近语言是接近客户能否成功的关键要素。
8. 跟进与维护是获取顾客并保证客户感到满意、愿意维持长期稳定的合作关系、重复购买的关键。对客户的跟进与维护要依据客户对产品的使用习惯、频次与更新周期选择时机和频率。另外，跟进内容应以客户遇到的相关问题为主，沟通进展为辅。
9. 顾客满意是企业营销活动持续的基础，只有顾客购买后维持一种持续满意状态，方有可能成为忠诚顾客，企业才能建立起稳定的市场基础，并在此基础上扩大市场。同时，顾客越忠诚，顾客资产也就越高。
10. 顾客满意具有相对性，它是顾客感知效用和期望效用比较的结果。在一定的产品效用下，过高的期望虽然会强化顾客的购买欲望，有助于提升短期销售业绩，但往往导致较低的顾客满意。
11. 顾客忠诚是顾客对某一企业、某一品牌的认同和信赖，它是顾客满意不断强化的结果。顾客忠诚能够使顾客持续性、排他性地购买本企业产品，即使竞争者提供的产品在某种程度上较优。
12. 顾客价值是企业为顾客创造的价值。与之相对，顾客资产是顾客为企业创造的价值，主要体现在直接价值、创新价值与扩展价值三个方面。
13. 造成客户流失的原因在于客户对产品的实际评价低于预期或发生问题，而问题又没有得到有效解决，造成需求没有得到切实有效的满足。所以，企业应从控制客户期望、积极响应顾客抱怨、建立客户关联、进行情感投资和传递顾客满意等方面入手来防止客户流失，建立顾客忠诚。

基本概念

区域式销售组织　产品式销售组织　客户式销售组织　FAB　顾客满意　顾客忠诚
顾客期望　顾客资产　客户关系管理系统

简答

1. 简述销售流程及每一环节的主要工作内容。
2. 区域式、产品式与客户式销售组织分别适合哪些特性的企业？
3. 有哪些途径可以寻找潜在客户？
4. 销售人员在接近客户时，需要注意哪些内容？
5. 销售人员在进行产品展示与推荐的过程中，可以采取哪些影响策略？
6. 请解释顾客价值、顾客满意、顾客忠诚三者之间的关系。
7. 客户流失的主要原因有哪些？你的对策是什么？
8. 如何响应客户的抱怨？

思考

1. 请选择一种适合上门销售的产品，并为自己设计一段开场白。
2. 今天，各种客户组织林林总总，如读者俱乐部、车友会、VIP专区等，有些是客户自发组织的，有些是企业为其特定客户——通常是VIP客户提供的。收集并分析一两个这类客户组织的章程和活动，做一份简短的分析报告。
3. 选择一家企业，找出它给出的所有客户投诉渠道和方式，尝试其中的几种，分析该企业的客户投诉渠道设计和处理方式，做一份简短的分析、建议报告。

实验

电话访问、推广是目前常见的调研、推广方式。选择一个调研题目，设计几种开场白，测试哪种开场白最能使受访者继续接听。

动手

对一些复杂产品，许多制造商会在基本价格之外提供保障服务，如全保修三年、上门安装、只换不修等，并提供相应的报价。选择一个产品，根据可能需要的售后服务，设计一套服务方案和报价。

互联网——吉行天下

"吉行天下"俱乐部成立于2008年10月1日，建有吉行天下俱乐部总会、全国各经销商车友分会。目前已建立1 000多家全国各经销商车友分会，会员人数达30多万。

俱乐部本着"关爱在细微处"的理念，通过制订用户关怀计划与用户深入沟通，倾听用户的意见，随时关注用户的新需求，解决用户的难题，为客户提供更多更新的应用，保持长久关系，为用户提供多元的生活和服务内容，营造一个车友大家庭。

登录"吉行天下"官网，看看它是怎么维护客户关系的，对此你有什么感想和建议？

第 15 章
执行、评价与控制

三流的点子加一流的执行力,永远比一流的点子加三流的执行力更好。

—— 孙正义

日本软银集团董事长兼总裁

在营销方案基本成型后,企业还必须按各相关部门所承担的职能,将营销方案所规定的各项目标和任务分解落实到部门和人。各个部门在此基础上进一步制订各自的实施方案,对某些重要环节的方案还应进行必要的测试,以确认方案的有效性并做出最终调整。同时,企业要为每一项行动配备必需的资金和其他条件。

再好的营销计划也离不开有效的执行。营销执行强调将营销计划变成由专人承担的、可操作的和可控制的具体过程。但在具体执行过程中,由于环境的不断变化以及内部执行的偏差,往往在执行中会出现各种突发意外状况,使得执行结果偏离预设目标。因此,营销管理者必须实时、客观地将营销执行过程与目标进行对比,及时发现、分析计划执行中的问题,通过控制纠偏来确保营销目标的最终达成。概括来说,营销活动全过程如图 15-1 所示。

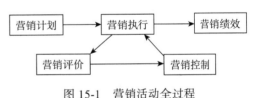

图 15-1 营销活动全过程

15.1 营销执行

如果说分析营销环境、制定营销战略和营销要素组合是解决营销活动要做什么(what)和为什么(why)要做的问题,那么营销执行则是解决由谁去做(who)、什么时候做(when)、在什么地方做(where)和怎样做(how)的问题,即营销执行是将营销计划转化为行动方案,合理配置、调动企业资源到各项营销活动中,并保证营销计划完成以实现企业经营目标的过程。

15.1.1 行动方案

营销行动方案是对营销计划中的目标、任务进行分解,明确目标达成的时间、区域,规定具体的参与部门、人员和资源配置，然后对行动方案进行可行性评价。

1. 制订行动方案

制订**行动方案**可归纳为目标分解、任务确认、进程安排、资源配置和状态反馈五个方面。

目标分解是指将营销总目标分解到各部门甚至个人。任务确认是指确认各部门、人员为达成目标所要开展的营销活动，如客户拜访、样品试用、广告创意和投放等。进程安排是指营销活动开展的时间表。资源配置是指为完成所要开展的营销活动投入的资金、人力、物力和关系等资源。状态反馈是指对企业的营销状态（市场状态、客户状态、盈利状态、组织状态等）的监测、评价和反应。

从方案执行期的长短看，行动方案可分为年度、季度、月度、周、日行动方案，越是短期方案，任务安排就越细致、明确。表 15-1 是一份周营销工作目标任务表的模板。

表 15-1　周营销工作目标任务表

×××××× 周营销目标任务					
部门：		时间：___年___月___日~___年___月___日				

一、工作目标	1. 销售收入						
	品种	单位	销售量	单价（元）	销售额	完成状态
	A	台				
	B	只				
	……					
	2. 终端开拓 ……						
二、工作任务	1. 客户拜访						
	时间	单位	受访人	事项	结果	责任人	完成状态
	2. 广告投放						
	时间	媒体	版面	尺寸	时长	费用	责任人	完成状态
	……							
三、资源配置	1. 资金						
	支出项目	内容	时间	金额			
	2. 人员 ×××： ……						
备注							

2. 评价行动方案

通常，营销人员通过对以下问题的回答与判断，来评价一个行动方案是否卓有成效。

（1）该行动方案是否有明确的目标和主题。

（2）各项营销职能的整体协调性如何，即行动方案在实施中，各部门及营销人员的整体协调情况是怎样的。

（3）营销经理同有关营销人员、顾客及商界的关系维护安排是否恰当。

（4）是否具有较高的顾客信息收集能力，监测、控制市场反应的工作效率如何。

15.1.2 预算编制

充分合理的预算（投入）是行动方案得以有效落实的基础。营销预算大概是企业最难做出的决策之一，这是因为营销效率、效益很难精确衡量，并且营销活动所涉及的费用支出项目很难像产品制造那样建立精确的、统一的费用（消耗）定额。不同行业的营销费用相差很大。例如，化妆品行业的广告费用比例可以高达销售额的30%～50%，而在装备制造行业却只占5%～14%，甚至更低。即使在同一行业内部，低支出与高支出的差别也很大。

正确确定营销预算的关键是转变观念，预算的意义不在于把费用算得有多清楚，而是通过费用的详细计划、配置与部署，支撑并保障营销活动高效运行。

> **⊙ 讨论 15-1　　　　　　　　　预算是什么**
>
> 预算是一种战略思想，有什么样的战略就应该有什么样的预算。但在现实中，有太多部门或营销者为了做预算而做预算。从时间顺序上来讲，预算是在一系列战略规划之后才产生的，预算必须考虑实现战略目标的难度、需要的时间、具体行动方案等诸多问题。
>
> 预算在很大程度上不是资产，也不是准备花的钱，而是面向未来的投资行为。它可以是现有资产的一部分，也可以是负债。预算是动态的，可以直接带来更多的交易与商业价值，而资产是静态的，不一定直接带来交易与商业价值。
>
> 所以，只有把预算当作战略的一部分，带着战略的思想去制定预算，才能把握更多的机会。企业迫切的任务不是预算该如何分配，而是先把战略的问题搞清楚，不是根据预算来制定战略、营销计划，而是根据战略、营销计划来编制预算，确定需要多少投入。

通常，营销执行过程中的预算编制从预算总额、预算分配与费用定额三方面进行。

1. 预算总额

由于至今尚未出现一个完全令人信服的营销预算确定方法，企业可以酌情选取或综合下列方法确定营销预算总额。

量力而行法　**量力而行法**即根据企业现有的财务负担能力来确定营销预算，能担负多少费用就担负多少。这种确定预算的方法本质上没有把营销视作一项必需的活动，没有看到营销支出对提升企业财务能力的作用，只能是一种权宜之计。

销售百分比法　**销售百分比法**即按照企业销售额决定营销预算的多少，用销售额乘以某个百分数得到营销预算总额。用作基数的销售额可以是现在的，也可以是过去或者预计未来的。从理论上讲，它已成为衡量企业或行业对营销重视程度以及营销重要性的常用标准。这种方法的优点是简单易行，缺点是没有处理好销售与投入之间的关系，把销售收入当成了投入的"因"而不是"果"，因果关系倒置。由于预算的基础是可利用的资金，而不是市场机会，这可能会导致企业与有利的市场机会擦肩而过。所确定的营销费用会随企业经营状况的好坏而变化，不利于企业的长期市场规划。

竞争对比法　**竞争对比法**即企业根据竞争对手的营销投入来决定自己的营销预算。这一方法是企业根据明确的竞争战略——超越、均衡或收缩来确定相应采取高于、等于或低于竞争对手的营销投入。这种方法的优点是简单易行，缺点是没有考虑营销产出并不仅仅取决于营销投入。

> ⊙ **材料 15-1**　　　　　　　　　　**市场份额与声响份额**
>
> 　　声响份额（share of voice，SOV）也称品牌广告份额，是指一个品牌在同一类产品广告总费用中所占的百分比。譬如，倘若某一产品类别一年在广告上的花费为 1 亿英镑，品牌 A 在其中的花费为 1 250 万英镑，那么 A 品牌的声响份额即为 12.5%。学者琼斯（Jones）就品牌在同一产品类别中的市场份额与其声响份额之间的关系做了广泛研究。结论表明，倘若某一品牌要保持既有的市场份额，则市场份额较低的品牌其声响份额的百分比应高于其市场份额的百分比，而市场份额较高的品牌其声响份额的百分比可低于其市场份额的百分比。
>
> 　　对发达国家来说，市场份额与声响份额二者之间的关键点为 13% 的市场份额，即倘若市场份额超过了 13%，广告投入稍少不会导致市场份额的骤减。这就是说，市场份额达到或超过 13% 的品牌，其广告份额的百分比可以低于其已达到的市场份额。琼斯称这类品牌为"13+ 品牌"。肯特（Kent）和艾伦（Allen）认为，知名品牌的广告获得的认知度要高于不知名品牌，"13+ 品牌"的广告效果往往好于市场份额低于 13% 的品牌。肯特和艾伦的结论是，要提高广告效果，品牌应该超越某一吸引力水平。表 15-2 总结了品牌商品的市场份额与保持该市场份额所需要的声响份额之间的关系。
>
> 表 15-2　品牌商品的市场份额与保持该市场份额所需要的声响份额　　（单位：%）
>
> | 品牌商的市场份额 | 1~3 | 4~6 | 7~9 | 10~12 | 13~14 | 16~18 |
> |---|---|---|---|---|---|---|
> | 保持该市场份额所需要的声响份额 | +2 | +1.5 | +1 | 0 | -2 | -3.5 |
>
> 资料来源：莱兹伯斯，齐斯特，库茨特拉. 品牌管理 [M]. 李家强，译. 北京：机械工业出版社，2004：46.

目标任务法　**目标任务法**是指首先根据营销目标确定所要开展的营销活动，然后以完成这些活动所需要的费用为预算费用。目标任务法的优点是目标明确、事项清晰，不受现实经营状况、竞争状态的影响，而且要求营销部门必须详细说明计划中的营销事项及目标，既易于考核目标达成情况，又易于按支出项目定额控制费用的合理支出，克服了其他方法不问基础、不问目标、不问任务的缺陷，使营销预算更加全面合理。

2. 预算分配

预算编制的另一个问题是营销预算应该如何在市场调研、品牌推广、客户管理、销售、沟通等各种营销活动中进行分配。营销预算分配的本质是各类营销活动应当如何整合。影响预算分配的因素众多，包括产品的差异化属性、必需性属性、销售方式、产品所处的生命周期阶段、行业属性、企业声望等。

一般来说，处于引入期的产品市场调研费用会高一些。成长期的产品、品牌差异大的产品，以及采用电话、电视、邮购、自动售货机等方式销售的产品，沟通费用占总营销费用的比重应当高一些。功能性产品的销售费用相对较高，而形象性产品的广告费用，不管是支出总额还是占营销预算的比重都会很高。而对于大型设备，人员推销费用、客户管理费用构成了营销预算的主要部分。但许多企业会形成自己的营销偏好，如雅芳公司把它的营销预算集中于人员推销，而露华浓公司则着重用于广告。

3. 费用定额

营销费用定额是指在一定的社会经济条件下，完成一定营销工作量所必须支出的合理费用。费用定额用以控制广告投入、调研投入、促销投入，以及人员的饮食、住宿、交通和招待等方面的费用支出。费用定额是企业根据制度和费用支出的规律，预测计划期内影响费用升降的各项因素变动，事先规定的费用开支标准。它既是控制和考核费用支出的标准，也是编制费用预算的重要依据。

15.1.3　影响因素

在制订了营销行动方案并配备、落实了相关资源后，营销计划执行的效率取决于员工的广泛参与、执行技能、诊断技能和控制调整技能。其中，控制调整技能详见15.3节营销控制。

1. 广泛参与

营销活动的成功执行取决于全体员工（包括基层员工）的态度和行为。只有当员工从思想上真正理解并认同行动方案时，才会欣然接受行动方案，才能保证行动方案得到准确落实而不是机械完成。为此，行动方案的制订应当建立在广泛参与和讨论、解释原委的基础之上。图15-2表明了行动方案制订过程中的"广泛参与"对方案落实的影响。

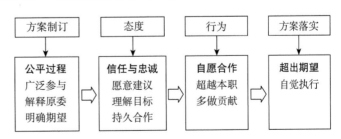

图 15-2　行动方案制订过程中的"广泛参与"与方案落实

广泛参与就是邀请全体员工参与到行动方案的制订过程中，让员工感受到自身不仅是行动方案的执行者,还能对方案目标、任务等问题发表个人见解,共同商榷。广泛参与表明了管理者对员工的信任和尊重,相互讨论有助于员工对行动方案的理解、认同和支持。

解释原委就是向所有执行者和相关者解释最终方案的内容和依据。解释原委体现了管理者对员工意见的重视,使其发现自身价值,从而产生对管理层的信任,形成对企业的忠诚。信任与忠诚的态度将带来持久合作的愿望和行为。

明确期望就是使所有的执行者和相关者都清楚自己在方案落实中的角色和作用、目标和任务、付出和回报。

■ 案例 15-1　　　　麦肯锡:让员工参与企业决策

麦肯锡公司(McKinsey & Company)自 1926 年创立以来,始终提倡员工参与企业决策,以此激励员工的积极性和创造性,保证公司强劲发展。

在近百年的发展过程中,麦肯锡公司的很多重大问题都由员工提出方案,再由集体讨论进行最终决策。具体做法是:首先建立一个思考问题的基本模式,然后寻求解决问题的捷径,并恪守"20/80 法则",优先处理最关键的 20%。比如,一个公司领导为了实现公司股票上市的计划,需要设定公司的营业额目标,询问员工对目标的信心,考虑阻碍目标实现的因素,然后从员工的回答中将问题进行收集和归类,并运用"80/20 法则",选取其中最重要的若干问题,征求解决方案。

麦肯锡要求所有员工都必须提供自己的思考过程和解决方案,不能推卸责任。员工在敲主管办公室的门之前,必须就相关问题带来至少三个解决方案。在集体讨论中,麦肯锡有四大原则:①谢绝批评,公司鼓励每一位员工畅谈自己的想法,无论他的想法如何,其他任何人都不能批评他;②自由联想,员工可以自由大胆地提出各种具体方案;③允许搭便车,在思考某一问题时,一个人提出的方案可能会给其他人带来启发,其他人则可以参考这个方案的思路进一步思考;④分类整合,当所有人都提出自己的想法和意见时,公司就把大家的想法、建议进行分类和整合,从中选出最佳方案。

资料来源:麦肯锡:让员工参与企业决策 [EB/OL]. (2008-10-12). http://www.glzh.com.cn/shownews_gl_5_4722.html.

2. 执行技能

执行技能既与管理技巧、营销技巧有关,也与企业文化、人力资源管理(特别是培训)有关,主要包括分配、组织、影响等能力。

分配能力　分配能力是指营销管理者在落实行动方案的过程中,对时间、经费、人力等营销资源的分配能力,涉及运筹学、优化理论、理财学、人力资源管理等学科知识,以及各种计算机应用技术,如企业资源计划系统、客户关系管理系统等。

组织能力　组织能力是指为实现营销活动目标,企业相关部门之间应具备和保持的关系结构。营销活动执行的重要前提是必须把集中化程度和正规化程度掌握在与控制系统相适应的限度内，并理解非正式营销机构的地位和作用。一般来说，分权有助于调动积极性，但容易产生离心倾向。例如，销售部门会误以为营销活动的成功主要归功于他们与顾客之间的良好关系，营销部门自认为是活动策划做得好，而财务部门又会认为营销费用的支撑才是成功的关键。相反，集权有助于克服这种弊端，却可能使其他部门丧失主动性。当然，组织关系结构的运行依赖于规范化的工作制度、决策制度和报酬制度，将行之有效的管理经验上升为规范，有助于集权和分权的平衡。另外，正式和非正式营销组织的相互配合，对于有效开展营销执行活动也是非常重要的。

影响能力 影响能力是指营销管理者影响他人把事情办好的能力，这种能力主要来自个人魅力而非组织赋予的权力。营销管理者不仅要有能力推动企业内部人员对营销活动的努力投入，还必须能够推动企业外的人员或组织（如市场调研机构、广告代理商、经销商等）帮助实现营销活动目标，即使他们的目标与营销活动目标有所不同。

> ⊙ **讨论 15-2** **粉丝的力量**
>
> TFBOYS 是当下娱乐圈不可忽视的存在。他们走红的背后是一股无法忽视甚至难以理解的粉丝力量，从某种程度上来说，他们是被粉丝"养成"的偶像。
>
> 粉丝团分工明确。"前线"（跟随偶像拍照的粉丝）主要负责拍照，原本作为军事词汇的"前线"一词，被用在追星族身上，似乎也不为过。在"前线"，粉丝或单兵作战，或带着粉丝应援站的使命，他们更像是为"后方"粉丝贡献图片资源的"战士"。后援站前去现场为偶像应援助威，后援站的粉丝有组织或自发地担负起为偶像助威和宣传的"使命"：制作横幅、手幅等应援物品，在演出场地外向粉丝发放，或在机场及演出现场为偶像造势。他们用实际行动，不计成本地表达对偶像的支持。海外粉丝团负责人承担了所有推广支出，包括购买按次收费的谷歌搜索点击，Facebook 的各种官方推广，为了录制偶像在中国内地的电视节目而购置的大型商用卫星接收录制设备，为了将资源共享给海外粉丝实现极速双向翻墙购置的专属服务器，以及各种相关机构购买高清视频片源，制作 DVD，甚至包括微博上举办的抽奖活动。
>
> 那么，如果领导是员工的偶像，员工是领导的粉丝，一个组织的执行力将会如何？一个品牌是顾客的偶像，顾客是该品牌的粉丝，又会如何？

3. 诊断技能

当营销计划的执行结果未达到预期目标时，计划与执行之间紧密的内在关系就会出现一些急需诊断的问题：究竟是战略欠佳还是执行不利的问题？若是执行（战略）问题，问题的实质是什么？问题解决的办法是什么？对这些问题的判断与回答就构成了不同的诊断技能。诊断技能的高低影响着管理者对问题实质判断的准确性，决定着问题解决速度的快慢。诊断的前提是评价，营销管理者需要各种技术来追踪和评价营销活动的中间结果，评价技能的高低决定了评价的准确性，不准确的评价会把营销活动引向失控，具体内容见 15.2 节。

诊断的结果是归因，即不仅要指出存在的问题，更要指出导致问题产生的原因。对所存在问题的归因技能将有助于营销管理者明确问题解决的思路，形成具体的解决措施。

在营销计划执行过程中，问题往往出现在营销职能、规划与政策三个层面上：营销职能层面多是具体营销要素（如定位、广告、渠道）的有效性问题，例如在竞争者产品具有较高知名度的市场上，企业广告传播是否有效；营销规划层面则是营销要素的组合协调问题，例如在新产品上市过程中，渠道与传播的配合问题；而营销政策是指营销观念及具体政策的指导性问题，例如为了鼓励经销商，所给予的销售政策是否忽略了对新产品销售的支持。

> **材料 15-2   如何诊断网站营销力**
>
> 营销型网站被一提再提，但是如何诊断网站的营销能力，我们必须进行全面思考与反复斟酌。
>
> 首先，分析网站结构是否清晰，具体强调网站的导航和菜单设置能否帮助用户快速地找到想访问的页面，网站是否有一个好的用户体验，网站是否对主要产品或服务有一个突出推荐，产品分类设计是否准确等；其次，分析网站配色是否大方，即从审美角度评价网站颜色配置是否合理，字体设置是否符合阅读习惯，页面设计风格是否符合网站客户的特点等；最后，分析网站内容是否符合主题，即网站能否为目标客户提供有价值的内容，包括网站内容是否详细并有吸引力，网站是否突出想要卖的产品或服务，网站内容在编排设计上是否遵从了客户的阅读习惯来设计，图片放置有没有按照一定的规则显示，内容的标题与描述是否吸引人并符合搜索引擎优化规则等。
>
> 资料来源：如何快速诊断网站是否具有营销力 [EB/OL]. (2012-12-25). http://www.wlyxpx.com.cn/news-2563.html.

15.2　营销评价

营销评价是对营销执行过程的效果和效率及其对企业贡献所进行的评定与估计。其中效果是指营销目标的实现程度，效率则是指达成目标的收益与成本之比。显然，营销评价与营销目标密切相关。

营销目标是对营销计划最终结果的规范化描述，可以分解到各个具体的执行环节、部门甚至个人。因此，营销目标就成为营销执行过程及结果的评价基础或依据，评价的目的就是看是否实现了预期的营销目标或实现预期目标的程度如何。

营销评价基本可以按照以下步骤进行：建立评价指标体系；收集具体数据；选取评价方法；评价实施和结果分析。其中，评价指标体系的建立既是关键，也是营销评价的基本前提。尽管不同学者对营销评价指标的构建持不同观点，但市场、财务、效率三个指标总会被纳入考虑。

15.2.1 市场状态评价

市场状态评价包括顾客认知与行为评价、市场竞争评价、品牌状态评价等方面的内容，若营销执行过程涉及中间商，还包括中间商对企业的满意度、投诉次数等方面的评价。

1. 顾客认知与行为评价

顾客认知与行为评价主要测定顾客对企业产品或品牌的满意度、认知度和购买情况：顾客满意度通常用顾客满意指数来衡量；认知度强调顾客对品牌的熟悉程度，包括主动认知、首选认知、被动认知等内容；购买情况则包括顾客忠诚指数、试用率、新增用户率、顾客流失率、顾客升级率、顾客投诉率等。

> ⊙ **材料 15-3**　　　　　　　　**品牌认知度的测度**
>
> 品牌认知度的测度依测度方法的不同而产生不同的认知度。
>
> **主动认知**　　**主动认知**是指消费者在被要求列举某种产品的品牌时，在没有提示的情况下自然想到该品牌。所以主动认知测度条件下获得的品牌认知度也称自然回忆认知度。
>
> **首选认知**　　**首选认知**是指消费者在被要求列举某种产品的品牌时，首先提及的品牌。首选认知的比例称为首选认知度。
>
> **被动认知**　　**被动认知**是指消费者在被要求列举某种产品的品牌时，在没有提示的情况下不能想到该品牌，但在提示后可以想起这一品牌。提示测度条件下获得的品牌认知度也称提示回忆认知度、辅助回忆认知度等。其实，提示的具体方法不同，结果也会不同。

2. 市场竞争评价

市场竞争评价反映品牌产品与主要竞争品牌之间的实力对比情况以及对环境变化的适应情况，显示了品牌产品在市场上的相对地位。除了市场占有率和顾客相对满意度两个最重要的核心指标以外，顾客渗透率、顾客选择性、价格选择性等辅助性指标也常用于评价市场竞争状况。口碑传播则能够对市场竞争指标值产生直接影响。

市场占有率也称市场份额，是指在一定时期和一定的市场范围内，品牌产品的销售量占该类产品整个市场销售总量的比率。市场占有率越高，表明该品牌越具有竞争力。考虑到整个市场销售总量数据的获取有一定的难度，在现实操作中，常采用相对市场占有率的概念。相对市场占有率是品牌产品相对其最大竞争品牌的销售量比率。

顾客相对满意度是指顾客将品牌产品与竞争品牌产品进行对比分析后所形成的对品牌产品的满意程度。顾客相对满意度需要通过市场调查和统计分析才能获得。

顾客渗透率是购买本品牌产品的顾客占所有顾客的比率；顾客选择性是指品牌产品的一般顾客购买量相对于行业顾客平均购买量的比率；价格选择性则是品牌产品的价格水平与行业平均水平的比率。

其实，所有的顾客认知和行为评价指标、品牌状态评价指标都能以相对的方式反映市场竞争的态势，即各企业或品牌在竞争中的相对地位、优势等。

3. 品牌状态评价

品牌状态反映了不同顾客所拥有的品牌知识，进而体现在顾客对品牌的知觉、偏好与行为上。品牌状态评价主要反映顾客对品牌的思考与感受，具体指标可以参见如图15-3所示的品牌共鸣模型。

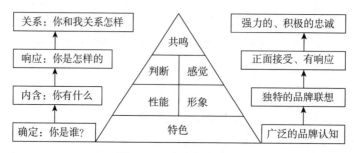

图 15-3　品牌共鸣模型

品牌共鸣模型左侧显示了品牌创建的层级（由下到上），右侧则描述了顾客对品牌的感情深度及其忠诚度水平，具体包括：

（1）品牌特色指标。顾客认为品牌产品的特色有哪些？这些特色是顾客在多长时间内被唤起的？被唤起内容的正确度如何？

（2）品牌性能指标。该品牌满足了顾客哪些方面的性能需求？

（3）品牌形象指标。顾客品牌联想的独特性内容有哪些？顾客回忆品牌的难易（联想强度）及正面态度（联想美誉度）如何？

（4）品牌判断指标。顾客对品牌的意见和评价如何？

（5）品牌感觉指标。顾客对品牌的情绪反应如何？所产生的响应行为是什么？

（6）品牌共鸣指标。顾客与品牌的关系性质是怎样的？

> ⊙ 材料 15-4　　　　　计算口碑价值的新方法
>
> 　　在所有购买决策中，有20%～50%的决策背后是口碑在发挥首要影响。为了评估口碑对营销活动以及整个企业销售和市场份额的影响，麦肯锡开发了一种计算口碑价值的新方法：一条品牌信息的平均销售影响力 × 品牌信息数量。
>
> 　　信息所传递的内容是口碑产生影响力的首要推动因素。研究发现，在多数产品类别中，要影响消费者的决策，信息的内容必须针对产品或服务的重要特性和功能，即消费者对功能信息的讨论更容易形成口碑。
>
> 　　第二个关键推动因素是信息传递者的身份。口碑接收者必须信任传递者并相信他真的了解所说的产品或服务。有影响力者形成的口碑信息通常是无影响力者的三倍，其每条信息对接收者购买决策的影响力通常是无影响力者的四倍。在这些人中，大约有1%是通

过数字技术发挥影响力的，最引人注意的是博客写手，其影响力极大。

第三个关键因素是传播口碑的地域环境对于信息的影响力至关重要。与分散的社区传播相比，在彼此信任、关系密切的圈子中传播的信息覆盖范围通常较小，但影响力较大，真正能够产生影响力的，是彼此信任的朋友组成的关系紧密的小圈子。

资料来源：衡量口碑营销的新方法 [EB/OL]. (2011-10-16). http://www.esame.cn/NewsView.aspx?Id=5236.

15.2.2 营销效率评价

营销效率指标常用于监督和检查各项营销活动的进度及效果。营销效率是营销产出与营销投入的比率，通常包括销售效率、广告效率、促销效率、分销效率等。

1. 销售效率评价

各级销售经理都应该掌握自己所辖队伍**销售效率**的几个关键指标，如销售人员日均拜访客户数，每次拜访的平均时长，拜访频率，每次拜访的平均收益和平均成本，每次拜访的招待成本，每百次拜访的订单率，每月新增或失去的顾客数，销售队伍成本占总销售成本的百分比等。

企业可以从以上评价分析中发现一些非常重要的问题，如销售人员每天的访问次数是否太少，每次访问的时间是否太长等。在访问次数、频率等适当的情况下，如果每百次访问的订单率偏低，销售主管就必须考虑推销员的访问技巧或其他什么方面存在的问题。

对销售队伍的评价一般通过销售人员的工作报告、销售人员技能考评和专项调查评估做出：①销售人员的工作报告可以分为工作计划和工作总结汇报两种，销售主管可以由此了解销售人员的计划能力及计划完成能力等；②销售人员技能考评，销售主管可以对销售人员的业绩做出专门的调查评估，内容包括销售人员对公司、产品、客户、竞争对手、工作范围以及工作任务等方面的了解，销售人员的个人素质、工作积极性或遵守纪律情况等；③专门的调查评估，销售主管可通过观察销售人员行为，对客户进行调查，查看客户的信件和投诉，与销售人员谈话等方式获得专门的评估信息。

2. 广告效率评价

企业进行**广告效率**控制，应至少掌握以下统计资料：每一个媒介工具接触千名客户的广告成本；注意和阅读每一个媒介工具的客户在所有受众中所占的百分比；客户对于广告内容和效果的意见；广告前后对产品态度的衡量；由广告激发的询问次数等。

大多数广告主都想知道一个广告的沟通效果，包括广告对于消费者知晓、认知和偏好的影响，以及广告对于销售的影响。但许多营销专家认为，广告的效率评价是极其困难的，且广告费的浪费也相当可观，"我知道有一半广告费被浪费了，但我不知道是哪一半"，因此许多时候广告代理商会对将要发布的广告进行小范围的测试，以保证广告预算的使用取得应有效果。

材料 15-5　　电子商务网站中的广告盲现象

广告盲现象是指人们在视觉搜索过程中存在的一种忽视广告的现象。对广告盲现象进行测定时，研究者通常选取受众注意度、记忆度和态度三个测评指标。

河海大学商学院营销行为实验室以在校大学生为对象，通过眼动实验和问卷调查对电子商务网站中的广告盲现象进行了测评和研究。通过问卷调查对被试关于网络广告的态度和记忆度进行测量，对被试浏览电子商务网站过程中的注视次数、注视时间、回视次数进行了眼动测量，并制作了热点图和注视图。综合两者的测量与分析，该研究总结出电子商务网站首页和二级页面中不同程度的广告盲现象。

（1）不同执行任务条件下均存在广告盲现象，但程度不同。总体上来说，网络用户在浏览网站页面时对各广告兴趣区的眼动指标数值均较低，注视次数均值小于1个，注视时间均值小于0.3秒，注视时间百分比均值小于5%。其中无任务相较于有任务的网络用户对页面各广告兴趣区的平均注视点仅多0.188个，平均注视时间增加32.506毫秒。

（2）电子商务网站不同级别的页面存在不同程度的广告盲现象。其中，首页各广告兴趣区的眼动指标数值均高于网站的二级页面，首页广告兴趣区的平均注视次数比二级页面广告兴趣区的平均注视次数多0.2个，平均注视时间提高23%。

（3）在电子商务网站的同一页面中，不同类型的广告均存在广告盲现象且程度不同。右栏广告区域和横幅广告区域存在严重的广告盲现象，右栏广告区域的广告盲现象存在程度最高。这两个广告区域的平均注视点均小于0.7个，平均注视时间均小于0.16秒，平均注视时间百分比均小于4%。轮播广告区域广告盲现象的存在程度低于右栏广告区域和横幅广告区域，平均注视次数仅比右栏广告区域多1.13个，平均注视时间多228.34毫秒。

广告效果最终评价需要从事前评价、事中评价和事后评价三个方面进行。

事前评价是指在广告发布前对顾客的产品或品牌态度进行测定，以建立广告效果评价的基准。顾客态度一般包括对产品的认知，如功能、性能、材料、价值等，对企业的认知，如企业知名度、美誉度、市场地位、企业理念和形象、公共关系、品牌选择倾向等。

事中评价是在广告发布过程中监测广告效果，以决定是否对广告做出必要的调整。具体方法是在若干不同城市测验广告的销售力。先将被测验城市中所选商店的销售记录抄下，然后在这些城市中发动新的广告活动，另外选定一个城市作为控制之用。将试验城市与控制城市两者在广告活动前后的销售量加以统计比较，便可以测定新广告活动的相对效果。另外，也可以用事先确定的广告目标和事前测定的消费者态度为基准进行广告效果的分析和比较。

事后评价是指在一期广告发布结束后对广告效果的最终认定，其目的是为下一期广告活动提供指导。评价可以从顾客对广告产品的知晓度、回忆、态度、品牌偏爱等方面进行。

3. 促销效率评价

对不同的促销工具，其效率的评价方法也是不同的。由于许多促销活动可以产生直接效果，故相对于广告效率的评价，**促销效率**评价可以获得相对准确的结果。衡量促销效率的指标主要有：因促销而增加的销售百分比，单位销售额的促销成本，优惠券回收率，因演示示范而引起的询问次数等。

对销售人员的促销效率评价可结合前文对销售效率的评价进行，主要考查销售人员对促销活动的反应。对经销商促销效率的评价则要考查获得经销商的协作力度（企业产品销售额占经销商总销售额的比例）、经销商的促销支持（如经销商货架空间分配、合作广告的投入等）等。对消费者销售促进效率的评价较为复杂。

首先，营销管理部门应对每项促销的成本和销售影响做好以下三项统计：由于促销而增加的销售百分比；优惠券回收率；因演示示范而引起的询问次数等。其次，有三种方法对促销活动的效率进行评价。

促销前后销售量的比较 图 15-4 是根据三种产品促销前后的销售量绘制而成的变化幅度图，呈现出销售量变化的三种形态。第一种形态表明促销活动使消费者了解了本企业的优质产品并成为稳定顾客，即促销是十分有效的；第二种形态表明促销活动只是改变了消费者购买本企业产品的时间，对提升市场份额没有什么作用，但短时间销量的提高可以出清企业存货；

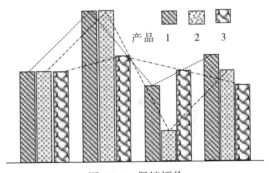

图 15-4 促销评价

第三种形态表明对处于衰退期的产品，促销效率一般。

对消费者的抽样调查 寻找一组促销活动的消费者样本，采用面谈、访问等调查方法了解他们对此次促销活动的记忆率、看法、行为影响、诱因的大小是否合适等。

试验法 根据不同的促销工具的属性设计不同的试验，如诱因（折扣等）大小、促销区间、时机、促销媒体等。例如，在试验地区发放不同颜色、诱因大小不同的优惠券，研究其被使用的比例，评价不同优惠券的促销效率。

4. 分销效率评价

分销效率的提高有助于节约产品流通时间，加快产品流通速度，降低流通费用，使企业更好地满足顾客需求。衡量分销效率的指标主要包括各分销渠道的业绩、企业存货控制、物流成本与销售额比率、订单错发率、准时送货百分比、销售保障率、配送效率

(响应速度)等。存货水平越低,销售保障率越高,响应速度快,说明分销效率越高。企业可以在对现有分销渠道的效率进行分析、评价的基础上,利用科学管理手段改进工作,包括调整分销渠道、对中间商优胜劣汰等,以达到最佳配置并寻找最佳方式和途径。

15.2.3 财务评价

企业以盈利为目的,因此企业的营销行为最终通向财务目标,财务效果也就成为营销绩效的最终体现,具体指标包括销售利润率、营销费用率、回款率、资产收益率等。但要注意的是,这些财务指标的取得是由多种因素决定的,而不仅仅是营销努力。

销售利润率 销售利润率是指企业利润与销售额之间的比率,它反映了企业市场控制能力与企业盈利能力之间的关系。但在实际操作中,对销售利润率的评价通常以同行业的销售利润平均水平为参照对象。考虑到同一行业企业间的负债比率往往大不相同,为了在评价企业获利能力时尽可能消除债务利息支付对利润水平的影响,常将利息支出加上税后利润,则销售利润率的计算公式就演变为:

$$销售利润率 = (税后息前利润 / 产品销售收入净额) \times 100\%$$

营销费用率 营销费用率是营销费用与销售额的比率,用以确定企业在达到销售目标时的营销费用支出。依据以往经验和行业平均水准形成比率的对比分析,容易反映出营销效率及其对企业的实际贡献。营销费用通常包括推销员工资、促销费、市场调查费、营销管理费用、市场建设费等。

■ **案例 15-2**　　　　　　　　　**惠泽保险的高渠道费用**

2019年10月,惠泽投资控股有限公司启动美国上市计划。作为为数不多、发展较好的互联网保险中介平台,惠泽2017年、2018年及2019年上半年撮合的总承保保费分别为6.17亿元、9.41亿元及8.26亿元,营业收入分别为2.63亿元、5.09亿元、4.51亿元。其中,2019年上半年,惠泽保险营收同比增长148.34%,参保客户已达4 730万人。

根据《每日财报》的统计,惠泽的收入主要来源于代销保险产品的佣金。其中,通过第三方流量渠道获取客户的佣金收入在2017年、2018年及2019年上半年占收入的比重分别为69%、75.1%及74.5%,渠道依赖较为明显。因此,随着业务规模增长以及流量费用的攀升,惠泽向用户流量渠道支付的服务费也就从2018年上半年的9 820万元增长到2019年上半年的2.5亿元,渠道费用一年翻了155%。

渠道成本的高额占比,再加上互联网流量红利见顶,让惠泽保险这种极度依赖互联网渠道的保险中介的成长性受到市场怀疑。

资料来源:惠泽保险赴美IPO:渠道费用占比太高如何破[EB/OL]. (2019-10-22). http://www.0413car.cn/showinfo-34-277295-0.html.

回款率 回款率是指企业实收的销售款与销售收入之比,反映企业将销售转化为现金的效率,可用于衡量企业真实的销售能力。销售款无法及时到位将导致企业营销成本

的增加，减慢资金的流动速度，使企业的资金安全问题面临考验。因此，回款率必须设定一个安全界限，用于监控日常的资金安全。回款率的计算公式为：

$$销售回款率 = （销售回款 / 销售收入总额） \times 100\%$$

资产收益率 资产收益率是指企业所创造的总利润与企业全部资产的比率，它反映了企业资产的盈利能力。与考查销售利润率的理由相同，为了便于在同行业间进行比较，资产收益率可以用以下公式计算：

$$资产收益率 = （税后息前利润 / 资产平均总额） \times 100\%$$

15.3 营销控制

营销控制是营销管理的一个重要职能，是营销管理者用来跟踪企业营销执行过程各个环节的一整套工作程序，其目的是确保营销活动按计划进行。营销管理者通过营销控制不仅可以及时发现计划执行过程中的问题，寻找解决方法，也能在营销环境发生变化时及时调整营销计划，化解环境变化带来的威胁。

因此，营销控制的目的在于纠偏，通过不断纠偏，最终实现企业的营销目标。营销控制的一般流程可以分为四个步骤：①控制标准设定——为营销评价指标建立一套可接受的**控制标准**；②营销监测——监测这些指标及变化；③评估分析——判断它们是否处于控制标准的范围之内；④纠偏调整——根据需要对营销策略做出及时调整。具体如图15-5所示。

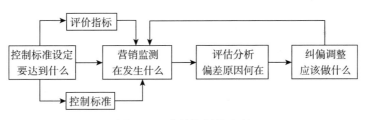

图 15-5 营销控制的流程

15.3.1 控制类型

营销控制是个非常复杂的过程，依据控制的目的、内容及实施的层面，营销控制可分为年度计划控制、盈利能力控制、效率控制与战略控制四种类型，见表15-3。

年度计划控制 年度计划控制的目的在于确保企业实现其在年度计划中所制定的营销、销售、利润等目标，其实质是一种目标管理。年度计划控制适合企业组织的所有层次。企业最高管理层设定一个年度目标，并将这些目标分解成中低管理层的具体目标，于是中层或基层管理人员都要被责成完成若干目标，而最高管理层则负责定期检查、分析和指导。年度计划控制的主要控制工具包括市场分析、财务分析以及顾客忠诚跟踪分析等：市场分析与财务分析的具体指标见15.2节；顾客态度跟踪分析是通过企业建立的顾客抱怨处理系统、顾客意见反馈系统以及市场调研系统收集信息，跟踪顾客的态度变化情况，发现营销执行过程中存在的问题，及时采取措施加以解决。

表 15-3 营销控制类型

控制类型	主要负责人	控制目的	控制工具
年度计划控制	最高管理层、中层管理者	检查营销计划目标是否实现	市场分析、财务分析以及顾客态度跟踪分析等
盈利能力控制	营销审计人员	检查企业在哪些地方盈利，哪些地方亏损	产品、地区、客户群、销售渠道、订单大小等盈利能力分析
效率控制	直线和职能管理人员、营销审计人员	评价和提高经费开支效率及营销费用支出效果	销售队伍、广告、促销和分销的效率分析
战略控制	高层管理人员、营销审计人员	检查是否最大限度地寻求并利用最佳市场机会	营销效益等级考评，营销审计

盈利能力控制　　**盈利能力控制**通过测定不同产品、不同销售区域、不同顾客群体以及不同渠道的盈利能力，帮助营销管理者明确需要发展、缩减或淘汰的产品、渠道及市场。盈利能力控制偏向于对营销产出的评估，通常由营销审计人员完成。营销审计是对企业营销环境、营销目标、营销战略和营销活动的全面、系统、独立和定期的检查，关注营销管理活动的内容、程序和方法是否符合规范。作为一种帮助企业改进营销管理工作的重要工具，营销审计越来越多地被用于营销控制中，包括自我审计、上级审计、外审审计、交叉审计等多种形式。

效率控制　　**效率控制**是对销售效率、广告效率、促销效率、分销效率等方面效率的分析，具体指标见 15.2.2 节。效率控制既可以通过营销审计人员完成，也可以由直线或职能管理人员完成。

战略控制　　**战略控制**是指营销管理者在营销实施过程中，通过不断评审和信息反馈，尽量使实际的营销工作与营销战略相符。战略控制是面向未来的控制，是在事情尚未发生之时就对可能发生的事件进行的评价和纠偏。战略控制运用的主要工具是营销效益等级考评和营销审计。

15.3.2　控制标准

在营销控制过程中，营销管理者首先要为每项营销状态或要达成的任务（评价指标详见 15.2 节）制定控制标准——评价指标可接受的具体量化的数值范围，如市场占有率不低于 10%，顾客满意度大于 98%，顾客流失率低于 14%，品牌认知度大于 40%，全年拜访客户数 500 家，单位客户拜访成本低于 100 元，销售队伍流失率在 15%～25%。

控制标准一般依据长期经验或上期状态进行设定，行业（或产品）性质和区域特征也影响着控制标准。如该产品的市场集中度较高，对市场占有率的设定就要高于集中度较低的产品；完成相同的拜访任务，发达地区的费用要高于发展中地区，所以单位客户拜访成本的控制标准也较高。当然，对于不同营销活动的控制，控制标准的内容或重点会有所不同。有些注重市场特别是品牌资产指标，有些则比较重视最终的业绩，比如销售、销售促进与分销活动，财务指标就相对较多。

15.3.3 营销监测

营销评价指标规定了监测什么，控制标准则为判断营销活动状态提供了依据，营销监测就是跟踪、收集营销执行过程中各营销评价指标的实时数据。只有对营销执行过程与结果有一个真实、及时、全面的了解，才能发现营销执行过程中存在的偏差，提出纠偏的措施。营销监测的手段多种多样，包括对销售业绩进行数据统计，对顾客进行问卷调查，在现场进行观测以及员工自评等。若依据产品开发与上市过程，营销监测则如图 15-6 所示。

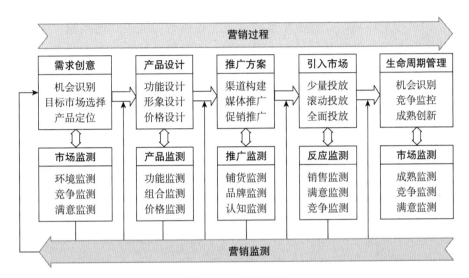

图 15-6　营销监测

15.3.4 评估分析

营销管理者通过监测收集到各种营销数据或资料之后，就可以依据评价指标与控制标准进入评估分析环节。评估分析的目的在于发现营销执行与控制标准之间的偏差。偏差分析可以通过以下步骤进行。

（1）明确偏差内容。由于营销执行过程涉及的环节、内容、人员较多，营销评估指标也非单一，偏差最终可能出现于各个不同的方面。例如，在营销效率方面，可能既有销售队伍效率低下的问题，也有分销效率不高的问题。

（2）界定偏差性质。并非所有的偏差都是负向的，有的偏差超过了营销预期，是一种对企业有利的偏差。对于不同性质的偏差，营销控制的目的自然不同。对于负向偏差，营销控制的目的重在纠偏，使其在正常范围内进行；对于正向偏差，营销控制的目的重在找出原因，总结经验并形成扩散，向更有利的方向持续引导。并非所有的偏差都是必然的，有些可能只是由某些突发因素造成的，是偶然的，并不需要特别处理。

（3）分析偏差是否超出控制标准。只有那些超出了控制标准的偏差，才是营销管理者需要重视和反思的。

（4）探究偏差形成的原因。对偏差形成原因的探究是要把问题的表象与根源区别开。为了真正挖掘偏差形成的根源，营销管理者有时需要对监控数据和资料做进一步分析，甚至需要借助市场调查、专家意见等手段。

15.3.5 纠偏调整

根据偏差形成的原因，营销管理者需要提出具体的纠偏措施来及时调整营销执行，甚至营销计划和目标，以确保企业长期目标的达成。纠偏调整的措施可以分为两大类。

一类是修改或调整企业的营销目标与计划以适应环境变化。偏差有可能是由于环境变化而使企业以前制定的营销目标与计划不再适用；也可能是企业在制定营销目标和计划的过程中，对未来环境估计过于乐观或过于悲观所致；抑或其他问题。无论是何种情况，都意味着原有的营销目标和计划不再适用，需要做出修改或调整，当然，营销评价指标与控制标准也要做出相应调整。

另一类是影响或指导执行人员改变某些不当的行为，采用合理的工作方法提高效率。如果偏差确属执行人员的行为不当所致（如工作方法不对、态度不端正等），需要采取相应手段对其施加影响，使其改变不当行为。当然，如果偏差是执行人员的恶意投机行为所致，企业又无法通过重新设计相关政策来解决，就需要通过严厉的惩罚措施予以惩戒、威慑。

■ **案例 15-3**　　　　　　　**阿迪达斯反思数字渠道过度营销**

2019年11月，阿迪达斯全球媒介总监西蒙·皮尔（Simon Peel）在接受《市场营销周刊》（*Marketing Week*）访问中表示："过去这些年，阿迪达斯过度投资了数字和效果渠道，进而牺牲了品牌建设，其中营销预算中品牌投入占23%，77%在效果。"

业内人士表示，60∶40的"品牌∶效果"比例相对合适，而阿迪达斯在数字营销上的投入显然发生了错配。据了解，为了实现2020年电子商务营收提高三倍的目标，阿迪达斯押注年轻消费者和电商上，近几年的预算主要投放在信息流、搜索引擎优化/搜索引擎营销、电商广告这样的渠道。西蒙·皮尔表示，此前团队一度认为推动其销售的是数字广告，故其选择在该领域大量投资。但在引入了计量经济学模型后才发现，品牌60%的收入来自首次购买者。虽然数字营销能通过看似科学的计算方式对目标消费群进行精简，但因基础与过程的偏差，也不乏很多本该列入潜在消费对象的受众被剔除在外，故广告传播效果的监测与评价也就不那么真实客观。也就是说，虽然公司在数字广告上花费了许多精力，但实际上，即使没有这些广告，公司依然能有差不多的销售额进账。

但过度投资数字和效果渠道，对传统户外、电视、广播、报纸等方面品牌推广的忽视，必然会局限品牌心智的广度覆盖与深度认同，给品牌建设带来不可预估的负面影响。不过，西蒙·皮尔的反思与表述也让业内人士视为阿迪达斯传递出重视传统营销渠道、重建品牌推广模式的信号。对阿迪达斯而言，从务实的短期营销效应回归到长期的品牌建设上，意味着将在新的营销领域渠道上进行多个维度的尝试。

资料来源：蓝朝晖. 过度投资数字渠道　阿迪达斯30亿元试错[EB/OL]. (2019-11-06). http://www.linkshop.com.cn/web/archives/2019/435238.shtml.

本章小结

1. 营销执行是将营销计划转化为行动方案，合理配置、调动企业资源到各项营销活动中，保证营销计划完成以实现企业经营目标的过程。
2. 营销行动方案是对营销计划中的目标、任务进行分解，明确目标达成的时间、区域，规定具体的参与部门、人员和资源配置，然后对行动方案进行可行性评价。
3. 目标任务法是一种预算编制方法，它是指首先根据营销目标确定所要开展的营销活动，然后以完成这些活动所需要的费用为预算费用。
4. 营销费用定额是指在一定的社会经济条件下，完成一定营销工作量所必须支出的合理费用。费用定额既是控制和考核费用支出的标准，也是编制费用预算的重要依据。
5. 营销计划执行的效率取决于员工的广泛参与、执行技能、诊断技能和控制调整技能。
6. 营销评价是对营销执行过程的效果和效率及其对企业贡献所进行的评定与估计，主要包括市场状态评价、营销效率评价和财务评价。
7. 营销效率是营销产出与营销投入的比率，通常包括销售效率、广告效率、促销效率、分销效率等。
8. 营销控制是营销管理的一个重要职能，是营销管理者用来跟踪企业营销执行过程各个环节的一整套工作程序，其目的是确保营销活动按计划进行。
9. 依据控制的目的、内容及实施的层面，营销控制可分为年度计划控制、盈利能力控制、效率控制与战略控制四种类型。
10. 营销控制的一般流程为设定控制标准、营销监测、评估分析、纠偏调整四个步骤。
11. 控制标准是指评价指标可接受的具体量化的数值范围。控制标准一般依据长期经验或上期状态进行设定，行业（或产品）性质和区域特征会对其产生影响。
12. 营销者是营销活动的主动发起者，他们创造需求，提供满足需求的产品，在市场上通过一系列营销行为激发顾客产生需求，进而寻求满足需求的产品。

基本概念

行动方案　量力而行法　销售百分比法　竞争对比法　目标任务法　营销评价
销售效率　广告效率　促销效率　分销效率　主动认知　首选认知　被动认知
营销控制　控制标准　年度计划控制　盈利能力控制　效率控制　战略控制

简答

1. 一个完整的营销活动包括哪些环节？
2. 营销人员可以通过哪些问题的回答与判断，来评价行动方案是否卓有成效？
3. 试分析四种营销预算总额确定方法的利弊。
4. 营销计划执行的效率取决于哪些因素？

5. 营销评价从哪些方面进行，包括哪些主要指标？
6. 请阐述品牌共鸣模型的概念。
7. 常用的营销控制的类型有哪些？各有什么特点？
8. 营销监测包括哪些内容？

思考

1. 选取你所熟悉的一个品牌及其一个消费群体，根据品牌共鸣模型描述该品牌在该群体的品牌共鸣状态。
2. 选择周边一家即将开展某种促销活动的便利店，记录它促销前后每天的客流（销售额）变化，绘制客流（销售额）变化图，分析促销的效率、原因。

实验

选择两个要开展的集体活动，但你只参加了其中一个活动的讨论、计划与安排，另一个完全没有介入。比较一下两个活动后你自己收获或感受的差别，并分析其原因。

动手

运用品牌共鸣模型，选取你所熟悉的品牌，设计一套调查问卷以了解当前品牌状态。

互联网——随"碎屏"安

作为国际智能手机、可穿戴设备市场的挑战者，华为集团始终将消费者体验放在第一位，为广大消费者提供相关产品售前、售中、售后的全程专业化服务。

登录华为集团的手机服务与支持页面（http://consumer.huawei.com/cn/support/index.htm），看看华为集团是如何通过互联网管控消费者体验、问题和舆论的？你认为还有哪些方面存在改进的空间？

参考文献

[1] 曼昆. 经济学原理（原书第 7 版）[M]. 梁小民，梁砾，译. 北京：北京大学出版社，2015.

[2] 津巴多，利佩. 态度改变与社会影响 [M]. 邓羽，肖莉，唐小艳，译. 北京：人民邮电出版社，2018.

[3] 西奥迪尼. 影响力 [M]. 闾佳，译. 北京：北京联合出版公司，2019.

[4] 迈尔-舍恩伯格，库克耶. 大数据时代：生活、工作与思维的大变革 [M]. 盛杨燕，周涛，译. 杭州：浙江人民出版社，2013.

[5] 克里斯坦森，霍尔，迪伦，等. 创新者的任务 [M]. 洪慧芳，译. 北京：中信出版社，2019.

[6] 施瓦茨. 选择的悖论：用心理学解读人的经济行为 [M]. 梁嘉歆，黄子威，彭珊怡，译. 杭州：浙江人民出版社，2017.

[7] 三浦展. 第四消费时代 [M]. 马奈，译. 北京：东方出版社，2014.

[8] 昂德希尔. 顾客为什么购买 [M]. 刘尚焱，缪青青，译. 北京：中信出版社，2019.

[9] 霍克. 改变心理学的 40 项研究（原书第 7 版）[M]. 白学军，等译. 北京：人民邮电出版社，2018.

[10] 科特勒，凯勒. 营销管理（原书第 15 版）[M]. 何佳讯，于洪彦，牛永革，等译. 上海：格致出版社，2019.

[11] 克雷文斯，皮尔西. 战略营销（原书第 10 版）[M]. 董伊人，葛琳，陈龙飞，等译. 北京：机械工业出版社，2016.

[12] 拉奥，斯特克尔. 战略营销分析 [M]. 张武养，张永宏，等译. 北京：中国人民大学出版社. 2001.

[13] 塔滕，所罗门，北京大学新媒体研究院社会化媒体研究中心. 社交媒体营销 [M]. 上海：格致出版社. 2017.

[14] 所罗门，拉博尔特. 消费心理学：无所不在的时尚（原书第 2 版）[M]. 王广新，王艳芝，张娥，译. 北京：中国人民大学出版社，2014.

[15] 所罗门. 消费者行为学（原书第 12 版）[M]. 杨晓燕，等译. 北京：中国人民大学出版社，2019.

[16] 后藤俊夫. 精益制造 047：经营的原点 [M]. 陶小军，张永亮，译. 北京：东方出版社，2019.

[17] 里斯 A，里斯 L，张云. 21 世纪的定位：定位之父重新定义"定位" [M]. 寿雯，译.

北京：机械工业出版社，2019.

[18] 凯勒. 战略品牌管理（原书第 4 版）[M]. 吴水龙，何云，译. 北京：中国人民大学出版社，2016.

[19] 沃茨，洛夫洛克. 服务营销（原书第 8 版）[M]. 韦福祥，等译. 北京：中国人民大学出版社，2018.

[20] 拉马努詹，塔克. 创新变现：以价格为核心的产品设计策略 [M]. 武鑫，张笑，译. 北京：中国人民大学出版社，2018.

[21] 多兰，西蒙. 定价圣经 [M]. 董俊英，译. 北京：中信出版社，2008.

[22] 罗森布洛姆. 营销渠道：管理的视野（原书第 8 版）[M]. 宋华，等译. 北京：中国人民大学出版社，2018.

[23] 角井亮一. 服务的细节 057：新零售全渠道战略 [M]. 吴婷婷，译. 北京：东方出版社，2017.

[24] 舒尔茨 D，舒尔茨 H. 整合营销传播：创造企业价值的五大关键步骤 [M]. 王茁，顾洁，译. 北京：清华大学出版社，2013.

[25] 贝尔奇 G E. 贝尔奇 M A. 广告与促销：整合营销传播视角（原书第 11 版）[M]. 郑苏晖，等译. 北京：中国人民大学出版社，2019.

[26] 杰斐逊，坦顿. 内容营销：有价值的内容才是社会化媒体时代网络营销成功的关键（原书第 2 版）[M]. 耿聃聃，林芳，译. 北京：企业管理出版社，2019.

[27] 科恩，德卡罗. 销售管理（原书第 9 版）[M]. 刘宝成，李霄松，译. 北京：中国人民大学出版社，2010.

[28] 查维顿. 大客户：识别、选择和管理（原书第 2 版）[M]. 李丽，等译. 北京：中国劳动社会保障出版社，2003.

[29] 梅斯. 销售赋能：新技术引爆数字营销 [M]. 胡晓红，郭玮钰，译. 天津：天津科学技术出版社，2019.

[30] 布莱. 营销计划全流程执行手册 [M]. 易文波，译. 广州：广东人民出版社，2017.